高度経済成長を底辺で支えた〈金の卵〉

中卒「集団就職者」

それぞれの春夏秋冬

「与論中学」の幟を立て沖に碇泊する『浮島丸』に向かう艀（写真提供：ヨロン島観光協会）

基 佐江里

Motoi Saesato

諮書房

写真協力
秋田魁新報社
関西汽船㈱
小笠原海運㈱
長栄国際㈱
ヨロン島観光協会
東奥日報社
共同通信社
南日本新聞社
南海日日新聞社
㈱コシマ・プロダクション
和田州生

装丁　基 蕗子
校正　基 由紀

JR上野駅広小路口に建つ「あゝ上野駅」歌碑（著者撮影）

あおもり はやり歌人もよう

歌手 井沢 八郎③

集団就職

底辺で支えた人々

2006年4月13日『東奥日報』夕刊1面に掲載された記事。写真は1961年3月、弘前駅で集団就職者を見送る光景（提供：東奥日報社）

長崎県から東京駅に到着した「高卒集団就職者」（写真提供：共同通信社）

1960年代の東京駅・丸の内側（写真提供：共同通信社）

現在の東京駅（著者撮影）

与論町立与論中学校（著者撮影）

与論中学校正門（1965年頃、著者撮影）

与論島・供利港で集団就職者を見送る
上：艀が岸壁を離れていく
中央：浜辺でハンカチを振って見送る親族
下：テープを投げ両親や友と〝別れ〟を惜しむ
（写真提供：和田州生）

瀬戸内町古仁屋港

艀で本船へ向かう。沖永良部島和泊港

集団就職船（『浮島丸』）は奄美の島々を経由して神戸港へ向かった。写真は名瀬港での別れの光景

徳之島亀徳港で本船に乗り込む就職者
（本頁の写真はすべて株式会社コシマ・プロダクション提供による）

【時刻表】

阪神ー種子島・奄美ー沖縄航路

上り	黒潮丸	沖之島丸		浮島丸
那覇発	① 11.00	①15.00	①15.00	ー
茶花着発	↓	↓	①20.00	① 4.00
知名〃	↓	①21.00	↓	↓
和泊〃	↓	↓	①23.00	① 6.00
亀徳〃	↓	② 0.30	② 2.00	① 9.50
古仁屋〃	↓	↓	↓	①13.20
名瀬〃	① 19.20	② 5.30	② 7.00	①17:40
西之表〃	↓	↓	↓	② 7.30
神戸着	② 17.30	③13.30	③14.30	③ 8.00
大阪〃	② 19.10	③15.30	③16.30	③10.00
那覇・茶花出航日 3月	4・8 13・18 23・28	5・21 29	12	6・13 19

①は1日目、②は2日目、③は3日目です。

（注） 1. 浮島丸の茶花4時発の乗船は出航前日の18時40分入港時に行ないます。

写真上:『浮島丸』と時刻表
（提供:関西汽船株式会社）

写真下：『浮島丸』は小笠原海運に売却され『父島丸』として東京ー父島間を航行していた
（提供:小笠原海運株式会社）

「EVER TRAINING」に名を変えた旧『浮島丸』（船体は黒色に塗り替えられた）
淡江大学の練習船を最後に廃船になった
（写真提供:長栄国際株式会社）

阪神ー種子島ー奄美航路運賃

運賃には食事費は含まれておりません。

	和泊・知名（沖永良部島）	亀徳（徳之島）	古仁屋（奄美大島）	名瀬（奄美大島）	西之表（種子島）	大阪・神戸	港／等級
西之表（種子島）						2,710円 3,520円 5,420円 8,120円	2等 特2等 1等 特1等
名瀬（奄美大島）					1,070円 1,610円 2,140円 3,200円	3,270円 4,250円 6,540円 9,800円	2等 特2等 1等 特1等
古仁屋（奄美大島）				320円 480円 640円 950円	1,310円 1,970円 2,620円 3,920円	3,510円 4,560円 7,020円 10,520円	2等 特2等 1等 特1等
亀徳（徳之島）			450円 680円 900円 1,340円	790円 1,190円 1,580円 2,360円	1,520円 2,280円 3,040円 4,550円	3,740円 4,860円 7,480円 11,210円	2等 特2等 1等 特1等
和泊・知名（沖永良部島）		360円 540円 720円 1,070円	720円 1,080円 1,440円 2,150円	1,050円 1,580円 2,100円 3,140円	1,710円 2,570円 3,420円 5,120円	3,920円 5,100円 7,840円 11,750円	2等 特2等 1等 特1等
茶花（与論島）	210円 320円 420円 620円	510円 770円 1,020円 1,520円	830円 1,250円 1,660円 2,480円	1,170円 1,760円 2,340円 3,500円	1,870円 2,810円 3,740円 5,600円	4,090円 5,320円 8,180円 12,260円	2等 特2等 1等 特1等

(33)

阪神ー種子島ー奄美航路の運賃表（1960年当時）（提供:関西汽船株式会社）

まえがき

三十数年も前に企画して暇を見ては取材を進めてきた「集団就職」の本が、今こうしてようやく陽の目を見ようとしている。否、「形」にして世に送り出すことができるようになった。感慨深いというよりは、なぜこうも時間がかかってしまったのかというのが率直な感想である。一つだけはっきりしているのは、企画して取材を進めたまではいいが、果たして「集団就職」をテーマに書いた原稿を本にしてくれる出版社があるのか？　という及び腰の姿勢がブレーキとなり、積極的に取材を進めることができなかったというのが偽りのない事実である。

本書を企画した当初は、いくつかの出版社宛に企画書を送り「書籍にしていただけませんか」とお願いしてみた。企画書にはその内容について次のように書いた。

《日本が、「高度経済成長」を国の方針として掲げていた昭和30年代から40年代にかけて、中学を卒業し〝安い労働力〟だけを売り物に集団で、地方から都市へ流出した若年労働者たちがいた。彼、彼女たちのまたの名を「金の卵」と言い、一般には「集団就職者」と呼ばれていた。誰にでもできる単純作業にはうってつけ、安い労賃で生産を上げ〝金〟を生む。中卒集団就職者たちが「金の卵」と称される所以である。若年労働者たちの多くは、東北、四国、九州などの各県から、首都圏はじめ大阪、神戸、名古屋といった大都市に職場を得て、その大半が〝単純労働〟や今日で言うところの〝三K労働（きつい、汚い、危険）〟に従事した。

日本は今、バブルがはじけて〝忍耐〟の時を強いられている。かつての高度経済成長期に、「辛抱する」

ことを教えられてきた集団就職者はどのような人生を歩み、現在はどんな生活を送っているのか——。本書で取り上げようとするのは、「私」を含めた集団就職者たちの、「中卒」という学歴で悪戦苦闘した〝旅〟の記録である。》

出版できるのかどうかを躊躇っているうちに、「集団就職」に関するいくつかの書籍が世に出るようになった。これは喜ばしいことである。

取材をお願いする人は当初、三〇人ほどを予定していたが、五〇人を超える方に話を聞くことになった。よくよく考えてみれば無謀な話ではある。半世紀以上の長きにわたって歩んできた人様の人生を、わずか数十枚の原稿の中に収めようとする。加えて、そのプライベートな部分にまで立ち入って話を聞かせていただく。普通に日常を送っている人にとって、本書に登場することで「利する」ことは何一つないはずである。それを押して取材にご協力いただいた方々には心からお礼を申し上げたい。

筆者の出身校である与論中学の同期生が中心の取材となったが、東北地方ご出身の集団就職者の方々の取材が可能となったのは偏に『あゝ上野駅』歌碑設立委員会の原田政彦会長ならびに、深澤壽一副会長のご協力による賜物である。同会の総括責任者を兼任する深澤副会長には無理を申し上げ、歌碑設立寄付者の方々の名簿まで見せていただいた。この名簿なくして東北地方ご出身の方々をご紹介するのは叶わなかったのであり、この場を借りてお礼を申し上げたい。

二〇二一年一月二十日　　　基　佐江里

目次

第7章　それぞれの春夏秋冬(2)　七五歳になった今「幸せ」を実感　205

第8章　悲喜交々――終わり良ければすべて良し　244

第1章　集団就職──高度経済成長と〈金の卵〉

心の応援歌「あゝ上野駅」

1. 歌碑「あゝ上野駅」

日本が、「高度経済成長」を国是として掲げていた昭和三十年代から四十年代にかけて、中学を卒業し集団で、地方から都市へ流出した若年労働者たちがいた。彼、彼女らのまたの名を「金の卵」と言い、一般には「集団就職者」と呼ばれていた。誰にでもできる単純作業には打ってつけ、安い労賃で生産を上げ「金」を生む。中卒集団就職者たちが「金の卵」と称された所以である。集団就職者のなかには高卒者も少なからずいたが、中卒者が圧倒的多数を占めていた。

職業安定所に送られた求人票をもとに担任の先生を通じて就職を決めた者、あるいは知人や先輩の伝手による縁故就職で社会に出た少年・少女たち──。その多くは東北、四国、九州・沖縄の各県から関東、関西、愛知や岐阜など中部地域の都市に職場を得て、大半が単純労働、今日で言うところの「三K労働（きつい・汚い・危険）」に従事した。

「集団就職」という言葉は今日では死語になりつつあるが、否、すでに死語になっているのかもしれないが、「集団就職」と聞いてまず思い浮かぶのは歌手の井沢八郎氏が唄った「あゝ上野駅」だ。昭和三十九年（一九六四年）五月に発表された「あゝ上野駅」は、東北出身者のみならず集団就職者たちの魂を揺さぶり、折れそうになる心を立て直し勇気と希望を与えてくれた心の応援歌だった。

関口義明氏が作詞し、荒井英一氏が作曲、井沢八郎氏が唄った「あゝ上野駅」の歌碑が上野駅に建っている。このことを私が知ったのは平成二十九年の春だった。ミネルヴァ書房から刊行された山口覚氏の著書（『集団就職とは何であったか〈金の卵〉の時空間』）のなかに、《「あゝ上野駅」の顕彰碑》として歌碑の写真が掲載されていたからである。平成十五年（二〇〇三年）七月に建立されたのだという。およそ三〇年以上も前から、私自身「集団就職者」でありフリーのライターとして「集団就職」をテーマに本を書きたいと思い取材を進めていたにも関わらず（某日刊紙に『漂流する金の卵 中卒集団就職者の航跡』という題で連載をしたこともある）、私はこの歌碑が建立されたことを知らずにいたのだった。

平成二十九年（二〇一七年）の夏、その歌碑を撮影するために上野駅に向かった。歌碑はＪＲ上野駅広小路口にあった。改札を出て右手前方に少し歩くと、ガード下に小さな広場があり、歌碑はそこに建っていた。かつてここには公衆電話ボックスが〝コの字〟型に一〇台建っていて、「電話の家」と呼ばれていたという。

歌碑は鉄製で、縦二・六メートル、横一・八メートル、幅〇・六メートルあり、上野駅開設一二〇周年を迎えた同駅旧18番ホームに到着した蒸気機関車Ｃ62のレリーフと、幟を立てて先頭を歩く引率者と集団就職者の姿が描かれている。蒸気機関車Ｃ62は、昭和二十九年（一九五四年）四月五日に、第一回集団就職列車を引っ張った機関車である。

歌碑の最上部には「あゝ上野駅」という文字がくっきりと刻まれ、集団就職の風景を描いたモニュメントの下には「あゝ上野駅」の全歌詞と、作詞・作曲・歌い手の名が刻まれている。「作詞　関口義明」「作曲　荒井英一」「唄　井沢八郎」とある。そして、「あゝ上野駅」の歌詞を記したプレートと対をなすもう一方のプレートには、「歌碑の由来」として歌碑設立の趣旨と、上野駅に到着し東京都労働局の幟を立てた職員に誘導されて歩く集団就職者の写真がプリントされている。

予想外に大きな歌碑に感動を覚えつつカメラのシャッターを切ったのは八月二十四日だった。歌碑の下部には「『あゝ上野駅』歌碑設立委員会」とあり、同委員会の会長や副会長、委員各氏の名が刻まれている。

JR上野駅広小路口に建つ「あゝ上野駅」歌碑（著者撮影）

『あゝ上野駅』歌碑設立委員会
会　長　原田　政彦（ファイティング原田）
副会長　深澤　壽一
（総括責任者）
委員
服部　ゆくお　　梶　幹雄
臼井　隆一　　北山　昌弘
深澤　注壽夫　　水門　憲和

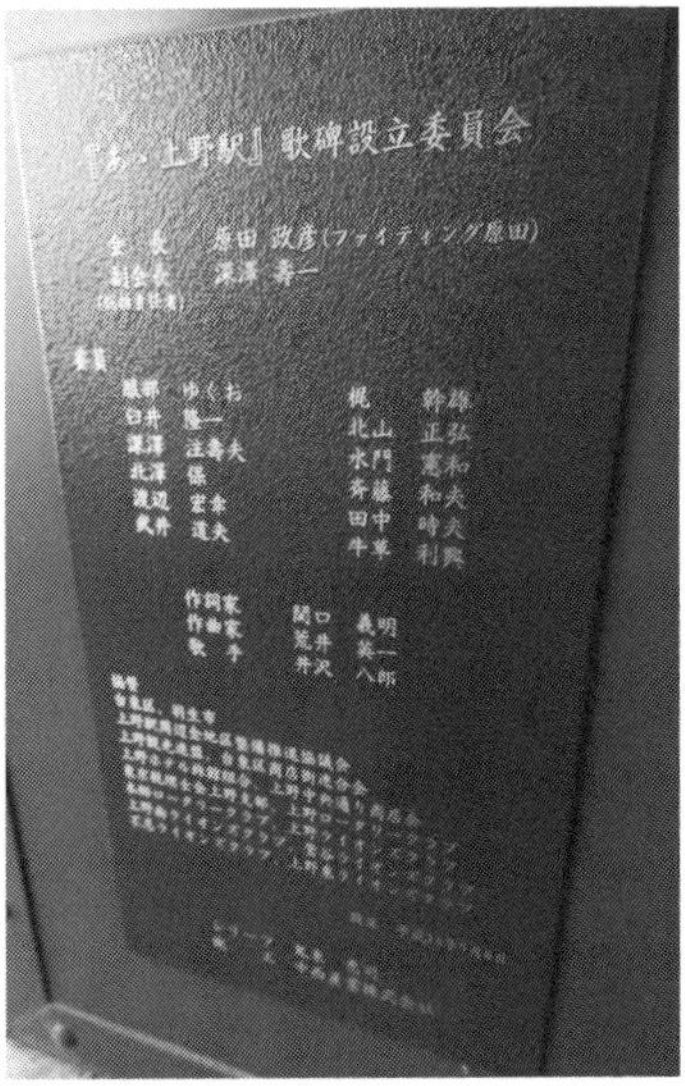

歌碑の裏面に刻まれている「あゝ上野駅」歌碑設立委員会の氏名（著者撮影）

北澤　保　　　　斉藤　和夫
渡辺　宏幸　　　田中　時夫
武井　道夫　　　牛草　利興
作詞家　関口　義明
作曲家　荒井　英一
歌　手　井沢　八郎

そして、「協賛」として「台東区、羽生市」とあり、以下の名が列挙されている。

《上野駅周辺全地区整備推進協議会　上野観光連盟、台東区商店街連合会　上野ホテル旅館組合、上野中央通り商店会　東京税理士会上野支部、上野ロータリークラブ　本郷ロータリークラブ、上野ライオンズクラブ　上野南ライオンズクラブ、鶯谷ライオンズクラブ　不忍ライオンズクラブ、上野東ライオンズクラブ》

歌碑「設立　平成15年7月6日」。レリーフの制作・鬼東恵司氏、施工したのは「中西産業株式会社」であった。

会長の名を見て私は驚いた。「原田政彦（ファイティング原田）」とあったからである。ファイティング原田は集団就職者だったのか!?　否、そんなはずはない。筆者は過去に『格闘家列伝　栄光への軌跡』を著すにあたり原田氏を取材したことがあるが、出身地は「東京」と聞いていたからである。

歌碑を撮影した日に原田氏に電話を入れ、歌碑設立の由来について訊くために、同年九月四日には横浜市都筑区にある「ファイティング原田ボクシングジム」を訪ねることにした。

横浜駅で市営地下鉄に乗り換え中川駅で下車し徒歩一分。ジムはガラス張りで外からでも見学できるようになっている。玄関を入ると左手前方にリングが見え、中では原田会長自らミットを持ち、健康維持のためにジムに通っているらしい四、五〇歳代と思しき門下生にゆっくりとしたペースでワンツーの打ち方を指導しているところだった。

横浜市都築区にある「ファイティング原田ボクシングジム」（著者撮影）

原田氏が門下生の指導を終えリングを降りたあと、隣接する会長室で「あゝ上野駅」の歌碑についての取材を開始した。歌碑設立に関する「書類は、ここら辺りに置いてあったはずなんだけどな」と原田氏はファイル集などを立てかけてある書棚の中を探し始めたが、それを見つけ出すのは難しそうだったことから、私は本題について切り出した。
「原田会長は歌碑設立委員会の会長になっておられるようですが、会長は地方から集団就職で上京されたのではなく、ご出身地は東京でしたですよね？」
原田氏はやはり集団就職者ではなかった。東京都世田谷区深

取材はファイティング原田ボクシングジムの会長室で行われた（著者撮影）

笹崎ジムの仲間たちと（左から二人目が原田政彦／原田氏提供）

沢町で生まれ、昭和三十四年（一九五九年）に深沢中学を卒業したのだという。一学年で八クラスもあるマンモス校で、大半は高校に進学せず中学を出て就職したとのことだった。

　植木職人の子として生まれ、兄弟は六人。コッペパン一つを兄弟姉妹で争って食べるという貧しい家庭のなかで育った。次男の政彦が小学四年生のとき、父・恒作が大ケガをして仕事ができなくなった。ただでさえ苦しい生活のなか、原田家の家計はたちまちにしてピンチに陥った。近所でも評判の良い真面目な子供だった政彦少年は、中学に入ってからは三田精米店という米屋で、米の配達をして家計を助けた。遊びたい盛り、みんなと一緒に映画やローラースケートに行きたいのを我慢しながらアルバイト先の米屋へと急いだ。中学時代には新聞配達なども経験したという。昭和三十三年、中学二年の秋に笹崎拳闘クラブ（のちの笹崎ジム）に入門。本名・原田政彦の名で初めて試合を経験したのは昭和三十五年二月だった。ラッシュ戦法で増井伊佐巳にＴＫＯで勝った。

昭和三十七年、一九歳で世界フライ級チャンピオン。昭和四十年には同バンタム級と二階級制覇。フェザー級に階級を上げ、シドニー・スタジアムで三階級制覇をかけてジョニー・ファメション（豪州）と戦い、三度もダウンを奪いながら〝疑惑の判定〟により一点差で負けたのだった。のちに日本でファメションと再戦し、敗れてのち引退を決意した。

ボクシングジムを経営する原田氏は、日本プロボクシング協会終身名誉会長でもある。引退後十余年たった昭和五十八年の夏、原田氏は、ニューヨークの国連ビルで行われたＷＢＣ創立二十周年記念式典に招かれ、「偉大なボクサー」として表彰を受けた。日本からはファイティング原田ただ一人だけが、この式典に招かれている。「黄金のバンタム」と言われた「エデル・ジョフレを二度破ったからかな」と、照れ笑いを浮かべながら『栄光への軌跡』の取材時に原田氏は語っていた。

なぜ、集団就職者の「あゝ上野駅」歌碑設立委員会の会長に就任したのか？　知人からの依頼を受けて、快く「引き受けた」のだという。

「あのころ、貧乏から抜け出すにはボクシングしかなかった。ハングリーだった同時代を生きた者として、歌碑を残したいという気持ちに惹かれました。減量と練習の辛さのなかで、私も、あの歌に励まされたからです」

原田氏の言う「知人」とは、原田氏とともに歌碑にその名が刻まれている、歌碑設立委員会副会長で総括責任者を兼任する深澤壽一氏である。

歌碑は、この深澤氏を発起人として設立されたのだという。

原田氏を訪ねてから四日後の九月八日、深澤氏が代表取締役を務めているという、東京都文京区湯島にある東邦エンタープライズ株式会社を訪ねることにした。「あゝ上野駅」歌碑保存会会長も務めているという深澤氏の事務所には、歌碑設立に至るまでのあらゆる資料が保存されていた。

資料のなかには、「歌碑の由来」と題し深澤氏が作成した、以下のような趣意書もファイルされていた。

「あゝ上野駅」歌碑保存会会長・深澤壽一氏（東邦エンタープライズ社長室にて、2018年11月2日著者撮影）

東邦エンタープライズ（株）応接室に飾られている歌碑「あゝ上野駅」の模型

《歌碑の由来

高度成長期の昭和30～40年代、金の卵と呼ばれた若者達が地方から就職列車に乗って上野駅に降り立った。戦後、日本経済大繁栄の原動力となったのがこの集団就職者といっても過言ではない。

親もとを離れ、夢と不安を胸に抱きながら必死に生きていた少年、少女達。彼らを支えた心の応援歌『あゝ上野駅』

は、昭和39年に発表され多くの人々に感動と勇気を与え、以後も綿々と唄い継がれている。
この歌の心を末長く大切にしたいとの思いから、また、東京台東区の地域活性化・都市再生プログラムの一環として、ゆかりの此の地に『あゝ上野駅』の歌碑を設立するものである。
平成15年7月6日
歌碑設立委員会・発起人
総括責任者　深澤壽一》
原田氏がジムの会長室で探していた〝書類〟とは、この文書のことではなかったろうか。上野駅広小路口に建っている歌碑のパネルには、この趣意書と同一の文章が額のなかに収められている。
深澤氏も実は、集団就職者ではない。長野県出身で、中学・高校を長野県で過ごし、東京に出て学習院大学法学部に学んだ。昭和三十八年に大学を卒業し、父親が設立した貸しビル業・東邦エンタープライズに入社。二大目社長に就任した。集団就職に所縁のない彼がなぜ「あゝ上野駅」歌碑設立に熱意を注ぐようになったのか。「あゝ上野駅」を作詞した関口義明氏が友人であったからだという。
「関口さんがまだ作詞家として売れないころ、ある会計事務所の出向社員としてうちの会社に来てアルバイトをしていたんです。それで『あゝ上野駅』が大ヒットして、作詞家として独立してやっていけるようになった。そうしているうちに平成十一年九月に、上野駅の18番ホームが廃止されることになった。かつて集団就職列車が滑り込んでいたホームです」
集団就職列車が発着した18番ホームが廃止された平成十一年ごろから、「ホームに歌碑を建てたらどうか」という声が関口氏に寄せられるようになり、この話を聞いた深澤氏（当時六二歳）が即座に

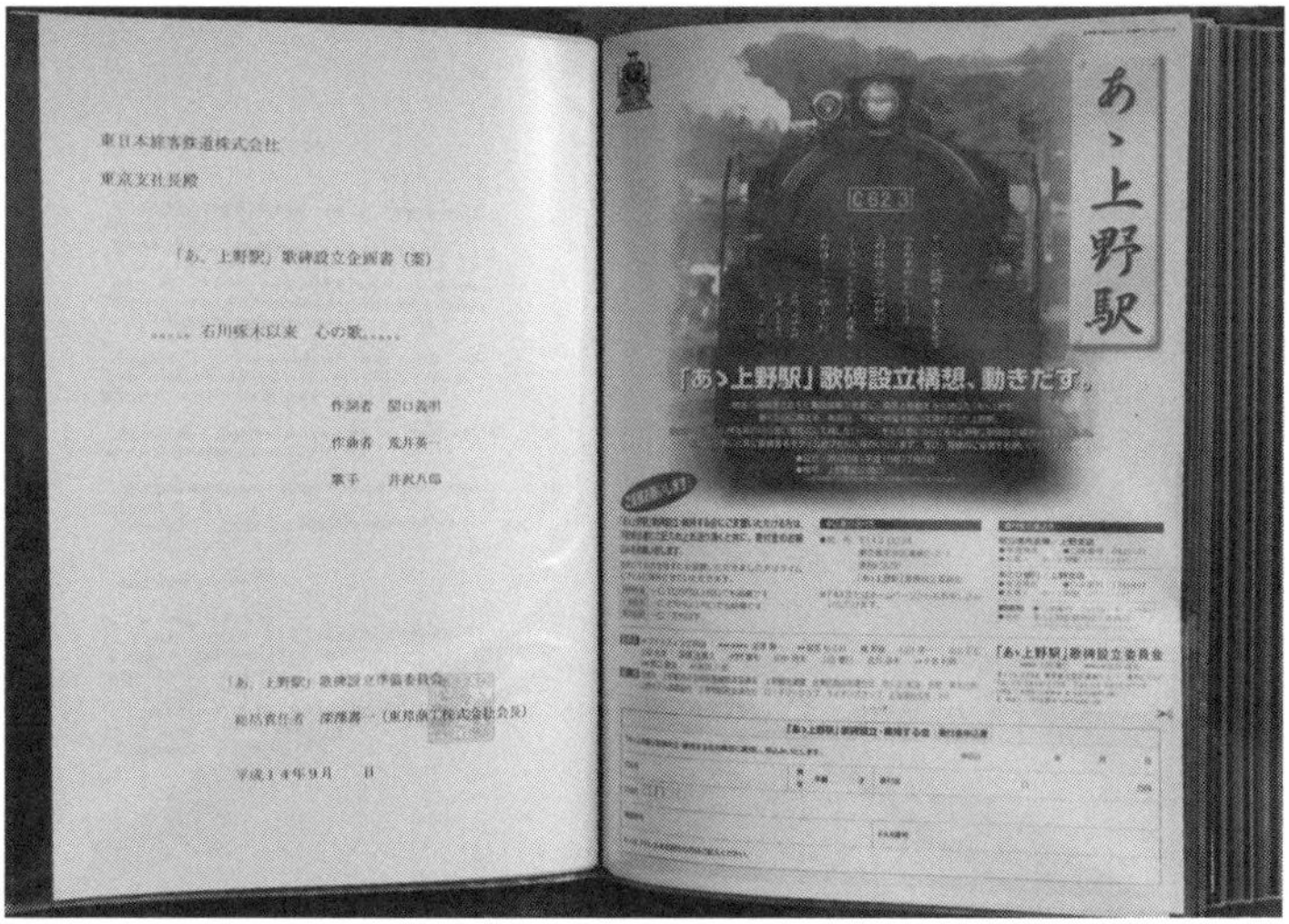

東日本旅客鉄道株式会社東京支社長宛に提出された歌碑設立企画書（案）。「あゝ上野駅」歌碑保存会ファイル集から

歌碑の設立に向けて動き出した。アナウンサーや会社を経営する役員十数人に呼び掛けて「歌碑設立委員会」を結成し、ホームページも立ち上げることになった。委員会のなかには作詞家の関口義明氏や歌手の井沢八郎氏、深澤氏の実弟・注壽夫氏、そして長野から集団就職で上京し会社を経営する友人らも名を連ねている。

歌碑設立には多額の資金を必要としたが、資金の大半は寄付金で賄うことにした。この寄付金集めに一役買ったのが原田政彦氏、往年の世界チャンピオン・ファイティング原田であった。

深澤氏は言う。

「原田君とは青年会議所の会員で活動を共にしている仲なんです。学歴がないと駄目なんだというこの厳しい社会の中で、彼は中学時代から家計を助け、中学を卒業してからも米屋で働きながらボクシングジムに通い世界チャンピオンの座まで登り詰めた。いわば高度経済成長時代のヒーローなんです。たとえ高校や大学に行かなくても、こんな人生もあるんだよという手本を彼は世間に示して見せた。それで原田君に歌碑設立のことを話し、『歌碑設立の象徴として会長を引き受けてくれないか』と頼んだところ、『わかりました』と二つ返事で引き受けてくれたんです」

深澤氏にとっては、「正直言って、恵まれた家庭のなかで育ち集団就職者でもない私が、こういう歌碑をつくる資格があるのかどうか、迷いながら……」のスタートだったという。歌碑設立は「東日本旅客鉄道株式会社 東京支社長」宛に企画書を提出することから始められた。「あゝ上野駅」歌碑設立企画書（案）として提出された書類の差出人の名は《「あゝ上野駅」歌碑設立準備委員会 総括責任者 深澤壽一（東邦商工株式会社会長）》となっている。

この歌碑設立企画（案）によると歌碑は当初、集団就職列車が入線していた上野駅構内の17・18番プラットホーム中央入り口に設立する予定だったようだ。原田会長と深澤副会長は、18番ホームを共に視察して回ったという。しかし、JR東日本・東京支社側からの申し入れにより「ホーム中央入り口では利用客に迷惑をかけるのではないか」との理由から、中央入り口を止め、駅の正面玄関口、動物園側改札口、広小路口などが候補地としてあがった。検討した結果、広小路口に設立することが決まったという。公衆電話ボックスが並んでいたこの場所には、終戦直後に戦災孤児たちが、戦争で親を亡くした子供たちが雨露を凌いでいた地下トンネルがある。

JR側との話がまとまり、次に問題となったのは建設資金であった。歌碑を設立するには一〇〇〇万円以上の資金を必要とした。これにはマスメディアの力が効力を発揮した。新聞やテレビ、ラジオなどマスメディアの力を借りて、あるいは各委員の伝手などを頼って本格的な「寄付金集め」

がスタートした。そして日を置かず、二〇〇〇万円近い寄付金が集まり、歌碑設立に漕ぎ着けることができたのであった。寄付金の大半は、東北地方出身の集団就職者からであり、教師として集団就職者を送り出した元教師たちからも「教え子の顕彰碑」のために寄付金がメッセージ付きで設立委員会事務局に届けられた。

「しかしですね」と深澤氏は言う。

「私は集団就職についてほとんど何も知りませんから、集団就職というのは東北地方出身の人たちばかりだと思っていたんですよ。ところが、マスコミを通じてこの歌碑設立の計画を話し、基金協力について呼びかけたところ、九州や岡山、山口県あたりの人たちから『何を言ってるんですか』と……。『集団就職は東北出身の人たちだけではなく、九州や沖縄、四国・中国地方からも都会を目指して集団就職で働きに出たんですよ』とお叱りを受けた。そう仰ってくださって、寄付金にご協力をいただいたんです」

歌碑の地鎮祭が行われたのは平成十五年（二〇〇三年）六月三日。同年七月六日に除幕式を迎えた。約六〇〇人の参列者を前に上野駅の丸山祐樹駅長の挨拶で除幕式は始まり、原田会長は「私も苦しい時、この歌（『あゝ上野駅』）で勇気づけてもらいました。この歌碑を末長く守っていきたい」と挨拶。歌手の井沢八郎さんが「あゝ上野駅」を熱唱して除幕式は最高潮に達した。

「唄を聞いて目頭を押さえて涙する人もいました」と深澤氏は言う。

「歌碑にはタイムカプセルとして、浄財を寄せた人々の手紙、寄付された方の申込書、住所・氏名、奉納金額を記した原本が納められています」（深澤氏）

平成三十年（二〇一八年）十一月二日、本書を出版するにあたっての追加取材のために、東京都文京区湯島にある東邦エンタープライズ株式会社を再度、訪ねることにした。ＪＲ中央線・御茶ノ水駅聖橋口を出て徒歩約五分、自社ビルである東邦ビル七階に同社はある。このとき、深澤壽一氏には同社社長と「あゝ上野駅」歌碑保存会会長のほかに、もう一つの名刺があることがわかった。本郷地区一帯を管轄する「本富士交通安全協会会長」という役職である。一期四年の会長職を二期務め、交通安全に意を注ぐこと八年。「この八年間、死亡事故はゼロでした」と深澤会長は微笑む。この功績が

「あゝ上野駅」後世に

東京 有志団体が歌碑建立

一九六〇年代のヒット曲「あゝ上野駅」を後世に伝えようと、元プロボクサーのファイティング原田さんや、中小企業経営者ら有志の団体が東京・上野駅前に歌碑を建立、六日に除幕式が行われた。

「くじけちゃならない人生が あの日ここから 始まった」と歌手井沢八郎さんが歌った曲は、中学校を卒業し地方から集団就職で上野駅に着いた人たちが、心のよりどころにしたといわれる。歌碑は高さ二・六㍍、上野駅広小路口前のガード下に設置された。当時のC62形蒸気機関車と上京した少年少女の姿を表現した金属板、歌詞の銘板から成っている。

除幕式で原田さんは「わたしも苦しい時、この歌で勇気づけてもらった。この歌碑を末永く守っていきたい」とあいさつ。井沢さんが熱唱を披露した。

今後は年に一度、碑の前で「あゝ上野駅」を歌うなどイベントも構想。建立に掛かった費用や維持費など計二千万円はほぼ寄付で賄った。

除幕された「あゝ上野駅」の歌碑の前で熱唱する歌手の井沢八郎さん＝6日、東京都台東区の上野駅前

歌碑の前で「あゝ上野駅」を熱唱する井沢八郎氏。2003年7月7日の『秋田さきがけ』の記事（共同通信配信　提供：秋田魁新報社）

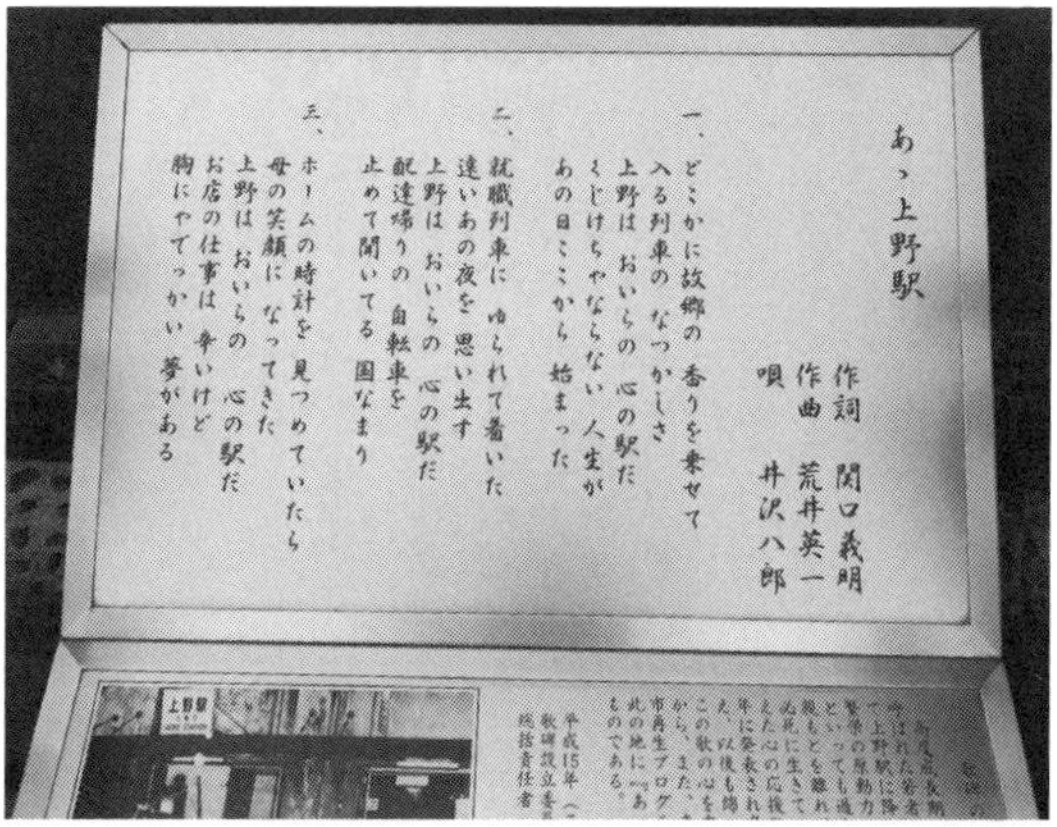

歌碑の前面に設置されている「あゝ上野駅」の歌詞と、深澤氏によって作成された「歌碑の由来」（設立趣意書）。上野駅に到着した集団就職者の写真は、読売新聞社が提供した（著者撮影）

称えられ、十一月七日、静江夫人とともに「警視総監賞」を受賞することになった。

笑みを浮かべながら話していた深澤会長であったが、取材が終わったあと急に寂しげな表情をつくりポツリと次のように付け加えた。「それにしても何でこんな世の中になったんでしょうね。学校では陰湿ないじめの問題が多発し、子供たちが自ら死を選ぶ。親が子を殺し、子が親を殺し、孫が祖父や祖母に手をかける。人が人を殺すことが当たり前のような世の中になってしまっている。こんなことは昔は考えられなかったんですがね……」。

東邦ビルの一階は合気道の道場になっている。その看板を左手に見ながら、私は信号を進み聖橋を渡って、御茶ノ水駅へと向かった。

（二〇一八年十一月　記）

2. 歌碑設立寄付者から設立委員会宛に届いた手紙

歌碑にはタイムカプセルとして、浄財を寄せた人々の手紙や奉納金額を記した原本などが納められているという。深澤氏が会長を務める「あゝ上野駅」歌碑保存会の事務局（東邦エンタープライズ社内）には、その原本のコピーがファイルに収められ保存されている。以下に紹介するのが、集団就職者たちが寄付金とともに万感の思いを込めて記した手紙・メッセージである。

《前略 ごめんください。

昭和二十二年から数年、東京へ集団就職の生徒を連れて上野駅へ行った、元中学校教員です。

高校進学も出来ず、十五、六才で初めての都会で、住み込み奉公したる子供達が故郷を想う只一つの拠り所なぐさめの場所は上野駅だったのです。生徒達からの手紙で「家へ帰りたくてもお金もない、友達もいない、休みになると、上野駅へ来て、新潟からの汽車を見ています。汽車の屋根に雪が乗ってくると、その雪をもらいたくて駅の人にたのんでみました。上野駅へ行くと新潟弁も聞けるし、友達に逢えることもあるので、上野駅は僕達、私達の大事なよりあいの場所です……」と、こんな手紙をもらって先生方と教務室で泣いた事もありました。

五十数年も過ぎて、卒業生の同窓会等に呼ばれて行きますと、それぞれ立派に成人され、倖せに過しておられる方達も、いつの会合でも上野駅は大切な話題でした。私もしばしば利用させていただきました、懐かしい思い出の所です。

七月には大勢の皆さんが行かれると思いますが、先日新聞に同封の記事がのっていました。私も八十才になり、足腰も不調で行かれるか、どうか、でも生きていたら、きっと歌碑を見に行こうと思っております。

それで大変不躾ですが、同封のお金、当日、上野駅を愛した者達の気持ちだと思って、お花でも飾っていただきたいのです。乱筆乱文にて誠に失礼ですがお願いいたします。……》

手紙の末尾には「駅長様」とあり、「上野駅を愛した　一新潟県人より」とある。差出人は、手紙にも書かれているとおり元教師であり、八〇歳の木村芳江さんである。

木村さんは「お花代にでも」と寄付をした後、さらに《今回、(歌碑設立についての)くわしい事情を知り、あんなに大勢の人達が心の糧としていた〝上野駅〟を、今でも会合の時必ず話題になる事ですし、私も生涯忘れられない思い出の所ですので、感謝の気持ちだけでもお届けいたしたく……》との文を綴り、平成十五年五月十七日付で「寄付金10万円」を振り込んでいる。

木村さんの手紙のなかに「先日新聞に同封の記事がのっていました。」とあるが、同封された新聞記事は平成十五年(二〇〇三年)三月十九日付の『新潟日報』読者のページ「窓」の欄に掲載されたものであり、「歌碑見ぬまま急逝の友思う」というタイトルが付されている。投稿したのは農業を営む佐藤一雄さんであった。以下のように書かれている(一部を抜粋)。

《昭和二十五年三月の新制中学卒業後、五十数年が過ぎた。私と同集落のA君は、農家の二男で、卒業後、土建業で日雇いに通っていたが、四、五年後、神奈川県のある会社に入社した。現地で所帯を構えて、五十年近くたった。(中略)

まさに浦島太郎的存在だったが、アルコールがまわるにつれ、お互いに昔がよみがえってきた。A君はカラオケも二曲歌ったが、お開き間近になって、こう語った。

「上野駅で、乗り換え時間をたっぷりとって、就職当時の思い出の駅を眺めてきた。帰りも上野駅で乗り換えて、ゆっくり眺めて帰りたいので、思い出にもう一曲」

そう言って、「あゝ上野駅」を歌い、また次回も来ると誓った。

そのA君が、一カ月後の四月下旬、心筋梗塞で急逝と聞いて驚いた。間もなく一周忌が来る。あの喜びと懐かしさを思い浮かべた顔が、私の脳裏から離れない。

七月には上野駅に「あゝ上野駅」の歌碑が完成すると聞いたが、A君はついに見ることなく、帰らぬ人となった。》

佐藤さんは投稿時、六八歳であった。

青森県弘前市の森元イツさんは、御子息が集団就職で東京に就職されたのであろうか。「井沢八郎さんと次男」にまつわるエピソードを認めて、年金生活のなかから寄付金を捻出して深澤氏宛に次のような手紙を書き送っている。

《春も近いのに、雪の降り続く、この頃でございます。今朝の東奥日報を見て、八十五才の私も血が騒ぎました。私の二男が、少年の頃、井沢八郎様の、大ファンで、ある時、目を輝かせ興奮のため、顔を紅潮させ、息せき切って「井沢八郎さんの実家へ行って来た」との事。二、三回は、お邪魔したようでした。テレビを見乍ら、私が、井沢さんの歌を褒めると、自分の事のように喜び、鼻、高々でした。その二男も、平成六年に、子を一人残し、癌のため帰らぬ人になりました。四十四才でした。私が今、年金から、ほんの少しばかり、送らせて戴、二男も、さぞ喜んでくれる事と思います。

今から、三十数年前に、大阪に居る娘の所へ行った時、娘の主人が、帰りは、東京見物して行くようにと、新幹線の切符を、持たせてくれました。田舎者の私は、出来たばかりの、東海道新幹線の意味もわからず、何となく乗って帰りました。

あの時の、上野駅の様子は、今でも、はっきり覚えております。「あゝ上野駅」私に限らず、東北に住む人は、あの歌を聴いて感激しない人は居ないと思います。有難うございました。》

森元さんが認めた手紙の日付は「1月30日」（平成十五年）となっている。

秋田県出身のS・Sさん（東京都）は「集団就職世代」であるとして、「あゝ上野駅」歌碑設立委員会宛に下記のような文面を綴り送っている。

《新聞記事を読ませていただき、早速、手紙を書かせていただきました。

秋田出身の私に上野駅は特別な存在であり、上野駅イコール「あゝ上野駅」です。

石川啄木の、

〝ふるさとの訛りなつかし……〟

も同じような気持ちにさせられます。集団就職世代の私にとって「あゝ上野駅」は思い出すだけで涙があふれてきます。

現在、受験生を指導する立場にある私は、今の受験生を見て、何と幸せなことだろうと、うらやましくさえ思えます。
わずかではありますが、同封させていただきます。》

平成十五年一月二十九日付で、文末は「ありがとうございます」という言葉で締めくくられている。

栃木県黒磯市（現那須塩原市）在住の栗川克巳さんは、国鉄（現、ＪＲ）職員として機関車に乗務、昭和五十一年に国鉄を退職した。上野駅への思い断ち難く、以下のような文面を認めて記念碑設立に参画した。

《1月21日、あさひ（ママ）新聞（夕刊）で知りました。

私は終戦、軍隊より復員（16才で国鉄に就職）直ちに職場に戻り機関助士、機関士となり上野駅まで乗務しておりました。井沢八郎さんが歌ったあゝ上野駅を聞く度に当時の混乱した時世の上野駅の様子が鮮明に想い出されます。(中略)

終戦直後の食糧難の時代、当時買い出し部隊と申しましたが、（ＳＬ）の石炭の上まで御客が乗りました。家族を養うための非常手段だったでしょう。東北線も昭和30年頃電化され電気機関士としても上野駅まで乗務いたしました。余分なことを申し述べましたが、歌碑を建立との事、上京の際は見学させて頂きます。立派な碑が出来上がることを祈念して失禮いたします。》

青森県むつ市のＳ・Ｅさん。集団就職者ではないが、上野駅には多くの忘れ難い思い出があり、「寄付」の呼びかけに応じた。

《前略、ご免下さい。

先日、東奥日報に「あゝ上野駅」歌碑設立へ、基金開始したいという記事が載りました。

私は、大正11年生まれで戦時中戦後共、上野駅は忘れる事の出来ない思い出が沢山あります。

井沢八郎さんの歌った「あゝ上野駅」は機会ある毎に歌っております。

上野駅正面左側の上り坂は、上野公園への道路でした。戦後、戦災によって親を失った子供が沢山おりました。可愛想で戦争の悲惨さを痛感しました。

空爆によって壊滅した東京を復興する為、人手が足りず多数の学徒を地方から集団就職させ見事に復興させました。「あゝ上野駅」は感動そのものです。

平成15年２月４日、12時35分から43分までＮＨＫの放送がありました。井沢さんと「あゝ上野駅」、そして上野公園でした。涙を流しました。

失礼ですが「あゝ上野駅」歌碑設置に心ばかりですが協力したいと思います。

井沢八郎さんを、（中略）人間的にも好きです。いつまでもお元気で頑張ってください。》

本書簡が歌碑設立委員会事務局に届けられたのは平成十五年二月七日であった。

平成十五年二月二十日には、さいたま市のＹ・Ｙさんからも以下のような手紙を添えて寄付が寄せられた。

《昭和の初め、私がまだ五才の頃でした。姉に連れられ群馬の片田舎から上京した時に第一歩を印したのが上野駅でした。目を輝かせ動物園で一時を過し、松坂屋近くでカツドンを食べ不忍の池を一巡して帰途につきました。貧しい家のこと、いつの日また来られるのか、後をふりかえりふりかえりふりかえり再び上野駅から帰っていったのでした。七十数年前のこと。淡く懐かしい上野駅。私にとっても忘れ難い駅なのです。》

東京都在住の阿部陽さんは七九歳。三月十六日付で、以下のような力強いメッセージで歌碑設立準備委員会を激励した。

《前略 御免下さい。此の度「あゝ上野駅」歌碑設立に誠に些やかな金円で恥じ入りますが、貧者の一灯とお笑納下さい。私は上野駅には郷愁を抱いております。設立の成功を祈ります。

何でもかんでも持ってゆく東京駅には負けないよう頑張りませう。》

群馬県館林市の髙橋次郎さんは、ラジオ放送の番組で「歌碑設立」のことを知った。

《ラジオの放送で今回のことを知りました。私は昭和42年15才で東京に就職し、現在２つの会社を経営しております。くじけそうになったり駄目になったりしそうになった時ふる里山形の仲間の事を思い出したり、夢を目標を達成するために応援してくれた

のが、この歌「あゝ上野駅」でした。（中略）
この様な形で「あゝ上野駅」に恩返し出来る機会を与えて頂き心から感謝申し上げます。》
宛先は《「あゝ上野駅」歌碑設立委員会 様》となっている。

青森県南津軽郡から歌碑設立募金の呼びかけに応じた齋藤二郎さんは、六五歳。毛筆で「あゝ上野駅」の出だしの部分の歌詞を書き、《「ありがとう この歌にどんなに 励まされたことやら」》と結んで、歌碑設立委員会宛に以下のような文を認めた。
《拝啓 （中略）
「あゝ上野駅」歌碑設置の新聞を読み、本当に「待望の」ニュースでした。この歌にどんなに励まされ、そしてどんなに唄ったか、十六才で上京し48年間私の人生、本当に歌詞の通りあゝ上野駅でした。カラオケ大会で唄い、又、スナック等で唄っていますと、知らないお客さんが二番目を、又三番目を唄わせてくれと、よくありました。今こうしてふるさとに帰って東京ぐらしが昨日のように思い出され、時々この歌を唄うと胸がじんときて、特別な懐かしさと、感謝の気持ちで一杯です。（中略）
東京へは年に一～二回は上京します。歌碑の設置は七月六日その報道、上京の際は必ず上野駅へ行って歌碑に「ありがとう」と感謝を申し上げ、「拝んで」まいります。余分なことですが、私昭和二十九年の上京で果物店に勤め、昭和四十五年独立、店を持って、昨年平成十四年十月に、生まれ育った北のふるさと津軽に「Uターン」帰郷致しました。
井沢八郎様のふるさとの弘前公園のあの見ごとな「さくら」、今年は大変な人出で賑わい風薫る葉ざくらとなりました。
では、皆々様のご健勝と、立派な「あゝ上野駅」の歌碑の設立のご成功をお祈り申し上げます。
「ありがとうございました。」》
宛先は《「あゝ上野駅」歌碑設立委員会 会長
原田政彦様 井沢八郎様 外スタッフの皆々様へ》となっている。

栃木県在住の國井ただしさんは、「あゝ上野駅」を作詞した関口義明氏の「大親友」だという（深澤会長談）。一筆箋に短い文章をしたため、（歌碑設立

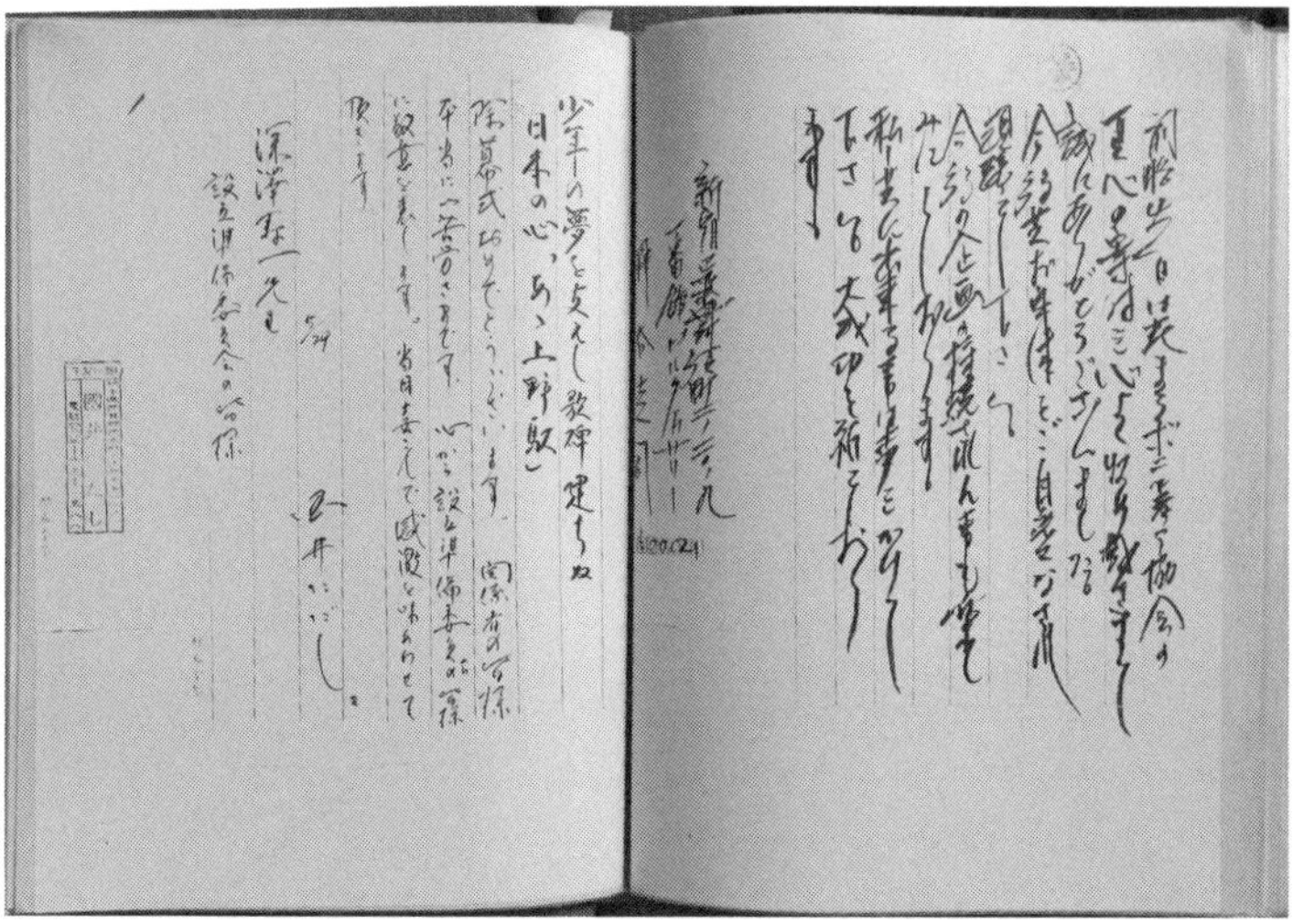

関口義明氏の親友・國井ただし氏からは深澤氏宛に上記のような犒いの言葉が寄せられた

準備委員会)「事務局長様」宛にこう書いている。

《日本の戦後史を飾る、すてきな企画ありがとうございます。

関係者のご苦労に敬意を表し、成功されますよう祈ります。

関口さんによろしくお伝えください。》

差し出した日付は平成十五年一月三十一日となっている。

関口氏の友人・知人からは、ほかにも多くの「祝いのメッセージ」が寄せられている。

《関口義明様
今日はわざわざのご丁寧なお電話ありがとうございました。突然のことで戸惑いが先に立ち、大変失礼を致しました。

全く、思いもかけない貴方様、直々のお電話にたじたじ驚きと、戸惑いとうれしい気持ちでいっぱいでございました。

私の主人は集団就職者ではありません。もちろん、上野駅に立った経験などありません。しかし、中学校を卒業した翌日、親が見つけて来た近隣の町の店に住込み店員として就職しました。最初の店は乾物屋、次は文具店（後に書籍、学校教材も扱う）。元来無口な主人には外回りの仕事はつらかったようです。

外回り配達の手段も、はじめは列車で、両手に持てるだけの荷物（品物）。次に自転車、そしてバイク。》寄付金を送金するために綴られたこの文書はファクスで送信されており、「そしてバイク。」で途切れている。差出人の名は不明であるが、朴訥で働き者のご主人の姿を彷彿とさせる文面である。

歌碑設立委員会「事務局次長　武井道夫様」宛に、埼玉県羽生市の「羽生実業昭和33年卒業同窓生」からは、各地区世話人の連名で以下のような文書が寄せられている。

《「募金納付と協賛者名簿」送付について

私達は関口君の高校の同級生です。

有志で相談し、各自一律5０００円協力することとし、本日25名分１２５０００円（別添領収書〈写〉参照）納付いたしました。（以下略）》

世話人は「羽生地区　櫻井好雄・須加武治」、「加須地区　森田恭司」、「久喜地区　小嶋昭男」となっている。文書は平成十五年四月九日に送付された。

また、関口氏に「長年にわたりお世話になりました」という福島県白河市のK・Bさんからは、以下のような文を添えて賛助金が寄せられた。

《前略　東京の桜は如何ですか。私の白川駅の構内から見えます、白川小峰城の桜の蕾も少しふくらんできたようですが、まだほど遠い感じが致します。

さて、私は全国大衆音楽家協会の作詞会員の一人ですが「楽想」第六十三号に記載されておりました、あゝ上野駅歌碑建立の、御趣旨に賛同致し同封の（中略）寄付をさせていただきますので何卒よろしくお願い申し上げます。

関口先生には永年に亘りお世話になっておりまして、「維持する会」にも入金を希望しますので、よろしくお願い申し上げます。　草々》

本文書（書留）を送付した日付は平成十五年四月四日となっている。

高校時代に関口氏の同級生であったという竹山忠雄さんからは、以下のような手紙を添えて寄付金が届けられた。宛先は、歌碑設立委員会事務局「武井様」となっている。

《この度は「あゝ上野駅」の歌碑設立決定、お喜び申し上げます。「あゝ上野駅」思い出のある方も多く、多数の方々が喜んでおられるのではないでしょうか。

私、関口義明氏とは高校時代、同級生として共学で共に遊んだ仲でございます。卒業後はそれぞれの道を歩みましたが、昨年久しぶりに同窓会が羽生市であり、その様な話があることは耳にしておりました。

それが実現したとのこと、大変嬉しく思っております。同級生として日本の一等地上野に、立派な記念碑設立は誇りとして喜んでおるところでございます。

関口君の益々の活躍を祈念すると共に、設立準備に携わる方々のご苦労に感謝申し上げます。

今後共、どうぞよろしくお願い致します。》

竹山氏は東京都練馬区在住。毛筆で認められた書簡はかなりの達筆である。

東京都北区在住の久保田菊代さんは、集団就職で福島県から上京した。平成九年に「あゝ上野駅」を作詞した関口氏と面会できたときの感動を以下のように伝え、歌碑設立を喜んだ。

《余寒御見舞い申し上げます。

このたびは「あゝ上野駅」歌碑設立大変喜ばしい事とかげながら応援して居ります。

私くし……福島から上京し、就職した時、辛い時口ずさみ「希望と感動」を与えてくれた、忘れられない歌です。

そして今、同級会を催すたびに全員で当時を思いおこし心ひとつにして歌います。今年の同級会は、幹事をしているから忙しいけどこの素晴らしい報告も兼ねてと思って居ります。

どうぞお元気でご活躍をご祈念申し上げます。

追伸

平成九年九月上野駅で、作詞者の関口義明様にお会いしましてサインを頂いた者です。これも何かのご縁と存じます。

皆様にもよろしくお伝え下さい。》

次に紹介する手紙は、差出人の名は不明であるが、「かしこ」とあるところから女性の方である。

《前略

ほんとうに気持ばかりの寄付金で申し訳ございません。

歌碑の設立は大変うれしく、ありがたいです。

今でもカラオケで歌います。涙が出て来ます。

「くじけちゃならない人生が

あの日、ここから始まった」

ほんとうに、あの日から頑張って生きてきました。

ありがとうございました。

かしこ》

丁寧な文字で、短い文章ではあるが、心の内が伝わってくる手紙である。

岡山県久米郡在住の元定時制高校の教務課長・前研治さんからは、手紙ではなくメールで以下のようなメッセージが送信されてきた。

《S49～H8まで定時制課程に携わっていました。毎日が感動の日々であったと回顧しています。本校はまさに「働き学ぶ」高等学校でした。4（3）年間皆勤、全国1位でした。働き学ぶ生徒は勿論、教職員が一丸となって、素晴らしい記録を樹立しました。2600余名の卒業生が我学び舎を巣立っていきましたが、そのすべての合言葉は「そこに二つの道があるならば、ためらわず、困難な道を選べ」であります。苦労して苦労して卒業に漕ぎ着けた卒業生には、「翠松」（松は常盤の色を崩さず）の信念が授けられました。今、集団就職で我学び舎で学んだ卒業生たちは、全国の各地で活躍しています。上野ではありませんでしたが、倉敷の地で織り成し遂げられたドラマもあったのです。私は、卒業式の後、さみしさも感じながら「あゝ、上野駅」を唄いました。定時制課程が閉校した今も、「あゝ上野駅」を唄っています。130人の教職員には、私の「歌」として定着してしまったようです。「教えることよりも、教えられることのほうが多かった定時制教育」私の教職人生、そのものであります。

私の妻は、定時制課程（昼間二部制）の卒業生です。4年間皆勤で頑張りました。今は母校の教員として後輩の指導に奔走しています。素晴らしいことです。

「あゝ上野駅」は、教え子一人一人の顔を思い出す、素晴らしい歌なのです。》

本メールは平成十五年三月四日に送信されている。このとき前さんは倉敷翠松高等学校 事務長（教諭兼務：理科）の役職についていた。

《集団就職で我学び舎で学んだ卒業生たちは、全国の各地で活躍しています。上野ではありませんでしたが、倉敷の地で織り成し遂げられたドラマもあったのです。》――。

上野駅に降り立った東北出身の集団就職者に限らず、全国各地から中学を出て都会に就職した若者たちは、前さんと同じ思いを皆持っている。横浜市港北区在住のＴ・Ｎさんは、歌碑設立委員会宛に、前さんと同じ教師の立場から以下のようなメッセージを寄せている。

《前略

「あゝ上野駅」を耳にする度に胸の痛む思いで今日まで参りました。

焼け野原から十年「もはや戦後ではない」の言葉と共に「金の卵」と重宝がられ、東は東京へ、西は大阪あたりへと去って行った生徒たちのことがよみがえってくるのです。

当時は高校進学が現在の大学進学者よりも少なく、進路の選択肢もない時代でした。ベテランの先輩教師たちが「自分が何をしたいのか、何に向いているのかさへわからないんだよナー」と頭をかかえて深いため息をついていられたのがとてもつらかったのでした。何もわからないまゝ親元を離れ故郷をあとにしたのでした。

集団でなくても、当時の中卒就職者にとっては「上野」だけでなく日本中の何処かに「心の駅」があるはずだと思ってこの歌を聞いて参りました。

戦争のことと同じようにあの時期のあの子たちのことも決して風化させてはならないと思って居りましたところ「ゆーゆーワイド」で歌碑のことを聞き、些少ではございますが宜しくお願い申し上げます。

あの子たちももう還暦をすぎておりますでしょう。これからの人生が幸せ多いものであるよう祈るばかりでございます。

失礼致しました。》

先に紹介した青森県南津軽郡の齋藤二郎さんは、歌碑設立委員会より送付された「寄付に対するお礼状」への返信として、長文の手紙を認めている。宛先は《井沢八郎様　外皆々さまへ》となっており、以下に掲載するのがその全文である。

《先日はご丁重な礼状と式典のご案内まで賜わり本当に、「ありがとうございました。」当日は誠に残念ながら都合がつかず、「欠席」のハガキを差し上げておきました。尚七月十四日の青森での記念コンサートには家内と二人で必ず出席し小生四十八年間、「ああ上野駅」の歌には、計り知れない程励まされ、又仲間とよく唄いお蔭さまにて元気に生れ故郷の津軽に帰ってまいりました。この事を心からお礼を申し上げたくその日を指折り数え楽しみにしております。尚上京の際は必ず上野駅へ行って歌碑に感謝とありがとう。とお礼を申し上げて来ることに決心致しました、「心の駅に」。余計なことかも知れませんが歌碑の設立遅かったのでは、せめて昭和の時代にと思うのは私だけでしょうか?……スミマセン……もうひとつ余計なことを……小生若いころから歌が好きで「下手な横好き」ですが、この「ああ上野駅」を一度NHKの、のど自慢で唄ってみたい、と三十年も前から夢に思っていました。ところ、井沢八郎様の故郷弘前市民会館から五月二十五日NHKのど自慢大会が行われました。今まで応募でハズレで今回七回の挑戦が当り大会前日五月二十四日予選大会にトップで唄わせていただきました。が見ごと予選で落選でした。が永年の夢を自分なり失敗もなく唄って本当に何んの悔いもなく「サッパリ」致しました。唄い終って司会の宮川さんに呼び止められ、五つばかり聞かれました。

1　選曲の理由―この歌は私の人生そのものです
2　上京はいつ―昭和29年
3　何才の時―17才で上京
4　東京で商売は―果物販売店
5　ふるさとに帰って来た理由は、若い内一生懸命働いて、やがては生れ故郷に帰って「ノンビリ」暮そうと人生プランをたてて昨年の秋妻と二人で帰郷しました
6　井沢八郎さんの「ああ上野駅」の碑が設立されますので、その記念に、特にこの曲を選びました。

と、長々と余計なことを書き申し訳ございません。

ではお元気で立派な歌碑を楽しみにしております。

弘前のとなり町　藤崎町

齋藤二郎（65才）》

のど自慢の司会の宮川アナウンサーに、「あゝ上野駅」を唄った選曲の理由を訊かれ齋藤さんは「この歌は私の人生そのものです」と答えている。「あゝ上野駅」は、齋藤さんのみならず、集団就職者全員の「心の駅」であり「人生そのもの」でもあった。

齋藤さんが《井沢八郎様　外皆々さま》宛てにこの礼状を送ったのは、平成十五年六月八日であった。

「歌碑設立寄付者から設立委員会」宛に届いた手紙――最後にご紹介するのは、埼玉県川口市の青木修さんから深澤会長宛に届いたメッセージである。

《前略

先日は大変ご馳走様でした。

久しぶりに歓談し楽しい一刻を過ごす事が出来感謝申し上げます。

弟さんにも久しぶりに会う事が出来、元気なお姿を拝見し嬉しく思いました。

今回の「あゝ上野駅」歌碑設立構想のお話しを聞き、大変なお仕事に取り組まれておりご苦労様です。

頑張って下さい。

「申し込み書」（中略）お送り致します。

7月6日、楽しみにしております。

季節の変わり目、くれぐれも御身体大切に。

平成15年4月23日

深澤壽一　大兄》

平成十五年四月二十四日、寄付金六万円が振り込まれ、設立委員会からは四月二十九日、青木さん宛に礼状が送付されている。

深澤会長によると、募金は「平成十四年秋以降インターネットなどでも呼びかけ、平成十五年夏までに全国の約八〇〇人の方から一八〇〇万円余が集まった」という。ここに紹介したような〝歌への思い〟を綴った手紙やメッセージが多く寄せられ、これらは歌碑建立が実現し除幕式が開かれた平成十五年七月六日、寄付者の名簿とともに歌碑背面の「タイムカプセル」に納められた。

除幕式には六〇〇人余が出席。除幕された歌碑の前で井沢八郎さんが「あゝ上野駅」の歌を披露し、深澤会長は出席者を前に次のように挨拶した。

「この歌碑を設立するに至るまでには想像以上の反響がありました。『歌に励まされたことへのお礼がしたい』という多くの人の気持ちを形にできたことを嬉しく思います」

寄付者の名簿と手紙のコピーは「あゝ上野駅」歌碑保存会事務局のファイル集に収められている（著者撮影）

■本章で紹介した手紙・メッセージは、「あゝ上野駅」歌碑保存会会長・深澤壽一氏のご厚意ならびに「歌に励まされた」寄付者の方々のご許可を得て、その一部を掲載させていただいたものです。
実名ではなくイニシャルでご紹介してあるのは、本書への掲載をご許可いただくために送付した校正刷りが「あて所に尋ねあたりません」として返送されてきたものですが、その篤志に敬意を表し掲載させていただきました。

（二〇一八年十二月　記）

第2章 「集団就職」とは「集団求人」のことである

「職工事情」から「集団就職」まで

集団就職者は、日本の高度経済成長期にあってどのような役割を担っていたのか。「集団就職」とは何だったのか。いつ頃から始まって、いつ終わったのか。その前に、そもそも日本にはどのような職業があったのか――。本章では、筆者の手許にある書籍・資料を参考に、「集団就職」とは何であったのかについて見ていきたい。

「集団就職」とは何であったのかについて見る前に、まず日本にはどのような職業があったのかについて知っておきたい。筆者の手許にある書籍・資料のなかでまず取り上げたいのは、岩波書店が刊行した**犬丸義一校訂の『職工事情』**である。同書は、かつての通産省の前身、商工省のまた前身である農商務省商工局の工務課工場調査掛が、明治三十四年（一九〇一年）に実施した調査を同三十六年（一九〇三年）三月に活版印刷にしたものであるという。上・中・下巻の全三冊から成る文庫本である。上巻には、工場労働者問題が社会問題として注目され始めた明治三十年代前半の工場労働事情報告書をもとに、当時の全職工の三分の二を占めた繊維産業の「職工事情」が収録されている。綿糸紡績業、製糸業、織物業は、繊維工業・産業三部門として日本における〝産業革命〟の時期の代表的産業であった。平野紡績株式会社など一六社が調査対象となっており、明治三十四年八月調べの「職工男女別および年齢別調べ」によると、男女別の男工一〇歳未満は七人、女工は九人。一四歳未満の男工二九八人、女工二二〇〇人、二〇歳未満男工一〇〇六人、女工八〇四五人、二〇歳以上の男工四〇五七人、女工九〇九〇人となっている。『職工事情』には会社ごとの職工員数についても記載されており、以下の文章からは「職工を獲得する」ために各社がいかに熾烈な争奪戦を展開していたかが伝わってくる。《各工場相争って不法の手段に訴えて職工の争奪を行うときに当たって、工場主が職工を募集するについて、ひたすらその数を満たすに汲々として、その年齢の長幼はおいてこれを問わず、極めて幼少なる者は一時軽易なる業を執らしめ、その成長を待ってこれを普通職工として使役するの事情もまた多少これが原因たりと推定するも、強ち不当の事にあらざるべし。》(『職工事情』〈上〉)

同書「製糸職工事情」第1章に見られる文章だが、第2章には労働時間についての記述があり、《紡績工場においては昼夜交代の執業方法により、その労働時間は十一時間または十一時間半(休憩時間を除く)なるを通例とす。而して職工の男女を問わず年齢の長幼にかかわらずことごとく同一に労働せしむるは言を俟たず。》とある。

第3章では「徹夜業」について述べている。《紡績職工は幼少者といわず婦女といわず悉く徹夜業をなすは一般の事実なり。》とあり、年少者も徹夜業をするのが当たり前になっていた。また、賃金は製糸職工と織物職工とでは算定法に違いがあったようで、製糸職工は《各工女の製出したる糸に対しこれらの標準に照らし、その給点額を増減するなり》とあり、ほかに出勤日数および勤続年限の多少、《品行の良否をもこの標準に加うる処あり。》となっている。これに対し織物職工は、《織物工女の賃金給を計算する方法は極めて簡単にして、各地方の工場皆各種製品につき一反一疋もしくは一機の織賃を予定し置き、工女の織上高に応じ賃金を計算するもの》としている。賃金は、製糸職工の場合、一〇銭未満から一円以上とかなり開きがあったようである。

住居は、《大概一畳につき工女一人を容るるも、往々二畳につき工女三人位に当たることなきにあらず。》となっている。

また、第8章では「職工の風紀」についても取り上げている。製糸職工の風紀については次のような記述が見られる。

《工場生活が工女の品性に及ぼす影響は独り男女の関係に止らず、彼らは概してその所行放逸に流れやすく、加うるに自営の途を知らざるが故に父兄を凌ぎ夫を蔑するの傾きあり。また炊事洗濯等家事の始末に疎きを免れず、従って結婚の機を失し、またたとい一たび結婚するも辛抱すること能わざる者多し。》

かなり衝撃的な工女の〝実態〟が紹介されているが、「能わざる者多し」とあるように、すべての工女が上記のような品性のない、風紀を乱す日常を送っていたというわけではないようだ。

『職工事情』中巻には、鉄工、硝子、セメント、燐寸、煙草、印刷、製綿、組物、電球、燐寸軸木、刷子、花筵、麦稈真田などの職工事情を収録。職名には旋盤工、組立工、仕上工、鍛冶工、製缶工、鋳物工、木工、挽立工、塗工などの職種が見られる。上巻同様、全国津々浦々の工場調査のうち、労働事情に関する詳細が収録されている。

『職工事情』下巻には、女工の募集、虐待などに関する農商務省から各府県への照会とそれに対する回答、職工・工場主・口入れ業者などの談話からなる「付録」が収められている。《明治三〇年代の労働者の劣悪な地位や労働条件を明らかにして、官庁版「職工哀史」といわれる貴重な記録。》とカバー袖には書かれている。付録一には「工女虐待に関し埼玉県に照会の件」、「紡績工女虐待の件につき奈良県へ照会の件」、「紡績工女誘拐者の強姦に関する儀につき紹介の件」、「職工誘拐事件私裁に関する件」などの記述が見られる。内容の詳細については割愛するが、当時の職工（工女）がいかに劣悪な〝労働環境〟に晒されていたかが伝わってくる。

話は一気に明治三十年代から昭和三十年代に飛ぶ。

青少年労務研究会編集による『中学卒業者の就職の知識』は昭和三十三年（一九五八年）七月に刊行された。中学を卒業する人、または中卒という学歴だけで就職しようとする人のために「職業を選ぶのに必要な実際の知識」を述べ、いろいろな職業の内容などについて紹介している。その職業に就くための性格と能力、「昇進のみち」などについて述べたあと、就職に必要な検定試験や養成施設、そして入社試験問題集も付いている。就職するためのガイドブック的な内容で、手取り足取りといった編集内容だ。「二一　職業の解説」から、当時にあって男子、女子、あるいは男・女の職業にはどのような職種があったのかについて見てみよう。

【男子】魚屋店員　洋菓子製造工　和菓子製造工　織機調整工　検尺手　製材工　機械木工　建具工　たる製造工　単板剥取工　印刷工　オフセット印刷工　石炭窒素製造工　合成樹脂成型工　顔料練工　チューブ押出工　ゴム工　製靴工　煉瓦成型工　製びん工　煉炭成型工　陶磁器焼成工　時計組立修理工　フライス盤工　ボール盤工　旋盤工　機械組立仕上工　板金工　鋳造工　電気熔接工　プ

レス工　鍍金工　電工　自動車塗装工　塗装工　木型工　建築大工　建築石工　左官　船大工　計量工　自動車修理工　自転車修理工　ラジオ組立修理工

【女子】繊維試験工　看護婦見習　邦文タイピスト　電話交換手　家庭女中　バスガイド　靴下あみ工　織布工　精紡工　繰糸工　ミシン縫工　チューブ絵具組合せ工　鉛筆芯入工　充填工

【男・女】トレーサー　写真技術助手　事務所給仕　一般事務員　経理事務員　百貨店員　衣料品販売店員　食料品販売店員　外交販売員　美容師見習　理容師見習　製パン工　ビスケット製造工　罐詰製造工　かまぼこ製造工　洋服仕立工　婦人子供服縫製工　家具木工　合板工　製紙工　紙製品製造工　文選工　解版工　製本工　紡糸工　製軸工　ゴム靴製造工　陶磁器成型工　絵付工　電気器具検査工　電球製造工　小物電気部品組立工　配線工　自転車組立工　レンズ研磨工　玩具製造工　うるし工　洗びん工　包装工　クリーニング工　バス車掌　洋裁師

——以上、職種は計一〇〇種に及んでおり、各職種ごとに「仕事の内容」、「使用する機械、装置、道具など」、「この仕事のある産業」、「必要な能力」、「昇進のみち」、「雇用の見込み、仕事の特長」、「賃金」などについての解説がなされている。《書き上げてみて感じたことは、義務教育さえ受けておけば、医師・薬剤師・教師など極めてわずかの例外を除いては、たいていの職業につくことができ、成功の道が開けているということで、学歴がなくては成功できないということは、努力の足りない人のいゝわけに過ぎないのではないかと思いました。どうぞあなたも一生懸命に勉強して成功の彼岸に到達するよう努力して下さい。》と、編者は「はしがき」の中で述べている。そして「就職準備の実際」においては、こうも述べている。

《(1) 希望給料が高すぎる　中学校新卒業生の給料は、東京の場合で普通五千円前後ですから、一万円を望んでも採用してくれる所はありません。自分の学力や年齢にふさわしくない条件では就職することは難しいのです。》

昭和三十三年当時で東京では「普通五千円前後の」給料をもらっていた、とある。筆者が取材した昭和三十六年に中学を卒業した就職者からは月に二〇〇〇円、あるいは一〇〇〇円、という声も聞かれた。「一万円」を望んで就職を希望した中卒者などいたのであろうか。

昭和三十五年(一九六〇年)には**労働省職業安定局が『集団求人─中小企業における雇用の近代化のために』**を刊行した。本書には「集団雇用第一号」という見出しを付けて、東京都渋谷区桜新町商店会の役員である松本利和氏が次のような一文を認めている。

《雪の高田市に大雪を夢見て、私が桜新町の役員として菅沼会長とともに集団雇用第一回の面接に上野駅を出発したのは、昭和三十年一月の下旬だつた。すでに書類審査等で新採用の店員の概略は判つてはいるものの、地方よりの中学卒業生を集団雇用という名のもとに採用するのは縁故採用と異なり何となく不安を感じさせるものがあつた。しかし高田職業安定所に私どもが到着してそんな不安はすぐになくなつた。既に生徒を二階会議室に集めていて、非常に懇切に私ども一行を迎えて呉れた。生徒は先生や肉親に付き添われて比較的健康そうな顔で明るい様子でいた。……》(『集団求人─中小企業における雇用の近代化のために』)

文中に出てくる菅沼会長とは、桜新町商店会長・菅沼元治氏のことである。松本氏が面接したいと思っていた岡田うめ子さんは、風邪をひいて高田職安に来ることができず、代わりにこの生徒だけのために雪の中を担任の先生が来てくれた。「唯々感謝のほかありません」と松本氏は言い、「私どもは集団雇用の第一回の面接は順調に終えて全員採用を決定して帰途についた」という。三月二十五日、第一団の就職者が渋谷職業安定所の指導のもとに上京することになった。松本氏らは、わが子を迎えるように早朝より起きて、汽車の旅で疲れているだろうから早く寝かせてやろうと布団をひき、熱い味噌汁をつくるなど一家を挙げて新店員を迎える準備をしていた。そうしてのち渋谷職安で彼女を迎えたのだが、岡田さんはどんな少女だったのか？　ホームシックにかかり毎日呆然として食事もロクに摂らず、何を訊いても首をコクリとするだけで返事もしない。《むざむざと帰す訳にもいかず、約一年間は夢中で過ごした》と松本氏は言う。《他人の子どもをあづかり、これをとにもかくにも当地のレベル迄引き上げてそれから店員として始めて役立つようになるわけで、雇用主の私もしばしば苦慮する時があった。》——この少女はしかし、《最後に岡田うめ子なる集団雇用女子第一号は、現在私の店での永年勤続者であり……中略……私の店ばかりでなく桜新町商店会のうめちゃんとしてチョットした顔であり、昭和三十三年十二月十六日の朝日新聞店員蘭に載つて紹介される》までになったという。松本氏が、どのような店を営んでいたかの記述はない。

「新入店員諸君を迎えて—日記抄—」と題する東京都の佐藤信氏の日記には、こんなエピソードも綴られている。《いやあ全く弱りましたよ。彼は働く気で出て来たのではなくて、一週間ぐらいいて東京見物をしたら帰るつもりで来たのだそうで仕事をする意志もなく、帰ることばかり考えてメソメソしているんですよ。》——S亭の主人から聞いた話だという。彼・X君に振り回されて、着替えを買ってやったり、ご馳走をしたり、機嫌を取りつつS亭の主人は「ノイローゼになりそうになった」という。それを聞いて佐藤氏は「やりきれない気持ちになった」。「『いやになったら帰って来いよ』と親は送り出したそうだ」と聞いたときは、憤りすら覚えた。しかし、いろいろ問題もあったが、その後X君は落ち着きを取り戻し、S亭に定着して働くようになったという。

また、同年三月二十五日、甲府駅から立川経由で一四名の中卒新入店員を引率してきたという東京都の吉野玄之太郎氏は、「御子様は引き受けました」という見出しを付けて、車中で見た就職少年たちの印象について次のように語っている。

《……この集団求人の交渉に当つている間、またこの子たちと接しているうち、戦後の民主教育を刻み込まれた求職者たちの考え方と、それ相当の人生観を僅かでも察することができた。しかし僅かでも、それが判ると同時に、一方では不安が起るのは、どうしたことだろう。この子たちの考え方と戦前の徒弟制度の苦労を尽して辛苦の末、築きあげ一戸を構えた雇主との間にギャップが生じるのではないかということである。大きくいえば労使関係、小さくいえば主人と店員との問題をどうするかということ、今の若い人は学窓を巣立つ時は批判力が高まつている。政治のこと、社会のこと、すべてについての批判はそのまま労使の間に通じることではないかということだ。》（『集団求人—中小企業における雇用の近代化のために』）

その〝ギャップ〟に対する答えになるような記録を残しているのは、大阪市内ですし商の店主をしている谷川恭造氏である。タイトルは「急速な時代の進展」となっている。

《私等雇用主は自店の繁栄のためにはもとよりであるが、常に時代の急速な進展をにらみ合せ、いつまでも昔流の職人気質で世の中にさからう愚を捨て、新しい時代に、ふるい伝統を生かすためにも、人事面の合理的運営に相当のウエイトを置かねばならないと思い、そうすることによつて業界の進展に力を尽さねばならぬと思う。》（同上）

日本社会事業大学教授・小川利夫氏の『集団就職―その追跡研究』は昭和四十二年（一九六七年）四月、明治図書出版から刊行された。高沢武司氏（日本社会事業大学専任講師）、佐野健吾氏（東京家庭裁判所調査官）、山崎道男氏（ノーベル・エレクトロニックスＫＫ技師）、那須野隆一氏（日本福祉大学助教授）との共著である。序文（「はじめに」）を書いたのは編者である小川氏であるが、冒頭において小川氏は《いわゆる集団就職とは、集団求人のことである。》と明言している。続いて小川氏はこうも述べている。

《ここ一〇年来の「高度経済成長」は、若年労働力の大量な創出によってはじめて可能であった。そのためにとられた労働力需給調整の方式、より具体的にいえば、若年労働力の不足とその定着率の増大をはかるためにとられた方式が、いわゆる集団就職にほかならない。したがって、これには縁故その他の私的ルートに代わって、公共職業安定所や学校その他の公的ルートの機能が最大限に活用されてきたし、現に活用されようとしている。》

昭和三十五年（一九六〇年）に労働省（現厚生労働省）雇用安定課が編集・発行した『集団求人―中小企業の労務充足のために』によると、「集団求人」に対して同省が積極的に乗り出したのは昭和三十二年（一九五七年）からであったという。その「集団求人方式の意義と狙い」は、「中小企業を新規学卒者に適した職場にすること」すなわち、中小企業を「近代化」することにあった（小川氏）。小川氏らが発行した『集団就職―その追跡研究』の狙いは、そうした国が定めた〝制度〟のもとで《「中卒」就職者とりわけ日本農村の農家出身「中卒」就職者の卒業後の動向に注目》し、《単に一時的なジャーナリズムの話題としてではなく、彼らの五年ないし一〇年にわたる生きた現実の姿にそくしてリアルにとらえなおすこと》であったという。調査対象は、東北岩手の県北F町の三つの中学校で、《その過去一〇年間（一九五四年〜六三年）の「中卒」就職者のうち東京周辺に集団就職した青年たちに限定して》行われた。男子六五名・女子五四名の計一一九名が対象となった。『集団就職―その追跡研究』はその中間報告として発行され、報告の主眼とするところは以下の四つに集約されるという。

①主として〝むら〟における「集団就職の背景」を問題にする。
②集団就職「以後」の生き方とその変容の姿をケース記録に即してできるだけリアルに捉える。
③特に集団就職をめぐる諸問題の中で重要だとされている「転職と非行」の問題にメスを入れる。
④集団就職した青年たちの「自己」解放の姿を彼らの「学習と集団」の組織化の動きの中から摘出する。

――長期に亘る調査と取材、「I 集団就職の背景」に見る就職者の手記など、研究者による統計資料を駆使・分析しまとめられた本書が導き出した結論を、限られた文字数で的確にお伝えするのは容易ではない。本書で筆者（基）が目に止めたのは《V 集団就職「追跡」の現代的意義》の「2」に記されている以下の一文であった。

《いわゆる集団就職をめぐる諸問題は、集団就職する側からの問題であると同時に、より以上に集団就職を行なう企業とりわけ中小企業の側からの問題である。そして、これには職安行政の側の責任もまぬかれないであろう。そこにはいずれにしろ〝少年の夢〟と誠意を無視した事実や仕わざが数多く存在している。たとえば虚偽の職業情報や契約違反は、それらの象徴である。そして、それらの大きな責任が、労働・文部両省および警察庁にもあることは、行政管理庁の勧告（一九六六・一一）もみとめている。》

「行政管理庁の勧告」とはどういうことか。

《……同勧告によれば、全国で約一五六万人にのぼる年少労働者のうち、三五％にあたる五五万人は三〇人未満の零細企業で働いているが、そのうちとくに従業員九人以下の事業所では労働時間が九時間を越えるものが九二％もあるという。しかし、労働基準局の定期監督は六％しか実施されていない。そこで、行政管理庁さえも、こういわざるをえないであろう。

「トルコブロ（筆者注：現ソープランド）、バー、キャバレーなど、一八歳未満の年少者が働くことを禁止されている職場に対する労働者の監督、指導は十分に行なわれていない。」

「義務教育に就業中の生徒を雇っている職場では労働法規に違反しているケースが多い。」》

義務教育、すなわち中学生であることを知りつつ雇っている企業がある。「義務教育を受けている生徒で就労している者も少なくない」と言い、《同じ勧告によれば、その総数は全国の中学生の約五％の三〇万人にのぼるといわれる。》（『集団就職―その追跡研究』）

昭和四十四年（一九六九年）四月には、**瀬野尾幸雄氏が『集団就職―指導相談員の記録』**（協同出版）

を出版した。瀬野尾氏は宮城県下の小・中学校を歴任、小学校長を経て集団就職者指導相談員になった。昭和四十四年三月二十四日、瀬野尾氏は集団就職列車に添乗する機会を得た。著書は仙台駅の「駅頭風景」を描写するところから始まっている。足の踏み場もない雑踏。仙台以北からの就職者を乗せた臨時急行が入ってくると、仙台からの就職者が整然と乗り込む。《「がんばって!」と叫ぶ肉親・縁者・友人・先生たちの励ましと万歳に送られて、汽車は動き出した。》(『集団就職—指導相談員の記録』)

続く「人買いの実態」という項目が目を引く。《最近の求人合戦で見落とせないことは、露骨な〝人身売買型〟が多くなってきたこと》であり、それを煽り立てているのは「企業の地方駐在員」であるという。駐在員には元校長・元教頭という肩書を持つ者が少なくなく、《卒業生の絶対数が減っているうえに、進学希望者が激増しているのだから、企業側とすれば、〝金の卵〟を獲得するために、もはや見えも外聞もあったものではない》とある。

以下、各章のタイトルは「働く少年少女の無断退職」、「転落する少年少女」、「多い引き抜きの誘惑」、「縁故就職の功罪」、「離職の原因」、「若者のいつく職場」、「特殊少年少女の就職」、「まず、おいしい食事を」、「少年少女のホームシック」、「故郷と会社を結ぶ」、「働きながら学ぶ」、「レジャーを善用せよ」、「お金をためる楽しさ」、「望ましい人間関係」と続く。

定時制高校について取り上げた「働きながら学ぶ」の章には、昭和四十四年十月二十日に東京都労働局主催により、都内各職安の職場相談員と東北地方の新卒就職者供給県の労働担当者の合同会議が開かれたその席で、都内某職安配属の職場相談員が発した言葉が紹介されている。

「中卒就職者の大部分は勉強の嫌いな子どもたちである。在学中三年間も不勉強のため先生から叱られどおしで暮らしたのだ。一日も早く学校を去り、勉強から逃避したいという気持ちで就職してくるのだ。やっと苦しみから解放されたのに、定時制高校に入学をすすめるなんてナンセンスも甚だしい」声高にこう力説した相談員は元中学校長だったという。定時制高校入学について事業所側へ「指導方を要望していた」瀬野尾氏はこの発言に対し「こうした反論があったことは嘆かわしい限りであった」と述べている。瀬野尾氏ならずとも、元教育者にあるまじき発言だと思う。昭和三十年代にあっては、高校に進学できる学力を十分に持っていながら、家庭の事情でやむなく就職の道を選んだ少年・少女たちが多数を占めていたのだ。それから一〇年後に高校への進学率が高くなった「昭和四十年代の中学卒業者」に対する苦言（？）であったにしても、元教育者の「中卒就職者の大部分は勉強の嫌いな子どもたちであり、定時制高校に入学をすすめるなんてナンセンスも甚だしい」というこの発言はいただけない。

瀬野尾氏は、事業所側に対しては、こんな思いも持っていた。

《募集時には定時制高校入学制度があると説明しておきながら、なんら具体的な世話もせず、入社してみるともう入試は終わったから来年受験するようになどと、体よく逃げる不親切な事業所が多いことにも驚かざるを得ない。》（『集団就職―指導相談員の記録』）

一方、ある事業所に対しては、こんな賞賛の言葉も送っている。

《ところが、事業所によっては、入社時にすでに入試が終わっていたにもかかわらず、社長の熱意で本人を学校に連れていって追入試を懇請し、入学させたという頼もしい所もあり、頭の下がる思いがした。》（同上）

《東京都をはじめ工業都市では、義務教育を終了しただけの勤労青少年には教育対策を講じているし、大企業では競って社内に学園を設置し、青少年労働者の教育を考えながら、あの手この手の求人対策をとっているのは、喜ばしい傾向である。》(同上)

平成九年(一九九七年)五月には**加瀬和俊著『集団就職の時代 高度成長のにない手たち』**(青木書店)が出版された。加瀬氏は東京大学社会科学研究所教授(当時)である。本書の課題をどこに据えたかについては、《1960年をはさむ10年間(1955~64年、昭和30年代)における新規中学校卒業者の急激な変化の実態を把握し、その背景と影響とを歴史的に位置づけることである》(序章)と述べている。特に焦点を当てたのは、戦前型社会から戦後型社会への変化を集約的に示す「地方農山漁村出身の新規中卒者の被雇用者化=都市労働者化」の流れであったという。その「都市労働者化」という位置づけで「集団就職」と「集団求人」について述べているのは「Ⅱ章 労働力需要の実態」の第5項(「集団就職」の構造)においてである。「集団就職」とは何か、については以下のような記述が見られる。

《「集団就職」という言葉は、昭和30年代の毎年3月に、地方出身の中卒就職者(時に高卒就職者を含むこともある)が「集団就職列車」(1954年に開始)で大都市に集団的に移動した事態をさす、昭和30年代に固有の歴史的名称である。》(『集団就職の時代 高度成長のにない手たち』)

であるとしながら著者は、「集団就職」の意味づけを一九六二年版『青少年白書』に求め以下の一文を引用している。

《本来の意味での集団就職は、就職地が同じ新卒者たちが同じ列車で大都市に来たというだけのものではなく、「集団求人」に応じて新卒者が集団的に就職するという関係を意味している。すなわち、集団求人は中小企業の求人難を解決する方策として、新規学校卒業者に対し、求人者の業界別団体や地域団体を中心に求人者指導、求人条件の集団的相互保証による求人条件の向上を図り、これによって、新規労働力の確保を目的として（昭和）32年以来労働省において推進してきた方式である》（同上）

ここに至るまでの背景として、「敗戦による農村人口の増加」（敗戦の近づいた時期から、就業機会も住む家も食料もなくなった都市から、頼るべき親類・縁者のある人々は地方小都市や農山漁村に住処を求めて移動した）、二三男問題（江戸時代以来、子供一人に全農地を相続させ、他の子供は他の職業に就くか、男子のいない農家の婿になるかという職業選択をしていた）があり、やがて職業選択をめぐって「変化への胎動」があり、それはすなわち「高度経済成長の開始」に伴う「農村二三男問題の解消の始まりを告げる動き」であったと、加瀬氏は言う。

その延長線上でとられた中小・零細企業の「集団求人方式」については、昭和三十四年（一九五九年）に発行された『職業安定広報』七月号から引いた以下の文章を引用している。

《集団求人方式は東京都の中小・零細企業所が、1954年度に始めたといわれている。すなわち、「集団求人は昭和29年度において東京都渋谷公共職業安定所管内の商店連合会が、参加20余店の求人60人をとりまとめて、同所に求人申込みし、同所が新潟県高田公共職業安定所とタイアップして、集団的職業紹介を実施したこと」がその発端であり、「これがたまたま人手不足に悩む中小企業、特に商店にアッピールし、職業安定機関の指導奨励と相まって急速に普及した」（『職業安定広報』1959年

7月号、26頁）とされている。》（同上）

そして「集団就職」すなわち「集団求人」は、具体的には次のような手順を踏んで行われた。○○商店街・○○商工会が地元＝都会の職安に集団求人を申し込む→職安はその求人を一定の計画に従って特定の農村地域の職安に伝える→後者の職安がそれぞれの管轄地域の中学校からそれに対する求職者を集団的に紹介する→そして採用が決定される——。

こうした図式を示したのち加瀬氏は、先に掲げた小川氏らの編著書に言及、《その意味で、集団就職についての最も包括的で優れた研究書である小川利夫・高沢武司編著『集団就職　その追跡研究』が喝破しているように、「集団就職とは、集団求人の交通的対応形態であって、求人側の職安行政と求職側の職安行政の労働力引渡し作業の交通的表現であるにすぎない」》と追認・評価している。

このようにして就職した中卒集団就職者たちは、どのような待遇（扱い）を受けていたのか。加瀬氏の著書から悪しき例を挙げると次のような問題が浮き彫りになった。

○朝早くから起きて夜遅くまで（本来の）業務以外の雑用をさせられる。

○使用人を遇するのに「家族的」という曖昧な言葉で優遇しているかのように思わせ、勤務、拘束時間後の余暇を完全に解放してあげていない。

○定時制高校への通学は容易ではなかった。もっとも問題であったのは、就職に際しては通学を許可すると約束していた雇用主が、就職後にはその約束を覆してしまっている。

『集団就職　その追跡研究』の終章には、こう書かれている。

《……農家の子弟が地すべり的に農業外での就業を選択し、そのうちの相当部分が大都市へ流入した昭和30年代は、就業構造変化の面においても、戦後日本史の上で独自の一時期を形成しつつ、その後の日本の政治・経済・社会のあり方に対して、大きな影響を与える条件を蓄積させたのである。》

加瀬氏が本書のまとめとして書いた結びの言葉である。

苅谷剛彦・菅山真次・石田浩編集による『学校・職安と労働市場』が刊行されたのは、加瀬氏の『集団就職　その追跡研究』が出版されてから三年後の平成十二年（二〇〇〇年）二月であった。副題は「戦後新規学卒市場の制度化過程」とあり、版元は東京大学出版会である。苅谷氏はオックスフォード大学社会学科および現代日本研究所教授、菅山氏は東北学院大学経営学部教授、石田氏は東京大学社会科学研究所教授で、三名の編者のほかに西村幸満氏（国立社会保障・人口問題研究所室長）と村尾祐美子氏（東洋大学社会学部准教授）が共同で執筆した。副題にあるように本書が焦点を当てているのは「個々の中卒者たちが辿った人生の断面と重ね合わせて（中卒就職者の光と影を）ノスタルジックに論じる」ことではなく、《彼ら・彼女たちの職業への移行を方向づけ、支えた〈制度〉に着目することであるという。すなわち、《新規学卒者の労働市場の調整を果たした、職業安定所と中学校の連携からなる、職業斡旋・就職指導の制度の歴史を分析の対象として》選んだのであった。

本書は、「1章　問題の提起と本研究の射程」（苅谷剛彦）、「2章　学校・職安・地域間移動」（同）、「3章　職業安定行政の展開と広域紹介」（菅山真次・西村幸満）、「4章　中卒者就職のミクロなメカニズム」（石田浩）、「5章　女子中卒労働市場の制度化」（石田・村尾祐美子、「6章　中卒者から高卒者へ」（菅山）、「7章　結論」（菅山・石田・苅谷）と、7章で構成されている。

本稿では、著者らが分析した〝過程〟を素通りしていきなり第7章「結論」を見ていくことにしよう。第7章・2項には「学校・職安が介在したジョブマッチングの評価」と題し、その最も重要な歴史的背景となったのは「戦後新たに発足した新制中学の存在」であると説いている。新制中学「制度」の果たした役割とは以下のようなものであった。

《戦前期には尋常小学校、高等小学校、青年学校など異なる年齢の生徒が複数の出口を通じて就職していったのに対し、戦後の義務教育制度の下では15歳という同年齢で卒業生が大量に社会に輩出されるという前代未聞の事態に直面することになった。このため職安行政は、大量の失業者が都市に滞留することを恐れ、そして新しく発足した中学校が、卒業生を無事に社会に送り出すことができるのかという危機感を抱いていたことは容易に想像できる。さらに女子の繊維関連求人に代表されるように、当時全国的レベルでの需給のアンバランスが明確に存在し、多くの中卒者の就職は農村から大都市部への地域間移動を伴った。》（『学校・職安と労働市場』、以下同）

これがいわゆる「集団就職」という形を伴って現れたのだが、彼ら・彼女たち個々が味わった〝苦い経験〟はさて置くとして、総体的に見て学校・職安の果たした制度的役割は評価すべきものであった。《県を越えた職業機会が、職安と学校という制度を通して全国津々浦々の中学校の生徒に提示され、その結果大量の男女生徒が大規模な地域間移動を整然と体験できた意味は極めて大きいといえる。大量の失業者を生み出すことなく、就業経験のまったくない「心身ともに未熟な年少者」である求職者のほとんどが、卒業と同時に就職できたことは、学校・職安による「徹底したスケジュール管理」「適職紹介」「1人1社主義の原則に基づく選抜」「就職後の定着指導」など、……中略……「制度」が介在した職業斡旋の仕組みに負うところ多大である。このように、新制学校制度の発足により提起された中卒者の就職という重い課題に対しては、学校・職安は見事な解答を用意したといえる。》

では、この「制度」は企業側に対してはどのようなメリットをもたらしたのか。

○この時期重要産業に指定された鉄鋼・紡績などの基幹産業にとって、若年労働力がスムーズに供給されたことはメリット大であった。

○青少年は、扶養家族を持たないために移動が容易であり、低賃金で雇用でき、適応力に富んだ労働力と考えられていた。

○大量の中学校卒業者が、スケジュールに従って毎年決まって一定時期に新たな労働力として捕捉できる条件をこの「制度」が用意したことは、企業側に年間採用計画を立て、定期一括大口採用を可能にする基礎を提供した。

○採用にかかるコストに関しても、紡績などの広域採用を行う企業にとってはメリット大であった。また、重要産業に指定された大口求人は、紡績産業に典型的に見られるように「分割採用」および「労務出張所の職安行政内での位置付け」など、職安行政の「制度」の中においても優遇されてきたという。《養成工制度をもつ企業では、優秀な人材を確実に提供してくれるシステムとして、学校・職安の職業斡旋を考えていた。》と言う。

しかし、「ここで忘れてはならないのは」と著者は言う。新卒者を採用した「企業の中にも違いがあった」というのである。その顕著な例は神奈川県にあった。《職安は企業規模により採用試験の時期を微妙にずらすように指導し、大企業が優秀な人材をまずはじめに選抜できる仕組みを用意した》と言うのである。

《大企業にとっては、学校・職安による職業斡旋は、自由な求人活動の制限ではありながらも、優秀な生徒を事前に選抜し推薦してくる都合の良い仕組みであったことは否定できない。》

著者が本書で提示した神奈川県内の優秀な生徒を選抜した大企業には「日本鋼管川崎工場」、「いすゞ自動車川崎工場」、「プレス工業」などの名が見られる。

大企業側のメリットはこれでわかったが、では中小・零細企業のメリットはどこにあったのか？

《零細企業にとっては、大量に採用するわけではないのにかかわらず、求人票をわざわざ記入し、職安行政の「制度」にのっとって新卒者を雇用するメリットは、それほどはっきりしたものがあったとは考えにくい。このように、企業側にとって「制度」のもつ意義は、企業規模間や産業間で隔たりがあったと推察される。》

ではこのような「制度」を〝個人〟すなわち「就職する側」の視点から見るとどのような評価が下せるのか。《学校・職安を通して就職していく生徒個人にとっては、卒業後の進路選択とは職安の職員と職業指導担当教員との3者面談の際に提示される就職先に他ならない。》のだという。

《「制度」がタイトであり透明性が乏しいほど、生徒各個人に許容されている裁量は最小限にならざるを得ない。個人に保障された「職業選択の自由」は、「制度」を基礎付ける「保護と統制」の前に圧倒され、形骸化してしまった。》のだった。

一方では、求職者の出身階層に言及したこんな記述も見られる。

《……都市部に多かった工員や俸給生活者の子弟には学校・職安を通して、大手企業を中心とする労働条件の比較的良好な雇用機会を提供することができたのに対し、農村・郡部に多かった農林漁業出身者には同様な雇用機会を十分に用意することができず、結果として、出身階層間の不平等を拡大することになったのである。》

最後に、新卒者の就職に対する職業安定機関の姿勢について論じた菅山・石田・苅谷三氏の以下の文章を引用し『学校・職安と労働市場　戦後新規学卒の制度化過程』の結びとしよう。

著者らの分析によれば、新卒者の就職に対する職業安定機関の姿勢には、「職業選択の自由」という理念と、年少者の「保護」という理念の2つが含まれていた。後者について言えば、一つは、人身売買や不法就労などの危険から年少者を守るという意味での「保護」。もう一つは、《「適職紹介」「定着指導」と結びついた職業紹介もまた「保護」の理念には含まれていた》と言う。《適職紹介・定着指導という、新規中卒者の職業への移行に関わる職業紹介の理念は、不良化防止という就職後の青少年の「健全育成」の価値とも結びついていた》のだった。

「集団就職」をテーマに研究した書籍で最も新しいのは、**山口覚氏の『集団就職とは何であったか〈金の卵〉の時空間』**（ミネルヴァ書房）である。著者は関西学院大学文学部教授であり、平成二十八年（二〇一六年）一月に出版された。直後に『毎日新聞』が二月九日の夕刊・文化面の「論の周辺」で《この本は学術的な研究書だが、初めて明らかになった点がいくつもあり、興味深い》としている。学芸部編集委員・大井浩一氏の評で、以下のような点に斬新さがあるとしている。

《例えば、戦前まで源流をたどりうることをはじめ、集団就職はより広い時空間の中で捉えるべき現象だという指摘が一つ。もう一つは、これまで多くの文献で「初の専用臨時就職列車」とされてきた54（昭和29）年の「青森発上野行き」が、実は日本初でも戦後初でもなかった事実である。》（大井氏）

山口氏は地理学の専門家で、全国各地の自治体の資料や地方紙を丹念に集め、どの時代にどれだけの人々がどう動いたか、事例を積み重ねて本書をまとめたという。「集団就職」については序章の冒頭においてこう定義づけている。

《ここでは集団就職について「主に戦後・高度経済成長期に公的機関の諸制度によってもたらされた、新規中卒就職者を中心とした大規模な若年労働力移動現象および関連現象」としておく。あえて幅を持たせた曖昧な定義にしているのは、集団就職が多様な要素から構成された多義的な現象であり、それほど単純には語り得ないと思われるからである。》（『集団就職とは何であったか〈金の卵〉の時空間』、以下同）

序章のタイトルは「集団就職の時空間」である。以下、三部構成となっており、第Ⅰ部「ナショナル労働市場という夢と集団就職制度」では「労働市場の運動と集団就職の諸制度」（第1章）ならびに「高度経済成長期における集団就職の概要」について（第2章）、第Ⅱ部「就職列車の半世紀」では「戦時体制下の集団就職」（第3章）と「戦後における就職列車の展開」（第4章）、そして第Ⅲ部「さまざまな求人と移動」へと進む。Ⅲ部では第5章「人身売買から集団就職へ」、第6章「集団就職と県民性」、第7章「集団就職と都市イメージ」、第8章「海外移住としての本土就職」、第9章「集団就職と韓国人研究生」と続き、終章では「集団就職を問いなおす」で結びとしている。

序章を読み進めていくと衝撃的な一文が目に飛び込んでくる。

《集団就職の『金の卵』が、そろそろ日本国家には恥部になろうとしていた。》

とあるからだ。これは著者が発した言葉ではなく、「詩人の三上寛」によるものであるらしい。「連続射殺魔事件」を引き起こした永山則夫について書いた文章から引いたもので、「自殺や犯罪が集団就職者を語る上でキーワードになってきた」とし、「恥部」の前後には次のように書かれている。

《……詩人の三上寛によれば、一九九七年八月一日に執行された永山の死刑は、まさにそうした象徴の忘却のためのものであった。しかもそれは「日本国家」による忘却だとされている。

誰が彼に目を止めただろう。

集団就職の『金の卵』が、そろそろ日本国家には恥部になろうとしていた。

永山を抹殺することで日本国家は『集団就職』という恥ずかしいシステムを忘れ去ろうとしたのだ。

（三上　１９９８）》

これを受けて山口氏は言う。

《だが、集団就職は「日本国家」とだけ結びつけて記憶されればよいのであろうか。あるいは集団就職は「恥ずかしい」としか評価できないシステムだったのであろうか。これらの点には再考の余地がある。》

集団就職、あるいは国の経済復興を促進するために「制度」を設けたそのシステムが「恥部」であるはずはなく〝再考〟を要するまでもないと思うが、山口氏はさらにこう続けている。

《集団就職という明確な定義のない言葉は、一元的に語ることが困難な新規学卒労働者、特に中卒者の制度的職業紹介システムについて何となく理解できたような気にさせてくれる。他方で永山の事件のような象徴的な出来事によって、そのイメージはますます固定化されてきたようにも思われる。そのため、出郷をめぐる悲しい記憶や移住先の都市での厳しい生活状況、集団就職者による犯罪事件といったステロタイプ化された負のイメージを除けば、おそらく多くの人々は、集団就職という言葉を聞いても、この現象の多様な側面を想起できないのではなかろうか。》

こののち著者は、上野駅一八番ホームが廃止されたこと、「あゝ上野駅」の顕彰碑が建立されたことなどに触れ、「集団就職列車の起源」が一九五四年になっている定説については、こう否定している。《就職列車は一九五四年よりも以前から、もっと言えば戦前から、青森県を含む各地で運行されている。一九五四年は就職列車の起源の年ではなかったのである。また、一九五四年に青森県で計画された臨時列車と、同年度に新潟県でなされたという集団求人の関係を整合的に説明することも容易ではない。集団就職はこれまで曖昧な記憶や記録によって不整合なまま語られてきた部分が少なくないのであり、それは多様で複雑な現象の忘却とほとんど同義である。ある特定のイメージだけを残して忘却され、「集合的記憶違い」の中に置かれてきた集団就職は、確かに「消えた言葉」だったのかもしれない。》

さらに、過去に出版された「集団就職」に関する研究書の紹介とその内容については、上記の文章に続いて次のような寸評が見られる。

《集団就職に関連する研究はすでにある。加瀬和俊の概説書である『集団就職の時代』(加瀬1997)、職業紹介制度について詳述した苅谷剛彦らの『学校・職安と労働市場』(苅谷他編2000)の二冊は特に重要である。前者は集団就職の概要を知る上で優れている。しかし集団就職のステロタイプに依拠した説明も少なくない。後者は職業紹介制度の歴史的展開を知る上で避けて通れない先行研究である。ただし同書では、主としてナショナル・レベルでの職業紹介制度の解明という目的が明確にあったため、それ以外の諸制度を含む集団就職の全体像をとらえることはもとより試みられていない。》

そこで山口氏は、自著『集団就職とは何であったか〈金の卵〉の時空間』では、「(集団就職の)時空間をめぐる多様な実践のプロセスを描き出すというだけでなく、そうした諸実践がなされてきた時空間そのものを問いなおす」ために本書を刊行したのだという。長い引用になるが、刊行に至った経緯についてはこう述べている。

《以下(本書)では集団就職の時空間についてさまざまな角度から解明することになる。ここで時空間という言葉を用いるのは、集団就職と呼ばれる労働力の配分・移動現象が、歴史的・空間的にいかに展開してきたかが重要となるからである。……中略……しかしそれだけではない。集団就職をめぐってこれまで語られ、解明されてきたことの大半は、ある程度定まった時間と空間に関するものであった。つまり戦後・高度経済成長期における日本の国土空間である。……中略……

これまで集団就職に関する研究があまり進展しなかった理由の一つとして、関連資料の欠如を挙げることもできる。集団就職は中央・地方行政の複合的な連携の中で実践されてきたが、その実態を示す行政資料は必ずしも多くない。そこで本書では、各地の地方紙を中心とした多数の新聞の記事を利用する。新聞記事は断片的ながらもその時々の情報を後世に残してくれているからである。》

そして、《本来であれば集団就職者たちの姿を見るためにより多くの紙面を割きたかったが、本書ではあくまでも職業紹介制度や就職列車の運行といった制度的側面を中心に話を進め》たのだという。

著者は「ステロタイプ」という表現をよく用いている。「先入観」「思い込み」「固定観念」「偏見」という意味であり、日本語で書くといささか挑戦的になる。「ステロタイプ」と書くことでいく分意味を和らげているのであろうか。

「ステロタイプ」を「固定観念」「偏見」という意味で捉えるとして、集団就職者に対する悪しきイメージを助長する言葉としてよく目にするのが「犯罪」という言葉である。山口氏の著書・第I部第1章「労働市場の運動と集団就職の諸制度」の中にもその言葉が見られる。《ところで、集団就職をめぐる報道には、マイナスイメージを喚起するような内容のものが確かに多かった。それに類する新聞記事を見つけることは難しくない。》とあり、以下のような記事のタイトルが並んでいる。

「逃げ出した二少年　奄美大島の集団就職組〝ひどい労働条件〟で」／「集団就職船でけんか　中卒生、刺されて重体」／「多い病気での脱落　集団就職の中卒者　無理な上京も原因」／「集団就職から脱落した少女を売り飛ばす」／「集団就職の少年自殺　故郷恋しいとノイローゼ」／「集団就職少年が強盗　三人沖縄から来たばかり」

――これらはすべて『朝日新聞』（一九五五年〜一九六九年の朝刊・夕刊）の記事から取ったもののようである。著者は《他方でプラスイメージの記事もなかったわけではない》として「期待に胸をはずませて」「足取りも軽く」「元気に第一陣」（『朝日新聞』）などといったタイトルをも紹介している。

そしてのち、著者は次のように言う。

《集団就職のイメージは新聞を中心としたマスメディアによって形成され、流布してきたであろうし、そのイメージを全否定する必要もない。主にはネガティブに語られてきた集団就職像が誤っていたとも思われない。おそらく、ネガティブなものを中心とした特定のイメージが一般に流布していればこそ、本来であれば多面的な現象であったはずの集団就職について一定の共通理解がもたらされてきたのであろう。》

筆者（基）は、奄美大島の南端で沖縄に最も近い与論島の出身である。「逃げ出した二少年　奄美大島の集団就職組　ひどい労働条件〟で」や「集団就職少年が強盗　三人沖縄から来たばかり」などのタイトルを見るとドキリとするが、上記の「集団就職船でけんか　中卒生、刺されて重体」とあるのも沖縄・奄美諸島から来た集団就職者が引き起こした事件であろう。「集団就職船」というのは沖縄・奄美諸島以外にはなかったからである。われわれは船で三泊四日かけて神戸港に着き、そこからまた大阪・岐阜・愛知、そして東京へと長い列車の旅をしてのち雇用主に引き取られていった。

山口氏の著書・第Ⅱ部第4章「就職列車の半世紀」の中に、《沖縄からの海路であれば二泊三日が必要であった。》（165頁）という記述がある。重箱の隅を突っつくようで恐縮だが、これは「三泊四日」の誤りではないだろうか。一九六一年三月、われわれは与論島から三泊四日の船旅をして神戸港に着いたからである。しかし、同書には「一九七四年の話」とあるから、一三年のタイムラグを考えれば就航していた船の速度も上がっていたはずであり、「二泊三日」で間違いではないのかもしれない。

（二〇二〇年十二月　記）

第3章　作家が書いた「集団就職者」

労働力としてだけ値ぶみされる存在

集団就職者は、作家、いわゆる物を書くことを生業としている人の目にはどのように映っていたのか。集団就職者を、どのような視点で捉えようとしていたのか——。本章では、集団就職をテーマに作家が書いた著書の中からいくつかを選んで、その論旨、内容等について紹介してみたい。

早船ちよ著『集団就職の子どもたち　その夢と現実』

筆者の知る限りにおいて「集団就職（者）」をテーマに作家が書いた著書としては、『キューポラのある街』の作者として知られる早船ちよ氏が著した『集団就職の子どもたち　その夢と現実』が初めてであろうと思われる。昭和四十年（一九六五年）六月に弘文堂から出版された。集団就職をした少年・少女たちを取材して書いたのではなく、昭和三十八年（一九六三年）に秋田県や山形県から集団就職をする「子ども」たちの村を訪ねるところから始め、「中学校をでた子どもが、人生の門出である集団就職列車にのるまでのいきさつや、村での生いたち、村の実態など何日か歩いてしらべ、取材」して書いた本である。その後も、「事あるごとに、機会あるごとに、または、できるだけ機会をつくって、彼らの職場や、寮や、集まりをおとずれ」たりしたことから、取材は二年間に及んだ。本書を世に送り出した意図について早船氏は「まえがき」の中で次のように述べている。

《……それがなぜ、こういう本をかかずにいられなかったか——。小説作品でかくまで待っていられず事実をなまでぶっつけてしまいましたが、これは、いわゆるルポルタージュともちがうようです。ひとりの作家の目にうつった事実を、おおくのひとびとに知ってほしい、わたしが腹をたてている事態に、共感してほしい、——そういうつよいねがいから、まとめました。せっかちな「怒りの書」とでも名づけたい、そんな気持ちです。》

著者が同乗した集団就職列車には一〇〇〇人くらいの少年・少女たちが乗っていたという。「ふるさとをあとに」する少年・少女たち、集団就職列車で中学を卒業する前にクラスメイトに書いてもらった「サイン帖に見入る」少年、「社員心得」を手に眠る少女、そして目的地「東京に着く」と「就職おめでとう　きょうからあなたは東京の人です」という大きな幟が待っている——。著者はこれらの光景をカメラに収め、さらには少年・少女たちが雇い主に引き取られて目的地（会社）に向かう様子、職場で仕事をしている写真などを巻頭で紹介している。

早船氏が本書で伝えたいことの一つは「まえがき」に見る以下の一文である。

《……ようやく、年少労働者として働けるようになると、格安な労働力として利用することしか考えない大人——そういう社会のありかたに、わたしは、怒りを押さえることができませんでした。歩くにつれ、話しあうにつれ、彼らの若い人生が、かけがえのないだいじなものとして受け入れられていないばかりか、圧迫され、疎外され、孤立されているのを知るばかりでした。》

ここまでを書き、行間を開け一呼吸おいてのち著者はこう続けている。

《中学校をでて、十六歳から十七歳の時期は、だいじです。十七歳から十八歳へかけての人生にしても、その一年が、そのひとの生涯を決定するかもしれないたいへんな時期です。

が、高校生たちが、テスト主義のつめこみ教育に懐疑的になり、「じぶんたちには、ほんとうの勉強や高校生活がないのじゃないか」と考えこむとき、おなじ年ごろの就職者たちは、労働力としてだけ値ぶみされているのでした。》

早船氏がこの「まえがき」を認めたのは昭和四十年（一九六五年）六月であった。そして同年六月に本書の初版は発行された。本書には「新卒者就職状況」として一九六三年六月一日付の「文部省調査局統計課資料」が掲載されているが、他府県から東京へ就職した中学卒は七万七八三〇人、高校卒は七万六七五六人とほぼ拮抗している。他府県とは北海道、東北、東京近県（茨城、栃木、群馬、埼玉、千葉、神奈川、山梨、新潟、長野、静岡）、東海・北陸、近畿、中国、四国、九州を指すが、ちなみに東京への中卒就職者で最も多いのは東北で二万五〇二二人、次いで多いのは九州の四七一三人となっている。この傾向は高卒者もほぼ同じで、最も多いのは東北の一万七一五四人、次いで多いのは九州の九三五二人となっている。なお、東京近県で中卒の就職者（八六六人）より高卒の就職者（三四二一人）が圧倒的に多いのが神奈川県（東京は不明）、次いで長野県（中卒二一一一人、高卒四五五六人）、埼玉県（中卒四八〇五人、高卒六六二九人）、山梨県（中卒一五五一人、高卒二八四九人）、静岡県（中卒一二七五人、高卒一四七六人）で、千葉県は中卒の就職者（七四〇〇人）と高卒の就職者（七一〇四人）がほぼ拮抗している。

言うまでもないが、この数字の裏には「希望に燃えた一人一人の人格」がある。《安い労働力の計画輸送という面だけで、集団就職はあつかわれていないはずである。》と早船氏は言う。そして、集団就職の取材を進めていくなかで《地元の職安係員、東京都の担当係員など、直接ことに当っている人びとの扱いには、並なみならぬ心づかいと配慮を感じもした。》が、一方において《それらの係員の善意のみにたよりきれない》ものがあり、《政治への不信――苛酷な過当競争の経済機構のなかでの経営者に対する、不安と危惧はまぬかれない。》としている。

経済発展のために若い労働力を求めていたこの時期は「求人難の時代」とも言われていた。それを象徴するかのような、ある事件が秋田県内で起こり、これを『朝日新聞』が報じた。

早船氏が取材を進めていた昭和四十年（一九六五年）の出来事であり、一月二十四日付のこの記事を早船氏は目にすることとなった。

《人買い合戦　「求人難食う職安――公然、贈り物要求　●●（著書では実名）二所長ら六人を逮捕》という見出しをつけて記事は実名で報じられた。中卒就職希望者を優先的に斡旋してもらうために、職業安定所の職員に企業側が金品を贈った、あるいは職業安定所の職員が企業側に「賄賂」を要求していた、という事実が明るみになったのだった。贈賄の疑いで逮捕された企業は東京都（電機など二社）、横浜市（生産業）、愛知県蒲郡市（織布、毛織）、名古屋市（紡織）の会社などであった。職業安定所に限らず求人側は実績のある中学校にもテレビやステレオや「講堂ができると名入りの字幕」などを贈っていたという。求人を巡るこれら贈収賄事件については『朝日新聞』に限らず、『毎日新聞』や『読売新聞』などでも取り上げられたと、早船氏は記事を引用し紹介している。職安汚職の容疑者の一人は留置場で自殺を図ったというニュースも流れたという。

話は横道に逸れたが、早船氏は「夜間中学」についてもつぶさに取材している。そして、定時制高校ではなく夜間中学で学ばねばならない「子どもたち」については、こんなコメントを残している。

《子どもたちは、遊びたい、甘ったれたい年齢なのに、重たい生活を背負って、大人なみに、八時間から十時間も働かされている——当然労働基準法違反なのだが、労働基準法や少年保護法も、この子どもたちを守るものではない。法を守ったら、子どもも、子どもらの家族も食っていけないという現実があるからだ。》

この夜間中学の生徒たち五二名の半数は住み込みで、家具の塗装工、コイルの捲線工、ボール箱折工、菓子職人、メッキ工、プレス工、金庫製造工などの仕事に就いていたという。

本書、「第三部　子どもたちのふるさと——第二章　群馬県の高冷地」のなかでは、「体のあまり丈夫でない主人」に代わって新聞配達をし、子どもたちを高校に進学させている母親が早船氏に宛てた手紙が紹介されている。

「きょうも、雪道を帰途につきながら、丈夫で働ける身に感謝しつつ、大きく、また広く、社会を見つめなければ……と、自分にいい聞かせるのでした。」

その母親が新聞配達をした期間は四年間であったという。山坂の多い地域であるため、自転車で新聞配達をしたのではなく、背中に新聞を背負って「一部ずつぬきながら」配って歩いたという。

早船氏の著書『キューポラのある街』（キューポラ：銑鉄を溶かす炉）は、埼玉県川口市の鋳物工場で働く女性を主人公にした作品で、日活で映画化された。主演したのは日活の看板スター・吉永小百合だった。『集団就職の子どもたち』では、「第二部　未来を語る子ら」のなかで映画『キューポラのある街』をテーマに座談会が持たれ、早船氏はこのなかで、自らの生い立ちについて語っている。

一九一四年（大正三年）岐阜県飛騨高山市生まれ。実家は小料理店経営。高等小学校を経て検定試験を受けて小学校の教員免許状取得。新聞社の給仕、見習い看護婦、家業の手伝いの出前持ちなどをしながら勉強。家が長野県へ引っ越す前に東洋レーヨンに就職――。このような経歴を持つ早船氏は、自らの子や孫に寄り添うような気持ちで「集団就職」の取材を進めていったに違いない。

『集団就職の子どもたち』を私が読んだのは、三〇年以上も前に「集団就職」をテーマに原稿を書くことを決めてからであった。書籍は版元にはなかったため、国会図書館に何度も通うことになった。読了してのち早船氏に「当事者である私も集団就職の本を出版したい」旨、手紙を差し上げたところ、「頑張りなさい」という励ましのお手紙をいただいた。遅々として取材が進まないなかで、それから毎年のようにお年賀状をいただいた。最後に御賀状をいただいたのは平成七年（一九九五年）であり、そこには「もういちど筆をとって小説を書きたいものです」と毛筆の鮮やかな文字が認められていた。

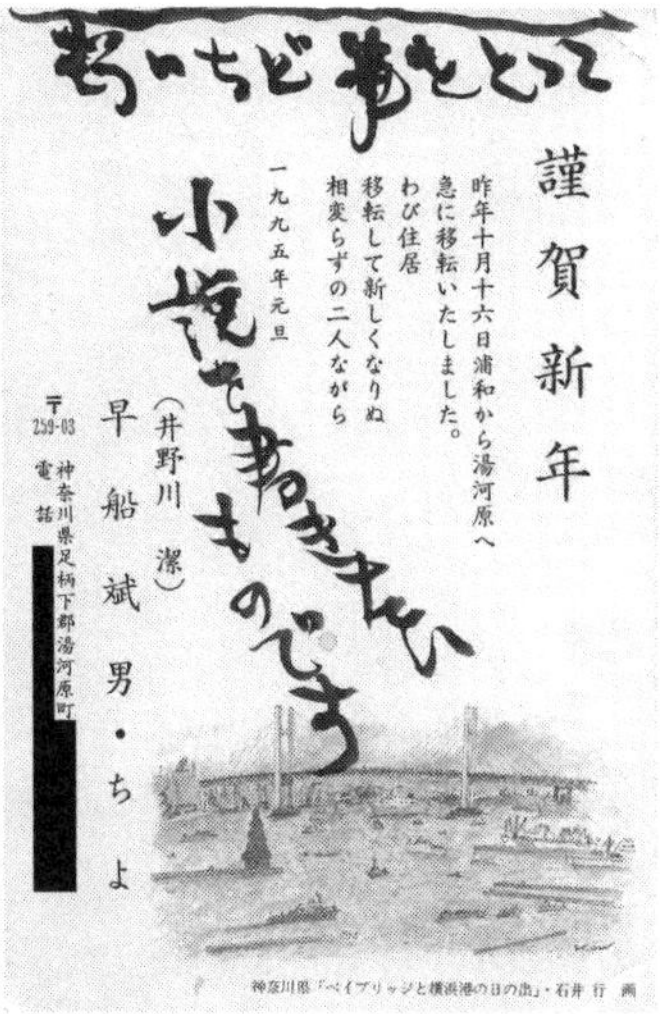
もういちど筆をとって
謹賀新年
昨年十月十六日浦和から湯河原へ
急に移転いたしました。
わび住居
移転して新しくなりぬ
相変らずの二人ながら
一九九五年元旦
小説を書きたいものです
（井野川　潔）
早船斌男・ちよ
〒259-03
神奈川県足柄下郡湯河原町[redacted]
電話[redacted]
神奈川県「ベイブリッジと横浜港の日の出」・石井 行 画

1995年1月、早船ちよさんからいただいた最後の年賀状

小説家であり児童文学作家でもある早船ちよさんがお亡くなりになったのは平成十七年（二〇〇五年）十月八日、享年九一歳であった。生地・飛騨高山市には早船氏の文学碑が建っている。

鎌田忠良著『棄民化の現在』『殺人者の意思　列車爆破狂と連続射殺魔』

作家が書いた「集団就職」についての著書――。早船氏に続いて取り上げたいのは、ルポライター・鎌田忠良氏が著した『棄民化の現在』である。同書『棄民化の現在』は、早船氏の『集団就職の子どもたち　その夢と現実』が刊行されてから一〇年後の昭和五十年（一九七五年）十二月二十日、大和書房から出版された。

鎌田氏について紹介させていただくと、「1939年青森県生まれ　ルポライター」――。『棄民化の現在』の奥付に見られる鎌田氏のプロフィールである。国会図書館で『棄民化の現在』を探し当て、この一行だけのシンプルなプロフィールを見たときは感動した。著書に『蒸発』（三一新書）、『殺人者の意思　列車爆破狂と連続射殺魔』（三一新書）、『日本の流民芸』（新人物往来社）ほかがある。

『殺人者の意思　列車爆破狂と連続射殺魔』で取り上げられているのは昭和四十三年（一九六五年）六月十六日に起きた「横須賀線爆破事件」と、同四十三年十月十一日から同年十一月五日にかけて起きた「連続射殺事件」である。前者は横須賀発東京行きの上り電車（十両編成）が、大船駅の手前約二〇〇メートルに差し掛かった際、六両目の網棚に置かれていた新聞紙の包みが突然爆発。乗客六三人中、会社員（三〇歳）一人が頭骨骨折で病院収容後死亡したほか、七人が重傷、二三人が軽傷を負ったという事件。犯人は山形県の中学を卒業した大工・若松善紀で、昭和四十四年三月二十日の横浜地裁での判決公判で死刑が言い渡された。

後者の「連続射殺事件」は、第一事件・東京（昭和四十三年十月十一日）、第二事件・京都（同十

月十四日)、第三事件・函館(同十月二十六日)、第四事件・名古屋(同十一月五日)と連続して起こったピストルによる射殺事件。犯人は青森県から昭和四十年(一九六五年)三月に集団就職で上京した一九歳の少年・永山則夫であった。上京して勤めた最初の就職先は東京・渋谷のフルーツパーラーであった。ここを六カ月で辞めると、自動車整備工(栃木県宇都宮)→米屋店員(大阪府)→ホテルのボーイ(東京・羽田)→クリーニング店員(川崎市)→牛乳配達(東京・新宿〈定時制高校〉)→牛乳配達(東京・池袋)→牛乳配達(東京・杉並〈定時制高校〉)と転職を繰り返し、昭和四十三年五月に青森へ帰郷。自衛隊に志願するも不合格。横須賀基地侵入ピストル・弾丸入手(同年十月)、そして四件のピストル射殺事件を引き起こす(『殺人者の意思　列車爆破狂と連続射殺魔』より)。永山が入学した定時制高校は明治大学付属中野高校であり、一度目は欠席が多く除籍、再入学したが欠席が多くまたも除籍処分となっている。欠席は多かったが、成績はクラスで一〇番以内に入っていた。射殺事件により死刑囚となった永山則夫は、獄中で書いた『無知の涙　金の卵たる中卒者諸君に捧ぐ』を出版した。

同書の「あとがき」では読者に対しこんなメッセージを送っている。

《読者の皆さん!!　無数の永山則夫(不良青少年・もしくはそれに準ずる青少年たち)に本書が渡って、殺人のない社会を建設する運動に彼らが参加できることを、〝連続射殺魔〟はいかなる日も祈っていることを忘れないでください!》

永山は法廷で「貧乏で無知だった」と叫んだという。赤貧の中で育った。七人きょうだいの下から二番目で、父親はリンゴの剪定職人をしていたが、博打癖が高じ借金まみれで行方不明となり、最後は出稼ぎ先の岐阜県石波郡で行き倒れとなって死亡した(『殺人者の意思　列車爆破狂と連続射殺魔』）。永山が中学一年のときだったという。

母親であるヨシは、夫と暮らしていた網走市では生活が立ち行かなくなり、青森県北津軽郡板柳町に中学を卒業したばかりの「妹を背負った次女」と二歳の孫娘（長男の子）だけを連れて網走を離れた。則夫が五歳のときだった。暮らし向きを立ててから残された子供たちを呼び寄せようとヨシは思っていたのだが、則夫は「母に捨てられた」と思い込む。永山は、事件を起こしてから母親と面会したとき「あのときなぜ俺を捨てた」と母を責めたと言われる。自伝的小説『なぜか、海』（河出書房新社）の中で永山はこう書いている。

《港を見ていると、青森駅の長いプラットホームとその港を思い出した。青森へは帰らない、母の許へは決して帰りたくないと意を強めた。》

『なぜか、海』には永山が獄中で書いた私小説「残雪」と「なぜか、海」の二編が収められている。「残雪」では、出稼ぎ先の岐阜県で一〇円玉一個を残し野垂れ死にした父、浮気をしていた母、失恋して精神を患った姉。暴力を振るう兄たちの中で則夫が新聞配達をしながら中学に通っていたことが書かれている。永山は中学時代、どんな少年だったのか。フリージャーナリストの堀川惠子氏が著した『永山則夫　封印された鑑定記録』（岩波書店、二〇一三年二月発行）の中には、永山についてこんな記述が見られる。

《「非行少年？　とんでもない。マスコミは永山がどんな不良少年だったかってそればっかり聞くけど、それは違う。私がどんなに話をしても（記事が）出てみたら、手に負えない問題児ってなってるでしょ。事件を起こしたからって後付けしちゃって誇張したりさ、くっつけたりさ、都合のいいよう

に作るんですよ。全然、どこにでもいるような普通の子どもでさ、とても非行なんか出来るような子じゃない。」》

永山の中学二年の担任、比内博美さんを取材して聞いた話だという。

鎌田忠良氏の著書に戻ろう。

永山が逮捕された当時、各種マスコミは「転職癖こそ、彼の〝異常〟ぶりを物語っている」と報じる傾向にあった。その見方はさらに発展して「転職」イコール「転落」、さらには「職業転々」イコール「転落の足跡」と決めつけられた。これに対し鎌田氏は、こんな一文を認めている。

《こうした実情はむしろ逆に、彼らの流動の底に潜む不満や不安に何ら根本的な対応策をもちえず、たんにそのたびに人手を物量としてだけ補給することでようやく成りたっている、若年労働者の就労状況の慢性的な貧困ぶりを物語るものなのである。》(『殺人者の意思　列車爆破狂と連続射殺魔』)

鎌田氏はこう続ける。

《そして彼らのごく一部に、非行・犯罪へと走る者がいるからといって、マスコミ報道もまたこうした一方の事実の指摘なしに軽々しく〈防犯〉の側にたって転落のみを強調するのでは、それはもはや実情に不当に眼をつむった偏見に等しい記述になるというものである。》(同上)

鎌田氏の著書『棄民化の現在』のなかで「集団就職」について取り上げているのは、第三章「孤絶者の沈黙へ」の第三項においてである。

「集団就職」で取材の対象になっているのは、昭和四十九年(一九七四年)三月二十二日に青森県と岩手県の中学を卒業して県外就職した少年・少女たちだ。この日の青森県の中卒県外就職者は六五〇名で、この就職者は一一・八倍の求人倍率を勝ち抜いてきた。鎌田氏の言葉を借りれば「殺到する求人募集から〝適職〟を選りすぐり上京した」人たちである。岩手県からの就職者については具体的な数字はなく、「青森県組よりも三割程度すくないようにみえる」とある。東北地方からの最後の集団就職列車が上野駅に着いたのは昭和五十年だと言われているから、鎌田氏の取材はその一年前に行われたことになる。

鎌田氏がこの取材を通して伝えようとしたのは、「就職時点のこうした引く手あまたの状況は、同時に彼らの肝心の、就職後の将来をも保障するものになっているのか」を問うことであった。上野駅「二〇番ホーム」で青森県中卒県外就職者を乗せた『十和田二号』を迎えるところから取材は始まった。鎌田氏によれば、この日の出迎え陣は意外に少なく、幟を手にした職安関係者は一〇名前後で、目立っていたのは「マスコミ取材陣だった」という。また、列車から降りてきた就職者に対しては「あっけらかんとし、よく見かける修学旅行生たちとまるで変わるところがない」との印象を持ったという。

上野公園口の真向かいにある東京文化会館一階のロビーで、歓迎式が行われた。都の職業課長と列車に添乗してきた県職安員の代表者による挨拶など、歓迎セレモニーは「二〇分足らず」で、あとは雇用主への引き渡しに移ったという。

歓迎セレモニーを観た印象について鎌田氏は言う。

《彼らに見られた言いようのない義務的で空疎な印象は、私には集団就職者の将来の苛酷と荷重について、出迎え陣がそのことを自ら暗示した表情としてうつってならなかったのである。》(『棄民化の現在』)

セレモニーが終わったあと、鎌田氏は、業界大手の洋服製造会社に就職する少女たちに同行取材している。この年H洋装(著書には実名で記載)には三月二十二日から二十九日にかけて八〇名もの中卒・高卒者が就職した。出身県は、青森、秋田、岩手、宮城、福島、茨城、栃木、新潟、長野、山梨、千葉、福井、鹿児島、そして北海道となっている。八〇名中、中学卒は一五名で、高校卒は六五名。中学を卒業して就職した者より高卒者のほうが圧倒的に多かった。この傾向について鎌田氏は、《「金の卵」の慢性的欠乏が、高卒によってカバーされているのにちがいない。同時に、海外旅行、寮の近代化等といったことは、採用対象をそのように高卒に移行するようになって積極的にとられたものであろう。》と述べている。

文中に見られる「海外旅行」や「寮の近代化」とは、H洋装が募集のためのキャッチフレーズとして使ったものだった。寮は鉄筋八階建てで、各室にはバス、トイレ付2DK(四人相部屋)でマンションのような生活。第三章以降で紹介する女子工員の四畳半に五人の相部屋、六畳間に八人の相部屋などと比べると、時代に一〇年以上の開きがあるとは言え、その待遇には雲泥の差がある。給与にしてもしかりで、中学女子の場合で、基本給四万五〇〇〇円。寮費や食費、社会保険料などを差し引かれて手取り三万四〇〇〇円だという。これに昇給が年二回(一回三〇〇〇円以上)、ボーナスが年三回(年間二・二カ月以上)支給されるという。

しかし、H洋装はあくまでも特殊な例だ。「集団就職」を語るときは、やはり昭和三十年代まで遡らねばならない。

「棄民化」につながる鎌田氏の論旨を簡略にまとめると次のようになる。

鎌田氏は「金の卵というコトバはいつごろから用いられるようになったのか」を問い、昭和三十五、六年ごろからであったらしい」とし、この時期を高度経済成長の第一次期の始まりと見る。中卒就職者の需給関係が「買手市場から売手市場に逆転」したのは昭和三十八年（一九六三年）からであり、第二次高度経済成長期と言われるのが昭和四十一、二年から昭和四十八年の夏まで。第一次成長期と異なってこの時期は、集団就職者に対する求人が大企業から中小企業へ、あるいはサービス、小売業の第三次産業へと移行していった。そして、
・企業における生産技術の高度化＝新技術導入に伴い高度の技術者を必要とするようになり、大卒技術者の採用に切り替わる。これに伴い新規労働者構成も変遷していく。
・第一次高度経済成長期の前後には、労働力の構成は①中卒、②高卒、③大卒という順位であったものが、昭和四十年代の第二次高度経済成長期に入ると、①高卒、②大卒、③中卒と変化していく。中卒が三番目になった要因には「中卒者の量的減少という点を見逃しにはできないが」と鎌田氏。
昭和三十八年以降、すなわち雇用増大後の集団就職の問題点は「転職型」と「技術習得型」に集約できると鎌田氏は言う。そして、この時期の若年労働者の特徴は「転職型」であり、それはつまるところ「多くは労働条件の劣悪化、永続勤務の不安定化」につながっていったのだという。「永続勤務の不安定化」とは何か。「棄民化」とはどういうことか――。

《早い話、五年以上いられると邪魔、将来の保証ができない、ということも珍しいことでないし、私自身なん人かの商店主からそうした声をきいているといった具合なのである。労働条件、人間関係の

劣悪化は定着期間を短縮し、早期の転職を強い、さらに雇い主からは五年以上の定着はのぞむところではない、という暗黙の退職要求も働くことになるのである。》（『棄民化の現在』）

さらに鎌田氏は、こうも言う。

《そして、こうした三年から五年以内での「技術習得型」「転職型」化に共通して貫かれていることは、低廉かつ従順な若年労動力の使い捨てという冷酷な意志といわねばならない。就職時の「金の卵」という称揚は、その使い捨てを前提に、最大の収奪期間を厳密にはじきだし、それで次々に循環をはかっていこうとする。そうした企業の意志を表現上ごく下手にでてボカシているものにすぎない、といってよいのだ。同時に、この短期間に初歩的な一定の技術や資格を身につけた彼らは、それゆえにボロボロになるほどにも収奪され、使い捨てられていく。そのうえで、暗黙の退職要求を強いられることになるのである。》（同上）

では、転職した者はその後、どうなっていくのであろうか。

《転職の繰り返しは結局さらに劣悪な条件への下降となり、いずれ彼らを都市の下層労働者として決定づけていくものとなるからである。》（同上）

鎌田忠良氏には、早船ちよ氏同様「集団就職」の本を出版すると決めたのち手紙を差し上げ、電話でアドバイスをいただいたり励ましのお便りなどをいただいた。「目下、犯罪に関する小著を書いています」という年賀状をいただいたのは一九八八年、そして、一九九三年の年賀状には『犯罪月報』を創刊されたとあり、二年後（一九九五年）には「犯罪月報は休刊」されたという奥様自筆の年賀状をいただいた。鎌田氏が病により継続できなくなったからだとのことだった。鎌田氏が季刊で発行された『犯罪月報』（発信21オフィス）は、今も筆者の手許にある。

『棄民化の現在』の中には、《一九六一年（昭和三六年）三月二六日付読売新聞は、集団就職列車から振り落とされた佐賀県杵島郡北方中卒の少年が、ハダシで列車のあとを追い八時間、四三キロ、七駅も離れた地点で保護された事件を報じている──。》という信じ難い〝エピソード〟も紹介されている。昭和三十六年三月といえば、私が中学を卒業して『浮島丸』に乗って故郷を離れた年である。鎌田氏のこの一文を読んだとき私は、この少年を探さずして「集団就職」の本は書けない、と思ったものだった。〝少年〟を探し出すことは叶わなかったが、「F少年」については第5章で詳しく書かせていただいた。

病に倒れた鎌田氏であるが、鎌田忠良氏は現在もご健在である。

鎌田慧著『ドキュメント労働者！』『野望の航跡 東大経済卒の十八年』

『自動車絶望工場』ほか多くの著書を世に送り出している鎌田慧氏。昭和十三年（一九三八年）青森県弘前市に生まれ、県立弘前高等学校を卒業後上京、板橋の零細工場で働く。三カ月で退社。その後、カメラ工場の見習工、筆耕者養成学校の印刷工などを経て、働きながら二一歳で早稲田大学第一文学部露文科に入学。大学卒業後、業界紙（鉄鋼新聞社）記者を経てフリーのルポライターとなる。『反骨 鈴木東民の生涯』で新田次郎文学賞受賞。『六ヶ所村の記録』で毎日出版文化賞を受賞した。

表題に掲げた『ドキュメント労働者！』は昭和五十九年（一九八四年）七月に刊行された。「あとがき」

には《この本に収録された文章の多くは、七〇年代の大衆運動の高揚が書かせたものである。》とあり、オビには《労働者たちの肉声が聴こえる。企業社会の構造が視えてくる。》と書かれている。「〈日本〉を捉えた一〇〇〇枚のドキュメント」を出版した版元は筑摩書房である。

本書で私が最も関心を持ったのは〈I 労働者のいる現場〉に収められている「川崎・鬱屈の女工たち」であった。弘前の高校を卒業し東京都板橋区の都電終点のそばにあった小さな町工場で見習工をしていたという鎌田氏は、その工場の宿直室で中年過ぎの組立工と一緒に寝起きしていたという。組立工の娘は川崎の電機工場で働いていると聞かされた。組立工は奥さんと死別しており、寮住まいの娘に面会するためにときどき川崎に出かけていた。そして出かけるときは、鎌田氏のセーターを着込んで出かけていたという。聞いただけでドラマ化できそうな情景が浮かんでくるが、地方から上京したばかりの鎌田氏にとって川崎は「父と娘が出会う町として映っていた」のだった。

一種憧れの地でもあったその川崎で鎌田氏は、ある雑誌社から「川崎の女子労働者」の取材を依頼され、〝爽やかな女子労働者〟のイメージを持って川崎の繁華街に立つこととなった。しかし、「そんな少女とはついに出会うことがなかった」という。

《その全てといっていい、ほとんどの彼女たちが、仕事はつまらない、やめたい、なにか技術をつけたい、一人で生活してみたい、なにか変わった生活をしてみたい、組合には関心がない、と答えたのである。》(『ドキュメント労働者!』、以下同)

大手電気メーカーなどに勤めている「女子労働者」たちの〝声〟であり、「組合」とは言うまでもなく「労働組合」のことである。

鎌田氏の文章の中で私が探したのは、「集団就職」という言葉であった。《「恋の東芝」けだるい職場》の項にそのワードはあった。

《……そして最近の都市交通の合理化による、バスのワンマン化の浸透によって、職場を追われ出したバスガールたちも、また彼女たちのような暗い、虚ろな眼をしていなかったと思う。消費ブームによって支えられた彼女たちの企業の繁栄と彼女たちのけだるい職場の平和は、集団就職でやって来た彼女たちの青春そのものを次第に虚ろなものにしていっているようなのだ。》

希望に燃えて集団就職でやって来たにも関わらず「仕事が面白くないから」次第に虚ろな眼になっていくのだという。《オートメ工場と鶏舎》の項では、大手企業の「ベルトコンベア・システム」を養鶏場の鶏舎に例えて、「女子労働者」を〝虚ろ〟にさせている原因は何なのかについてこう指摘している。

《テレビの組み立て工場とは家内工業の集約化でしかない。材料にむらがあって手をせわしく動かしている点において農家での果物の皮むき作業に似ているかもしれない。ベルトコンベア・システムは手工業の大量化でしかないことに、私はそれまで気づかずにいた。一列に坐り、五〇秒刻みに流れてくる小さなベークライトの板の上に、一二種のチマチマした部品を押し込む彼女たちのほっそりしたうなじの動きを見ながら、わたしは、狭い金網の仕切りの中で、懸命に餌をついばむ鶏を思い出していた。「仕事って面白い？」、それまで繰り返し続けてきた私の質問はあまりに無神経すぎたのではなかろうか。》

「一二種のチマチマした部品を差し込む作業」とは、プリント基板の穴に小さな部品を差し込みハンダ付けをする作業を指す。「狭い金網の仕切りの中で、懸命に餌をついばむ鶏」とは、採卵のために養鶏場に飼われている鶏のことを指すが、この鶏は身動きすることすらままならない〝仕切り〟の中で、機械的にひたすら卵を産むことだけのために飼われている。日に一個の卵を産まねばならないのは当たり前で、いかにして二日に三個の卵を産ませ生産性を上げるかの研究もなされているということを、筆者（基）は業界誌のセミナーの取材を通して聞いたことがある。実際にあちこちの養鶏場に行き鶏舎の取材もした。餌を必死についばんでいる鶏を見ていると虚しい気持ちになった。食卓で鶏卵を見るたびにその時のことを思い出す。家電メーカーで働いたときは「チマチマした部品を差し込む」作業もしたが、鎌田氏の言うようにそれは確かに「テレビの組み立て工場とは家内工業の集約化でしかない」ように思えた。大手家電メーカーの孫請け会社では、パートタイマーの「女性労働者」などを雇って「部品を差し込む」作業に従事させていた。定時制高校を卒業して正社員で入社した私もその一人だった。入社時に社長に紹介されたときは「電気科を出ている、夜間部だけど」と言われた。《ある少女は、作業台の前に「目標八〇〇個」と赤マジックで書いた紙を貼っていた。それは戦時下の軍需工場を思わせた》と鎌田氏は言う。

鎌田慧氏が『野望の航跡　東大経済卒の十八年』（講談社）を出版したのは昭和が終わる年で一九八九年一月であった。筆者が「中卒集団就職」をテーマに本を出したいと思い取材を進めていた矢先であり、新聞の広告で同書が刊行されていることを知った私はすぐさま書店へ走った。同書は、『週刊現代』に連載（一九八八年五月二十一日号から九月三日号まで）した原稿に加筆し単行本にしたものであるという。カバーのオビには、《1970年卒〈団塊の世代〉のトップランナーたちの今!》とある。鎌田氏はなぜ、本書を世に送り出そうと思ったのか?

《……戦後の開放は多くの子どもたちを生み出したが、彼らはその混乱期の中をくぐり抜け、のちに「団塊の世代」と呼ばれる一団となって時代の先頭を走ってきた。……中略……

彼らは、平和時における激烈な「経済戦争」のまっただ中にいて、「時代の子」として生き抜くことを宿命づけられた男たちだ。その表情を間近にし、肉声を耳にすることで、現代の産業社会を等身大で捉えたい、それが私のモチーフである。》(『野望の航跡　東大経済卒の十八年』プロローグより)

一九七〇年の東大経済卒の就職先で第一位を占めたのは「銀行」であった。高度経済成長期にあって東大卒は、どこへでも無試験で入社できたという。本書で最初に登場するNさん(原文では実名、以下同)は、入社一年後に西ドイツに渡り、国立大学の入学資格を取り、チュービンゲン大学やケルン大学で経営学を学んだ。海外勤務を終え四年半後に帰国。国内の仕事ではほとんど経験がなく「精神的にも肉体的にも苦しくて、本当にやめようか」と考えたという。そのNさんは四年間、採用担当も経験したというが、鎌田氏にこう漏らしたという。

「民間企業にはいったら、学歴なんて関係ないんですよ」

そしてNさんは鎌田氏に、《われわれの先輩の世代は、エスタブリッシュメントをひとつの鎧にしてかろうじて生きてきたんだと思います。でも、僕らはその鎧の脆さをまのあたりにした。学歴とか、そんなもんで世の中渡れるはずはないですからね》と語ったともいう。

鎌田氏はNさんを含め三人の銀行員を取材した。その一人Sさんは全共闘運動で挫折感を味わった。

東大安田講堂が〝燃えた〟とき経済学部に立てこもっていたというが、《さほどの闘志だったというわけでもない。日大のセクトの部隊が到着して、クギを打ちつけたゲバ棒を振るって殴り込んできたとき、彼は追われて逃げ、最後には機動隊に助けられた。》――。そのSさんは「東大出身」というより、「武蔵高校卒業のほうに誇りを持っていた」という。

東大経済学部からは、日本電気という情報・通信事業の分野に就職した人もいたようだ。Yさんは「堅実にものをつくって、社会的に役立つメーカーにいこう」という使命感を持って日本電気に就職した。東大から入社した二〇人は技術系で、経済学部からはYさんだけが入社した。筆記試験はなく、面接試験だけですんなり入社できたという。しかしYさんも、鎌田氏の取材にこう答えたのだった。

《「東大の経済を出るとエリートとかいわれますが、もう卒業時の肩書の通用する時代ではありません。確かに入社して一年ほどは、そんな意識もありましたが、何年かたてば、どこを出たなんていうのは関係ないですね。」》

東大卒の企業戦士に「学歴なんて関係ない」と言われてもピンと来ないが、東大を出たからこそ言える台詞である。鎌田氏の著書の中に〝それらしい決め台詞〟はないものかと探してみたところ、見つかった。富士通に就職したKさんの言葉である。千葉大学に入って高校の教師になろうと思っていたKさんは、一年浪人して東大経済学部に入った。授業へ出ないまま卒業した。試験もなくレポートを提出して終わり。安田講堂攻防戦のころは「ぶらぶら、麻雀をやっていた」という。鎌田氏はそのKさんについて《韜晦していっているのではない。無欲な秀才タイプというのだろうか。茫洋としている。その場になると、集中して頑張るタイプである》と評している。

私が欲していた〝それらしい決め台詞〟とは、Kさんの次の言葉である。

《「ぼくが東大を出てよかったな、と思うのは、たとえば自分が出世しないときに、大学のせいにしなくていい。それが自分の生き方にとってよかったと思いますね。素直に生きられるという点ではね」》

『野望の航跡　東大経済卒の十八年』で取材を受けたのは三六人で、上記二業種のほかに鉄道・航空、鉄鋼、造船・アルミ、商社、開発・不動産、新素材、官僚、証券、出向（人生の前半は「海洋開発」、後半は「宇宙開発」など）、転職（地位をすて家業に転ずる）、家業を継ぐ（町工場の二代目など）、脱サラ（会社で自分を押し殺すか、自由業を選ぶか）、学歴無用（「夢」と「想い」）と多業種に及んでいる。最後に登場するのは、東大を出ながら高卒の資格で駅務員になった元闘志・Bさんである。四二歳のBさんは実名ではなくイニシャルの「B」さんで登場している。経済学部自治会委員長をしていて、機動隊の催涙弾・放水との攻防戦のあと逮捕されたという。中野刑務所に拘留されることになった。東京地裁の判決で、執行猶予付きの「懲役一年六カ月」を宣告された。Bさんは、最後に鎌田氏にこう語ったという。

「一生労働者でいたい。クビにされないかぎり」

学歴は本当に必要ないのか？「エピローグ」の中で鎌田氏は言う。

《（高卒後）三年ほど働いてから、大学に入った。その後、業界紙の記者や小雑誌の編集者、週刊誌の記者などになれたのは、「大卒」の学歴があったからで、だからこそ、求人広告の応募資格をもちえたのは否定すべくもない事実である。現在の「自由業」は、その延長線上にある。》

鎌田氏は、永山則夫元死刑囚と文通していたという。一九六九年四月に永山元死刑囚が逮捕された直後、週刊誌の記者だった鎌田氏は、永山が育った青森県北津軽郡の板柳町を訪ね、取材のため母親に面会した。それがもとで獄中の永山から鎌田氏に手紙が来るようになり、文通が始まった。平成二十九年（二〇一七年）十二月二十五日（月）『毎日新聞』朝刊「オピニオン」の中で、鎌田氏は自らの体験と重ね合わせ「永山」と「中卒労働者」について記者のインタビューに答え次のように語っている。

《日本の高度成長期、中卒労働者を安価な下級労働者として、経営者が求めていました。経営者から見ての「金の卵」であり、中卒労働者が「金のひよこ」にかえるわけではない。》（「そこが聞きたい 連続射殺事件・永山元死刑囚に思う」）

《私も高卒後、上京少年として板橋の工場に就職しましたが、板敷き部屋に押し込められ日給は230円。3カ月で辞めました。当時、転職少年は犯罪予備軍みたいな言われ方がされていましたが、これも逃げられては困る経営側の言い分でしょう。金の卵の「その後」は悲惨です。事故で死んでしまうとか、病気で故郷に帰るとか。中学時代の同級生のほとんどはそうです。工場長とか経営者になったのは一握りです。》（同上）

《中卒労働者がいなくなったかわりに、登場しているのが大卒労働者です。工場、販売などの現業職場を担い、時に使い捨てられる。大卒だけに絶望感も深い。……中略……

過労死、過労自殺も同じです。企業の中で人が壊されている。根源は利益追求主義の進化でしょう。メーカーを舞台にした検査の偽装問題もその表れ。私は72年、自動車メーカーの期間工として働き、「自

動車絶望工場」を書きましたが、当時の方が現場のモラルはまだ高かったと思います。》(同上)
筆者は、鎌田氏にお目にかかったことはない。ただ、共感できることは多々ある。最後に、鎌田氏にインタビューした毎日新聞の記者氏が書いた「聞いて一言」の一文を以下に記そう。《死刑判決のたびに「永井基準に照らしてやむを得ない」と言われ続けては、めい目できまい。一方で作家としての仕事や、印税をペルーの貧しい子どもたちに贈る活動をしていたことは忘れられようとしている。永山則夫は悲しい……。》筆者・基からも一言：被害者の方々のご冥福をお祈り申し上げます。

沢木耕太郎著『地の漂流者たち』

沢木耕太郎氏。昭和二十二年（一九四七年）東京都に生まれる。横浜国立大学卒業後、フリーのルポライターとして活躍し、ニュージャーナリズムの旗手として注目を浴びている。『テロルの決算』で大宅壮一ノンフィクション賞を、『一瞬の夏』で新田次郎文学賞、『バーボン・ストリート』で講談社エッセイ賞を受賞するなど数々の賞を受賞しているノンフィクション作家だ。その沢木氏が「集団就職」について書いてあるのは昭和五十四年（一九七九年）に文春文庫から出版された『地の漂流者たち』においてである。「防人のブルース」、「この寂しき求道者の群れ」、「性の戦士」、「いま、歌はあるか」、「単独復帰者に悲哀」の五篇と共に、「灰色砂漠の漂流者たち」というタイトルで集団就職で都会に出てきた「若い労働者たち」の〝現況〟を描いている。著者の「あとがき」によればそれは、《70年代の「青春」を描こう》としたものであり、取材したのは昭和四十五年（一九七〇年）十月から四十七年三月までの二年半であった。

『地の漂流者たち』というこの文庫本を、私はカバーがかすれるほどに持ち歩いて、感ずるところに鉛筆で傍線を引いて〃寸評〃を入れたりしながら何度も何度も読み返していた。と言うのも、三十数年前の話になるが、沢木氏には仕事を通じて何度かお目にかかったことがあるからだ。

本書に登場する「若い労働者たち」を見ていくにはまず、「灰色砂漠の漂流者たち」の文末にある以下の文章を紹介しておかねばならない。

《パッカードは、人間のタイプを「ピラミッドを登る人々」と「オアシスに憩う人々」の、大きく二つに分類した。しかし、こと若い労働者に関しては、もうひとつ付け加えねばならない。それは「砂漠をさすらう人々」だ。少数の〃安定派〃を除いて、中・高卒の若い労働者は、灰色砂漠の漂流者として職場から職場へさすらい続ける。あたかも「転職」こそが、一グラムの分銅と少しも変わらない「取換え可能」人間から脱出するための、最後の武器だとでもいうように……。》

本書で「若い労働者たち」が活動する舞台もやはり鎌田慧氏と同じ川崎である。「灰色砂漠の漂流者たち」には、それぞれの事情を抱えた若者たちが登場する。川崎という都市に大量の若者が流れ込み、流れ出ていく。《その流れの中で、若い労働者たちは、さまざまに職を変えつつ、彼らの現実を生きている。》（「灰色砂漠の漂流者たち」、以下同）

沢木耕太郎著『地の漂流者たち』

沢木氏は、ある夏の日、現実を生きている彼ら若者たちを取材するために川崎に向かった。

最初に登場するのは、元自衛官だったという鹿児島生まれの一九歳の少年だ。三島由紀夫が市ヶ谷の自衛隊駐屯地で自刃する（一九七〇年十一月二十五日）三カ月前に横須賀で会い、〝輝くような愛国心〟に燃えているように見えたその少年から手紙を貰い、川崎にいるということを知ったことから会いに行ったという。が、半導体メーカーに勤めているはずの元二等陸士の少年は、勤めて二カ月後には辞めていた。

そしてその元自衛官は半年足らずで三回も転職したことを知る。横須賀で会った《あの時の彼から判断すれば、仕事は慎重に選ぶだろうし、選んだからにはどんなことがあっても持続させるだろうと思えた》と沢木氏は言い、《川崎という街の不思議さをいきなり見せつけられたような思いを抱いて、再び川崎駅に向かった。》。

次に登場するのは、「先月〝出て〟きたばかりだ」と言い、「今？一九歳だよ」と答えた少年だ。「窃盗、恐喝、暴行、強盗でパクられた」のだという。沢木氏はこの少年とマンモスバーで知り合った。「女をナンパしてのんびり暮らすつもり」だと少年は言い、と言いつつ「前の女に金をせびったりすることはあるけど、ヒモはイヤだな、男らしくない」と答えたという。

念のため、沢木氏は少年のことを「集団就職者だった」とは書いていない。救われた思いがするが、その少年は取材の途中、不意に「あんた、自由？　楽しい？」と沢木氏に訊いてきたという。《ぼくは狼狽してしまった》と沢木氏は言う。《俺は彼ほど自由でも楽しくもない生活を送っているにちがいない》と思ったからだった。

次に沢木氏が訪ねたのは、元赤線だった堀之内であった。《通りのそこそこに女が立っている》街で、一泊三五〇円の宿に泊まり、翌朝宿を出ると取材のため富士見公園に向かって歩いた。向かった先では、一〇〇〇人くらいの〝風太郎〟が《その日の職を得るために、手配師の氏名をじっと待って》いるのを見たという。

「灰色砂漠の漂流者たち」の中に「集団就職」という言葉はどこに出てくるのだろうか? 読み進めていくと、第「2」項の中にその言葉はあった。

沢木氏によると、川崎に来る若者の中には二つのタイプがある。「川崎に来れば何とかなる」というタイプと、自らの意志によってではなく「川崎の何たるかを知らないままに〝送り込まれて〟くる」タイプである。《その最もよい例が、集団就職列車などで大量に送り込まれる、中学・高校を卒業したばかりの、〝若者〟というにはあまりにも幼なすぎる〝少年〟たちである。》と沢木氏は言う。この若年労働者たちは一九七〇年代にいたって進学率の上昇（一九七一年度においては高校進学率が八五％、大学進学率二六％）により売り手市場になり、〝求人戦争〟と呼ばれる激烈な若年労働者争奪戦のなかで「入りたい会社」を選んで就職することになるわけだが、彼ら・彼女らを取り巻く職場環境の実態あるいは処遇はどのようなものであったのか。沢木氏が取材したなかで最も多かったのは企業側の採用時のウソ、「話と現実は違っていた」ことであったようだ。

たとえば、「鉄筋五階建ての寮」とパンフレットには書かれていたが、実際には三階建てのボロバラックだった。「初任給二万四〇〇〇円。寮は暖房完備、各室テレビ付き」と書かれていたのが、社内預金、保険を天引きすると手取り一万一〇〇〇円。寮は木造二階建てで、「暖房完備」というのは電気こたつのことだった。各室にテレビはなく、娯楽室に一台あるだけだった等々……

こんな例もあった。ある中堅通信材メーカーで、集団就職で入社した高卒の女子社員三〇人が「要求が受け入れられないなら辞める」と言ってきた。理由は、入社前の工場見学では現場を案内しながら「あなたたちにはこんな仕事はさせない」と言っていたが、実際に入社すると二人を除いて現場の仕事ばかりさせられた。それが不満で「要求を飲めないなら辞める」と言ってきたのだという。会社側は、しぶしぶこの要求を徐々に受け入れていったという。

沢木氏は言う。

《彼女たちは例外かもしれない。多くの場合、条件が異なっていても、それをなんとなく受け入れてしまうのが現実である。たとえば、鹿児島から出てきた十五歳の少年が、待遇が違うからといって即座にやめるという決断を下したら、それは「根性」がないといって責められるより、その「勇気」をほめられるべきである。》

「たとえば」という仮の話ではあるにしても、「転職」イコール「悪」ではなく、このような見方をしてくれる人がいると救われる。では、雇い主側にウソはなかったにしても「取換え可能」な単純労働、それに伴う精神的・肉体的苦痛に嫌気がさして「転職」を繰り返す。このような場合は「根性がない」といって責められるべきなのであろうか……。

岩手県出身の若い労働者は、会社をずる休みした。休んだ理由について彼は沢木氏に「仕事ってなんとなく嫌なものだから」と答えたという。仕事、労働とは、なんとなく嫌なものである。その嫌さ加減には二つのバロメーターがあり、一つは肉体的苦痛、もう一つは精神的苦痛である。《現代における近代的産業の生産システムでは、精神的苦痛がより重大な社会問題になっている》と沢木氏は言い、と言って肉体的苦痛が存在しなくなったというわけではないとし、経済学者アダム・スミスの言う「分業化」を例に挙げて次のように述べている。

《アダム・スミスがピン工場の分業化を例にあげて、その生産性を賞賛してから二百年、いまやその分業は極限まで押し進められ、労働の分断が精神の荒廃をもたらしたとは誰もがいうことだ。

だが、忘れてならないのは肉体的苦痛であろう。オートメーション労働の精神的弊害を主張する論者が、「女工哀史」的な肉体的苦痛はもはや存在しないかのように話すことがある。それは、故意でなければ早計というものだ。「女工哀史」の時代とは、外部の状況の変化に応じて、程度と量の違いがあるにすぎない。若い労働者が、ひとつの資源と見たてられ、使役されることで肉体を摩耗していく、という本質的なパターンは今でも変わりはない。その最も典型的な例が、早番・遅番などと呼びならわされている交替制である。

伝統的な紡績工場はもちろんだが、先端を行く電材やコンピューターのメーカーも、若い労働者に交代制を強いている。鉄鋼や石油コンビナートでは二十四時間フル勤務の三交替制が存在する。》

昼夜を問わず織機などの機械を作動させ、若い労働者を「ひとつの資源」としか見ず、心身ともに憔悴し切るまで働かせる。ある大手電気メーカーの女子工員は、沢木氏に「遅番だと終業が十一時近くでしょ。神経はズタズタで、目はぼんやりしてくる」と話したという。

沢木氏の「灰色砂漠の漂流者たち」に登場する若い労働者、彼ら・彼女らがしている仕事、あるいは寮での生活、そして彼ら・彼女らが発している言葉、それらは〝どの文脈〟を切り取ってつなぎ合わせても一つの文章として矛盾なく成り立つ、ということに気がついた。これは喜ぶべきことでは決してなく、哀しいことである。『企業王国論』を書いた草柳大蔵氏のルポルタージュに「企業は人なり」という言葉が出てくる。沢木氏は草柳氏の文章から「透けて見える企業の現実」についてこう書いている。

《〝企業は人なり〟といいながら〝人〟となりうるのはホワイトカラーであって、ブルーカラーではないということだ。ブルーカラーは〝単位〟であって〝人〟ではない。〝単位〟でしかない工員は、相互に置き換えが可能である。常にＡである必要はなく、その場にＢＣＤ……の誰を置いてもよい。ハカリの分銅のようなものだ。同じ一グラムならどれを載せても同じである。》

本稿冒頭に記した「灰色砂漠の漂流者たち」の文末にある文章はここから来たものである。

鎌田慧氏の『ドキュメント労働者！』の中で書き忘れたことがある。鎌田氏が取材で訪ねたある企業の、引率してくれた総務課の男性は、鎌田氏に念を押すようにこう言ったという。

「女工さんとは絶対に書かないでください。うちでは女子社員と言っているんですから」

沢木氏が取材した高卒の女子社員の話として、入社前には「あなたたちにはこんな仕事はさせない」と言ったにもかかわらず、実際に入社してみると現場の仕事ばかりさせられた。それが不満で、「要求を飲めないなら辞める」と会社側に詰め寄ったという件がある。鎌田氏が記した「女工さん」と「女子社員」の問題も、沢木氏が取材した「高卒女子社員」の要求に通底するものがあるのであろう。

（二〇二〇年十一月　記）

第4章 「集団就職者」の足跡をテーマに書いた本

「社会のために役立つ存在として、生きていきたい」

「集団就職者」の足跡をテーマに書いた本――本章では、集団就職者を「統計・調査」「社会的現象」「労働市場」の対象としてではなく、「個」「人格」「意志」を持った人として捉え、それぞれの「思い」や足跡について記録した書について取り上げてみたい。

井上誠也編『中学卒就職者の記録 登れこの坂』（編著者・発行者 井上誠也）

著者である井上誠也氏は佐賀県肥前町立肥前中学校の教師（発行当時）である。昭和五十六年（一九八一年）に自費で出版し、版元はなく「編著者・発行者 井上誠也」となっている。奥付を含めて一九二頁で構成されている本書には、在学中の生徒や卒業生を含め約七〇名の手紙が収録されている。

著者は昭和三十三年（一九五八年）四月、教員として採用された。肥前中学校の教師となり、学年主任や教務主任を経験した。昭和三十三年四月より昭和五十二年（一九七七年）三月までの肥前中学校の卒業生は約五四〇〇名。うち全日制高校へ進学しなかった生徒は約三五〇〇名、六五％が中学を卒業後社会人となった。大半が定時制や通信制の高校で学び、卒業したという。彼ら・彼女らの担任

井上誠也編『中学卒就職者の記録 登れこの坂』

教師として著者は《初めての三年担任だった時の卒業生から出来る限り手紙を出して励ました。》――その手紙が著者の手許に残っており、それを一冊の本にまとめたのが本書である。

《進学・就職・自営を希望する生徒のために、進路情報「希望」を発行するようになって、それぞれの進路を選んだ卒業生の便り、また在校生の作文、それに生徒会学芸部発行『坂の子・海の子』などより、全日制高校へ進学しなかった者の作文を集めたのが『登れこの坂』なのである。》

そのうちの何通かを原文のまま、あるいは要約した形で以下に紹介しよう。

【一、山の学校】

昭和三十八年度、二年在校生（岩本光照）：岩本は漁師の子として生まれた。勉強したいと思うが、家の手伝いでできない。家の人に「勉強する時間を下さい」と言いたいが、言えない。

《毎日毎日家に帰ったら、しらす網を引きに行かなければいけない。しらす網に行って帰って来るのが、何時も七時から八時位にしか帰って来ないので、御飯を食べて、風呂にはいったら十時位になる。それから勉強すると、十二時位にしか終らないので、朝早く起きる事が出来ない。だから、勉強する事が出来ない。従って、授業が分からないのです。》

このような日常を送ってのち岩本は、中学を卒業したら社会に飛び立っていくのである。

昭和三十四年度、二年在校生（中山春子）：《夏休みは、みんな楽しいだけど、私は、学校に出ている時がよい方です。家で、朝から晩まで休みもせず、一生懸命働かなくてはいけないからです。（中略）夏休みにお盆が来るが、その時だけが楽しいばかりで、水泳にもいけないし、友達のように、旅行にも行けないと思うと、夏休みを待つ気が、なくなってしまう。友達の顔は、にこにこしているのに、私だけがと思うと、羨ましい位です。

先生が、夏は体が伸び成長するといわれるが、まるっきり反対みたい。一日の計画を立てる気分が、なくなる位です。起きたらすぐ仕事、そればかり繰返す夏休み、本当に頭がぼうっと成りそうだ。》

中山は円グラフを作成し「夏休みの計画」を立てた。勉強できる時間は一日のうち午後一二時三〇分から一三時までの三〇分だけ。その中で日記を付け、習字を習い、図画を描いている。卒業後は、どのような道に進んだのだろう。

昭和三十六年度、二年在校生（井上フミエ）：井上は「眠る喜び」と題し、こう綴った。《せんべいぶとんに　身体を横たえる　静かにまぶたを閉じる時間は　この世の天国です　おとといを忘れ　昨日を忘れ　そして今日を忘れる　この喜びは　私だけだろうか》

ホッとする一文だが、眠る以外は両親の手伝いをしていたのであろうか。

【三、肥前中学校句集】

《「夕方の　風にそよぎぬ　月見草」（一年　井上幸次）「夕なべする　父の肩もむ　手は軽し」（二年　牧原ムツ子）「窓辺には　潮の薫りの含まれた　風に真白き　百合の匂いす」（三年　山口もと子）》

句集に収められているのは二九句であるが、この三句を選ばせていただいた。

【四、みんなが笑った文化祭】

昭和三十五年度、三年生（川本光枝）：大阪の会社に面接に行きたいと思っている川本は、他の生徒と同じように先生が引率してくれるものと思っていた。しかし、「引率はしない」ということになった。「えっ！」と思った川本は、《……一人で大阪まで、田舎者だから行ける筈がない。……唐津位までなら行けるけれど、一人で大阪まで行けだなんてあんまりだと思いました。佐賀の小輪紡績や唐津の安定所などには、テストを受けに行かれた時には、ちゃんと先生が連れていって下さっていられるのに、私の所にはついてきて下さらない。何故そうなのか私には分らない。もしかしたら私の所はテストが無いからかもしれない。……》と書き、最後はこう結んでいる。

「私の心は悩み鳥。何時も案じて今日の日送る」――大阪には行くことができたのであろうか……。

昭和三十五年度、三年生（中山数治）：中山は、「京都の土木機械に関する道路舗装工事を教えてくれる」会社に就職することを決めた。しかし、「土木という仕事は好きではない」ことに気が付いた。そこで先生に、こう打ち明けている。

《……就職というものは、一生のうちに一度の将来の決まりですから、僕自身としても緊張しているわけです。その心配ごとにあたる先生は、気がきではないでしょうね。それで、僕たちも先生に心配をかけないようにと、自分たちで一生懸命に職場を探し求めているところです。

もう会社の社長さんがみえられて、お話しされた会社もあっていろいろです。社長さんの話によれば、まず人間を作ること、しっかりした人間、そんな人を探していなさるそうですね。だから社長さんのその言葉で、僕たちも大変参考になりましたので、しっかりした人間を築き上げている所です。》

中山は、望む仕事に就職できたのであろうか。

【五、坂の子・海の子】

昭和三十九年度、三年生（浜井貫七郎）：浜井は進学でも就職でもなく、肥前町に残って地元の発展に尽くすことを決意した。将来の夢を次のように語っている。

《肥前町の開発をやろうと思う。これが僕の夢だ。今よりもっと肥前町を豊かにしたいと思う。（中略）僕が町長だったら、肥前町開発にもっと精を出すつもりだ。肥前町に金のない事は知っている。でも、金が無いからやめるでなく、金を少なくかけて、肥前町開発をやれないものかと思う。今のままの漁業や農業では、町民の大部分は外の町へ行ってしまうだろう。今からでも遅くはないから、もっと働く所が多くあれば、町民も減らなくても良いだろう。

漁業は長崎県の海に魚をとりに行かなくてよいように、魚が向こうから押し寄せてくるように、魚についてもっと研究すべきだと思う。プランクトンでも集めて、近くの海に放してやるとよい。海流を調べて魚の住みよいようにすれば、魚も多くとれると思う。（以下略）》

浜井は「貫七郎」というその名前からして、政治家を連想させる。その後、どのような道に進んだのであろうか。

昭和四十年度、三年生（吉田敬子）：吉田は医療の道に進みたくて、看護学院を受験した。二回も手術を受け、病気の辛さを知ったからだという。手術しても治らないことから、「医者を信じていいものか」と疑い、医者に反感を持ったという。

《（そう考えているのは）私だけじゃありませんでした。ある人は、手術を受けてみたが、癌は治りませんでした。その人は、きっと手術を受けたら、元気になるだろうと思って、受けられたに違いありません。また、手術の時間が長く、麻酔がきれて、苦しそうに唸っている人もありました。

こういった苦しみは、病気に成った人しか、はかり知れないものです。こんな経験を重ねて、私は決めたものでした。》

昭和三十九年度、三年生（吉田熊男）：周りからは「高校へ行け」と言われたが、吉田は大工になる道を選んだ。

《それは、この様な肉体的労働に、耐える事が好きだからである。それに、自分で働くよろこびを味わうためである。高校へ行かないとすると、五年間の見習いですむが、高校へ行けば、学校が三年、見習いが五年間という、長くつらい年月になる。

見習いが終り、一人立ち出来るようになったら、二級の技術師の免許を取り、人を使い、自分が中心になり、今度は、逆に技術を教えてやれる様になり、社会のために役立つ者として、生きていきたい。》

【六、子供の幸福を願って】（略）

【七、父ちゃんも母ちゃんもいない】

昭和三十八年度、三年生（渡辺政子）：渡辺は漁師の子として生まれた。進学するか就職するか家業を手伝うか迷った末、家に残って父の手助けをすることに決めた。

《父は進学を許してくれたが、まだ三十九というのに、しらがの頭を見ると、高校に行く気がしなくなった。就職をして、家にお金をおくった方がいいのか、家の手伝いをした方がいいか、一時は、頭の中を二つの事が駆け巡っていた。しかし、自分の事は自分で決めなければと思う日が来た。私が家

に残ることで父が助かるのなら、……。私はそう決心した。》

著者によると、渡辺のこの記録は「中学教育　昭和三十九年五月号『若い発言』からの引用であるという。

【八、中学校が懐かしい】（略）

【九、先輩から後輩から】

本章では、定時制高校や通信制高校で学びたい、あるいは定時制高校や通信制高校で学んでいる肥前中学校卒業生の手紙が紹介されている。定時制高校で学びたいが二交替制勤務のため「夜間部」に行けず通信教育を受けている人、あるいは誇りを持ち夢に向かって定時制や通信制高校で学んでいる人など様々である。

昭和三十八年に肥前中学を卒業し、「貧乏な家に生まれた私は、働くのが当然だったのです」と言う井上成美は、次のように綴っている。かなり長文である故、後半の部分だけ引用させていただく。

《私の工場の仕事は、早出とおそ出の二交替制ですので早出のときはだれでもがまだ寝ている、四時十五分には、起床しなければ、五時の始業時刻には間に合いません。学校へ送るレポートの作成に疲れた体にむちうって、教科書や参考書を調べているうちに、時計がまたたく間に、ボーン、ボーンと十二時を打ち、あわてて床にもぐりこみ、翌朝四時十五分の冷たい起床のサイレンに、赤い目をこすりこすり、私の受け持ちである二十四台の織機の前に立つこともたびたびでした。ねむいからといって、うつらうつらしていると機械にまきこまれて危険なのです。

でも私は、この仕事が大好きです。私の手で織りあげた織り物が、日本全国、いや世界の人々に届き、寒さしのぎに、また、日常の着物に役立っていると思うと、私の糸の流れをみつめる目は、いつの間にか生き生きとしてくるのです。

現在の私は、以前のように「貧乏だから」とか「全日制高校へ行っていないから」というような劣等感はみじんもありません。私は働きながら学ぶことに、夢があり、誇りがあります。私は学校を卒業し、できたら、夜間の大学に進学し、生活改良普及員として、郷里の肥前町から、出稼ぎの町というイメージを取り去りたいと思います。私は、目が不自由な人同様の私の手に「つえ」をにぎらせてくれた通信教育に感謝するとともに、最後まで、やり通す覚悟を固めているのです。》

井上成美が入学した通信制の高校は、佐賀北高校であった。井上さんはその後、どのような人生を歩まれたのであろうか。

（本章で引用した肥前中学卒業生それぞれの手紙は、『中学卒就職者の記録　登れこの坂』の編著者である井上誠也氏のご許可を得て紹介したものです。）

読売新聞社会部編『心のふるさと　あゝ上野駅　ありがとう、18番ホーム』（東洋書院）

平成十二年（二〇〇〇年）二月に発行された。本書については第5章「齋藤二郎」の項でも紹介しているが、口絵には明治・大正・昭和の上野駅・駅舎や駅周辺の街の風景や就職列車、集団就職者の写真などが掲載されている。「はしがき」で読売新聞社東京本社編集局次長兼社会部長の井上安正氏が述べているように、平成十一年（一九九九年）九月十一日、上野駅の一八番ホームが廃止されたのを機に、駅の今昔を綴った「あゝ上野駅」を『読売新聞』夕刊で連載した。それを一冊にまとめたのが本書である。同紙の「警察署回り記者」であった奥村登氏はじめ一〇名の記者が取材執筆した。二九編の人生が圧縮して収められている。

五一ページに掲載されている《夕暮れに集うホームレス》には「夢破れ、故郷へ帰れず」という副題がついている。警視庁鉄道警察隊の千田久直さんは記者に言ったという。「上野には、ふるさとに帰れない、いろいろな人が集まってくるんです」と……。筆者（基）が上野駅広小路口に建つ「あゝ上野駅」の顕彰碑を撮影に行ったときも、その碑の囲いの中に初老の女性のホームレスが荷を脇に置いて座していた。もしかしたら集団就職者ではないのか？　声をかけてみたい衝動に駆られたが、その勇気を押し留めて撮影が終わると碑を離れ駅の改札口へ向かった。

六四ページには《商店街への集団就職　生みの親》と題し、東京・世田谷の桜新町商店街の食肉店主・菅沼元治さん（八〇歳＝当時）が紹介されている。昭和三十年（一九五五年）三月二十五日、新潟県の高田駅から中学を卒業した少年・少女たちが上野に向かい夜行列車に乗り込んだ。これが「集団就職」の始まりであると言われており、菅沼さんはその発案者だという。

《同商店街はこの年、全国に先駆けて、労働条件や待遇を加盟店全体で定めて中卒者を受け入れる「集団就職制度」を導入した。菅沼さんは、その発案者だ。》（『心のふるさと　あゝ上野駅　ありがとう、18番ホーム』）

読売新聞社会部編『心のふるさと あゝ上野駅 ありがとう、18番ホーム』

少年・少女たちを引率したのは菅沼さんだったという。

澤宮優 著『集団就職 高度経済成長を支えた金の卵たち』(弦書房)

筆者(基)が三〇年以上も前に企画し、「集団就職」について書きたいと思い取材を進めていたその主旨は、平成二十九年(二〇一七年)五月に刊行された本書の著者・澤宮優氏とほとんど同じである。平成二十八年(二〇一八年)には第2章で紹介した山口覚氏の『集団就職とは何であったか―〈金の卵〉の時空間―』が出版されたが、同書は私が意図する内容とは主旨を異としており、《「集団就職」と呼ばれた大規模な労働力・人口移動現象を対象に、時空間上におけるその展開をあらためて問いなおしてみたい。》というのがその主旨である。

澤宮氏と筆者の共通する意図、その第一は、集団就職をテーマに掲げた著書の中で語られているのは「東北地方出身者」と「上野」だけで、《ほとんど語られなかった九州や沖縄の状況》(『集団就職 高度経済成長を支えた金の卵たち』)ということである。《集団就職を語るには東北地方から来た人が定番になっている。》(同)のであり、《東北地方=集団就職という図式で捉えようとすると、当時の「金の卵」たちの全体像をとらえたことにはならない。》(同)のである。同書「はじめに」から以下の文章を引用しておきたい。

《昭和四十年の中学卒男子の県外就職率は、鹿児島県が一位で、七四・五%に達している。女子であれば、八九・〇%とさらに高い。

鹿児島からの集団就職者には歌手の森進一がいる。鹿児島市で母子家庭で育った森は、中学を卒業すると、鹿児島発の集団就職列車に乗って大阪の寿司屋に就職した。以後、少しでも賃金の多いところを探して、母に仕送りするため、一七回職を変えた。その後、歌手としてデビューし「襟裳岬」「おふくろさん」などの曲で知られるスター歌手となった。》

森進一が集団就職者であることはよく知られている。昭和二十二年（一九四七年）山梨県甲府市に生まれ、鹿児島市で育った。本名は森内一寛。市立長田中学校を卒業後、集団就職で大阪市・十三駅前の寿司屋に勤めたと言われている。苦難を乗り越えての歌手デビューであった。余談になるが、森進一の歌では深津武・なかにし礼が作詞し猪俣公章が作曲した『港町ブルース』が好きである。

澤宮氏の著書には奄美諸島の与論島、沖永良部島、徳之島からも集団就職者が《昭和三十年から関西汽船をチャーターして神戸まで行き、そこから列車に乗り換えて、大阪、名古屋、東京へ向かった》ことが記されている。《奄美大島の名瀬港に集まり、ひとつの船になった。》と。『鹿児島県職業安定行政史』を参考にしたという。

《与論島から神戸までは三泊四日かかった。（中略）昭和四十三年からは長い航海の疲労と安全性を考慮し、鹿児島から出発する集団就職列車で行くようになった。

（中略）

昭和四十九年三月二十一日、「あまみ丸」が名瀬港から出港したが、これが最後の中学卒就職専用船となった。就職者は三八二人だった（『鹿児島県職業安定行政史』）。》

澤宮優著『集団就職　高度経済成長を支えた金の卵たち』

沖縄県出身の集団就職者については、第四章「僕らは南の島からやって来た」の中で取り上げられている。目を引くのは本土へ就職して「差別的」な扱いを受けた就職者が少なからずいた、ということである。「言葉の問題」などが原因の一つとしてあったようだ。集団就職者についての記述ではないが、極端な例を挙げると大阪市大正区の「がじまるの会」会員が澤宮氏に証言したという以下の事例は胸に刺さる。

《……この頃、沖縄では食糧難で、ソテツの実を食べて飢えを凌いだことから「ソテツ地獄」とも呼ばれていた。沖縄出身者は紡績工場の多い大正区に、出稼ぎにやってきたのが、本格的な移住の始まりである。だが本土との文化や風習の違いは大きく、店などでも「琉球人お断り」と貼り紙が貼られるなど不当な差別は多かった。》

集団就職をテーマに掲げ本を発行する――。澤宮氏と筆者の共通する意図、その第二は、『集団就職 高度経済成長を支えた金の卵たち』の「はじめに」に見られる以下の一文である。

《集団就職した人は、歴史の表舞台に出ることはなかったが、日本の戦後の復興、成長を底辺から支えた人たちである。この人たちなしに日本の経済発展はなかったと言い切ってもよい。ただ哀しい響きを集団就職は持ってもいるのも事実だ。

マスコミはこぞって悲惨な事件をクローズアップしてきた。これが集団就職のイメージを本来の姿から離れた暗いものにしている要因でもある。》

「この人たちなしに日本の経済発展はなかったと言い切ってもよい」というのは少しオーバーな気がしないでもないが、「マスコミがこぞって悲惨な事件をクローズアップしてきた」というのは、しかるに、まさに、それ故にであり、われわれは中卒ではあっても、躓きながらも、転職を繰り返しても決して「灰色の砂漠」を歩いていたわけではなかったのである。

言わずもがな、「中卒」という丸腰の学歴を持ちながらも、夢と希望は持っていたということである。ところで、「集団就職」をテーマに掲げ、書くことの主旨もほぼ同じでありながら、澤宮氏と筆者との間にはその立ち位置において大きな違いがある。それは、澤宮氏は集団就職者ではなく大学を卒業した職業ライターだということであり、私は中卒で集団就職をした当事者だということである。

集団就職者が書いた「集団就職」についての本はないものか――と思っていた矢先、澤宮氏の『集団就職 高度経済成長を支えた金の卵たち』が刊行されてから二年後の令和元年（二〇一九年）六月、「金の卵」をテーマに集団就職者による本が刊行されたのであった。川畑和也氏がその人である。

川畑和也 著『「金の卵」と呼ばれて――十五歳・集団就職の軌跡――』（学研プラス）

「日本復帰から平成への記録」という副題を持つ『奄美　静寂と怒涛の島』という写真集がある。著者は元『南海日日新聞』記者で株式会社コシマ・プロダクションを設立した越間誠氏である。平成十四年（二〇〇二年）八月に株式会社南方新社から発行された。この写真集には奄美大島の名瀬港や古仁屋港、徳之島の亀徳港、沖永良部島の和泊港から本土へ旅立つ集団就職者たちの別れの場面が収められており、いずれも昭和四十六年（一九七一年）三月に越間氏によって撮影されたものだ。残念ながら与論島の供利港や茶花港の写真はないが、「集団就職」をテーマに取材を進めていた私は、この写真集から数点を転載させていただくべく版元である南方新社と、名瀬市のコシマ・プロダクションに電話を入れた。撮影者である越間氏はお亡くなりになったということで、そのご子息に写真の「拝借」をお願いしたのだが、ご子息Ｋ氏からは意外な言葉を聞くこととなった。

「あれ？　この前、徳之島の方からも同じような電話をいただきましたよ……」

Ｋ氏が聞いたその電話の主こそは、これから紹介する『「金の卵」と呼ばれて―十五歳・集団就職の軌跡―』の著者・川畑和也氏だったのである。それからほどなくして私は、川畑氏の著書が上梓されたことを知ることになったのだった。

川畑和也氏は集団就職者だ。しかも出身地は奄美諸島の徳之島である。徳之島は、「長生きは神様からの授かりもの」と言い昭和五十四年（一九七九年）六月にギネスブックに「長寿世界一」を記録した泉重千代翁や、「二四時間三六五日営業」を掲げ日本最大の医療法人・徳洲会グループを築き上げ政財界にも広くその人脈を持つ徳田虎雄氏を輩出した島である。徳之島は闘牛の島としても知られる。

『「金の卵」と呼ばれて―十五歳・集団就職の軌跡―』は、「私」を「金の卵」と呼び自らの人生を振り返り記録した総ページ数五二〇ページに及ぶ自叙伝である。昭和二十一年（一九四六年）七月に兵庫県に生まれ鹿児島県徳之島で育った川畑氏は、昭和三十七年（一九六二年）三月、集団就職で上京した。自叙伝を出版した意図についてはこう語っている。

《あの時代、全国津々浦々から都会に向かった夥しい中卒の「金の卵」たちに、当事者の一人として、連帯と労いの手紙を認める思いで、近況を綴ってみたい。さらには、六十歳に達した「金の卵」人生の軌跡の記憶を記録に替えて、広く社会に報告もしてみたい。そんな強い思いに突き動かされて筆を

進めた。》

「東京のエンジニア」になることを夢見て縁故就職で上京したという。しかし東京都江東区深川住吉にある会社はプレハブ小屋の零細な事業所だった。中小企業の下請けで、施設・設備の修理、保守点検をする仕事。その職人の下働きをするのが川畑ら新人の仕事だったという。上京当初より故里・徳之島の母に六五〇〇円の仕送りをし、《来る月来る月、封を切ることなくひたすら仕送りに励んだ。当然、手元には一円も残らなかった。》――どのような暮らしをしたら、そのようなことができたのか。通勤には定期券が準備され、寮生には三度の食事が用意され、「買い物をする気もなければ必要も感じない」からだったという。給料は一年後には一万三〇〇〇円になり、三〇〇〇円を手元に残し「一万円を仕送りしていた」。その〈金の卵〉はやがて三畳間で一人暮らしを始めることとなる。

上京後、二年余が経過し、大田区蒲田にある専門学校「日本電子工学院」に入学した。夜間部の二年間で習得・修了するカリキュラムで、家電に特化された専門性の高いコースだったという。〈金の卵〉が一大決心をし中小企業の下請け会社を退社したのは、入社して五年後のことだった。「十年一剣を磨く」と心に決め、中野の米穀店に住み込みで勤め、明治大学付属中野高等学校定時制課程に入学した。二一歳で同高校定時制二年に編入したという。三年後に同校を卒業、立正大学第二文学部に入学するのだが、その後の足跡については川畑

川畑和也著『「金の卵」と呼ばれて―十五歳・集団就職の軌跡―』

氏の著書のプロフィールを見よう。

《1975年4月、埼玉県公立小学校着任。県内三市四町の10校で教諭・教頭・校長を歴任し、2007年3月、定年退職。同年9月、スリランカに渡り定期に往還、日本語学校で日本語指導と支援に努める一方、インド・マレーシア・イギリスの日本語学校を視察・支援。スリランカからの留学生支援に携わり現在に至る。》

教職の道に就くことになったとき、川畑氏はこう決意したという。

《「十五の春」から、十三年の歳月を超えて手繰り寄せた教育というこの道。雄々しく、逞しく、明朗闊達に、これから出会うだろうすべての人々、すべての事柄に対して、尊敬と感謝と報恩の心を忘れることなく、一日一歩の努力を積み重ねていこうと、固く決意する二十九歳目前の「金の卵」であった。》

著者は早くに父親と死別していた。

もらった給料を全額故郷にいる母親に「仕送り」し続けていたというが、定時制高校を経て大学二部に学び教職に就き、校長にまで登りつめ定年まで勤め上げた。「やればできる、開かない扉はない」と川畑氏は断言する。

（二〇二〇年十月　記）

第5章

昭和二十九年四月「夜行列車」で独り弘前を発つ

齋藤二郎

就職難の時代、定時制高校を中退し奥羽本線で東京へ—日に一五時間働き一四年後に独立し「生果店」を営む

平成十二年二月に「集団就職」をテーマに読売新聞社会部によって著された『心のふるさと　あゝ上野駅　ありがとう、18番ホーム』（東洋書院刊）——。口絵には明治・大正・昭和の上野駅・駅舎や駅周辺の街の風景や就職列車、集団就職者の写真などが掲載されており、本文中の写真では平成十一年九月に廃止された上野駅の「18番線廃止に伴い行われたレールの取り外し作業」の写真が目を引く。各ページには就職者それぞれが往事を追想して語ったエピソードが紹介され、その簡潔な文章にも写真が添えられている。「はしがき」には、本書を出版した意図と、この文章を書いた記者の名が紹介されている。

《平成11年（1999）九月十一日、十八番線ホームが廃止されたのを機に、駅の今昔をつづった「あゝ上野駅」を読売新聞夕刊で連載した。題字は、一世を風靡した歌謡曲「あゝ上野駅」を作詞した関口

義明さんに書いていただいた。

「あゝ上野駅」は、八月二日から十五回。この春社会部に配属されたばかりの、「サツ回り記者」（警察署回り記者）の奥村登が担当した。事件や事故取材の合間をぬって上野の街を歩いた。ぬくもりや人間ドラマを探して。》（読売新聞社東京本社　編集局次長兼社会部長 井上安正）

『心のふるさと　あゝ上野駅――』で最初に紹介されているのは、青森県弘前市で畳店を営んでいる清野勝衛さんだ。東北地方の中卒の少年たちを乗せた「集団就職列車」が走り始めたのは昭和二十九年（一九五四年）四月五日だと言われているが、清野さんはその「集団就職第一期生」として昭和二十九年に上野駅に降り立ったことから連載の一番手として取り上げられたようだ。

本章でこれから紹介する齋藤二郎（さいとう・にろう）さんも、昭和二十九年四月に青森県弘前駅から列車に乗って東京を目指した一人だ。今は青森県南津軽郡藤崎町に住む齋藤さんは令和二年（二〇二〇年）六月現在、八二歳になる。遡ること一七年前、六五歳のとき上野駅に「あゝ上野駅」の歌碑が設立されることを知り、寄付金とともに手紙を添え歌碑設立委員会宛に送ったその人である。この手紙については第一章で全文を紹介したが、《私昭和二十九年の上京で果物店に勤め、昭和四十三年独立、店を持って、生まれ育った北のふるさと津軽に「Uターン」帰郷致しました。》などと書かれている。

昭和二十九年に上京されたということを知り、齋藤さんのことをもう少し詳しく知りたいと思った私は、齋藤さんに電話での取材を申し入れ、快諾を得た。

齋藤さんは「集団就職第一期生」として集団就職列車で東京を目指したのではなかった。中学を卒業したのは昭和二十七年（一九五二年）三月で、二年間は定時制高校で学んでいたのだが、昭和二十九年三月に中退して一人で弘前駅から上野行きの夜行列車に乗ったのだという。

昭和十二年（一九三七年）九月二十三日、齋藤二郎は農業を営む父・弥助、母・てるの次男として生まれた。きょうだいは男四人・女四人の八人で、次男として生まれたことから「二郎」と名付けられた。満四歳になった年の昭和十六年（一九四一年）十二月八日、太平洋戦争（大東亜戦争）が勃発し、その後戦争は四年間も続くこととなる。終戦を迎えたとき齋藤は八歳になっており、藤崎町の藤崎小学校二年に在籍していた。

「集団就職」を語るとき常套句のように言われるのは、戦後日本の復興期、高度経済成長期にあって「地方出身の若年労働者」として日本経済を「底辺で支えた」「金の卵」という言葉である。たとえば、齋藤二郎氏が宝物のように大切に保存している平成一八年（二〇〇六年）四月十三日付の『東奥日報』夕刊には、「集団就職　底辺で支えた人々」というタイトルを付けて弘前駅から上野に向かう中卒集団就職者について次のように紹介されている。

《中卒者が重宝されたのは、低賃金で雇えることにあった。働く条件、環境には恵まれない。それでも懸命に働いた。一方で転職者も相次いだ。それが批判されることもあったが、掛け値なしに日本の経済成長を底辺で支えた人たちだった。》

本書では主に昭和二十年生まれの集団就職者、すなわち終戦を迎えたその年に生まれた就職者について取り上げている。しかし「終戦」「戦後」と一口に言うが、「戦争」という多大なる犠牲の上にわれわれ「金の卵」の営みもまたあったのであり、「戦争」についても一言触れておく必要があろう。
昭和十二年から十六年まで、齋藤二郎が生まれた年から戦争に至るまでの経緯、また、昭和十六年から昭和二十年八月まで、どのような経緯を経て終戦を迎えたかについてざっと見ていくことにしよう。

・1937年：9月臨時軍事費特別会計第1回予算交付　徴兵服役および在営期限を延長　戦時統

集団就職列車に乗り込んだ少年少女と、見送りの家族らをつなぐ紙テープ。当事者にとっては寂しさや悲しさを味わう時間だった＝1961年3月、弘前駅で

歌手　井沢　八郎③

あおもり　はやり歌人もよう

集団就職

底辺で支えた人々

一九五〇（昭和二十五）年に始まる朝鮮戦争を契機に、日本経済が成長軌道をたどる。その後も成長が続き労働力不足が顕在化。企業の目は地方の若年労働力に向けられた。当時、地方の高校進学率は低く、十分な働き口はなかった。

一九五四（昭和二十九）年四月五日、青森駅から八両の専用列車が上野駅に向かった。集団就職列車第一号だ。青森駅などから乗り込んだ六百人を超える少年少女が客席を埋めていた。

青森駅を出発する光景を翌六日付の本紙は次のように伝える。

「〝しっかり、頑張って〟〝元気でやれエ〟とはげまし合って人波が列車の線に沿って離れると、少女たちはみんなハンカチで顔をおおってしまった。ベルが鳴る。少年たちは顔を赤くし、少女たちは涙の顔を上げた」

少年少女は、親やきょうだいと過ごした時間が短く、まだ甘えたい年ごろ。親元を離れて暮らす心細さがあった。簡単に往来できるほどのゆとりはない。青森―上野間七百余㌔の鉄路の距離は、数字以上に遠く感じられた。それが分かっているからこそ涙があふれた。出発の光景は悲壮感すら漂った。

「労働力供給県」の本県は、毎年春になると、家族らに見送られ、少年少女が旅立った。六五年には約六千二百人の中卒者が県外に向かった。七四年にその歴史を終える集団就職で、史上最も多い人数だった。

中卒者が重宝されたのは、低賃金で雇えることにあった。働く条件、環境には恵まれない。それでも懸命に働いた。一方で転職者も相次いだ。それが批判されることもあったが、掛け値なしに日本の経済成長を底辺で支えた人たちだった。

東京青森県人昭和会という団体がある。本県出身者の昭和生まれの人たちで組織し、「あゝ上野駅」を会の歌にしている。

かつて会長を務めた佐藤義勝（六三）＝旧相馬村出身、横浜市在住＝は六〇年に上京した集団就職者の一人。「この歌は、われわれそのものなんだ。会の旅行や懇親会があると必ず二回歌う。その当時の思い出が浮かんできて、一回じゃ物足りないから」と語る。

自身、この歌を歌うと、母の姿が目に浮かぶという。「おふくろが駅まで見送りにきてねえ…。歌っているうちににじんときて」。

一緒に歌う会員も、それぞれ胸にこみ上げるものがあり、二回目になると涙があふれてくるという。

佐藤は言う。「若かったころ、寂しくなると上野駅に行った。親が自分のすぐ隣にいるような気がした。『あゝ上野駅』は、われらの人生の歌、われらの心の歌なんだ」

「あゝ上野駅」がヒットしたころ、井沢は上野駅の駅長室によく顔を出していた。「斉藤純三さんという駅長で、井沢のレコードをまっ先に買ってくれたそうよ」と妻の美代子。あるとき、所属プロダクションを通じて駅長から「集団就職の人たちを激励してくれないだろうか」と要請があった。井沢は「すぐ飛んでいった。津軽弁でしゃべり、皆と握手して、写真を撮ったなあ。そういうことを五、六年ぐらいやったかなあ」と、懐かしげに語った。（敬称略）

2006年４月13日『東奥日報』夕刊1面に掲載された「集団就職」の記事（提供：東奥日報社）。写真は昭和36年3月に弘前駅を発つ集団就職者を写したもので、齋藤二郎氏もこの記事をファイルに収め大切に保存している

制経済へ移行開始　10月日本軍南京を占領する（南京虐殺事件）
・1938年：1月陸軍軍需監督官令を公布施行　2月軍事追加予算485万円衆参両院を通過　4月国家総動員法公布（5月施行）　6月閣議、5相会議（内閣総理大臣・陸軍大臣・海軍大臣・大蔵大臣・外務大臣の5閣僚によって開催された会議）で内治外交最高方針を決定　7月張鼓峰で国境紛争、日ソ両軍衝突（8月停戦協定成立）　8月5相会議、ドイツと対ソ軍事同盟締結の方針を決定　10月日本軍、バイアス湾（大亜湾：中国南部広東省に位置する南シナ海に面した湾）に上陸　広東占領　武漢3鎮占領　12月陸軍中央部、対中侵攻作戦の打ち切りを決定（持久戦に移行）
・1939年：2月日本軍海南島を占領　5月日ソ両軍衝突（ノモンハン事件）　全国1800校の代表3万2500人、執銃・帯剣で二重橋前に参集、天皇親閲式　7月アメリカ、日米通商航海条約廃棄を通告　9月政府、欧州戦争に不介入を声明　支那派遣軍総司令部設置　ノモンハン停戦協定成立　11月兵役法施行令改正公布　12月陸軍、軍備充実4カ年計画を策定、上奏
・1940年：1月英国軍艦に千葉沖で「浅間丸」臨検される。ドイツ人船客連行、反英運動高まる　日米通商条約失効し更新交渉不成立となる　3月聖戦貫徹議員連盟結成　7月閣議、「基本国策要綱」（大東亜新秩序・高度国防国家の建設方針）を決定　大本営政府連絡会議、武力行使を含む南進政策を決定　9月日本軍、北部仏印に進駐　日・独・伊3国同盟調印
・1941年：1月東条陸相「戦陣訓」を示達　衆議院戦時体制強化を決議　3月国家総動員法改正公布（政府権限の大幅拡張、20日施行）　4月アメリカ、日米国交調整第一案を提示　日ソ中立条約成立　6月陸軍徴用規則方策要綱を決定　大本営政府連絡会議、「南方施策促進に関する件」（南部

仏印進駐方針）を決定　7月英・米日本資産凍結を通告　日・仏印共同防衛議定書に調印　独ソ開戦に呼応し大本営陸軍部関特演（関東軍特種演習）を発動　8月野村大使「近衛メッセージ」を米大統領に手交　9月御前会議、第1次帝国国策遂行要領を決定（10月下旬を目途に対米英蘭戦争準備を完成）　10月東条陸相、日米交渉即時打ち切りを主張し第3次近衛内閣総辞職　東条内閣成立　11月御前会議で対米交渉最後案および第2次要領（戦争決意）を決定し、栗栖大使を米国に派遣　第77臨時議会招集　国民勤労報告協力会令公布　日・独・伊防共協定5カ年延長　ハル長官、野村大使らに日本の最後案を拒否し新提案（ハル＝ノート）を提示　連絡会議「最後通牒」と結論　ハワイ作戦機動部隊、南千島ヒトカップ湾を出港　12月1日午前会議で対米・英・蘭「開戦」を正式に決定　8日日本軍、マレー半島上陸・ハワイ真珠湾空襲　日本、対米・英に宣戦を布告する【日本歴史大辞典編集委員会編『日本史年表』（河出書房新社）／歴史学研究会編『日本史年表』増補版（岩波書店）／服部卓四郎著『大東亜戦争全史』（原書房）より】

このような経緯を経て日本は太平洋戦争に突入した。

マレー半島上陸・ハワイ真珠湾攻撃から二日後の昭和十六年（一九四一年）十二月十日に日本軍は、マレー沖海戦で英国の戦艦二隻を撃沈、グアム島を占領。二十五日には香港全島を占領、翌年一月にはマニラ占領、二月にはシンガポールの英軍を降伏させるなど国民に向けて次々と「戦果」を報告していたが、時の経過とともに戦況は劣勢になっていく。東京・横浜・川崎・横須賀・名古屋・神戸など、日本本土が初めて米陸軍機Ｂ25爆撃機の空襲を受けたのは昭和十七年四月十八日であった。

《敵のＢ二五爆撃機は十八日の午後一時頃から約五十分間に亘つて房総方面を経て次々に飛来し、東京、横浜、川崎、横須賀、名古屋、神戸を攻撃して通り魔のように立ち去つた。警報のサイレンは爆弾が落ち始めてから鳴り出し、飛び上つた邀撃戦闘機が高度を上げている間に、超低空の敵機は悠々と目標を攻撃したのであつた。》（前掲書『大東亜戦争全史』）

敗戦が色濃くなっていくなかで三年後の昭和二十年三月には米軍の爆撃機Ｂ29約三〇〇機が東京に襲来。この無差別夜間爆撃では二二万戸が焼失し、死傷者一二万人、罹災者一〇〇余万人であったと伝えられている（前掲書『日本史年表』増補版）。Ｂ29による空爆は名古屋・大阪・神戸にも及び、四月一日には米艦船が沖縄全島を囲繞し米軍が沖縄本島に上陸した。史上空前の艦砲射撃が日本軍「第32軍」の頭上に浴びせられたという。沖縄戦による失陥で軍司令官牛島満中将は参謀長長勇中将と共に「秋をまたで　枯れゆく島の青草は　皇国の春に　蘇へらなむ　矢弾つき　天地染めて散るとても　魂かへり魂かへりつつ　皇国まもらむ」と、辞世の歌を詠じつつ割腹したのだった。この辞世の歌は先の『大東亜戦争全史』にも収められている。「天地染めて散るとても」――悲惨な運命を共にしたのは沖縄全島民もまた同じであった。服部卓四郎著『大東亜戦争全史』は太平洋戦争末期の沖縄戦の模様を次のように伝えている。

《この作戦の異色は、史上空前の大航空特攻作戦の遂行と国民の戦闘参加であつた。数千の若者が祖国の難に赴き、一機克く一艦を屠るべく装備不十分なる改修練習機を駈つて、防空砲火の火ぶすまと敵機の邀撃網を衝いて、敢然として敵艦船に突入していつた。又十七歳より四十五歳までの男子を始め、可憐なる男女中学生に至るまで義勇隊を組織し、戦闘、通信、衛生、後方等の各種勤務に参加し、

文字通り軍民一体となつて戦つた。数万の老幼婦女子もまたこの死闘の渦中に巻き込まれて、将兵と運命を偕にしたのであつた。》

引用文冒頭にある「この作戦」とは「天号作戦」のことであり、特攻隊による攻撃など太平洋戦争末期における日本軍の作戦計画のことである。本作戦において日本軍は島民義勇兵を含めて約九万人が玉砕し、非戦闘員である沖縄島民の犠牲は一〇万人にのぼったという（『大東亜戦争全史』）。

そして四カ月後の昭和二十年（一九四五年）八月六日、米軍により広島に原子爆弾が投下され、二日後にはソ連が対日宣戦布告、三日後の八月九日には長崎にも原子爆弾が投下された。被爆国となった日本は八月十四日御前会議において「ポツダム宣言」の受諾を決定し、これを連合国へ申し入れ、翌十五日、日本国民は天皇による「終戦」の玉音放送を聞いたのであった。

日本が太平洋戦争に突入したとき、齋藤二郎は満四歳になっていた。三年後には小学校に上がることになるわけだが、戦時中のことは「ほとんど覚えていないが、わずかに記憶に残っていること」について齋藤はこう語っている。

「弘前は空襲を受けなかったんですよね。でも、夜中に空襲警報を受けて何度も起こされたことは覚えています。青森市は空襲を受けたと聞いている。空襲を受けて焼けたため、東北の空が赤くなっていたことを覚えています」

青森市が米軍による大空襲を受けたのは終戦間近の昭和二十年七月であった。青森市が標的になったのは、同市が北海道産の石炭の本州陸揚げ港であったからだと言われている。

青森市の南西に位置する弘前は戦禍を免れて終戦を迎えた。戦後混乱のさなか齋藤は、町立藤崎小学校を経て藤崎中学校で学び、昭和二十七年（一九五二年）三月に中学を卒業した。町立藤崎中学校を卒業すると、青森県立弘前中央高等学校藤崎分校の定時制に入学した。

弘前はリンゴと米の産地として知られるが、小・中学時代から齋藤も「腰の痛みに耐えつつ田植えを手伝い、兄たちと共にリンゴの収穫を手伝った」。定時制高校に入学してからも日中は両親を手伝い、田圃では田植えや稲刈りを、畑ではリンゴ畑でリンゴの収穫を手伝いながら夜学に通ったのだった。

齋藤さんを取材して驚いたのは、藤崎中学校の進学率が高かったことである。昭和二十七年三月に藤崎中学校を卒業した生徒は約二〇〇人ほどいたというが（一クラス約五〇人で四クラス）、うち三分の一にあたる七〇名は昼間の高校へ進学したという。ほとんどが稲作やリンゴ園を営む農家で、昼間の高校へ進学できなかった生徒は定時制で学んだのだった。

「私も県立弘前中央高校藤崎分校の定時制に入学しました。弘前中央高校というのは元々は女子高でしたが、男女共学になって、藤崎に分校があって定時制が設置されていましたから、その定時制に入ったんです」

春には田植え、夏には稲刈り、秋にはリンゴの収穫と、農作業を手伝いながら定時制高校に通っていた齋藤だったが、二年間通ったのち中退することになった。「就職難の時代、このまま藤崎で夜間高校に通っていても将来が見えない。一日も早く東京に出て働きたい」と思ったからだという。就職先は、親戚筋にあたる人が経営している生（青）果店であった。

昭和二十九年（一九五四年）四月五日、青森駅から八両編成の就職専用列車が上野に向かった。第一号の集団就職列車で、前出の『東奥日報』によると、このときは「六〇〇〇人を超える少年・少女が客席を埋めた」という。

齋藤が上野に向かったのは、この第一号の集団就職列車に先んじること二、三日前だったという。

「列車に乗ったのは夕方でした。弘前発の夜行列車で上野行きの列車に乗りました」

両親に見送られて齋藤は、一六歳で故郷を離れた。所持金五〇〇〇円を懐に忍ばせての上京だった。青森発の「集団就職列車」は東北本線で太平洋側を岩手・宮城・福島の各県を縦貫して上野に向かうが、齋藤は奥羽本線で秋田県経由の夜行列車で上野に向かったのだった。

上野駅に着くと就職先である津軽生果株式会社の唐牛健三社長が迎えに来ていた。「これが東京というところか」と感動しながら齋藤は社長の後についていった。

津軽生果株式会社は東京都世田谷区にあり、果物専門の販売店で、区内に店舗三軒を構える会社であった。本店と三店舗を合わせて一五、六人の社員がおり、生果店としては世田谷区内でも大手の店だったという。店舗の二階が社員寮になっており、初任給は住み込みで五〇〇〇円であった。

唐牛社長は厳格で「店員に対し躾の厳しい人だった」という。

「最初は店員の見習いということで入りましたが、『二、三カ月やってみて使い物にならなかったら辞めてもらうから』と社長には言われました」

社長の厳格さは、社員の私生活にも目を配るほどで、ギャンブルをすることも一切許さなかった。

「競輪・競馬・麻雀、ギャンブルと名の付くものは一切ダメでした。まだ十代の子供でしたから当たり前といえば当たり前ですけどね。成人式を過ぎてからもギャンブルは一切ご法度でした。パチンコをすることも許さなかったですね。パチンコも含め『ギャンブルをしたらすぐクビにする』というぐらい厳しい人でした。二十歳を過ぎてからも、タバコを吸うことは禁じていました。タバコを吸うと店の空気が悪くなるからと言って……」

斉藤は元々ギャンブルには興味がなく、パチンコをしたいと思ったこともなかった。二十歳になってからも酒を飲まず、したがって社長がそのような厳しい〝御触れ〟を出しても「全然苦にならなかった」という。酒を飲まなかったのは、アルコールは体質的に合わないからだった。

ただ、タバコは二十歳になってから「社長の見えないところで隠れて吸っていた」と齋藤は笑う。最初は見習いで、「二、三カ月やってみて使い物にならなかったら辞めてもらうから」社長の言葉に発奮したからというのではなく、齋藤は先輩や社長の仕事ぶりを見様見まねで覚えつつ必死になって働いた。

リンゴ、ミカン、バナナ、柿など新鮮な果物や、トマトやイチゴなどの野菜を農家から仕入れ店頭に並べて販売する。果物をお客さんに売る仕事。単純なように見えるが〝生もの〟を扱う仕事である。お客さんを待ってただ商品を売ればいいというものではなく、日によって商品の並べ方にも気を配り、売れるための工夫をしなければならない。お客さんに商品の説明をすることも大事な仕事である。「津軽訛りで最初のころはお客さんに言葉が通じず苦労した」が、めげずに齋藤は頑張った。

朝は五時ごろ起きて夜は八時ごろまで一日一五、六時間働く。齋藤は「こうして働くことが当たり前だと思い、さほど苦にならなかった」。

「当時、昭和三十年代の商店の仕事は一日約一五時間勤務で、昼休み・休憩時間なしでした。たまに休みがあるとすれば、雨が降ってお客さんが来ない日、暇になったときぐらいだったですかね。忙しかったりすると二、三カ月休みなしのときもあり、それが当たり前のことでした。社員には女の子も二人いましたが、みんなよく働きました。今では笑い話です。若かったからできたんですね」

齋藤は、商品の仕入れの仕方も学び、日一日と商売の楽しさというものを覚えていった。「転職を考えたことなど一度もなかった」という。

齋藤が「二、三カ月休みなし」でも転職することを一切考えず辛抱して働くことができたのは、「将来は独立して自分も生果店を持ちたいと思っていた」からだった。

気になるのは、交替制でたまにもらえる休日をどのようにして過ごしていたのかだが、「街へ出て映画を観て過ごしていた」という。

「当時の娯楽といえば映画しかなかった。どの映画を観たいとか、そういうのじゃなく、店員仲間で町へ出て行き当たりばったりで映画館に入って映画を観た。渋谷や銀座まで出かけることもあった。どんな映画を観たのかもう覚えていないんですけどね。そのうちテレビが入るようになると、休日にはテレビを見て過ごすことが多くなりました」

昭和三十年代、銀幕のスターとして華々しいデビューを飾ったのは日活の石原裕次郎であったが、北原三枝と共演した石原慎太郎原作の『狂った果実』なども齋藤は観たのではなかったか。この映画は齋藤が上京して二年後に封切られているからである。

――映画のほかに、楽しい思い出はなかったのか。

「あります。商店街の店が一斉休業して、バスを借り切って商店街の店員全員で何回か旅行に連れていってもらいました。箱根とか茨城県の潮来とか、日光などにも行きましたね」

昭和二十九年（一九五四年）四月に津軽生果に入社した齋藤は、一四年間勤めたのち昭和四十三年（一九六八年）四月に同社を退社した。念願通り「独立」するための退社だった。入社した当時月額五〇〇〇円だった給料は退社時には三〇〇〇〇円ほどもらっていたという。唐牛社長は「独立したい」と申し出る齋藤に「今までよく頑張ってくれた」と、退職金代わりに五〇万円の祝儀を差し出し快く送り出してくれたという。

昭和四十三年四月二十日、「果物専門店」として東京都北区堀船三丁目に開店した店の名は『津軽生果商店』であった。津軽生果株式会社では一五年間勤め一〇万円の預金をしたが、「この預金と唐牛社長にいただいた五〇万円を元手に商売を始めた」という。のちに資本金三〇〇万円で有限会社を設立した。齋藤が妻・君子と結婚したのは昭和四十二年、津軽生果株式会社に在職していた三〇歳のときだったが、結婚して二年後に独立し、君子と共に二人三脚でのスタートだった。

「都電梶原駅近くの梶原商店街の中にある古い店舗を借りて店をオープンしました。三二歳のときで、東京都府中市の三億円強奪事件が起きたのはこの年の十二月でした」

独立開業した生果店は順調に業績を伸ばしていった。開業した当時、日本の内閣は佐藤栄作が政権を握っていたが（二期目）、昭和四十七年（一九七二年）七月には佐藤首相に代わって田中内閣が成立した。田中内閣になってから、津軽生果の売り上げも「さらに売り上げが伸びていった」という。

「日に一五万円から二〇万円くらいの売り上げがあったですね。従業員も二人ほど雇うことができる

独立して立ち上げた「津軽生果商店」で意気に燃え仕事に励む齋藤。写真の下に記された文字は活字ではなく齋藤自筆の文字であり、「津軽生果」という看板の文字も齋藤自身が書いた

ようになった。若い人を東京から一人と、青森から一人雇って、二人ともよく頑張っていましたから独立させてあげました」

店の経営は安定していたが、しかし齋藤は昭和五十九年（一九八四年）四月に津軽生果を閉め「家主に店を明け渡す」こととなる。借りていた店が契約の期限が来て、再契約するのに高額な家賃を提示されたことから堀船で商売することを諦めたのだった。

「ならば」ということで齋藤は、東京や神奈川県で新店舗を探すことにした。二年間探し回った末、落ち着いた先は新しい店舗ではなく、川崎市にある林フルーツ株式会社であった。同社は主に東急デパート内で果物や野菜を売り、東京や神奈川に一五、六店舗を構える会社であった。齋藤は東急百貨店のたまプラーザ店と川崎駅ビル地下一階の食品売り場にある店舗を任されることになったという。

独立して2年目の1969年秋に写す。津軽生果商店は順調に売り上げを伸ばしていった

自営ではなく、林フルーツに社員として勤めることになった経緯について齋藤はこう説明している。

「本当は自分の店を続けてやっていきたかったんです。でも、店舗を探しているうちに、林フルーツの二代目社長に声をかけられることになった。『今はもうスーパーの時代だ。これから小売店でやっていくのは大変だよ。うちに来て社員として働いてくれないか』と言われて、東急のたまプラーザ店と川崎駅ビルの地下にある食品売り場で主任として働くことになったんです。私は石橋を叩いて人生を渡るほうですから、林社長の言うとおりだと思って、林フルーツでお世話になることにしたんです」

妻・君子と共に津軽生果商店を守り続けてきたが、林フルーツに入社してからも「家内と一緒に店を切り盛りしてきた」という。林フルーツに勤めたのは一六年間で、同社を退社したのは平成十四年（二〇〇二年）十月であった。

「林フルーツには一六年間、本当にお世話になりました。最初はたまプラーザの東急デパート内の果物売り場で、高級フルーツから家庭用のフルーツまでよく売れました。そして川崎駅ビルの地下食料品売り場でも果物販売の主任を務め、当時は人の出も多くよく売れ、たまプラーザと共に昨日のように思い出されます。林フルーツ様には家内と共に本当によくしていただいて、心から深く感謝しております」

林フルーツを退社したのち齋藤は、東京を後にし故郷・藤崎にUターンしている。

「退社したその月に、家内と共に故郷である藤崎町に元気で帰ってきました。昭和二十九年に上京し、たくさんの人々との出会いがあり、たくさんの人様にお世話になりました。四八年間の都会生活でした。今は当時のことを懐かしく思い出し、感謝しております」

故郷に帰ってから四年後の平成十八年（二〇〇六年）四月十三日、弘前市出身の演歌歌手・井沢八郎のコンサートが青森市堤町にある青森市文化会館において行われた。井沢の本名は工藤金一（くどう・きんいち）であるが、工藤は中学時代から歌がうまく、昭和二十六年（一九五一年）三月に中学を卒業すると歌手を目指して上京。下積み生活一二年を経て昭和三十八年（一九六三年）に井沢八郎の名で『男船』で歌手デビューを果たす。その翌年、デビュー三弾目で歌い上げたのが『あゝ上野駅』であった。この歌がリリースされるや爆発的なヒット曲となった。井沢の歌いぶりと言い、関口義明の歌詞と言い『あゝ上野駅』は、集団就職者をはじめ高度経済成長時代を生きている若者の心に深く

2004年11月9日、妻・君子と共に「あゝ上野駅」の歌碑を訪ねる

染み込んでいった。齋藤もこの歌に心を動かされた一人だった。

弘前市出身で生まれた年も昭和十二年で、齋藤二郎は井沢八郎と同期であった。ただ、井沢は一月生まれであることから、学年は齋藤のほうが一つ下である。平成十八年四月十三日、青森市文化会館において行われた井沢八郎のコンサート。会場には当然のこととして齋藤二郎氏夫妻の姿もあった。終始感激して弘前のヒーロー井沢の歌を聴いたのだった。

コンサートも盛り上がりを見せたところで、齋藤は井沢のインタビューを受けたという。なぜインタビューを受けることになったのか——。

「井沢さんが青森でコンサートを開かれるというので、前もって井沢さんの東京の事務所へお手紙を差し上げたんです。私は井沢さんの『あゝ上野駅』に励まされて今日がある。一言お礼を申し上げたいとお手紙を出したところ、夢が叶いました。

青森市文化会館で行われた大コンサートには家内と共に出かけました。それが井沢様との最初で最後の出会いとなりました。家内と二人で感謝とお礼を申し上げたいと思っていたところ、井沢様は舞台から会場に下りてきてくださって私たちにインタビューをしてくださいました。思い残すことなくお話をさせていただきました。

井沢様はその翌年、六九歳の若さでお亡くなりになりました。誠に残念です。本当に心からご冥福をお祈り申し上げております」

井沢の死因は「食道がん」であった。

カラオケで歌を唄うとき、齋藤は決まって『あゝ上野駅』を唄う。齋藤の十八番である。

十八番と言えば齋藤は、書道を特技としている。「賞状とかを書けるようになりたい」と思い生菓店に勤めていたころから通信教育で学び、「今も書道はずっと続けている」という。文字は崩すことなく「誰が見ても読めるように書くことが礼儀であり、楷書できちんと書く」ことをモットーとしている。教科書のようなきれいな字を書くことから、齋藤はよく周りの人に頼まれて「贈答品の熨斗紙に名前を書いてあげたり、藤崎町の各種イベントで使われる横断幕に題字とかを頼まれることもよくある」という。

齋藤は、藤崎小学校時代の同窓会の幹事を務めている。同期生のなかに元衆議院議員で青森県知事を務めた木村守男氏がいるが、今から一〇年前の同窓会の席で齋藤は木村氏にこう尋ねた。「お金はケンカのもとになるから子供たちに何かを残してやりたいんだが、何がいいんだろうか」と。木村氏からはこんな答えが返ってきた。

「あなたは書道がうまいから、心に残るようなものを書に認めて贈ってあげたらどうか……」

齋藤はこのアイデアに乗ることにした。齋藤には川崎市宮崎台に住み東急観光に勤める長男・健一郎と、東京・日本橋に住む長女・江美子、千葉市に住んでいる次女・真由子がいる。次女は須田哲也（東京ディズニーランド勤務）と結婚し須田姓になった。子供たちそれぞれに渾身を込めて毛筆で書いた巻物を三巻ずつ作り、これを遺産として贈ることにしたという。一〇年の歳月をかけて巻物を書き続けているが、「今年（二〇二〇年）十一月には完成する予定」であるという。

齋藤は今でも、君子夫人と共に年に一、二回は上京し「心の故郷・上野駅」を訪ねることにしている。「上京の際は必ず上野駅へ行って歌碑に『ありがとう』と感謝を申し上げ、拝んでおります」

歌碑設立委員会には寄付金に添えてこう書き、送った。齋藤の手紙は寄付者全員の手紙とともに歌碑の下のタイムカプセルの中に収められている。

（二〇二〇年七月　記）

佐々木忠義

宮城県の中学を卒業し「750円」の片道切符だけを握り締めて上京。町工場で技術を磨き「大田の工匠100人」に選ばれる。一線を退いた今は、子どもたちに「モノづくり」の大切さを教えている

東京都大田区東蒲田二丁目で「MC・NC・汎用精密加工　有限会社エスエスケー」を営む佐々木忠義、七四歳。平成二十二年（二〇一〇年）七月には、「卓越した技術・技能」を持ち、製造業に携わる者の模範であり大田区の「モノづくり産業競争力の源泉」となり得たとしてモノづくり優秀技能者『大田の工匠100人』に選ばれ、松原忠義大田区長より表彰を受けた。今は、会社の代表取締役の座を長男・聡に譲り、自らは小学校などからの依頼を受けて、子どもたちに「モノづくりの大切さ」「食の有難さ」などをテーマに自社でつくったステンレス製のコマを持参し講演活動を行っている。

佐々木には、会社の経営者であると同時に、〝商工団体連合会〟としての顔がある。名刺には、「東京商工団体連合会　蒲田民主商工会副会長」「工業部 部長」などの肩書が見られる。これまで、「循環型の地域経済・社会の実現にむけて『中小企業を元気に！』（全労連・全商連・東京地評主催）などのテーマを掲げたシンポジウムに参加し、役員として積極的に発言を行ってきた。

ちなみに、二〇一五年七月十二日に全労連会館において開催されたシンポジウムでは「大田区の中

小零細工場60社の独自調査から見えてきたもの、苦境打開の展望」と題し講演・報告を行った。「このままでは日本のものづくりの集積が消える」という危機感から大田区に中小零細工場の実態調査を要求し、独自調査も実施した、その分析結果を報告するといった内容であった。「調査には多くの会社が協力してくれた」という。

有限会社エスエスケーの製品（同社の製品ファイル集から）

佐々木忠義は昭和二十一年（一九四六年）生まれの団塊の世代だ。宮城県の中学を卒業し「集団就職列車」に乗って七時間かけて上野駅に到着。東京都大田区の町工場で働きながら手に職をつけ二六歳で独立し、堅実経営で令和二年十二月現在で「有限会社エスエスケー」は創業四七年を迎える。

「人生、七四年も生きてきますとね、いろんなことがありましたよ。妻を早くに亡くしましてね、三人の子供たちを育てながら何とかやってきました。でも、過ぎてみると、あっという間でしたね。今は日々、皆さんに感謝しながら生きています」

佐々木忠義氏に初めてお会いしたのは平成元年（二〇一八年）十二月二十四日だった。「大田文化の会」が主催するジャズ＆ディナーショーに出席し、その席で主催者代表である鶴

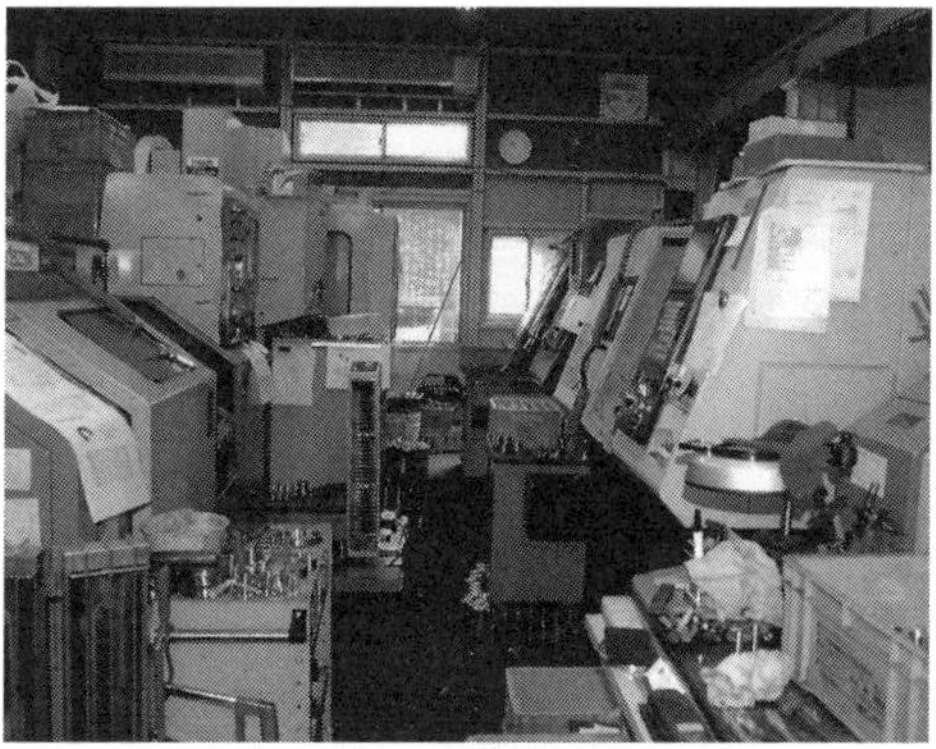

有限会社エスエスケー工場内（同社の製品ファイル集から）

岡征雄氏に、「佐々木さんはバリバリの集団就職者ですよ」との紹介を受けて名刺を交わしたのが佐々木氏との最初の出会いであった。「ぜひ取材をさせてください」と、一言挨拶を交わしただけでその場では話を伺うことはなかった。

それから二年が経過した。佐々木氏に取材を申し入れ、令和二年（二〇二〇年）十二月十二日・土曜日、京浜蒲田駅ホーム下の喫茶店で佐々木氏に再会した。佐々木氏は昭和二十一年九月生まれで、筆者と同年齢だが、私が一月生まれであるため学年は一級下である。

午後一時三〇分。本書『中卒集団就職者　それぞれの春夏秋冬』の原稿執筆のための、これが最後の取材であった。席に着くなり、佐々木氏がまず口にしたのは、東日本大震災のことであった。

「今日でやっと、大震災のときにつくった石巻市の仮設住宅がなくなったんですよ。『現場が大事だ』と言いながら、政治は現場に目を向けていない。東日本大震災が発生したのは平成二十三年（二〇一一年）三月十一日。石巻市では、あのときの津波で六〇〇〇人も亡くなったんですけどね。あれから一〇年経ってようやく、仮設住宅がなくなったんですから……」

そして佐々木氏は、自身の生い立ちについて語り始めた。母親は「女工哀史」の時代、まさにその当事者として紡績会社に勤めていたという。

「私がまだ四つか五つのときでした。母親が深刻な顔をして『死にたい、死にたい』と言っていたことがあったんです。そのことがずっと記憶に残っていて……。母が『死にたい』と言ったのは、働いても働いても食べることに事欠く日々だったからですけどね。祖父母合わせて一二人の家族で、炉端に父と母と私の三人がいたときの会話でした。それを聞いた父は一言、『生きていれば良いこともあるよ』と言っていましたけどね。まだ幼かった私は、『死ぬ』とはどういうことかわからなかったんですけど、その会話が深刻な内容であることは伝わってきましたから、今でも忘れられずにいるんです。母は働き者で、みんなに慕われていました。女工哀史と言われていた時代、富士紡績に勤めていて寮長をしていたそうです。

また父は体が弱くて、おとなしい性格で、神主さんの資格などを取っていましたね。農業をして生計を立てていましたが、家は子だくさんの貧乏でした。子供が一〇人もいて大変でした。きょうだいもみんなそうですが、私も高校への進学など考えたこともありません。中学を卒業すると、口減らしのために、すぐに東京に出たんです」

佐々木忠義（ささき・ただよし）は一九四六年九月、父・周弥、母・トシミの六男として宮城県桃生郡（現・石巻市）河北町飯野川成田に生まれた。きょうだいは「男六人（長男・寿雄、次男・寿、三男・徳男、四男・義政、五男・寿孝、六男・忠義）、女四人（長女・たき子、次女・しげ子、三女・三重子、四女・八重子）」の一〇人で、家業は農業。両親は田圃では米をつくり、畑では野菜をつくって生計を立てていた。「小作人の貧乏生活で、母は筵を一日に一〇枚織って、それを父が馬車で四キ

中学3年時の農業実習(後方左端が佐々木)

1962年1月に撮影した履歴書用の写真

口先のお得意さんに届けて、三〇〇円の現金を貰って帰る」という日々でした」と佐々木は言う。忠義は母の筵織りの補助作業を手伝い、兄や姉たちと共によく田植えを手伝い、畑では野菜の収穫を手伝った。野菜づくりは家だけでなく、学校の農園などでも職業実習で「よく野菜をつくっていた」と言う。

「家では鶏や豚も飼っていました。母は近所から残飯を貰ってきて、豚に食べさせていましたね」

中学は、飯野川中学校に学んだ。学校の成績は「普通でしたね。社会科が4だったり5だったり。走るのが得意で体育は5でした。あとは数学や国語は2と3、勉強はそんなに好きではなかったですね」

中学を卒業したのは昭和三十七年(一九六二年)三月二十日。卒業生は約一五〇人いて、「高校へ進学したのは約四割で、六割は就職組だった」という。大半が、関東の京浜地区への就職だった。佐々木は「次姉・しげ子が女中奉公をしている、奉公先の金鶏食品の社長の紹介」で、東京都大田区にある明治機械株式会社に就職が決まった。佐々木が入社した当時、東京都大田区蒲田の工場には「二〇〇人ほどの社員がいた」。大半が男子社員で、女子は一〇人ほどしかいなかったという。佐々木は同社の養成工として三年間、旋盤の技術をみっちりと学び、機械工としてその技術を確かなものにしていった。「私は定時制高校には行かなかった」と佐々木は言うが、養成工で学んだ三年間は工業高校の機械科に匹敵するものであり、高校で学んだも同然である。京浜地区では日本鋼管やいすゞ自動車など大手の企業だけが養成工という〝制度〟を導入していた当時にあって、明治機械株式会社は中堅企業でありながら中卒者を対象に養成工制度を設け従業員を育成していた。佐々木は転職することもなく、同社に八年間勤めている。

「入社してから三年間は養成工として午前中は勉強ばかりしていました。そして午後からは、ハンマーの打ち方に始まって旋盤の使い方まで、みっちり教わりました。旋盤を使って機械の部品を加工するのが主な仕事です。細かい作業をするのが私は好きですから、楽しかったですね。一生懸命頑張りました」

勤務時間は、午前八時半から午後五時半まで。残業は「よほど忙しくない限り、ほとんどなかった」。給与は初任給「手取り七三〇〇円」で、「十三日に半分、二十八日に半分が支給された」と言う。佐々木は給料の大半を貯金し、また郷里で苦労している両親に仕送りした。余暇は、たまに映画を観たり、クラシックを聴くのが好きだったことから「コンサートなどにもよく出かけた」。

成人式は、明治機械在職中に迎え、写真館へ行って記念写真を撮った。

佐々木は明治機械製作所在職中に、次兄・寿の紹介を受けて『緑の会』に入会し、同会のサークル活動を通してさまざまなことを学んでいった。

「緑の会は全国に若者の支部があり、寺島文夫さんが創刊した『人生手帖』により若者の生き方や人生について学ぶサークルでした。兄の紹介で入会して、山登りや、短歌の会、読書会などを通じていろいろなことを学びました。今でも当時の仲間たちとは交流があります」と佐々木は言う。

1967年1月、成人式を迎える

元々好きだったクラシック音楽にさらにのめり込んでいったのも同会の影響を受けたものであり、佐々木は日本フィルハーモニー交響楽団の会員でもあるという。以前は「月に四、五回はコンサートを聴きに行っていた」と言う。

佐々木が明治機械株式会社を退社したのは、成人式が終わって三年後のことだった。中学を卒業以来、転職することもなく、八年間勤めた会社を辞めた理由について佐々木は次のように説明している。

「厚木のほうに工業団地ができて、そこに明治機械も工場をつくり、厚木に転勤するよう命じられたために辞めることにしたんです。若い人はほとんど辞めましたね。私は、総務課長に『辞めないで欲しい』と言われたんですけど、辞めることにしました」

《職歴　昭和37年3月　明治機械株式会社入社　昭和45年3月　都合により同社を退社》

履歴書を持参し面接を受け「即決採用」で佐々木が次に勤めた会社は、従業員が佐々木一人だけという町工場「柿岡製作所」であった。蒸気タービンの部品をつくる会社だっという。佐々木はこの会社でも「七年ほど勤めた」。「昔気質の親方で厳しい社長だったが、家族的な待遇を受けながら頑張った」という。

「柿岡社長は、町工場の親父といった感じで、厳しかったですね。ワンマンの人でした。たとえ相手がお得意さんの営業マンであろうと、『うちが仕事を出してやっているんだ』というような理不尽な態度をとる人に対しては、怒鳴りつけていました。でも、仕事を離れると優しい人でしたよ」

《顧客に信頼され、満足される製品・サービスを提供し、社会に貢献する企業》

これは佐々木が八年間勤めていた明治機械製作所の企業理念の一つであるが、小規模・零細企業である柿岡製作所も「顧客第一」に自社ブランドに「自信」と「プライド」を持って製品をつくっていた。柿岡社長はモノづくりの基本となる精神を徹底的に佐々木に叩きこんだ。

佐々木は言う。

「ある会社に製品を納めに行ったとき、その会社の検査官がある製品を持ち出してきて私の目の前で『こんなものが使い物になるか』と言って足元に叩きつけたことがあったんです。その製品を見て私は『これはうちの会社でつくったものではありません』と言った。それで調べてもらったところ、やはり柿岡製作所でつくったものではなかったんです。自分でつくる製品に対しては、それだけ自信とプライドを持ってつくっていました」

そして、やがて佐々木は、明治機械製作所と柿岡製作所で培った技術とモノづくりの精神を〝資本〟に昭和四十七年（一九七二年）四月、二六歳で独立、「佐々木製作所」を創立することとなる。大田区東六郷に家賃五万五〇〇〇円の一軒家を借り、一六〇万円で旋盤とボール盤を買い自社工場を立ち上げたのだった。

「自社で最初につくった製品は、歯医者で虫歯を治すときにキュルキュルキュルと回転させながら削る器具がありますね。エアタービンと言うんですけど、歯医者さんをクライアントに最初にあれをつくったんです」

独立して三年後には大田区南六郷に土地を買ってマイホームも建てた。住宅と工場を兼ねた家で、下が工場で二階を住居にして使い、仕事の受注も順調で堅実経営で会社を運営していった。

佐々木が結婚したのは昭和四十二年で、山武ハネウエルに勤めていた川村英子と結婚。佐々木が二六歳のときで英子は六つ違いの二〇歳、成人式を迎えたばかりだった。英子との間には長男・聡、長女・愛、次女・瞳と三人の子をもうけた。「愛と瞳は双生児」だという。男の子を授かり、同時に二人の女の子にも恵まれた。佐々木は妻・英子と共に子供の誕生を喜んだが、「二人の女の子が生まれてから一年後に妻は白血病になり、二年間の闘病生活ののち三一歳で亡くなってしまった」という。

苦楽を共にし二人三脚で歩んできた妻・英子が逝き絶望的な気持ちになっていた佐々木であったが、小学一年生の長男と二人の一歳六カ月の女の子を育てていかねばならず、悲嘆に暮れてばかりいるわけにもいかない。佐々木は立ち上がり、仕事と子育てを両立させつつ会社の経営を維持・拡大していった。男手一つで子育てと会社の経営を維持していくためには、どのような苦労があったのか――。

「仕事は零時前に終わることはなかったですね。毎日、午前二時まで仕事をしていました。朝は娘二人を保育園に預けに行って、夕方には迎えに行く。それで夕飯をつくって食事をさせてから、すぐに仕事に取りかかる。そんな生活を長い間続けていました。そうやって子供たちを育てていたのですが、娘は結婚式のスピーチでこんなことを言っていました。『私たちは、お父さんが工場で仕事をしている槌音を子守歌代わりに聴いて育ちました』と……。

一階が工場で二階が自宅だったものですから、娘はこんなことを言ったんですけどね」

――白血病でお亡くなりになった奥様は二年間、闘病生活を送られたとのことですが。

「妻が病気になったとき私が最初にしたことは、まず車を買って、それから車の免許を取ることでした。免許は一カ月で取りました。朝八時に教習所へ行って、仕事をしてのち午後から学科を受けに行って、また仕事に戻るという日常でした。妻は大田区の大田病院に入院していました。赤白血病（骨髄性白血病の一亜型で、白血球系細胞のみならず赤血球系細胞にも成熟障害を伴って異常に若い細胞〈幼若細胞〉が自律的に増殖する疾患）という病気で、病院の先生には『今の医学では治すことはできない』と言われました。その告知は、先生が義父と私だけを呼び出して知らせてくれたんですけどね。病院には毎日、見舞いに行っていました。それでも妻は病院を抜け出して家に帰ってきたり、病院の三階の窓から飛び降りて自殺しようとしたり、とにかくいろいろ大変でした。

そんなある日、小学生の息子が学校から帰って私を見て『お父さん、元気ないね』と言ったことがあったんです。それからは、これじゃいけないなと思って頑張たんですけどね」

――佐々木さんのごきょうだいとか、お義母様に看病のお手伝いとかお願いしたことはなかったんですか。

「妻がいよいよとなったとき、義母に『ちょっとお願いできませんか』と言ったことはあります。でも義母は仕事を持っていて、『もう少し勤めれば年金が満額貰えるから休めない』と言って引き受けてもらえませんでした。それで姉（長姉・たき子）に相談したら、『なんでもっと早く言ってくれなかったんだ』と言って、すぐに来てくれたんですけどね。でも、義父や義母には悪いことをしたと思っています。私のところに嫁にさえやらなければ、『娘はこんな病気にならずにすんだのかもしれない』と思っているのではないか、そう思うと辛かったですね」

「悪いことは重なるもので、妻が入院しているとき、長男の聡が学校で大火傷をして入院したことがあったんですよ。学校の隣りに工場跡の広い空き地があって、その空き地に近所のリフォーム屋が許可もなしに勝手に入ってきて、壊した建物の畳を処分するために畳を燃やしていた。それを見た息子は火事だと思って近くにあった一斗缶に入っていた水を火にかけようとしたら、火は消えずに逆に燃え上がってしまったんですね。それは水ではなく灯油だったんですよ。それで息子は大火傷を負って、救急車で病院に運ばれました。入院生活は五〇日間でした。第三北品川病院に入院しましたが、入院中は妻と息子のところに毎日見舞いに行っていました。夜、夜中に病院から呼び出されることも多く、ホンダのカブ（バイク）で病院を行ったり来たり、そんな毎日でしたね。霙の寒いなか、バイク一台が駄目になるくらい病院には通いました。ある日、交番の前でバイクが壊れて、おまわりさんに『バイクを預かって欲しい』と無理を言って、タクシーを拾って病院に行ったこともありましたね。

息子の身体は『これだけの火傷は助からないかもしれない』という医師の見立てでしたが、何とか助かって無事に退院することができました。手術を待っているとき、廊下の椅子に座っていたら、真っ暗な中で般若心経を唱えている人がいました。大変な手術をされているのを待ちながら唱えていたんでしょうね。私も必死で、無我夢中でした。夜だけでなく、昼間病院から呼ばれることもある。一階の踊り場で作業着から洋服に着替えて病院に駆けつける、そんな日々が続きましたね。入院費は、多いとき月に三七万円かかるときもありました」

佐々木は先妻の英子亡き後、六年後に再婚している。上野陵子という元女優で、陵子には三人の男の子がいた。しかし、再婚したその陵子もまた五年後には事故で亡くなり、佐々木は六人の子を育てながら工場を経営することとなった。「三人の子供は高校まで卒業させてやりましたが、納得のゆく親であり得たか自信がありません」と佐々木は言う。

さまざまな試練を乗り越え佐々木は、平成九年（一九九九年）十二月には佐々木製作所を法人化し資本金三〇〇万円で「有限会社エスエスケー」に改称。事業内容は金属旋盤加工、金属フライス盤加工、精密研磨加工および精密板金加工、治具製作および金型製作で、医療機器部品（人工透析のポンプ・CTスキャン・MRI用）、油圧部品・治具部品、オーディオ部品などが主要生産品となっている。法人登記したのち二年後の平成十一年（一九九九年）一月には南六郷から東蒲田の現在地に会社を移転した。

また、遡ること二六年前の平成六年の第1回「おおた工業フェア」には製品を出展、以後毎年のように自社製品を出展している。冒頭においても見たとおり、平成二十二年（二〇一〇年）七月には、「卓越した技術・技能」を持っているとして佐々木はモノづくり優秀技能者『大田の工匠100人』にも選ばれた。その三年前の平成一九年（二〇〇七年）からはマスメディアからも注目を浴び、NHKはじめ民放などのニュース、人気テレビ番組に大田区の製造業代表として数多く出演している。

一方、全商連付属・中小商工業研究所が発行する『中小商工業研究』第一三四号（二〇一八年一月発行）において佐々木は、「大田区製造業の現状と展望―風力発電機開発に触れて―」と題し、町工場集積の苦境の原因と今後の展望について、以下のような論文を寄稿している。

《工場数の減少に歯止めがかからなくなっている第一の原因は不況である。それも景気循環ではない。構造的に作られた不況だ。２０００年以降、中国や東南アジアに生産拠点を移した結果であり（私たち現場から見れば仕事を持って行かれたということである）、日本貿易振興会（ＪＥＴＲＯ）発表でも、中国に２３０００社、台湾に３６００社、タイ４６００社、東南アジア、タイを含む１２５００社という日本の企業が現地で生産活動をしている。中国だけでも雇用数１０００万人と言われており、これだけの企業が国外へ出ている状況があり、産業の空洞化が進んだ。国内の働く人、町工場を犠牲にし、海外で安く作り、利益追求しか考えない企業本来の社会的責任を放棄した結果だと思う。》

こう述べたのち佐々木は、「なぜ風力発電機の開発に取り組んだのか」については次のように説明している。

《リーマンショックから底が抜けた状態と言われ、仕事が激減し、仕事量はあっても以前の3割、半分あればいい方だという状況であった。そこで町工場を経営している仲間に集まってもらい、経営を継続していくために何とか仕事起こしをしようと話し合い、風力発電の開発を決定した。

福島第一原発の事故以来、原発に頼らない再生可能エネルギーを利用した発電が求められている。小型の補助的電源装置を広範に普及することにより、原発に依存しない社会の実現に寄与する。あわせて大田区の中小工場のネットワークによる日本のものづくりの技術的基盤を守り、自然エネルギー活用の新産業を生み出す、新分野を切り開く。そのような目的がある。》

佐々木はこう述べたのち、「開発に当たっての取り組み」、「開発品、技術の概要」などについて詳細に持論を展開している。企業の活性化を訴えるだけでなく、会社の第一線から身を引いてからは、小・中学生に対し「食の大切さ」「モノづくりの大切さ」を伝えるべく、自社でつくったコマを持って講演活動を行っていることは冒頭において述べたとおりだ。

佐々木の講演を聴いたある小学生は、次のような感想文を佐々木に送っている。

《……前略……作っている人がいなければ、私たちはおいしいものや楽しい事ができないともう一度、見つめ直す事ができました。食べ物は生物の命であるから大切に食べる事や、「当たり前」が当たり前でないことをしっかり学びました。こまについてもとても熱心におしえて下さってとても分かりやすかったです。最後に私は、人が一生けん命考えて、完成させたこまの方がより長く美しく回るのではないかと考えました。》

大田区立北糀谷小学校六年のAさん（女児）が書いた感想文である。ほかにも三七人の児童の感想文が綴られており、『佐々木忠義 様　ありがとうございました』と題されたこの〝文集〟は佐々木の掛け替えのない生涯の宝物だ。

一五年前からは大田区教育委員会主催で同区の産業プラザにおいて小・中学生を対象に「モノづくりフォーラム」も開催されている。有限会社エスエスケーの出展ブースも確保されており、「金属のコマ」が展示されている。「それまでは金属のコマが展示されたことはありませんでした」と佐々木氏。

ほかにも、一〇年前から毎年、医療従事者や看護学校の学生を対象に、町工場の立場から千葉県東葛看護学校の学制を招き、地域医療の現状について話し合う活動も行っている」と言う。また、「第五〇回日本産業教育学会では、横浜国立大学で、大学教授や専門学校の先生方の前で『製造業の現状と問題点、展望』というテーマで講演させていただく機会も与えていただきました」。

多忙な日々を送り、以前は「月に四、五回はクラシックのコンサートを聴きに行っていたが、今は月に一回ぐらいしか行けなくなってしまった」と佐々木は言う。

佐々木氏が講演活動に持参している
ステンレス製のコマ

モノづくり優秀技能者『大田の工匠100人』に選ばれた佐々木忠義――。その『工匠』の技術を引き継ぎ、長男・佐々木聡が代表取締役に就任したのは平成二十九年（二〇一七年）九月だった。会社の監査役は聡の妻・美由紀が務めている。

「母は『あゝしろこうしろ』と言う人ではありませんでした。愚痴を聞いたのは『死にたい』という一回だけで、普段はいつもニコニコしていましたね。妻の二年間の闘病や、息子の入院など苦しい日々の中で得たのは、人の情けの有難さでした。ですから私も、困っている人を見かけたら、すぐに手を出し助けてあげたいと思う。こういう性格は、母から受け継いだのかもしれません」

（二〇二〇年十二月　記）

佐賀県出身の少年

昭和三十六年三月　集団就職列車から振り落とされ相生→宝殿間（四三㎞）を裸足で列車を追いかけた「母にもらった新しい靴下が台無しになる」

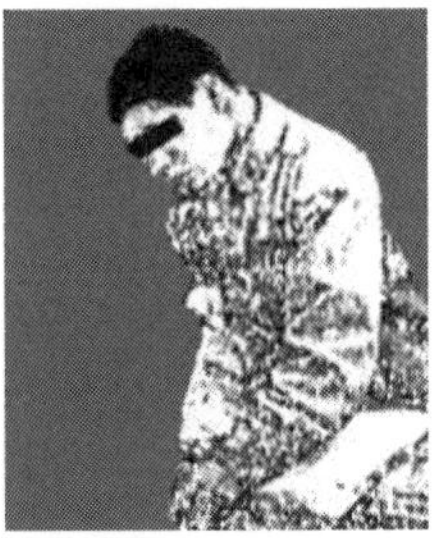

ＪＲ西日本・山陽本線に、「宝殿」「相生」という名の駅がある。いずれも兵庫県にあり、姫路を起点にして宝殿は東に、相生は西に位置している。二つの駅の間には揖保川と夢前川が隣り合って播磨灘に注ぎ、その右手、宝殿の東方には加古川が流れている。竜野・網干・英賀保など五つの駅を挟む相生—宝殿間の距離は、マラソン・ランナーの走るそれを上回る四三キロメートルである。

昭和三十六年（一九六一年）三月二十一日、この相生—宝殿間を、中学を卒業して間もない一人の少年が列車を追いかけて走った。生まれて初めて経験する長い汽車の旅に気分が悪くなり、風に当たるため靴を履かずに靴下のまま座席を立ち、国鉄・相生駅で列車のデッキから振り落とされたのだった。線路に敷き詰められているバラスの上に放り出されたのだが、手首を少し擦りむいただけで幸い大したケガはなかった。少年はすぐに跳ね起き、靴下を脱いでポケットにねじ込むとそのまま列車を追いかけた。国道に出て、裸足で、血まみれになった足を引きずりながら八時間かけて「宝殿」の駅に辿り着いたのである。

少年の出身地は佐賀県杵島郡で、鹿児島や熊本などの中学卒業者二五八名とともに、集団就職列車で大阪に向かう途中〝不慮の事故〟に見舞われたのだった。走る際に靴下を脱いだのは、「お母さんに買ってもらった新しい靴下が台無しになる」と思ったからだという。

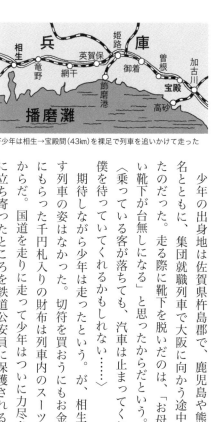

〈乗っている客が落ちても、汽車は止まってくれないのか。次の駅でなら、僕を待っていてくれるかもしれない……〉

期待しながら少年は走ったという。が、相生から一つ目の竜野駅に目指す列車の姿はなかった。切符を買おうにもお金がない。故郷を出るとき父にもらった千円札入りの財布は列車内のスーツケースに入れたままだったからだ。国道を走りに走って少年はついに力尽き、「救い」を求めて宝殿駅に立ち寄ったところを鉄道公安員に保護されることになった。公安室で駅員が出してくれたどんぶりに箸をつけたとき、F少年はその安堵感からポロリと一粒の涙を流した。

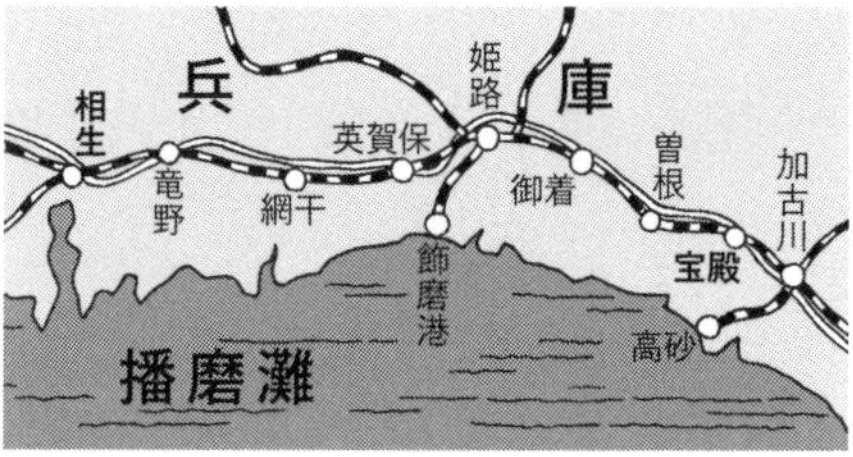

F少年は相生→宝殿間（43㎞）を裸足で列車を追いかけて走った

これらの一件については『読売新聞』が、それから五日後の三月二十六日付夕刊で、八段のスペースを割いて大きく取り上げている。タイトルには、《ハダシの就職少年　テクテクと駅七つ　振り落とされた列車追い》とあり、リード部分にはこう記されている。

《ことしも集団就職の若ものたちが北から南から東京へ、大阪へと続々くりこんでくる。その就職列車の一つから十五歳の少年が振り落とされた。春分の日の二十一の明け方、山陽線相生駅近くのできごと。ところが運よくわずかなケガですんだ少年は走り去る列車を猛然と追いだした。就職地大阪まで歩いて追いかけよう。それから八時間、四十三キロ、七駅も離れた宝殿駅で少年は保護され、その日の夕方大阪の就職先の主人に引きとられた。なぜすぐ駅か警察へいって事情を話さなかったのか。少年は黙って九州の父母や友だちに書いた十五枚のはがきを見せた。「ぶじ大阪へ着きました」この文句、それが少年をたくましく歩かせた。》

F少年の〝人となり〟については次のように伝えている。

《……前略……F君（新聞では実名）の成績表は、ほとんどが4点以上で成績は優。そこへ書き込まれた担任のY先生（新聞では実名）のことばは「なにごとにもまじめで熱心で心底には大望を有しているらしい。外見はとりつきにくいが長い目で見るとき人のよさがにじみでて信用できる」……中略……F君（新聞では実名）はその日から手首に白いホウタイを巻いて、お得意回りに飛びだしていった。新しいジャンバー姿に、足にあのビニールのゾウリを光らせながら。七千円の月給をもらったらどうするのと聞いたら「偉人伝を一冊店から買いたい」といった。》

F少年の就職先は、大阪府布施市足代にある書店だった。記事の中に「ビニールのゾウリ」とあるのは、国道を走って大阪に向かう途中、道を尋ねた駄菓子屋の若い店員にリンゴやパンなどとともにもらったビニール製の草履のことである。

あの日から、半世紀以上の歳月が流れたことになる。F少年はその後、どのような人生を歩まれたのであろうか――。

書店に古くから勤めているH氏によると、三、四年たってのちF君は、兵庫県加古川市のほうへ「転職していった」とのことである。H氏に電話で話を聞いたのは平成五年（一九九三年）頃のことだった。

「無口でね、真面目に一生懸命働く子でした。でも、書店というのはお客さんが相手の商売ですから、あまりおとなし過ぎてもね……。F君自身も、三、四年働いてみて『自分はこの商売に向いてない』と思ったんじゃないでしょうかね。お兄さんの勧めもあって、自動車の整備士になるんだといって加古川のほうに行きましたけど、その後はどうしたんですかね。加古川では確か、住み込みで働くんだとか言ってましたよ……」

H氏の言葉を頼りに、NTTが発行している電話帳でF氏の名を調べてみたが、加古川市内にその名は見当たらなかった。

故郷の佐賀県に帰ったのであろうか。そうでもないらしい。F氏の出身地である杵島郡北方町の住所でNTTで問い合わせてみたが、出身地の電話帳にも「その名前ではお届けがありません」という。

電話帳に本人の名は記載されていないが、F氏はやはり、加古川市に住んでいるらしいことだけはわかった。同郷で、同じ「F」姓を持つさる男性から次のようなことを聞いたからである。

「もうF君からは長いこと年賀状も来なくなって、今、何をしているかもわからない。でも、加古川にいることだけは間違いないと思いますよ……」

「F君」と名を呼んでいたことや、年賀状のやりとりがあったことなどから、〝声の主〟はF氏の親戚筋にあたる人のように思われた。氏の〝その後〟についてもう少し詳しく知りたいと思ったが、電話では、これ以上の情報を得ることはできなかった。

F氏が加古川市を〝第二の故郷〟に定めた理由については、容易に察しがつく。かつて氏が、血まみれの足を引きずりながら〝救い〟を求めた宝殿駅は、高砂市と加古川市の市境に位置しているからである。

「いいか、大阪まではまだまだ遠い。歩いて行くのはとても無理だ。ここにいちばん近いのは姫路の駅だ。姫路行きの道を教えてやるから、そこから汽車に乗って大阪に行きなさい」

駄菓子屋の店員に教えられたとおり、F少年は姫路駅に向かった。しかし、同駅で大阪までの切符を頼んでみたのだが、「お金は大阪に着いてから払ってもよかですか?」と聞いたとたん駅員に怒られたという。仕方なく少年は、また国道を東に向かって走ることにした。そして、ついに一歩も歩けなくなり、やっとの思いで辿り着いたのが高砂市米田町にある宝殿駅だったのだ。

宝殿駅を発つと列車は二分ほどで加古川の鉄橋に差しかかり、鉄橋を渡ると一分足らずで加古川駅のホームに滑り込む。F氏にとって「加古川」は、終生忘れ得ぬ思い出の地であるはずなのだ。兄の勧めで加古川市に行き、自動車の整備工として働き、手に職をつけ、F氏は幸せな人生を送れたのであろうか。

それにしても、社会人となるべく一歩を踏み出したその日、走る列車のデッキから振り落とされる運命に遭遇するとは、何と凄まじい人生のスタートの切り方だったのであろうか――。

F氏には何としてもお会いして「その後」の人生を訊いてみたかったのであるが、それが叶わなかったのは残念であった。

(二〇一八年八月　記)

第6章
それぞれの春夏秋冬(1)　昭和三十六年三月二十七日、与論・供利港を発ち『浮島丸』で神戸港へ

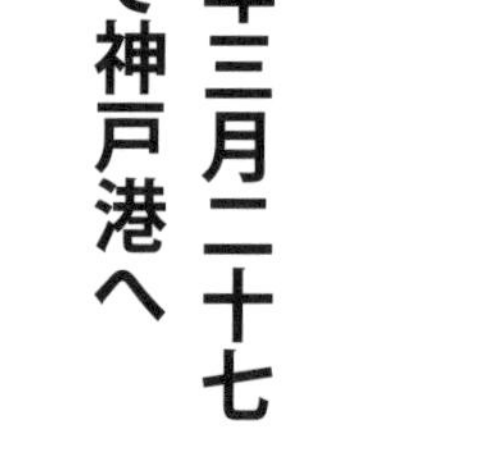

昭和三十六年（一九六一年）『浮島丸』が奄美諸島の港を離れたその日、国内ではどのようなことが起こっていたのか。当時政権を担当していたのは、大蔵大臣時代に参議院予算委員会で「貧乏人は麦飯を食え」という失言で顰蹙を買っていた池田隼人首相であった。三月二十七日の『朝日新聞』一面では「池田政権に容易でない〝挙党体制〟」として「ＩＬＯ・経済政策を批判」といった見出しを付けて池田内閣の行く末を案じる記事が載っている。「低姿勢」と「寛容と忍耐」をモットーにしていた池田政権の政策の目玉は「所得倍増政策」であった。記事の見出しにある「ＩＬＯ」とは「国際労働機関（International Labour Organization）」のことで、同機関は働く権利を促進し、雇用の機会を奨励し、社会的保護を高め、労働関連の問題に関する対話を強化するというもの。一九四六年に国連で初めての専門機関として設立された。議会では、このＩＬＯ八十七号条約批准に伴う国内関係法整備をめぐって政府、自民党間に〝ミゾ〟ができており、このミゾを埋め「挙党体制を築くのは容易ではない」と記事は報じている。このＩＬＯ問題については『讀売新聞』も三月二十七日付朝刊一

面で「国会、今週も荒れ模様」というタイトルをつけて報じている。《党内各派は、おしなべて池田内閣の責任を分担することは避けるという建て前で、しばらく情勢を傍観する態度をとっており、池田政権に協力の手を進んで伸ばそうとはしていない。》（『朝日新聞』）のであり、保守自民党内で池田派に風当たりを強くしているのは佐藤派（佐藤栄作）であり岸派（岸信介）であった。そしてやがて政権は、佐藤栄作率いる長期政権（昭和三十九年〈一九六四年〉十一月～昭和四十七年〈一九七二年〉七月）へと移行していく。

池田政権下にあった昭和三十八年（一九六三年）が、中学を卒業して社会に出た就職者数が最も多かった年であった。言うところの「団塊の世代」で、昭和二十二年（一九四七年）から昭和二十四年（一九四九年）の、第一次ベビーブームが起きた時期に生まれた世代である。そして、この年をピークに中卒就職者数は徐々に減少傾向に転じ、高校への進学率は徐々に高まっていくのである。

ここに、昭和四十四年（一九六九年）五月一日現在で文部省（現・文部科学省）が実施した「学校基本調査（指定統計第13号）」のうち、同年三月に中学校および高等学校を卒業した者の卒業後の状況と、鹿児島県単独で調査した「卒業後の状況調査付帯報告」の結果をまとめた報告書がある。鹿児島県企画部統計課がまとめたもので、調査に当たっては各中学校、高等学校の協力を仰いだという（鹿児島県企画部統計課・米丸操課長）。

表1に見るのが、昭和三十九年（一九六四年）から昭和四十四年（一九六九年）までの年次別卒業者数である。中学校の卒業者数は昭和三十九年をピークにその後年々減少して、昭和四十四年三月の卒業者数は四万七二三二人（男二万四〇二二人、女二万三二一〇人）で、前年・昭和四十三年（一九六八

年）の四万八九八三人（男二万五〇九一人、女二万三八九二人）より一七五一人少なくなっている。県企画統計課によると、《卒業者数は今後も減少を続け、昭和50年の卒業者数は本年（昭和四十四年）卒業者数の約73％になるものと推計される。》としている。

表2は、昭和四十四年の中学卒業者の進路状況について見たものである。進学者は六八・七％（昭和四十三年：六六・六％）で最も多く、就職者は二〇・二％（昭和四十三年：二三・四％）、就職進学者が五・二％（昭和四十三年：四・〇％）、無業者（就職も進学もしなかった者）五・七％（昭和四十三年：五・八％）、その他〇・二％（昭和四十三年：〇・二％）となっている。

以下、鹿児島県の高校への進学率、中学卒業者の就職者の推移、産業別就職者数、県外への就職者数、就職先都道府県別就職者数については**表3〜表7**を参照いただきたい。

就職先を県別に見ると、男子では大阪が一四八二人（三七・三％）で最も多く、次いで愛知県の六九〇人（一七・四％）、そして東京が四二六人（一〇・七％）となっている。女子では愛知県が最多で二〇八七人（三六・一％）、大阪が一三二九人（二三・〇％）、岐阜が四八七人（八・四％）となっている。この就職先の《順序は毎年同じである》（鹿児島県企画部統計課）という。

産業別初任給の平均賃金について見たものが**表8**である。これは昭和四十四年（一九六九年）に実施した数字であるから、本書に登場する集団就職者の給与とは大きな開きが見られる。

ところで、集団就職者について語る場合、避けて通れないのは職場への「定着率」の問題がある。転職する理由はさまざまであるが、総理府の中央青少年協議会は昭和三十九年（一九六四年）に青少年の「就職状況」、「家庭でのしつけ」、「盛り場やスラム街の青少年の生活状態」について調査を実施

表1　年次別卒業者数（出所：鹿児島県企画部統計課）

区分	昭39年	40	41	42	43	44	45（推計）
計	58,204	56,784	51,579	52,050	48,983	47,232	45,300
男	29,698	28,968	26,350	26,559	25,091	24,022	
女	28,506	27,816	25,229	25,491	23,892	23,210	

表2　卒業者の進路状況（出所：鹿児島県企画部統計課）

区　分	実数			比率（%）		
	計	男	女	計	男	女
卒業者総数	47,232	24,022	23,210	100.0	100.0	100.0
進学者	32,424	17,326	15,098	68.7	72.1	65.1
就職者	9,554	4,360	5,194	20.2	18.2	22.4
就職進学者	2,476	872	1,604	5.2	3.6	6.9
無業者	2,678	1,400	1,278	5.7	5.8	5.5
その他（死亡・不詳）	100	64	36	0.2	0.3	0.2

表3　進学率の推移（出所：鹿児島県企画部統計課）　　（%）

区　分		昭37年	38	39	40	41	42	43	44
本県	計	53.1	57.1	59.1	61.3	64.9	67.7	70.5	73.9
	男	58.4	62.6	64.3	66.2	69.8	71.3	73.0	75.8
	女	47.6	51.4	53.7	56.2	59.7	63.9	68.0	72.0
全国	計	64.0	66.8	69.3	70.6	72.3	74.7	76.7	・・・
	男	65.5	68.4	70.6	71.7	73.5	75.3	77.0	・・・
	女	62.5	65.1	67.9	69.6	71.2	73.7	76.4	・・・

表4　就職者数の推移（出所：鹿児島県企画部統計課）

区分	昭38年	39	40	41	42	43	44
計	21,124	21,032	19,309	16,169	14,997	13,418	12,030
男	9,385	9,339	8,593	7,043	6,474	5,891	5,232
女	11,739	11,693	10,716	9,126	8,523	7,527	6,798

表5　産業別就職者数（出所：鹿児島県企画部統計課）

区分		計	農業	建設業	製造業	卸・小売業	運輸通信業	サービス業	その他
計	計	12,030	206	998	8,272	369	285	1,602	298
	男	5,232	165	994	2,867	253	205	491	257
	女	6,798	41	4	5,405	116	80	1,111	41
県内	男	1,263	159	360	274	95	22	243	110
	女	1,011	41	2	387	51	5	507	18
県外	男	3,969	6	634	2,593	158	183	248	147
	女	5,787	－	2	5,018	65	75	604	23

表6　県外就職者（出所：鹿児島県企画部統計課）

区分		実数			比率（%）		
		計	男	女	計	男	女
昭42年	就職者総数	14,997	6,474	8,523	100.0	100.0	100.0
	県内就職者	3,432	2,091	1,341	22.9	32.3	15.7
	県外就職者	11,565	4,383	7,182	77.1	67.7	84.3
43	就職者総数	13,418	5,891	7,527	100.0	100.0	100.0
	県内就職者	2,907	1,745	1,162	21.7	29.6	15.4
	県外就職者	10,511	4,146	6,365	78.3	70.4	84.6
44	就職者総数	12,030	5,232	6,798	100.0	100.0	100.0
	県内就職者	2,274	1,263	1,011	18.9	24.1	14.9
	県外就職者	9,756	3,969	5,787	81.1	75.9	85.1

表7　就職先都道府県別就職者（出所：鹿児島県企画部統計課）

		県外就職者数	都道府県別就職者数						
			大阪	愛知	兵庫	東京	岐阜	神奈川	その他
実数	計	9,756	2,811	2,777	678	608	583	547	1,752
	男	3,969	1,482	690	318	426	96	381	576
	女	5,787	1,329	2,087	360	182	487	166	1,176
比率（%）	計	100.0	28.8	28.5	7.0	6.2	6.0	5.6	18.0
	男	100.0	37.3	17.4	8.0	10.7	2.4	9.6	14.5
	女	100.0	23.0	36.1	6.2	3.1	8.4	2.9	20.3

表8　産業別初任給平均賃金（出所：鹿児島県企画部統計課）　（中学校）

区分		県内				県外			
		男		女		男		女	
		人員	賃金	人員	賃金	人員	賃金	人員	賃金
総平均		735	14,600	808	13,000	2,884	19,000	5,316	19,200
建設業		319	14,300	1	15,500	576	17,500	2	19,500
製造業	食料品・たばこ	46	15,200	28	15,700	44	19,300	39	18,800
	繊維工業	35	14,900	223	14,900	182	19,500	4,046	19,600
	衣服・その他	8	13,000	34	15,100	31	19,000	203	18,500
	金属製品	21	15,900	−	−	497	19,700	22	19,100
	一般機械機器	15	15,900	−	−	356	19,500	19	17,900
	電気機械器具	3	17,200	17	20,300	314	19,000	358	19,400
	輸送用機械器具	5	13,700	−	−	422	18,500	7	17,400
小売業		69	15,500	45	14,800	121	18,400	53	18,100
運輸業		17	18,200	5	15,700	158	22,400	74	23,300
サービス業	洗たく、理容	38	12,200	86	11,200	50	16,200	150	14,000
	自動車整備	152	14,800	8	13,000	125	19,500	1	18,500
	医療業	7	13,500	367	11,300	8	15,100	342	16,600

した。『サンケイ新聞』は同年五月二十五日付の朝刊で「二、三年目に多い退職」という見出しを付けてその調査結果について報じている。

《この調査研究は最近非行化傾向の激しい青少年問題について同協議会が、かねてからそれぞれの専門家に委嘱して調査を進めていたもので、今回はそのうち磯村英一東京都立大学教授らに依頼した研究結果で、内容はつぎのとおり。

▽中学卒業者の就職状況＝調査対象千七十五人のうち、就職後三年九か月の間に、最初の職場にそのままとどまっている者は四五％（四百八十五人）で、半分以上（五五％）が職場を変えている。しかも当初から在職している者のうち満足しているいるのはわずか二七％にすぎず、七三％が不満を持っている。おもしろいことには従

来きらわれているといわれていた住み込みでは五四％が満足感を持ち、逆に寮生活の七六％が不満を示している。》

この調査結果では《最初の職場を離れる者は男子より女子のほうが高く、男子は三年目、女子は二年目に退職するものが多い。》とのことだ。年少労働者の職場への定着率の問題については『朝日新聞』も独自の調査を実施し、「全国7中学の38年卒業生」を追跡調査した結果、「定着率は36・5％」であったとし、総じて言えることは「行政の貧困ぶりが浮き彫りになった」と結論付けている。

《……従業員三十人以下の小企業は完全に行政指導のワク外におかれていること、職業安定所の就職あっせんの実情、企業側の年少労働者に対する態度、などにも多くの問題点がある。親もとを離れ、都会の荒波の中を頼る人もなく、つまずき、迷いながらも生き抜いている若い姿が浮彫りにされるにつけ、労働行政の貧困、学校教育における進路指導のむずかしさが、痛感された。》（『朝日新聞』）

鹿児島県奄美諸島の最南端に位置する与論島には当時高校はなく、小学校が与論小・茶花小・那間小の三校があり、その三校から一つしかない与論中学校に上がり義務教育を受けていた。同期生は一二〇人ほどいたが、うち高校や鹿児島の農村センター・看護学校など専門学校に進学した者は二〇人足らずだった。高校へ進学できた者は教師や商店を営む家庭の子供に限られ、そうでない者は田畑を切り売りし学費を工面して進学させていた。進学先は、与論島の兄島と言われている沖永良部の沖永良部高校、奄美大島の大島高校や大島実業高校、鹿児島の玉龍高校、甲南高校、実践女子高校、純心女子高校などに進学していった。

しかし、三年間学びを共にした大半の生徒は、中学を卒業し社会への一歩を踏み出していったのだった。島を出て働きたくても家庭の事情でやむなく島に残って農業を手伝う者、親戚や知人を頼って縁故で就職する者、大島郡名瀬市にある公共職業安定所を通じ集団で就職する者と、われわれ「就職組は」三つの選択肢の中から〝一つ〟を選んで社会への一歩を踏み出した。

三月二十七日、艀に揺られて珊瑚礁の沖に停泊する『浮島丸』に乗るために与論・供利港を出発。供利港を発ち、沖永良部や徳之島、奄美大島の名瀬港などを経由して三日三晩かけて『浮島丸』は神戸港に着いた。東北地方出身の集団就職者は、列車で上京し上野駅を起点に雇用主に引き取られて関東一円の就職先に向かっていく。沖縄・奄美出身の集団就職者は、船で三日間（三泊四日）かけて神戸港に着き、同港を起点に大阪・岐阜・愛知、そして神奈川・東京へと向かう。『浮島丸』が神戸港・中突堤のB岸壁に接岸したのは三月三十日未明。級友たちと別れを惜しむ間もなかった。職業安定所の職員から雇い主に引き取られ、少年少女たちはそれぞれの人生のスタートを切ったのだった。

昭和三十六年に与論中学を卒業した集団就職者で最も多かったのは、岐阜県や愛知県への就職者で、彼ら・彼女らは自動車関連の部品製造工場や紡績工場、縫製工場などへ就職していった。岐阜県羽島市にある福寿工業株式会社は自動車のタイヤ関連の部品を製造する会社だった。同社には男女合わせて九名、里光川悦、竹内清起、田畑清彦、町博綱、本善一、本徳仁、瀧須美子、永井ウト、野田ひろ子らが就職している。同じ会社に九名もの同期生が就職したというのは福寿工業が最多であり、一年後には同期の竹内栄次郎や後輩たちもその仲間に加わった。本章から第10章までは、岐阜県や愛知県はじめ各地に就職していった同期生や先輩・後輩たちそれぞれの足跡を辿ってみたい。

本徳仁

来る日も来る日も延々と続く流れ作業のなかで……二年ほど勤めて転職。電気通信工事業を天職と定め、定年まで勤める。座右の銘は「至誠」

本徳仁は那間小学校出身で、中学に入学した当初は「できれば高校に行きたい」と思っていた。が、中学三年になったころには「だんだん進学する気がなくなっていた」という。八つ違いの姉と三歳年上の兄、そして妹がおり、兄・徳勝は東京で電話工事を請け負う会社に勤めていたが、次男の徳仁が選んだ就職先は東京ではなく岐阜県の福寿工業株式会社であった。同じ那間小出身の田畑清彦や本善一、町博綱らとともに岐阜羽島にある福寿工業に就職。新入社員は三〇人ほどおり、そのなかには長崎県や新潟県の中学を卒業した集団就職者のほかに、「熊本県からも出稼ぎに来ているらしい年配の人が何人かいた」と本は言う。

「新卒ではなく、年配の人で出稼ぎに来ている人のようだった。仕事はブリヂストンタイヤのビードワイヤーをつくる仕事。でも、岐阜の福寿工業には一カ月もいなかったと思う。旋盤などがあったが、機械に触らせてもらったことはなく、研修期間で工場の見学をしたり掃除をさせられたりして、あとは福寿工業の兄弟会社である名古屋の不二精工株式会社に転勤することになった」

福寿工業・不二精工は福利厚生面では充実した会社だった。勤務時間は八時から午後五時までの勤務で、給料は寮の食費などを差し引かれて手取り「五、六〇〇〇円はあったと思う」。社員寮は和室で、六畳間に二人か三人。本は「三人の部屋で、うち一人は年配の人だった」という。

自動車のタイヤは、トレッド部（路面と接する部分）、ショルダー部（路面と摩擦で発生するトレッド部の発熱や内部の熱を発散する役目）、サイドウォール部（タイヤが最もたわむ部分で、衝撃や遠心力に耐える役目）、ビード部（ホイールと組み合わせる部分で、タイヤとリムを固定させる役目）に大別され、ゴム層やベルト、カーカス（タイヤの骨格を形成するゴムで被覆したコード層の部分）、ビードワイヤーなどによって構成されている。不二精工はこのビードワイヤーの部分で特許を取っていた。

「仕事は流れ作業でワイヤ（ピアノ線）を長さに合わせて切ったり、それを束ねたり、プレスで絞めたり、束ねたものが同じ大きさになっているかを見る検査の工程。そして包装・梱包といくつかの仕事に分かれていた。四台くらいのラインで、手作業もいくつかあり、二交替制で工場はフル稼働だった」

来る日も来る日も延々と続く流れ作業のなかで本は、二年ほど勤めたころ「転職」のことを考えるようになっていた。東京にいる兄・徳勝に相談し、兄が勤めている日本ＰＢＸ株式会社に転職することとなった。「与論の先輩・川畑政弘さんが社長を務める会社」で目黒区碑文谷にあり、従業員は七、八人。電気通信工事業で電話の設置などをする会社だった。ちなみに川畑社長は昭和二十九年に与論中学第六期生として卒業している。同社に入社して半年ほど経ったころ、本は不二精工で共に働いていた里光川悦に「うちの会社に来て働かないか」と日本ＰＢＸへの入社を促した。里光は二つ返事でこの話に乗り上京。本と里光はコンビを組んで仕事をするようになった。が、やがて本は〝ある人〟との出会いにより「日本PBXには二年ほど勤めてから辞めることにした」という。ある人とは同郷・与論の大先輩・佐藤持久氏のことである。

古稀を迎えた本 徳仁

日本PBXで電話工事を主体とする電気通信業の技術を習得してから本が次に勤めた先は、この佐藤氏が社長を務める三陽電設株式会社だった。三陽電設の前身は有限会社三陽電通であり、佐藤によって昭和三十八年（一九六三年）に設立された。東京都大田区に本社があり、三陽電設に組織変更されたのは昭和四十一年で、本は同社の組織拡大に伴って採用された社員の一人だった。本が入社した当時は「一〇人ほどの社員がいた」という。

本が三陽電設に入社したのは成人式を迎えて間もない満二〇歳のときだった。以来、六〇歳で定年を迎えるまで勤め、定年後も五年間、嘱託として働くこととなった。五〇年余に亘って同社の重鎮として働き、六五歳で現役から身を引いた。社員時代には「NTTビルの電話交換機の設置工事などを請け負ったことが印象に残っている」という。

結婚したのは三陽電設に入社して九年後のことで、結婚後しばらくして横浜市鶴見区にマイホームを建て「二人の女の子にも恵まれた」。すべては順風満帆に来たように見えるが、「酒のせいで体を壊し、ボロボロになって死に損なったこともある」と本は言う。

昭和三十六年（一九六一年）に与論中学を卒業した関東在住の第一三期生は年に二回、六月と十二月に同窓会を開いている。本徳仁への取材は平成三十年（二〇一八年）十二月八日（土）、会場である東京・池袋の居酒屋前の喫茶店において行われた。

本が半世紀以上に亘ってお世話になった三陽電設の佐藤持久氏は、この年の八月二十四日、八六歳で生涯を閉じている。与論町栄誉町民として同年十一月十日には「佐藤持久さん　お別れ会」が与論町茶花において行われた。栄誉町民賞が贈られたのは平成二十一年で、東京奄美会などの会長も務め「郷土の発展と青少年の育成に尽力」した功績が認められての受賞だった。

「告別式は東京で行われたんだけどね。五〇年以上も公私にわたってお世話になった方ですので、何か心に穴が開いたようで寂しかったですね」と、静かな口調で本は言う。

三陽電設は毎年年末になると自社特製の手帳をつくり、新年を迎える前に社員や得意先に配っていた。その二〇一二年版が筆者の手元にあるが、手帳の右上には「Ａｐｐｏｉｎｔ ＤＩＡＲＹ ２０１２」と刻まれ、下部には「三陽電設株式会社」とあり、そして手帳の天地中央には大きな活字で同社のモットーである「至誠」という金箔の文字が印刷されている。本徳二の座右の銘も「至誠」である。

（二〇二〇年四月　記）

里光川悦

オリンピック選手より先に国立競技場のトラックを走る——イカ釣り漁など転職を重ねたのち大工になり「後期高齢者」にして今も現役

里光川悦の旧姓は「里」であった。実家は与論町東区にあり、兄弟は二歳年上の兄・清正がいる。里は泳ぎが得意で徒競走も速く、与論小学校の運動会ではリレーの選手として活躍していた。成績も良く、小学四年生のとき担任の龍薗福秀先生は里に対し「君は将来、医者になれ」と将来の進路を勧めるほどだった。里はしかし、中学を卒業してのち高校へは進学せず就職を希望した。理数系の科目を得意としていた里は、自動車関連の部品を製造するという職種に魅せられて福寿工業に就職することを決めた。が、いざ入社してみると自動車の部品といってもタイヤ関連の仕事であり、自動車のタイヤの中に入れるビードワイヤー（タイヤ芯）をつくる仕事だった。新入社員は与論中学以外にも二〇名ほどいたが、入社してすぐに同社の系列会社で名古屋にある不二精工株式会社に配属されたという。里は同期らとともに三年間辛抱して働いたが、「将来のためにもっと手に職をつける仕事がしたい」ということで退社を決意した。

「入社してすぐ、福寿工業の系列会社に配置され、三年間同社で働いた。ブリヂストンタイヤ関係の仕事だった。タイヤのリムの部分で、ワイヤーとゴムを圧着する仕事。昭和三十九年に不二精工を退社してからは、電話関係の仕事をしたいということで不二精工で一緒に働いていた本徳仁君に誘われて東京都目黒区にある日本PBX株式会社に入社した。この会社には三年ほどいたと思うが、徳仁君も辞め自分も辞めることになった。それから大阪へ行ったり、青森まで行って漁師として働いたこともある。いくつ会社を代わったのか、一〇社ぐらいは変わったと思うが、すぐには思い出せないなあ……」

十代のころを振り返って里光は感慨深げにこう語った。

日本PBXで働いていたころの思い出として、里光には強く印象に残っていることが一つある。昭和三十九年（一九六四年）に行われた東京オリンピックにまつわる話である。

東京オリンピックが開催されたのは昭和三十九年十月十日から二十四日にかけての一五日間だった。この一大イベントを成功させるために国の威信にかけて取り組んだのは国立屋内総合競技場（国立代々木競技場）の建設と東京―大阪間を短時間で結ぶ東海道新幹線の敷設だった。国立代々木競技場は東京都渋谷区に建設され、丹下健三氏、坪井善勝氏、井上宇市氏という日本の建築界を代表する三氏によって設計されたものだった。吊り屋根方式を用いた独特のデザインで、丹下氏はこの建築により日本人で初めて「オリンピック功労賞」を受賞している。現場で働く作業員はオリンピック開催に間に合わせなければならないという重圧の中で昼夜を問わずの作業が続いた。里光や本らが勤める日本PBXは選手控え室に設置する電話工事を請け負っていたが、オリンピックが近づくにつれ「突貫工事で夜中まで作業しなければ間に合わなくなった」という。里光は日本PBXに入社してすぐ

還暦を迎えた里光川悦

に、国立競技場の選手控え室の電話設置の仕事に回され昼夜を問わず働いた。里光の言う「印象に残っている思い出」というのはしかし、この昼夜続いた突貫工事が「きつかった」ということではない。国立競技場の陸上選手用のトラックで「選手より先に競技場の中で走ることができた」というのである。

「国立競技場では選手の控え室をあちこち回って電話器をつけていくという仕事だった。何日間か夜中までかかって工事をしてやっと終わることができた。その最後の日に与論の人だけで誰が一番早いか競技場の中で一〇〇メートルを走る駆けっこをした。楽しい思い出というのはそれくらいかなぁ」

こう言ってのち里光は「僕が一番になったんだけどね」と、愉快そうに付け加えるのだった。

日本ＰＢＸを退社してのち本徳仁は三陽電設へ転職していき、里光はいったん与論へ帰ったという。与論では「しばらく同期の尚樹仁一や杉正男とともに砂糖キビの運搬などをして日銭を稼いでいた」。杉は漁業を兼業する農家の長男として生まれたが、泳ぎの達者なその杉とともに里光が次に向かった先は青森県であった。昭和四十一年の初夏で、「稼ぎがいいというので青森県の八戸でイカ釣り漁船に乗った」という。イカ釣り漁はいわば季節労働者で、「きつい仕事」であった。イカ釣り漁の季節が終わると、大阪へと向かった。出稼ぎで住友金属工業で半年ほど働き、次いで医療用のレントゲン機器の台などをつくる会社に入って二年ほど勤めた。そして、大阪で万国博覧会が開催される二年ほど前に「大工になるために見習いを始めた」という。大阪万博が開催されたのは昭和四十五年（一九七〇年）三月十五日からであるから、里光が大工の職についたのは昭和四十三年ということになる。里光は「大工」を生涯の職と定めた。

「二年ほど大阪で大工をしていたのだが、実家の親が新築をするというので与論へ帰ることになった。結婚したのは二三歳のとき。大阪にいるときに与論の人と結婚して、与論には長男と長女が生まれてから帰ったんだけどね。それで親の家を建ててから、そのままずっと与論に残ることになって……」

与論に帰ってから次男、三男が生まれ、もう一人「女の子にも恵まれた」という。

ちなみに筆者の兄・栄吉も大工である。里光からは兄の大工仲間として意外なエピソードも聞くことができた。

「栄吉ヤカ（兄）には本当にお世話になった。二階建ての家をつくっているとき、足を滑らせて二階の屋根から落ちてしまったんだが、栄吉ヤカが下で受け止めてくれてケガもなく助かったんだよね」

令和二年五月現在、七五歳になった今も里光は大工の棟梁として現役で仕事を続けている。

（二〇二〇年五月　記）

◇

令和二年十二月になり、里光に電話を入れてみた。「もう棟梁は若いのに任せて今は同期の川村政博とともに大工を続けている」という。その川村だが、父・川村景明は与論で初めて東京大学を卒業した教育者として知られるが、政博は父の反対を押し切って中学を卒業すると大工の見習いとして働いた。大工一筋六〇年、「与論だけでなく鹿児島、大阪、東京でも大工として働いたことがある」という。六〇年の間に、何軒くらいの家を建てたのであろうか。

（二〇二一年一月　記）

田畑清彦

岐阜県に集団就職。転職のち資本金三〇〇万円で「有限会社田畑美軒」を設立。二六年間代表取締役を務め「現在は生涯現役を自称する平取締役です」

ＮＨＫ・ＢＳの番組で『にっぽん縦断「こころ旅」』というのがある。視聴者の手紙を紹介しつつ、その手紙に認められたエピソードを基に俳優の火野正平氏が自転車で日本各地を巡り「こころに残った思い出の地」を紹介するという番組だ。令和元年（二〇一九年）十二月には鹿児島県奄美大島が取り上げられ十七・十八・十九日と三日間にわたって与論島が紹介された。その最終日である十二月十九日、火野氏が与論町茶花の街に佇み茶花漁港を眺めているというシーンがあった。「一番住んでみたい島だ」と言っていたように思う。しみじみとした口調で語るその台詞もさることながら筆者の目を釘付けにしたのは、火野氏の視線の先にある漁港ではなく、火野氏の左前方に建っている店舗とその看板であった。

『有限会社田畑美軒』という看板だ。社長を務めているのは田畑清彦である。建設業、建設工事、土木工事のほか、エステサロン、貸衣装、着物レンタル、美容室・ヘアサロンなどの事業も手掛けている。田畑によると「建設業以外の事業は妻・百代子（ふよこ）が取り仕切っている」という。

田畑も集団就職者だ。父・前村、母・ウメの次男として生まれ、兄弟は七人。那間小学校出身で、理数系を得意としていたが、英語の成績も上位を占めていた。田畑は兄弟も多いことから高校へ進むことはできず早くから就職することを決めていた。同じ那間小出身の本徳仁や本善一、町博綱、与論小出身の里光川悦らとともに福寿工業に就職したのだった。田畑もまた本や里光らとともに「二週間くらいの研修期間を経て（福寿工業の兄弟会社である）名古屋の不二精工に回された」という。仕事の内容は自動車のタイヤの中に入れるビードワイヤー（タイヤ芯）をつくる仕事だった。

本や里光は三年ほどで辞めていったが、田畑はともに入社した本善一とともに不二精工に「六年近く勤めた」という。この間、何度か故郷である与論島へ帰省し、気持ちを新たにまた名古屋の職場へと戻っていった。

入社以来、流れ作業の中で〝歯車〟の一つとして働き続けた。「石の上にも三年」という気概を持って働いていた田畑であったが、同郷の仲間は一人、二人と去っていく。「このままずっとこの仕事を続けていていいのだろうか……」と、田畑も本気で転職を考えるようになった。入社して五年半後の昭和四十一年（一九六六年）九月、本善一一人を残して不二精工を退社した。

ちなみに本善一は、与論中学から福寿工業（不二精工）に就職した社員の中では最も長く同社に勤めており、退社後は与論に帰り農業に従事しつつグラスボートによる海中遊覧で観光客を楽しませている。

不二精工を退社し田畑が次に勤めた先は、新聞の求人広告を見て応募した名古屋市内にある時計店であった。「時計修理の技術を身に着け職人になりたかった」のだという。社長の自宅に住み込みで

与論町茶花にある有限会社田畑美軒（田畑美軒のホームページから）

働くことになった。従業員は住み込み三人、通勤二人の五名。前職とはまったく違う職種で工場独特の騒音もない家庭的な雰囲気の漂う職場だった。居心地は悪くはなかったが、田畑は二年余りでこの職場に見切りをつけた。退社した理由について田畑はこう語っている。

「最初は目覚まし時計などを分解して、時計の仕組みのイロハを覚えながら一生懸命頑張ったんだけどね。腕時計の修理など精密で高度な技術を要する仕事をさせてもらえるだろうと期待していたんだけど、ジェコーという会社の電気時計を扱うようになってから、修理ではなく外勤で営業の仕事に回されてしまった。ジェコー指定のディーラーがあって、バイクでそのお得意さんを回って時計を集めてくるという仕事。それで、これじゃ話が違うではないかということで辞めることにした」

ジェコー株式会社の前身は、昭和二十七年（一九五二年）に設立した日本真空時計株式会社である。自動車の時計や計器類その他を製造販売する会社で、その後、日本電気時計株式会社に社名を変え（昭和三十年）、二年後の昭和三十七年（一九六二年）には東証二部上場企業となった。現在のジェコー株式会社に社名変更したのは東証二部に上場した翌年の昭和三十八年で、勢いに乗った同社は昭和四十一年ごろには名神高速や首都高速に続いて東名高速など道路網の整備に伴いマイカー族も増えたことから自動車の販売台数が伸び、それに伴いジェコーの売り上げ実績もまた順調に伸びていった。

当時ジェコーは腕時計や壁掛け時計なども製造販売していたのだが、田畑の勤める時計店でも進出著しい同社の製品を扱わない手はなかったのであり、売り上げを伸ばすために営業にも力を入れる必要があった。そこで田畑に〝白羽の矢〟が当たり営業に回されたわけだが、時計職人になりたくて転職してきた田畑はこの〝人事異動〟に失望し時計店を辞めることにしたのだった。

田畑が次に勤めた会社は、名古屋市北区にある東海精機株式会社だった。この会社も新聞の求人広告を見て応募したという。集団就職者の大半は、辞める理由の如何を問わず、最初に勤めた会社を辞めてからは次々と職を変え気が付いたら転職した数が二桁台になっていた、といったケースが少なくない。しかし、田畑の場合は違っていた。田畑は転職すること数回目にして自分の納まるべき職種を探し当て、かねてより望んでいた「手に職をつけて……」独立するまでに漕ぎ着けることができたのだった。

「東海精機は社長と副社長がいて、男性三人とパートのおばさんが四、五人という町工場だった。タクシーメーターの走行距離を測る機械やギアボックスの歯車をつくる仕事で、社長には機械の図面の書き方など、のちに起業をする際の建築図面の書き方の基礎を学び、いろんなことを教えてもらった。この会社には八年間勤めたんだが、父親の体が弱ってきたもんだから与論に帰って跡取りをしなければならなくなった。与論には昭和五十三年三月に帰ったんだけどね」

還暦を迎えた田畑清彦

故郷にUターンした田畑は、家業である砂糖キビの収穫を手伝いつつ与論町茶花に本社のある建設会社、株式会社ムトウに勤めることになった。同社に勤めながら建築士の資格を得るために通信教育で学び、昭和五十六年（一九八一年）に二級建築士の国家試験を受け一度で合格した。建築大工で「図面を引く仕事などでは東海精機で培った製図の技術が役に立った」という。

田畑が生涯の伴侶となる妻・百代子と結婚したのは二級建築士に合格した昭和五十六年、三六歳になってからだった。そして一二年後の平成五年（一九九三年）に資本金三〇〇万円で有限会社田畑美軒を設立した。妻・百代子も同じビルの二階に店舗を構え、エステサロン、貸衣装、着物レンタル、美容室・ヘアサロンなどを開業している。

創業以来田畑美軒は、一般住宅、牛舎、堆肥小屋、保育園などの建築を手掛けてきたが、与論町茶花に開設された「社会福祉法人ハレルヤ福祉会　ハレルヤこども園」も、田畑美軒が総力を挙げてつくり上げた町の誇る施設である。

田畑美軒の代表取締役を二六年間務めたのち田畑は、令和元年（二〇一九年）六月に代表取締役の座を長男・樹一に譲り自らは平取締役に退いた。「現在は生涯現役を自称する平取締役です」と、田畑は笑いながら言う。

（二〇二〇年五月　記）

野口須美子

与論島が離島ブームに乗り観光業が急激な伸びを見せるなか、義父に呼ばれ故郷にUターン。「民宿経営」でてんてこ舞いの日々を送る

与論町東区在住で今は野口姓になっている瀧須美子は、父・玉内、母・マツの長女として生まれた。五人きょうだいで、中学を卒業したら島を出て働きたいと思っていた。名瀬の公共職業安定所を通じて中学に送られてきた求人案内を見て選んだ会社は、岐阜県の福寿工業株式会社であった。自分で選んだというよりは、担任の福永正宜美先生に「こんな会社があるがどうか?」と勧められて、同じ三年一組の野田ひろ子や永井ウトとともに福寿工業を選んだのであった。

福寿工業はその業種からしていわば男性の職場であり、先に記したように同社には与論中学から本徳仁や里光川悦ら六人の男子が就職している。なぜ紡績会社や縫製工場など女性に相応しい職場ではなく福寿工業を選んだのかについて瀧は「特に何か理由があったわけではなく、何となしに島を出たかったから」だと答えている。

昭和三十六年(一九六一年)三月二十七日、与論供利港から『浮島丸』に乗って神戸港に着き、「会社から迎えに来てくれた車に乗って」岐阜県へと向かった。福寿工業に着いてからは女子寮に案内さ

れボストンバッグ一つの荷を解き「ほかの県から来た人と、私たち与論の女子三人が同じ部屋に入れられ……」寮生活が始まった。与論中学からともに就職した男子六名が研修期間を経て名古屋の不二精工に配属されたのに対し女子社員は、そのまま福寿工業の本社で働くこととなった。

仕事の内容について尋ねると野口は、電話の向こうで笑いながらこう答えた。

「もうだいぶ昔のことですので、どんな仕事だったのかほとんど何も覚えていません。機械の部品をつくる仕事で、機械がこうぐるぐる回っていて、(金属を)押して穴を開けるというような仕事でした」

金属を加工する旋盤かプレス機を使う仕事だったようだ。立ち仕事で単調な反復作業が毎日のように続いた。機械に注入する油を使う仕事で「油が皮膚に染みて石鹸でもなかなか落ちないのが悩みの種だった」という。二年ほど辛抱して働いたが、「島に帰って機織りをしたい」ということでまず野田が辞め、瀧も後を追うように故郷へUターンした。島に帰ってからは「しばらく機織りの見習いをしていた」という。神経を使い細かくて大変な作業ではあるが、現金収入を得るには確実な仕事で、与論の女性の大半が経験している大島紬を織るという仕事である。瀧は機織りをしつつ、島を周回している南陸運のバスの車掌などもしていた。

何とか機織りにも慣れてきたころ瀧は、思いがけないお客さんの訪問を受けることになった。福寿工業でともに働いていた永井ウトが訪ねてきたのである。そして、やがて永井とともに再び島を離れ大阪へ行くこととなる。

「ファッションデザイナーをしている方の弟さんの紹介で、ファッションショーで着るようなお洋服をつくることができるということで、永井さんと一緒に大阪へ行くことにしたんです。でも、毎日お掃除ばかりさせられて、服を縫うというお仕事はさせてもらえそうもなかった。それで三カ月ほどで辞めて、今度はまた永井さんと一緒にハンガーなどプラスチックの製品をつくる会社に入った。韓国の人が経営している会社だったんですけど、そこには一年もいなかったですかね。その会社を辞めてからは、永井さんはお兄さんのいる神奈川県の川崎へ、私は大阪に残って働くことにしました」

大阪で瀧は、「わりと大きな会社で事務員として働くようになった」という。このころ瀧の父・玉内は大阪へ出稼ぎに来ており、その「父の口利きで同じ会社で働くことになった」のだった。岐阜で味わったような機械相手の仕事より「やり甲斐を感じて働くことができた」という。

また大阪では、仕事以外でも貴重な経験をすることができた。関西在住の与論島出身者が集まる「与論人会」があり、瀧もこれに出席した。懐かしい面々に会うことができたのだが、その中に同じ東区出身で二歳年上の野口清吉先輩がいた。神戸の理髪店で理容師として働いているとのことだった。瀧は、この野口先輩のプロポーズを受け二二歳で結婚することとなる。野口姓になり長女が生まれ平穏な日々を送っていた。しかし、昭和四十年代に入り与論島が離島ブームに乗り観光業が急激な伸びを見せるようになったとき、野口の生活も一変する。昭和四十五年（一九七〇年）須美子が二四歳のとき「お義父さんから与論に帰って民宿を手伝うように言われた」からである。

与論に帰り、民宿で宿泊客の賄いをしつつ、また理容室を経営する清吉の妻として須美子は懸命に働いた。「お風呂を沸かしたり食事の支度をしたり、息つく暇もなく大変な日々だった」という。与論町誌編集委員会編集で与論町教育委員会が発行する『与論町誌』は、島が観光ブームに沸いた当時の模様を次のように伝えている。

《四十九年二月十五日に奄美群島国定公園に指定され、交通機関も四十七年に大型客船クイーンコーラル(六千四百トン)の就航、五十一年与論空港の開港、五十二年与論・鹿児島直行便の開通(YS11機)、五十三年与論・沖縄線の開通(YS11機)、五十四年与論港の接岸開始と急速に整備され、四十四年から五十四年まで観光客の入り込みは増加を続け、ヨロン島ブームに沸いた。

観光客の増加に伴いホテル・旅館・民宿の宿泊施設が次々と立ち並び、特に爆発的な観光需要に対応して開業したのは民宿で、それは四十四年、四十五年の初期の段階にひとつのピークがあり、次に五十年、五十二年にもうひとつのピークがあった。》

野口清吉が経営する民宿の名は『南風荘』で、実弟・敬蔵との共同経営であった。

多忙ではあったが須美子は四人の子供に恵まれ幸せな日々を送っていた。が、夫・清吉は六五歳で海難事故に遭い帰らぬ人となった。夫の死を知らされたとき「あまりにも突然のことで気が動転して当時のことは何もよく覚えていない」と野口須美子は言う。兄の後を追うように弟・敬蔵もその後、不慮の死を遂げている。

野口須美子は今、長男・耕司とともに東区の自宅で畑仕事をしながら静かに暮らしている。ちなみに義弟の野口靖夫は長きにわたって与論町議会議員を務め町の発展のために尽くしている。

(二〇二〇年五月　記)

水上千鶴子

故郷を離れてから三カ月間はホームシックにかかり「布団の中で泣いてばかりいた」。川崎の工場などで勤めたのち二七歳で結婚。夫亡きあと今は長男と静かに暮らす

本書に登場する集団就職者のなかで、就職先でも職場の人間関係でも嫌な思い出はほとんどなく「楽しい思い出ばかりが残っている」という人が二人いる。第十章で紹介する福島県出身の芳賀次男と、ここに紹介する水上千鶴子である。

水上の旧姓は永井である。父・義峯、母・ウシの六人きょうだいの長女として生まれた。中学を卒業したら就職するというのは早いうちから決まっていた。水上の場合つらい経験というのは故郷を離れたばかりのころ「ホームシックにかかったことくらい」であり、「会社でも寮でもみんなに親切にしてもらって楽しい思い出がたくさん残っている」という。就職先は岐阜県の福寿工業株式会社であった。本徳仁や里光川悦ら六人の男子に交じって、与論小学校で同じ東区の瀧須美子や茶花校区の野田ひろ子とともに入社した会社である。

水上を取材してまず驚いたのは、六人の男子が同じ会社に就職することが決まっていたにもかかわらず、福寿工業に着いて顔を合わせるまで「男子生徒も一緒だったとはまったく知らなかった」とい

う話を聞いたことである。だがその水上は、与論の港を離れ三泊四日で『浮島丸』が神戸港に着き、港に降り立ったときのことは鮮明に覚えていた。

「神戸に着いたら就職先の会社の人たちが何人も旗（幟）を持って並んで立っていて、迎えてくれましたよね。その中に福寿工業の会社の旗（幟）もあって、会社の人たちが私たち三人の名札を見て声をかけてくれた。それから車に乗せてもらって岐阜県の会社まで連れて行ってくれたんです。愛知県や東京へ就職した人たちは電車に乗って行ったらしいんだけど、私たちは電車ではなく、三人一緒に同じ自動車（マイクロバス）に乗って会社まで行き、会社に着いてから里さんや本さんたちも同じ会社に就職したんだなっていうことを知りました。中学を卒業するときは（同期の）男の人たちが一緒に就職するということはまったく知りませんでした」

永井は、社会に出て初めて経験した寮生活については「楽しい毎日だった」と語っている。

「福寿工業には女子社員もいましたから、会社には男子寮と女子寮がありました。会社に着いてからは女子寮に案内されて、須美子さんとひろ子さんと三人で同じ部屋に入ることになった。八畳の畳の部屋で、徳之島から来た人と、秋田県から親子で就職してきた人との相部屋でした。この六人での共同生活でしたが、寮での生活は楽しい思い出がいっぱいあります」

しかし永井は、故郷を離れてから三カ月間はホームシックにかかり「布団の中で泣いてばかりいた」と言う。両親あてに手紙を書き「母親から返事が来て、それを読んだときは本当に泣いてしまいました」。

永井も瀧や野田同様、男子のように名古屋の不二精工に配属されるのではなく、福寿工業の本社で働くこととなった。仕事は午前八時から午後五時まで。始業時にはサイレンが鳴り朝礼があり、昼休みは一時間で、午後五時になるとサイレンが鳴り終業となった。残業はなかった。瀧や野田が機械油を使う仕事であったことに対し永井は、同じ流れ作業でも手に油が染みるという悩みを持たずにすむ仕事に回された。

「機械がぐるグル回っていて、真鍮の棒を穴に差し込んで、足でぺしゃっと踏んでプレスするという仕事。穴に棒を差し込むのは女性の仕事で、足で踏んでプレスするのは男性の仕事でした」

給料は、食費ほか寮費などが差し引かれて手取りで三〇〇〇円くらい。給料をもらったら「寮の先輩であるお姉さんたちにお買い物に連れて行ってもらえることを楽しみにしていた」と言う。

「お買い物だけでなく普段の生活でも『困ったことがあったら何でも相談してね』と、やさしく声をかけてくれる先輩たちでした。先輩だけでなく寮母さんもとてもやさしく、『いっぱい食べなさいよ』とご飯のお代わりもしてくれて、母親のようなやさしい方でした。そういう会社でしたから三年くらいは勤めることができたんでしょうかね」

与論から共に就職した瀧や野田とは、休みの日などはどのようなことをして過ごしていたのか。

「テレビを見たり、たまにはお買い物に行ったり……。寮の近くにおばぁちゃんが一人で経営している小さなお店があって、夕食をすませてから寝巻に着替えてそのお店にお菓子を買いに行った。甘いものを食べたり、夏にはよくアイスクリームを買って食べていました」

寮でともに生活していた「須美子さんとひろ子さんが辞めたときは心細く、寂しかった」と言う。三年間勤めたのち永井も、福寿工業を退社することになった。とりあえずは与論に帰ることにした。

そして半年後には瀧とともに大阪の会社に就職することになるのだが、このとき永井は「永井ウト」ではなく「永井千鶴子」に名を変えていた。なぜ名を変えたのかについて水上は次のように説明している。

「私の祖母の名前もウトなんです。同じ東区で近所に『永井ウト』という名前の人が（祖母と私のほかに）二人いて、私宛に来た手紙がよく間違って配達された。与論では番地を書かなくても『東区』という住所だけで郵便物が届きますから、誤配になって別の人に封を切られ読まれることが何度かあったんです。それでウトではなく『千鶴子』という名に変えることにしました」

改名した「永井千鶴子」の名で履歴書を書き、永井は瀧須美子とともに大阪に向かった。勤めた先は瀧の知り合いのファッションデザイナーが経営する会社で、大阪市北区の梅田ビルの二階にある会社だった。ファッションショーで「モデルが着る洋服を縫うことができる」ということで喜び住み込みで入った会社だったが、「来る日も来る日も会社の床掃除やお風呂の掃除ばかりさせられて、縫い物なんか教えてもらえるような雰囲気ではなかった」ことから、瀧とともに二、三カ月でこの会社は辞めることにした。

次に選んだ仕事は、韓国人が経営する、ハンガーなどプラスチックの製品をつくる会社だった。「須美子さんのお父さんが知っている会社」で、ここでも瀧とともに働いたが「一年もしないうちに辞めてしまった」という。

その後、瀧は大阪に残り、永井は神奈川県川崎市にいる二歳年上の兄・峯勝を頼って大阪を後にした。兄の勤める会社は航空機や自動車の部品をつくる会社で、永井も兄の口利きでこの会社で働くことにした。が、永井が入社して半年ほど経ったころ、兄・峯勝は川崎の会社を退社して福岡県古賀市のほうへ転職していった。心細い思いをしながら永井は川崎で働いていたが、そこへ母・ウシが助け舟を出してくれた。「妹を一人残して峯勝だけ古賀に行くとはけしからん。あなたも川崎の会社は早く辞めて古賀に行きなさい」ということで、永井も兄のいる古賀市へ行くことにしたという。古賀市では、どのような仕事をしていたのか？

「仕事はしないで、しばらくはぶらぶらしていました。古賀には親戚の叔母さんがいて、叔母に甘えて遊んでいたんです」

このころ永井は、二〇歳を過ぎていたという。〝充電期間〟を経てのち古賀市では喫茶店など「あちこちで働き、博多まで行ってウエートレスとして働いたこともある」と言う。結婚したのは二七歳のときで、五年間の交際期間を経て二歳年下の金融関係の会社に勤める水上秀雄と結婚した。結婚した翌年に男の子が生まれ「秀樹」と名付けた。幸せに暮らしていたのだが、平成九年（一九九七年）十月十四日、夫・秀雄は肝臓がんにより他界した。

「がんが見つかる二年前の検査では何でもなかったんです。肝臓がおかしいということで入院して、検査をしたら肝臓内でがんが星のように散らばっていて、『これじゃ手術はできない』とお医者さんに言われました。入院してから一カ月と一四日で息を引き取りました。五〇歳の誕生日を迎える前で、しばらくはどうしていいのか、泣いてばかりいましたね」

七四歳になった水上千鶴子は今、四六歳になる長男・秀樹とともに福岡市で静かに暮らしている。

（二〇二〇年六月　記）

内田春枝

愛知県一宮市の林紡績に集団就職。「私達の生まれ育った昭和の時代は平和で、徐々に世の中が良くなり、とてもいい時代だったと思います」

昭和三十六年（一九六一）三月、愛知県一宮市の紡績大手・林紡績には与論中学から四名の女子が就職した。内田春枝、松村堀子、南マツエ、吉田幸子の四名である。四名の中で最も早期に退職し別の道に進んだのは松村堀子であり、林紡績が設立した定時制高校も卒業し結婚するまで勤め上げたのは南マツエである。

吉田幸子は異色の道を歩んだ。定時制高校に進んだが就職した年の昭和三十六年十二月に中退。帰郷して与論中学の三年に〝編入〟して受験勉強に励み昼間の高校に進学した。吉田については第七章で詳述する。

林紡績に就職した四名の女子は中学時代、揃って優秀な成績を収めていた。それぞれ家庭の事情でやむなく進学を諦め就職することになったのだが、内田春枝は林紡績を選んだ理由についてこう説明している。

「林紡績には同社が設立した定時制の高校がありました。それが同社の社員募集の目玉になっていましたから、こんないい会社はないと思い、担任の川村俊武先生の勧めもあって、すぐに林紡績への就職を決めましたね。就職したら定時制に通って、卒業したらその上の学校へも通うつもりでした」

戦後日本の復興は繊維産業から始まった。林紡績が設立されたのは戦後間もない昭和二十二年（一九四七）十月であり、昭和二十八年には一宮市八幡でウール原糸の製造を始めている。繊維産業の一大集積地にあって、林紡績もその一翼を担い、昭和三十年代になると従業員三〇〇〇名を擁するトップ企業に成長していた。自社立の学園を整備し林学園林高等学校を、さらには林学園林服装専門学校も設立するに至っている。内田の言葉の中にある「その上の学校」というのは、この林服装専門学校のことである。内田はしかし、林服装専門学校のみならず、定時制高校も卒業できないまま故郷へ帰ることを余儀なくされたのだった。

内田は父・当増、母・キクの長女として生まれている。きょうだいは妹（良子）と弟（宏志）がいる。与論島では那間小学校に通ったが、「家が赤貧だったため毎日ひもじい思いをした」という。というのも、父・当増が三二歳という若さで他界したからだった。大工をしていて「手にケガをして破傷風になり、治療のため沖縄まで行ったが、完治することなく手が腫れてきて、肺に黴菌が入って結核みたいになって亡くなったと聞いています」と内田は言う。

父が他界したのは春枝が七歳のときだった。

「母は大変でした。子供三人と義母の面倒を見ながら、日雇いでサツマイモを植えたり、田植えの手伝いをしたり……、着物を縫ってお金に替えたりしていましたね。それではとても生活できませんから、民生委員の人が来て、生活保護をもらっていました。小学校のときは、学校の帰りに、よその家の畑の隅に、虫が食って食用にならず捨ててある苦いサツマイモをスカートの中に入れて持って帰って、それを蒸して食べたりもしていました」

そんな生活の中で母・キクは、子供たちの身なりはきちんとしてくれて、教科書を入れるための鞄は「カマスや着れなくなった洋服を切ってつくってくれた」。そして「勉強に対してはうるさかった」ことから春枝は、負けず嫌いの性格に育っていった。テストの点数が悪く母親に怒られると「台所でワーワー泣いていた」という。

那間小学校を経て与論中学に進み、卒業後の進路は当然のように就職を選んだ。三年三組で担任の川村先生から「定時制高校のある林紡績」の話を聞かされると我が意を得たりの心境で同社への就職を決めた。就職先が決まり春枝より喜んだのは母・キクであった。同じ三組からは茶花小出身の松村堀子が、二組からは那間小出身で母方の親戚である南マツエが、一組からは茶花小出身の吉田幸子が林紡績への就職を決めていた。

内田らも三月二十七日、与論・供利港から『浮島丸』に乗り、神戸港で林紡績の役員に迎えられて東海道本線で愛知県一宮に向かった。車窓からは初めて見る内地の光景、広がる田園風景の中を抜けたところで列車は尾張一宮駅に着いた。会社を初めて見たときはその大きさに圧倒された。従業員三〇〇〇人規模の会社である。食堂の大きさにも驚かされた。寮は、一〇畳間に八人、長野県から来た人などと同じ部屋で、「緊張しながら互いに自己紹介をし合った」という。

仕事は、早番（午前四時～一二時）と遅番（一三時～二一時）の二部交替制。したがって林学園林高等学校の定時制課程はいわゆる〝夜間高校〟ではなく、その勤務体制に合わせてカリキュラムがつくられていた。四月に入学式があり、その前に制服が支給されて「ブレザーの袖に腕を通したときは感激した」。初めての給料をもらったときは手取り四〇〇〇円。その中から母親に二〇〇〇円を送ったという。立ちっぱなしの仕事はきつかったが、仕事にも学校の勉強にもだんだん慣れてきた。松村堀子が去り、吉田幸子も「昼間の高校に行く」ということでいなくなってしまったが、南マツエとともに、高校を卒業したら一ランク上の「林服装専門学校に行こうね」と励まし合いながら充実した日々を送っていた。高校生活も二年を終え、やがて三年になろうという時だった。母・キクから、危急の知らせが届いた。

「宏志がケガをしてしまった。鹿児島の病院に行き、退院するまで付き添っていなくてはならないから、島に帰ってきて祖母の面倒を見てくれないか……」

林学園林高等学校の「制服の袖に腕を通したときは感激しました」と内田春枝(15歳)

内田の運命を変えた瞬間だった。春枝は泣く泣く母親の言葉に従った。というより、内田家の長女として、母親を支えてあげなければならなかった。約三年ぶりの帰郷であった。幸い弟・宏志はケガから回復し、母も与論に帰ってきたことから、内田はまた故郷を後にした。

向かった先は大阪で、大阪市北区天満橋にあるメリヤスなど肌着をつくる株式会社山野順平商店に就職した。縫製の仕事で、ミシン掛けが

2006年1月、与論島で開催された「昭和36年与中卒業生還暦祝賀会」で御前風を舞う(右より)内田春枝、竹島けい子、浦口貴美子(著者撮影)

主な仕事だったが、内田はここで思いがけない出会いをすることとなる。同社では、中学時代の同期生・田畑ミサエが働いていたのである。田畑は東京の製菓会社に勤めていたのだが、二年前に辞めて山野順平商店に転職したとのことだった。

心強い思いで田畑と旧交を温め、「休みの日には気晴らしにどこかへ出かけ小旅行などを楽しんだ」という。しかし内田は同社には一年ほど勤めたのち、昭和四十年、与論に帰ることにした。与論では機織りをしたり南島開発(製糖工場)などで働き、二三歳で「役場に勤めている男性と結婚した」という。男性との間には二人の男の子をもうけた。

結婚後内田は、与論町古里にある島最大のビーチ大金久海岸の道路脇で『いずみ』という名のスナックを開業した。観光ブームに乗ってスナックは繁盛し、同窓生をはじめみんなに愛される憩いの場となっていた。しかし、一六年間営業した後、惜しまれつつ閉店することとなった。与論町の「観光ブームが去り経営が厳しくなり、体力的にもきつくなってきたから……」閉めることにしたという。

その後内田は、五六歳で看護助手の資格を取得し、与論徳洲会病院で定年になるまでヘルパーとして働いた。看護助手の資格は、沖永良部に住んでいたとき週に一回沖縄に行き、一泊して授業を受け沖永良部に帰る。沖永良部と沖縄間を往復すること三カ月ののち試験を受け取得したという。徳洲会病院を定年で辞めたあとは島のスーパーなどで働いたりしたのち、今は、九八歳になる母親を介護しつつ大洋タクシーで事務職をして働いている。

「物がなく貧しかった幼少期の頃が思い出され今、母親を思う気持ちが増しています。苦の時もたくさんありましたが、また楽しいこともたくさんありました。私達の生まれ育った昭和の時代は平和で、徐々に世の中が良くなりとてもいい時代だったと思います。

中卒で何もわからず、ただ自分の夢に向かって大都会に飛び出し、本当に目まぐるしい世界を見、びっくりし戸惑いながらいろんな感動も覚え過ごしたように思います。こうして改めて思うと、本当に懐かしく、あの頃を思い出しました」

本稿を書くために「林紡績時代の写真はありませんか」と内田にお願いしてみたところ、制服姿の写真に添えて内田春枝が認めてくれた一文である。

（二〇二〇年六月　記）

岩井マツエ

会社は年中無休でフル稼働。林紡績に五年間勤め定時制高校・服装専門学校を卒業。今までの人生の中で一番幸せだと思ったのは「三人の子供を無事に出産できたこと」

「集団就職」をテーマに本を出版するということで、岐阜県各務原市に住む岩井マツエを取材したのは平成元年（一九八九）九月二十三日だった。新幹線の岐阜羽島駅で待ち合わせることとなり、同駅で待っていると岩井は一人の男性を伴って現れた。ご主人・強さんであり、見るからに穏やかでやさしそうな方であった。取材は駅に近い喫茶店において行われたが、強さんとは職場結婚であるという。岩井が勤めていたのは愛知県一宮市にある繊維業界の大手・林紡績株式会社である。与論中学を卒業して集団就職で勤めた会社だ。同期の内田春枝や松村堀子、吉田幸子らとともに昭和三十六年（一九六一年）三月に入社した会社である。四人のなかでは最も長く林紡績に勤め、林学園林高等学校定時制課程を卒業。林服装専門学校まで進んで卒業後に岩井強さんとの挙式を挙げたのだった。二人の間には長男・弘文（二二歳：平成元年九月現在）、長女・美矢子（一九歳：同）、次男・和文（一五歳：同）と三人の子供がいる。取材が終わった後で「今までの人生の中で一番幸せだと思ったことは何ですか」と尋ねたところ、「三人の子供を無事に出産できたことですかね」と岩井は答えた。そし

て強さんを見ながら、こうも付け加えた。

「今は幸せですね。末の子が（高校を）卒業して就職してくれて、子供たちが人並みに生活してくれれば、もう言うことはありません。長男は本田技研に勤めています。そして長女の美矢子はマクスファクターという化粧品会社に勤めています」

こう言いつつ岩井は、バッグから三枚の写真を取り出した。取材した一カ月前に家族で海水浴に行ったときの写真と、職場仲間とともに旅行に行ったときの写真を見せてくれたのだった。岩井自身は「今はパートタイマーで働いている」という、その職場仲間の写真である。

岩井の旧姓は南である。父・村喜美、母・チヨの六人きょうだいの末っ子として生まれた。しかし南は、母親の顔を知らず

1989年9月23日、岐阜羽島にて岩井マツエと夫・強さん（著者撮影）

写真上は長女・美矢子さん、下は長男・弘文さんと次男・和文さん（1989年8月11日、愛知県の海岸で）

に育った。「お母さんは私が三歳のときに亡くなった」からである。それでも四人の姉と、二人の兄に可愛がられ寂しい思いをすることはなかった。与論島の那間小学校から与論中学に進み、南も高校への進学ではなく、集団就職で愛知県一宮にある林紡績株式会社への就職を決めた。同社を選んだのは「定時制高校に行きたいから」という強い気持ちからではなく、「担任の山下清和先生が会社を決めてくれて、みんながやるから自分もやるという、何の考えもなしにみんなについていった」のだという。「何の抵抗もなく、定時制には中学の延長で行ったという感じでした」。

林紡績での仕事の内容や、寮での生活などについては次のように語っている。

「林紡績は大きな会社でした。社長の名前は林茂さんという方。大企業ですから、福利厚生面でもちゃんとした会社でした。仕事は精紡工程の作業で、機械一台の表と裏に一人ずつ付いて糸が切れたりしたらつないだりする仕事でした。二交替制で早番・遅番とあって、早番は早朝四時から八時半までの勤務。それで一時間の休みの間に朝食をする。休憩が終わったら午後一時まで仕事をして、午後一時半から授業が始まっていたと思います。それで遅番は、午後一時半から一〇時半までが仕事。仕事と勉強を両立させるというのは、慣れるまではきつかったですね。

寮は八畳の部屋で、六人が同じ部屋で寝ていました。与論以外では、鹿児島、岐阜、東北から来た人たちもいました。食堂でご飯を食べるときには、同じ職場の人同士が固まってご飯を食べたり、お喋りをしたりという感じでした」

紡績とは、原料となる羊毛や綿などの天然の繊維から糸を紡ぐことを言う。紡績の「紡」は撚り合わせることを言い、「績」は引き伸ばすという意味を持つ。糸ができるまでには、混打綿（こんだめん：

繊維の原料をほぐして混ぜる作業）↓梳綿（りゅうめん：綿を繊維まで細分化して方向を揃え、スライバーと呼ばれる繊維束にする工程）↓練条（れんじょう：複数の繊維束を重ね合わせて細く引っ張り均一な糸をつくるための工程）↓粗紡（そぼう：繊維束をさらに細く引っ張り平行度を上げ、細い篠状にする）↓精紡（せいぼう：繊維束に撚りをかけて糸の形にする）の製造工程を経て糸が完成する。この工程での撚りの強弱によって糸の風合いが決まると言われており、南が工場で担当したのは最終工程であるこの「精紡」であった。

工場で仕事をしていて辛かったのは「埃っぽいことだったですかね」と岩井は言う。

では、高校ではどのようなことを学んでいたのか、また、休日にはどのようなことをして過ごしていたのか。

「学校での授業は、国語、数学、社会、道徳のほか、洋裁、華道、お茶（茶道）、書道などもありました。よその高校のことはよくわかりませんけど、洋裁や華道、お茶や書道などがあるところは普通の高校とはちょっと違うんじゃないでしょうかね。

会社は年中無休で、フル稼働でした。でも、盆と正月は休み。盆と正月には三日間の休みがありましたね。それぞれ休みを取って、違う部署の人たちとも休んでいる者同士で映画に行ったり、買い物に行ったりしていました。休みの日には、従業員専用のバスで岐阜のほうへブドウ狩りに連れて行ってもらったり、岐阜公園や名古屋の東山動物園に連れて行ってもらったこともあります」

定時制で「夜間高校」の場合は四年間の修業年限を必要とするが、林学園林高等学校の定時制は三年間で卒業できた。卒業後、南は当初の目標通り林服装専門学校に進み、「洋裁」と「和裁」の中から洋裁を選び、二年間の修業年限を経て無事に卒業した。五年もの間、仕事と学業を両立させ卒業に漕ぎ着けたのだが、なぜ挫折することなく卒業まで頑張ることができたのかについて岩井は次のように語っている。

「林紡績は会社の方針として、五年間勤めると会社が交通費を出して親を呼んでくれて、親とともに一泊二日の旅行に行かせてもらえることになっていたんです。ですから、五年間は絶対に辞めないで親孝行をしたいということで、卒業するまで頑張った。(林服装専門学校を) 卒業したのは昭和四十一年三月でしたが、この年のお正月には与論に帰りました。そして三月には与論から父を呼んで、父とともに伊勢にある会社の別荘に一泊二日の旅行に行かせてもらいました」

南が帰省したのは五年ぶりであり、このとき「成人式は船の上で迎えた」という。

昭和四十一年(一九六六年)一月、南にとってこの年は記念すべき年でもあった。帰省に際しては一人の男性を同伴して与論の地を踏んだ。職場で知り合い将来を誓い合った岩井強を父親に紹介するために与論に帰ったのであり、その二カ月後には「愛知県に父親を呼んで結婚式を挙げた」という。二歳年上の強は岐阜県出身で、高校を卒業して林紡績に就職。南とは別の工場で、絨毯やカーペットを製造する仕事をしていたという。

結婚して「岩井」の姓に変わり、マイホームも建て、子宝にも恵まれて幸せな日々を送っていた。岩井マツエはしかし、今は夫・強と暮らしているのではなく、長男・弘文夫妻と暮らしている。「夫は六一歳で他界した」からである。膵臓がんで亡くなったのだという。

「呆気ない最期でした。がんがわかってから四カ月後に亡くなりました。『ちょっと体がおかしいな』

と言って、自分で車を運転して病院へ行って、診察したら膵臓がんだということがわかって……。『年金生活になったら二人であちこち旅行に行こうね』などと話していたんですけどね。それも叶わずに一人で先に逝ってしまいました」

岩井マツエは今、岐阜県各務原市の自宅近くのトンカツ屋でパートタイマーとして働いている。同居している長男・弘文は本田技研を退職し、介護施設に勤めているという。

（二〇二〇年六月　記）

坂元良子

求人票の中に「絵を描く仕事」を見つけ、愛知県の製陶会社で人形に絵付けをする仕事に従事。今は趣味で日本画を描き余暇を楽しんでいる

住友軽金属に勤めるサラリーマンと結婚し、愛知県刈谷市に住んでいる坂元良子の旧姓は池田である。父・喜佐盛、母・慶子の長女として与論村（現与論町）茶花で生まれ、きょうだいは六人。五年生までは茶花小学校に通学していたが、五年生のときに茶花から朝戸の母方の実家に転居し与論小学校に転校、祖母と共に暮らすこととなった。両親は茶花では農業をしていたが、朝戸に転居してからは農業の傍ら父・喜佐盛は馬に荷車を引かせて茶花の港から朝戸へ荷物を運ぶ仕事をして生計を立てていた。が、良子が小学六年のとき父親は不慮の事故に見舞われることとなる。島のやや南のほうにある高台・ピャーヌパンタを登っている途中で荷車ごと馬が転落し、喜佐盛もこれに引きずられる形で丘の中腹まで転落してしまったのであった。幸い命は取り留めたが、後遺症は残った。島にはレントゲンもなく頭部にどのくらいのダメージがあったのかわからぬまま喜佐盛は仕事を続けていたが、この事故がもとで「脳に異常を来し亡くなってしまった」という。

良子は控えめでおとなしい性格であった。父の死をなかなか受け入れられずにいたが、いつまでも

悲しんでばかりもいられなかった。長女であることから母を助け弟や妹たちの面倒を見てやらねばならない。一番下の子は「まだ産まれて間もない赤ん坊だった」のである。

中学に進んでからも、畑仕事をしている母や祖母を手伝ったり弟や妹たちの面倒を見たり、暇があれば好きな絵を描いて過ごした。図工の成績は良く、「絵を描いているときが一番幸せだった」という。

しかし、中学一年のとき、「祖母も父のあとを追って他界してしまった」という。小学六年で父親が亡くなったとき、「小学校まで迎えに来てくれた優しい祖母」であった。

中学三年になり、就職先を決めるときがやってきた。絵を描く仕事があったらいいなと思っていたところ、名瀬公共職業安定所から送られてきた求人票の中に「絵を描く仕事」を見つけた。愛知県瀬戸市にあるテーケー名古屋人形製陶株式会社（以下「テーケー名古屋」）という会社で、人形に絵付けをするという仕事だった。池田は担任の川村俊武先生に「この会社にします」と申し出て、職安を通し履歴書を送ってもらった。採用が決まり、昭和三十六年（一九六一年）三月二十七日、同期の仲間たちと共に『浮島丸』で故郷を離れた。テーケー名古屋に就職したのは与論中学からは池田一人だったが、奄美大島の名瀬市の中学からも二人の女性が就職してきたという。

テーケー名古屋の歴史は古く、昭和十年（一九三五年）に加藤徳松により創業。池田が入社した昭和三十六年に資本金一〇〇〇万円でテーケー名古屋人形製陶株式会社として設立された。瀬戸ノベルティー（Ｎｏｖｅｌｔｙ：陶磁器製の人形や置物などの装飾品）人形の技術を継承する、日本で唯一の陶製レースドールのメーカーである。

池田が入社した当時のテーケー名古屋の従業員は約一〇〇人。池田は女子寮で生活し、入社した

1989年11月19日、東京都大田区で開かれた同窓会に出席した坂元良子（右から2人目）。右隣りは竹波みち子。左隣りは竹安次郎、次いで牧美代子、竹川達廣（著者撮影）

当時は「ホームシックにかかって泣いていた」。会社では、「できてきた人形に筆を使って目を入れたり、口を描いたり……」という仕事。一日中「座っていて筆を使う仕事」で、さほどきつくはなかったが、慣れてくると退屈になった。給料は寮費などを差し引いて手取り三五〇〇円くらいだった。一年後に、名瀬市から就職した一人が「給料が安い」という理由で退社。もう一人は、非行がもとで転職していった。同僚が辞めて寂しくなったが、それでも池田は四年ほど辛抱して働いた。五時で仕事が終わると洋裁学校の夜学に通って洋裁の技術を身に付け「もう少しで洋裁師範の資格を得るところまで行った」という。

だが、池田も、やがて〝転職〟を考えるようになる。「絵が単純で、仕事がつまらない」。それに、「給料も安い」。二つの理由で会社を辞め、新聞の求人欄で探した名古屋市内の住友軽金属に新天地を求めた。が、希望を新たに入社した同社だったが、「住友は、前の職場と違って冷たいものを感じた」という。と言いつつ、この職場では　鹿児島県出身で市内の中学を卒業した坂元重雄と知り合い、のちにはこの男性と生涯を共にすることとなる。住友軽金属ではアルミの薄い板を重ねて梱包したりする仕事をしていた。しかし、「母が盲腸の手術で入院することになった」ことから、やむなく与論に帰ることになった。与論に帰ってからも坂元とは文通により近況を語り合い、互いの仲を深めていったという。

「私は六人きょうだいの長女だから、母が病気になったため住友を辞めて与論に帰ることになったんです。島に帰ってからは茶花の洋裁店で働きながら、母の面倒を見ていました。一年くらい与論にいて、また愛知のほうに行きました。坂元とは、与論にいる間文通をしていたんですけどね」

愛知に来てからは池田は、またテーケー名古屋に再就職したという。二年ほど同社に勤め、二二歳になり三つ年上の坂元重雄と結婚した。坂元良子になり、一男・一女の母となった。長男の名を克彦、長女の名を綾という。

本稿を書くために、坂元を取材したのは平成元年（一九八九年）、三〇年ほど前のことである。そのとき坂元に、「集団就職で故郷を離れてから今まで一番辛かったことは何ですか」と尋ねてみた。

「辛かったことといえば、一年前に主人が病気で入院し、長男も交通事故で入院したことかしらね。でも、今は元の生活に戻っています」

こう答えていた坂元だが、夫・重雄さんは平成八年（一九九六年）三月、大動脈瘤破裂により帰らぬ人となった。今は、長男・克彦の家族と共に愛知県刈谷市で暮らしている。絵が好きな坂元は、趣味で日本画を描き、余暇を楽しんでいるという。

そして一度、昔のことが懐かしくなって「テーケー名古屋人形製陶株式会社」がある瀬戸市西松山町を訪ねてみたという。しかし、あるはずのその会社は見当たらなかった。「車で素通りしただけだからわからなかった。ちゃんと車から下りて探したら見つかったかもしれませんけどね」と坂元は言う。

インターネットで同社の所在を検索してみた。住所は坂元が入社した当時記憶している「西松山町」ではなく「北松山町二丁目」になっている。テーケー（T・K）という社名は創業者・加藤徳松のイニシャルから取ったものであるとのこと。一九七九年、創業者の三男・加藤星鏡が二代目社長となり、現社長・三代目は星鏡の長男・加藤徳睦に引き継がれている。同社の和装磁器人形は「名古屋人形」と呼ばれ知名度が高く、平成二十五年（二〇一三年）には愛知県スポーツ栄誉大賞記念品としてレスリングの吉田沙保里選手に同社製の「アン王女」が贈呈された。「愛知県からの依頼を受けて制作した」（加藤徳睦社長談）特製の「アン王女」であった。

（二〇二〇年八月　記）

第7章

それぞれの春夏秋冬(2)　七五歳になった今「幸せ」を実感

椛山恵子

「自分の人生を自分で決めたことは一度もない。みんな流れるがままの人生でした。でも、いろんな人に出会えて、いろんな方に恵まれて幸せな人生でした」

椛山恵子の旧姓は鬼塚である。終戦間近の昭和二十年（一九四五年）七月、与論村（現与論町）東区に父・池實、母・ハナの長女として生まれた。「父からは防空壕の中で生まれた」と聞いているが、恵子は「母のことは顔も見たことないし、どんな人だったのか何も知らずに育った」という。ハナは産後の肥立ちが悪く、恵子を産んで一七カ月後に亡くなってしまったからである。初めて母の顔を写真で見て知ったのは、二六歳で結婚して熊本に住むようになってからだった。熊本の叔父宅で「種子島に住んでいる叔母に写真を送ってもらって……」母との対面を果たしたという。

父子家庭で育った恵子であるが、脳天から抜けるようなハイトーンボイスで性格が明るく、与論小学校ではみんなに好かれていた。特に近所に住む同期の若松慶子（現・竹島けい子）とは幼いころから仲が良く、互いの家へ遊びに行ったり来たり「泊まりがけでよく慶子さんの家に遊びに行ったりしていました」。若松慶子には五人の兄弟がいるが、鬼塚は一人っ子であることから「慶子さんが遊びに来てくれると本当に嬉しかった」という。

また、小学校時代を振り返って桃山はこうも言っている。

「私は成績は良くなかったんですけど、学校へ行くのが好きだったんです。中学校に入ってからも、学校へ行くのが本当に楽しみでした」

そんな鬼塚に生涯忘れ得ぬ災難が降りかかってきたのは昭和三十二年（一九五七年）九月、小学校六年のときだった。学校から何人かで連れだって帰る途中、台風に煽られ鬼塚の体は宙に舞い上がり蘇鉄の上に落下した。蘇鉄の幹頂にあるヤシに似た羽状複葉の中心部には、硬くて太い〝針〟が剣山のように突き立っている。鬼塚はその上に落下し意識を失ってしまったのだった。幸い命は取り留めたが、二晩診療所に泊まり「二八時間意識不明の重体だった」という。

「学校に行って、台風が止んで吹き返しが来る前に家に帰らなくちゃいけないということで、登坂カツ子さん、西静江さん、市川光子さん、岩下文子さんと私の五人を担任の大野先生が付き添って途中まで連れて行ってくれたんです。それで岩下さんの家はもっと遠くにあったものですから、大野先生は岩下さんを送っていくということで、先生と別れて私たち四人だけで帰ることになった。その直後に台風の吹き返しが来て、カツ子さんも静江さんも光子さんもみんな吹き飛ばされたんですが、私だけが宙に舞い上がって蘇鉄の上に落ちてしまったんです」

「そのあとは何がどうなったのか、もうまったく覚えていません。というか、台風の当日のことは記憶になく、ここで話したことはあとで周囲の人たちから聞いた話なんです」

このときの台風の凄まじさを物語るエピソードがある。与論中学には木造の校舎が二棟建っていたが、うち西側に建っていた校舎が台風の勢いに押され東側に一〇メートルほどずれてしまうほどの威力だったというのである。瞬間最大風速五〇メートルは超えていたのではなかったろうか。

与論の診療所にはこのとき、福岡県の久留米大学病院からインターンの医師が来ていたという。鬼塚の全身は2Lサイズの服でないと着ることができないほど膨れ上がり、左手首を複雑骨折していた。与論ではどうにもならないということで、父・池實は恵子を連れ鹿児島へ飛んだ。鹿児島の病院で入院治療すること三カ月間、退院できたときは「翌年の正月を迎えていた」という。そして二カ月後に、鬼塚は小学校の卒業式を迎えたのだった。

与論中学校での三年間は、長いようでもあり短いようでもあった。卒業式を迎えてからも、鬼塚は就職が決まらず与論でぶらぶらしていた。というより、父親一人を残して島を離れることを躊躇っていた。一カ月ほど経ったとき、茶花に買い物に行っていた父親が風呂敷包みを持って帰ってきて、急にこんな話を切り出した。

還暦を迎えた椛山恵子

「恵子、あんたをこのまま島に居させておくわけにはいかない。私のためには恵子がいたほうがいいかもしれないが、私のことより君の将来を考えなさい」

その翌日の船で、鬼塚は与論を離れ鹿児島に向かったという。父親が茶花に行ったのは、娘の渡航手続きをとるために行ったのだった。

与論を離れるに際し鬼塚は、卒業式を待たずに鹿児島に発った登坂カツ子の家を訪ねることにした。「『明日鹿児島に行くので、カツ子さんに何か伝言はありませんか』と、挨拶に行ったんです。そうしたら、『娘に渡して欲しい』と言って、カツ子さんのお母さんから卒業証書を預かったんです」

鬼塚は喜んでこれを引き受けた。そして、鬼塚のその後の人生は、この託けがもとで決まったのであった。

鹿児島に着くと、登坂が勤めている西千石町にある林医院を訪ねた。登坂が受験に合格して間もないころで、二人は一カ月半ぶりの再会を喜んだ。卒業証書を届けるという大役を果たし鬼塚はホッとし、待っているはずの伯母（父の姉）宅へ向かった。そしてほどなくして、ある経緯から宮崎産婦人科医院というところで勤めるようになり、一年後には登坂カツ子が通学している鹿児島医師会准看護学校を受験し合格、同校を卒業しそのまま宮崎産婦人科医院に准看護婦として勤めることになったのだった。その経緯とは、次のようなものであった。

「林医院に行ってカツ子さんに卒業証書を渡してあげた。そうしたら、林医院の林健也院長がカツ子さんに『あの子とはどういう知り合いなんだ』ということになって、同級生だという話を聞いた林院長が（友人である）宮崎産婦人科医院の院長に『こんな子がいるがどうか』という話になり、宮崎先生のところでお世話になることになったんです」

病院で働くなど夢にも思わなかった鬼塚であるが、宮崎産婦人科医院に住み込みで勤め慣れない電話での応対などに戸惑いつつ、雑事をこなしながら当初は三カ月ほど勤めてから辞めるつもりでいた。しかし、三カ月経ったところで医院内で「とんでもないことが起こった」。「勤めていた看護婦さんが五人同時に辞めてしまう」というハプニングが起こってしまったのである。理由は「宮崎院長が厳しい先生だった」からだという。鬼塚は院長からのたっての願いで辞めるに辞められなくなり、翌年を迎えた。そして「今日は辞めよう」「明日は辞めよう」と思っているところに林医院の林院長から、鹿児島医師会准看護学校の入試を受けるよう勧められた。「受けません」と鬼塚は答えたが、結局受験することになり、登坂カツ子より一年遅れて准看護学校に入学し「准看護婦」の資格を取得。宮崎産婦人科医院に一〇年間勤めることになったのだった。

この一〇年間を振り返って、椛山は次のように言う。

「宮崎産婦人科医院には住み込みで勤めましたが、実際に住んでいたのは父の姉である伯母の家でした。伯母は私の母を助け、母亡きあとも小学校二年になるまで私を育ててくれました。そして、鹿児島にいる間は一〇年間、伯母の愛情に包まれて過ごしました。伯母には本当に感謝しています」

伯母には機織りも教えてもらい、大島紬を一疋（二反）織り上げたという。

鹿児島にいる間鬼塚は、与論小学校から鹿児島市の小学校に転勤した大野宗徳先生を二度ほど尋ねている。台風で被害に遭ったとき「お世話になった先生にお礼を言いたかった」のだという。

一〇年勤めた宮崎産婦人科医院を退職したのは、正看護婦の資格を取得しようと思っていた矢先、「父親に与論に帰ってくるように言われた」からだった。沖縄が日本に返還されたのは昭和四十七年（一九七二年）五月十五日であるが、復帰直前でまだパスポートが必要とされていた昭和四十六年、鬼塚は与論に帰る前に沖縄にいる従兄を訪ねた。幼いころ「一人っ子だった自分を妹のように可愛がってくれた従兄だった」からであり、「沖縄では一カ月ほどぶらぶらしてから与論に帰った」という。

話は前後するが、鹿児島にいる間、そして与論に帰ってからも、二六歳になった鬼塚のもとには幾人かの男性から縁談が持ち込まれた。鬼塚はどの縁談も「私はまだ結婚する気はありません」と断わり続けてきた。しかしある男性が父親と共に鬼塚家に訪ねてきて、父・池實の前で「恵子さんを私にください」と深々と頭を下げた。池實も恵子もとうとう「断わり切れなくなり」この男性との結婚を決めたという。福岡県出身の男性の名は椛山富英で(富英の両親は与論島出身)、鬼塚恵子は「椛山恵子」になったのであった。

結婚して熊本に住むようになってからも、椛山は看護師の仕事を続けた。定年になるまで「三七、八年、病院に勤めていた」という。夫・富英との間には二児をもうけ、長男を勇、長女を悦子と名付けた。今は長男・勇の家族と共に熊本県玉名郡に住んでいる。長男に三人、長女にも三人と「六人の孫がいる」という。

熊本県は平成二十八年(二〇一六年)四月十四日の震度七を観測した熊本地震や、令和二年(二〇二〇年)七月十三日の記録的な豪雨で近年立て続けに自然災害に見舞われている。椛山の家はそれほど被害を受けずに済んだが、令和元年の夏、「家族の中心になっていた猫が行方不明になり、未だに帰ってこないのが気がかり」だと椛山は言う。

「息子が捨て猫を拾ってきて飼っていた猫で、『わらび』(与論島の方言で「子供」を意味する)という名の猫でした。可愛いくて人懐っこい猫でしたから、誰かが連れて行ったんでしょうかね。家にはもう一匹、息子がやはり捨て猫を拾ってきた『ミンチ』という名の猫がいるんですけどね」

椛山恵子は今までの人生を振り返って、どう思っているのか――。

「私は自分の人生を自分で決めたことは一度もないんです。みんな流れるがままの人生でした。でも、いろんな人に出会えて、いろんな方に恵まれて幸せな人生だったと思います。令和元年（二〇一九年）七月十二日、私の誕生日には曾孫も生まれ、そして今は中学時代の同級生の皆さんとの交流もあり、最高の人生であるとすべての人びとに感謝しながら生きています」

こう言ってのち椛山は、こんな話もつけ加えた。

「中学の卒業式のとき、福永政宜美先生がかけてくださった言葉も忘れることができません。何人かの卒業生で傘を持って踊ることになったのですが、踊りが終わって舞台を降りるとき、福永先生はわざわざ私を待っていてくださって、『鬼塚さんは就職せず島に残ることになったそうだね。島には島の良さがあり、いろいろ学ぶことも多いから健康に気をつけて頑張りなさいよ』と、そう言ってくださったのです。福永先生は私の担任ではなかったのですが、こんな言葉をかけてくださった。それから一カ月後には島を出ることになったのですが、福永先生の言葉は今でも忘れられません」

男手一つで育ててくれた父・池實と最期の別れをしたのは昭和六十一年（一九八六年）六月、享年七三歳であった。「私のことより自分の将来を考えなさい」と島から送り出してくれた鬼塚池實は、与論町西区の前浜の墓地に眠っている。いずれは熊本県玉名郡の「私の近くの霊園にお骨を移したいと思っています」と椛山は言う。

（二〇二〇年八月　記）

浦口貴美子

二一歳で鹿児島の看護学校に学び准看護師に。医院や診療所勤務を経て結婚。与論町那間の食料品店「浦口商店」は、主人が経営する建設業ともども商売繁盛

「働くために生きてきたような人生ですね。七〇過ぎまで生きていると、いろいろありましたよ。でも、今は幸せ。旦那のお陰で幸せな毎日を送っています。腎臓は一つ無くなりましたけどね。やはり健康が第一です。

腎臓が一つ無くなったというのは、一つは旦那にあげたから。旦那は糖尿病で、足の血の巡りが悪くなり、腎臓も悪くして、沖縄の病院に入院することになった。そこで旦那に腎移植して私の腎臓を一つあげたんですけどね。今は旦那も私も元気です」

一見して肝っ玉母さんのような印象を与える浦口貴美子は、かつては看護師として働いていた。今は与論町那間で食料品店「浦口商店」を経営している。また、種ヶ島出身の夫・盛義は一級建築士の資格を持っており、平成六年（一九九四年）に「株式会社浦口建設」を設立した。「お陰様で浦口商店も浦口建設も共に大変繁盛しています」と浦口は言う。

浦口貴美子の旧姓は竹である。農家の次女として昭和二十年（一九四五年）十月十七日に生まれた。

還暦を迎えた浦口貴美子

浦口の誕生日については「八月十五日」だと聞いていたが、「十月十七日が本当の誕生日」だという。

平成十七年（二〇〇五年）一月三日、与論中学第一三期卒業生の還暦祝賀会が与論町のパークホテルにおいて行われ、その席で祝宴を前に池田一彌が挨拶に立ち、「浦口さんは確か終戦の日、昭和二十年八月十五日が誕生日だったと思います……」と話していた。四年間に及んだ太平洋戦争が終戦を迎えたその年われわれ一三期生は生まれたのであるが、なかでも「終戦」の玉音放送を聞いたその日に生まれたことから池田はあえて「浦口」の名を挙げて紹介したのだった。

「浦口さんの誕生日は八月十五日ではなかったのですか」と浦口に質すと、「あれは私たち昭和二十年生まれの成人式での祝辞で、診療所の事務長をしていた田畑健一さんが私のことを『八月十五日に生まれた』と紹介して、そのことを一彌さんが覚えていて、あのような紹介をしてくれたんです。一彌さんがそんなことを覚えてくれていたのにはびっくりしましたけどね」とのこと。その場で訂正するわけにもいかず「そのままになってしまったんです」と浦口は笑う。

竹貴美子には姉がおり、二人姉妹である。那間小学校から与論中学に進み、中学時代は「人と競争しようとかの意識はまったくなく、普通にマイペースでやっていました」。

中学を卒業すると、鹿児島で林医院を開業している林健也院長のもとで看護婦の見習いをして働いた。林医院には同学年の酒匂カツ子も看護婦見習いとして勤め、鹿児島医師会准看護学校の夜間部に通学していたが、竹は「カツ子さんより少し遅れて鹿児島に行った」という。

「最初は洋裁学校に行くつもりでしたが、林医院に勤めることになった」のだった。竹は、准看護学校には進まず林医院に一年間勤めたのち故郷にＵターン。与論診療所で働くことにした。「診療所でも看護婦の見習いをして働いていました。当時は（資格はなくても）そういうことが許されていたんですよね」と浦口。診療所に勤めること五年間、いつの間にか二十歳を過ぎていた。

与論診療所で五年間勤めたのち竹は、一大決心をした。正式に看護婦の資格を得たいと思い立ち昭和四十一年（一九六六年）十二月、再度鹿児島へ向かったのである。鹿児島医師会准看護学校の入学試験を受け合格、肥後医院に勤めながらの通学であった。准看護学校は夜間部ではなく、昼間の学校に通ったという。

「叔父の紹介で鹿児島西駅の近くの肥後医院というところを紹介してもらって、そこで働きながら二年間、昼間の看護学校に通ったんです。入学したのは二一歳のときでした。

中学を卒業したばかりの、六歳年下の子たちと肩を並べて勉強するのは抵抗がありましたね。隅っこのほうで小さくなって勉強していました。でもそれは最初のうちだけで、看護学校を卒業するだけでなく看護師の資格も取らなくちゃいけませんから、一生懸命頑張りましたよ。それで二年間で卒業して、准看護師の試験にも合格することができました」

余談になるが、二一歳で看護学校に入学し「六歳年下の子たちと肩を並べて勉強するのは抵抗があった」という竹の気持ちはよく理解できる。筆者も二六歳で大学の一部三年に転部し、八歳年下の高校を卒業したばかりの学生たちと一般教養の授業を受けていたからである。

竹は准看護師の資格を得た。通学の便宜を図り看護学校を卒業させてくれた恩返しにということで、竹は卒業後もしばらくは肥後医院に勤めることにした。二年ほど同医院に勤め、その後、鹿児島市内のみどりケ丘病院を経て与論に帰ることにした。帰郷して二年後に「二五歳で結婚した」という。三人の子をもうけたが、「当時のことは人様には言えないような辛い経験もたくさんしました」と浦口は言う。

「私には姉がいるんですけど、竹家の跡取りは姉ではなく、なぜか私が両親の面倒を見ることになったんです。結婚した相手は長男で、本来なら自分の親の面倒を見なければならない。なのに私の家に養子に入ることになって、いい思い出もありますけど、なんとなくぎくしゃくした関係になって最初の夫とは別れることになりました。人様には言えないような辛い経験をしたこともあります。今は両親には感謝していますけど、当時は『なんで私がこんな目に遭わなくちゃいけないんだ』と、親を恨んだこともありました」

結婚して三人の子供を育てつつ竹は、両親の面倒を見、看護師として診療所にも籍を置き「町役場の健診の手伝いもしていた」という。そんな竹に、東京都港区で不二産業株式会社を営む西田栄太郎社長から「スナックをやりませんか」という話が持ち上がってきた。かつては与論町茶花に『みどり荘』という旅館があったが、これは西田社長の所有する旅館であり、その旧『みどり荘』跡にスナックを開業し「女将として店をやりませんか」と誘われたのである。竹は「三人の子育てをしながら店を切り盛りできるのだろうか」と不安に思いながら、この話を承諾した。

スナックの屋号は『MM』と名付けられた。店は予想外に繁盛した。しかし竹は、一年後には『MM』から身を引くこととなる。その理由について浦口はこう説明している。

「初めから予想できたことなんですが、昼も夜も仕事をしていたのでは子育てが疎かになる。子供に申し訳ないという気持ちと、もう一つの理由は、姉も同じような店を開いていたということなんです。姉妹で同じような店をやっているのには、ちょっと抵抗があったんですよね」

その『MM』だが、閉店することはなく、竹と親しい同期の竹島けい子によって引き継がれることとなった。同じ『MM』という店名で、今では常連客の憩いの場となっており、浦口や竹島の同期生のオアシスとなっている。

1965年、与論町・古里公民館で開かれた13期卒業生の同窓会。前列左より池畑敏光、原田吉村、本俊一。中列左より林利広、内田春枝、竹(浦口)貴美子、永井秀之伸、坂元(南)豊治。後列左より町(南)キヨ、竹野勝美、横山俊文、青山(熊谷)みつ子。()内は現姓
＊写真に写っている原田吉村は成績優秀で与論中学3年で鹿児島の中学に転校し、甲南高校を経て大学に進学した。また、本俊一は鹿児島の農村センターに進学している

1966年、古里のミナタパナリで写す。前列左より原田(坂元)セツエ、竹(浦口)貴美子、永井ウト(水上千鶴子)、池田(坂元)良子。中列は田中(田畑)さち子。後列左より松村(山崎)堀子、瀧(野口)須美子、内野シズ子、仲田(日高)タカ子、登坂(酒匂)カツ子。()内は現姓

――中学を卒業した当時の写真はありませんか？　浦口にお願いしてみた。与論町「古里」の公民館で同窓会を開いたときの写真、「ミナタパナリ」の浜辺で撮った写真など、懐かしい写真が三枚送られてきた。

同窓会と言えば、浦口と同期の入来アキ代や池田美津子からは次のようなことを聞いたことがある。

「卒業して一年ほど経ったころ、竹貴美子さんが鹿児島から帰ってきたんです。私たちは就職もせず与論に残っていたんですが、竹さんを見たらずいぶん垢抜けて見えた。それで『私たちも都会に出ようか』ということになって、大阪の魔法瓶をつくる会社に就職したんですよね」

浦口はその存在感を以て入来や池田に勇気を与えたと言える。ちなみに池田は「野田」姓になり与論町在住、入来は「増田」姓になり奈良県に住んでいる。

前列左は入来アキ代、右は内田春枝。後列左から池田（野田）美津子、山崎シズエ、青山（熊谷）みつ子

「一時は両親を恨んだこともある」と言う浦口、「今は苦労をかけた父母に感謝し、日々楽しく生きて幸せです」と言い、次のように言葉を結んだ。

「昭和五十一年に実家の近くに父や母が家を建ててくれて、それから私の運気は良くなりました。夫・盛義と結婚し、二人の子もできて、みんな元気に巣立ってくれました。七五歳になった今、改めて健康であることの大切さを痛感し、これからも健康であることを祈りつつ幸せに暮らしています」

（二〇二〇年八月　記）

竹島けい子

与論中学「第一三期卒業生」の心の拠り所となっているスナック『MM』を経営して約四〇年。「体が動いて働けるうちはずっと続けるつもりです」

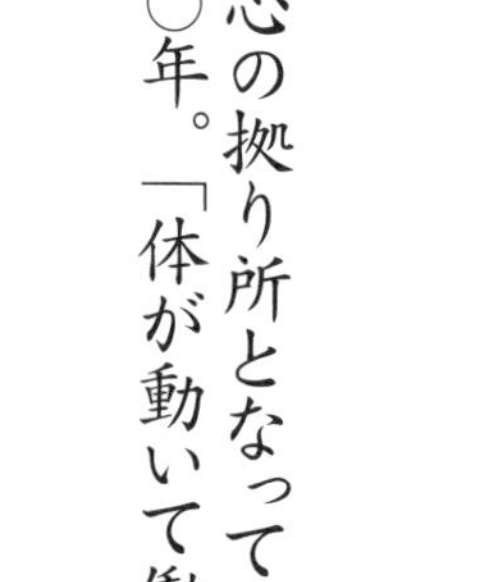

「この仕事に定年というのはないですから、体が動いて働けるうちはずっと続けるつもり。開店してからもう四〇年近くになりますかね。お陰さまで同級生はじめ皆さんに助けていただいて、何とか今までやって来れましたけどね」

こう語るのは与論町茶花でスナック『MM』を経営する竹島けい子。竹島も与論中学第一三期生の同期である。島内で同窓会を開くとき、あるいは九州・関西・中部・関東と各地から同窓生が一人でも帰省する情報が入ると、龍野勝子や井上淑子が音頭を取ってスナック『MM』への召集をかける。都合のつく同期生が三三五五と集まってきて、午後七時を過ぎた頃には一五、六人、二〇人の同窓生によって宴が開かれる。そして一〇時頃にはお開きとなる。龍野勝子によると、そうした特別の日でなくても今では毎月「十三日」を「一三期生」の〝集会〟の日と定め、『MM』に集まり「互いの健康」を確かめつつ酒宴を開いていているという。喜寿も近くなり毎年のように同期の仲間が一人・二人……と旅立っていくためだ。『MM』は一三期生にとってのオアシスであり、心の拠り所となっているので

ある。

与論村（現与論町）東区出身の竹島の旧姓は「若松」である。名も「けい子」ではなく小・中学時代は「慶子」という名であった。

慶子は父・若松北川、母・ナエの長女として昭和二十年（一九四五年）に鹿児島市で生まれた。きょうだいは「男三人、女二人の五人」だったが、「すぐ下の弟は九歳で亡くなった」という。

若松家が鹿児島から与論島に移り住むようになったのは昭和二十七年、慶子が幼稚園に通っていたころであった。与論島に幼稚園ができたのは昭和二十九年（一九五四年）七月一日であるから（まず茶花小学校附属幼稚園が、次いで与論小学校附属幼稚園、そして那間小学校附属幼稚園が設置された：与論町誌編集委員会編『与論町誌』より）、若松は鹿児島の幼稚園を中退してしばらくは宙ぶらりんの状態で慣れない島の生活に戸惑うことになった。同年四月、与論小学校に入学。若松は靴を履き、ランドセルを背負って通学した。これは鹿児島ではごく普通の通学スタイルであったが、当時与論島では裸足で通学する児童がほとんどで、ましてやランドセルなど見たこともない、とんでもない〝贅沢品〟であった。

——それでほかの子供たちにいじめられたことはなかったのか？

「いじめられましたよ。靴もそうだし、ランドセルでも。みんなほとんど鞄の代わりに教科書を風呂敷に包んで学校に来ていましたからね。言葉も、与論の方言なんかわかりませんから、鹿児島の言葉は特徴がありますから、言葉に慣れるまでは苦労しましたね」

そんな若松を思いやってくれる子が、近所に二人いた。鬼塚恵子と登坂カツ子である。

還暦を迎えた竹島けい子

小・中学時代は特に鬼塚恵子（現姓・椛山）とよく遊んだ。同じ「けいこ」同士、お互いの家を行ったり来たり、小学校時代は「家に泊まりがけでよく遊びに来てくれた」という。

昭和三十六年（一九六一年）三月、与論中学を卒業。一カ月して鬼塚は島を離れ鹿児島のほうへ旅立っていき、与論出身の林健也医師の紹介で宮崎産婦人科医院で看護婦（看護師）見習いとして働くようになった。林健也医師が院長を務める林医院では、同期の登坂カツ子（現姓・酒匂）も看護婦見習いとして働いており、若松だけが一人、島に取り残されていた。

若松は、半年間は与論で過ごすことになった。都会に出て働きたいと思っていた矢先、縁故就職で就職先が決まった。「近所に住んでいたお姉さんを頼って愛知県の紡績会社に就職することになった」。卒業した年の九月、愛知県津島市の大東毛織株式会社に入社した。女子寮に入り、羊毛で糸を紡ぐ紡績工場で女工として働き一年半が過ぎた。仕事にも慣れ、仕事が終わると「夜はお花の稽古をしたり充実した日々を送っていた」という。

そこへ、実家から良くない知らせが入った。「お父さんが病に倒れたから帰って来るように」という母親からの知らせであった。昭和三十八年（一九六二年）三月、若松は大東毛織を退社し帰郷することとなった。そして父親の看病をしつつ、二年半ほど与論に〝滞在〟することとなる。この間、どのような仕事をしていたのか。

「アルバイトで（南陸運の）バスの切符切りをしたり、役場の水道課で謄写版を刷る仕事をしたり、硬筆の通信教育を受けたり、青年活動をしたり、いろんなことをしていました」

「いろんなことをしていた」という故郷での二年半、成人式は「与論で迎えた」。式には登坂カツ子や鬼塚恵子らとともに出席したという。

若松が帰省したあとの父・北川の病だが、二年半後には病状が悪化し、鹿児島の病院に入院することになったという。若松は母と共に父親に付き添い、七歳まで住んでいた鹿児島に向かった。

若松が鹿児島の履物店で共に働いていた杉山正子（左端）。その後、野村姓になった。写真は大阪の同窓会で写したもの。野村の右隣りは増田アキ代、次いで竹内タツエ、岩井マツエ（著者撮影）

鹿児島では、思いがけない人に出会うこととなる。中学で同期だった杉山正子が履物店の店員として働いていたのである。若松は「その正子さんの紹介で、履物屋さんでアルバイトとして働くようになりました」。

与論村茶花で呉服店を経営する店主の娘として生まれた杉山は、中学を卒業すると鹿児島の実践女子高等学校に進学していた。のちには奈良県大和高田市の男性と結婚し野村姓になり旅館の女将になったのだが、若松が杉山と共に履物店で働いた期間は「三カ月ぐらいだった」という。

（野村姓になった杉山正子は還暦祝賀会には出席していたが、平成二十四年（二〇一二年）一月、大腸がんにより帰らぬ人となってしまった。）

父親の病も回復し、与論に帰り、若松が結婚して「竹島」

前列左から野村正子、竹内豊一郎、龍野勝子、野﨑末子。後列左から竹島けい子、竹安次郎、南静枝、井上淑子（「還暦祝賀会」が行われた年の2005年1月5日、与論空港で、著者撮影）。野村正子は2012年1月、大腸がんにより他界した

姪になったのは二三歳のときだった。かつて与論島では、夕食が終わると年頃の若い娘さんのところに蛇皮線やギターを持って〝遊び〟に行き、共に語らい歌を楽しむという風習があった。人気のある娘さんのところには五、六人の青年が集まることになるわけだが、茶花で楽器店を営む竹島もギターを抱え若松宅をよく訪ねる一人だった。ギターがうまく歌も上手な青年だった。

「そのギターの音に惹かれて彼と一緒になりました」と竹島は笑う。ちなみに竹島も琉球舞踊を嗜み、二〇一五年一月に行われた還暦祝賀会では内田春枝や浦口貴美子と共に祝儀舞踊を舞った。

夫・竹島の兄は沖縄で印刷会社を経営していた。竹島と妻・けい子は新婚旅行先に沖縄を選んだ。沖縄がまだ日本に復帰する前で、パスポートを持っての新婚旅行だった。義兄の経営する印刷会社は二〇人ほどの従業員がおり、そこそこの規模を持つ会社だった。印刷会社で働いた経験を持つけい子は、義兄の会社で「しばらくはアルバイトをしてから与論に帰った」という。

竹島夫妻の間には二人の子供がいる。子育ても終わり三八歳になったとき、同期生の浦口貴美子か

ら「お店をやらないか」という話を持ちかけられ、「飲み屋の右も左もわからないままに、貴美子さんにいろいろ教わりながら……」そのバトンを引き継ぐことにした。スナック『MM』がその店であり、令和二年（二〇二〇年）九月現在で、店を引き継いでから三七年になる。かつて『MM』の隣には夫・竹島が経営する楽器店があったという。

月に一度、十三日には「一三期生」が集まることになっているというが、何人くらいの同窓生が集まっているのか――。

「たくさん来てくれています。皆さんいろいろ事情がありながらも、だいたい常連さんで二〇人くらいかしらね。龍野勝子さん、井上淑子さん、浦口貴美子さん、酒匂カツ子さん、竹内栄次郎さん、竹内豊一郎さん、福島敏男さん、山剛昇さん、柳田末子さん、内田春枝さん、武範代さん、清水節子さん、田畑清彦さん、田畑幸子さん、野田美津子さん、坂元セツエさん、南キヨさん、南静枝さん、里光川悦さん、尚樹仁一さん、町博綱さん……といった方たちです」

この「与論中学第一三期卒業生」の全国同窓会会長を務めているのは常連客の一人・竹内豊一郎だ。小柄だが芯が強く、笑顔を絶やさず周りの信望を集めていることから同窓会会長を託された。

竹島が名前を挙げた上記の常連客の中に「井上淑子」とあるが、井上の旧姓は「山下」であり、山下淑子は第五代村長（大正七年七月〜同十三年二月）・第一三代村長（昭和三十年九月〜同三十四年九月）を務めた山下平志の孫娘である。また、龍野勝子の義父は第一二代村長（昭和二十七年九月〜同三十年八月）・第二代町長（昭和三十八年九月〜同五十年九月）を務めた龍野通雄であり、龍野町長の長男・元一に嫁いだ龍野勝子は与論町初の女性町議会議員となった。ちなみに、山下平志元村長、

還暦祝いで同窓会会長として開会の辞を述べる竹内豊一郎（著者撮影）

龍野通雄元町長は共に与論町の名誉町民になっている（与論町誌編集委員会編集『与論町誌』より）。

さらに、常連客に名が見られる坂元セツエの義父も元町長である。昭和五十年（一九七五年）九月から同五十四年九月まで第三代町長を務めた坂元原澄がその人であり、セツエは坂元町長の長男・克英に嫁ぎ原田姓から「坂元」姓になった。坂元克英はセツエより二級先輩で、克英先輩には筆者も中学時代にだいぶお世話になった。

令和二年の夏、南の島・与論島もコロナ禍に見舞われ、五〇〇〇人そこそこの島民しかいない島で五四人もの陽性者が出た。このニュースはテレビでも報じられ、与論町感染症対策本部長を務める山元宗町長は与論島への旅行者や町民に対し、悲痛な表情で「来島自粛や不要不急の外出自粛」を呼びかけていた。スナック『ＭＭ』もまた、コロナ禍の影響をもろに受けている。

「今は、新型コロナウイルスの影響で店を開けることができなくなり、家でごろごろしていて体重がだいぶ増えましたよ」と、女将・竹島けい子は電話の向こうで快活に笑うのだった。

入・退院を繰り返し竹島が面倒を見ていた父親の若松北川さんは「平成二十五年（二〇一三年）十月に一〇一歳で他界した」という。「晩年は弟夫婦が父の面倒を見てくれていました。ちなみに母は九七歳で、今も健在です。弟夫婦と幸せに暮らしています」。しみじみとした口調で竹島はこう言い、取材の言葉を結んだ。

（二〇二〇年九月　記）

清水節子

給料は二〇〇〇円で、年末の忙しいときは夜中の十二時まで働かされた。「でも、家族的な待遇をしてくれる会社で、お金を使う必要がなかったから、いただいた二〇〇〇円はほとんど貯金できました」

清水節子の旧姓は黒田である。与論小学校三年の二学期から黒田は茶花小学校へ転校した。父・正、母・ハナの長女として与論村（現与論町）城に生まれ、きょうだいは「男二人、女三人」の五人。事情により茶花校区の立長に転居してからも小学校三年一学期までは与論小学校に通学していた。島の高台・ピャーヌパンタを登って小学校に通学するのだが、その高台の途中で与論校区である西区から茶花小学校に通勤していた酒匂ヒデ先生とすれ違い挨拶していた。「私はピャーヌパンタを登っていく、酒匂先生は下っていく、変な感じがしましたね」。当時、茶花小学校の校長だった親戚の黒田純一先生の計らいで「小学三年二学期からは茶花小学校に転校することになった」という。転校したら、与論小学校から茶花小学校に転校した従姉妹の田畑キミ子がいて「また一緒に勉強することができて嬉しかった」。

中学生になったら、黒田はまたピャーヌパンタを登って朝戸に立地する与論中学校に通学することになった。この、与論島では心臓破りの丘ともいうべきピャーヌパンタを毎日登って通学していると、

還暦を迎えた清水節子

いやがうえにも根性が身に付いてくるのではないか。茶花校区の生徒は総じて競争意識が高く、粘り強い生徒が多かったように思う。

中学を卒業すると黒田は、同期の山下テツ子や先輩の山下節子とともに大阪市住吉区の縫製工場に就職した。「叔父さんの知り合い」の縁故就職で、恵縫製工場という従業員七人の小規模な会社であった。「紳士服のズボンをつくる会社」だったという。

「テツ子さんや山下先輩と共に鹿児島まで船で行ったんですけど、私は船酔いが激しくて大変でした。鹿児島には私の親戚で大阪の麓要範さんが迎えに来てくれて、大阪の会社まで連れて行ってくださいました。セーラー服で行ったんですけど、会社に着いたら社長の奥さんのお母さんが三人に洋服を買ってくれた。嬉しかったですね。それで会社に着いた翌日から仕事になって……。紳士服のズボンをつくる会社で、仕事はアイロンがけをするところから始まりました」

住み込みで、部屋は六畳間に二人。朝は八時から午後五時までの勤務で、給料は手取り二〇〇〇円。問屋に納める大量注文が来て「年末の忙しいときは夜中の十二時まで働かされた」。残業代はつかず「ラーメンなどの夜食を出してくれた」。「残業代の代わりに何か品物をくれた」という。夏と年末のボーナスはなかった。この待遇に対し黒田はどう思っていたのか？

「給料は二〇〇〇円でしたが、会社の近くに市場があって、社長の奥さんのお母さんが日用品とかお菓子とかいろいろ買ってくれて、家族的な待遇をしてくれる会社でした。お金を使う必要がなかったから、いただいた二〇〇〇円はほとんど貯金ができました。待遇に不満はありませんでした」

在職中、思い出に残っていることは「富士山に連れて行ってもらった」こと。登山ではなく、富士山の五合目までバスで行く観光旅行だった。一泊旅行だったという。

「そのほかにも社員旅行でどこか連れて行ってくれた。どこだったか、思い出せませんけど……。休みの日は、一人であちこち遊びに行ったという記憶はあまりないですね。一緒に入社したテツ子さんや先輩は、半年ほどで辞めてしまいました。私も、家庭の事情で三年ほどで辞めることになりました」

黒田が恵縫製を退社したのは昭和三十九年（一九六四年）四月である。日本中がオリンピックに沸いた年であり、東海道新幹線が開通した年だった。黒田が会社を辞めたのは、神奈川県川崎市の会社に就職していた三つ違いの弟・孟が亡くなったからだという。

「弟が風邪をこじらせて急性肺炎で亡くなって、遺骨を引き取りに神奈川県の川崎に行きました。昭和三十九年四月で、弟の遺骨を持って与論に帰り、そのまま与論にいることになったんですけどね」

弟の葬儀に要する費用は一〇万円ほどかかり、これはすべて黒田が受け持った。恵縫製に在職中、預金した額は一三万円だった。月に二〇〇〇円の給料ではこれだけの預金はできないから「昇給もあった」からだが、貰った給料を黒田はすべて貯金していたのだった。

ちょうど三年ぶりに帰郷した黒田は、茶花の南陸運株式会社に就職することにした。父・正が同社の南前村社長に「掛け合ってくれた」のだという。同社は南商事株式会社という雑貨商も営んでおり、黒田は陸運では事務員として、商店では販売員として、交互に働いていた。しかし黒田は「本当は大阪に戻ってもう一度恵縫製で働きたかった」のだという。黒田は恵縫製を「退社」したのではなく、「一時帰省」という形で大阪を離れたのだった。預金通帳も印鑑もすべて恵縫製の〝寮〟に置いて、弟の

2013年6月、関東で開かれた同窓会。前列左より本徳仁、龍野勝子、稲沼ミサエ、坂元良子、前田ミキ子、川上重光。後列左より堀栄作、竹波栄喜、山下康久（その前、池畑幸子）、山元孝安、竹内タツエ、清水節子、長谷川ミツエ、竹安次郎、野﨑末子、髙村節子（著者撮影）

葬儀代だけを懐に忍ばせて川崎に向かったという。

「大阪の会社には私に内緒で父親が『もう大阪には行けませんから』という手紙を出して、退社することになったんです。大阪から私の荷物が与論に届いたのは〝退社〟してから二年後のことでした」

黒田が南離運に入社したとき、そこには中学の同期生である山元孝安が事務員として働いていた。山元は中学を卒業すると鹿児島の農村センターに入学し二年間の修業年限を経てのち卒業。卒業後は与論に帰って南陸運で事務員として働いていたのだが、その山元から事務職を引き継ぐ形で黒田は南陸運の社員になったのだという。黒田に事務職を託した山元は南島開発株式会社に転職し、その後大島運輸に転じて『あけぼの丸』の船員として働くようになる。

黒田は南陸運では月に一万円の給料をもらっていた。そして同社では、清水徳招（のりあき）という生涯の伴侶を得て、昭和四十五年（一九七〇年）に職場結婚をし清水姓になった。二五歳のときだった。

七五歳になった清水節子に訊いてみた。今までの人生の中で一番嬉しかったことは何だったのかと――。

「七年前の平成二十五年（二〇一三年）六月でしたかね、皇居のお掃除をするということで（与論中学の同期の）龍野勝子さんに誘っていただいて、前田ミキ子さんや鹿児島の山元孝安さんと一緒に東京に行き皇居のお掃除をした。そのときに関東や大阪や愛知県からも同窓生が大勢集まって、同窓会をして二次会でみんなでカラオケにも行ったんです。あのときは本当に楽しかったし、皇居も観ることができて良い思い出になりました」

清水節子には夫・徳招さんとの間に長男・康久、次男・徳幸、三男・章次と三人の子供がいる。「もう時効だから話してもいいでしょう」と前置きしてのち清水は、こんなエピソードを明かしてくれた。

「実は夫は、いえ私たちは農業で失敗して、三〇〇〇万円の借金をつくってしまったんです。それを子供たちみんなが力を合わせて完済してくれました。それで長男の康久は、自分たちの結婚式をする代わりに、その費用で私たちをハトバスで東京見物をさせてくれて、七日間のハワイ旅行にも連れて行ってもらいました。本当にいい思い出になりました」

「良い子供たちを持って幸せです」と、清水節子は静かな口調で言葉を結んだ。

（二〇二〇年八月　記）

南静枝

広島の織物工場で三年間〝無給〟で働く。与論園で介護ヘルパー、与論徳洲会病院で看護助手として働いたのち、芭蕉布による着物づくりをライフワークに

「私は本当は定時制高校に行きたかったんです。竹山末子さんと一緒に広島県のＴ織物という小さな織物会社に就職して……、その会社には三年間勤めていました。でも、定時制高校には行かせてもらえませんでした。定時制どころか、毎日一五、六時間働かされて、三年間給料なしで働いていましたね。今思えば、摩訶不思議なことなんです。なぜ、給料ももらえないところに三年間もいたのか、自分でもわからないんですよね。あの頃のことは、私の人生の中で、一番思い出したくないことですね」

こう語るのは与論町叶在住の南静枝である。南も与論中学校を昭和三十六年（一九六一年）三月に卒業した「第一三期卒業生」だ。三年間「無給で働いた」というが、南と共にＴ織物に就職した竹山末子は、南より二年間長く同社に勤め「五年間無給」で働いていたという（第8章で詳述）。

南静枝は、父・峰里、母・じつの三女として生まれた。「三人姉妹の末っ子」であるが、峰里は農業を営みながら漁師でもあるという兼業農家であった。その父親は静枝が二歳のとき海で水死し、「父の顔を知らず、母子家庭で育った」という。

「父親は私が二歳のときに亡くなりました。海で亡くなったんです。イカ釣りに行って、船から落ちて亡くなったと母からは聞いています。母は一人で、二人の姉と幼い私の三人を育ててくれました」

父親が亡くなったとき長姉・初江は八歳、「すぐ上の姉（シゲ子）は五歳だった」という。静枝は物心がつくようになると姉らと共に農作業をしている母を手伝い、家事も姉妹で分担して「母親の負担が軽くなるように一生懸命働いた」。母・じつは畑から帰って来ると、休む間もなく機織りをして現金収入を得、子供たちを育てた。「苦労している母の姿を今でも思い出します」と南は言う。

南が通った小学校は那間小学校だった。長姉・初江は中学を卒業すると縁故就職で東京の会社へ就職していった。また、次姉・シゲ子は愛知県半田市の紡績会社に就職したという。

南が中学校に上がったとき三つ違いの姉・シゲ子は与論を離れて紡績会社に就職したことになるわけだが、残された静枝は母と二人だけで三年間の中学生活を送ることになった。寂しい思いをしていたはずだが、南は明るく振舞い、長身で存在感があり、学校の成績も良かった。中学三年になり、進学か就職か決めることになったが、母一人の力で高校へ進学させてもらえるはずもなく、就職の道を選んだ。中学三年のときは福永政宣美先生が担任だった一組で、できれば定時制高校で学びたいと思っていた南は、名瀬公共職業安定所から送られてきた求人票を見て福永先生とも相談し、広島県のT織物に就職することにした。「定時制高校に行かせてもらえるようなことが書かれていた」からである。この南と共にT織物に就職を決めた竹山末子によると、志望の動機はまた少し違ってくる。今は「野﨑」姓になり埼玉県に住んでいる野﨑末子はこう話す。

「定時制高校に行かせてもらえるということも書いてあったのかしらね。あまりよく覚えていません。

ただ、私がＴ織物工場を選んだのは、織物をする女工としてではなく、事務職として、『事務員を募集』と書いてあったからＴ織物工場を選んだんです。それで実際行ってみたら、織機を扱う仕事ばかりさせられて、いつになったら事務員の仕事をさせてもらえるんだろうと思いながら、気が付いたら給料もなしに五年間もその会社で働くことになったんです」

南と竹山は三月二十日の卒業式が終わると、集団就職者が乗った三月二十七日の『浮島丸』ではなく、二日早い二十五日の『八坂丸』で鹿児島まで行き、鹿児島港である人に迎えてもらい鹿児島駅からは竹山と二人だけで広島へ向かった。Ｔ織物工場は福山市にあり、南と竹山が入社した年、奄美大島の名瀬市から一人、広島県の山村からも一人、新入社員が入社していた。新入社員を含めて「社員は一〇名足らずの小さな会社だった」という。

与論島の供利港を発ってから広島の会社に着いたのは二日後だった。寮として使う小さな部屋に案内され、着いたその日から南と竹山は工場の織機の前に立たされた。細かい作業が好きな南は、織機にかけるための「糸を巻く細かい仕事に回された」。竹山は自動織機を見る係に回されたという。社会に出て働くとはこういうものか、「一日も早く仕事を覚えねば」と、南と竹山は先輩に教わりながら必死になって働いた。

南と竹山には電話による取材で、別々に話を聞いたのであるが、Ｔ織物の勤務実態と待遇を聞かされたときは唖然とした。毎日、朝六時出勤、夜一〇時までの勤務。土曜日も平日通りで「日曜出勤も当たり前」であったという。さすがにお盆には二、三日、正月には四、五日の休みがあったというが、中学を卒業したばかりの少女たちに日々このような労働を強いておきながら、Ｔ織物の社長が彼女らに支払った給与はどれくらいであったのか。南は退社するまでの三年間給料袋を見たことがなく、竹山も辞めるまでの五年間「無給」で働かされたという。昭和三十年代半ば、こんな会社もあったのだった。

「給料は一応は『月額手取り三八〇〇円』と求人票には書いてありました。でも、給料日はあってないようなもので、食費として一八〇〇円が差し引かれ、社長は『残高はこれだけだから』と帳簿に付けた数字だけを見せて、現金をくれることはなかったんです。無給のまま退社しました」

南と竹山から共通して聞いた話であり、信じ難い言葉である。残業代などを含め、南と竹山に会社はどれだけの金額を支払うべきであったのかについては第8章「野崎末子」の項に譲りたい。

冒頭にも記したが、「今思えば摩訶不思議なことなんです。なぜ給料ももらえないところに三年間もいたのか、自分でもわからないんですよね」と南は言う。「母が歯の治療をしたときにお金を少し送った記憶はありますが、給料をもらった記憶がないんですよね」と……。

南は、望んでいた定時制高校にも行かせてもらえず、三年間でこの会社には見切りをつけた。

「会社の隣りに教師をしている男性の先生がいたんです。その先生に相談して、定時制高校に行かせてもらえるようお願いしようと思ったんですけど、できなかったですね。社長に何も言えず、強いことも言えず辞めることにしました。辞めるときは、農協に勤めている伯父に相談して、自分の荷物はそのままにして社長には『鹿児島の母のところに行ってきますから』と言って辞めたんですけどね」

古稀を迎えた南静枝

南が向かった先は鹿児島であった。鹿児島では母親と姉が機織りをして暮らしていた。末っ子の静枝も中学を卒業し故郷を離れたことから、母・じつは与論島の実家を手放し鹿児島で紬織りをしていたが、その母の許へ身を寄せたのであった。

南は、ここでもまた摩訶不思議な体験をすることになる。南を呼び戻すために、T織物の社長が「鹿児島まで来た」というのである。南が退社した直後にはT織物はミシンを入れるなど設備投資をして、工場の規模も拡張していた。「私たちの織機の仕事が基礎になって、入社して三年半ほど経ったころ作業ズボンや作業服を縫うなど洋裁の仕事に切り替えつつあった。私たちから搾取して工場を拡大していったんです」とは、結婚して野﨑姓になった竹山末子の談である。

T織物の社長は鹿児島までやってきて「会社に戻るよう」南を説得したが、当然のことながら南の気持ちが翻ることはなかった。「親の前で説得するのは難しいでしょうから外の公園で話をしたんですけど、『二度と戻りません』とはっきり言いました」と南は言う。T社長は鹿児島を離れるとき、「簞笥を買ってくれた」という。それが南に対する三年間の労を犒う〝報酬〟となった。

気になるのは「T織物の寮に置いてきた南の荷物はどうなったのか」ということだが、「大した荷物もなかったですし、送ってもらったのかどうか忘れてしまいましたね」と南は笑う。中学を出てから三年後に、南はようやく人間らしい生活を取り戻した。鹿児島では母親とともに大島紬を織って暮らしていたが、父親が眠る与論島への愛着が芽生えてきて、四年後には「島に小さな家を建てて故郷に帰ることにした」という。「父のお墓のこともありますし、どうしても与論に帰りたくなって、母と相談して、しんす家という小さな家を建てて島に帰ることにしました」。

久々に踏む与論の地には温もりがあった。母・じつは大島紬を織り、静枝は島の老人ホーム「与論園」で介護ヘルパーとして働きながら、二六歳で結婚し子供にも恵まれた。

「どうしても高校へ行きたかった」と言う南静枝。「行きたかった」という願望に終わらせるのではなく、実際に高校への入学を果たした。鹿児島市下伊敷の鹿児島西高等学校の通信教育部に、子育ても終わったころ四〇歳で入学した。公立の高校であり、スクーリングは与論高校で受けながら、すべての単位を履修し「卒業証書」を授与された。「卒業時のアルバムもありますよ」と南に聞いたことから、たってのお願いをし、その卒業記念アルバムを送ってもらった。箱入りのアルバムの表紙には『YOUTHFUL AGE』というタイトルが付され、「鹿児島県立鹿児島西高等学校　1990」とある。平成二年（一九九〇年）三月、鹿児島西高等学校の卒業生は一四一名であった。巻末に普通科八七名、衛生看護科五四名の名前が記載されている。「与論からは私だけじゃなく、ほかに四名の方が一緒に卒業したんですよ」と南に聞き、与論町出身者の名前を探してみた。普通科D組（担任：西薗善恭先生）の中に、南と共にその卒業生の名前はあった。有元カスエ、仲田春吉、浜田サヅ子、堀田敏子の四名である。アルバムにはそれぞれの、卒業を迎えた感想文も収録されている。南は次のように書いている。

《真新しい教科書の重みに心ときめかせた1年目の春。／山と積まれたレポートに溜息ついた2年目の夏。／心なしか山の紅葉が寂しく写

アルバムに掲載されている南静枝の卒業記念写真

鹿児島西高等学校の卒業記念アルバム

る3年目の秋。／全ての面に心して、有終の美を飾る筈だった4年目の冬。／そして今、過去を振り返り、でこぼこ道にしっかりとつけた足跡に感激の涙し、万物に感謝の念の5年目の春。》

通信教育の苦しい思いが伝わってくる〝詩〟である。南は、5年間かけて、四五歳で高校の卒業証書を手に入れたのだった。南はこれまで、四十代で鬱状態に、五十代で狭心症に、六十代で脳出血を、そして七十代になってからは「二十代後半から患っている腰痛に悩まされている」という。「しかしなぜか、嬉しい日々を送っています」と南は言う。そして、こうも付け加えた。「広島時代の三年間が強い心を持った自分をつくり上げてくれました。今があるのはT社長のお蔭だと思えるようになり、この気持ちの変化には自分でもびっくりしているんですよ」と――。

南が最後に勤めたのは、与論町茶花にある与論徳洲会病院であった。看護助手として五年間働いた後、五六歳で同病院を退職した。今は長男夫婦と同居し、「おだやかな日々を過ごしています」。

南は今、与論島の生活文化に触れることのできる屋外資料館「与論民俗村」でライフワークとして芭蕉布による着物づくりに取り組んでいる。芭蕉布は、工程が多く膨大な制作時間を要すると言われており、与論島の芭蕉布製造技術は国の「重要無形民俗文化財」に指定されている。風通しがよく亜熱帯の気候に適した着物であることから南の父・峰里も、芭蕉布の着物を普段着として身に着けていた。その父への想いもあって、一八年も前から芭蕉布の着物づくりに取り組んできた。「亡き父の姿を思い浮かべながら……」芭蕉布に向き合っているという。「私をここまで支えご指導くださった与論民俗村の皆様、応援してくださった周りの方々に感謝しながら日々を送っています」と南は言う。

（二〇二〇年十一月　記）

竹川達廣・白尾豊蔵

「白尾とは親戚なんだよね。彼とは小さい頃からよく遊んだ。彼が亡くなって淋しいよ、やっぱり。彼は小さい頃から優しい人間だった。いつもニコニコしててね」

埼玉県富士見市在住の竹川達廣は兄・信廣が代表取締役を務める南島通信建設株式会社の専務取締役として兄を支え長期に亘って社業の発展に尽力してきたが、五年前に第一線を退き今は取締役として会社の経営を外から見守る立場に変わっている。それでもまだ現役を退いたわけではなく、東京都新宿区高田馬場にある会社には「体調がいいときは週に数日は通っている」と言う。

「もうあちこちガタが来て体が言うことを聞かなくてね。今年（二〇二〇年）になって兄（長兄・登美秀）が亡くなって与論に帰らなくちゃいけなかったんだが、どうにもならず帰ることができなかった。それにしてもこのコロナ(新型コロナウイルス感染症)騒動、いつになったら収まるんだろうかね」

竹川は昭和三十六年（一九六一年）に与論中学を卒業したが、実は昭和十九年生まれで二十年生の同期よりは一級先輩である。だからであろうか、同期の集まりでもどこか風格を漂わせている。同期の竹波栄喜と「竹川」についてよく話をすることがあるが、竹川は不思議な魅力を備えた人物だ。終始ニコニコしていて、黙ってそこに座っているだけで人に安心感を与える。飾らず奢らず悠然としていて、冗句は飛ばすが人を傷つけるようなことは一切言わず、見栄を張るなどということとも無縁の人である。多少、吃音があるが、それがまた竹川の魅力を一層引き立てている。また、与論島にも沖縄民謡の六調節に似た踊りがあるが、竹川の踊りは、両手を上げ掌を反らし立っているだけで動かずして六調を表現できるという一種独特のものがある。竹

古稀を迎えた竹川達廣

川ならではの踊りである。

竹川は与論村（現与論町）朝戸出身。父・福澄、母・カメの三男として生まれ、きょうだいは五人。実家の近所には同期で親戚でもある竹トシ子（現姓・阿野）がいて、小学校時代は姉・ミヨ子とともに「三人でよく遊んだ」という。与論小学校から与論中学へ進み、集団就職ではなく、次兄・信廣が代表を務める会社への縁故就職であった。三月二十日に卒業式が終わると待ちかねていたように四日後には同期で同じ朝戸の白尾豊蔵と共に島を離れ東京へ向かった。集団就職者が乗った船は二七〇〇トンの『浮島丸』であったが、竹川と白尾が乗った船は積載量五〇〇トンの小型貨客船『あけぼの丸』であった。鹿児島港に着き鹿児島に二泊して、あとは列車での旅。東京に着いたのは島を離れて四日後だったという。

東京駅で兄に迎えてもらい、落ち着いた先は東京都豊島区常盤台のアパートであった。六畳と三畳間が連なっている部屋に竹川と白尾が合流し「五、六人ほどの人がいた」という。勤めた先は神田通信の下請けで、竹川の兄・信廣が「竹川組」というグループのまとめ役となり電話や電話交換機を設置する仕事だった。竹川と白尾は幼い頃から仲が良く、中学を卒業してからも同じ職場で働けること

に喜びを感じながら真面目に働いた。給料は「月に六〇〇〇円ほど」だったという。

「竹川組」で働くようになって三年が経過し、竹川と白尾の進路に少しズレが生じてきた。不仲になったというのではなく、定時制高校に進もうかということになり、竹川は法政大学第一高等学校の定時制電気科に入学、白尾は修業年限二年の東京高等電気学校の夜間部で学ぶようになった。そして白尾は同校を卒業すると「竹川組」を辞め、同じ業種のダイヤル興業株式会社のほうへ転職していった。白尾はダイヤル興業について「村田さんという方が社長で、社員には与論の方が多かった」と話していた。そして一九歳で、電話交換手をしていた茨城県出身で二歳年上の喜代子夫人と結婚し、長男・長女と二人の子供を授かり埼玉県富士見市にマイホームを持ち幸せに暮らしていた。五〇代半ばに難病にかかり入・退院を繰り返すようになるまでは……。

竹川が東京都大田区田町にある法政大学第一高等学校定時制に入学したのは一八歳のときだった。電話・通信機を設置する仕事は、工場勤めなどと違いあちこちと現場を移動しなければならず、遠いところでは埼玉県の現場から田町の学校まで通わねばならなかった。高校は午後五時半から授業が始まり、終業は九時まで。「竹川組」の仕事が終わるのは午後五時であったから、これではとても授業に間に合うはずがない。しかし「竹川組」では、現場が遠くにある場合には「授業に間に合うように午後三時には仕事を終わらせてくれた」という。それで一時限目の授業には十分間に合ったが、九時に授業が終わって帰宅するのはいつも一〇時半ごろ、床に就くのは〇時過ぎだ。翌朝は現場が遠いため午前五時ごろには起床しなければならない。「現場は都内の仕事がほとんどで、遠いところはそんなになかったから大してきつくはなかった」と竹川は言うが、生活のリズムをとるのは大変だったのではないか……。

「都内であっち行ったり、こっち行ったりはあったけど、そんなにきつくはなかった。仕事はほとんどが通信関係で、ビルに電話線を引き込んだり、電話の交換台を取り付けたりというのが仕事。それで仕事が終わると学校に行くという……。四年間で何とか卒業できたんだけどね」

高校の成績のほうはどうだったのか？

「体育は2、国語も2、あとはオール3だったよ、ワーッハッハッハハ」と竹川は愉快そうに笑い飛ばすのだった。

竹川が定時制高校を卒業するころ「竹川組」も軌道に乗ってきて、株式会社として新たな出発をすることになった。高田の馬場を拠点に南島建設株式会社を設立。竹川信廣代表取締役のもと従業員は五、六人で、会社として組織化したことで業績も順調に伸びていった。ほどなくして南島通信建設株式会社に社名を変更。社名変更に伴い竹川達廣は専務取締役に就任することになった。平成元年（一九八九年）四月のことである。従業員の数も徐々に増えていき、最盛期には三二、三人ほどの社員を雇えるほどになっていた。年商は「多いときで一一億円で、だいたい七、八億円」であるという。

会社の役員になって一番辛かったことは――。

「平成十七年（二〇〇五年）に八〇〇〇万円の不渡り手形を喰ったときかな。そのときは二四人の社員がいて、自分のことはともかく、この社員たちを路頭に迷わせてはならないということで、あのときは必死だった。社員一人に奥さんと子供が一人いたとして、会社が倒れてしまったら当人だけじゃなく七二人が生活できなくなってしまうわけだから、あのときは本当に参った。三カ月間、睡眠時間は平均して二時間くらいで、あちこち駆けずり回って（社員を）雇ってもらえそうなところを探し回ったりして……」

それで危機を乗り切ることはできたのか――。

「乗り切ったと言えるかどうかはわからないけど、最悪の事態は回避できたと思う。会社も今は規模を縮小して、細々と何とかやっているんだけどね」

会社の経営者の一人として心掛けていることは――。

「簡単に言ったら、思いやりかな。弱い者は大事にする、いばらの道を乗り切るには、それが一番大事なことだと思う。会社の経営は赤字でもいい。毎回赤字では困るけどな、利潤が出ないと会社は成り立たないから。でも、弱い者を踏みにじってまで儲ける必要はないし、そのつもりもない。上に対してはガンガン言うけどね」

共に志を抱いて故郷を離れた白尾豊蔵が一九歳で所帯を持ったのに対し、竹川が結婚したのは三八歳のときだった。二歳年上で北海道出身の安保敬子と結婚し、白尾と同じく埼玉県富士見市にマイホームを持った。

その白尾だが、令和二年（二〇二〇年）七月三十一日、急性心不全により七五歳で生涯を閉じた。血液のがんで、長い間東京・板橋にある日大の医学部附属板橋病院に通院していたが、通院もままならなくなり自宅近くの病院に入院していたという。長男・一彦さんによると、

「一カ月に一回、日大板橋病院で免疫グロブリンの注射を受けていたが、『それも効かない状態になっている』とお医者さんに言われ、近くの病院に入院することになりました。本人の希望もあって本当

は自宅の畳の上で最期を看取りたいと思っていたのですが、病室で崩れるようにして仰向けに倒れたんだそうです。看護師さんにそのように教えていただきました。白い布を取って父のおでこに手を当ててみましたら、その額は冷たくなっていました」

「お通夜も葬儀もしないで、母と私と妹で最期のお別れをしました」と一彦さんは言う。

若かりし頃の白尾豊蔵（長男・一彦さん提供）

白尾に本稿「集団就職」の取材で電話を入れたのは令和二年（二〇二〇年）二月一日だった。日大医学部附属板橋病院に白尾を見舞ったのは一五、六年前だったが、握手して別れたときその手はひんやりと冷たかった。以来、白尾にはときどき同窓会の案内などで電話を入れていたのだが、肝腎の中学卒業後の彼の足跡については詳しく聞いていなかった。それで改めて取材の電話を入れたのであるが、話の最後に「今までで一番嬉しかったことは何か」と尋ねてみた。結婚したことや子供が生まれたこと、竹川と共に電話工事で現場を渡り歩いたことなど良い思い出はたくさんあったはずである。しかし、白尾には今「わが身に重く伸し掛かっている」病に向き合うことだけで精一杯だったようで、電話の向こうで寂しげな口調で次のように話してくれた。

「嬉しかったことはそんなにない。嫌なことばかりだよ。体がこんなになってしまって、病院に行くだけで精一杯。六五歳で会社（ダイヤル興業）を辞めたんだが、納期に間に合わせるために徹夜作業が続いて、それでも眠いのを我慢しながら働いたんだけどね、昔は……」

白尾も竹川同様、与論小学校時代からの私の同期である。気の優しい性格で、笑顔を絶やすことがなかった。あれは二十歳を過ぎた頃であったろうか、たまたま帰省していた白尾豊蔵に、与論町西区の前浜の海岸で偶然出会ったことがある。どのような会話を交わしたか思い出せないが、小・中学時代のあどけない顔そのままにニコニコしていたことだけははっきりと覚えている。

愛知県の同窓会に出席した白尾豊蔵。左は竹内タツエ、白尾の右隣りは牧美代子、岩井マツエ、座っているのは大阪から出席した坂本（旧姓・永井）トシ子（著者撮影）

竹川は、白尾が他界してしまった今、どのような思いを持っているのだろうか。

「彼とは親戚なんだよね。うちの祖父と白尾の祖母がきょうだいで、彼とは小さい頃からよく遊んだ。一番思い出に残っているのは、中学二年のとき彼と一緒に薪割りをしたことかなあ」

竹川はさらにこう続けた。

「（白尾が亡くなって）淋しいよ、やっぱり。先に旅立たれて、残念としか言いようがない。彼は小さい頃から優しい人間だった。いつもニコニコしててね。僕の性格とは正反対だったよ」

かく言う竹川もまた、白尾同様、笑顔を絶やさない人である。

（二〇二〇年九月　記）

第8章
悲喜交々——終わり良ければすべて良し

池田健助

養豚場など陸の仕事に見切りをつけ、タンカーに乗って「船乗りの仕事に天職を得た」

「名刺だって？　自慢じゃないけど、名刺なんて今まで一度もつくったことないし、考えたこともないよ。俺の人生のなかで〝長〟がついたのは、盲腸ぐらいだね。手術したのは一七歳のころだったかな」

真顔でこう語ったのは、横須賀に自宅を買って神奈川県民になっている池田健助だ。池田が陸の仕事を転々としたのち最終的に選んだ仕事は〝船乗り〟であった。その彼に、本稿執筆のために初めて会ったのは平成元年（一九八九年）八月二十七日。ＪＲ横須賀駅前の、不動産屋の二階にある「ビ・ボアン」という喫茶店においてであった。しかし、このとき池田は〝陸〟の〝仕事〟に戻っていた。タンカーに五年、タグボートに一三年乗ったのち、船を下りたのだという。

「もう年できつくなったから船を下りた。今は、近くの布団工場で働いている」

と言いつつ「今後の夢は？」と訊くと、「近くの船に乗りたい。横浜あたりから誘いが来ている……」。四十代半ば、まだ「年」であるはずはないのだ。望みどおり、平成五年（一九九三年）には三浦半島の観光船に乗ることになった。観光船には「五年乗った」という。

平成十八年（二〇〇六年）十月現在、池田は、月額一九万円ほどの年金をもらい時給八五〇円で五時間の夜間警備員のアルバイトをして小遣銭に充てているという。平穏無事な生活で目下のところの悩みは「趣味がないから暇を持て余している」こと。が、メリハリのない生活のなかで還暦を迎えた平成十七年には「いいこと」が一つあった。〝棚ぼた〟で、一〇〇〇万円以上の大金が転がり込んできたのだという。通算して二三年の船乗り生活。平成十七年に年金の手続きを取ったところ、船員時代の年金は「五五歳」から受給資格があることがわかった。月額一九万円の年金が、五年前に遡って支給されることになったのだった。

「一〇〇〇万円はまるまる貯金できた。八〇万円余りは税金で持っていかれちゃったけどね」と、池田は嬉しそうに言う。暇を持て余しているわけではない。釣りという立派な趣味を持っている。

「祖父は炭鉱で働いていた」という池田は、福岡県に生まれ与論島で育った。島の茶花小学校を経て昭和三十六年（一九六一年）に与論中学を卒業。が、卒業を間近に控えても、なかなか就職先が決まらなかった。四月半ば、ようやく近所の人を通じて「横須賀市久里浜にある養豚場で働く気はないか」という話が舞い込んできた。池田は二つ返事で横須賀行きを決めた。

『浮島丸』で三日かけて神戸港に着くと、沖縄出身の社長が迎えに来ていた。久里浜の養豚場には、豚が七〇〇頭いた。糞尿の匂いが鼻をつく。従業員は八人いて、うち六人は与論島の出身だった。八人の従業員全員が、社長宅の大広間で寝て暮らした。家族的な待遇を受けたが、仕事は「時計はないし、始業時間も終業時間もわからなかった」という。

餌やりをはじめ親豚の世話から子豚の健康管理、豚舎の掃除、糞尿の処理、豚の出荷の手伝い……と、仕事は際限なくあった。一五歳の池田も、朝早くから黙々と腰の痛みに耐えながら仕事に励んだ。生き物を扱う畜産業では日曜日も祭日もない。「正月を味わった記憶もない」と池田は言う。遊びに出ることもなく、「遊び方も知らないから、半年で三万円ほどためた」という。

「久里浜には一年もいなかった」という池田、養豚場特有の臭いにも慣れたころ母親から、「お父さんが倒れた」という知らせが来た。急いで帰郷したが、鹿児島大学病院に入院し手術を受けた五一歳の父・喜志盛さんは脳腫瘍で、二度と与論の地を踏むこともなくそのまま帰らぬ人となった。

「オフクロは『暑いなかで長時間畑仕事をしたから頭にオデキができた』というようなことを言っていたが、脳腫瘍だったと思う。病院の先生に『解剖させてもらえないか』と言われ、解剖に同意すれば入院費も安くなるということで、世間さまの役に立てるならということもあって先生の言うとおりにしたんだけどね」

養豚場を辞めていた池田は、亡き父の供養を兼ねてしばらくは与論にとどまることにした。土木作業をしたり製糖工場（南島開発株式会社）で働いたり「しばらくぶらぶらしていた」が、知人の紹介を受けて大阪のイーグル魔法瓶で働くことになった。魔法瓶をつくる仕事は、養豚場に比べれば楽な仕事だった。同社には、尚樹仁一や市村清秀ら中学の同期生はじめ「与論出身の人が大勢いた」という。盲腸の手術を受けたのはこのイーグル魔法瓶在職中のことだった。池田はここで三年間勤め、また故郷へ帰っている。そして再び大阪に戻ったというが、与論では「豆腐屋の配達をしたり、土木作業をして……」日銭を稼ぎ、大阪では住友金属系列会社で働き「溶鉱炉から出てきた鉄を電気で溶かして砂を除去するという仕事」を半年間続けた。

「なぜ半年で辞めたかというと、同じ会社で溶接の仕事をしている人がいて、その人たちの給料は俺たちの倍くらいあったから。溶接はこんなに儲かるのかと思って、仕事仲間に『溶接の技術を習いたい』と相談したら、その人の兄さんが働いている横浜の会社を紹介してくれた。横浜線の中山駅の近くにある染谷工業という会社で、今よりいい給料がもらえるという話も魅力的だった」

友人が、電話番号と住所をメモしてくれた紙片と日用品の入った紙袋一つをぶら下げて池田は、横浜の染谷工業を訪ねた。すぐに採用が決まり、翌日から働くことになった。しかし、厚生年金など社会保険も完備し「それまで勤めたどの会社よりも待遇がよかった」が、やはり半年ほどで会社を退社することになった。「いつまで経っても溶接をやらせてもらえそうもなかった」からである。

染谷工業を辞めてからは、東京都大田区でアパート住まいをしている弟・信忠のところに身を寄せ、川崎の会社で働くことになった。西川ボディという会社の下請けで、貨車やトレーラーのボディをつくる会社である。この会社では念願だった溶接の技術を習得することができ、トレーラーの荷台一台を二人一組で請け負って二〇万円を稼ぐことができた。が、なぜかこの会社は社員の定着率が悪く仕事仲間が次々と辞めていき、やがて池田も一年足らずで同社を退社することになった。

イーグル魔法瓶で三年間辛抱した以外、池田はどの会社も半年か一年足らずで退職している。なぜ、一つの職場に腰を落ち着けることができないのか。溶接の仕事をも辞めてしまった理由について池田はこう説明している。

「俺は、一つの仕事を長くやってると、フッと嫌になることがある。いつでも、辞めるときはそう。それと、ちょっと給料が今の会社よりいいとかね……」

川崎の会社では、こんなことも経験した。

「溶接の仕事では、二人一組でトレーラーの荷台をつくっていた。俺と組んでいた彼は、凄く目の悪い男で、顔をくっつけるようにして溶接の仕事をしていた。新潟の出身でいい奴だと思ったけど、この相棒がとんだ食わせ物だったんだよね。川崎で働いていたころはちょくちょく競馬にも行ってたんだけど、その相棒に一万円貸してやったら、そのままトンズラされちゃった。当時の一万円といったら、相当使い手があったんだけどね」

このころ池田は、会社勤めをすることに嫌気がさしはじめていた。「仕事もあちこち歩いて、いよいよやることがなくなって……」陸の仕事に見切りをつけた池田は、「船に乗る」ことを思い立った。中学のとき図書館で読んだ『シンドバッドの冒険』や『七人の盗賊』、『風の又三郎』を思い出したからだという。


中学を出て八年後の昭和四十四年三月、「船乗りに……」なるために池田は、大田区の職業安定所を訪ねることにした。しかし、職安の求人票にあるのは陸の仕事ばかりで、「船の仕事」を紹介してもらうには海運局へ行かねばならないことを池田は知った。関東海運局へ行くと、思わぬ幸運が待っ

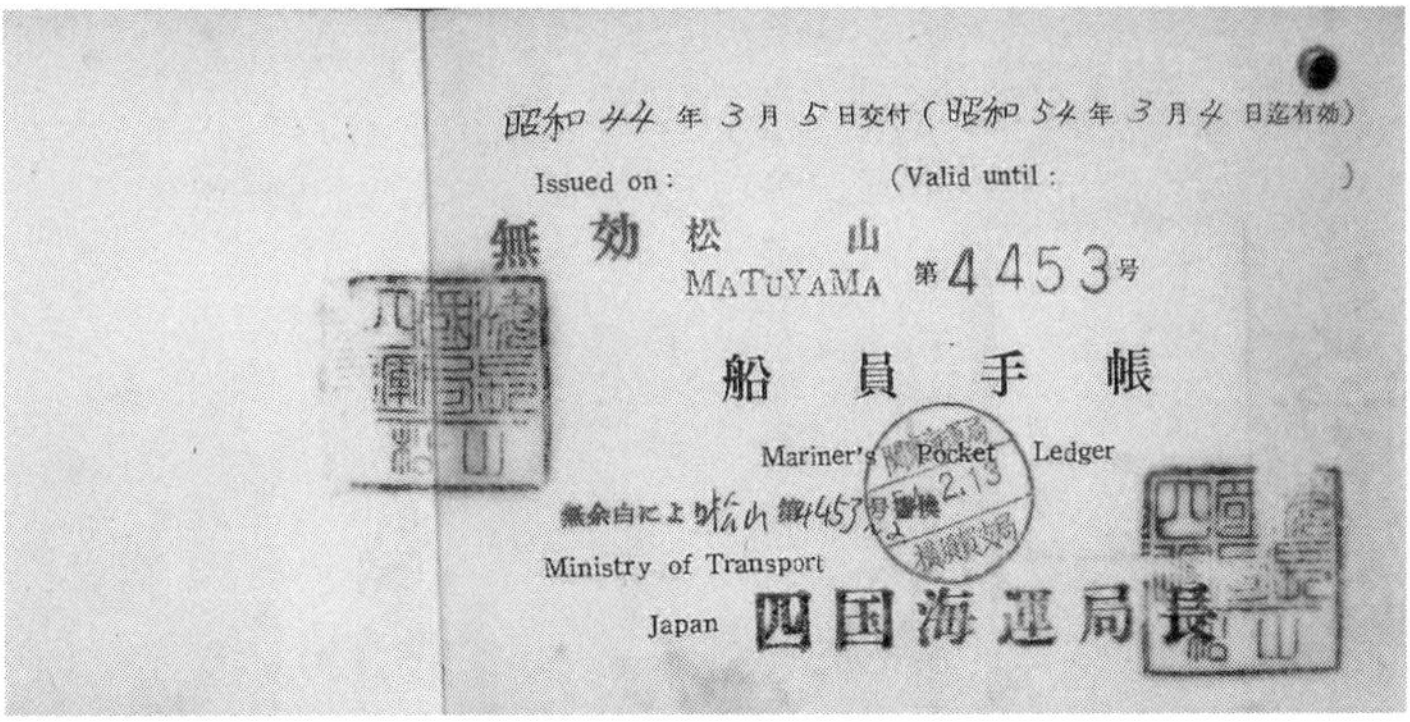

池田がタンカーに乗るために初めて取得した「船員手帳」

ていた。「船員募集」のためたまたま同局を訪れていた浪速タンカー株式会社の人事担当者に出会い、港区新橋三丁目にある同社の本社事務所で「昼飯をご馳走になって」、即決に近い形でタンカーに乗ることが決まったのである。

池田にとって何よりも幸運だったのは、最初に乗った汽船『第四十一浪速丸』の船長が与論島出身者だったことである。

「与論の那間の人で、この人がいなければ果たして浪速タンカーに入社したかどうか……。船長の名前は、俺の祖父と同じで池田栄吉という。余談だが、うちの祖父は福岡県の炭工夫だった。俺も、生まれは福岡県大牟田市の新港町なんだけどね。それで『いつ、どの船に乗れ』ということになって、電車で広島県の福山まで行って、池田船長の『第四十一浪速丸』に乗ることになった」

池田は古い船員手帳を今も大事に保存してある。『第四十一浪速丸』の総トン数は一九六三・三九トン、航行区域は沿海区域で、船員としての職務は甲板員、雇入期間は「不定」。雇入年月日及び雇入港は「昭和44年3月5日、松山港」となっている。船長氏名は「池田栄吉」で、手紙の発行者は「四国海運局長」、官庁公認印の欄には「四国海運局　松山支局」と押印されている。

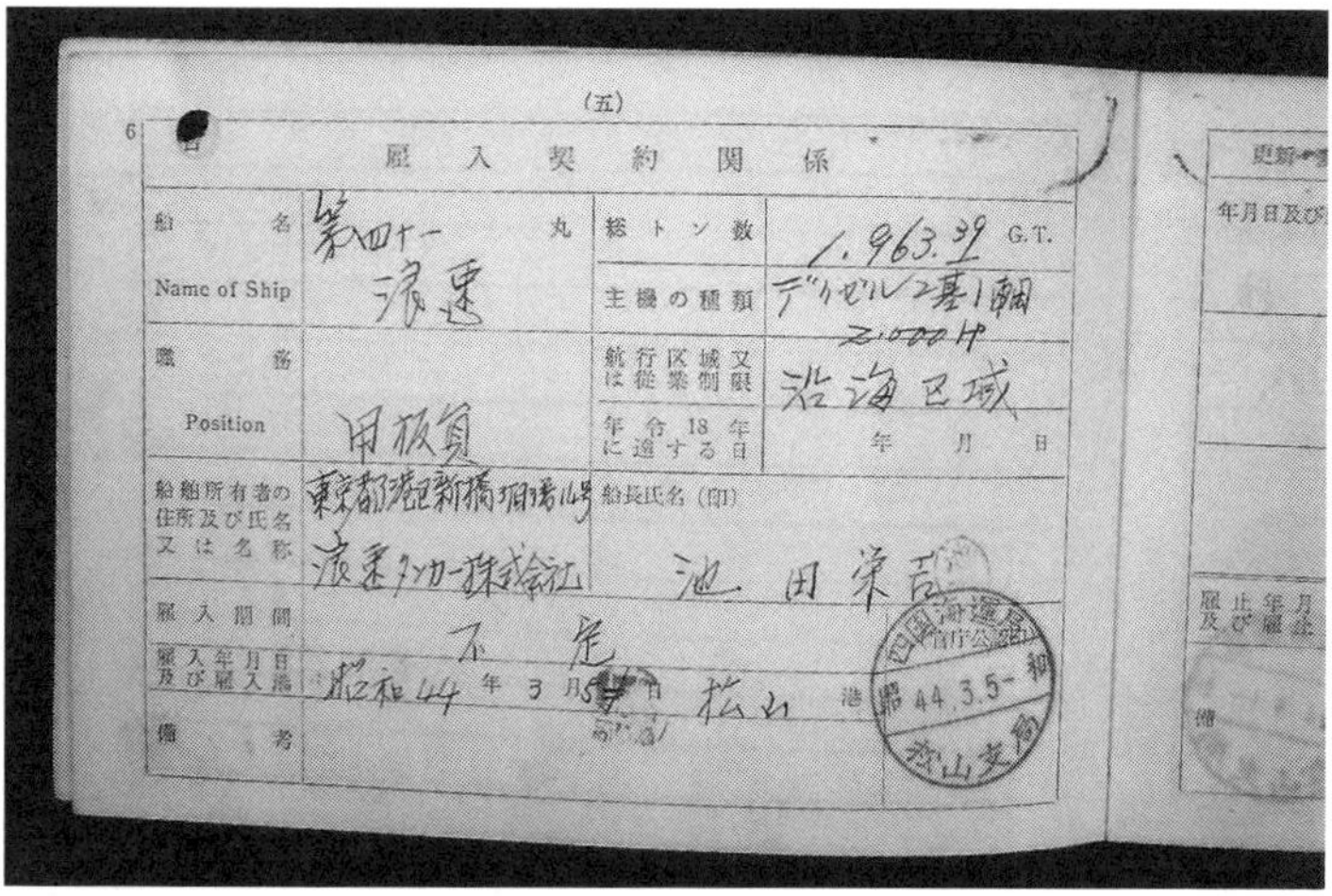

（五）

雇入契約関係

船名 Name of Ship	第四十一 浪速 丸	総トン数	1,963.39 G.T.
		主機の種類	デイゼル2基1軸
職務 Position	甲板員	航行区域又は従業制限	沿海区域
		年令18年に達する日	年 月 日
船舶所有者の住所及び氏名又は名称	東京都港区新橋 浪速タンカー株式会社	船長氏名（印）	池田栄吉
雇入期間	不定		
雇入年月日及び雇入港	昭和44年3月5日 松山 港		
備考			

船員になって初めて乗った船は『第四十一浪速丸』であった

『第四十一浪速丸』には二二名の乗組員がいて、池田はこの油送船に「天職を得た思い」で乗り込んだ。タンカーでの乗船期間は五年間だった。

船員という職業は「きつかったが、いちばん自分に合っていた」と池田は言う。しかし、タンカーに乗船した当初は「これは俺には務まらないのでは……」と尻込みし、「船を下りようと思った」こともあったようだ。

尻込みしたことの一つは、夜の海を航海中、船のランプがあちこちで点滅し「ぶつかりはしないか」と恐怖に駆られたこと。もう一つは、「英文の航海日誌を見せられたこと」である。池田は中学時代、一年のとき英語を勉強しただけで、中二、中三の選択教科では英語ではなく「職業家庭」を選んでいた。中一から教えて十余年、英文とはまったく無縁の世界で生きてきた24歳の池田は、航海日誌を見せられ顔面蒼白になった。先輩から「君も日誌をつけねばならない」と聞き、「大卒でなければ船乗りになれないのか」と思った。

船に乗れた喜びも束の間、池田はくじけそうになったが、英語の参考書を買いイタリック体のａｂｃのアルファベットを書き・覚えることから船員としての一歩を踏み出したのだった。

「だけど、最初は航海日誌を見てびっくりしたけど、覚えてしまえばなんということはないんだよね。いつどこで出入港したとか、錨を下ろしたとか、決まったことしか書いてない。知ってしまえば簡単なことなんだけどね、最初見たときはびっくりして真っ青になった。中卒じゃ務まらないのかと思って、猛勉強をしたよ。でも、それより驚いたのは、夜ブリッジへ行って周りを見たとき……。あっちでピカピカこっちでピカピカ、こんなに船がたくさんいて、よくぶつからないものだと思ったね」

恩人・池田栄吉船長と『第四十一浪速丸』の甲板で写す

甲板員として船に乗った池田の仕事は、皿洗いに始まり、「士官の部屋を回って掃除をしたり、シーツを替えたり……」。そして、セーラー（船乗り）として甲板に出ての作業が仕事の中心となる。

タンカーに乗って原油や重油、ガソリンなどを油送していた五年間に池田は、函館、室蘭、苫小牧、秋田、新潟、金沢、北九州、奄美大島など、日本全国の港で旬の料理を味わい「楽しい思い出をいっぱいつくった」。最も楽しかったことは――。

「日本の沿岸中心の航海だったから、日本全国の女と遊んだ。俺は童顔だから、よくもてた。

だいたい月に四回ぐらい上陸するんだが、上陸したらもちろんその夜は酒の神様に挨拶をして、その後は一〇〇パーセント今夜初めて会う見知らぬ女と懇ろになる。童貞を失ったのはタンカーに乗った二四歳のときだったが、三〇〇人くらいの女と遊んだかなあ」

童顔でよくもてたというが、結婚は〝見合い〟だった。二九歳でタンカーを下りて横須賀に家を建て、二年後に山口県出身の信枝夫人と結婚、二児をもうけた。

船を下りてから最初にした仕事は、「航海士」の免許を取得することであった。三年以上の実地経験があれば、受験資格ができる。タンカーを下りたその足で池田は横浜へ行き、試験に臨んだ。身体検査のほか、運用術、航海術、法規の筆記試験があり、最後に口頭試問がある。池田は「乙種二等航海士」（現在は五級海技師）の免許を取得した。

横須賀に居を定めた池田が次に乗ったのは、二〇〇トン級のタグボート（引き舟）だった。大型船の接岸や離岸を補助するタグボートでの仕事は、横須賀港を中心に一三年に及んだ。タンカーを下りたのは昭和四十八年（一九七三年）十二月で、四十九年九月に横浜市中区に本社のある有限会社小倉通船に入社し『東亜丸』の操舵手として横浜港で働き、「社命転船」で昭和五十年（一九七五年）三月から横須賀港でタグボートに乗るようになった。船長氏名は「谷内山一男」と船員手帳にはあるが、二等航海士として池田も月に数日、あるいは一〇日間は船長を務めた。ちなみに給料は昭和五十一年（一九七六年）四月現在で月に一五万円。船長の職務につくようになってからは月に三〇〜五〇万円、ボーナスは「六〇万円ぐらいもらっていた」。タンカーを下りて一五年で組んだ住宅のローンは七年

日本全国の港で旬の料理を味わい「楽しい思い出をいっぱいつくった」

で返済し、タグボートで稼いでからは四三〇〇万円で駐車場つきの広い家に買い替えたという。

「与論では貧しくていい家に住んでなかったから、家を建てるのには執着があった」と池田は言うが、マイホームを持つことに執着したのにはもう一つ理由があった。池田には二人の姉と三人の弟、妹が一人いる。七人兄弟の長男であるが、祖母と母の面倒は他家に嫁いだ長姉・キミ子が見ていた。「これでは義理の兄に対し示しがつかない」ということで、親子で暮らせる家が欲しかったのだという。

昭和六十二年（一九八七年）四月、池田はタグボートを下りることにした。半年間は失業保険をもらってのち〝陸の仕事〟に戻ったわけだが、働き口を探すのには苦労した。「船乗りは気が荒いのではないか」と警戒されたからである。

「船乗りは気が荒いというけど、そんなことないんだよね。タンカーのときも、みんな気のいい人たちばかりだったし、タグボートのときもそう。あと、

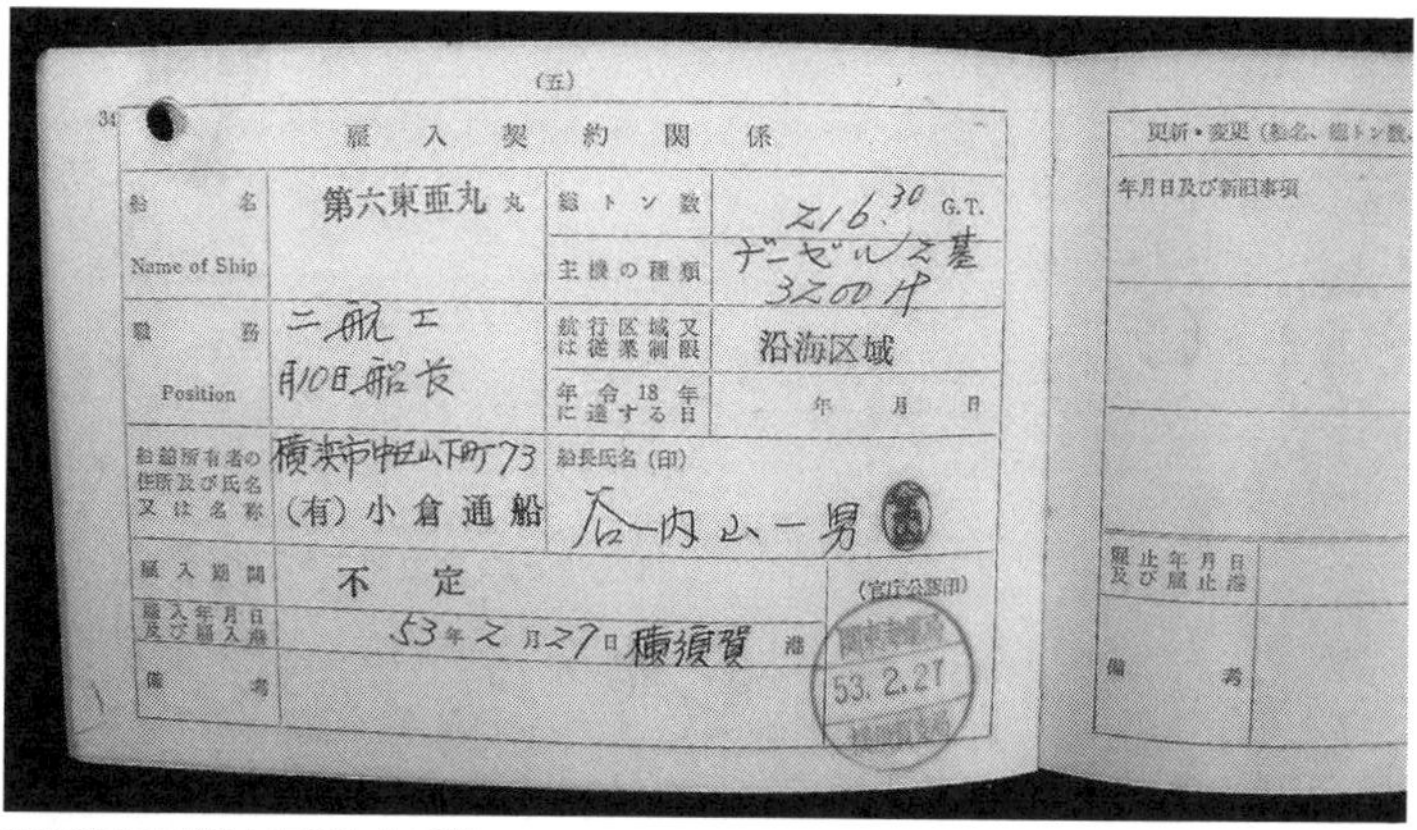
雇入契約関係

船名 Name of Ship	第六東亜丸 丸	総トン数	216.30 G.T.
		主機の種類	
職務 Position	二航士	航行区域又は従業制限	沿海区域
		年令18年に達する日	年 月 日
船舶所有者の住所及び氏名又は名称	（有）小倉通船	船長氏名（印）	
雇入期間	不定		（官庁公認印）
雇入年月日及び雇入港	53年2月27日 横須賀 港		53. 2. 27
備考			

1978年には『第六東亜丸』に乗船

船では博打を打つのもご法度になっている。トラブルの元になるから禁じられているんだけどね」

池田は家を建ててからは、「給料云々よりまず近いこと」を勤め口の条件とした。昭和六十三年（一九八八年）三月二十八日、新聞の折り込みを見て面接に行った広川製作所に入社。「トヨタ自動車関係のドアの内側をつくる仕事」で、七カ月ほど勤めたのち退社。二カ月ぶらぶらしたあと田口運輸に入り、トヨタ自動車の「下請けの下請けの会社で座席をトラックに積む仕事」を三カ月間続けたのち平成元年（一九八九年）五月に退社。同月、リスボン製菓に入社し六月末に退社。七月一日からはヘルシー寝装という布団をつくる会社で働くことになった。

「今は、近くの布団工場で働いている」

私が集団就職者の取材で池田に最初に会ったのは、彼がこのヘルシー寝装に勤めるようになって二カ月ほど経ったころだった。そして平成五年（一九九三年）、池田はまた船乗りに戻った。三浦半島を回遊する観光船に乗ることになったのである。なぜ海の仕事に戻ったのか——。

「陸の仕事は、毎日同じことの繰り返しだからつまらない。そこへ行くと船は、海はその日によって景色が違って見える。俺は航海中のブリッジから舳先を見るのが好きだった。舳先が波を切って走るのが好きで……。ブリッジに立ってイルカを見たりとかね」

こう語る池田は、タンカーを下りて航海士の免許を取得してからは「本当は、外国航路に乗るのが夢であった」という。

横須賀港を中心にタグボートには13年間乗っていた

「免許を取ってから外国航路に乗るつもりだったけど、取るには取ったが、だんだん船の不況が続いてきた。それで船員がだんだん余ってきて、乗れなくなっちゃったんだよね」

昭和四十八年（一九七三年）のオイルショックの打撃を受けて、外国航路に乗る夢が潰えたのだという。

「海が好きだ」と池田は言うが、航海中に「霧が深くて、死ぬ思いをしたことも何度かある」。タンカーに乗っていたころは、テレビのニュースにもなった「事故を経験したこともある」という。「船に乗っててレーダーが故障して、霧の中を走ったこともあった。これは目をつぶって車を走らせるのと一緒だから怖かった。船で事故を起こしたら、一巻の終わりじゃなくて全巻の終わりだから、この怖さは陸の人に言ってもわからないと思う。ましてタンカーは、爆弾（油）を積んでるようなものだから。テレビのニュースになったのは、三〇〇トンの韓国の漁船とぶつかったとき。昼飯を食ったあとで、一二時三四分に衝突した。すべて航海日誌に書くから、時間まで覚えているんだけどね」

これまでの人生は「いろんなことがあった。苦しいといえば、すべてが苦しかったんじゃないかな。楽しいこともいっぱいあった。何事も考えようだけど、ここまで無事に来れたことを良しとしないとね……」

最も辛かったことは――。

「やはり若くしてオヤジが死んでしまったことかな。与論のハキビナという浜にうちの墓があるんだけど、島に帰って家にいたとき墓のほうからオヤジの声が聞こえた。何度聞いても、オヤジの声なんだよね。小さいころはよくオヤジのあとを追っかけて泳ぎに行ったり、釣りに行ったりしてたんだけどね」

その父親との思い出の残る故郷・与論島に、池田の実家はもうない。

（二〇〇六年八月　記）

◇

令和三年（二〇二一年）一月現在、後期高齢者となった池田は今、「がん（前立腺がん）」の病と闘っている。「膝が悪くなって手術すべきかどうか迷っている」とも言う。

福島敏男

「金はなくても、アメヤ横丁で人ごみの中を素通りするだけで楽しかった」

「毎日が幸せだね、特に悩んでいることもなければ、喜んでいるということもない。今の、平凡なこの生活がいちばん幸せ。

酒は、一年三六五日、毎日飲んでいる。今年（平成十八年）の三月で定年になって、仕事をしなくてもすむようになったから、午後四時ごろから飲みはじめて十一時ごろまで飲んでいる。量は大したことないんだけどね。麦焼酎の水割りを一日二合、時間をかけてゆっくりと飲む。飯も、一日一食しか食わない。酒を飲むだけが今の俺の仕事だね」

平成十八年の夏、与論島観光ホテルの一階ロビー脇にある喫茶室で福島敏男は、嬉しそうに笑いながらこう話す。「本当に悩みはないのか？」と問い質してみたところ、真顔に戻って少し考えるような仕種をしたのちこんな答えが返ってきた。

「定年退職になって今は失業保険をもらっているんだけど、その失業認定申告書に、求職活動をした証として訪問先の事務所名を二つ書かなければならない。与論にはそんなに働き口があるわけでもないし、失業の認定を受けるために事務所を探すのが大変。最大の悩みといえば、このことかなあ……」

これが、〝最大の悩み〟なら、「毎日が幸せ」だという福島の言葉に嘘はないのかもしれない。彼は独身である。持ち家に住んでいるから家賃を払う必要もない。姉と暮らし、食うことに困っているわけでもない。野菜は畑に行けばいくらでもある。魚が食べたくなったら、釣りに行けばよい。失業保険をもらわなくても、生活に困ることはないのだ。

福島もまた、中学を出て社会人になった集団就職者である。昭和三十六年（一九六一年）三月、『浮島丸』で故郷を離れ東京の〝革靴〟をつくる会社に就職した。

平成十七年（二〇〇五年）一月三日に行われた「昭和36年与論中学校卒業生　還暦祝賀会」の席で、福島敏男は、ほろ酔い機嫌で頬を赤く染めながら次のように自己紹介した。

「小学校から中学を卒業するまでいちばん小さくて、朝礼でいつもいちばん前に立っていたあの福島敏男です……」

福島の現在の身長は一五三cmだが、中学卒業時は一三三cmで、体重は「二七キロしかなかった」という。ちなみに昭和三十五年度の「通知表」に記載された一四歳男子の体位比較表を見ると、全国平均の男子の身長は一五三・六cm（女子一四九・九cm）、体重四四・七kg（女子四四・六kg）となっており、福島のそれは全国平均を大きく下回っている。だが、体は小さかったが福島は、明朗闊達という表現がぴったりの、明るくさばさばとした性格をしていた。『浮島丸』が与論の供利港を発ってから神戸港に着くまでの三日間、福島は船内でのボランティア活動を余儀なくされた。同期生の大半が船に酔い、船室に用意されているアルミ製の洗面器に反吐を吐く。終いには胃液までも吐くことになるが、吐いた物が溜まっても、船酔いで起き上がることができないから捨てに行くことができない。これを本人に代わって洗面所まで捨てに行ってくれたのが、船に強い福島であった。捨てるだけでなく、洗面器をきれいに洗ってまた船酔いに苦しんでいる〝級友〟たちの元に届ける。男女を問わず大半の同期生が福島の世話になったのであるが、ちなみに私もその恩恵を受けた一人である。

「みんな船に酔って起き上がることができなかったがね。あっちでもこっちでもゲーゲーやっていて、洗面器を運ぶのに大変だったよ」

四五年も前の思い出を、福島は嬉しそうにこう話す。〝思い出〟というより、故郷を離れて東京に出て働いていた四五年前の日々は、福島のなかで今も現実の出来事として鮮明に心に残っているようだ。「ほかの夢はあまり見ないが、東京の会社で働いていたころの夢は今もしょっちゅう見る」のだという。

「会社の夢を見るんだが、あのころから俺は駄目な男だったよ。『東京の人にお土産に持っていきなさい』と言って、オヤジやオフクロが砂糖キビを短く切って束ねてくれたんだけど、それをみんな船の中で食べてしまった。船に酔わない人が四、五人いたから、友達にみんな食べさせて一本もなくなってしまった。神戸に着くまで三日間もあったから、みんな食べてしまったんだよね」

ここが福島のいいところでもあった。

福島が勤めたのは東京都荒川区町屋一丁目にある「マルヤス」という革靴やサンダルをつくる会社だった。四三人の従業員（男四〇人、女三人）がいて、新入社員は与論からともに就職した大田利夫と福島の二人だけ。あとはすべて「二五歳以上のベテランばかりだった」という。革靴を専門につくる会社で四三人の従業員といえば大所帯である。しかし、これだけの数がいてもほとんどは手作業であるため、日に五〇足しか生産できず、できた製品は大手のデパートに卸していた。社長のI氏は自ら靴のデザインなどを担当し、一方では、刑務所の作業所で働いている囚人に靴製造の技術指導なども行っていたという。

革靴は、まず靴をデザインするデザイナーがいて、デザインに沿って革を裁断する係、ミシンで縫う係、靴底をつくる係など、およそ一〇ぐらいの工程に分かれてつくられていたという。福島はミシン係に回された。

「俺は縫製だったんだよね。大田はすき係だった。靴の形に裁断した革を、薄めて折れるようにすくわけ。それを俺なんかがミシンで縫う……」

誇らし気に福島は言う。

だが、ミシン係に回されたまではよかったが、福島にとっては越え難い大きな問題があった。当時のミシンは、現在のような電動式のコンパクトなものではなかった。椅子に座って足で踏み台を操作しなければならず、一三三cmの身長しかない福島の足では操作がままならなかったのである。ならば、他の部署へ回してもらえばよかったではないかと思ってしまうが、福島は負けず嫌いの性格。決して弱音を吐かず我慢強く練習を重ね、日が経つにつれ支障なく作業ができるようになった。

体が小さいことで、先輩のいじめに遭うようなことはなかったのか。

「それはぜんぜんなかった。却ってみんなにかわいがられて、仕事やいろんな面で親切に指導してくれた。会社に入ったときは、先輩方がみんなびっくりしたような顔をしてたけどね。こんな小さな体で使いものになるのかな、という……。ミシンの椅子に座って、踏み台に足が届かなかったから。

いじめというより、かわいがられた記憶のほうが多いね。桜井さんという、群馬県から来ていた先輩なんかにはよくかわいがってもらって、アパートに呼ばれてご馳走になったりした。桃の実が熟する季節になると、群馬の自宅へつれていってくださって、裏山で桃を取って食べたり、楽しい思い出がいっぱいあるよ」

就職して1年ほど経ったころ、社長の自宅前で写す

福島はマルヤスというこの会社で四年間勤めている。寮は、一〇畳の部屋に一二人が雑魚寝。寝具は会社の支給で、寮を出るときは置いていかねばならない。給料は、寮費や食費などを差し引かれて手取り三〇〇〇円。残業を強制されることはなかったが、「先輩方が残業をしているのを見て早く帰るわけにもいかず、二、三時間の

残業をした」。また、仕事が忙しくなると、やはり先輩たちと同じように「土曜や日曜に出勤することもあった」。それでも手にする給料はやはり三〇〇〇円だった。

福島が入社した翌年から、毎年のように中学を卒業した新入社員が四、五人、会社に入ってきた。しかし、同期の大田利夫は新天地を求め、この会社を三年半で退社していった。その半年後には、福島も同社を退社することとなる。福島にとってマルヤスはしかし、居心地のいい会社ではあったようだ。四年で同社を退社したのも、仕事が嫌になったから、あるいは待遇の面で不満があったから辞めたのではなく「家庭の事情で仕方なく辞めた」のだという。

社長夫人は専務取締役で、鹿児島県の出身であった。このこともあってか、社長夫人は福島のことを「よくかわいがってくれた」。日曜日になると、社長は日産の高級車・グロリアを駆って毎週のようにゴルフに出かける。工場に隣接して社長宅はあったが、福島は日曜日になると「よく社長の家に招かれた」という。窓や廊下の拭き掃除その他、邸内の掃除をするためである。掃除をしてワックスかけが終わると、小遣い銭として二〇〇円がもらえる。同期の大田は「せっかくの日曜日、遊びに行ったほうがましだ」としてこの〝仕事〟に応ずることはなかったが、福島は二〇〇円欲しさに夫人の依頼を喜んで引き受けた。

たまに休日になると釣り堀に行き、また上野が近かったため公園に行ったり、「人ごみの中を歩くのが楽しくて……」アメヤ横丁によく出かけた。

「工場では土日に関係なくいつも先輩たちの誰かが働いていた。俺なんかは、日曜日だから勝手に休んでいいんだけど、自分たちだけ休むと悪い気がするがね。それで先輩を手伝うと大福なんかをくれて……。残業手当てや休日出勤の手当てはなかったが、大福をもらえるのが嬉しかった。それで休みになると、上野の公園に行ったりアメ横へ行ったり……。人ごみの中を素通りするのが楽しくてな。金もないがね、給料が安いもんだから。散歩するだけ。大田君と二人一緒ということは一度もなかった。俺はいつも一人、単独行動だった。東京タワーにも行ったし、釣り堀に行くときも一人だった」

人ごみの中を素通りするだけで楽しかったという福島だが、マルヤス在職中、思い切った買い物を二つしている。入社して一年後に月々五〇〇円の月賦で三〇〇〇円の腕時計を買い、半年後に時計の月賦を完済してからは、今度は五〇〇円の月賦で一万五〇〇〇円のカメラを買ったのだという。

「人ごみの中を歩くのが楽しくて、（休日には）アメヤ横町にはよく出かけた」（写真は現在のアメヤ横町。著者撮影）

「時計とカメラを買ったことが、東京にいたころの一番の思い出。会社の旅行が年に一回あって、小田原とか熱海に行って、新幹線にも乗ったしな。あと、群馬県の伊香保温泉にも行った。でも、時計とカメラを買ったのが一番の思い出、嬉しかった。そのころ、与論島で腕時計を持っている人は、学校の先生以外あまりいなかったがね。だから、腕時計を買ったときは、朝起きてそれを見るのが楽しくてな、毎朝わくわくしながら時計をジーッと見ていた」

福島の宝物であるスカイラーク社製のカメラ

宝物であるカメラを肩にかけ笑顔でポーズをとる福島(著者撮影)

福島が買った腕時計やカメラは、会社に営業に来ていた社長の親戚筋から購入したもので、月々支払う五〇〇円は給料から天引きされたという。完済するのに二年三カ月かかったことになるが、腕時計のメーカーは「もう忘れた」。カメラは茶色のがっちりした革のケースに本体が収まっているスカイラーク社製で、福島の宝物として今も大事に取ってある。

福島は四人兄弟の末っ子で、八つ違いの兄と二人の姉がいる。カメラの月賦が終わって三カ月ほど経ったころ同期の大田利夫が会社を辞め、その翌年の昭和四十年(一九六五年)三月、福島の元へ故

2005年1月3日、還暦祝の神事・玉串拝礼が行われた琴平神社で同期生と記念撮影（左より遠矢節子、竹安次郎、川上重光、野口卓雄、福島敏男、著者・基）

郷の両親から悪い知らせが入ってきた。兄が胃潰瘍を患い福岡県の久留米大学病院に入院し、手術をしなければならなくなったというのである。「兄の介護をしてくれないか」というのであった。福島は会社を辞め、両親の言葉に従った。兄の胃潰瘍は何度も再発を繰り返し、その都度手術を受けることになった。兄が病に倒れたのは福島が一九歳のときだったが、この胃潰瘍に加え肝臓がんにも罹患し、長男・敏照は四九歳で亡くなったという。

兄の看病のため東京を離れた福島は、長兄亡きあと家督を継ぐため故郷に留まり、そのまま島での暮らしを続けることになった。九玉建設に日雇いとして入り、護岸工事や道路工事に従事。昭和三十八年に製糖工場として創業した南島開発株式会社（現与論島製糖株式会社）にも半年ほど勤め、同社の命により東京・葛飾区や横浜の工場で寮生活を送りながら白糖づくりに励んだ。

「島に帰ってからは長期の仕事はなく、あれこれいろんなことをしたから、何をやったかすぐには思い出せない。そういえば大島の名瀬市で駄菓子の卸をして働いていたときは、盲腸になって死に損なったこともあったなあ……」

名瀬市に働きに出たのは福島が二三歳のときだった。与論中学の第十三期卒業生では、小学校・中学校を通じて無欠席で通し「九カ年皆勤賞」をもらった者が六人いた。福島もその一人だった。不死身の福島がこれまでに唯一患った大病は、この虫垂炎だけであった。駄菓子屋には半年ほど勤めたというが、ある朝、右下腹部に痛みを覚えながらも車で配達の仕事に出た。痛みは次第に激しくなり、片手で腹部を押さえながらの運転となった。ただならぬ痛みにいよいよ我慢ができなくなり、町の病院を探して飛び込んだ。「虫垂炎」と診断されたが、当の病院では手術不能とのことだった。入院の準備をする余裕すらなく、次の病院を紹介され、着の身着のままで手術を受けた。ようやく一命を取り止めたのであるが、手術の執刀医からは「もう少し時間が遅れていたら危ないところでした」との説明を受けたという。

転職を重ねた福島が最後に勤めたのは、与論町茶花に本社のある有限会社有村運送店であった。平成三年九月に入社し、十八年三月を以て定年退職した。退職時の給料は固定給で月に一二万五〇〇〇円、多いときは月に一六万円ほどあったという。退職後、三カ月間は失業保険で暮らしたが、今は月に四万円ほどの年金を得て生活している。食事は一日に一食。麦焼酎を食事代わりに飲んでいるという。独身でいるのは「成り行きでそうなったのであって、特別に理由があるわけではない」。

「今は毎日が幸せ」だと福島は言う。半世紀近くが経過した今も、東京で暮らした思い出の日々が、夢の中で鮮やかに蘇ってくるという。

集団就職者は、多かれ少なかれ辛い思いをするのが相場と決まっている。福島とて、例外ではあるまい。辛い思い出はないのか？「ある」と福島は答えた。「二つある」という。

「革靴は、革を扱う会社だから、寮に南京虫が出て大変だった。だから週に一回は寮の窓を閉め切ってバルサンを散布する、靴を箱詰めするダンボールにも南京虫がついていて、噛まれると痒いがね。あれには参った……」

ランドセル背負って元気よく……。龍野勝子とともに「73歳年祝」の席で演芸を披露する福島敏男（2017年4月15日。著者撮影）

もう一つは、昼の食事で、たまにカレーライスが出るのが「怖くてたまらなかった」という。

「俺はカレーライスが大の苦手。今でもそう、あの臭いが駄目だね。カレーを見ると逃げ出してしまう。会社では、昼食になると係の人が弁当屋に取りに行く。たまにカレーライスが出るんだが、これには参った」――。では、メニューにカレーライスが出る日は、昼食はどうしていたのか？

「社長の奥さんが特別につくってくれて、社長の家で一緒に食事をしていた」

福島はやはり幸せで、運のいい男である。

（二〇〇九年十一月　記）

平成二十八年（二〇一七年）四月十五日、与論中学卒第一三期生の「七三歳年祝」が与論島のＪＡ会館において行われた。宴も酣となり龍野勝子と福島敏男、井上淑子と竹内栄次郎がそれぞれコンビを組み『仲良し小道』の演芸を披露。女性である龍野が男児役で、福島は女児役。これが大いに受けヤンヤの喝采を浴びた。

◇

それから二年二カ月後の平成三十年（二〇一八年）六月十六日、台風６号の影響により与論島は五〇年に一度という記録的な大雨に見舞われた。大雨の影響で道路は冠水し水が膝まで達するほどだったという。与論町は「二九棟の住宅が床下浸水になった」と伝えている。その二九棟のなかに、同町茶花地区在住の福島の自宅も含まれている。本稿を加筆修正するために私は同年六月下旬ごろ福島に電話したのだが、水害に遭ったことについて彼は一言も言わず「相変わらず楽しくやってるよ。一日一食で朝九時から十時ごろに食事をして、毎日晩酌。釣りにも行っている」と快活に答えていた。

福島が水害に遭って大変だったことを私が知ったのは、福島に電話して一週間ほど経ったころのことだった。演芸で福島とコンビを組んだ龍野勝子が教えてくれたのだが、福島に再度電話して聞いたところによると、〝床下〟ではなく「床上浸水だった」と言う。「みんな駄目になった。大変だった」と言いつつ、福島は電話の向こうで笑っていた。福島が持ち合わせているあの明るさは天性のものなのか？「金はなくても、アメヤ横丁で人ごみの中を素通りするだけで楽しかった」。人の幸せとは何かを教えてくれた一言であった。

（二〇一八年八月　記）

竹内栄次郎

東海道新幹線が開通――建設現場の槌音を聞きながら岐阜羽島で青春時代を過ごす

「岐阜羽島の会社に就職したときは、ちょうど新幹線と高速道路の工事をしている最中だった。会社は高速道路と新幹線の間にあって、工場の東側では高速道路、西側では新幹線の工事をしていた。岐阜羽島駅は田圃の真ん中にできた駅だったから、土地の買収を巡っていろいろ問題があって……。やがて東京オリンピックに合わせて新幹線ができて、岐阜羽島でも新幹線が走るようになった。開通して間もないころは、用もないのにわざわざ『新幹線に乗るんだ』と言って、羽島の駅から名古屋まで行った人もいたんだよね」

与論町東区に住む竹内栄次郎は、長年勤めていた島の精糖工場（南島開発株式会社＝平成十七年に与論島製糖株式会社に社名変更）を平成十八年（一九九六年）十二月三十一日に定年退職し、六六歳になった今はソリダゴという花の栽培をして生計を立てている。およそ二五年前、青春時代を過ごした懐かしい町を見てみたいという衝動に駆られ竹内は岐阜羽島を訪ねてみた。そしてさらに七年前の平成十六年にも、同地を訪ねたという。

「二五年前に行ったときは、昔と比べてそんなに変わったイメージはなかった。だが、平成十六年に、四五年ぶりに行ったときは昔の面影はほとんどなく、相当変わっていた。会社も、外から見ただけだが、かなり変わっていた。トヨタ自動車をクライアントに、タイヤをつくる技術で特許を取ったらしい。新聞に載っているのを見たんだけどね」

四十数年前に竹内が勤めていた会社とは、岐阜県羽島市にあるビードワイヤー（タイヤ芯）を製造している不二精工株式会社（昭和三十五年六月設立）である。同市小熊町にある自動車用金属加工部品を製造する福寿工業株式会社の〝兄弟会社〟であり、与論中学からも十余名の卒業生が就職した。現社長は、髙木力氏である。平成二十三年五月現在の従業員数は二〇五名であるが、竹内が勤めていたころは「一一〇名ぐらい」だったという。

竹内が中学を卒業したのは昭和三十六年（一九六一年）三月だが、集団就職で岐阜に向かったのは一年後の三十七年三月だった。一年後輩の栄福利、吉田満茂、上野進、北原豊廣らと『浮島丸』で与論を発ち、栄と吉田は福寿工業に、竹内は上野や北原とともに不二精工での勤務となった。

竹内はなぜ、一年遅れたのか。中学を卒業した昭和三十六年には奄美大島の名瀬で「大工の見習いをしていた」のだという。手に職をつけたい一心で大島に渡った。給料は住み込みで手取り五〇〇〇円だったが、一年後に退職するころには一五〇〇〇円に昇給されたという。

住み込みで生活費の心配はないとはいえ、五〇〇〇円という給料は安すぎはしなかったのか？

「住み込みで五〇〇〇円というのは前もって知らされていた額でもあったので、特に不満はなかった。

当時は島のみんながそうだったと思うが、生まれてから一度も小遣銭なんかもらったこともないし、お菓子など買ってもらったこともない自分にとって五〇〇円というのは大金で、大事なお金だった」

名瀬で働くようになって八カ月が過ぎ、故郷で正月を迎えるために竹内は与論に帰った。帰郷した竹内はしかし、二度と名瀬の職場に戻ることはなかった。「内地に行って働いてみたいと思った」のだという。

「見習いで、一人前の大工になるつもりで一生懸命働いたが、八カ月経って島に帰り、名瀬には行かず、内地に出て働いてみようという気になった。都会への憧れもあり、名瀬よりもっと遠い内地へ行って働いてみたいと思った。それで、中学の益山先生にお願いして、後輩の上野君や北原君とともに不二精工に就職が決まって、福寿工業に行く近所の栄君なんかと一緒に岐阜に行ったんだけどね」

ここで竹内の言う「益山先生」とは、のちに与論長の町長となる福富雄先生とともに与論中学で保健体育と兼任して職業家庭科の教科指導に当たっていた益山政喜久先生のことである。益山先生は昭和三十八年（一九六三年）七月、夏休みを利用して同月二十一日から約一カ月間、本土に就職した集団就職者たちの職場を訪ね「教え子たちの現状」を視察され、悩みなどを聞いて相談に当たっておられた。ちなみにコロナ工業の横浜工場に在職していた私も、同僚の徳田昭次郎や吉田満男らとともに益山先生の訪問を受け、「頑張りなさいよ」という言葉に勇気づけられたものである。本社に勤務していた竹波栄喜や潟山正も益山先生の訪問を受けている。

その益山先生は、一年遅れで就職先の相談に来た竹内に対し、里光川悦や田畑清彦ら同期の卒業生が多く勤めている不二精工への就職を斡旋してくれたのだった。同社に就職したのは、少し遅れて隊列に加わった竹内と同期の杉正男を含め与論からは四名だったが、熊本県や長野県などからの就職者が多く、昭和三十七年（一九六二年）の新入社員は「三〇人ほどいた」という。

給料は日額三四〇円で日給月給制。二五日働いて八五〇〇円になり、食費など寮費を引かれても手取り四〇〇〇~五〇〇〇円にはなったという。大工の見習いでは月に五〇〇円しかもらっていなかった竹内にとっては、一挙に一〇倍もの収入増。「嬉しかった」。だが、仕事は大工の見習いほどにめり張りがなく単純作業だった。

「自動車のタイヤの中に入れるビードワイヤー（タイヤ芯）をつくる仕事で、一ミリのピアノ線を三、四本引いてきて、その中にゴムを入れて巻いて二、三回回転させて巻いて、それをテープで止めるという仕事……」

にわかには理解し難い仕事内容であるが、「一日八時間の労働で、残業もあった」というこの仕事を、竹内はひたすら続けた。立ち仕事で、さほど力の要る仕事でもなく、危険な作業でもない。「二種類ほど違う工程の仕事をした」が、退社するまでほとんど同じ作業を「五年間ひたすら続けた」という。給料は「高度成長の始まりで少しずつ上がっていき、五年後に辞めるころには少し残業して一万五〇〇〇円ぐらいはあった」。

給料もまずまずで、きつい仕事ではなかったが、入社したころ竹内ら同期の新入社員にとっては不満なことが一つあった。当時、不二精工は岐阜羽島には社員寮だけがあり、工場は名古屋のほうにあった。名古屋にも民間のアパートを借りて寮代わりにした社員寮があり、竹内より一年早く入社した里光川悦ら五名の同期生は名古屋の寮に住んでいた。岐阜羽島の寮では、八畳間に八人が雑魚寝で暮らしていたが、竹内らにとって不満だったのは通勤に際し全員が電車を使えないことであったという。

「寮生で二〇人余りが名古屋の工場に通勤したが、名鉄線を使って電車で通勤する人と、トラックに乗って行く人と半々に分かれていた。トラックはプリンスのクリッパーで、二トン車。その二トンのホロ車に一〇人が積み込まれて、名古屋の工場に運ばれていくわけ……」

二トン車に揺られながらの通勤時間がどのくらいかかったのかについては「もう忘れた」というが、工場の仕事にもある程度慣れ、日が経つにつれて十代の若者たちは次第にトラックでの通勤に不満の声を漏らすようになった。求人の募集要項には「通勤」という条件はなかったことから、ある日大胆にも、全員が仕事を休み〝ストライキ〟を決行したのだという。これには会社側も驚き「どういうつもりだ！」と専務が出てきて怒鳴りつけたが、事情を知った社長の決断で事態は丸く収まることになった。通勤のための「バスを購入してくれた」のだという。

竹内ら新入社員が〝ストライキ〟をし会社に買ってもらった不二精工のバスの前で。入社当時は羽島は寮だけで、名古屋まで２班に別れて通勤していた。下駄履き姿が当時を偲ばせる

この一件、〝労働条件〟の改善を求めてストを決行した若者（少年）たちも大したものだが、要求をすんなり受け入れた会社側の決断も見上げたものだと言わねばならない。このバスは、社員の慰安旅行の際にも使われるようになったという。

道路の向こうに見えるのが新幹線の岐阜羽島駅。当時は「田圃の中の駅」と騒がれた。竹内は不二精工を退職し40年経ってこの地を訪ねた

昭和三十九年（一九六四年）十月、東京オリンピックの開催に合わせて東京―新大阪間を結ぶ東海道新幹線が開通。これに前後して愛知県小牧市から岐阜、滋賀、京都、大阪を経由して兵庫県西宮市へ至る名神高速道路も全通を見た。竹内の勤めている不二精工も、新幹線や高速道路の開通に伴って岐阜羽島にも工場が完成し、名古屋から岐阜に全面的に工場を移転することになった。竹内らは、「これで名古屋まで通勤しなくてもすむ」と喜んだが、現実はそう甘いものではなかった。羽島に工場が移ってからは二交替制勤務となり、午前五時～午後一時三〇分までの勤務と、午後一時三〇分～一〇時までの勤務体制で、自動車の需要増に伴ってタイヤの生産（当時はブリヂストンタイヤが主なクライアントであったという）もフル稼働体制に入っていったのである。二交替制勤務で、勤務体制が不規則になったことは「きつかった」が、名古屋から岐阜羽島に工場が移ったことで「いいこと」が一つあった。中学の同期だった里光川悦や竹内清起、田畑清彦、本善一、本徳仁、町博綱らと同じ寮で寝起きをともにし苦楽を分かち合うことができたことである。休日には、「同僚らとともにたまに映画に行ったり、岐

同僚が退職することになったため送別会を開く。後列右端が竹内

阜の柳ヶ瀬の町をぶらついたり、長良川に泳ぎに行ったりして過ごした」という。

しかし、時が経つにつれ仲間たちはそれぞれ新天地を求めて、一人、二人と職場から去っていった。同郷の仲間たちだけではない。熊本県や長崎県など郷里を異にする同僚たちも、月日とともに「頑張れよな」「お互いにな」と笑顔を残して去っていく。それでも竹内は我慢して五年間勤めたが、やがて与論の同期では本善一ただ一人を残して不二精工を退社していった。日々、同じ作業の繰り返しで将来に不安を持ち、「手に職をつけたい」というのが同僚らの退社の理由であった。

温厚な性格で剽軽な一面も持つ竹内は、何を為すにも腰を落ち着けて取り組み、計画性を持って事に対した。不二精工を辞めてからは、すぐに転職するのではなく、岐阜県の高山で自動車整備学校に通っている。整備士として手に職を持ち、生活を安定させたいと考えたからである。五年間で蓄えた貯金で

仕事にも慣れたころ、会社の慰安旅行のバスの中で

整備工としての技術を学び、夏休みや冬休みにはアルバイトをして生活の足しにした。整備学校で学んだ期間は一年間であったという。

「夏休みには鰻屋でアルバイトをした。名古屋まで行って住み込みで働き、一日一〇〇〇円にはなった。月にすると二万円以上になったり、不二精工よりいい金になったんだよね。生きた鰻を市場に持っていって売るという仕事だった。あと、冬休みには高山のスーパーで店員として働いたりもした。スーパーでどのくらいもらったのかは、もう覚えてないなあ……」

整備学校での一年は、あっという間に過ぎた。学校を卒業して三級の整備士の資格を取得した竹内は、名古屋に出て自動車の整備工として働き、二年間の実務経験を積んで二級整備士の資格を得た。勤めた会社は名古屋山王サービス株式会社で、同社には八年間在籍したという。竹内が高山自動車高等整備学校に入学したのは昭和四十二年（一九六七年）四月だった。同校は当時、高山市松本町にあったが、昭和五十年四月に市内の下林町に移転。移転に伴い整備学校から二年制の短期大学へと昇格している。一般教養を含む自動車工学科を設置し、約七〇〇名の学生数を擁する短期大学である。

集団就職者は、その大半がいくつかの職を転々としている。そして同じ「転職」を重ねるにしても、培った技術を生かして同業種間を転々とする者と、まったく別の仕事に活路を求めて職場を渡り歩く者との、二つのタイプがある。竹内の場合、あえて言えば後者に属するタイプだが、彼は転職を重ねているわけではない。また、私などのように場当たり的に職を変えるのではなく、目的をきちんと定め安定性があるという意味において、集団就職者にあっては珍しいタイプだといえる。

新幹線の『ひかり』号などが停車する現在の岐阜羽島駅（著者撮影）

本土に出て就職したころ、辛い思いをしたことは？

「岐阜羽島にいたころ、真冬に大垣まで自転車に乗って、大型の自動車免許を取りに行ったことかな……。あまりに寒くて、小便するのに手が震えて仕方がなかった」

成人式を迎えたころのことであるという。

自動車の整備工として勤めるようになってからは、一人前になるまでは「先輩や親方にガミガミ言われて……」辛い思いをした。

「整備学校を出て、整備工の見習いとして入ったころは先輩にいろいろ言われて大変だった。何かとうるさく言う親方がいて、その親方と二人一組で寒い日にショベルカーを整備するために出張で行ったことがあるんだが、『こんな奴は使いものにならんわ！』などと怒鳴られたりして……」

程度の差にもよるが、このように〝怒鳴る親方〟の下で辛抱して仕事を続けることができるかどうかが、若者の身の振り方を左右する決め手の一つとなる。名古屋山王サービスで八年間勤めたのち竹内は、故郷である与論島へUターンした。そして一年間は、二輪車の修理・販売を行う「ヨロンホンダ」に勤め、三一歳で島の製糖工場である「南島開発株式会社」に就職し定年まで勤め上げている。

ちなみに南島開発には、中学で竹内の同期だった池田一彌も在職している。池田は集団就職者ではなく、中学を出て鹿児島の農村センターに学んだのち与論に帰り、昭和三十八年に創業したばかりの南島開発に就職した。竹内が入社したころには同社の課長職に就き、平成十八年十月現在は、「与論島製糖株式会社（平成十七年に社名変更）」与論事業所常務取締役兼事業所長に就任している。

岐阜羽島駅周辺の風景。2011年8月、著者撮影

竹内が結婚したのは昭和四十五年（一九七〇年）、三五歳のときだった。八歳年下の美津子との間に五人の子供（四男一女）をもうけた。

「五三歳のとき狭心症を患った」という以外、竹内は大過のない人生を送っている。

だが、「悔いている」ことが一つだけある。不二精工に勤めていたころ、町の不良数人にからまれて困ったことがあった。このとき窮地を救ってくれたのは、たまたま通りかかった一級後輩の福寿工業に就職した栄福利だった。栄とは『浮島丸』でともに故郷を離れ、岐阜羽島まで行動をともにした仲である。恩を受けたその栄は、平成十八年七月に不慮の死を遂げた。「一度もお礼の言葉を言えないまま、亡くなってしまったことが悔やまれる」という。

「栄君は一七、八（歳）で、大人のような覚めた感覚を持っていた。僕が困っていると冷静に対処してくれて、何事もなく丸く収めてくれた。亡くなられたんですか……、それは残念ですね」

町の不良にからまれていた竹内を救ってくれた1級後輩の栄福利（左）。岐阜駅のホームで

本稿を書くための竹内への取材は、平成十八年（二〇〇六年）七月、栄氏が他界した直後に行われたものである。「栄氏が亡くなられた」ことを竹内に知らせたのは私であった。

竹内は、栄とは同じ東区に住んでいる。正月などに、思い出したようにふらりと帰省しては島を離れていく栄に、近所ではあってもなかなか会う機会に恵まれなかった。一度は酒を酌み交わしつつ、岐阜羽島で別れたあとの「互いの人生を語り明かしてみたかった」のだという。

五〇〇円の給与をもらい大工の見習いで社会への一歩を踏み出した竹内栄次郎。その給与を「安い」とは思わず、「それらに耐えられるように育ててくれた両親に感謝している」という。その竹内は最後に、ぼそりとこう付け加えた。

「こんな平凡すぎる人生を取り上げても、他人は興味ないと思うけど、いいのかなあ……」

（二〇一一年八月　記）

◇

ランドセル背負って元気よく……。井上淑子とともに「73歳年祝」の席で熱演する竹内栄次郎（2017年4月15日。著者撮影）

平成二十八年（二〇一七年）四月十五日、与論中学卒第一三期生の「七三歳年祝」が与論島のＪＡ会館において行われた。井上淑子と竹内栄次郎、龍野勝子と福島敏男がそれぞれコンビを組んで『仲良し小道』の演芸を披露した。竹内らの熱演に会場は大いに盛り上がり、「アンコール！」に応え再演するほどであった。

この祝賀会に先立って行われた与論・銀座通りの仮装パレードにおいても竹内は、和服にピンクのウィッグを着けて女装しイベントを盛り上げていた。小顔で細身の竹内は女装がよく似合い、時折り和服の裾をたくし上げ臑毛を出して皆を笑わせていた。

竹内は今、妻・美津子とともに黄色の小花を咲かせるソリダゴを栽培して川崎や名古屋などに出荷し、平穏な日々を送っている。

（二〇一八年八月　記）

日高タカ子

「会社の近くには大阪城がある」の一言で大阪の洋服店に縁故就職。入社したその日から「高校生の学生服づくり」に徹夜作業で働かされる

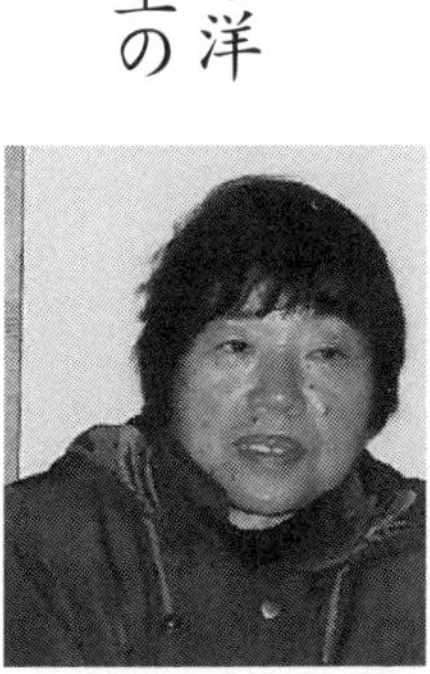

「私は集団就職ではなく縁故就職でした。集団就職の人たちより一週間くらい遅れて、供利港から『浮島丸』に乗って神戸港に着いたのは四月の何日だったですかね、もうはっきり覚えていません。ただ船酔いが激しく、なんでこんな思いをしなくちゃいけないんだろう。なんで島から出てきてしまったんだろうと、後悔したことは覚えています。それで会社に着いたら、もうその日から仕事をさせられて、しかも徹夜作業が続きました。半月間は徹夜作業を含め毎日のように一〇時、一一時、一二時と、遅くまで働かされました。勤めたところは洋服をつくる会社で、最初にした仕事は詰襟の学生服にボタンをつけるというものでした。流れ作業でボタンをつけるだけの仕事でしたが、徹夜した後の仕事では、ボタンを服の背中のほうにつけてしまって、またつけ直したりして……。眠くて意識が朦朧としている状態で仕事をしていたものですから、服の前も後ろもわからなくなって、そうやって間違えて迷惑をかけたりしていました。

会社に入ってしばらくは、星を眺めて泣いていました。月を見ると、与論でもお父さんやお母さん

は同じようにこの月を見ているんだろうなと、また淋しくなったりして……。ホームシックにかかっていたんだと思います。そのうちだんだん慣れてきて、大阪に来てよかったなと思うようになりましたけどね。来た以上は頑張らないといけないと思って、島を忘れたわけではないですけど、与論には帰りたくなくなりました」

鹿児島市在住の日高タカ子の旧姓は「仲田」である。勤めた先は大阪市城東区にあるＦ洋服店という会社だった。従業員は社長を入れて一〇人、「男性が五人で女性が六人」だったという。うち三人は与論島の与論中学を卒業して入社したばかりの新入社員だった。仲田と共に入社したのは同期の里秀昭と、仲田より一級先輩の勝貞子であった。

なぜ入社したその日から徹夜作業が続いたのか？「得意先である高校の入学式に間に合わせるため」であったという。新聞や雑誌などマスメディアではよく「集団就職者は高度経済成長を〝底辺〟で支えた」という表現が用いられる。また、第三章で紹介した作家の早船ちよ氏は、その著『集団就職の子どもたち』のなかで次のように書いている。

《……高校生たちが、テスト主義のつめこみ教育に懐疑的になり、「じぶんたちには、本当の勉強や高校生活がないのじゃないか」と考えこむとき、同じ年ごろの就職者たちは、労働力としてだけ値ぶみされているのでした。》

仲田タカ子や里秀昭が勤めた洋服店での体験を聞くと、高卒も大卒も同じように高度経済成長を支えてきたのではあるが、やはり中卒の就職者たちは日本の高度経済成長を「底辺」で支えていたのではないか、という事実が見えてくるような気がする。そして、都会にあって昼間の高校に進学する同じ年齢の高校生たちのために、南の島の与論島からはるばるやってきて「入社したその日から徹夜作業で働かされた」。早船氏の言葉を借りれば「労働力としてだけ値ぶみされていた」のだが、では仲田らは、洋服店でどのような待遇を受けていたのか。それを訊く前に、仲田の生い立ちについて見てみよう。

鹿児島の同窓会に出席した日高タカ子

仲田タカ子は父・徳川、母・エクの次女として与論村（現与論町）西区に生まれた。「長男・次男・姉、私、妹の五人きょうだいだった」という。与論小学校を経て与論中学校に入学したのだが、「小学校四年になってからは二つの家を行ったり来たりしながら通学していた」という。どういうことか？

「両親やきょうだいが住んでいる家と、母方の伯母の家とを行ったり来たりしながら学校に通っていたんです。伯母のところでは芋掘りをしたり野菜を採ったりと、お手伝いをしていました。伯母は大島紬を織っていましたが、その織り賃が入ると伯母は茶花の南商店へ連れて行ってくれて、お菓子とか美味しいものを買って食べさせてくれたんです。それが嬉しくて、学校が終わると伯母のところに行って泊まったり、自分の家に帰ったりと、好きなようにしていました。私の家は西区で、伯母の家は同じ西区でも東区に近いところにありましたから、途中から通学路が変わるんです。そういう私を見て、東区に住んでいる尚樹仁一さんや野口敬蔵さんは『あんたには二つの家があるんだね。本当の家はどこにあるんだ』と言って、からかって笑っていましたけどね」

仲田は中学三年の夏休みになると、稲刈りのアルバイトに精を出した。仲田タカ子、青山みつ子、梅花サエ子、基（著者）、一級下の幾清徳（のちに「幾村」姓になり鹿児島市議会議員になる）、竹内ソヨ子ら七、八人がグループをつくり、一人一時間二〇円で、一日八時間くらいのアルバイトをする。一日一六〇円くらいの稼ぎになるわけで、この安い労働力は人手の足りない農家などからは結構喜ばれたものだった。働いて得た自分のお金で文房具を買ったり、雀の涙程度ではあったにせよ家計の足しにしたりと、われわれにとっては良い勉強になった。

一方で、高校に進学する人たちは受験勉強に集中していたであろうから、アルバイトどころではなかったのかもしれない。だが、昭和三十五年当時、そういう人たちは一握りにすぎなかった。

仲田タカ子は端から「高校へ進学する」ことなど考えてもいなかった。名瀬公共職業安定所を通しての集団就職ではなく、「父親の友人」を介しての縁故就職であった。同期の里秀昭、一級先輩の勝貞子と三人で大阪市城東区にあるＦ洋服店に就職することを決めた。仲田は、Ｆ洋服店に就職する決め手となったものは何かについて次のように答えている。

「Ｆ洋服店を紹介してくれた方が、『会社の近くには大阪城がある』と言ってくれたんです。それを聞いて、大阪城を見ることができるんだと思って、すぐに決めました」

昭和三十六年（一九六一年）三月二十七日に出発した集団就職者よりやや遅れて、四月初め『浮島丸』で与論・供利港を離れた。船酔いに苦しみながら三日がかりで神戸港に着き、雇い主に迎えられて大阪の会社へと連れられて行った。そして、仲田と里と勝の三人は、新入社員としての紹介もそこそこに「入社したその日から徹夜作業で働かされた」のであった。

半月間は徹夜作業を含め「毎日のように一〇時、一一時、一二時と、遅くまで働かされた」という。

F洋服店に入社した翌年の正月に写す。前列右が仲田タカ子（16歳）、左がF社長。後列左より佐多和子、勝貞子、竹千代

会社には社員寮もなく、作業場を片付けてそこに布団を敷いて寝ていた。仲田と勝には布団一式が支給されたが、里には支給されなかった。寝る布団がなく「京都から就職してきた同僚の布団の中に入って寝ていた」と里は言う。風呂はなく、銭湯に通っていたという。

　給料であるが、仲田タカ子は月に「二〇〇〇円もらっていた」という。里秀昭は「一〇〇〇円ぽっきり」だと言っている。仲田は、里秀昭が給料を「一〇〇〇円」しか貰っていないことを知らなかったという。洋服店の待遇に対しては、「こんなにたくさん給料（二〇〇〇円）をいただいていいのか」、食事も「与論で食べたことのないご馳走が出て、おいしかった」と言っている。おかずは「ほとんど毎日コロッケであったが、与論では食べたことがないものだから美味しかった」。

「待遇に不満はなかった」と言う仲田だが、里が一年半で会社を辞めたあと、しばらくして仲田も洋服店を辞め魔法瓶をつくっている会社に転職したのだった。

　F洋服店に勤めていて、楽しい思い出はなかったのか――。

「徹夜作業が続いて、学生服を無事に納入したあとで、社員全員でバスに乗って滋賀県の琵琶湖に連れて行ってもらいました。でも、琵琶湖を見てもフーンという感じで、海を見るようなものですからあまりピンとこなかったですね」

見たいと思っていた大阪城は見ることができたのか――。

「大阪城に行ったのは入社してから一〇カ月くらい経ってからですね。仕事が忙しくて見る余裕がなかったというか……。あと、里さんや勝さんと森之宮公園に行ってミカンや焼き芋を買って食べたこともありました。女性同士四、五人で天王寺公園や天王寺動物園に行ったり、日曜日になると映画館に行って映画を観たりもしていました」

学生服を納入した後は、どのような仕事をしていたのか――。

「紳士服で背広やコートのオーダーがあって、袖とか襟とか、ボタン付けとかが私たちの主な仕事でした」

会社で紳士服をつくっていたことから仲田は、しばらくは洋裁学校に通っていたこともあったという。しかし材料費などを含めて月謝を「二〇〇〇円から二五〇〇円も払わなければならなくなった」ことから、学費が続かなくなり途中で諦めた。「少しばかりの貯金を切り崩しながら何とか頑張っていたが、与論に帰るときの交通費もなくなってしまいそうになったことから諦めてしまった」のだという。

入社して一年三カ月ほど経ったころ、里秀昭が会社を辞めていった。仲田もその三カ月後には退社することになった。なぜ退社したかについて日高はこう語っている。

「大阪の岸和田に中学の同級生だった堀江喜美子さんがいたんです。ダイヤモンド魔法瓶に勤め

ダイヤモンド魔法瓶に入社したころの仲田タカ子（17歳）。右は堀江貴美子

ていたんですけど、その会社に遊びに行ったら、会社には寮があって、給料も五〇〇〇円から六〇〇〇円で私の倍くらい貰っていました。それで洋服屋を辞めて、ダイヤモンド魔法瓶に転職することにしたんです」

ダイヤモンド魔法瓶に勤めているのは堀江喜美子だけではなかった。岩下文子、内野シズ子、西静枝、林妙子といった中学の同期生も堀江と一緒に働いていた。

堀江らがダイヤモンド魔法瓶に入社したのは同期生より一年遅れて昭和三十七年（一九六二年）四月だったという。結婚して今は「墻」（かき）姓になっている堀江喜美子は、同期生五人が共にダイヤモンド魔法瓶に就職することになった経緯について次のように説明している。

「私の従兄がダイヤモンド魔法瓶の役員をしていて、与論にいる私の兄に『誰かいないか』と社員募集の話が来たんです。それで私たち五人は就職もせず島にいましたから、いい機会だから島を出て働きに行こうかということになり、岩下さん、内野さん、西さん、林さんに声をかけて、大阪に行って働くことになったんです。仕事は、私は瓶の中のお湯を入れるところに銀の色付けをする作業でした」

こうして堀江らが勤めて七カ月ほど経ったころ、仲田タカ子が同社を訪ね、五人の同期の仲間に入って同じ職場で働くことになったのだった。ダイヤモンド魔法瓶には社員寮があり、社会保険も完備していて、給料も良く、仲田は「こんな良い会社もあるものだ」と堀江らに感謝しつつ懸命に働いた。しかし、仲田が入社して間もないころ、思わぬ事故が発生することとなる。堀江喜美子が交通事故に遭ってしまったのである。

ダイヤモンド魔法瓶の女子寮は、工場とは道路を一つ隔てたところにあったという。堀江喜美子は寮を出て、工場に行くつもりで信号を待っていた。そこへ軽トラックが突っ込んできて、そのまま堀江は「五〇メートルほど引っ張られていった」という。堀江は意識を失い救急車で病院へ運ばれ、そのまま一八日間もベッドの上で安静にしていなければならなかった。幸い命は取り留め、仕事に復帰することができた。堀江が一七歳のときで、加害者である軽トラックの運転手は一九歳の少年だったという。

ダイヤモンド魔法瓶に勤めていたころの仲田タカ子。左は同期の内野シズ子。お揃いの薄紫色の服を着ている（仲田が洋裁学校で学んだ技術を活かし内野にも仕立ててあげた）

堀江はその後、同期の中では最も早く退社し与論に帰った。そして「母親は私が交通事故に遭ったことを口実にして、都会に出ていくことを許さなかった」という。堀江は一九歳で結婚し、墻喜美子となり、今は鹿児島市鴨池に住んでいる。内野シズ子と西静枝

2013年2月23日（土）、鹿児島で行われた同窓会。12名が出席した。左から、大阪から出席した竹安次郎、仲田タカ子（鹿児島）、町ひろこ（同）、与論から出席した龍野勝子、辻ミツコ（鹿児島）（著者撮影）

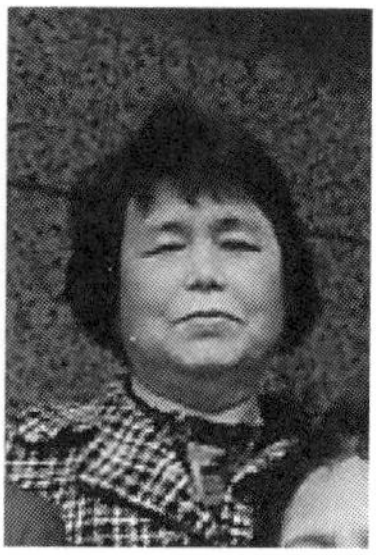

堀江（現姓墻）喜美子も同窓会に出席した

は与論町在住。岩下文子は結婚して「竹内」姓となり与論在住。林妙子は結婚して「松井」姓となり熊本県大牟田市に住んでいる。

仲田タカ子はダイヤモンド魔法瓶では三年ほど働いた。朝は八時から午後五時までが定時の勤務。「自分でお金を稼いで、自分のしたいことができる」ことに喜びを感じながら働いたという。同社を退社したのち鹿児島県出身の日高哲夫と結婚したのは二三歳のときだった。夫・哲夫との間には三人の子供がいる。「娘二人と男の子が一人」だという。

「あの会社に勤めたお陰で今は厚生年金も貰うことができ、子供たちも無事に育ってくれて幸せです」と話す日高タカ子。結婚してからは大島紬の機織りなどをして家計を助けていたが、今は紬の生地で財布などの小物をつくり手芸を楽しんでいる。

（二〇二〇年九月　記）

野澤秀昭

青春時代の忘れ難い思い出は二つ。転職先で「朝昼晩と一日三食、腹いっぱい飯を食えた」こと。もう一つは、トラックの運転手をしていたころ同棲していた女性に「全財産を持ち逃げされた」こと

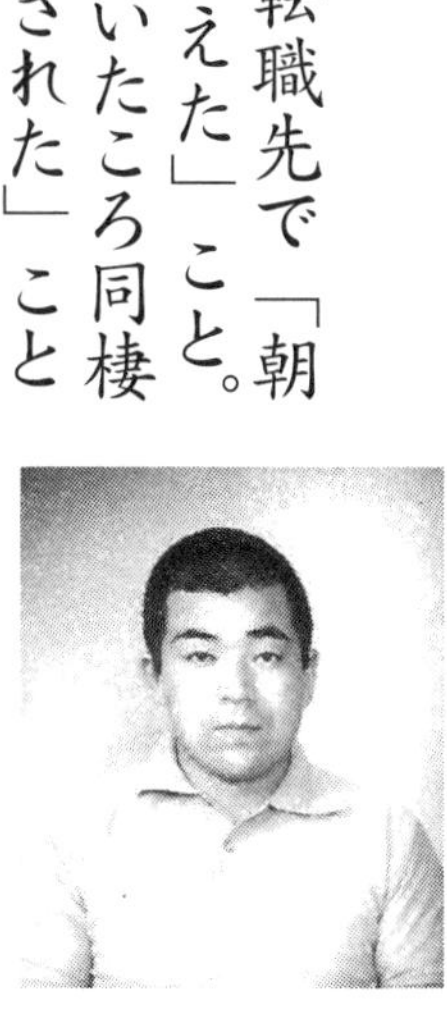

与論島には二つのタクシー会社がある。南タクシーと大洋タクシーで、昭和三十五年（一九六〇年）、島に初めてタクシーを走らせたのは南タクシーであった。与論町茶花在住の野澤秀昭は、そのタクシー会社で島の巡回バスやタクシーの運転手として生計を立てている。旧姓は「里」だが、二十代半ばで大阪から故郷にUターンし、祖母と二人で暮らす同期生の野澤美代子と結婚し婿養子になって「野澤」姓になった。

「頭の出来が悪く、働きも悪いから、養子に入って女房に食わせてもらっているんだ」と、野澤は笑う。子供が五人で、それぞれ独立している。妻の美代子さんは大島紬を織っていたが、今は祖母の介護に専念している。一一〇歳になる祖母のマコさんは、平成十八年十月現在、鹿児島県で一番の長寿記録保持者である。

里は、昭和三十六年（一九六一年）三月二十七日に与論・供利港を出航した、集団就職者を乗せた『浮島丸』の第一便には乗り遅れた。頭の「出来」は決して悪くない。文部省（現文部科学省）が実施し

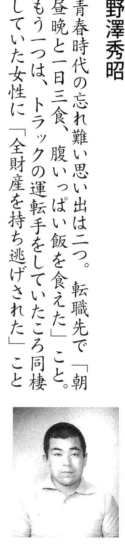

た全国の学力テストで里は、国語で上位の成績にランクされていた。
が、中学を卒業しても就職先が決まらない。六人兄弟の次男で「田畑も分けるほどない」ことからどうしても島を出なければならない。「自分を雇ってくれる会社はないのかな」と失望しかけていたところ、思わぬことがきっかけで就職のチャンスに恵まれた。たまたま道路に落ちていた「千円札」を拾い〝落とし主〟を探して届けたところ、その落とし主から「こんな正直な子ならどこに出しても安心だ」というお墨付を得て働き口を紹介してもらったのだという。

大阪市城東区にある洋服店に紹介者の娘である佐多和子が勤めており、その洋服店を紹介してくれたのだった。佐多は里より一つ年上で、その佐多と同期の勝貞子とともに、同期生の仲田タカ子ら三人でやはり「浮島丸」で故郷を離れた。里は、父親の一張羅であるカーキ色のズボンをはき、詰め襟の学生服で胸をときめかせながら神戸港に降り立った。

しかし、日本の高度経済成長の走り……、しかも商魂逞しい浪速という一大都市、里らは大阪に着いたその日から社会の荒波に晒されることとなる。勤めに出た日から「徹夜で働かされた」。徹夜作業は半月ほど続き、それでも手にする給料は月々「一〇〇〇円ぽっきり」だった。一年経ってようやく一五〇〇円に上がった。ボーナスはなく、代わりに、先輩が仕立て損ねたコートを一着もらった。洋服屋にいながら、服を買う金がない。一年間ずっと、詰め襟の学生服のままだった。

「給料が安かったのは、洋服をつくる技術が学べるから、その技術料の代わりという意味合いがあったのだと思う」と野澤は言う。

里は、寝具にも困っていた。春先といえばまだ寒い。島からの所持金もわずかしかなく、布団を買う金もない里は、京都から就職してきた同僚の布団の〝おこぼれ〟にあずかり、布団からはみ出た身体の半分を冷やしながら春を乗り切った。夏が過ぎ、秋がやってきた。

「親方からは（京都の人と）一緒に寝るように言われ、しばらくはその人の側に寝ていた。しかし、十月、十一月になるとそういうわけにはいかなくなった。入りたてのころは仕事を覚えるのに夢中でがむしゃらにやっていたから、布団のこともあまり気にならなかった。だが、仕事にも少し慣れて気持ちにゆとりが出てくると、遠慮というものが出てきて、いつまでも人のお世話になっているわけにもいかなかった。そうかといって、月々の給料は小遣銭程度だから布団は買えない。仕方なく冬を迎える前に親に電話して、毛布を二枚送ってもらったんだけどね」

与論の実家では、借金をしてこの毛布を買って送ってくれたのだという。与論から里に小包が届くと、洋服店の親方は「なぜそんなことをするんだ」と里を叱った。そして、「敷布団を買ってくれた」という。

里の勤めた洋服店では、紳士服やコート、高校の制服などをつくっていた。勤めたその日から徹夜作業が続いたのは、得意先である高校の入学式に間に合わせるためであったという。里の仕事は、主に、自転車を使い仕立ての内職をしている家庭の主婦に反物を配達して回ることだった。反物は五〇キロほどあり、これを毎日数十軒も配達して回るのは大変だった。何よりもこたえたのは「ひもじさに堪えられないこと」であったという。

「朝食はトースト一切れとコップ一杯の牛乳。これではとても持たないから、配達の途中で一八円のコーヒー牛乳とコッペパンを買って食べた。本当はアンパンが欲しかったんだが、アンパンは高いからコッペパンで我慢した。夕食に出るオカズも一品だけで、とにかく腹が減って仕方がなかった。ご飯は小さな茶碗によそってもらうんだけど、三杯まではお代わりできても、さすがに四杯目のお代わりはできない。ひもじくて我慢できないときは、パンに水を浸して布団の中で食べたなあ……」
一五、六歳といえば食べたい盛り。野澤に「これまでの人生でいちばん辛かったことは何か」と訊くと、即座に「ひもじかったあのころ」という答えが返ってきた。
そんな野澤にも、「いい思い出」が一つある。配達して回った先で、「内職している奥さんに梨などをいただいた」ことである。

ボーナス代わりに「親方からもらった」というハーフコート。1961年12月、姉・和江さん撮影（著者のアルバムから）

ここに、野澤が大事にしている一枚の写真がある。就職した年の十二月、愛知県一宮で働いている姉（次姉・和江さん）を訪ねたときに撮った写真である。着ているハーフコートは「ボーナス代わりに親方からもらった」もの、革の手袋は「先輩からもらった」ものである。坊主頭で、詰め襟の学生服姿。「姉に撮ってもらったもの」だという。

里が洋服店に在職したのは一年と三カ

月だった。一年経って給料は一五〇〇円に上がったが、丁稚奉公のような仕事に嫌気がさし「辞めたい」と思うようになった。

仕事はしていても「気持ちは他に飛んでいた」矢先、日曜日に一人で町をぶらついていると路面電車の停留所で偶然に、郷里の先輩に声をかけられた。

「秀昭じゃないか!?」

郷里の同じ東区に住む、二級上の南政信先輩だった。与論出身の職場の同僚と三人で連れ立って歩いていたという南先輩との出会いは、里の運命を大きく変えることになった。

「今、どんな仕事をしている?」と訊かれ、職場の実状をありのままに話すと、話は一挙に転職という結論に及んだ。

「給料は月に六〇〇〇円もらえる。プラスチックの容器などをつくる会社で、ラジオのつまみのキャップなどもつくっている。仕事はそんなにきつくない……」

現在働いている職場より四倍も多い給料。南先輩の話は、この一言だけでも十分に魅力があった。

だが里は、正面切って親方に「辞めたい」と切り出す勇気がなく、寝泊まりしている二階の窓からボストンバッグ一つと毛布を投げ落とし〝夜逃げ〟をして洋服店を去った。ともに就職した勝先輩や仲田には「すまない」という気持ちがないでもなかった。が、のちに聞いた話によると、勝先輩や仲田、そして他の先輩や同僚も里が辞めたあと次々と職場を去っていったのだという。傍目には淡々と日常を送っているように見えても、先輩や同僚たちもまた里と同じように辛く苦しい思いをしていたのである。

「みんな辞めてしまって……、『こんなことになったのは里のせいだ』と、親方は僕を恨んだのではないかな」と野澤は笑う。

一年三カ月勤めて、増えた荷物はボーナス代わりにもらったコート一着だけだったという。

南先輩が誘ってくれたプラスチック製容器の製造会社は東住吉区にあり、従業員一〇人足らずの町工場だった。給料は六〇〇〇円に満たないにしても、一カ月五五〇〇円の稼ぎになった。だが、前の職場に比べ四倍近い収入にはなっても、一日一二時間以上働かされるうえに、二交替制で一週間おきの夜勤はかなりこたえた。寮は工場の二階にあり、四畳半に三人で寝泊まりする生活。寮が工場の二階にあるというのは致命的で、工場は二四時間ぶっ通しで稼働しているわけであるから、心の休まるときがない。夜通し工場の音がうるさく、「睡眠薬なしでは眠れなかった」という。

里に転職を勧めてくれた2級先輩の南政信。現在は与論島で農業の傍ら観光客を相手にグラスボートを経営している

洋服店を辞めたことに悔いはなかったが、里は騒音に悩んだ。寮生の誰もが不満を漏らし、睡眠薬を常用していた。やがて先輩の南政信が会社を辞め、残った二人の先輩も次々と会社を去っていった。

誘ってくれた先輩たちが辞めたことに不満はなかったのか——。

「第三者から見れば無責任なように見えるかもしれないが、感謝こそすれ、恨むなんていう気持ちはこれっぽっちもなかった。政信兄は生野区のほうに会社を見つけて、『タンディヤー、マチガマ、ユッターシャキバリョーヤ（ゴメンナ秀昭〈「マチガマ」は、里の島名で幼名〉、頑張って働きなさいよ）』と言って会社を辞めていった。あとの先輩の二人もそう。現に僕も、同期生の尚樹を会社に呼んでから、彼より先に辞めたから……」

先輩が辞めても、里が心細い思いをしなくてすんだのは、この尚樹仁一がいたからだという。尚樹は大阪のイーグル魔法瓶で働いていたが、里の誘いに乗って喜んで転職してきた。里が七カ月で会社を辞めたのに対し尚樹は、辛抱して五年ほど勤め、生涯の伴侶を得て運送業などに従事したのち与論島へ帰って農業に従事。砂糖キビ収穫の時期にはトラックで製糖工場にキビを輸送する仕事などをして生計を立てている。

尚樹を呼び寄せてから二カ月後に、里はプラスチックの容器製造会社・富山樹脂を辞めている。その辞め方が奮っていた。自分宛に会社の近くの郵便局から「チチキトク、スグカエレ」と電報を打ち、無事に辞めることができたのだという。

「その電報の発信元を見て親方（社長）は、『おかしいなあ、これは隣りの郵便局から打たれた電報だなあ、なんでこんな電報が来るのか不思議だなあ』と首を傾げていた。それで事実かどうか確かめるために会社の人が郵便局へ行って、与論の実家に問い合わせの電報を打った。したら、辞めることについて特に両親と連絡を取り合ったわけでもなかったが、息子に何かあったのだなとオヤジが気を利かせてくれて、『事実だから早く発たせてくれ』という意味の返事が来た。それで親方もしぶしぶ納得して、『里君、それじゃ仕方がないな、一旦は帰ってからお父さんの具合がよくなったらまた来てくれよな』ということになって、その日を最後に富山樹脂を辞めて、尚樹とも別れることになった。

尚樹は一旦勤めると、わりと長続きするんだよね。仕事も一生懸命、真面目にやるし……」

社長にじかに「辞めたい」と意思表示しても、言いくるめられて引き止められるのが落ちだ。島には電話も普及しておらず、通信手段といえば手紙か電報くらいしかなかった時代、「チチキトク……」の打電は里が考えた窮余の策だった。また、当時都会へ出た息子や娘を無理なく故郷へ引き戻すためには、「チチキトク」「ハハキトク」といった手法はよく使われる常套手段でもあったのである。

二度目の職場にも〝挫折〟した里だったが、富山樹脂に移ってからは忘れ難い思い出が一つある。同社で初めての給料をもらい、一日休みをもらって「朝昼晩と一日三食、腹いっぱい飯を食えた」ことである。「あの感激は今でも忘れられない」と野澤は言う。

富山樹脂を退社してからは、里の転職は加速されることとなる。新聞の広告でビニールホースをつくる会社に就職したが、ノルマ制の仕事で「三日で辞めた」。昭和三十年代から四十年代にかけては、求人広告さえ出せばすぐに労力が得られる時代だった。三～四日、あるいは一週間で会社を辞めると、給料を払わなくてすむケースが多い。里が勤めたビニールホースをつくる町工場は、無理なノルマを課すことで「無給で働かせる意図が見え見えだった」という。ちなみに社長は日本人ではなく、〝隣国〟の人だった。

その後も里は町工場を転々とした。一七歳までに会社を「五、六回かわった」という。二、三日働いては辞めたりしたため、「どの会社でも給料はもらえなかった」。

町工場で働くのは、どこへ行っても大同小異。転職を重ねたのち里がはじき出した結論は、トラックの運転手になることだった。新聞の求人欄を見て「給料が一番高くもらえそうだと思った」からである。トラックの助手としてまず応募。昭和三十八年（一九六三年）八月、一八歳になるのを待って自動車学校に通い、車の免許を取得した。大阪市東成区の森之宮運送店を皮切りに、運送会社を渡り歩き、大型の免許、ダンプカーの免許を取得し、生活にも少しゆとりが持てるようになった。

気持ちにもゆとりが出てきたところで、里はまた同期の尚樹仁一に「来ないか」と声をかけた。定期便やダンプに乗って昼夜働き、二一歳で月に八万円ほど稼げるようになった。定期便では日本全国を駆け回り、北海道、長崎、広島、和歌山、四国徳島の小松島と、車で風を切って稼ぎ、遊びまくった。トラックの運転手になってからも転職を重ね、三〇社くらいの会社を渡り歩いたという。

トラックの運転手をしていたころの里には、苦い思い出がいくつかある。同棲していた女性に「全財産を持ち逃げされた」ことや、「人身事故を起こしてしまった」ことなどである。

長距離トラックの運転手をしていたころ里は、六畳一間のアパート暮らしをしていた。給料も一〇万円そこそこの稼ぎがあり、その暮らしぶりは、与論島から大阪に出てきたころに比べると雲泥の差があり夢物語のようであった。休日には映画館などにもよく通った。観た映画のなかでは、勝新太郎主演の『悪名』が強く印象に残っているという。

『悪名』は今東光の小説（『週刊朝日』連載）を大映が映画化した作品で、勝新太郎は河内の暴れ者・八尾の「朝吉」役で登場する。その弟分「モートルの貞」役を田宮二郎が演じていた。女優では中村玉緒、中田康子らが出演している。勝の演じる着流し姿の「朝吉」もそうだが、里は晒しを腹に巻いて背広を肩にひっかけ鳥打帽を頭にのせて、独特のにやけた顔でいかにも無頼といった風の台詞を発

ダンプカーに乗って昼夜働いていたころの里。「車で風を切って稼ぎまくっていた」という

する田宮の「モートルの貞」に強く惹かれた。晒しではなく腹巻で、鳥打帽ではなく丸い帽子だが、写真に見るのが「トラック野郎」の風体で全国を駆け巡っていたころの里秀昭である。

四つ年上の女性と里が同棲したのは二二歳のときだった。

当時は大阪市東淀川区中島五丁目の「崇禅寺の近くに住んでいた」という。崇禅寺の境内には細川ガラシャの墓があり、足利義教の首塚や遠城兄弟（大和郡山藩本多忠直の家来）の墓があり、菩提が弔われている。その崇禅寺の近くに「日雇いの土方が集まっているスラム街のような一角があった」が、里はここで六畳間のアパートを借りて住んでいた。

勤めていた運送会社からアパートへ帰る途中に赤提灯の小さな居酒屋があった。里は『いずみ』という名のこの居酒屋で一杯ひっかけるのを楽しみにしていた。ある日、仕事帰りに赤提灯の暖簾を分けて中に入ると、居酒屋には似合わない妖艶な雰囲気を漂わせた女性がカウンターに座っていた。連れはなく一人で飲んでいたのだった。狭い店のカウンターである。里は女性の隣に腰を落ち着けた。なんとなく阿吽の呼吸で注しつ注されつ里にとってその夜の酒は、疲れも吹っ飛ぶうまい酒だった。「あんた、いくつになるの?」先に歳を訊いてきたのは女性のほうだった。「二二」だと答えると、女性は「二六」だと言う。意気投合した二人は、店を出ると、そのまま里の六畳間に向かうこととなった。初対面で会ったその日に「男女の仲になった」という。

「そしてそのまま、年上のその女と同棲することになったんだよね」と野澤は笑う。

と言いつつ、初めて会ったその夜、女性が素肌を現したとき里は一瞬たじろいだ。白い肌には全身、刺青が彫られていたからである。龍の入れ墨は性器にまで及んでいた。ヤクザの女で美人局なのか?……疑ったが、そうではなかった。二人は自然な成り行きでともに暮らすようになり、そのうち赤提灯の小さな居酒屋を営むまでになっていた。里はトラックの運転手を続け、刺青の同棲相手が店を切り盛りして暮らすという日々だった。

夢のような生活が続き、同棲して九カ月ほど経ったころだった。その日、里の仕事は大阪の富田林から兵庫県の高砂市まで鉄骨の資材運びをすることだった。いつもより早く朝七時ごろに出かけ、夜九時ごろに帰宅した。

と、何と、六畳間のアパートは蛻の殻で、壁にぶら下げておいた何着かの背広も無くなっているではないか。書き置き一つ残さず、女は、里の全財産を浚って姿を消してしまったのであった。

がらんとした部屋を見て里は唖然としたが、同棲相手が消えてしまったのだということがわかっても「さして衝撃を受けることはなかった」という。

「一緒に暮らすようになって九カ月経っても、籍を入れているわけでもなかったから、『こんな生活をいつまで続けていてもしようがない』と思ったんじゃないかなと、当時は思ったんだけどね」と野澤は言う。

女の出身地は群馬県で、名は正子だと言っていた。のちになって里は、「正子は良家のお嬢さんで、高校を卒業したあたりからぐれ始めて家を飛び出し大阪に流れ着いた」ということを周りの人から知らされたという。

この一件に前後して里は、ほかにも苦い経験をしている。これも女性を巡ってのトラブルで、「相手に三角関係であると誤解されてケガをする羽目になってしまった」のだという。その顛末はこうだった。

ある女性と里が親しげに談笑していた。そこへ女性の交際相手・Nが現れた。里はその女性との間にやましいことなど一つもなかったが、Nは二人の関係を疑い、何度説明しても聞く耳を持たずしまいには暴力に訴えてきた。そのままやられているわけにはいかない。里は反撃に出て、Nを地面にねじ伏せた。相手は身動きができない状態になった。ついには「参った」と言い、里は締めていた手を緩め、その場を立ち去ろうとした。しかし、相手は立ち上がって鉄の棒を持って里を背後から襲い、殴りかかってきたのだった。一つ間違えば死に至らしめる暴挙だった。里はその場にうずくまった。相手は暴言を吐いて女を連れて立ち去ったという。里の右耳の外耳の上部は三角形に小さく裂けているが、それはこのときに負った傷の〝後遺症〟であるという。

また里は、「思い出したくない」こんな辛い経験もしている。

ダンプカーに乗っていたころ、取り返しのつかない人身事故を起こしてしまったのである。「車と車の間から自転車で急に飛び出してきたお年寄りを……」跳ね、死に至らしめてしまったのである。不可抗力の事故だった。

「あのときは、一一九番にダイヤルしても、自分が何番の番号を回しているのかわからなかった。その方を持ち上げてダンプに乗せたが、気分が悪くなって吐き気がしてきた」

病院に着き、祈るような気持ちで、〝治療〟が終わるのを待合室で待った。三時間が経過し、神に見放されたときは「全身の力が抜けた」という。ダンプは三〇キロのスピード。三日間留置場に入り「九〇日の免停ですんだ」が、心の傷は残った。遺族の方からは、

「あなたはまだ若いんだから、事故のことは早く忘れて立派に生きて欲しい」

と言われたという。里はその後、大型の車を下り、タクシーの運転手になった。二十代半ばで与論島へ帰り、大洋タクシーや南陸運でタクシーの運転手として働き、二六歳で同期生の野澤美代子と結婚、婿養子になって「野澤」姓になった。美代子さんとの間には五人の子供がいる。与論に帰ってからは、琴平神社で行われる十五夜祭で友人達に「出ろ、出ろとおだてられて……」奉納相撲に出場し、三位決定戦まで勝ち上がり、「三位」に入賞した。

また、与論に帰ってからも大阪、静岡、沖永良部、横浜と「出稼ぎ」のために島を離れた。最長は大阪のタクシー会社で五年間勤め、「三カ月に一度は妻子のもとへ帰っていた」という。大阪では朝八時ごろから深夜二時、三時までタクシーを走らせ、一日平均の睡眠時間は「二、三時間」であった。一日二万五〇〇〇円くらいの稼ぎになり、多いときは三万円を超える稼ぎになった。「昼の稼ぎの分

琴平神社の十五夜祭「奉納相撲」に出場し３位決定戦で勝利した瞬間

を家族に仕送り、夜の分を自分の生活費や小遣いに充てていた」という。静岡では東洋インキに勤め、横浜では日産自動車の孫請け会社で半年ほど自動車のボディ回りの組立て作業に従事した。沖永良部ではタクシー会社に勤め「小学生時代からの同期で九電工に勤めている横山俊文と酒を酌み交わしたこともあった」という。

（二〇〇六年八月　記）

野澤美代子

野澤の妻・美代子も集団就職者だ。昭和三十六年三月、岐阜県の丸八撚糸に就職した。丸八撚糸には同期の川北ウトミや与論中学を卒業した先輩が一〇名ほどいたという。野澤美代子はしかし、二年後には丸八撚糸を退社し故郷に帰ることとなった。与論には祖母・マコさんが一人で暮らしていた。一度は与論を離れ都会の空気を吸ってみたいと思い岐阜県に就職したのだが、「自分を育ててくれた祖母を一人にしておくわけにはいかなかった」からである。

野澤美代子はなぜ父や母にではなく、祖母に育てられることになったのか――。

美代子は父・池畑憲一、母・チヨの長女として昭和二十一年(一九四六年)三月に満州(現中国東北部)で生まれている。憲一が妻・チヨとその母・野澤マコを伴い満蒙開拓移民として中国に渡ったのは昭和十九年であったが、憲一の家族は与論島からの第二陣開拓団として供利港から鹿児島へ向かい、満州に渡ったのだった。株式会社南方新社が発行し南日本新聞社が編集した『与論島移住史—ユンヌの砂』には次のような記述が見られる。

野澤と妻・美代子さんと長女・秀野さん。親戚である山根一隆氏の訪問時に写す(2006年夏、著者撮影)

《男たちだけの第一陣でさえ、心細い思いをしたのだから、家族を引き連れた第二陣以降はなおさらだった。生まれて初めて島を出る年寄りや子供も多く、引率者の苦労は並たいていではなかった。

本隊は数次にわかれて海を渡っているが、各陣の引率者は南清秋、池畑里英、源島保、基森道といった人たちである。》

基森道とは筆者の父親であるが、野澤マコさんからはよく「あなたのお父さんと一緒に満州に渡った」という話を聞かされた。向かった先は満州の盤山であった。

昭和二十年、敗戦が色濃くなる中で開拓団の主だった男たちは関東軍に現地召集されることになった。『与論島移住史―』には、《六百人余りの開拓団の中から、屈強な男だけ百人も引き抜かれた……》とあるが、その中に池畑憲一も基森道もいた。敗戦になり、池畑憲一はシベリアへ、基森道は妻子のもとへ帰ることができた。

終戦を迎えてから七カ月後の昭和二十一年（一九四六年）三月、憲一の妻・チヨは女の子を出産した。「美代子」と名付けた。野澤マコは孫の誕生に喜んだが、喜んだのも束の間、孫を産んでくれたチヨは故郷の土を踏むことができなかった。中国から日本へ帰る、引き揚げ船の中で何が起こったかについて野澤美代子は次のように語っている。

南タクシーに勤めていたころの野澤

「私は生まれたばかりで何も覚えていなくて、祖母から聞いた話ですけど、母は引き揚げ船の中で病気で亡くなったそうです。それで水葬にして……。だから母の遺骨はないんです。父はまだシベリアから帰ってなくて、祖母が私を抱いて与論に帰ってきたんだそうです」

やがて憲一も無事に帰国を果たしたが、再婚し、美代子は母方の祖母である野澤マコに育てられることになった。マコは農業をしながら、大切に我が子同然に孫を育てた。美代子は茶花小学校を経て、与論中学を卒業し、昭和三十六年に集団就職で与論を離れ岐阜県の丸八撚糸に就職したのだが、「祖母を一人にしておくわけにはいかない」と、一八歳で故郷に戻ってきたのだった。与論に帰ってからは祖母を手伝い、農業をしつつ機織りをし、近くの商店で店員として働いたりしながら家計を支えた。二五歳で同期生である東区の里秀昭のプロポーズを受けて結婚し、婿養子に迎えたのだった。

野澤姓になったその里秀昭であるが、大阪でトラックの運転手をしていた里が故郷へ帰ってきたのは、同棲していた女性に全財産を持ち逃げされてから一年ほど経ったころだった。

プラスチック工場で職場を共にした尚樹仁一はそのころ与論に帰って砂糖キビを製糖工場へ運搬する仕事をしていたのだが、その尚樹から緊急の電話が入った。「あんたのお父さんが病気で入院することになった。至急与論に帰ってくるように」との電話であった。胃潰瘍になって血を吐き、沖縄の病院に入院することになったとのことであった。

里は大阪のアパートを引き揚げ、与論に帰ることにした。幸い父の病は回復したが、そのまま与論に留まることになり、タクシーの運転手として働き二六歳で野澤美代子と結婚することになったのだった。長女・秀野を筆頭に長男・稔、次女・理奈、次男・守、三女・亜矢音と五人の子供に恵まれた。

祖母のマコさんであるが、平成十八年以来「鹿児島県で一位の長寿記録」を保持し続けていたが、平成十九年（二〇〇七年）九月十二日に一一一歳で生涯を閉じたという。野澤によると「亡くなるまで意識もしっかりしていて、亡くなる二カ月前までは寝たきりになることもなかった」。野澤家の床の間には、マコさんとチヨさんの遺影が並んで掲げられている。

（二〇二〇年七月　記）

稲沼ミサエ

日に一五時間働き続けて、給料は月に三〇〇〇円。〝夜逃げ〟を手伝いながら「出て行く先輩の勇気が羨ましかった」

福島県出身のサラリーマンと結婚し「稲沼」姓になった田畑ミサエは、東京都東久留米市に住んでいる。いくつかの職を経験した後、結婚したのは二七歳のときだった。夫・敏征との間には「二人の女の子がいる」。

「わが家には金食い虫が二人いて、札が束になって出ていく。上の子はこの四月からやっと社会人になるが、肩の荷が下りるのはまだ先のことになりそう……」

稲沼が笑いながらこう言っていたのは二十数年前のこと。今は、看護学校を卒業して看護師として働いていた長女・征江は二児の母親となり、稲沼は孫たちの成長を楽しみにしながら平穏無事な日々を送っている。

悩みの種は、「次女がまだ独り身でいること」であるという。次女の陽子は、大学を卒業してのち福祉関連の仕事に従事している。東京都国立市にある社会福祉法人滝乃川学園（山田晃二理事長）に勤めているのだが、ちなみに同学園は明治二十四年（一八九一年）にキリスト教精神に基づき石井亮一・筆子により設立された、日本で最初の知的障がい者を対象とした施設である。「四〇歳を過ぎてもまだ独身なんですよ」と稲沼は笑うが、次女・陽子は社会に奉仕することを生き甲斐に働いている。

昭和三十六年（一九六一年）三月に与論中学を卒業した田畑ミサエも集団就職者だ。父・田畑中村、母・アキの次女として生まれ、兄弟姉妹は七人。父親は「勉強しなさいなどとうるさく言う親ではなかった」。子供たちが学校からもらってくる通知表などに対しては「どんな成績でも、有難いことだと言って受け入れてくれる親だった」。与論で尋常小学校を卒業し、大島の高等小学校を卒業した中村は、ある功績が称えられ「県から表彰状をもらったこともあった」という。

「通知表で5をもらったのは家庭科ぐらいかしらね。あと、国語と数学、音楽は4で、社会科も4をもらったこともある。あとはほとんど3でしたね。『女の子は家庭科ができればいい』と、父は言ってましたけどね」

「うちは七人兄弟姉妹で、長女がいて長男と次男がいて、私の下に女の子が二人と弟が一人。弟はもう亡くなってしまったんですけどね。中学を卒業したら、高校へ行けるわけでもなかったから、兄も姉も弟や妹たちもみんな就職でした。長女の節子は中学の先生の紹介で名瀬の会社に就職して、二年間働いてから与論に帰り、しばらくして親戚のお姉さんを頼って大阪の会社へ就職していった。私は中学を出てから東京で働いて、東京の会社を辞めてからはこの姉を頼って大阪のほうへ行ったんですけどね。でも、本音を言えば、本当は高校に行きたかったんです」

稲沼の父の名は「中村」であるという。「田畑中村ですか？ 苗字が二つあるみたいで珍しいお名前ですね」と訊くと、稲沼は笑いながらこんなエピソードを話してくれた。

「そうなのよ。東京へ行ってから父に何度か電報を打ったことがあるんだけど、宛先を『田畑中村』と書くと、郵便局の人に『二人の人に打つんですか？』とよく訊かれた。『いえ、そういう名前なんです』というと、『へえ……!?』と言って珍しがっていましたね。でも、与論で名前が中村というのは私だけじゃないんですよ。那間小出身の池田美津子さんのお父さんも、中村だと言っていましたね」

その父・中村は次女のミサエが卒業後の進路について相談すると「理容学校に行って、散髪屋になったらどうか」と、理容師になることを勧めた。しかしミサエは、父の勧めに首を縦に振らなかった。

「手に職をつけさせたいということで父は理容師になることを勧めたと思うんですけどね。私は気乗りがしなかった。それで、名瀬の職業安定所から来た求人票で、担任の河村先生が江上製菓という会社を見つけてくださって、東京の会社に就職することにした。お菓子をつくる小さな会社でした。私は店員さんになって物を売ったりする仕事に就きたいと思っていましたので、菓子をつくる会社なら、お菓子を売る仕事もさせてもらえるのではないかということで、その会社に決めたんですけどね。就職先を東京に決めたのは、東京という大都会に憧れたからなんです」

大半の女子就職者が四、五人のグループで紡績工場や縫製の仕事に就いたのに対し、田畑は『浮島丸』で故郷を離れてからは、たった一人で東京・墨田区錦糸町にある江上製菓という豆菓子をつくる会社に就職した（現在、長野県松本市にある江上製菓株式会社とは別の会社）。

与論の供利港を発ち、三日三晩かけて『浮島丸』が神戸港に着いたときのことを田畑は今でも鮮明に覚えている。

「神戸に着いてから、ますや旅館というところでみんなでご飯を食べましたよね。そこで、今でも忘れられないのは、水が臭くてとても飲めなかったということ。（水道水の殺菌・消毒のために使われている）カルキの匂いがきつくて、友達と『臭いね』と言いながらご飯を食べていた。

もう一つ忘れられないのは、旅館を出て上を見たら、電車が、当時だから汽車と言うんですか、汽車がしょっちゅう行ったり来たりしていたのを下から眺めていたこと。あぁー、これが汽車というものなんだと、ずっと立って眺めていましたけどね」

稲沼だけでなく、与論中学を出た誰もが汽車などというものを見たことはなかった。

岐阜・名古屋・東京方面へ就職する者は夜行列車の出発を待たねばならない。

夜行列車に乗って田畑が、憧れていた大都会・東京に着いたのは翌日の朝だった。

東京駅に着くと、勤め先の会社からは、「年を取ったよぼよぼのおじいちゃんのような人が迎えに来てくれていた」という。あとでその人が、会社の工場長であることを知った。

お菓子をつくる会社で働き、店員としてお菓子を売る仕事もする。おいしいお菓子も腹いっぱい食べることができる……。喜んで就職した会社だったが、つくっていたのは豆菓子だった。しかも菓子は手作りではなく、機械で製造する。自動的に流れてくる豆菓子を袋に詰めて菓子問屋に出荷する。「菓子を包装する作業が主な仕事だった」と稲沼は言う。

「勤めてからしばらくの間は、一人じゃ心細くて、ホームシックにかかって一、二カ月は毎日泣いてばかりいました。隠れて泣いていたんですけど、先輩方は気づいていたんでしょうね。やさしく気遣ってくれました」

会社の従業員は男子十余人に、女子四人。田畑は、徳之島出身で一年先輩の女子社員と「同じ部屋に入れられ、寮生活を送ることになった」。しかし、寮といっても「畳は五枚なかったと思う」部屋で、四人が寝て暮らす。布団を四枚敷けばいっぱいになる〝寮〟は、眠るためだけの部屋で、プライバシーも何もあったものではなかった。その部屋には、朝起きて仕事に出てから、「寝るために帰るのはいつも夜の十時過ぎだった」という。なぜか――。

工場で菓子を製造したり、包装したりという仕事は、朝は八時から夕方五時までの勤務。それで終われば何も問題はないのだが、女子従業員にとってきつかったのは、社長宅の〝奥の仕事〟や男子従業員のための「炊事・洗濯まですべてさせられた……」ことだった。

朝食をつくるために朝は六時に起床。夕方五時に工場の仕事が終わると、夕食の支度や洗濯その他の雑用が待っている。

田畑ら奄美出身の女子従業員たちは、工場での仕事のほかに、会社の〝賄い〟さん、社長宅の〝お手伝い〟さんと、四人それぞれが「一人三役」をこなしていたのである。四畳半に四人、押し込められながらである。

「四人で、わずかばかりの荷物を押し入れの中に押し込めて、布団をぎゅうぎゅう詰めに敷いて寝ていたんですけど、夏なんか暑くて寝れなかったですね。とにかく、部屋に閉じこもるときは、寝るときだけだったんです。お風呂は銭湯に行って、帰ってくるといつも十時か十一時になっていました」

このように朝は六時から夜遅くまで働いて、給料は「手取り三〇〇〇円だった」という。

当時は土曜日も出勤していたから、田畑ら女子従業員の残業時間を単純に計算すると、一日七時間の残業（朝二時間の早出＋夜五時間の残業）×二五日＝一七五時間の残業、ということになる。一日に約二日分働いて、給与は手取り三〇〇〇円――。

高度経済成長下の零細企業にあっては、「こうでもしなければ会社を維持していくことができない」状況にあったのであろうか……？　「うちでは家族的な待遇をしている」、求人票にはそのように書かれていたという。

江上製菓に勤めて一年余経った昭和三十七年の夏、与論中学から職業科を担当する益山政喜久先生が、集団就職した教え子たちの〝職場視察〟のために上京した。田畑も益山先生の訪問を受けた。田畑は先生に、不平不満ではなく、遠慮がちに、日常の生活のありのままを話した。

「石の上にも三年。頑張っていれば良いこともある。辛抱して頑張りなさい」

益山先生からは、このような励ましの言葉をいただいた。

田畑には、先生の言葉が「空しく聞こえた」という。

――楽しい思い出はなかったのか？

「日曜日になると、徳之島の先輩が、あちこち連れて行ってくださった。豊島園とか、東京タワーとか、浅草の雷門とか、ね。徳之島の先輩には男性の社員もいたんですけど、その先輩たちと一緒に江の島に遊びに行ったこともあります。楽しい思い出といったらそれぐらいかしらね」

益山先生の職場訪問を受けてから、どのくらい経っていたのだろう。田畑にとっては衝撃的な出来事が会社内で起きた。辛いことがあっても心の支えとなり、頼りにしていた徳之島の先輩二人が、田畑を残して〝夜逃げ〟をしたのである。

それは、日曜日の朝だった。朝早くに先輩二人が、起きたばかりでまだ寝ぼけ眼でいる田畑に向かって、いつもとは違う緊張した面持ちで次のように言った。

「ミサちゃん、これから二人は出かけるからね。でも、ミサちゃんには悪いけど、二人はもう帰ってこないから。（社長の）奥さんには、街に遊びに出かけたと言っといて……」

意味がよく呑み込めないまま田畑は先輩の言葉を聞いていた。

しばらくして、社長の奥さんが寮を訪ねてきた。

「あらミサちゃん、おはよう。ノリちゃんとハッちゃんはどうしたの？これからみんなでＮＨＫの〝歌

江上製菓に勤めていたころ、徳之島の先輩たちと神奈川県藤沢市の江の島に遊びに行く。
江の島の入り口に建つ「名勝乃史跡 江の島（石碑）」の前で記念写真（1962年ごろ）

のひろば〟を見に行こうと思ったんだけど……」

田畑は先輩に言われたままを、奥さんに伝えた。

「それじゃ仕方がないわね」

奥さんに連れられて、NHKホールには田畑と、もう一人の先輩・ノブちゃんこと柚木信子と三人で行くことになった。そして、寮に帰ってきた。だが、二人の先輩の姿はそこにはなかった。夜の九時が寮の門限だったが、門限になっても帰ってこない。奥さんは、「押入れを開けて中を調べていた」という。そして、二人の持ち物がすべてなくなっていたことから、「辞めた」ことに気づいたのだった。

「荷物がなくなっているわね」と奥さんに訊かれ、田畑は「ほんとですね」と惚け、驚いたような表情をつくり答えたという。

田畑にしては精一杯の演技だった。当時を振り返り、稲沼はこう話す。

「ノリコさんとハツミさんは、寮の裏口から荷物を持って出て行ったんです。私は、それを手伝いながら、先輩の勇気が羨ましかった。裏木戸を外して、先輩が出て行ったあと、木戸の鍵（閂）を掛けるというのが私の役目だったんですけどね。木戸の鍵が開いたままになっていたのでは、裏口から逃げたというのが奥さんにばれるでしょ」

正門から荷物を持って出ていったのでは、奥さんに見つかってしまう。というだけではなく、後輩の田畑や同僚の柚木にも「黙って出て行った」ことにすることが、一八歳になって決断した二人の先輩にできる、せめてもの気遣いであった。

この先輩からは〝退社〟した後、田畑宛に手紙が届いたという。差出人の名は偽名になっており、田畑に「転職を……」勧める内容であった。しかし田畑は、この先輩に「返事を書くことはしなかった」。返事を書くと、「夜逃げを手伝ったことが奥さんにばれるのではないかと思って怖かったから」であり、また、夜中まで起きていると「早く寝なさいと奥さんに注意されるから手紙を書く時間もなかった」からだった。

手紙を書いてくれた先輩に言われるまでもなく、二人の先輩が去ってからは田畑自身も、転職を考えるようになっていた。また、大阪の会社に就職した姉・節子からも「そんな会社は早く辞めて大阪に来なさい」といった内容の手紙が届いたという。

「姉はときどき手紙をくれたんだけど、私は返事を出さなかったんです。それで姉から、『なんで返事をよこさないんだ』という手紙が来て……。当時は手紙か電報が唯一の通信手段でしたからね。会社には（ダイヤル式の）黒い電話が一台あったんだけど、私用で電話なんかできなかったですから。それで手紙を書こうと思っても、夜の十一時過ぎに仕事で疲れて帰ってきてバタンキュウですから、手紙なんか書けなかったんですよ。でも、姉に『なんで返事をよこさないんだ』と言われて、やっと、会社では毎日これこれしかじかだからということを手紙に書いて出したんです。そうしたら、『そんな会社は早く辞めて大阪に来なさい』という返事が来て……」

機械によってつくられた豆菓子が自動的に流れてきて、それを袋に詰めて包装したり、仕分けをするだけの単調な作業のくり返し。一年経っても、二年近く働いても給料が上がるわけでもなく、一カ月三〇〇〇円のまま。こんな仕事をいつまで続けていても、将来なんの役にも立たない……。

二年間勤めた後、田畑は会社を辞め、姉のいる大阪へと向かった。二年間働いて、所持金は八〇〇〇円だったという。稲沼はしかし、「今にして思えば」と前置きして後、こう話す。

「この集団就職の本に載せるということで、何十年かぶりにアルバムを開いてみたんですけど、当時は白・黒の写真だったということすら忘れておりました。懐かしい写真ばかりで、江上製菓時代に、江の島に遊びに行ったり、熱海のつるやホテルに慰安旅行に連れて行ってもらったり、月に一度の舌鼓会でご馳走してもらったりと、当時の町工場としては良かったのではないかと思ったりもしているんです。

江上製菓のお蔭で私は、与論を飛び出して東京に出てくることができた。そういうきっかけを与えてくれただけでも良かったのではないかと思えるようになったんです。辞めるころには厚生年金にも入れてくれて、厚生年金を二回払ってから辞めました。それが次の職場に移るとき役に立ちましたけどね」

大阪に行ってから田畑は、姉のアパートに身を寄せ、居候をしながら職を探すことにした。一週間ほどして山野順平商店という会社に入社することが決まった。縫製の仕事で主にメリヤスをつくる会社だった。細めの木綿糸や毛糸を使って機械で横編みするメリヤス（肌着）をつくる工場で、七〇名くらいの社員がいて、大半は通いの社員だった。社員寮もあり、男子寮・女子寮にはともに「十何人くらいの社員がいた」という。田畑の仕事は主にミシン掛けをすることだった。就業時間は朝八時から午後五時までで、給料は月額八〇〇〇円。五時に仕事を終わることができ〝奥の仕事〟をさせられることもない。解放感に浸りながら田畑は「世の中にはこんな良い会社もあるのか」と感激し、ひたすらミシン掛けに励んだ。

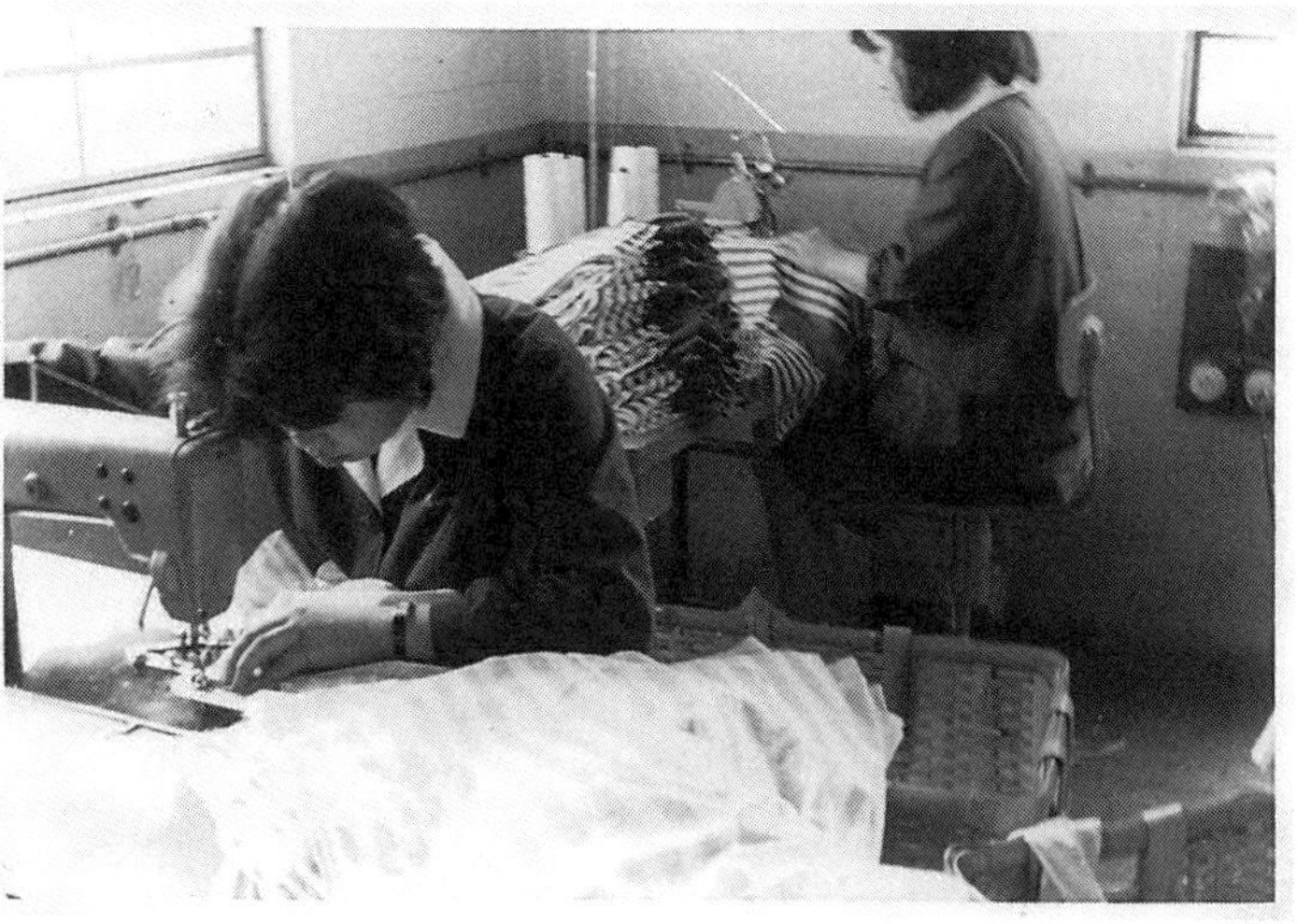

1963年4月、山野順平商店に転職。上司や専務に「あんたはミシンをかけるために生まれてきたようなものだ」と褒められたという

当時の写真をアルバムから剥がし稲沼は、以下のような文を添えて送ってくれた。
「転職してみて、中小企業としてはごく当たり前のことが、江上製菓の二年間を経験した私には天国に思えました。ミシンをかけているときの写真も同封します。上司や専務に『あんたはミシンをかけるために生まれてきたようなものだ』とおだてられながら、なりふりかまわず仕事をしておりました」

田畑は、山野順平商店に四年間勤めている。同社では、田畑にとって嬉しいことがもう一つあった。与論中学の同窓生である内田春枝が同社に入社してきたことである。内田は中学を卒業してからは南マツエや松村堀子、吉田幸子らとともに岐阜県の林紡績に就職していたが、家庭の事情で退職し与論に帰っていた。再度内地への就職を希望し、勤めた先が山野順平商店だったのである。田畑が勤めて「二年後に入社してきた」という。

山野順平商店に与論中学の同期生・内田春枝（写真右）が入社してきた

「内田さんと一緒に働いたのはわずか一年くらいでしたけど、与論の人と、しかも同窓生と一緒に働けるなんて思ってもみませんでしたから、嬉しかったですね。同窓生と一緒に働いたのは内田さんが最初で最後でした。あまりに懐かしいので、内田さんと一緒に撮った写真も送ります」

昭和四十年（一九六五年）十二月、内田が辞めた年の暮れ、田畑は久々に故郷で正月を迎えるために帰省した。このとき古里地区の集会所で行われた同窓会に出席している。与論での初めての同窓会に気持ちを新たにし、両親に別れを告げて、また大阪へと旅立っていった。しかし、その後父親から、「ミサエ、取り敢えず帰ってきて手に職をつけなさい。将来のためにも故郷に帰って紬を織りなさい」と、帰郷を促す手紙を何度ももらうようになった。田畑は仕方なく、父親の言葉に従い、山野順平商店を辞めて故郷に帰ることにした。

「帰ってから一年半か二年ぐらいいたかしらね。

1989年11月に東京都大田区で同窓会が開かれる。前列左より稲沼（田畑）ミサエ、坂元（池田）良子、牧（川上）美代子、野﨑（竹山）末子、川上重光、髙村（山下）節子、竹波栄喜。後列左より竹内（池田）タツエ、竹波（福永）みち子、著者・基、竹川達廣、竹安次郎

大島紬を二、三疋織ってからまた大阪に行くことにしました。結局、紬織りを習っても、何の役にも立ちませんでしたけどね」と稲沼は笑う。

次に勤めた会社は大阪市生野区にある川田染工という染め物の会社だった。ここでは三年間働くことになるのだが「気楽に働ける会社で、給料もいいし、この世にこんな会社もあるんだというくらい気持ちよく働ける会社でした」と稲沼は言う。

「まず、食事がよかったですね。お風呂もついていて、お給料は何万円ともらえて、貯金をしてお金も残すことができました。染料の香りが忘れられません。三年間勤めたんですけど、ここが私の独身最後の職場でした」

田畑ミサエが〝寿退職〟をして福島県出身の稲沼敏征と結婚したのは二七歳のときだった。冒頭に記したように、敏征との間には二

人の女の子をもうけた。

田畑を大阪に呼んでくれた姉・節子であるが、田畑と同期生で中学のときに徳之島に転校した久恵美子の兄と結婚し、今は「久野」姓になり徳之島に住んでいるという。ちなみに、徳之島の中学を卒業した久恵美子も「浮島丸」で故郷を離れた集団就職者だ。東京・新宿の京王百貨店で宝石販売の仕事などをしていたが、結婚して川上姓となり、今は神奈川県茅ケ崎市に住んでいる。「浮島丸」が徳之島の亀徳港に着いたとき、久恵美子は、船室を回ってかつての与論の同期生たちを探した。稲沼は、「そのときの恵美ちゃんの姿を今もはっきりと覚えている」と言う。その恵美ちゃんの兄が、自分の姉と結婚することになった。人生の巡り合わせ、運命の不思議さを稲沼は感じている。

東京では、毎年二回、六月と十二月に関東在住の与論中学第十三期卒業生の同窓会が開かれている。その宴の席を最も盛り上げてくれているのは稲沼ミサエだ。

「私は今、七三歳。孫の成長を楽しみにしながら、市役所で掃除のパートをして週に五日間働いています。健康でいられることが本当にありがたいですね」と、しみじみとした口調で稲沼は言う。

（二〇一八年　八月記）

野﨑末子

五年間〝無給〟で働く。このままでは、私の人生は駄目になる……転職して「二二歳で初給料、生まれて初めて二〇〇〇円の貯金をしたの」

「昔のことはもう忘れなさい。広島で苦労した時代があったから、今の君があるんだから……」

二五歳で結婚して「野﨑」姓になった竹山末子は、四十歳代半ばごろまで、中学を出て広島の会社に就職した三〇年も前のことを思い起こして何か愚痴をこぼしたりすると「ときどき主人にこうたしなめられることがあった」という。

竹山が勤めた会社は織物の零細企業である。

一五歳の彼女は、三〇年経っても忘れられない、どのような経験をしたのであろうか……？

平成十八年（二〇〇六年）十一月現在、野﨑は還暦を迎えてもう一年余になる。四五、六年経った今ではさすがに広島時代のことを思い起こして嘆くようなことはなくなったというが、その話を聞き進んでいくと、取材するこちらの側の怒りがこみ上げてくるのだった。

野﨑は、織物工場に勤めていた五年間、ただの一度も給料袋を見ることもなく働き詰めの日々を送っていた。祝祭日はおろか土曜も日曜もなく、毎日、早朝六時から夜十時まで働き「給料をもらったことは一度もなかった」というのである。のみならず、ずっと「籠の鳥」のままで、夜、外出することも「いっさい禁じられていた」という。

もっとも、一五、六歳の少女が夜十時まで、日に一五時間も働かされていたのでは、くたびれ果てて外出する気力もなかったはずではあるのだが……。

「でも、社名は出さないでくださいね。社長さんご夫妻にはとても親切にしていただいて、家族的な待遇でかわいがっていただきましたから……。

そうそう、お給料といえば、一度一〇〇円いただいたことがあったわ。私と南さんの部屋は、社長さんご夫妻の寝室の隣にあったの。六畳か八畳の広いお部屋で、みんなよりは優遇されていたのよね。それで、ある朝社長さんに『一〇〇円あげる』って言われたの。なぜですかって理由を訊いたら、私が夢を見て寝言を言ってたらしくて、『君は昨夜、大きな声で寝言を言ってたぞ。仕事の夢を見てたんだろ、偉いぞ。仕事熱心だから褒美として一〇〇円あげる』って言ったのよね。日用品を買う以外に現金をいただいたのは、それぐらいかしらね」

竹山は、兄四人に姉四人の八人兄弟の末っ子である。小・中学校を通して成績がよく、理数系を得意としていた。中学三年のとき、担任の山下清和先生から進路指導で「君はこんなにいい成績でありながら、なぜ高校を受験しないのかね」と訊かれたが、竹山には進学する気持ちはなかった。高校・大学と二人の兄に仕送りをして四苦八苦している両親の姿を見て、「これ以上、親に苦労をかけるわけにはいかないと思った」からである。

中学卒業時の竹山末子（前列右端）。左隣は白尾良枝、田畑キミ子。後列右より福永みち子、松村アケミ、岩下文子。皆、中学を出て社会人となった。後方は職業科を担当した益山政喜久先生（卒業記念写真より）

竹山が名瀬市の公共職業安定所を通じて与論中学に送られてきた求人票を見て選んだ就職先は、広島県福山市にある織物工場であった。同期の南静枝とともにT織物への就職を決め、昭和三十六年三月二十五日、『浮島丸』より二日早く故郷を離れた。二十七日に『浮島丸』に乗船した集団就職者が、三日がかりで神戸港に着き、大阪・岐阜・名古屋・東京へと職安の職員に引率されてそれぞれの事業主の元へ引き取られていったのに対し竹山と南は、『八坂丸』に乗り鹿児島経由で広島に向かった。船旅では鹿児島のある先生の世話になり、鹿児島からは二人だけの旅であったという。

福山市にあるT織物は、従業員七、八名の零細企業だった。うち新入社員は四名。鹿児島県からは竹山や南のほかに名瀬市から一人、広島県の山村から一人が入社したという。

T織物の工場では自動織機が六台、毎朝六時から夜十時まで稼働していた。織機を見る係は二人で、昼休みも機械を止めることはなく交替制で昼食をとり仕事を続ける。故郷を離れてから二日後、入社したその日から竹山も南も現場の仕事についた。竹山は自動織機を見る係に、南は織機にかけるための「糸を巻く細かい仕事に回された」という。社長や先輩の指導のもと、竹山も南も一日も早く仕事を覚えるべく必死になって働いた。

社長の自宅と工場は、同じ敷地内に建てられていた。竹山と南は社長宅の二階に、ほかの従業員は工場の二階を寮として使い、従業員全員が毎朝六時から夜十時まで身を粉にして働いた。

「土曜も日曜もなかった」と野崎は言う。

昭和三十年代半ばといえば、週休二日制という企業は皆無だったといってよい。しかし、土曜日は出勤しても「半ドン」の勤務で、午前中に仕事を終え午後からは休むという「半休日」のシステムをとっている企業が少なくなかったのであるが、T織物は半ドンどころか日曜出勤も当たり前で「朝六時出勤」「午後十時までの勤務」体制が変わることはなかったという。

たとえば、私が初めて就職したコロナ工業の場合、百数十名の従業員のうち半数近くは女子社員だったが、女子社員には日曜以外にも月に一〜二日の生理休暇も与えられていた。

勤務時間は午前八時から午後五時まで。午後五時以降の勤務に対しては三〇分単位で時間外(残業)手当てが必ずつき、どんなに納期に追われていても午後十時まで仕事をするということはめったになかったのである。

竹山らの場合、ただ働くだけで息つく暇はほとんどなかったようだ。

作業衣の洗濯などはどのようにしていたのであろうか？

「洗濯したり美容院に行ったりする場合には、機械を回しながら代わり番こに行ってたわね。

福山の市街地にはバスで行けたような気がするけど、町に遊びに行ったことは一度もなかった。外出といえば、社長さんに年に一度オートレースに連れていってもらったぐらいで、あとはおやつのお菓子を買いに近所のお店に行く程度。映画を見に行ったことも一度もなかった。私だけじゃなく、社員全員がみんなそうだったの」

さすがに、〝年中無休〟ではなかった。「お盆に二、三日、正月には四、五日の休みがあった」が、休日にはテレビを見て過ごしたという。

さて、年中無休に近い形で日に一五時間働いたことはさて置くとして、その労働の対価としての給与はどれくらい支払われていたのであろうか。

中学に送られてきたT織物の求人票には、給料は「月額手取り三八〇〇円」と記されていた。が、いざ勤めてみると、給料日は「あってないようなもの」だったという。食費として一八〇〇円が差し引かれ、社長は「残高」だけを帳簿につけてそれを竹山や南に見せ、「いっさい現金をくれることはなかった」というのである。おやつのお菓子や日用品など〝生活必需品〟を買いたいときは、それに必要な小額だけを〝計算して〟渡してくれた。

このような生活が、実に五年間も続いたのだった。

――辞めようと思ったことはなかったのか？

「夜、外出することもいっさい禁じられていたけど、『会社で働くってこういうもんだな』って思っていた。南さんは三年ぐらいいて鹿児島のほうへ行ったんだけど、彼女のほうが利口だったのね。私って、根が単純でしょ。社長におだてられて、五年間も辛抱しちゃったの」

カラカラと笑いながら、野﨑は言う。

「会社で働くってこういうもんだな」と思っていた竹山は、休みなしで日々一五時間働いていることに、さして「苦痛を感じることはなかった」。また、たとえ辛い思いをするようなことがあっても、故郷にいる両親に対しては現状をありのままに報告することはなく、「社長にも大事にされ元気で頑張っています」という便りを書き、送った。「親に心配をかけたくなかったから」だという。

確かに竹山が両親に書いたとおり、従業員全員が社長に「大事」にされてはいた。親元を離れて都会に就職した一五、六歳の少女を預かっている側からすれば、万に一つのことを考えて、夜間の外出を禁じている点もうなずける。社長夫妻の寝室の隣を〝寮〟として提供されていることも、竹山にとっては〝特別待遇〟のように思え働き詰めの日々を送ることに、さして苦痛を感ずることはなかったのである。

一方においてT織物の社長は、次のような心配りも見せるのだった。

「中学の担任だった山下清和先生や私の親に、会社で織った織物の端切れを送ってあげたりしてたのね。そうすれば親も先生も安心するでしょ。いい会社だっていう印象を持ったと思うの。悪いほうにばかり取ってはいけないと思うけど、あとで考えたら、社長は要領がよかったと思うのね」

また竹山は社長の命を受けて、中学の後輩を会社に呼び寄せるための〝宣伝文〟を書いてT織物工場の求人募集に一役買ったこともあったという。この〝宣伝文〟を読んで三人の後輩が入社してきた。

「社長に、『T織物工場はかくかくしかじかで、こういう会社だから、こういうふうに書きなさい』って指示を受けて、言われたとおり素直に書いたのね。後輩たちには悪いことしちゃった。……でも、後輩の一人は福山市で結婚して幸せに暮らしている人もいるんだけどね」

三人の後輩が入社してきたことで、T織物工場の従業員は一〇名に増えていた。週に一〇五時間、月に四六五時間（三一日の場合）の労働を強いられていた竹山らの働きで、同社はやがて織物のほかに、作業衣などを生産する洋裁部門にも手を広げるようになっていったという。

自動織機を担当していた竹山は、会社にとってなくてはならない存在になっていた。稼働している最中に糸が切れると、織機は自動的に停止するようにできている。糸が切れる回数が多くなればなるほど、製品の質は落ちていく。竹山は織機との相性がきわめてよく、竹山が担当すると織機は快音を立てて動き停止することがほとんどなかった。つまり、上質の製品ができ社長に喜ばれた。だが、皮肉にもこのことが竹山にとっては仇となっていく。スパナを片手に織機の保守管理をしつつ張り切って仕事に励んでいた竹山であったが、月日とともに「果たしてこれでいいのだろうか？」と自分の将来に不安を覚えるようになった。

会社は織機でできた商品を資金源として、洋裁部門へ事業をシフトしようとしていた。この部門を担当しているのは一人息子である社長の長男であった。与論の三人の後輩たちも、ミシンを使う洋裁の仕事に回された。できることなら竹山も「洋裁の仕事がしたかった」のであるが、その旨〝希望〟を申し出ても、社長は首を縦に振らなかった。否、「わかった」と返事はしてくれるのだが、織機に馴染んだベテランの竹山に「ミシンの仕事」をするよう命じてはくれなかったのである。

(このまま織物の仕事を続けていても、会社を出たら潰しがきかない。できることなら、女性として自立できる仕事がしたい)

思っていた矢先、中学を出て以来苦楽を共にしてきた同室の南静枝が会社を辞めることになった。南もまた、竹山と同じ思いで三年間辛抱し続けていたのである。南がいなくなったことで、竹山は一層、不安感を募らせていった。しかし竹山は、将来に不安を覚えながらも、南が福山を去ったのちなお二年間も会社のために〝奉仕〟し続けたのだった。

竹山も、やがては成人式を迎えようという年頃になった。が、入社して四、五年経っても労働条件は〝昔〟のまま。日に一五時間働いても手元には現金がない。希望する洋裁の仕事には回してくれそうもない――ずっと「籠の鳥」のままだった。

(このままでは、私の人生は駄目になる……)

竹山のこの〝窮状〟を救ってくれたのは、東京に住む彼女の兄・本雄さんだった。大学を出て農島区池袋で同和通信という会社を営んでいた長兄・本雄さんは竹山とは一〇歳違い。たまたま会社の仕事で広島に出張があり、妹が働いている職場を訪ねたことから〝開かずの間〟に光が射した。兄は〝かごの鳥〟でいる妹の現状を知って「そんな会社はすぐに辞めるよう」命じたのだった。

T織物工場の社長は、「辞めたい」と申し出た社員にどのように対応したのか――。

「うちでは、あなたのことをわが子のように思っている。自分の娘として、この福山で結婚させるつもりでいる。うちからお嫁に出すから、もう少し辛抱して働いて欲しい……」

この一言は、「辞めたい」と決心していた竹山の心を動かした。傍で聞いていた本雄さんも、「社長がそのようなお気持ちなら……」と、妹と別れ広島をあとにした。

しかし、兄の来訪で外の世界を知ってしまった竹山は、これまでと何ひとつ変わることなくただだらだらと流れていく月日のなかで、我慢の限界を感ずるようになった。「辞めたい」と申し出ても、「我慢」を強いるばかりの社長。当時は、現在のように電話が自由に使える時代ではない。竹山は兄に手紙を書き、救いを求めた。

兄からは直ちに電報が届き、竹山は五年間勤めた広島の工場を後にした。

「長い間お世話になりました」と挨拶する竹山に、T織物の社長は福山駅から東京駅までの交通費と、蛇の目ミシン一台を贈ってくれたという。

当時を振り返って野崎は言う。

「手元にはお金がなかったから、東京までの旅費は社長が出してくれたわ。本当は兄が迎えに来るはずだったんだけど、『迎えに行く』という兄の電報を見て、社長ももう（私のことを）諦めて、ならばわざわざ迎えに来なくてもいいということになったわけ。辞めさせてくれたわけね。五年間働いて、ミシン一台が財産として残った。あと、和服一着と帯があったかしらね。私は着物は好きじゃないんだけど、正月に業者が来たときに買ってもらったような気がする。帳簿につけてある私の給料から引かれるという形でね」

竹山が兄を頼って東京へ向かったのは、昭和四十一年（一九六六年）三月のことだった。「特急に乗って上京した」という。

福山駅から東京駅までの、当時の交通費はどれくらいかかったのであろうか？　交通博物館に問い合わせてみたところ、昭和四十一年一月現在で、乗車券は二等車一四九〇円、一等車二七四〇円、特急料金は二等車八〇〇円、一等車一七六〇円であるという。竹山は二等車で上京したというから、東京駅までの交通費は乗車券と特急料金を合わせて二二九〇円かかったことになる。ちなみに一等車を利用した場合は乗車券と特急料金の合計は四五〇〇円となる。

東京都中央区京橋に本社のある蛇の目ミシン工業株式会社に電話を入れてみた。昭和四十一年当時に販売していた電動ミシンの価格を聞くためにである。直線ミシンの価格は二万七〇〇〇円〜三万円であるという。竹山に贈られたミシンは三万円であったと仮定して、交通費との合計金額を出してみると、三万二二九〇円がT織物から「五年分の賃金」として支払われたことになる。

五年間の竹山の給与を正確に算出してみよう。求人票には月額三八〇〇円と書かれ、この金額から一八〇〇円の寮費を差し引くと毎月二〇〇〇円の給料が支給されねばならないことになる。年間にして二万四〇〇〇円、五年間では一二万円という計算になる。もっともこの金額は、一日八時間の労働を想定しての数字だ。

三八〇〇円を週六日制で除すると竹山の日給は一五二円となり、時給は一九円という数字が出る。日に七時間の残業で、これに日曜出勤の分を含めると月に二三五時間という残業時間が算出される。時給は一九円であるから（この際、残業分は割増しとしては計算しない）、時間外勤務の月額の手当ては四四六五円、一年で五万三五八〇円、五年間では二六万七九〇〇円という計算になる。この数字に先の一二万円をプラスすると、竹山に支払われるべきはずの給料は三八万七九〇〇円となる。

1989年11月19日、与論中学校を卒業して28年目に開かれた東京・蒲田での同窓会。前列左から竹安次郎、稲沼ミサエ、坂元良子、竹内タツエ、髙村節子、川上重光、竹波栄喜。後列左から野﨑末子、牧美代子、竹川達廣、竹波みち子（著者撮影）

人の心、人の営みは金に換算できるものではない。空しい作業であることを承知でこれら数字をはじき出してみたのであるが、高度経済成長を国是としていた当時にあって零細企業が生き残っていくためには、年少労働者にとってこれは避けて通れない宿命だったのであろうか……。

二〇歳で上京した竹山は、兄のところに身を寄せ、「居候をして昼間の簿記学校に通った」という。半年で二級免状を取得し、北区赤羽の会計事務所に勤めた。兄が創業した同和通信の経理を見ている池畑会計事務所で、所長は与論島の出身だった。この会社に二年半勤めたのち、平和建設株式会社の経理課に転職。会社では貴重な人材として大事にされ、同社に出入りしている損保会社の外交員の紹介で現在の夫・保衛さんと結婚、幸せな家庭を築いた。保衛さんは測量士で土地家屋調査士。竹山は二五歳での結婚であった。

「でも、今考えるとバカみたいだけど、広島の時代にも社長には大事にされたんだけどね。私が上京してから、その社長は様子を見に一度東京へいらしたの。私がいなくなったら、織機の仕事はやめてしまったということを噂に聞いた。

広島では大変だったけど、赤羽の事務所でお給料をいただいたときは、『これが自分のお金なんだな』と思って感激しちゃった。社長に『貯金しなきゃ駄目だよ』って言われて、二二歳で、生まれて初めて二〇〇〇円の貯金をしたの……」

野﨑末子は結婚後も、セールスレディーとして働き続け、「夫とともに一生懸命働いて……」埼玉県比企郡にマイホームを持った。「三十代から四十代にかけても、ローンを返すのに一生懸命働きました」と野﨑は言う。

「でも、働けば働くほど収入も増えて頑張り甲斐があった、前と違ってね。仕事はどの仕事も大変だけど、働いた分だけ返ってくるから苦にならない。お陰さまで、今は主人と二人でのんびり過ごしています」

平成八年（一九九六年）には勤務先の会社から、「勤続二〇年」の表彰も受けた。保衛さんとの間には子供が二人。「二人とも男の子」で、長男・勇慶《たけよし》さんには男児が誕生。孫の将来を思い、野﨑はふと不安気な表情を浮かべる。

「(平成十八年）七月に孫が生まれたんだけどね、これからの人たちは大変だなと思う。日本も治安が悪くなって、先行きが見えない。嫌だなって思いますね。私たちの場合は、ひたすらやっていればなんとかなるっていう時代だったけれどね」

（二〇〇六年十二月　記）

◇

平成二十二年（二〇一〇年）一月、野﨑末子さんより「寒中お見舞い」をいただいた。夫・保衛さんがお亡くなりになったという訃報であった。

「……昨年二月十六日に夫・保衛が他界し、服喪中のため年末年始のご挨拶は差し控えさせていただきました。」

苦楽を共にしてきた伴侶に先立たれて失意の日々を送っていた野﨑だったが、今は孫たちに囲まれて、家庭菜園を楽しみながら静かな日々を送っている。年に二回行われる関東同窓会には欠かさず出席して、笑顔を絶やさない。

（二〇一〇年八月　記）

遠矢節子

皇族方の視察も受けた岐阜県の堀江縫製――「模範工場」に勤めつつも故郷にUターンし農協に勤務

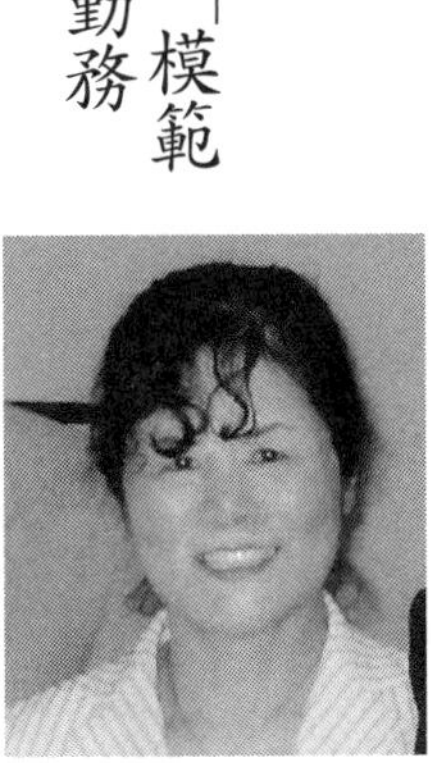

平成十八年（二〇〇六年）七月二十九日・土曜日、与論空港を発った私は鹿児島空港に到着後、バスに乗り姶良郡加治木町に向かった。当時は鎌倉に住んでおり、与論空港から羽田空港へ向かう際、通常なら沖縄経由の便で羽田に向かうのだが、この日は鹿児島経由の便に乗ったのだった。「集団就職」の取材で、鹿児島在住の遠矢節子と永井秀之伸に会うためにである。遠矢節子は姶良郡加治木町に、永井秀之伸は鹿児島市内の紫原に住んでいた。時間が遅すぎたため永井の取材は翌日に回し、加治木町のホテルに宿泊先を定めたのち、遠矢節子に会うことにした。どこで待ち合わせたのかほとんど記憶にないが、遠矢は購入したばかりの白塗りの車を駆って颯爽と現れた。与謝野鉄幹や与謝野晶子の歌碑など名所をいくつか案内してもらったが、詳しいことは思い出せない。ただ、しばらく回ったところで遠矢は車を止め、海（鹿児島湾）を見ながら次のように言っていたことだけはよく覚えている。

「集団就職」の取材について話を切り出すと、笑みを浮かべながら本気ともジョークともとれるような口調でこう話したのである。

「そういう難しい話はやめて、『鹿児島の夜の街をドライブして、食事して、楽しいひと時を過ごした』と、そう書けばいいがね」

この一言にはグサリと来るものがあった。「集団就職」の原稿を書くと一口に言うが、それは人それぞれの人生に踏み込んでいくということであり、ましてやこれを記録に残すとなれば、普通に日常を生きている人にとっては「利する」ところはほとんどないはずだからである。遠矢の取材を終えてのち多くの人の話を聞くことになったが、取材後に「名前は載せないでほしい」という人、取材の途中で「やはり本にはしたくない」と話を中断した人、校正刷りの段階になって「本には載せないでほしい」と連絡をくれた人などさまざまであった。

「そういう難しい話はやめて……」と言いつつ、しかし遠矢は、取材には応じてくれたのだった。

会社の屋上にて共に就職した松村アケミ(右)と(1962年10月4日)

遠矢の旧姓は「川畑」である。与論村立長出身で、実家は『川畑商店』という小さな雑貨商を営んでいた。茶花小学校から与論中学校に進んだ。成績が良く、明るく活発な性格で、中学一年の学芸会のときは数学を教えていた西田みどり先生の演出・振り付けで主役である「人魚姫」を演じた。また、国語の教科では、「護岸工事」を進めている村の現状についての作文を書き好評を得ていた。

川畑節子はその成績からして当然、高校へ進学するものと思っていた。しかし川畑は、就職の道を選んだ。「本当は高校へ進学したかった」が、「兄が病気になり、私の学費を捻出するのに親が大変だと思ったから進学を諦めた」のだという。卒業式が間近に迫り、クラスごとに卒業記念写真を撮ることになったが、山下清和先生が担任であった三年二組の卒業記念写真の中に川畑節子は写っていない。短期間の入院中に、たまたま写真撮影の日が重なってしまったからである。それでも就職先は決まっており、病も完治して、あとは卒業式を待つだけになっていた。

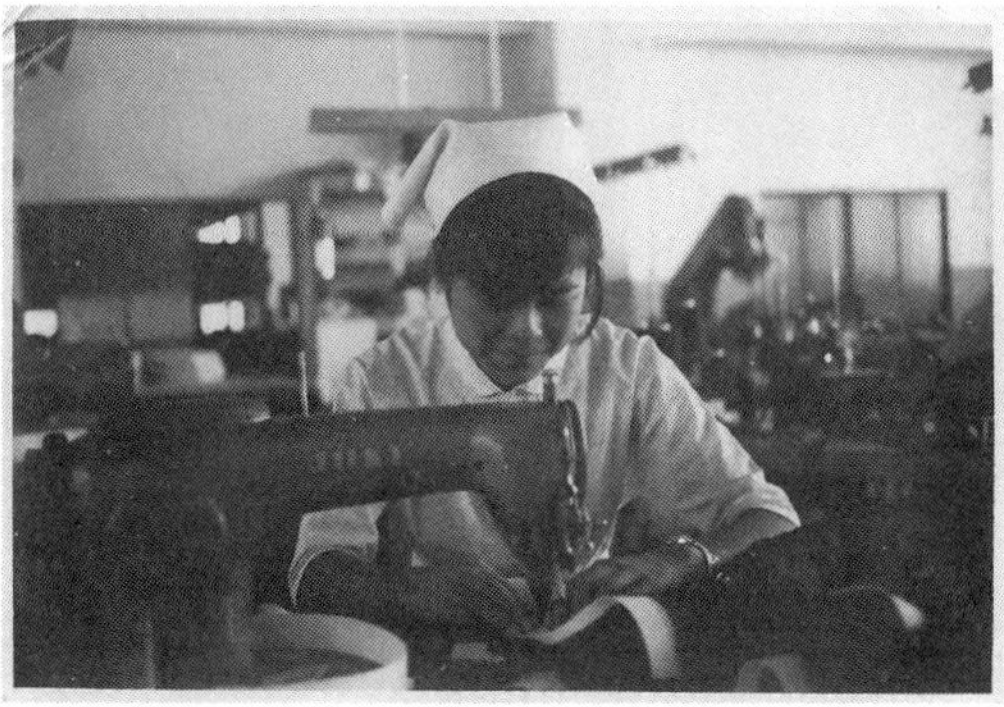
工場内でミシンに向かう(1962年10月4日)

昭和三十六年(一九六一年)三月二十日、中学を卒業すると松村アケミと共に『浮島丸』に乗り集団就職で岐阜県の堀江縫製に就職した。岐阜市六条に工場があり、繊維・衣料品、縫製加工工業の優良企業である。川畑が就職した当時の従業員は一〇〇人ほどだった。堀江縫製に就職した当時のことを振り返りつつ遠矢はこう語っている。

「(愛知県や岐阜県のほかの会社に就職する)皆さんと岐阜駅でお別れして、迎えに来てくださった堀江縫製の方とともに、松村さんや名瀬から来た二名と同行して会社に行きました。会社の寮は、いくつかの部屋がある平屋建ての一軒家でした。案内された自分の部屋に荷物を置き、二階にある工場で自己紹介をしてその日は終わって、入社した翌日から仕事でしたね」

新工場落成式の日に。前列中央が川畑節子（1962年5月3日）

女子寄宿舎（1962年10月5日）

　堀江縫製は岐阜市六条の「国道から少し入った田園地帯の集落の中にあった」という。二階にある工場の一階には食堂と風呂場があり、社長の家族の居宅があった。男子寮は、工場の近くにある家を間借りして寮として使っていたという。

　川畑や松村や名瀬から来た二人は、入社した翌日から仕事に就いた。

「ホロの付いた三輪自動車に乗り一〇分ほど行ったところの家（工場）での作業でした。二階には数台のミシンがあり、仕事はポケットや前立て縫いや、アイロンかけなどでしたね。紳士ズボンの縫製で、外注の仕事もあったと思います。そのうち新しい工場ができて、新社屋では裁断から仕上げまでの流れ作業でした。一日に四〇〇着から五〇〇着のズボンを仕上げ、男の方は断裁とプレス、女性はミシンがけでした」

勤務時間は午前八時から午後五時までが定時で、給料は「もう定かではないのでわかりませんが、速記の通信教材を購入して小遣いもあまり不自由してなかったから少しはゆとりがあったんでしょうね」と遠矢は言う。手取り四、五〇〇〇円くらいはあったのであろうか。空いた時間には、将来のためにと「速記」の通信教育も受けていた。

新工場ができてからは、工場の二階の部屋に二段ベッドが置かれ、社長の居宅のある建物の寮からは引っ越すことになった。

堀江縫製は社会保険も完備しており、社内運動会も催され、春と秋には社員の慰安旅行もあった。川畑や松村アケミが入社した翌年には、与論中学から「三名の後輩も入社してきた」という。


人の運命は〝采〟を振って決めるわけではないが、クジ運というのがあるような気がしないでもない。待遇の面で言うと、川畑の同期で就職した人の中には月に一〇〇〇〇円の給料で入社当日から徹夜で働かされ、また残業代もなく夜の一〇時・一二時まで働かされた者、あるいは最悪のケースでは五年間〝無給〟で働かされた者など、耳を疑うような経験をした人もいたのである。

遠矢は、堀江縫製の待遇についてはどう思っていたのか――。

「会社にはこれといった不満は一つもなかった」という。不満どころか堀江縫製は、「模範工場」ということで、今は故人となられた皇族方の視察を受けたことすらあったのだった。川畑はしかし、堀江縫製を二年で辞めている。辞めた理由はなんであったのか――。

還暦祝賀会で琉球舞踊を披露する遠矢節子

「いろいろありましたが、一旦は与論に帰ってから会社に戻り、しばらくして『一身上の都合で退社させていただきます』と言って辞めました」

そして遠矢は、こうもつけ加えた。

「岐阜で過ごした二年と五カ月の間には、良い思い出もいっぱいあります」

昭和三十八年（一九六三年）の夏、堀江縫製を退社した川畑は、東京にいる姉を頼って岐阜駅を後にした。翌年には、日本が国の威信をかけてオリンピックを開催しようと沸き立っていたころである。

勤めた先は新宿駅前のスーパーを兼業するレストランだった。ウエートレスとして働き、スーパーのレジも担当していたという。四カ月ほど勤めたが、この年の十二月には退社することになった。仕事に対する不満があったからではなく、「東京の寒さに耐えられなかった」からだという。しかし、それだけが理由ではなかった。「与論が恋しくなったんです」と遠矢は言う。

昭和三十八年十二月、東京・新宿の喧騒を後に向かった先は故郷・与論島であった。翌三十九年の新年を与論で迎え、故郷の温もりに浸りながら島の正月をじっくり味わった。

川畑はもう都会に出ることはなく、そのまま島で生活することを考えた。島の製糖場である南島

2017年4月15日に行われた「与中13期生73歳年祝」で開宴を前に牧美代子（右）と共に祝儀舞踊を舞う

開発に勤めたという。同社には鹿児島の農村センターを卒業し入社した同期の池田一彌らがいた。川畑の仕事は、トラックで運ばれてくる「砂糖キビを計量する係だった」が、そのうち農協の職員に転属することとなった。農協では「窓口の受付を担当し、五年間勤めた」という。

農協に勤めているころ、川畑は成人式を迎えた。結婚したのは二三歳のときで、鹿児島県出身の男性と結婚し「遠矢」姓となった。鹿児島で暮らすことになるのだが、二人の子をもうけ、子育てが終わってのちは株式会社ノエビアで化粧品のセールスレディーとして働き、代理店を任されるまでになった。取材のため鹿児島に遠矢を訪ねたとき、その自宅玄関先には純白の看板が掛かっているのが見えた。周りは薄暗く遠目に見たため看板に何が書かれているのかわからなかったが、『ノエビア』のあの独特のロゴマークがあることだけははっきりとわかった。

「アケミちゃんとの思い出の一コマです」。社員の慰安旅行時に写す

遠矢にはもう一つの顔がある。琉球舞踊を舞う特技があるということだ。平成十七年（二〇〇五年）一月三日、「第一三期生還暦祝賀会」が与論町パークホテルにおいて開催され、その舞台で遠矢は琉球舞踊を披露し、平成二十九年（二〇一七年）四月十五日に行われた「与中一三期生73歳年祝」においても牧美代子と共に琉球舞踊を舞い祝宴に花を添えた。

川畑と共に堀江縫製に就職した松村アケミであるが、その後結婚して「島田」姓になり岐阜県各務原市に住んでいることがわかった。しかし、還暦祝賀会や「73歳年祝」の席に島田の姿を見ることはできなかった。「体調不良」を理由に欠席したとのことだったが、松村アケミは中学時代、底抜けに明るい性格で人気者だったと記憶している。その「島田さんがお亡くなりになった」という訃報に接したのは令和元年になってからであったが、遠矢はどのような思いで「友の死」を受け止めたのであろうか……。

（二〇二〇年九月　記）

潟山正

「デラシネの旗」を掲げ、俺たちはどこへ行こうとしているのか!? 「もっと世間を知りたい」「違う社会で羽ばたいてみたい」「新しいことにチャレンジしてみたい」

「会社に中卒なんて一人もいないよ。高卒は当たり前で、ほとんどが大卒。学歴コンプレックスは、大いにある。オヤジの言うことを聞いて、高校ぐらいは出ておけばよかったと後悔している」

警察署長の息子である潟山正は、中学三年の時鹿児島から与論中学に転校してきた。父親の職業柄、毎年のように転校し、友達は「要らない、できない、つくらない」で通した。どこへ行っても「自分は一人だ」という意識があり、進んで友達の輪に入ろうとせず、また一人でいることにさほど苦痛を感じることもなかった。

潟山の〝一匹狼〟の習性は社会に出てからもそのまま残った。東京でいくつかの会社を転々としたのち関西に移り、ノルマ制で稼げる不動産関係の会社を渡り歩いて一億円近い金を貯め、マンションを購入してからは某商事会社で所長の役職についた。冒頭に記したのはその所長時代に大阪で久々に会い潟山から聞いた言葉である。ちなみに取材に際しては、「中卒の学歴コンプレックスは……?」などとはこちらからは一言も訊いていない。

中学時代の潟山正と担任の福永政宜美先生(右)、職業科と体育を兼任した福富雄先生。後方は横山俊文(卒業記念写真より)

昭和三十五年三月二十八日、鹿児島から与論島の派出所に一人の警察官が赴任してきた。潟山の父・潟山清氏である。先に「署長」と書いたが、与論島に警察署はなく隣接する沖永良部警察署与論警部補派出所」というのが当時の正式な名称であったから、正確には「潟山警部補」ということになる。

潟山警部補は恰幅がよく、見るからに腕っ節が強そうで頼り甲斐のある警察官であった。そしてその息子・正は、色白でハンサム。島で育ったわれわれとは明らかに違う品の良い顔立ちをしていた。都会育ちで警察官の息子であるから、潟山は高校へ進学するものと周りの誰もが思っていた。が、中三で与論中学に転校してきた潟山はなぜか選択科目は英語ではなく「職業家庭」を選択した。就職組に入って鍬を持ち、農園を耕やし、親の反対を押し切って中学を出ると集団就職で東京の会社に就職したのだった。

潟山の就職先は、私と同じコロナ工業株式会社で、アルミ板の表面を処理加工しテレビやラジオ、カメラなどのダイヤルを製造・販売する会社だった。入社して一カ月後に会社から横浜工場への「転勤希望者」を募る話があり、私と徳田昭次郎、吉田満男の三人はこれに応じたが、潟山は竹波栄喜とともに東京都荒川区日暮里の本社に残った。同じ会社に入っても、こうした〝触手〟の違いが微妙な綾となってそれぞれの運命を大きく変えていく。

親の反対を押し切り就職の道を選んだ潟山であったが、入社した翌年の昭和三十七年四月に、東京都千代田区神田錦町にある東京電機大学付属高校定時制に入学した。潟山はなぜ気持ちが変わり高校へ進もうという気になったのか……。

昭和三十六年にコロナ工業に入社した集団就職者は、中卒や高卒あるいは中学を出て一、二年経って就職した者を含めて約四〇名ほどいた。うち高卒者は一〇名ほどで、配属先あるいは給与その他の面において彼らはやはり中卒者とは一線を画された存在であった。また、中卒で一、二年早く入社した先輩のなかには定時制高校に通う者もいて、眩しく見える高卒者のそれと相俟って彼ら先輩たちの〝頑張る姿〟はわれわれにとって良き〝範〟となっていた。会社の体質として理解ある上司に恵まれたことも最大の要因としてあったが、仕事が終わってのち夜学に通っている先輩たちの後姿がわれわれ中卒者に「やる気」を起こさせてくれたことは否めない。入社して一年後に、コロナ工業に就職した中卒者の大半が定時制高校に通うようになったのである。

潟山正も、そうした環境に感化された一人だった。

コロナ工業在職中に潟山は、日本一のボディビルダーになることを夢見、心身を鍛えるために空手道場にも通った。空手は「かじった程度でやめた」が、同僚の竹波とともにボディビルにはかなり本格的にのめり込んでいった。ボディビルや空手を始めたのは「体力的にコンプレックスがあり、男としての自信をつけたかった」からだという。

幸いボディビルをやるには、身近によき先輩がいた。奄美の大島高校を卒業して同じ年に就職した、沖恵という与論島出身の強い先輩がいたのである。高校時代には相撲部に所属し県大会などで活

1961年5月5日。会社（コロナ工業）は新入社員を東京見物に連れていってくれた。新入社員のほとんどが奄美諸島と四国出身だった。前列右から3人目が潟山正。その右隣りは竹波栄喜、その右は著者。最後列左から3人目が与実先輩、6人目が沖恵先輩

躍。相撲部といっても沖先輩の体型はあんこ型ではなく、胸版が厚く筋骨隆々でプロレスラーのような体躯をしていた。工場の敷地内に鉄棒を設置し、暇を見ては筋力を鍛える。バーベルを用いてベンチプレスなどをして体づくりにつとめていた。潟山も竹波も沖先輩の影響を受けて、ボディビルにのめり込んでいったのだった。ともに逆三角形の体に仕上がっていったのだが、潟山はやがて自らの肉体に限界を感じ（身長は百六十数センチ、ボディビルを始める前の体重は五七キロ）、日本一のビルダーになる夢を諦めた。「筋肉的に素質がないことを知った」からだという。

　ボディビルだけでなく潟山は、東京電機大学付属高校も定時制二年で中退した。思い直して今度は、千代田デザイナー学院の

夜間部に入り、ここでインテリアの基礎を学んだことが転職のきっかけとなった。

私が四年三カ月後にまっ先に会社を飛び出したのに対し、潟山は与論中学から入社したなかでは最も長く八年間もコロナ工業に在職し、退職金までもらった数少ない一人である。

退職願いを提出したのは、昭和四十四年十月だった。

「もっと世間を知りたい。違う社会で羽ばたいてみたい。新しいことにチャレンジしてみたい」

これが退職を決意した理由であった。中学を出てから七年七カ月、二三歳になっていた。

潟山の新しいことへのチャレンジは、コロナ工業の本社のある日暮里に近い北区田端に四畳半のアパートを借りることから始まった。インテリア関連の会社で最初に勤めたのは、信越化学の子会社で信越ストアサービスという、従業員三〇名ほどの会社だった。見習いで店舗のレイアウトなどを手伝ったが、肌に合わないため退職。次はやはりインテリア関連の仕事で、台東区合羽橋にある会社に勤めたが、半年で辞めた。次に江東区の会社に移り、ここは「一週間ぐらいちょろっと行っただけ」で、すぐに辞めた。こうして一年足らずで三社を転々としたのち、潟山はインテリア関連の仕事に見切りをつけている。

潟山が次にチャレンジしたのは、新宿にある日拓観光で、那須の土地開発を手がけている会社だった。彼にとっては思い切った〝業種転換〟であり、その後は一貫して別荘地などを売買する不動産業に従事するようになる。

日拓観光には「半年ぐらいいた」が、同社退職後は新聞の求人欄を見て大阪の松下興産に応募し、住み慣れた東京をあとにした。二四歳のときだった。

大阪に移ってからは、また会社の寮生活からスタートしたという。

「和歌山県白浜の別荘などを売る仕事で、松下興産の寮で生活した。大阪に行ってもあちこち会社を変わったから、よく思い出せないけど、淀川区西中島のトタン敷きのアパートで四畳半に二人で暮らしていた。あのころの事件といえば、群馬県の浅間山荘で連合赤軍が大暴れしていたのをよく覚えている。

仕事は身を入れてやったつもりだけど、でも、あのころの俺はまだ営業マンとしての性根が入ってなかったな。金を稼ぐ面白さを覚えたのは、中央観光という会社に入ってから……。ノルマ制で近畿圏を中心に別荘地を売り歩いて、月に二〇万、三〇万円の給料というのはざらだった。多いときは一〇〇万円を稼いだこともある」

中央観光には「二年ぐらい勤めた」という。

結婚したのは二七歳のときだった。中央観光の次は、大阪府茨木市にある三和住宅に入社。一〇年勤めたこの会社では「すべての基盤をつくり、男の自信、生活の自信を得た」。一〇年で七〇〇〇万円稼ぎ、「茨木市にマンションを買い、それでも三〇〇〇万ぐらいは通帳に残った」という。

「だが……」と寂しげな表情を浮かべながら潟山は言う。

「あちこち職を変えて歩いたものだから、オフクロの死に目に会えなくてねえ……」

男として「あらゆる基盤をつくった」三和住宅を辞めるつもりはなかった、という。しかし、会社の業務の都合で昭和六十年十月、同社を退社した。

自信を得た潟山は、三和住宅を離職してからは「三和住建」という会社をつくり、下請けを使って一人で建売りの仕事を始めた。「飯を食う程度の金が稼げれば……」との気持ちで始めた会社だったが、一年でこれを閉鎖することになったという。しかし、会社は閉めても、借金だけはつくらなかった。潟山は再び、サラリーマン生活に戻ることになった。大阪市内にある双葉商事と称する不動産関連の会社に入社し、「所長」の役職を任された。

私が本稿取材のため潟山に会ったのは、平成元年九月二十四日、彼が双葉商事に勤めているときで、JR新大阪駅近くの喫茶店で会ったのだった。「所長」という役職にありながら「学歴コンプレックスは大いにある」と語った潟山は、さらに続けてこうも言った。

「実力のある者が上にあがるというシステムは好きだ。コンプレックスを打ち消すのは、金しかない。俺が稼ぐ金なんて、知れた金やけど、『負けてたまるか』という気持ちで一生懸命やってきたことが今の自信につながっている」

と言いつつ、語調を落としてこうも続ける。

「人に負けたくない。それだけで生きてきたが、最近は以前に比べ闘争心がなくなってきた。妥協することも必要だということがわかった……」

趣味は「カメラ」だったが、今は「ゴルフ」。「最近はいかにゴルフがうまくなるかばかり考えている」（四十歳代半ばの談）という。

本を読むのも好きで、感銘を受けた小説として五木寛之の『デラシネの旗』を挙げている。潟山は、デラシネの「旗」とは言わず「花」と言い、「根なし草の花」が好きだと言い直したが、「一匹狼」という言葉も気に入っている。

五木氏の『デラシネの旗』は、昭和四十三年九月に発表された作品である。デラシネとは「根なし草」のこと。小説のあらすじを紹介するゆとりはここではないが、五木氏は作品を次のように結んでいる。

《……おれたちは「デラシネの旗をかかげて、どこへ行こうとしているのか、そしてあの九鬼はどこへ行ったのか、そして世界は——と黒井は頭上にひるがえる紫のブラウスの旗を見上げながら考え続けた。》

結びに到る文中には、こんな一節も見られる。

《「ぼくらはデラシネですから。いつまでたっても国には帰れんのです」》

潟山は双葉商事に五年ほど勤め、退職していた。その後の消息はわからないが、次の一言は今も私の心に強く残っている。

「勤めている会社を『辞めよう』と思い、辞めてしまう。でも、次の職場が決まるまでは心細い。『なんで辞めてしまったのか』と、後悔というか、心細い気持ちになる」

潟山のこの言葉が心に残っているのは、私自身、嫌というほどこの思いを経験してきたからだ。

誰も「デラシネ」になんか、なりたくはないのだ。


（一九九四年五月　記）

第9章

「73歳の年祝い盛大に」──晴れ姿で与論銀座をパレード

川上重光

定時制高校・鹿児島県立短期大学二部を経て新東株式会社工場長。「辛い思いもしてきたけど、思い返してみるとみんな懐かしい」

「73歳の年祝い盛大に─与論中13期生─晴れ着姿で中心街をパレード」

二〇一七年（平成二十九年）四月十八日火曜日、『南海日日新聞』の社会面に掲載された記事のタイトルである。取材したのは南海日日新聞の沖永良部総局で、記事には大判のカラー写真が添えられている。キャプションには「73歳の年祝いに、銀座通りをパレードする参加者＝15日、与論町」とある。

記事の全文を以下に記そう。

《【沖永良部総局】与論中学校13期生全国酉戌会（竹内豊一郎代表）は15日、73歳の年祝いに与論町役場から銀座通りをパレードした。メンバーは振り袖やはかまなど思い思いの晴れ姿で通りを練り歩いた。見物人も大勢集まり、パレード参加者に声援を送ったり、写真を撮るなど大にぎわい。愛知県を中心に活動する「ろくでなしチンドン隊」も加わり、イベントを盛り上げた。

午後4時の開始前から銀座通りには多くの人が集い、パレードを待ちわびた。ユニークな仮装や晴れやかな振り袖をまとったパレード参加者が姿を見せると、見物者から大きな声援が飛んだ。

チンドン隊のメンバーの一人は与論町の出身者。その縁もあり、今回のパレードが企画されたという。

実行委員の井上淑子さんは「当時は集団就職の時代。成人式にも帰省できず、振り袖が着られなかった人も多かった。73歳を迎え、年齢を重ねる喜びをみんなで分かち合おうと振り袖やはかま姿でお祝いした。街頭からの声援がうれしかった」と笑顔で話した。》

写真中央の「与中13期生（酉・戌）73歳年祝」と書かれた幟後方に、ロイド眼鏡をかけ鬘と付け髭に袴姿で行進しているのが同窓会会長の竹内豊一郎である。振り袖をなびかせ沿道で声援を送っている人たちに笑顔で応じているのは龍野勝子。記事のなかでコメントを発している実行委員の井上淑子らとともに祝賀会を企画し旗振り役を務めた。

記事の中に「チンドン隊のメンバーの一人は与論町の出身者。その縁もあり、今回のパレードが企画された」とあるが、この「ろくでなしチンドン隊」のメンバーを率いてきたのは一九六一年（昭和三十六年）三月に与論中学を卒業した同期の川上重光である。愛知県高浜市に住んでおり、三味線は師匠の腕前を持ち、フルートその他の楽器も奏するなど多彩な趣味を持っている。「ろくでなしチンドン隊」へメンバーの一人として加わっているのも、定年後の人生を楽しむための趣味の一環として〝入隊〟したのだった。長年勤めあげた新東株式会社を定年退職した翌年の二〇一二年五月には、三万五〇〇〇トンの客船『ピースボート』に乗って「パナマ運河なども回ってきた」と言い、一〇二

南海日日新聞　2017年（平成29年）4月18日　火曜日　社会　(8)

73歳の年祝い盛大に

与論中13期生

晴れ着姿で中心街をパレード

【沖永良部総局】与論中学校13期生全国酉戌会（竹内豊一郎代表）は15日、73歳の年祝いに与論町役場から銀座通りをパレードした。メンバーは振り袖やはかまなど思い思いの晴れ姿で通りを練り歩いた。見物人も大勢集まり、パレード参加者に声援を送ったり、写真を撮るなど大にぎわい。愛知県を中心に活動する「ろくでなしチンドン隊」も加わり、イベントを盛り上げた。

午後4時の開始前から銀座通りには多くの人が集い、パレードを待ちわびた。ユニークな仮装や晴れやかな振り袖をまとったパレード参加者が姿を見せると、見物者から大きな声援が飛んだ。

チンドン隊のメンバーの一人は与論町の出身者。その縁もあり、今回のパレードが企画されたという。

実行委員の井上淑子さんは「当時は集団就職の時代。成人式にも帰省できず、振り袖が着られなかった人も多かった。73歳を迎え、年齢を重ねる喜びをみんなで分かち合おうと振り袖やはかま姿でお祝いした。街頭からの声援がうれしかった」と笑顔で話した。

73歳の年祝いに、銀座通りをパレードする参加者＝15日、与論町

「73歳の年祝い」が開かれた3日後に『南海日日新聞』に掲載された、パレードの模様を伝える記事。列の中央に「ろくでなしチンドン隊」隊員らの姿も見える（写真提供：南海日日新聞社）

日間の地球一周の船旅をするなど悠々自適の生活を送っている。

川上は中学を卒業して社会人となったが、いわゆる「集団就職者」ではない。就職先は中学の先生に紹介してもらった鹿児島市内の豆腐屋であり、同期で茶花小学校時代から仲が良かった出村哲雄とともに故郷を離れ『あけぼの丸』で鹿児島に向かった。五〇〇トンしかない貨客船『あけぼの丸』は揺れが激しく「死ぬ思いをして鹿児島に着いた」という。鹿児島で、出村は甲南高校に進学し、川上は豆腐屋に勤めながら夜学に通うことになる。ちなみに一三期生で甲南高校に進学したのは出村のほかに竹下岩男、原田吉村、野口卓雄らがいる。原田と野口は中三のときに鹿児島に転校し、竹下は与論中学を卒業し甲南高校を経て九州大学医学部に入り、医学博士を取得し脳外科医になった。

川上は中学の同期生である山剛昇と共に鹿児島県立鹿児島工業高校に通ったのであるが、山とは「中学一年から定時制高校を卒業するまで七年間、ずっと同じクラスだった」という。

その川上に「集団就職をテーマに本を書きたいのだが」と話を持ちかけたところ、「あまり記憶が定かでないので、正確なことはわからないが、下記が私の中学卒業後の歩みです。」として、以下のような〝履歴書〟を書いて送ってくれた。

《学歴
1960年3月　与論中学校卒業
1960年4月　鹿児島県立工業高校夜間部入学（18：30～21：30）
1964年3月　同校卒業

1964年4月　鹿児島県立短期大学二部商業経済科入学（18：30～21：30）
1967年3月　同大学卒業（中学校教員の免許取得）
職歴

中学1年から定時制高校卒業までの7年間「ずっと同じクラスだった」山剛昇とともに写す（2016年12月、関東同窓会に出席するために上京。東京・池袋の喫茶店で、著者撮影）

1960年4月　豆腐屋さんに約2週間住み込み（4：00～16：00）
1960年4月　石神製函所に約2か月間勤務（6：00～17：00）
1960年6月～1967年4月　正商店（米屋）に住み込み（6：00～17：00）（16歳で軽自動車の免許取得・精米や米・木炭・煉炭等の配達で多少重労働でした）
1967年4月～1968年4月　松山商事（文房具等の卸）営業（通勤）（8：00～17：00）
1968年4～1969年　正商店が経営するガソリンスタンドに勤務（通勤）
以上は全て鹿児島市内です。
1968年～1969年　大阪の丸栄興業（派遣会社）（事務・庶務の仕事）

愛知県高浜市
1969年～1970年　尾崎瓦製作所（瓦製造の現場作業）
1970年～2012年3月　新東㈱（瓦製造販売・屋根工事・太陽光発電パネル販売）
（公害防止管理者・高圧ガス取扱主任者・衛生管理者・危険物取扱主任者・品質管理責任者等の会社で必要とされる資格をすべて取得、定年後嘱託で監査室長の仕事を7年間・その間に整体師の資格を取得）
・2012年5月7日～102日間の地球一周の旅をしてきました。
その後今年（2013年：筆者注）の3月からホームヘルパーの資格取得の勉強をし、実習を終え6月3日に修了式でホームヘルパーの資格を取得する予定です。
＊2012年6月1日にひ孫（男の子）が誕生・妻とともにひ孫の守りで大変です。
以上》

川上がこの〝履歴書〟を認め送ってくれたのは二〇一三年五月二十七日であった。中学を卒業したのは「1960年3月」とあるが、正確には「1961年」である。したがって定時制高校を卒業したのは「1965年」であり、鹿児島県立短期大学二部に入学したのは「1965年」ということになる。この一年のズレの中からは、単なる記憶違いというよりは、前だけを見てひた向きに生きてきた川上の人となりを推し量ることができる。

川上は、与論島の茶花小学校を卒業し中学に入学したときから明確に自らの将来を見据えていた。七人兄弟（兄三人・姉三人）の末っ子で、「父は船乗りだった」という。

「船長でした。給料もかなり良かったと思いますが、あまり家にお金を入れてくれる人ではなかった。だから、兄弟はみんな中学を出てから働きに出た。できれば自分は、高校に進学したかったのですが……」

昼間の高校に進学できないことがわかっていた川上は、中学入学時から「夜間高校に進学することを決めていた」という。小学校時代から成績が良く、中学でも上位の成績を修めていた。

中学時代の部活動では、野球部に所属していた。グローブなどチームに必要な用具が満足に揃っていない部ではあったが、男子生徒の間で野球部は人気が高く、四〇人ほどの部員がいたように思う。顧問を務めていたのは教頭の山富英先生であった。その山先生は、部活動を始める前に教室において部員一人ひとりに自己紹介を兼ね「野球部に入部した動機」を尋ねた。そして、全員の自己紹介が終わったのち、こう評した。「川上君のスピーチが一番よかった」と……。

筆者はなぜか山先生のこの言葉を鮮明に記憶している。

川上は、鹿児島の高校に進むことを決め、念願通り鹿児島市草牟田二丁目にある鹿児島県立鹿児島工業高等学校電気技術系定時制への入学を果たした。

昼間は、中学の先生に紹介してもらった豆腐屋で働くことにした。しかし、住み込みで入った豆腐屋は「二週間で退職した」という。朝は四時からの出勤で、午後は四時まで。四時で終わることができるのは良かったが、朝が早く「とても高校に通える環境ではなかった」からだという。

次いで就職したのは、ケーキを入れる箱をつくる石神製函所だった。朝は六時から午後五時までの勤務。住み込みで、豆腐屋よりは多少ゆとりがあったが「午後一〇時過ぎに学校から帰ってきてからも仕事をさせられた」など、なんとなく得心のいかないものがあった。

朝六時から午後五時までというと、昼休みを一時間とったとしても実働一〇時間である。それから夜学に通い、四時間の授業を終わって一〇時過ぎに〝職場〟に戻り、また仕事をさせられる。しかも翌朝は五時には起床し六時からは仕事をしなければならない。睡眠時間は四時間ほどで、これでは勉強どころではなく身が持たない。「約二カ月間勤め、退社した」という。

次に勤めたのは、正商店という徳之島出身の人が経営する米屋だった。住み込みで、ここでもまた朝は六時から午後五時までの勤務だった。それでも、三度目の正直で、ようやく川上は、落ち着いて夜学に通うことができる職場を得た。「ここでなら何とかやっていけそうだ」と肚を括って一九六一年六月から一九六八年四月までの七年間、辛抱して働いた。この間、一六歳で軽自動車の運転免許も取得した。免許を取得したのは、配達の仕事で必要に迫られたからだという。

根っから真面目でよく働く川上を店主は「かわいがってくれた」。この米屋でも、九時半に夜学が終わって帰ってからも仕事をさせられることがあったが、それでも「大して苦にはならなかった」という。

このように勤勉な川上を、中学時代の英語の担任だった山下清和先生は「よく頑張っている卒業生」として後輩たちに紹介した。筆者も、ある友人を介して「川上さんも頑張っていると山下先生が褒めていました」と伝え聞いたことがある。

当時のことを川上は淡々とした口調でこう話す。

「朝は六時起床、すぐに仕事。精米をしたり、各家庭に米や木炭、煉炭などを配達するという仕事で、

1990年1月、川上の呼びかけで愛知県高浜市で中学の同窓会が開かれる。前列左より竹川達廣、坂本トシ子、岩井マツエ、川上重光、竹内タツエ、白尾豊蔵。後列左より竹波栄喜、牧美代子、増田アキ代、基(著者)

多少重労働だった。夕方五時まで働き、六時から学校で勉強。九時半に授業を終えて帰宅し、床に就くのは一一時ごろ。休みは月に二回だけだった」

勤勉家である川上は、定時制高校を卒業してのち鹿児島県立短期大学商業経済科二部を受験し、合格した。米屋では、「鹿児島ラサール高校に通う店主の息子さんに勉強などを教えてもらった」という。鹿児島県立短期大学には、同じクラスで川上より成績の良い人も何人か受験したが「その人たちは落ちて自分だけが合格した」。ラサール高校に通う店主の息子さんに勉強を教えてもらったことも理由の一つとしてあったが、合格した理由について川上は「旺文社の参考書を中心に受験勉強をしたのが良かった」と語っている。

正商店に勤めながら短大には三年間通い卒業、中学校教諭の免許を取得した。

三味線は師匠の腕前。川上の三味線に合わせ還暦祝賀会で歌を披露する（左より）池田一彌、野口卓雄、竹内タツエ、岩井マツエ（2005年1月3日、著者撮影）

住み込みで働いていた米屋を一九六八年四月に退職。同年四月から文房具などの卸をする板山商事で営業の仕事をした。住み込みではなく、初めて通勤しながら勤めた会社であった。そして、初めて経験する営業の仕事だった。同社を一年後に退職。次に勤めたのは、米屋の正商店が経営するガソリンスタンドだった。通勤で、一年間勤めたのち退社したという。

鹿児島で働きながら夜学に通っていたころの川上の話を聞くと、休日は月に二回しかなく、息詰まるような日々を送っていたことが連想される。この想いを少し和らげてくれたのは、定時制高校時代の四年間、同じクラスで肩を並べて学んだ山剛昇の次の言葉であった。

「いや、休日にはダンスホールへ行ったりして結構楽しく過ごしていましたよ」

ホッとさせてくれる一言である。

川上は、大学卒業後は学んだ知識を生かすべく大阪に向かい新しい職場を得た。丸栄興行という派遣会社に勤め、事務や庶務の仕事をしたという。同社を一年で辞めて愛知県高浜市に移り住み、尾崎瓦製作所に入社し瓦製造の現場作業に従事した。一九六九年から一九七〇年までの一年間だった

2005年1月3日、与論町パークホテルにおいて開催された昭和36年与論中学校卒業生還暦祝賀会、茶花小学校出身者の記念撮影。前列左より龍野勝子、竹内タツエ、大湾文子、遠矢節子、牧美代子、野村正子、田畑キミ子。中列左より井上淑子、富ウトミ、野澤美代子、清水節子、前田ミキ子、稲沼ミサエ、川上重光、池畑幸子、平幸輝。後列左より福島敏男、竹内豊一郎、福地哲博、出村哲雄、町ひろこ、野口卓雄（その後、野村正子、町ひろ子、野口卓雄は他界した）

が、同社を退社し兄を頼って次に勤めた新東窯業株式会社も瓦を製造販売する会社だった。瓦だけでなく屋根工事、太陽光発電パネルなども販売していた同社の前身は新東赤瓦株式会社（一九六三年九月に創業）であり、一九七四年に新東窯業株式会社に名称変更。さらに一九九五年一月には新東株式会社に社名を変更している。

川上は新東窯業時代には統括工場長の辞令を受け、新東株式会社に移行してからも工場長を務めている。一九七〇年から二〇一二年三月まで、定年後も嘱託として働き四二年間同社に勤めた。二五歳で入社し、六〇歳で定年を迎え、「定年後は嘱託として監査室長の仕事を七年間務めた」という。

ちなみに、二〇一八年六月現在の同社の資本金は四億一二〇〇万円超である。先の年譜にも見られるように川上は、新東株式会社に腰を落ち着けてからも、公害防止管理者・高圧ガス取扱主任者・衛生管理者・危険物取扱主任者・品質管理責任者など、「会社で必要とされる資格をすべて取得した」。

結婚したのは「何歳のときだったかなあ。結婚式も挙げず、いつの間にか一緒になっていたから」と川上は笑う。高浜市に新居を構え、妻・滋子との間に二人の子供をもうけた。これまでの人生の中で一番嬉しかったのは、「子供が生まれたとき」だったと言う。

「辛い思いもしてきたけど、思い返してみるとみんな懐かしい。工場の責任者になってからは、トラブルが発生したということで夜中に起こされたりしたことがきつかった。でも今は、コンピューター化されて楽になったけどね。もう孫もできて、おじいさんになったよ」

川上がこう語ったのは、まだ現役で会社に勤めていたときである。嘱託で監査室長として働いていたときは、整体師の資格も取得した。のみならず、平成二十五年（二〇一三年）にはホームヘルパーの資格も取得し、短期間ヘルパーとして働いたこともあるという。

平成二十四年（二〇一二年）六月には、曾孫にも恵まれた。

「男の子が生まれたんです。今は、妻とともに曾孫の守りで大変です。こんな平凡な人生でも、文章になるのかなあ……」

チンドン隊で余暇を楽しみ、三味線の師匠として弟子たちも教えているという川上は、こういって快活に笑った。

（二〇一八年六月　記）

山　剛昇

鹿児島工業高校定時制電気科に学び、九州電力鹿児島支社管内島々の発電所で所長を務め電力事業一筋に半生を送る

「鹿児島で働きながら、重光と重雄と僕と三人で定時制高校に行ったんだけど、普通の人が四年かかるところを僕は三年で卒業したんですよ。通った高校は、鹿児島県立鹿児島工業高校で、学んだ学科は電気科です」

こう話すのは山剛昇。「剛昇」と書いて「たかのり」と読む。現在は「一般財団法人全国福利厚生共済会　プライム倶楽部会員」の肩書の名刺を持つ。提携先は日本共済株式会社で、名刺の裏には「福利厚生事業」「健康関連事業」「レクリエーション事業」「全厚済モール」「生活支援事業」などの業種が明記されており、これら事業は「社会貢献」と「経済的安定」「福利厚生の充実」を目的に運営されているという。

山の言葉のなかに「重光」とあるのは川上重光のことで、「重雄」というのは町重雄のことである。ともに昭和三十六年三月に与論中学校を卒業した同期生だ（町重雄は令和二年三月十二日、糖尿病により他界した）。山は与論の那間小学校出身、川上は茶花小学校出身であるが、川上とは中学に入学

してから定時制高校を卒業するまでの七年間「ずっと同じクラスだった」という。

定時制高校の修業年限は四年間であるが、それを三年で卒業したと山は言う。そんな飛び級の学制が鹿児島工業高校にはあるのか。それとも、三年で挫折して中退したのをジョークで「卒業」と言っているのか？

山に質すと、笑いながらこう答えた。

「いや、高校に行くことは行ったんです、夜間部に四年間。しかし、学校に行ってからは、一時限目は眠ってばかりいた。オートバイを買って走り回って、天文館は僕の縄張りだった。暴走族をやってたわけじゃないんだけどね。本業のほかにアルバイトを二つ三つ掛け持ちして、皿洗いしたり、ウイスキーを覚えて体を壊したりね。僕とは対照的に重光は真面目によく勉強

中学・高校と7年間同じクラスだった川上重光とともに中学の関東同窓会に参加した山剛昇（左）。2016年12月3日、東京・池袋の喫茶店で（著者撮影）

していた。そして、休みの日はよく社交ダンスを習いに通っていた。ロックのリズムに合わせて腰をくねらせるようにして踊るツイストが流行ったころ、二人でよくダンスホールにも行ったなぁ……」

――では「三年間で高校を卒業した」とは、どういうことか。

「学校に行っても一時限目は眠ってばかりいたから、その分を差し引くと高校には三年間しか行って

いないということなんです（笑）。これは、僕がそう思っているだけじゃなく、高校四年のとき担任の先生に『君は毎日寝てばかりいたね。四年間の授業を、毎日一時間は寝ていたから三年で卒業したことになるね』と言われた。校長先生にも同じことを言われたんだよね。アルバイト先の研修で東京ほかあちこち行ったりして、七日から一〇日ほど長期欠席していたこともあって……」

快活に笑いながら山はこう答えた。高校を卒業してからは半年間、定時制高校在学中に勤めていたハリウッド化粧品を販売する会社で働いた後、故郷にUターンして与論の発電所に勤務。九州電力鹿児島支社管内の島々で副所長・所長となり定年になるまで勤めあげている。

山剛昇は父・福悦、母・ウシの次男として生まれた。きょうだいは五人で、姉が三人と兄が一人いたが、兄・捷弘《かつひろ》は次男の剛昇が小学校五年生のときに一八歳で病死した。そのため山家の跡取り息子となった剛昇は、「大事に育てられ、危険な遊びはしないように、親の目の届かないところで溺れたら大変だということで、一人では海にも行かせてもらえなかった」という。

剛昇は山家の〝長男〟として、中学に入ってからは高校に進学することを当前のように思い、その準備を進めていた。中学三年になると担任の川村先生や教頭の山富英先生、体育や職業科を受け持っていた福富雄先生などが山の家を訪ねてきて「是非とも剛昇君を高校に進学させるよう……」、父親の説得にあたっていたという。

そして、いよいよ高校受験のときがやってきた。山は、将来は電気関係の仕事に就きたいということで志望校を鹿児島工業高校電気科に定め、受験のために『高千穂丸』に乗って鹿児島に向かった。

鹿児島工業高校の電気科を志望した理由について山はこう語っている。

「従兄である山俊尊信兄の母校だからです。尊信兄は村営の発電所、配電事業の建設・設計施行の主任技術責任者で、私の家でパット電灯（ハダカ電球）の設計をしていました。村営の電灯供給開始で電球が点灯したときは感動しましたね。電灯のお陰で石油ランプを掃除したり磨いたりしなくてすむようになり、石油の臭いからも解放されて、村の人たちは大変喜んでいました。それで私も、人様の役に立ちたいということで従兄と同じ高校を選んだわけです」

山は鹿児島で機織りをしている長姉・シゲの家で高校受験の出願の日を待っていた。

しかし、いざ受験のための願書を提出する段になって、思わぬ事態が発生した。当時は限られた家にしか電話のない時代、その緊急の事態は、父親からの電報によってもたらされた。

昼間の高校ではなく「夜間高校を受験するようにという電報が来たんです」。

「高校から願書をもらってきて、さぁ願書を提出しようかというところに、親父から電報が届いたんですよ。タカノリ、高校は昼間ではなく、夜間部を受験してくれないか、という電報でした。それで急遽、鹿児島工業高校の定時制の願書をもらいに行って、提出して、試験を受けたんですけどね」

山は入学試験に合格した。

昼間の高校ではなく定時制高校に変更したことに対しては、親戚筋の間では、山の父親に対し「山家の跡取り息子だから昼間の高校に行かせてあげては……」と切望する声が上がっていたという。しかし、当人にとってこの進路の変更は、さして衝撃的な出来事ではなかったようだ。というのも、鹿児島工業高校定時制の電気科には、中学の三年間同じクラスで学びを共にしてきた川上重光や、同じ那間地区出身の町重雄も入学していたからである。

山と川上と町は、昭和三十六年四月、同じクラスで勉強できる喜びを噛みしめながら入学式を迎えた。夜学に通うには、昼間の勤め先を決めなければならない。山は、高校で紹介してくれた騎車場製麺所に勤めることになった。ラーメンやソバをつくる製麺所で、早朝四時・五時から午後四時半までの勤務。四時半に終われば学校の授業には十分間に合うのだが、早朝四時からの仕事はさすがにきつかった。四日間勤めて辞めたという。

「鹿児島に行って最初に勤めたのは製麺所です。ラーメンやソバをつくってラーメン屋さんやソバ屋さんに納めるという会社でした。麺類だけではなく、鶏を潰してかしわ（鶏肉）を売るという仕事もしていた。大きな鍋に鶏を七〇羽から八〇羽ほどぶち込んで、潰して、羽をむしる。僕は酉年だから、生きた鶏を潰すというのは辛かったですね。朝が早いというのもきつかった。体力的に継続不可能で、これでは夜学に通えない、勉強と両立できないというので四日で辞めました」

住み込みでこの会社に入った山は、周りに気づかれないように寮の二階の窓から荷物を降ろし「逃げるようにして辞めた」という。

次に勤めたのは、鹿児島中央駅前にある菓子本舗さつま屋という菓子屋だった。結婚式場で引き出物として出されるカステラやかるかんなどをつくる会社で、朝は八時から午後五時までの勤務。山はここでは、具材処理や自転車で結婚式場などにお菓子を配達する仕事をした。

「さつま屋は、高校で紹介してもらったお菓子屋さんでした。大きなタイヤの自転車でお得意さんに配達する仕事をした。荷台に一メートルほどのお菓子を積んで、自転車を倒して商品を台無しにしたることもあった。荷物が重いからスタンドの立て方が悪いと倒れるんだよね。そんな失敗もしたが、かるかんやお菓子の切れっぱしを学校に持っていって食べたり……、友達もできて良い会社だったんですけどね」

山はしかしこの会社を、二カ月で退職することとなる。昭和三十六年四月から五月三十日まで勤め、「お得意さんからの誘いを受けて……」次に勤めたのは、鹿児島市松原町の天文館公園、NTTビル前にある美容室を兼ねたハリウッド化粧品を販売する会社（ハリウッド化粧品鹿児島販売株式会社）であった。

「ハリウッド美容室というところに配達に行ったとき、そこの支配人に声をかけてもらったんです。『うちに来て仕事を手伝ってもらえないか』と。化粧品の販売や配達の仕事で、『バイクの免許も取って、ずっとここで働いてくれないか』と言われて、お菓子屋を辞めてその会社で働くことにしました」

ようやく山は、鹿児島に来て三カ月目にして腰を落ち着けて働くことのできる職場を得た。勤め先の支配人に言われたとおりバイクや車の免許も取得し、十代の青春時代をこの会社で目いっぱい働いた。本業に支障のない程度に、休日にはアルバイトも二つ三つ掛け持ちして、酒の味も覚えるようになったという。

「重光は、豆腐屋と製函会社に勤めてから正商店という米屋さんに勤めたんですけどね。学校の紹介で彼は米屋さんを選んで、僕は美容室を兼業するハリウッド化粧品鹿児島販売株式会社という会社で、化粧品の卸販売をする仕事を選んだんです」

美容室に就職したのは定時制高校に通うようになってから二カ月後、昭和三十六年六月一日だった。

化粧品の販売会社に勤めるようになってからは同社が経営する美容室の二階にある社員寮で生活するようになった。入社当時の給与は六三〇〇円で、「正社員にしてもらい、バイクや車の免許を取るときは自動車学校の費用の半額を出してもらった。東京・麻布にある本店の工場に美容研修に行ったり、海外研修でフランスやイタリアのファッションショーに連れて行ってもらったり、待遇の良い会社だった」という。講習を受けてメーキャップ中級の資格も取得し、その技術を仕事に活かした。販売店拡販のためのプレゼンをしたり、エステ業務なども経験した。

では、〝本業〟であるはずの高校の勉強のほうはどうだったのか？ 仕事と学業は両立できたのか……。高校三年までは丸坊主で通したという山からは、同じ高校に通いながら、川上重光からは聞くことのなかった意外な言葉が返ってきた。入学した当初は「鹿児島弁で授業する先生の言葉が理解できなくて、試験もお手上げの状態だった」という。これは山だけでなく同郷の町重雄や、奄美大島や徳之島出身の級友も「先生の鹿児島弁がわからなくて……」悩まされていたという。

「鹿児島弁で授業されたもんだから言葉がわからなくて、これには参ったですね。それで一カ月間は苦労して、一学期の前期試験は僕を含め三、四人で白紙で出すことになった。そうしたら校長先生に呼び出されて『これはどういうことなんだ』と……。それで本当のことを言わないとしようがないから『すみません、授業で先生の言葉がよく聞き取れなかったんです』と校長先生に言ったんですけどね」

山は鹿児島弁で聞き取れない授業のときは「後ろのほうの席で鼾をかいて寝ていた」という。

「それでコツンと頭を突っつかれてね、後ろの席じゃなく、前の席のほうへ来なさいと……。でも、怒られてもその程度で、感情的になってガンガン怒る先生はいなかったですね」

山は高校二年生になったとき、通学するのが苦痛になり二学期を迎える前に「学校をやめようと思ったことがあった」という。しかし、川上重光や町重雄はじめ、奄美大島や徳之島出身の友人らに励まされ、気を取り直して通学し四年間で高校を無事に卒業した。

「高二でやめようと思ったとき、重光や重雄や、大島の前田貢君とか徳之島の信寛良君に『せっかくここまでやってきたんだから、みんなで一緒に卒業しようよ』と励まされて、やめずに何とか卒業できたんですけどね」

昭和四十年三月、鹿児島工業高校定時制電気科を卒業。川上重光は鹿児島県立短期大学二部に進学し、町重雄は高校在学中から勤めていた大島紬の仕事を続け、前田も同じく大島紬の仕事に就き、徳之島出身の信寛良は東京電機大学二部に合格し希望に燃えて東京へと旅立っていった。ちなみに信は東京都庁に勤めつつ大学を卒業。都立電気工業大学の講師となり、平成二十六年に勇退。「現在は蛇皮線沖縄民謡クラブに入りライブ活動をしている」という。

高校卒業を間近に控えたとき山は、川上重光から「ともに大学を受験しよう」と誘いを受けたという。しかし、「重光は受験に向けて一生懸命勉強していたんだけど、僕はアルバイトを二つ三つ掛け持ちして、天文館通りを縄張りにオートバイで走り回って遊んでばかりいたからね。もう大学まで行こうという気力はなかった」と笑いながら山は言う。

「アルバイトは、本業（ハリウッド化粧品）に支障のないようにしてやっていた。天文館通りにある飲み屋で皿洗いをしたり、洋酒会館で生バンドのある酒場でお客さんに勧められてウイスキーの味を覚えて、ボトルをキープしてロックで飲んで体を壊したこともある。でも、ジャズのバンドで、ピアノ・

ドラム・ギター・テナーサックスと、生バンドを聞きながらのアルバイトは楽しかったなぁ……」

夜のアルバイトだけでなく、日曜日になると、高校の授業で習得した製図の技術を生かして図面を書く仕事もしたという。また、会社で当直をすると給料のほかに「宿直手当として二〇〇円ほどの手当てがついた」。図面を書くというアルバイトでは、小旅行ができるほどの小遣いを稼ぐことができたという。

鹿児島での楽しい思い出としては、「ハリウッド化粧品の上司に海外での研修を兼ねフランスやイタリアに連れて行ってもらったことや、重光や重雄と阿久根まで遊びに行ったりした」ことが忘れられない思い出として残っている。

山は高校を卒業してからもしばらくは、「会社に恩返しをしたい」ということもあってハリウッド化粧品販売会社に勤めていた。しかし、昭和四十年十月、高校を卒業してから半年後に山にも転機が訪れた。故郷に帰り、与論町の発電所に勤めることになったのだった。

故郷に最も近い本土である鹿児島で、山は多感な青春時代を過ごした。鹿児島を離れるとき、姉シゲや川上重光や町重雄、ハリウッド化粧品の上司・同僚が港まで見送りに来てくれた。人前ではめったに涙を見せない山であったが、このときは「熱いものがこみ上げてきて涙が止まらなかった」という。

鹿児島で暮らしている間、ときどき噴き上げる桜島の火山灰には悩まされたが、港を離れ鹿児島湾（錦江湾）を航行するとき目にした桜島の淡い噴煙には妙な懐かしさを感じた。

『あけぼの丸』に乗船して鹿児島港を発った山は、十月十日に茶花港に着いた。その三日後に与論町役場より辞令を受け、電気課吏員として務めることとなった。主に「発電・配電供給業務・設計を担当した」という。

「与論に着いたのは十月十日で、この日は那間小学校で秋の大運動会があったんだよね。それで、当時の電気課の山本課長に呼び出されて、職場対抗リレーの選手として走ることになった。一位になったんだけどね」と山は嬉しそうに言う。

与論の電力事情を調べるために『与論町誌』を繙いてみた。昭和六十三年三月、福富雄町長時代に編纂された町誌である。与論町誌編集委員会（益田元甫委員長）編集で、与論町教育委員会発行となっている。島名である「ゆんぬ」と「与論」についての解説に始まり、第一編で島の現状を概観、そして「歴史」「政治」「産業経済」「交通・通信」「教育」「民俗・言語」と続く。

ちなみに「与論」という名称の由来については《……「与論」という語句は、十六世紀の初期に又吉與論世之主が琉球王から派遣され、按司《あじ》として島の行政に従事した……》ことに始まるとしている。奄美群島が薩摩藩の統治下になったのは慶長十四酉年で、薩摩藩主島津家久が《幕府の命を得て琉球を征伐、大島、喜界、徳之島、沖永良部、與論五島を割《さ》かしめその版図に……》（『沖永良部島沿革史』からの転載）入れたのだという。

島與町村制が実施されたのは明治四十一年（一九〇八年）で、普通町村制が施行され「与論村」になったのは大正九年（一九二〇年）四月。町制が施行され「与論町」になったのは昭和三十八年（一九六三年）一月一日であった。

電気・電灯関連については『与論町誌』の「付編　年代表」に以下のような記述が見られる。

《一九五二（昭和二十七）年　与論ではじめて電灯がともされた（南前村私設で茶花に百五十灯）

一九五七（昭和三十二）年　私設南電業は村営事業となる
一九七〇（昭和四十五）年　町営電気事業は大島電力へ合併
一九七三（昭和四十八）年　大島電力、九州電力へ合併、初代所長 山下金幸》

また、インターネットで検索してみると、「風来坊」氏が開設している『さすらいの風来簿』というブログのなかに「山剛昇」の名が見られる。『島の暮らし』をテーマに掲げ「ゆんぬの電気事業の歴史　山剛昇」と題し《元九電産業㈱与論事業所長 山剛昇さんと、ヨロンの電気事業の歴史を調べた》として、写真付きで与論の電気事業の歴史が簡潔な文章でまとめられている。そして、最後の「編集後記」にはこう記されている。

与論町の電気事業の歴史について調べる山剛昇（「風来坊」氏のブログより転載。以下、同）

「町政活性化ネットワークよろん」の勉強会で、与論町の電気事業の歴史について説明する山剛昇。九州電力鹿児島支社管内島々の発電所で副所長・所長を務めた

《……前略……

ヨロンの電気事業は太平洋戦争後にはじまっており、戦後復興は電気事業とともにありの感を持ちました。印象的だったのは、未点灯を解消したのが、1970年（昭和45年）だということでした。戦後四半世紀も経ち、高度経済成長の時代にあってもまだ電気の恩恵を受けていない家庭もあったのです。その間、どんな暮らしをしていたのか、心が痛くなりました。……後略……》

鹿児島工業高校電気科に学んだ山剛昇が、龍野通雄町長（当時）から呼ばれ与論町役場電気課に配属されたのは立長の辻宮下県道沿いに移転後、旧村営発電所（旧茶花赤佐港）与論発電所の運営が開始された翌年の昭和四十年十月であった。五年後の四十五年十一月三十日には、町営電気事業が奄美の電力復帰を目標に奄美振興事業での電気技術基準に沿った整備後に大島電力へ合併。この合併に伴い山は与論町役場より「退職辞令」を受けている。この辞令に前後して二五歳で妻帯者となったが、相手は「定時制高校で四年間、アルバイト先で知り得た美容関係の仕事をしていた女性」であった。さらに三年後の四十八年四月一日には大島電力が九州電力へ吸収合併され、与論発電所の初代所長には山下金幸氏が就任した。山は山下所長のもとで九州電力の社員として一八年間働いたのち、昭和五十八年八月一日付で新与論発電所を転出することとなった。その後、種子島→名瀬→与論→奄美大島竜郷→喜界島→沖永良部→鹿児島と転勤を繰り返している。

この間の業務内容などについて訊くために、山に電話での取材を求めると、「きちんと整理してからファクスで送りますから」と言い、手書きの「経歴」が送付されてきた。その几帳面さには圧倒されるものがあり、割愛してしまっては礼を欠く気がした。全文をパソコンで入力しプリントアウトしたのが以下に見る山剛昇の経歴である。

経歴 件名	年月日（西暦）	備考
＊与論町役場入庁に伴う帰島	昭和40（1965）年10月10日	・辞令交付 受け
与論町役場電気課 吏員拝命 発電、配電供給業務 町営特別会計業務対応職	昭和40（1965）年10月13日	・各日常保修、整備、設計
＊大島郡電力事業統一化に伴う申請準備対応	完了：昭和48（1973）年3月31日	・九州電力㈱への吸収合併を目標とした奄美振興事業に於ける設備改善、拡充設計業務
＊大島郡内、4公営発電（大和村、与論、瀬戸内／与路、池地、喜界島）が、大島電力㈱に合併統一化された。	最終：昭和48（1973）年3月31日	
＊与論町営→大島電力合併へ移管	昭和45（1970）年12月1日	・交付受け 電力合併に伴う島内の営業、配電業務、発電業務を運営
与論町役場、退職辞令	昭和45（1970）年11月30日	
大島電力㈱沖永良部営業所 与論営業所	昭和45（1970）年12月1日	

大島電力㈱への統一合併	昭和48（1973）年3月31日	喜界島最終合併
*九州電力㈱への吸収合併	昭和48（1973）年4月1日	九州電力社員への移管
与論町内　営業、配電業務委託	昭和54（1979）年4月1日	九電工への全面委託
*転勤　新与論発電所～転出	昭和60（1985）年8月1日	熊毛郡、西之表市
	昭和62（1987）年7月31日	種子島第1発電所
*転勤　種子島→名瀬（指令）	昭和62（1987）年8月1日	名瀬発電所
発電所	平成2（1990）年7月31日	新住用水力発電所　名音川水力発電所　古仁屋発電所名瀬変電所　5カ所轄
*転勤　名瀬→新与論発電所	平成2（1990）年8月1日	新与論発電所 与論発電所 新与論発電所 与論連絡線（送電）
*転勤　新与論発電所→奄美大島竜郷発電所 運転副長（5人） （5直体制）（15人） 経産省立入り監査対応 （2回2カ年）	平成5（1993）年7月1日	九電管轄離島最大 1．名瀬発電所、変電所 2．古仁屋発電所 3．新住用水力発電所　変電所 4．名音川発電所

運転監視、指令全て		5．竜郷変電所、浦変電所 6．各連系送電線6万KV 2万KV
管理副所長（常勤）	平成6（1994）年7月1日	同上他、社外対応含む
＊転勤　新喜界発電所 所長 ＊経産省監査対応 移動用ガスタービン発電機4台管理含む	平成9（1997）年7月1日 毎年5回	旧喜界発電所（4人体制） 社外対応含む 増設工事対応
＊転勤　新知名発電所 所長 （沖永良部1島1発電所）	平成14（2002）年7月1日	運転監視業務他社外対応 移動ガスタービン発電機　2 台管理含む
＊転勤　九州電力鹿児島支店付、 新潟電動機㈱鹿児島営 業所 所長（出向）九電 内燃力発電所、メンテ ナンス他運転監視、機 関納入据付委託会社。 鹿児島支店管内の小離	平成16（2004）年2月1日～ 平成20（2008）年1月31日 平成17（2005）年12月末日、 定年退職後・継続勤務	・4カ年間出向 ・各発電所安全研修他 ・各発電所研修報告書 各種試験データー、資料の本 店・支店への報告等

島（三島、十島村）、水力含む11カ所発電所 運転保修管理会社 ＊その他、川内火力発電所、川内原子力発電所の非常用発電機メンテナンス、性能試験他　九電各発電所の、大型機関発電機保修、部品納入、設計施工受託会社		・各種工事打合せ工程会議参席提案 ・関係会社との調整……
＊九州電力㈱定年退職、鹿児島支店付　失職辞令交付受け	平成17（２００５）年12月26日（31日付）	・当時　貫（ヌキ）支店長（最終）九電会長職まで
＊離島発電所運転、保修業務　委託化事業対応準備	平成19（２００７）年3月～ ・人道対応（山） ・現地所長（西田）	＊九州管内離島赤字２５０億円のコスト削減化対策事業案を昭和58年1月1日付提出分案（言）書 個人申告時提出分
1．与論町在住者から応募履歴書を基にして鹿児島から電話にて面談、現地採用者・教育研修九電本店研修所・70日	最終面接及び試験 福岡本店	

現地所内指導・九電出向者による5名が3年間教育に当たる。 12名を決定（2名は引継委託員） ＊委託会社 九電産業㈱火力部内燃力 担当、部、課長へ上申 ＊2．九電産業㈱与論事業所開設 3月1日本社役員、部長、人労総務広報担当来所　神事 3月1日所長拝命、与論事業所長 平成26（2014）年2月末日 退職　後任、九電出向者・西弘久	平成20（2008）年2月 平成20（2008）年3月1日 平成20（2008）年8月1日 九電社員 平成20（2008）年3月1日 教育出向者他4名転出	＊人事労務担当 部長他4名　13名中10名合格＋2名引継委託員 九電教育担当出向社員5名 平成22（2010）年8月1日　出向解除、転出 ＊各発電所他委託事業所 水平展開中 与論が第1委託開始事業所

山剛昇はその半生を電力事業に捧げ、平成十七年十二月二十六日付で九州電力を定年退職した。

同年一月三日、与論町のパークホテルで昭和三十六年三月に与論中学を卒業した第十三期生の「還暦祝賀会」が開催された。山はモスグリーンのダブルの背広を着て出席していたが、その年の暮れに

2005年1月3日、与論町パークホテルにおいて開催された「昭和36年与論中学校卒業生」還暦祝賀会、那間小学校出身者の記念撮影。前列左より山剛昇、竹安次郎、山元孝安、増田アキ代、岩井マツエ、田畑幸子。中列左より柳田末子、野田美津子、内田春枝、浦口貴美子、南キヨ、南静枝、辻ミツ子。後列左より南豊治、田畑清彦、竹野勝美、坂元セツエ、岑山サチ子

九州電力で定年を迎えたことになる。定年後も、九電産業株式会社の社員として働き「与論事業所長」などを務めていたが、平成二十六年二月末日を以て同事業所を退職した。

半世紀にわたって電力事業一筋に人生を歩み、発電所の所長という重責を担いながら転勤を命じられること八度。単身赴任三度。この間、離婚するという辛い経験もした。山はその後再婚し、今は与論町の役場に近い茶花の自宅で、菜園でドラゴンフルーツやアテモヤ、バナナを作っている妻・信子とともに平穏な日々を送っている。

本稿の取材が終わったのち、最後に山剛昇はこう付け加えた。

「定時制高校で共に頑張ってきた町重雄君が早くに亡くなって、残念でなりません」

(二〇二〇年九月　記)

竹内タツエ

集団就職で身につけた縫製の技術を活かし浴衣のリメークで洋服を制作、手芸を楽しむ。「いろいろありましたけど、今が一番幸せです」

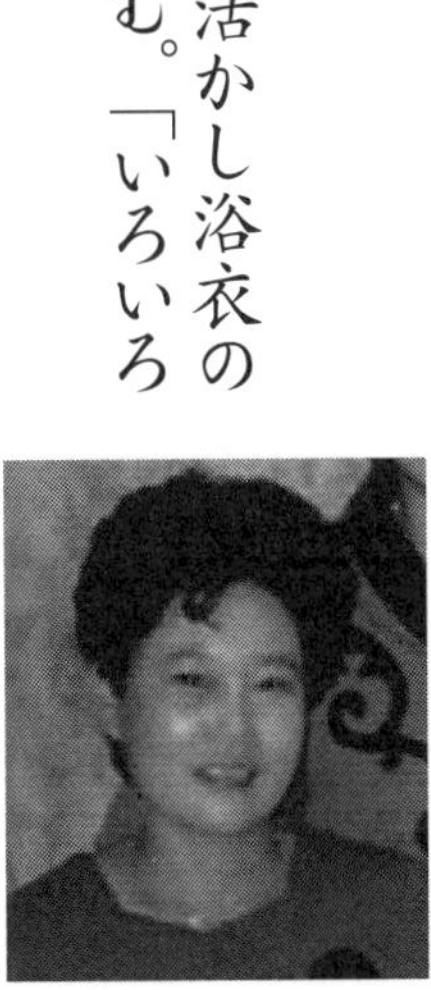

「子供は娘が二人と息子が一人います。みんなそれぞれ結婚して、孫が六人。夫は三一年前に他界しました。その後は昔習った縫製の技術を生かして柄物の浴衣で洋服をつくったり、手芸を楽しんだりしながら、年金をいただいて細々と暮らしています。いろいろありましたけど、今が一番幸せですね」

こう語るのは竹内タツエ（取材時、七三歳）。愛知県犬山市在住で、竹内への取材は平成三十一年（二〇一九年）二月十五日（月）、ＪＲ品川駅に近い軽食喫茶において行われた。竹内の従妹である東京都品川区在住の藤沢裕子さんが同席しての取材であった。東京には「孫の顔が見たくなって息子夫婦のところに遊びに来た」とのことであった。

竹内の旧姓は池田であり、農業を営む父・保男、母・マツの長女として生まれた。「私が七人きょうだいの一番上で、すぐ下に妹がいて、あとは五人とも男ばかり」だった。そして長女として「弟たちの面倒もみて、よく働いた」という。

「七人きょうだいの長女として生まれたために、農作業をしたり家事をしたり、弟たちをおんぶして面倒をみたり、薪拾いをしたり、水汲みをしたり、自分でもよく働いたと思っています。父や母も、また近所の人も『タツエはよく働くねぇ、働き者だねぇ』と言ってくれました。そうやっておだてられて、学校の勉強などほとんどしないで母の手伝いばかりしていました。勉強については親は何も言わなかった。勉強はどっちでもいいという感じでした。朝は四時に起きてご飯をつくったり、母とともにひと通りの仕事をしてから学校には行っていました」

学校から家に帰ってからも、「母の手伝いや仕事ばかりして、友達と一緒に遊んだ記憶がない」と竹内は言う。

池田は与論島の茶花小学校を経て、島のほぼ中央部に位置する与論中学校に通学したのだが、家は島の西側に位置する立長にあり、しかも同じ立長でも西のはずれのほうにあった。中学から遠い地域としては那間・茶花・古里・東区などがあったが、「立長のはずれにある私の家がクラスの中では一番遠かったのではなかったかと思う」と竹内は言う。池田が中学に通っていた昭和三十年代初頭の与論島にバスはなく、南陸運㈱のバスが初めて運行したのは昭和三十七年であった。池田は一時間半ほどかけて、徒歩により裸足で中学に通っていたという。もっともこれは池田に限らず、那間・茶花・古里あるいは東区など遠距離に住んでいる生徒たちはすべて一時間ほどかけて徒歩で通学していたのではあったが……。

池田は高校に進学することなど「頭の隅にもなく、早く島を出て就職したい」と思っていた。しかし、中学三年になり、級友たちが次々と就職先が決まっていくなかで池田だけはなかなか就職先が決まらなかった。そんな池田に救いの手を差し伸べてくれたのは、三年一組の担任だった福永政宜美先生であった。池田は三組であったが、中学二年のときは福永先生のクラスである二組に属していた。そんな縁もあって「父親が福永先生に掛け合ってくれて、先生が親身になって相談に乗ってくださって何とか就職先が決まったんです」。

「決まったのは岐阜県にある水甚縫製という会社でした。水甚縫製には福永先生のクラスである阿野まり子さんと、二組の山下清和先生のクラスの福永みち子さんの二人が就職することになっていましたが、何とかして私も水甚縫製に就職したくて福永先生にお願いしたんです。そしたら先生が職安を通して会社にお願いしてくださって、阿野さんと福永さんと同じ会社に就職することが決まったんです。就職先が決まったときは本当に嬉しくて、福永先生には感謝しています」

水甚縫製に就職した昭和36年の夏。前列左は阿野まり子、右は福永みち子。後列左は沖縄の高校を卒業し同期入社した島袋悦子、右が池田タツエ

昭和三十六年（一九六一年）三月に与論中学校を卒業、池田は集団就職で福永や阿野とともに『浮島丸』で神戸港を経由して岐阜県羽島郡（現・羽島市）笠松町にある株式会社水甚縫製に就職した。

水甚縫製は従業員三〇人ほどの会社だった。ほとんどが女子社員で、男性は社長を含め六名。工場の二階に女子寮があり、「四畳半の部屋が六つあって、一部屋に四人が寝て暮らしていた」という。同期入社した社員には、沖縄の高校を卒業した女子社員もいた。寮の食事は「赤味噌を使った味噌汁が濃い味がしてあまり口に合わなかったことだけはよく覚えているが、どんなものをいただい

1962年の求人案内用に撮影された水甚縫製の社員。前列右から3人目が福永みち子、一人おいて阿野まり子、その左が池田タツエ

たか思い出せない」。初任給は一カ月手取り四〇〇〇円ほどで、「こんなにたくさんいただいていいのかなと思い嬉しかった」という。

「仕事の内容は、この求人案内に書いてある通りです。入社してはじめの頃は、糊付けをしてアイロンがけをする仕事を一年ほどやりました。ひたすらアイロンがけをする仕事で、入社して二年目からようやくミシン掛けを教わり、縫製で簡単な作業も少しずつ教えてもらえるようになったんです」

竹内が取材当日に持参した「水甚縫製工場」従業員募集のための求人案内には、写真付きで仕事内容や就職条件、給料などの待遇面が簡潔に記されている。この求人案内用の〝パンフレット〟は、竹内らが入社した年の「十一月か十二月頃に、昭和三十七年の中学新規卒業生を採用するために作成されたもの」であるという。

中学新規卒業生に対する就職条件としては、「身体強健、意志堅固で勤労意欲旺盛にて永年勤続可能なる者。身長体重視力に重点を置かざるも色盲不可」と書かれている。中学新卒の初任給は日給三二〇円。「年間を通じて多忙中3カ月位1日約1時間の残業あり」とし、会社の設備としては「動力ミシン二七台、特殊ミシン四台、裁断機二台」を備えていると書かれており、作業内容については以下のように記されている。

《最初は糊付けアイロンがけ等の下前作業に従事し逐次ミシンによる縫製作業に従事する。》

竹内はこの会社に、与論から就職した三人のなかでは最も長く、二年半ほど勤めた。給料は月に

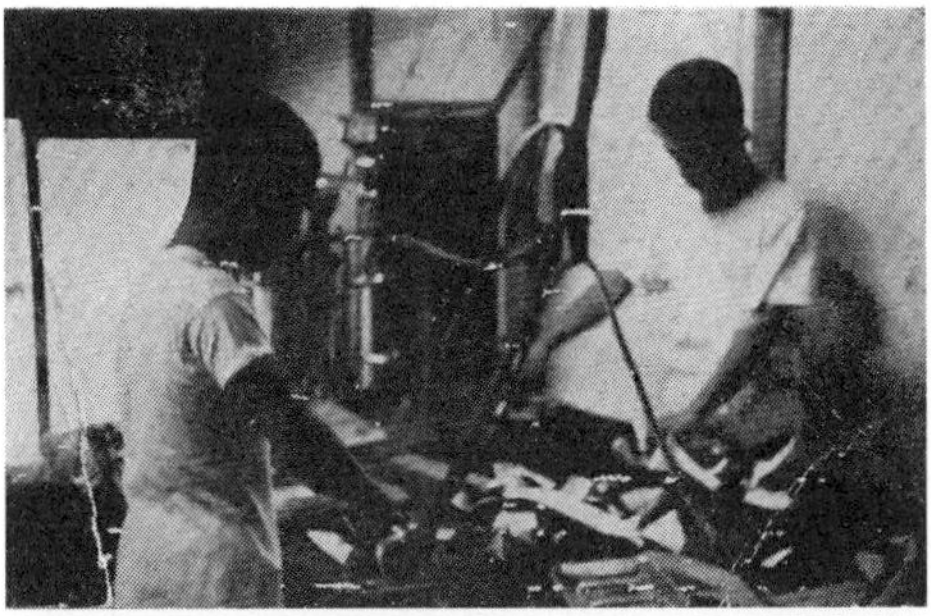

(上) アイロンがけをしている男性社員。竹内らも入社して1年間は「アイロンがけばかりさせられた」という。(下) 工場内の一部(水甚縫製求人用のパンフレットから)

同じ岐阜県に就職した野澤美代子（後列右から2人目）らが水甚縫製を訪ねてきた。野澤の右隣りが福永みち子、左隣りが阿野まり子。前列右が山下先輩、左端が池田タツエ

八〇〇〇円ほど、「うち三〇〇〇円は強制的に貯金させられた」という。在職中の思い出としては、同期生で同じ岐阜県に就職した野澤美代子らが水甚縫製を訪ねてきて「お互いの近況を語り合ったことが懐かしく思い出される」という。その時に記念に写した写真は今も大切にアルバムに収めてある。

野澤美代子は、昭和三十六年に岐阜県の丸八撚糸に就職していた。勤めて三、四カ月たったころに竹内の勤める会社に遊びに行ったというが、なぜ水甚縫製を訪ねることになったのかについて、野澤（与論在住）は次のように語っている。

「丸八撚糸には一〇人ほどの与論の先輩がいたんです。その先輩のなかに山下さんという方がいて、山下さんは福永みち子さんの親戚でした。それで福永さんや竹内さんの勤める水甚縫製に遊びに行こうということになって……」

竹内は、水甚縫製在職中に同期の吉田幸子、内田春枝、南マツエ、松村堀子らが勤めている愛知県一宮市にある「林紡績を訪ねたこともあった」という。かつての級友を訪ねて近況を語り合うことで「心が安らいだ」と竹内は言う。

水甚縫製は、笠松競馬場の近くに工場があった。のちにオグリキャップという名馬を輩出したあの笠松競馬場である。「会社の近くで馬をよく見かけたんですが、競馬場があることなんか知らなかったものですから不思議に思っていました。競馬場があることをあとで知って、だからなんだと納得したんですけどね」と竹内。

休日には、どのようなことをして過ごしていたのか。岐阜県には、一級河川である木曽川が流れている。長野県から岐阜県、愛知県、三重県を経て伊勢湾に注ぐ木曽川の河川敷に行き「同じ職場で男の子のお友達ができて、日曜日になるとその男の子と一緒に木曽川に行って土筆などを取って遊んでました。お付き合いしたというほどの仲ではなかったんですけどね」。十代の頃の牧歌的な思い出である。また、休みの日には、たまに映画を見に行くこともあった。「映画を見に行って、帰りにラーメンを食べるのも楽しみの一つでした。娯楽といえば映画くらいしかなかったですからね」。

水甚縫製は就職条件として「永年勤続可能なる者」を挙げていた。しかし、「最初に福永みち子さんが進学するために横浜に行くということで辞め、二年ぐらいでまり子さんも辞めて、私も二年半ぐらい勤めてから辞めることにしました」。池田が水甚縫製を退社したのは一八歳のときだった。

水甚縫製を退社してから池田が向かった先は、東京都文京区向丘弥生町にある野津商事株式会社だった。子供服の縫製専門の会社で「父方の叔父が紹介してくれた会社」であった。

「会社の裏には東京大学があり、あゝこの人たちは優秀な人たちなんだなと思いつつ学生さんを見ていました。寮は工場の二階にあり、食事は当番制で女子社員が交替でご飯をつくっていました。待遇のいい会社で、ボーナスは年に三回もらい、社員旅行では鬼怒川温泉とか伊東温泉、伊香保温泉とかに連れて行ってもらいました。野津商事には四年ほど勤めて、その後は、親に呼ばれて与論に帰ったんですけどね。連れ戻されるような形で与論に帰って、一年ほど機織りをしていました」

与論で一年間を過ごしたときの思い出としては、川上美代子（現姓・牧）、喜山勝子（同龍野）、柳田みき子（同前田）、吉田幸子（同池畑）ら昭和三十六年に与論中学を卒業した第一三期生が中心となって企画を盛り上げた「ヨロンサンゴ祭り」で盆踊りをしたことが「楽しい思い出として残ってい

1989年11月19日、東京都太田区で開かれた同窓会。左より、竹内タツエ、牧美代子、髙村節子、坂元良子、竹波みち子、稲沼ミサエ、川上重光。ほか5名が出席した（著者撮影）

る」という。

池田が結婚したのは昭和四十二年（一九六七年）二月、二二歳のときだった。与論中学の一級先輩で、兵庫県尼ケ崎の建設会社に勤めている竹内澄美と結婚し、姓が「竹内」に変わった。「紬を二足織って、三足目を織る準備をしていたとき」だったという。そして、結婚して間もなく「主人のお姉さんが住んでいる愛知県に引っ越しました」。夫・澄美との間には、三人の子に恵まれ、愛知県に家も新築した。

マイホームを得て、子宝にも恵まれたが、昭和六十三年（一九八八年）七月、二一年間連れ添ってきた夫と死別した。「お酒を飲みすぎて……心不全で亡くなった」のだという。

平成元年（一九八九年）十一月十九日、ＪＲ蒲田駅西口にある焼き肉店で中学の同窓会が開かれた。昭和三十六年に与論中学を卒業した面々で、大半は約三〇年ぶりに顔を合わせた同期生だった。首都圏からは田畑ミサエ（現姓・稲沼）や竹山末子（同野﨑）、福永みち子（同竹波）、山下節子（同髙村）、竹川達廣、基が、愛知県からは川上重光、池田良子（現姓・坂元）、竹内タツエが、大阪からは竹安次郎が出席した。

竹内タツエは、三人の子供を残して主人に先立たれてから一年後にこの同窓会に出席したのだった。

「もう一生、みんなに会えないと思っていたわ。本当に嬉しい」と竹内は言っていたが、苦労を飲み込んで、明るく振る舞っていたのかもしれない。水甚縫製や野津商事で培ったミシンの技術を生かし「何とか食べている」と笑いながら近況を語っていた。

涼しげ浴衣　洋服に
小牧で竹内さん作品展

涼しげな柄物の浴衣を洋服に仕立て直している犬山市中道の手芸愛好家、竹内タツエさん(七三)の作品展が三十一日、小牧市多気北町のギャラリーカフェ稲泉で始まった。十一日まで。

白地に水色の花模様の浴衣などを洗って縫い目をほどき、ワンピースやチュニック、開襟シャツにデザインし直した六十点を飾る。一部の洋服は柿渋などで染め直し、落ち着いた風合いの上着やズボンとして生まれ変わっている。

縫製が得意で、ミシンで洋服を作っていた竹内さん。着物の柄や生地の素材感を生かして洋服にすると、思ってもいなかった布の表情が現れる面白さに魅入られ、かすりの着物などを生かした洋服を制作。四年ほど前からは、着心地の良さと柄の面白さから浴衣のリメークに力を入れている。

竹内さんは「風通しが良く、蒸し暑い季節も快適です。手に取って見てほしい」と話す。会場では、和服の生地を生かした創作仲間の冨田和子さん(七六)＝春日井市惣中町＝と岩井日本子さん(七二)＝小牧市東田中＝の作品も並ぶ。作品は販売している。（藤原啓嗣）

浴衣から作ったワンピースなどを紹介する竹内さん＝小牧市のギャラリーカフェ稲泉で

2018年8月1日付けの『中日新聞』に掲載された竹内タツエの作品展紹介記事（紙面を一部加工）

「でも」と、竹内は言う。

「何十年ぶりにみんなと会ったので、感激してワァーッとハグしたかったんですけど、みんな冷静だったので拍子抜けしました」

その後同窓会は、大阪や愛知県でも立て続けに行われた。大阪では牧美代子と堀栄作が音頭を取り、愛知県では川上重光が幹事となって開かれた。いずれの同窓会にも竹内は出席した。そして、「今が一番幸せだ」と、しみじみとした口調で語るのだった。

平成三十一年（二〇一九年）二月十五日（月）、品川で行われた竹内への取材。取材時に竹内は「水甚縫製工場」従業員募集のための〝パンフレット〟のほかに、新聞記事も持参していた。平成三十年八月一日付の『中日新聞』に掲載された記事で、愛知県小牧市の『ギャラリーカフェ稲泉』で開いた作品展の模様が紹介されている。「浴衣から作ったワンピース」など六〇点を出品した作品展であり、記事では《縫製が得意で、ミシンで洋服を作っていた竹内さん。……四年ほど前からは、着心地の良さと柄の面白さから浴衣のリメークに力を入れている。》などと紹介されている。

「今が一番幸せだ」という竹内に、集団就職で与論を離れてから今日まで「一番辛かったことは何ですか？」と尋ねてみた。少し間を置いてのち竹内は、躊躇いがちに次のように答えた。

「夫にDVを受けたことですかね……」

取材に同席していた竹内の従妹で東京与論会女性部副部長などを務めている藤沢裕子は、肩をすくめ笑みを浮かべながらこちらに視線を向けた。……それ以上のことは訊かないことにした。

竹内にはもう一人、従妹がいる。与論町茶花でスナック喫茶『虹』を経営している城市伊津枝（旧姓・柳田）である。

伊津枝は竹内より一つ年下で、やはり集団就職者だ。昭和三十七年に中学を卒業、三人の級友とともに奈良県の紡績会社に就職することになっていたが、「私一人だけ紡績会社変じて東京に就職することになった。飯田橋に本店のあるチリ紙とか紙の卸業をしている橘紙業という会社で、事務員として働いていました」と城市は言う。紡績会社ではなく急遽東京の会社に就職することになった経緯については次のように説明している。

「二つか三つ年上の叶という先輩がいて、その叶先輩が教頭先生に『事務のできる子を探している』という話があって、それで教頭先生から私に『東京に行きなさい』という話になったんです」

柳田は三年ほど橘紙業に勤め、「父親に呼ばれて……」帰郷。「役場でアルバイトをしたり、農協にも一年ほど勤めました」。昭和四十三年（一九六八年）一月、二三歳のとき山口県出身の城市剛と結婚し「城市」姓になった。『虹』をオープンしたのは昭和六十年（一九八五年）七月一日だった。

「正確に言うと、最初は『ロマン』という名のお店だったんです。昭和四十九年（一九七四年）に『ロマン』をオープンして、昭和六十年の夏に『虹』という名に変えました」（城市）

与論町茶花にあるスナックやパブ、クラブなどを検索してみると、『MM』『Bar Natural Reef』『アガサ』『パブ・カトレア』『虹』『ローズ』などがあり、『かよい舟』などの居酒屋もある。

竹内は帰郷時には決まって『ホテル青海荘』の斜め向かいにある『虹』を訪ね、「伊津枝と近況を語り合っている」という。

（二〇二〇年一月　記）

長谷川ミツエ

種子島から集団就職で岐阜県の和興紡績へ。駆け落ち、失恋、転職を重ね、「いろいろありながらも幸せに暮らしていたが……」

「父は私が数え二、三歳のときに病気で亡くなった。田畑もないものですから母は日雇いで人様の畑で農作業をしてサツマ芋を貰ったり、田圃で稲刈りを手伝ってお金の代わりに何か食べ物を貰ったりして何とか食べていましたね。蘇鉄の実をすり潰してつくった雑炊とか、小さなサツマイモを煮て食べたりとか、とにかく家は貧乏でした。きょうだいは異母兄姉である千代姉と徳太郎兄を加え一一人で私は末っ子。覚えているのは貧乏だったということだけで、良い思い出というのはありません。母から聞いた話だけど、長男がまだ子供の頃、四番目の弟をおんぶして母の手助けをしていたとき、おんぶしていた子がいつの間にか死んでいたと言うんです。死んだのをわからずに兄はずっとおんぶしていた。病気で死んだのではなく栄養失調で死んだんです。だからきょうだいは一一人だったというんだけれども、徳太郎兄は戦争で亡くなって私が覚えているのは八人だけです」

長谷川ミツエの旧姓は林である。父・納登美、母・カナの末っ子として鹿児島県大島郡与論村（現与論町）茶花で生まれた。二歳で父親を亡くし、「父のことは何も覚えていません」。茶花小学校に入学し、小学四年生の夏、一学期が終わってから種子島の小学校に転校したという。貧乏でどうにもならなかったからで、先の話は与論にいたころの話である。

「でも、与論では忘れられない思い出が一つある。小二のとき、田畑ミサエ（現稲沼ミサエ）さんが着物を着て学校に来て、その着物を私のと替えっこして着せてもらったことがあったんです。膝の丈までしかない着物だったんだけどね、私にはとても羨ましく思えました」

父親は船大工だったという。親戚が種子島にいたことから、種子島へ単身で行って船大工をしていたこともあった。そして与論へ帰ってきて、ミツエが生まれた。ミツエが生まれて二年後に「病に倒れて亡くなった」のであった。

ミツエは小学校に上がってからは、算数で数字を覚えるのに苦労した。夜、布団に入ってから「きょうだいで手足を上にあげて指を使って算数を教えてもらった」ことが記憶に残っているという。

母・カナは、貧しい生活の中で、今よりは少しはましな生活ができるのではないかという淡い期待を持って、従兄を頼って種子島に転居することになった。林が転校した先は野間小学校で、一クラス四五人で三クラスあり、全校の児童数は八〇〇人を超えていた。中学は野間中学校に進んだ。一クラス四五人で、一学年四クラスある大きな学校であった。与論島から転校して〝いじめ〟とかはなかったのか？「なかった」という。いじめはなかったが、小学校で体育の授業のときは「子守をしながら学校に来ている子と、知能が少し遅れている子と私と三人はいつも見学で、みんなが体操をしているのを見ていた。勉強のほうは、ノー天気だから苦手だったですね」。

小学校で体育の時間は見学をしていたという林は、中学に進んでからは保健体育の副部長をして

種子島の野間中学校2年のときバレー部の仲間と写す（左端が林ミツエ）

いたという。「駆けっこはビリだったが体育は好きだった。体が細くて四五キロしかなかったんだけどね」。バレーボールが好きで、部活はバレー部に所属していた。しかし、中学一年のとき入部を希望したが「入部テストで落とされた」。二年生の終わりごろになると「色気が出てきてほとんどみんなが辞めてしまった。それで部員が少なくなって、私は喜んで入部した」という。九人制で「背が低いから後衛を任されていた」。バレーボールはその後も続け、ママさんバレーにも熱中し、ケガをしてできなくなるまで続けることとなる。

種子島では、父親の〝形見〟を見せてもらうという幸運にも恵まれた。「父親がつくったという船があって、兄はその船のことをいつも得意気に話していた。船大工としては良い腕を持っていたらしいんです」。

船大工でありながら父・納登美は、占い師のような〝予知能力〟を持った人でもあったようだ。

「母から聞いた話ですけど、兄が朝鮮に旅立つという日、『この船に乗ると沈没するから乗らないほうがいい。次の船で行きなさい』と父が言ったらしいんです。兄は父の言葉に従ってその船を避けた。そしたら、父が言った通りその船は沈んだんだそうです。『俺は親父に助けられた』と、兄も言っていました」

和興紡績に就職した1961年の夏（左が林ミツエ）

林は中学を卒業すると、集団就職で岐阜県大垣市の和興紡績株式会社に就職した。従業員は一〇〇〇人ほどで、昭和三十六年（一九六一年）三月二十日に入社式があり、当日から仕事をさせられた。仕事は糸を紡ぐ仕事が中心で、二、三週間後には機械を修理する仕事にも回された。「油にまみれて、たわしで洗剤を使って手を洗っても落ちないから大変でした」。勤務時間は午前八時から午後五時までで、休憩時間は昼休みの一時間。住まいは一〇畳の女子寮で八人が寝て暮らすという生活だった。林にとっては「寮の食事もおいしく、サバの塩焼きとか、カレーライスとか、何でもおいしかった」。初任給は一カ月三〇〇〇円だった。そのうち月々五〇〇円は「強制的に貯金をさせられた」という。

和興紡績に入社して一年後に大垣市の高校に定時制課程が

和興紡績に勤めていたころ（前列右端が林ミツエ）

新設されることになり、林も定時制に入学したいと思っていたが「中学を出て一年間のブランクがあったことから」受験を諦めた。勉強は好きではなかったが「今でも定時制を受験しなかったことを後悔している」という。和興紡績には三年間勤め、「伍長」（女子には帽子に階級によって一本線と二本線が入り、その上の階級になると水色の帽子になった）の階級になり帽子に二本線が入るところまで昇格した。三年後に退職することになったが、これは家庭の事情により「仕方なく辞めた」のだという。

「与論に父の遺骨を置いたままになっていたため、それを引き取りに行くのは私の役目ということになった。退職金を貰って旅費にするために仕方なく退社したんです」

退社時に預金通帳には三万円ほどあり、退職金と合わせ旅費をつくってまずは種子島の母のところへ行き、そして与論島へ向かった。小学四年のとき以来、久々に踏む生まれ故郷の地であったが、次男の兄から父の遺骨を引き取ると、三日後には種子島の母のところに帰った。

種子島では失業保険を貰って「しばらくはのんびり暮らすつもり」であったが、保険金を貰うまで一カ月の待期期間というのがあり、林は「何もせずぶらぶら一カ月も待つのが嫌になり」、種子島を離れた。向かった先は岐阜県大垣市の和興紡績であった。「一晩だけ泊めてもらうつもりで……」女子寮を訪ねたところ、「次の職場が決まっていないなら、またここで働かないか」ということになり、和興紡績に再就職することとなった。職場での階級も「伍長」のまま復職することを許されたという。

再度、和興紡績に入社した後は一年半ほど勤め退社。次いで勤めた先は大阪の日本クインライト株式会社で、ベアリングをつくる会社であった。

「入社したのは昭和四十一年十月でした。このときは和興紡績で同じ職場の四歳年下の男の人と付き合っていて、二人で駆け落ちして大阪に行って日本クインライトに勤めたんですけどね。でも、その人はすごいやきもち焼きで、その人に好きな人ができたもんですから別れたんですけどね」

日本クライアントは三カ月で退社した。その後は〝夜の街〟でホステスになったが「一週間で辞めた」。「この仕事は向かないと思った」からだという。

「お客さんが私の手を握りながら、『うちには結構財産があってね。もう一軒家を買おうか迷っているんだよ』と言っていた。私に愛人になれと言いたかったのかね。いっそのこと愛人になって財産をふんだくってやればよかったのかなぁ」と、愉快そうに笑いながら長谷川は言う。

その後は大日織維という麻布を織る会社に「入ったり出たり」の繰り返しで、いくつかの会社を転々

近江絹糸に勤めていたころ、社員旅行で日本平に行く。前列左から7番目が熊谷先輩。その後ろが林ミツエ

とし、気が付いたら半年が過ぎていた。この間、国民年金に加入し「年金だけはきちんと納めていた」という。

次の働き口がなかなか決まらない。林は和興紡績に勤めていたころの先輩が、岐阜県中津川市の近江絹糸株式会社に転職したことを知り、先輩のもとを訪ねた。先輩の名は熊谷さんという。熊谷先輩の口利きで、林は近江絹糸株式会社中津川工場に入社することができた。紡績会社の大手一〇社に入る会社であった。昭和四十二年（一九六七年）七月二十九日に入社したという。

同社は二交代制勤務で、早番は午前四時半〜午後一時半（休憩一時間）まで、遅番は午後一時半〜一〇時半まで（休憩一時間）の勤務。これを一週間ごとに交代で繰り返す。「仕事はきつくなかったのか？」の問いに、長谷川は即座にこう答えた。

「与論で食べるものも満足になく貧乏していたときに比べると、どんな仕事でもへっちゃらだった。苦労したなんて思ったことは一度もなかった。オーミケンシでは日本平にも連れていってもらったし、楽しい思い出がいっぱいある」

近江絹糸には約一年勤め、昭和四十三年（一九六八年）一月に退社した。熊谷先輩はまだ同社に勤めていたが、先に辞めていく林を先輩はどのように送り出したのか。

「先輩には申し訳ないとは思っていたのですが、私の辛い事情をよく知っている先輩でしたので、何も言われませんでした」

「私の辛い事情」とは、四つ年下で大阪に駆け落ちした男性のことである。男性との付き合いは近江絹糸に勤めていたころまで続いていたが、同社を退社するころにきっぱり別れたという。男性と別れたのち林は、再び大阪へと向かった。大阪には、スナックバーを開いている姉・チヨがいたからだ。

近江絹糸を退社してから三カ月後の昭和四十三年十月、パックプリント株式会社に入社した。「ヤクルトのようなポリエチレンの容器に文字や絵柄を印刷する会社」だったという。この会社で工員として勤めながら、夜は姉のスナックバーでウエイトレスとして働くこととなった。

「大阪で私の姉がスタンドバーを開いていたんです。私が男の人と付き合ってから別れたことを知って、『あんたは男を見る目がないから私のところへ来なさい』と……。それで会社を五時に終わってから、夜七時から姉のスナックで働くことになった。当時は頭は五分刈りで、Tシャツで、ジーパンをはいていたんですけどね」

林は姉が経営するこのスナックで、生涯の伴侶となる男性と出会うこととなる。二つ年上で東京生まれの長谷川實というサラリーマン。スナックの客として通っている長谷川をいつの間にか好きになり、「一緒に暮らすことになった」という。結婚したのは昭和四十五年（一九七〇年）二月二十二日、二四歳のときだった。夫・實は結婚する一年前には、「私と結婚することを親の反対にあいサラリーマンを辞め、電気工事士の資格を取るために電気工事会社に勤め始めた」と言う。

「私が姉のスナックで働くことになったとき、『こんど真っ黒い顔をしたうちの妹がアルバイトとして入ってくるからよろしくね』と、長谷川に姉が言ったんですって。それで私と会ってみたら、真っ黒ではなく白い顔をしていたから『全然、真っ黒じゃないじゃないか』と。そこから話が始まって、お付き合いするようになった。長谷川は偶然、私が昼間勤めているパック容器の親会社の社員だったんです。それで、結婚することになったら向こうの親に反対されましたけどね」

結婚を反対された理由について長谷川はこう説明している。

「主人の父親は会社の社長さんで、長谷川の兄弟もみんな学歴のある人たちばかりでした」

ちなみに義兄・長谷川毅は、東大教養学部卒でワシントン大学で博士号を取得。アメリカ在住の歴史学者で、専門は「ロシア史」である。

長谷川がパックプリントに勤めたのは四カ月で、次いで勤めたのは大阪シーリング印刷株式会社だった。同社の仕事内容は「パックプリントと同じで代表者が変わっただけ」であった。昭和四十四年五月に入社し、四十五年八月に退社しているが、退社した理由について長谷川はこう話している。

「当時は結婚して、仕事もしていたけど、シンナーを使う仕事をしていたものですから、生まれてくる子供のために良くないのではないかと思って、怖いから辞めました」

大阪シーリング印刷は退社したが、長谷川は働くことは辞めなかった。八月に大阪シーリング印刷を辞め、三カ月後の昭和四十五年十一月には、飛行機の計器類を製造する株式会社右下精器製造に入社した。が、「子供ができたかどうか微妙な時で、流産すると大変だから三カ月後に退社した」と言う。やがて長男を出産した。「子供三人は尼ヶ崎で生まれた」と言う。その後は尼ヶ崎を後にして、東京で生活することを決めた。東京に転居してからは、夫・實は子供が生まれる前に資格を取得していた電気工事士として生計を立てたという。

夫・實との間に長谷川は、長男・靖、長女・美絵、次男・亮と三人の子をもうけた。「いろいろありながらも幸せに暮らしていた」のだが、平成二十五年（二〇一三年）四月、實さんは膵臓がんで帰らぬ人となった。ミツエもこれまで蓄膿症を手術したり、胆嚢炎で手術したり、クモ膜下出血で一命を取り留め（平成七年七月）、平成三十年には甲状腺を患い、脳梗塞にもなった。脳梗塞では「手術はしなかった」という。今は「神経性胃炎を患っている」と言う。その上に、左腕には金属のギプスを装着している。

「夫は膵臓がんという一つの病気で死んだけど、私のほうがいろんな病気をして大変なんです。クモ膜下出血で倒れたのは夫の会社で経理を担当していたときでした。計算ができなくて悩んでいたら、長男の靖が『人に聞いた話だけど、クモ膜下出血で手術した人は覚えが悪いんだって』と言われた。それで気を取り直して頑張りました。クモ膜下出血で倒れたとき『クヨクヨするのはもう止めよう』と決めて、今は何事もケセラセラと過ごしているんですけどね。でも今度は、神経性胃炎で病院に通っています。

左腕にギプスをはめているのは、ママさんバレーをしていてボールを取るために前のめりに突っ込んでいって手をついたから。昔は回転レシーブができたんだけど、そのときは回転ができなかった。だから腕を複雑骨折してこんなになってしまったんです」

東京都杉並区に住む長谷川はそれでも、年に二回行われる関東の与論中学第一三期卒業生の同窓会の呼びかけには必ず応じ、笑顔を絶やさず明るく振舞っている。

（二〇二〇年八月　記）

池畑幸子

「集団就職」後、定時制から全日制高校へ。信金・保母・宝石販売・フラダンス、お寺で修業をし僧階「権律師幸子」の名を戴く

横浜で地方公務員の試験を受け保母（保育士）になった池畑幸子は、神奈川県内でいくつかの保育園に勤め、幼い子供たちのために心血を注いで働いた。しかし、やりがいのある仕事ではあったが、子供たちを相手に働くということは思いのほか厳しく、自らの生活を犠牲にしなければならないことも多々あったという。

保育士が「やりがいのある仕事」だと最も強く感じたのは、たとえば園児やその保護者から次のような言葉を聞いたときであった。

大和市内の保育園に勤めたとき、粘土づくりが好きな、Mちゃんという男の子の面倒を見ることになった。その子は「いけはた先生・いけはた先生」と言って、池畑によくなついた。その子の母親もまた「この子は池畑先生のことが好きなんです」と、笑みを浮かべながら言葉を添えてくれた。

卒園式を迎えるときがやって来た。池畑にとってもMちゃんにとっても、辛い別れであった。Mちゃんは号泣し、涙を浮かべながら池畑に言った。

保育士時代の思い出の数々。①梨狩り（後方右が池畑）、②若葉保育園（２歳児）運動会（中央）、③渋谷保育園（５歳児）でプール遊び、④神奈川県茅ヶ崎の海岸で潮干狩

「ぼくは将来大きくなったら、いけはた先生と結婚する。大学にも行って勉強する」

健気な言葉に池畑も涙を流さずにはいられなかった。

「うん、わかった。待っているからね。好きなことを一杯やりなさいよ！」

母親は池畑に会釈をし、「この子は池畑先生でなければ駄目なんですよ」、「これまでいろいろと面倒を見てくださってありがとうございました」と、感謝の言葉を述べてくれたという。

「私立の保育園で一年間勤めたのち保母の資格を取り、公立の保育園で保母として子供たちの面倒を見たのはちょうど一〇年間でした。親御さんから大事なお子さんをお預かりするわけですから、神経を使っていろいろ大変なこともありましたけど、やりがいのある仕事でもありました。公務員として四つの保育園に勤め、二歳児から五歳児までの子供たちを相手に、梨狩りに行ったり、茅ヶ崎の海に行ったり、プールに行ったり……、楽しい思い出がいっぱいあります」

池畑幸子（いけはた・さちこ）、旧姓は吉田で、父・住男、母・カナの四女として生まれた。昭和三十六年（一九六一年）三月、与論中学を卒業。集団就職で愛知県一宮市の林紡績株式会社に勤め、八カ月後に退職。郷里・与論島に戻り、後輩たちと机を並べて受験勉強をして奄美大島の鹿児島県立大島高等学校に入学。一年で大島高校から鹿児島の指宿市立指宿商業高等学校に転入試験を受けて転校し、同校卒業後は奄美大島信用金庫与論支店に勤めた。二三歳で結婚して池畑姓になり、横浜市へ。通信教育で保母（保育士）の資格を取得し、民間の保育園で勤めたのち地方公務員の試験を受け保育士として勤めるようになった。冒頭に記したのはその保育園時代の思い出を語ってくれたものである。四十代になったMちゃんは今、立派な大人になり社会に貢献する仕事に就いているという。

小・中学校と常に上位の成績を収めていた吉田は、実家が商店を営んでいたことから誰もが高校に進学するものと思っていた。しかし吉田は、中学三年になり一組の担任だった福永政宜美先生から進路指導を受けることになったとき、「高校受験」ではなく「就職」と書いて提出した。これを見た福永先生は、与論村（当時）茶花で雑貨商を営む吉田の両親を訪ね「こんなに成績の良いお嬢さんを進学させないのはもったいない。幸子さんを高校に進学させてあげてください」と、説得にあたった。福永先生だけではなく、教頭の山富英先生も両親を説得するために「二回か三回か家に来ていただいた」という。音楽を担当していた山先生に吉田はバイエルのレッスンを受けていた。何事にも熱心で一生懸命な吉田に山先生は目をかけてくれ、「ぜひとも進学させてあげてください」と、両親に頭を下げてくださったのだった。それでも「就職する」という吉田の進路が覆ることはなかった。

三月二十日、中学の卒業式を終え、一週間後の二十七日には就職する同級生らとともに吉田は『浮島丸』に乗って神戸港を経由して愛知県一宮の林紡績株式会社に就職した。この年、与論中学から同社に就職したのは内田春枝、松村堀子、南マツエ、吉田幸子の四名だったが、四人はともに高校に進学する力を十分に持ちながら家庭の事情でやむなく就職したのだった。家庭の事情とは言うまでもなく「経済的な事情」である。

今は横浜市に住み「フラダンスに生き甲斐を感じている」という池畑幸子は、中学卒業当時の〝家庭の事情〟について次のように話している。

「私は七人きょうだいの四番目でした。いちばん上の姉が敬子、次女が律子、三女が典子、次が私で、すぐ下が洋子、そして長男哲彦と、末っ子の京子。哲彦だけが男の子で与論の高校に進学し、今は吉田家の後を継いで与論にいます。末の妹・京子は鹿児島で美容の専門学校に行き与論で美容室を営んでいましたが、四九歳という若さで亡くなってしまいました。

家は島ではまずまずの規模の商店でした。しかし時代とともに人口が少なくなり、需要と供給のアンバランスで売り上げが減っていき、たくさんの子供たちを高校に進学させる力などありませんでした。高校に進学したのは長女の敬子姉と長男の哲彦だけで、成績の良かった姉は大学まで進みました。大学は熊本大学です。私が中学を卒業するときにはちょうど姉が大学で学んでいたときで、うちの家計では二人に仕送りをすることなど、とてもできる状況ではありませんでした。それで、律子姉は神戸の伯母（母方）のところで定時制高校に通い、私は、中学に来た求人の中で林紡績という会社は定時制高校に進学させてくれるというので、喜んでこの会社に就職することに決めたんです」

三月二十七日、与論島の供利港から沖に停泊する『浮島丸』に乗船するために吉田は、就職する同期たちとともに艀に乗り込んだ。揺れる艀の中でバランスを取りながら、見送りに来ている父や母、福永政宜美先生、そして級友たち一人一人の顔を見ながら「お父さんお母さん、さようなら」「福永先生ありがとう」と、周りにいる誰よりも大きな声で何度も何度も別れの言葉を送った。「母は泣きながら手を振っていました。あのときの光景は今でも忘れられません」と、池畑は言う。

乗船して三日目の朝、『浮島丸』は神戸港に着いた。

林紡績に就職する者は奄美地区からは「与論中学から来た四名だけだった」という。四名を迎えるために、林紡績からは同社の役員が神戸港に迎えに来ていた。その役員に引率され、就職列車に乗って内田、松村、南らとともに愛知県の一宮に向かった。車窓から見える光景で最も印象に残ったのは「延々と続く田園風景」であったという。

「列車の窓からは、それまで見たこともない延々と続く田園風景が見えた。都会にもこんなところがあるのかと思いました。それでいよいよ会社に着いて……。集団就職というと、みじめなイメージが付きまといますが、林紡績を見たときは『こんな素晴らしい大会社もあるんだ』と、感激したことを今でも覚えています」

林紡績が設立されたのは昭和二十二年（一九四七年）十月である。昭和二十五年一月に本社を一宮市八幡に移転。二十七年十一月、江南工場を建設しウール原糸の製造を開始した。一宮工場に新工場を完成したのは昭和二十八年二月で、ここでもウール原糸の製造を始めており、吉田らはこの新しい工場に配属され女工として働いた。就職した翌年の昭和三十七年六月に林紡績はさらに扶桑工場を建設し、操業を開始している。

戦後日本の復興は繊維産業から始まり、愛知県一宮は戦前から繊維産業の一大集積地になっていた。戦後に設立された林紡績もその一翼を担い、三〇〇〇名を超える従業員を擁するトップ企業であった。自社立の学園を整備し、林学園林高等学校、林学園林服装専門学校を設立、そして昭和四十五年(一九七〇年)には林学園女子短期大学を設立するに至っている。

全日制の高校への進学は叶わない吉田であったが、自社立の定時制高校で学ぶ機会を与えてくれる林紡績に感謝しつつ、「仕事に勉学に励んだ」という。

「林紡績は大きく、仕事の合間に勉学できるシステムが私にとっては慰めでした。林学園は一学年で八クラスありましたが、学園生一年のとき生徒会長の選挙があり、いきなり学園生全体の副会長という役目をいただきました。それで仕事にも勉学にも、もっともっと頑張らなくちゃという気持ちになって……。夜中に明かりをつけて勉強しているとみんなに迷惑をかけますから、布団をかぶって懐中電灯で教科書を照らしながら勉強をしていました。先輩のある人からは『幸子さんは、ここにいるのはもったいないね』と言われたこともあります」

池畑の言葉のなかに「仕事の合間に勉学できるシステムが……」とあるが、これは林学園林高等学校の定時制課程が、昼間は働き夜間に学ぶという〝夜間高校〟ではなく、早番と遅番の二部交替制のシステムをとっていたことを指す。当時の繊維産業は、機械を休ませることなく昼夜フル稼働で二四時間操業というのが当たり前で、林紡績も例外ではなかった。そのフル稼働を支えていたのは交替制で働く女子工員たちの若い労働力であった。

「一五歳でまだ親に甘えたい年頃に、早朝、昼、夕刻と交替制で、糸つむぎ、仕上げの検査と、立ち仕事で大変でした。でも、私は勉強が好きで、勉強できるという喜びがありましたから頑張ることができました」と池畑は言う。

そんな吉田のところへ四歳年上の次女・律子から思いがけない手紙が届いたのは、林紡績に入社してから八カ月後の昭和三十六年十二月のことだった。神戸で定時制高校を卒業した律子姉は与論の茶花小学校で教師をしている喜山富三氏と結婚し与論島に住んでいたが、姉の手紙には、

「幸子、お父さんやお母さんは私が説得してあげたから、今の会社はやめて全日制の高校に進学しなさい。学費は私が出してあげるから……」

「説得してあげる」ではなく「説得してあげたから」と書かれていたという。手紙を読む吉田の手は震えていた。

働きながら学ぶという生活のリズムに慣れ、充実感を覚えつつ定時制高校に通っていた吉田であったが、律子姉の言葉に甘えることにした。林紡績を退職し、高校受験に備えるために故郷に帰ってまず訪ねたのは母校・与論中学であった。教頭の山富英先生や福永政宣美先生にお願いし与論中学への通学を許可してもらい、後輩たちとともにおよそ二カ月半、受験に備え猛勉強を始めた。三年一組に在籍する一級後輩の池田尚史や坂元久夫には「よく勉強の面倒を見てもらった」と言う。ちなみに三年一組の担任は英語や数学を担当する山下清和先生であった。

昭和三十七年（一九六二年）三月初旬に鹿児島県立大島高等学校を受験し合格、四月に入学を果たした。同校では、与論中学の同期で従姉妹である喜山勝子や龍野實子が学んでおり、同期でありながら彼女たちに一年遅れて入学したのだった。高校で寮生活を送ることになったのだが、全日制で学ぶことの喜びで、一年遅れたことについては「全然気にならなかった」と言う。

しかし吉田は、大島高校には三カ月ほどしか通学していない。入学した年の夏休みを迎える前に、学費の面倒を見てもらっている姉から「鹿児島の高校に転校しないか」という話を持ちかけられることになったからである。

「(夫)富三が、鹿児島の指宿の山川中学校へ転勤することになった。大島の高校では学費のほかに寮費もかかって大変だから、指宿の高校に転校して私たちと一緒に住んで、指宿の高校で学ぶことにしたらどうか」と、姉の手紙には書かれていた。聞けば義兄・富三は、自ら鹿児島の教育委員会に掛け合って鹿児島の中学校への転勤を希望し、指宿の山川中学校に転勤したのだという。

学費や生活費を含め全面的に姉夫婦の世話になっていた吉田は、一も二もなく姉の言葉に従うことにした。というより、喜んで姉の言葉に従った。編入試験を受け、指宿市立指宿商業高等学校に転学した。同校は戦後間もない一九四八年（昭和二十三年）三月に鹿児島県今和泉高等学校として創立。三十二年六月に指宿市立指宿商業高等学校に改称。「和敬」「奉仕」「根性」を建学の精神として掲げている。同校で掲げる「根性」とは何を意味するのかについて、同校のホームページには次のように記載されている。

「日々新たに学習に励むことや、スポーツを愛好することにより意志が強固で、責任感旺盛、明朗で健康、目的貫徹の精神に満ちた人間を育成する」

吉田はこの高校で律子姉と約束し、「五番以内の成績になれるように一生懸命勉強した」。約束通り五番以内の成績で卒業したという。卒業したのは昭和四十年（一九六五年）三月だった。卒業後は、故郷・与論島に帰り「奄美大島信用金庫与論支店」に勤めることとなった。

「信用金庫の専務さんが指宿商業高校まで面接に来てくださった。私はそのとき体育の授業で校庭で走り回っていて、ブルマーをはいたまま面接を受けたんです。肌色も浅黒く健康的だったし、はきはきと質問に答えていたら『こんなに元気のよい子だったら大丈夫』だということで採用が決まったんです」と、笑いながら池畑は言う。

そして真顔になり、こう付け加えるのだった。

「『あんたは高校を卒業しなかったら一生後悔するし、苦労することになる。私が高校は出してあげるから、島に帰って受験の準備をしなさい』。姉のこの一言で私の人生は変わりました。高校を卒業してからいろいろなことに挑戦することができたのも、すべて律子姉や富三義兄のお蔭です。残念ながら義兄は亡くなってしまいましたが、姉や義兄には足を向けて寝られません」

大島信用金庫与論支店は茶花にあり、吉田の実家から歩いて数分のところにあった。吉田にとっては理想的な職場で、信用金庫では送金係、為替係、出納係などに配属された。島の金融機関と言えば郵便局と信用金庫くらいであり、信用金庫では小規模の会社や小売り業の店主が顧客の大半を占めていた。吉田は親身になって顧客に接し、「お客さんが手形の決済日などを間違えて損失を被らないよう」気を配り、ときには「遠方まで歩いてお客さんにお金を届けに行ったりと、お客さんに喜んでもらえるよう気を使って……」仕事をした。

　そんな吉田が結婚をしたのは信用金庫に勤めるようになって三年後の昭和四十三年（一九六八年）三月のことだった。与論島出身で神奈川県大和市の日本飛行機株式会社に勤務する飛行機無線技士・池畑氏と結婚し、翌年長男が誕生した。「保育士になりたい」という夢は、このころから持つようになったという。

「長男がお腹にいたとき、まだ二三歳という若い自分の将来を見据え、『いつぞや役に立つ』という思いで保育の本を読み始めました」。そして、「保育士」の資格を得るべく通信教育を学び始めた。

「昭和四十四年に長男が生まれ、わが子の成長していく姿に喜びを感じながら千葉県松戸市にある聖徳学園の通信教育、短期大学保育科で学び、保育士の資格を取得しました」

　保育士の資格を取得した四年後に、次男が誕生した。

「子育てをしながら家事をしながらレポートを書き、科目終了試験を受け、スクーリング（面接授業）にも通わねばならない。通信教育というのは本当に大変だった」と池畑は言う。

　保育士は幼稚園教諭と比べ求人対象年齢の幅が広い職種である。気がついたら池畑も三十路を超える年齢になっていたが、紡績会社や信用金庫で社会人として働き、子育ても経験している池畑にとっては、子供の面倒を見るという仕事は打って付けの仕事であるとも言えた。地方公務員の試験を受けて合格し、保母として働いた期間はちょうど一〇年間であった。保育士として池畑がどのような気概を持って仕事に従事していたかは本稿冒頭において見たとおりである。

「母親といつも一体になって子供の面倒を見るという心がけで勤めていました。あるときは、働きながら自動車の免許を取るため自動車学校に通っている母親のために、時間外の仕事として報酬なしでお子さんの面倒を見たこともあります。保育園の園長先生には内緒でしたけどね」

藤沢市鵠沼海岸にある「藤沢市太陽の家」は、専門職による質の高いサービスを提供する施設で、池畑は同施設で何度も研修を重ね「精根込めて学び実習を重ねた」。

「太陽の家」ほか、一〇年の間に勤めた保育園の園児たちとの思い出の写真を、池畑は数冊のアルバムに収め大切に保存している。池畑の宝物でもあるのだが、公務員で保育士として働いた池畑の「一〇年間」は、自らの生活に影響を及ぼすほどに負担を強いられるものでもあった。

「保育園をやめてからは、しばらくは働かなくなりました」と、池畑は言う。

子育ても終わりに近く、四十代になってまだまだ仕事を続けたいとして池畑が次に勤めたのは「保育士」の資格を生かす仕事ではなく、横浜に店舗を持つまったく異業種の宝石、毛皮、服飾関連の商品を販売するファッション業界であった。池畑は主に宝石を販売する仕事をした。

「私は吉田商店という商売人の娘だから、親のＤＮＡを受け継いで、お客さん相手の仕事は向いていたのだと思う。会社からノルマを課されると、やる気が出る。ノルマを達成しただけでなく、高価な宝石もどんどん売ることができて月に二〇〇〇万円を売り上げ、店でトップの成績を収め、いつの間にか横浜市綱島支店のチーフになっていました。全店舗一二〇名のなかで売り上げ二位になったこともあります。私はどこに行っても社長から大事にされていました」

「宝石を買う人は、優しさを求めている人ではないかと思った」と池畑は言う。商売をするのも、ただ儲けるために売るのではなく、商品の高い・安いにかかわらず「お客様の心に寄り添い、なぜその

与論町の琴平神社で神に捧げる祈り「パーレファ」を舞う（著者撮影）

「フラダンスは身体が許す限りは続けていきたい」

宝石を欲しがるのかという相手の心まで読み取る努力」をして、売り上げを伸ばしていったという。

宝石など夢を売る会社には二〇年ほど勤めたのち退職した。保育園同様、皆に惜しまれての退職であった。

池畑が今、「身体が許す限りは続けていきたい」として、健康増進や心の支えに取り組んでいるのはフラダンスである。フラダンスを始めたのは宝石を売る仕事をしていたころで、仕事の合間にハワイへ行き直接ダンスの指導を受けて基本を身につけ、公演にも参加。社会奉仕の一環として老人福祉施設や、年に一回行われる「フラ発表会で踊ることができるのを楽しみに……」日々を送っている。

平成十七年（二〇〇五年）一月三日、郷里・与論町のパークホテルにおいて昭和三十六年三月に与論中学校を卒業した「第一三期生・還暦祝賀会」が開催された。祝賀会の前に島の最も高台に位置

現在指導を受けているインストラクター
YOKO先生と

クム・フラ・サンディ先生と

する与論城址・琴平神社の神殿において参加者全員が無病息災を祈願し、その後神社境内にある〝舞殿〟において池畑幸子はフラダンスを披露した。純白の衣装をまとい神に捧げる祈り「パーレファ」を舞い、同期生の行く末に「幸あれ」と願ったのだった。

本稿の取材はそれから一三年経った平成三十年（二〇一八年）十二月一日、JR横浜線鴨居駅に近い喫茶店において行われた。同日午後二時には東大農学部の資料館において岡山県から上京された前研治氏と前節子さんの「集団就職」の取材があり（第12章）、鴨居駅には池畑が指定した午後六時三〇分ぎりぎりになって到着したのだった。池畑は杖を片手にゆっくりした歩調で身体をゆらしながら歩いていた。かなり長い間「変形性膝関節症」に悩まされていたというが、いよいよとなって「思い切って両脚の人工関節全置換術を受けた」のだという。

ハワイ在住の「神」とも言える偉大なる師匠、クム・フラ・オラナ・アイ先生と

「そんなに膝を悪くしてフラダンスとか踊って大丈夫なんですか？」と尋ねてみた。

「三、四〇年ほど仕事、子育て、奉仕活動、ステージと走り続けていたら膝が悲鳴をあげてしまった。でも、膝がどんなに悪くても、痛くても、フラを踊っているときだけは痛みも忘れて楽しく踊れる」とのこと。手術をした直後にはさすがにステージには上がれなくなったが、令和元年（二〇一九年）九月二十三日には「再起してステージへ上がり二曲踊った」と言う。

取材の席でアルバムを開いて見せながら池畑は、「この方がインストラクターのYOKO先生、この方が師匠のクム・サンディー先生、そしてこの方がクム・フラ・オラナ・アイという大先生で、今はハワイに住んでいます」と、目を輝かせながら写真の説明をするのだった。クムとは「師匠」を意味するのだという。

取材の最後に池畑は意外なことを口にした。真言宗の「お寺で修業をし、得度を戴き、僧階　権律師幸子の名を授けて戴いた」のだという。お寺では修業の一環として奉仕活動などにも身を投じた。

「空海、聖宝尊師、大僧上真乗……人に生まれること難き、さらにそれらの貴重な体験に遇うこと難きに、私は会えた。いつしか宇宙の大草原に、環着（げんちゃく）でき、またそこの創原（そうげん）で修業できる日まで、お寺参り、フラダンス、ジム通いで、身体のリハビリなどをして、日々感謝感謝で過ごさせていただいています」

池畑は「墓碑には『権律師幸子』と刻む」のだという。その名に「律」の一字を入れたのは、恩を受けた律子姉に敬意を表してのことであろうか……。

（二〇一九年九月　記）

竹安次郎

バスの車掌など転職を重ねたのち二六歳で起業――電機・住宅設備、家電品その他総合卸商社・株式会社アマミの年商は約三〇億円

「電設資材総合商社」として大阪市中央区日本橋に営業本部を置く「株式会社アマミ」――。堺営業所を兼ねる本社は堺市北区長曽根町にあり、近くには大阪府立大学や梅町公園などがある。最寄り駅は南海高野線の中百舌鳥《なかもず》駅で、会社の近くには国道３１０号線と府道28号線が交差して走っており、地の利がきわめて良い。

株式会社アマミの資本金は、平成二十八年二月現在で九七〇〇万円。同社の前身である奄美電業を創業したのは竹安次郎《たけやすじろう》で、株式会社アマミでは会長職を務める。代表取締役は長男・竹匠が務めている。のちにも述べるが、従業員は四八名（平成二十八年八月現在）。これだけの人数で年商三〇億円を売り上げている。

事業をここまで拡大できた原動力は何であったのか？「仕方がないから、ただひたすら一生懸命働いただけ……」と竹は言う。

中学を卒業してから今日に到るまでの、竹の足跡を追ってみよう。

中学を卒業して五年後の昭和四十一年（一九六六年）一月、与論島の古里地区集会所において与論中学第一三期卒業生の同窓会が開かれた。同窓会といっても出席者一一名の小規模な集まりだったが、二〇歳そこそこの若者たちは皆、はち切れんばかりのエネルギーに満ち溢れていた。出席したのは、女性では川畑節子、喜山勝子、田畑ミサエ、増尾妙子、吉田幸子。男性は池田一彌、竹安次郎、福島敏男、本俊一、山下康久、私・基の一一名であった。

中学を出て五年も経つと、それぞれ進むべき道も固まりつつあった。数少ない進学組の一人だった喜山勝子は大島高校を経て京都の平安女子短期大学に学び、卒業を間近に控えていた。同じく進学組だった増尾妙子は、神奈川県の相模女子大学二年に在学中。岐阜県の縫製工場に就職した川畑節子は故郷に帰り与論農協に勤務。愛知県の紡績工場で働いていた吉田幸子は八カ月後に退職して高校へ進学。卒業後は与論の信用金庫に勤めていた。東京の豆菓子会社に就職した田畑ミサエは、大阪の縫製工場に勤め先を変え、正月で帰省中に同窓会に出席したのだった。

男性では、沖永良部高校に進学した山下康久は卒業後、東京に出て電々公社に勤務。集団就職で東京都荒川区の革靴をつくる会社に就職した福島敏男は、四年で勤務先を辞め故郷へ帰り九玉建設に勤めていた。池田一彌と本俊一は、ともに鹿児島の農村センターで二年間学び、故郷にUターンして島の製糖工場・南島開発に勤めていた。農村センターには与論中学からもう一人、山元孝安も進学していたが、卒業後山元は農業には従事せず船乗りになっていた。鹿児島と奄美諸島を航行する『あけぼの丸』の船員になっていたのだが、五年ぶりの帰省で鹿児島港から同船に乗船した私は偶然に、山元と再会することになった。またこの船には、京都から帰省中の喜山勝子も乗り合わせており、久々

1966年1月、与論・古里集会所で開かれた同窓会。左より、吉田幸子、田畑ミサエ、川畑節子、竹安次郎、山下康久、喜山勝子（著者撮影）、ほか5名が出席

の再会に三人は盛り上がり小さなテーブルに缶コーヒーを乗せ、ミニ同窓会を開いたが、近況を語り合う間もなく、この宴はお開きとなった。五〇〇トンの貨客船『あけぼの丸』は木の葉のように揺れ、喜山も私も船酔いに耐えられなくなりそれぞれの船室に戻ることになったからである。山元の逞しさが羨ましかった。

このとき私は定時制高校四年生で、冬休みを利用して故郷へ帰ったのだった。中学を出て就職したコロナ工業を四年三カ月間勤めてのち退社。失業保険金を受給中であり、その給付金もそろそろ受給資格が切れようとしていた。いわば無職で出席した同窓会である。

あまり多くを語らず、終始にこやかに振舞い、都会的なセンスを漂わせていた竹安次郎は大阪で働き、正月を故郷で迎えるために帰省していた。写真に見るのがその竹で、髪をきちっと整えシュッとした顔立ちで背広がよく似合ってい

1989年11月に東京都大田区で開かれた同窓会。前列左より稲沼（田畑）ミサエ、竹安次郎、坂元（池田）良子、竹内（池田）タツエ、高村（山下）節子、川上重光、竹波栄喜。後列左より、野﨑（竹山）末子、牧（川上）美代子、竹川達廣、竹波（福永）みち子（著者撮影）。（）内は旧姓

た。

与論の古里集会所で竹に会い、次に彼に会う機会を得たのは平成元年（一九八九年）十一月になってからである。ＪＲ蒲田駅西口にある焼肉店で、与論中学第一三期生の同窓会が開かれたときだった。関東在住の同期生はじめ、愛知県や大阪などからこのときは一二名の同窓生が集まった。約三〇年ぶりに顔を合わせた同期が大半で、宴は大いに盛り上がった。

大広間を借りて行われた同窓会は、さらに二カ月後、大阪においても行われた。音頭をとったのは牧美代子と堀栄作。堀は、出席した男性ではただ一人の高校進学者で、大阪府三島浄水場の庶務課長になっていた（当時）。

新大阪駅に近いホテルで行われた関西の同窓会には一一名ほど集まり、与論島から野澤

大阪市浪速区下寺にある株式会社アマミの日本橋営業所。本社・堺営業所は堺市北区にあり、ほかに東大阪営業所（東大阪市若江南町）、豊中営業所（豊中市走井）、東京営業所（東京都品川区西五反田）、神戸営業所（神戸市東灘区）がある（2018年9月28日、著者撮影）

秀昭も出席していた。タクシーの運転手として大阪に出稼ぎに来ていて、同期生に巡り合う機会を得たのだった。ほかに、岩井（南）マツエ、竹内（池田）たつえ、田畑キミ子、増田（入来）アキ代、野村（杉山）正子、竹波栄喜、竹安次郎が出席。岩井マツエは岐阜県から、増田アキ代と野村正子は奈良県から駆けつけた。

同窓会には二次会がつきものである。会場に選んだのは、劇場つきの大きな酒場だった。同期で出席していた田畑キミ子が「こずえ」の名で、「その店で働いている」と聞いたからだ。

関東・関西の同窓会いずれにも出席し、二次会・三次会の費用をすべて受け持った竹安次郎は、知人の結婚式の帰りだということで白いネクタイ姿で出席した。このときは、「株式会社奄美電業代表取締役」の肩書きを持っていた。奄美電業は当時、大阪市浪速区に本社があり、東大阪や堺市などにも営業所を開設。三菱電機ほか大手メーカーをクライアントに、電設、資材の総合卸商社を営み、年商約三〇億円。竹がこの会社を立ち上げたのは、与論島の古里集会所で同窓会に出席してからわずか六年後、二六歳のときだったという。

竹安次郎は昭和二十年（一九四五年）六月六日、父・富里、母・千代の四男として与論村郡間に生まれた。きょうだいは長女・春子を筆頭に七人。次女・シゲ子、長男・利忠、三女・文子、次男・利男、三男・富澄、そして四男・安次郎で、七人兄弟の末っ子として生まれたのだった。

竹は父親の顔を知らずに育った。昭和二十年三月、父・富里は戦死したからである。

「沖縄の宮古島の近くの海で、戦艦を護衛する船に乗っていて、米軍の空爆を受けて亡くなったと聞いています」

昭和二十年（一九四五年）三月二十三日、米軍は、日本軍の反戦戦力を削ぐことを目的に空母一六隻を中心とした強力な機動部隊である第58任務部隊を日本本土へ差し向けた。同部隊は沖縄周辺に対する本格的な空襲を開始し、同月二十四日に日本軍の沖縄への増援部隊を乗せた「カナ３０４船団」を全滅させている。竹の父・富里は、この「カナ３０４船団」に属していて米軍の空爆を受けたのであろうか？

夫と死別した千代は、女手一つで老いた母（吉田ウト）の面倒を見、子供たちを育てていかねばならなくなった。

七人の子供たちは、苦労する母親の背中を見て育った。春子もシゲ子も利忠も、母親の手足となって農作業をよく手伝い、生まれたばかりの安次郎や弟や妹たちの面倒をよく見た。特に長男・利忠は、「自分は父親代わりである」という自覚を持って、学業そっちのけで母親を助け、朝は早くから畑に出て、学校から帰ると日が暮れるまで働いた。学校は眠りに行くところで、テストはいつも白紙に近い状態で提出した。

中学の教師はそんな利忠について、千代に向かって次のように言ったという。

「あんたの息子さんは少し頭がおかしいのではないか。脳膜炎でも患っているのではないか……?」

千代は黙ってこれを聞いていたが、心の中ではわが子に対し賛辞を送っていた。「すまないねぇ、お父さんさえ元気でいてくれたらね……」と思いつつ――。

春子やシゲ子や利忠の孝行ぶりは、弟や妹たちに助け合いの精神を植え付け、強い結束力を与えた。そして、末っ子の安次郎も、中学を卒業するときがやってきた。

今度は安次郎が、姉や兄たちに恩返しをする番だった。中学を卒業しても、都会に出て就職することをせず、島に残って母親の手伝いをした。「本当は島を出て、大阪に行って働きたかったんやけどね」と竹は言う。

「祖母と母を見るため、島に残る必要があった。牛を飼ったり、カボチャやサトイモなど野菜をつくったり……、つくった野菜は茶花の農協へ持っていって売ったりもした。そうやって約一年間は島で農業をしとった。本当はみんなと一緒に、集団就職で島を出たかったんやけどね」

しかし、島で過ごした一年間は、「楽しいこともあった」という。

「島では当時、夜になると若い娘さんのところへ行って遊ぶという風習があった。これが楽しみでね。夕方になるとそわそわして、夕食をすませるとすぐに友達と連れ立って女の子のところに遊びに行ったりした」

竹が「都会へ出て働きたい」という願いを叶えたのは、中学を卒業して一年経ってからだった。昭和三十七年三月、竹は与論を出て大阪の会社に就職した。最初に勤めた先は東淀川区にあり、キャデラックなど外車などの販売を兼ねている協和自動車という自動車修理工場だった。月に七五〇〇円の給料で、自動車の部品を洗ったり、洗車をしたり……。洗車は、水を使うのではなく、蒸気を吹きつけ車体やタイヤの汚れを落とす作業だった。次女である姉・シゲ子のところに居候をしながら、この会社には「一年くらい勤めた」という。シゲ子は住友電工に勤める主人と結婚し、四畳半のアパートに住んでいた。

竹はこのころ、自動車免許を取って運転手になるか、自動車の整備士になりたいと思っていた。そんな竹のところへ、従兄弟で阪急バスの運転手をしている竹島茂文から転職の話が持ちかけられた。

「将来のことを考えるなら、もっと安定した、大きい会社に勤めたほうがいい」

竹島の口利きで、竹は阪急バスに転職することとなる。「人事課にかけ合ってくれた」という。初めは、バスの清掃係として働いた。

一八歳になり、そのうちバスの車掌を任されるようになった。乗客の切符を切ったり、料金を徴収したりという仕事を「半年間やった」というが、バスの車掌という仕事はかなり緊張を強いられた。

特に、複雑な路線を走っているバス停の名前を覚えるのには苦労した。「お客さんに『次はどこですか？』と訊かれるのが怖かった」という。

「緊張してしまって、お客さんに『次は、どこの駅ですか？』と訊かれるのがいちばん怖かった。雨が降っているときなんか、ようわからんから、こちらのほうからお客さんに『次は、どこの駅ですか？』と訊いたりして……」

と、竹は笑いながら言う。

「そんなことが二、三回、否、四、五回はあったかなあ」

このようなことが重なったからというのでもないが、竹はそのうち、体調に異変を感ずるようになる。体が疲れやすくなり、顔色が黒ずんで見えるようになってきたという。

検査した結果、急性肝炎になっていることがわかった。会社を休んで、通院して、点滴を打ったりして何とか仕事を続けていたが、いよいよどうにもならなくなり、大阪大学病院に入院することになった。長兄・利忠が上阪し「阪大病院への入院手続きをとってくれた」という。

「漢方薬を試したり、抗生物質を飲んだり、姉（シゲ子）に野菜ジュースをつくってもらったり、しじみ汁をつくってもらったり、肝臓にいいと言われるものは何でもやった」

漢方薬を勧めてくれたのは、今は亡き次兄・利男の妻・美代子だった。長姉・春子の主人は淡路島出身で、淡路島からは蓖麻子油を取り寄せ、飲んだ。「臭いがきつくて、飲めたものではなかったが……」と竹は言う。

阪急バスでの給料は、月額七〇〇〇〇円くらいだった。病気療養中にも、月々「六〇％の給与を支給してくれた」。しかし、竹は、病が治ってからこの会社を辞めることにした。「何となく、辞めて欲しいような空気が感じられた」からだという。

退社してのち、休養を兼ねて「二、三カ月は大阪や与論でぶらぶらしていた」。

体調が回復したところで竹が次に選んだ仕事は、テレビの修理などをする家電販売店だった。高度経済成長期にあって、テレビや冷蔵庫・洗濯機が三種の神器と言われていた時代、テレビ修理の技術を身につけたいと思ったからである。しかし、この家電販売店への就職は〝不発〟に終わった。履歴書を持って面接に行ったところ、店主に「もう一人採用が決まり、募集はしていない」と言われたという。

「この家電販売店は、蛍光灯などを仕入れて、与論へ送って売るという商売もしていた。今尾さんという人やった」

この店主に、竹は、「技術を身につけるのもいいが、技術者より、電設資材などを売る商売のほうが儲かるぞ……」、こう言われ、「三重電業」という会社を紹介してもらった。

三重電業は、昭和三十年に「みえ電気商会」として創業。昭和四十三年一月に株式会社（岡山社長）となり、大阪市浪速区日本橋に本社があった。電設資材の卸・販売業を営む会社で、電気工事も兼業する会社だった。そして、今尾店主の紹介を受けて入社したこの三重電業こそは、その後の竹の運命を決する礎となった会社なのだった。給料は月に四～五万円。竹は一九歳から二五歳まで三重電業に勤め、店内で販売を担当しながら会社経営のイロハを学んだ。

ちなみに竹が、与論島の古里集会所で行われた同窓会に出席したのは、この三重電業に勤めて間もなくのことだった。

竹が入社したころ三重電業は、まだ会社として組織されていなかった。岡山社長と、「番頭さん」と呼ばれていた社長の奥さんと、従業員は竹一人だったという。得意先回りで、電設資材の販売などを担当し、仕事にも少し慣れてきたころ、三重電業にとって存亡の危機が危ぶまれる出来事が起こった。岡山社長が甲状腺の病に冒され長期入院することになったのである。入院期間は一年間に及んだという。

このピンチを乗り切るために、竹は番頭さんを助け、必死になって働いた。そして一年経って、ようやく社長が退院し、仕事に復帰することになった。

社長が復帰したことで、会社は息を吹き返した。卸・販売で扱う商品も多くなり、電設資材のほか、自動制御部品、電子部品、オートメーションパーツなどに手を拡げるようになった。しかしこのことが、竹の運命を変えていくことになるのである。

「電設資材だけでなく自動制御部品とか、電子部品とか、オートメーションパーツなども扱うようになって、それとともに大卒の経験者が入社してきた。自動制御部品やオートメーションパーツとなると、私には商品の説明ができない。頭を使う仕事で、そういうのは苦手で嫌だった。それで、こんな仕事はもうできんなと思って……」

竹は、約六年間勤めた三重電業を退社した。そして、「就職活動をしてみよう」と思い、履歴書を持って、いくつかの会社に面接に行った。が、待遇面でどの会社も三重電業でもらっていた給与の半額くらいしか提示されず、仕事の内容そのものにもさして魅力が感じられない。失望しつつ竹が出した結論は、三重電業で培ったノウハウを活かし「自分で商売を始めてみようか……」ということだった。

事業を始めるにあたって当初は、アパート住まいの次兄・利男の電話を借り〝営業〟を開始した。「これが商売の原点になった」と竹は言う。資材の仕入れもままならない中で同業他社の力を借り、住宅団地や電気店などを一軒一軒回ってクライアントを増やしていくことにした。

事業の資金はどうしたのか？ 竹には三重電業で勤めていたころに貯えた七〇万円の預金があった。しかし、これだけでは資材の仕入れをするには心許ない。一二〇万円ほどを必要としたが、あとの五〇万円は長兄・利忠に借りることにした。利忠は、中学を卒業してのち電気工事士の免許を取得し、与論島茶花で祖母の実家を継ぐことになって吉田姓となり「吉田電設」を開業していた。電気工事、電気設備工事、電気配線工事などを主業務とする会社である。

「利忠兄には肝炎を患ったときにも大阪へ来てもらって世話になったが、事業を始めるときにも五〇万円を都合してもらいました。これも商売の原点になったんです」と竹は言う。

資金ができたところで、マスプロアンテナや照明器具、エアコン、電線、電気工事関連の資材など、扱う商品が多岐にわたるようになった。資材置き場が必要になることから、やがて竹は大阪市浪速区日本橋で一〇坪ほどの車庫を借り、住居を兼ねるこのガレージを拠点に事業を拡大していった。家賃は四、五万円ほどで、風呂はなかった。朝早くから夜遅くまで働き、銭湯に通うという日々の中で、起業家として確かな手応えを感じるようになっていく。

与論を発つときは次姉・シゲ子を頼って大阪で働くようになった竹であったが、独立して事業を始めるときも「シゲ子姉に手伝ってもらった」という。シゲ子だけでなく、次兄・利男の協力を得、や

27歳で妻・栄代と結婚。二人三脚で奄美電業を設立した。写真は関東同窓会出席時に東京・新橋駅前のSL広場で撮ったもの（著者撮影）

がて三男・富澄も竹の事業に参画するようになる。

二六歳で事業を始めた竹は、二七歳で結婚している。事業を始めるのには、請求書をつくったり伝票整理をしたり、事務的な仕事がどうしても欠かせない。竹が一番苦手な仕事だった。当初、伝票整理などは姉・シゲ子に手伝ってもらっていたのだが、仕事の量が増えるにつれ事務職を担当する社員が必要になってきた。そこで初めての〝社員〟として雇ったのが奈良県出身の長矢栄代《ひでよ》だった。真面目に働き、きちんと仕事をこなす栄代に竹は惹かれるようになり、栄代もまた、土曜も日曜もなく仕事一筋に打ち込んでいる〝社長〟の姿に男らしさを感じるようになった。昭和四十六年七月に結婚。ガレージの一角を生活の場にして、新婚生活をスタートさせた。

「仕事を終わってから二人で銭湯に行ったりし

て、嫁さんになったら給料も払わんでよくなったし、最大のパートナーを得ましたわ」と竹は笑う。

二人三脚で、「奄美電業」を設立するのにそう長い時間はかからなかった。

昭和五十年(一九七五年)三月一日、株式会社奄美電業を設立。代表取締役は竹安次郎で、正社員二人、パートタイマー一人、「あとは私の嫁で、四、五人でスタートさせた」。のちに、専務取締役に竹富澄が、常務取締役に次兄・利男が就任し、奄美電業は軌道に乗っていく。

「やらな仕方ないから、必死やから、もう一生懸命働いた。空調関係とか、エアコン関係とか、人のあまりやらないところを探して、商品を増やしていった」

商品を増やし、従業員を増やし、年を重ねるごとに売り上げも順調に伸びていった奄美電業であるが、すべてが順風万帆というわけではなかった。過去には数億円の不渡り手形を食い、経営危機に陥ったこともあったという。そこは、培った信用で乗り切った。

「不渡りをつかまされたのは平成九年四月やった。二億円ぐらいで、決済ができず、業者に(支払いを)待ってもらって、二年から四年の分割払いで何とか乗り切ることができたんやけどね」

株式会社奄美電業は平成十二年(二〇〇〇年)九月、「株式会社アマミ」に社名を変更し新たなスタートを切っている。これに伴い竹安次郎も経営の第一線から身を引き「代表取締役社長」を長男・匠《たくみ》に譲り、自らは「会長」に就任した。鮮やかなグリーンに白ヌキで「株式会社アマミ」と印刷された名刺にはエンジ色のロゴマークの下に「AMAMI co.,LTD」とあり、業種は「電設資材総合商社」となっている。ちなみに同社「取締役部長」の肩書を持つのは三男・陽之助《ようのすけ》で、「第一種電気工事士・冷媒

大阪府堺市北区長曽根町にある株式会社アマミの本社・堺営業所と竹安次郎会長（2018年9月28日、著者撮影）

回収技術者・ガス熔接技能」の資格を保持している。

平成二十八年（二〇一六年）二月現在の資本金は九七〇〇万円で、社員数は四八人（男性三〇人・女性一八人）。最も好調なときは「六〇人ほどいた」という。大阪府堺市北区長曽根町に本社・堺営業所があり、東大阪・日本橋（大阪市）・豊中・神戸に営業所があり、平成二十四年（二〇一二年）には東京にも進出した。東京営業所の所在地は品川区西五反田六丁目となっている。

電設資材総合商社としての取扱品目は多岐にわたっている。

住宅・設備・照明電気設備機器／オール電化・住宅設備機器／太陽光電発システム／蓄電池システム／エネルギー管理機器／環境衛生機器／制御盤制作／電線・光ケーブル類／テレビ共聴機器／防災防犯設備機器／音響設備機器／制御機器・受変電設備機器／非常用電源装置／換気・空洞設備

機器／工具類全般／家電商品／電設資材／空調部材／建設資材／他

名刺の裏に印刷されている取扱品目である。これだけの品目が並んでいて、最後に「他」とあるのは気になるところだ。まだあるのか、と言いたくなる。

取り扱いメーカーについても見てみよう。

パナソニック（Panasonic）、東芝、三菱電機、日立、マスプロ電工、未来工業、内外電機、ダイキン、オムロン、富士電機、山田照明、岩崎電気、古河電工、春日電機……といった企業が三〇社ほどズラリと並んでいる。

竹の企業経営のモットーは何か。

「お客さんの良きパートナーとなり、お客さんに喜んでいただく商売をする」ことであるという。「喜んでいただく」とは言い換えれば、「信用第一」ということでもある。

「お客さんに喜んでいただく」という竹の企業経営のモットーは、株式会社アマミの営業日と営業時間の中にも現れている。

・営業日　暦どおり営業

休　日　日曜日・祝日

月曜日　朝7：00～夜20：00

火曜日～金曜日　朝7：30～夜20：00

土曜日　朝7：30～夜18：00

同社のホームページに見られる営業時間である。月曜日は朝七時から夜八時まで。火曜日～金曜日

2017年４月、与論島の大金久海岸で妻・栄代とともに

は、朝七時半から夜八時まで。そして土曜日も、朝七時半から夜六時までの営業となっている。

顧客の要望にいつでも応えることができるべく採られた勤務体制である。

「お陰さんで長い間商売やってきて、お客さんには好かれていると思うてます。いろいろと良くしてもらって、いろんなところに連れていっていただいた。楽しく遊んで、楽しい思いもいっぱいしてきた」

一人だけで楽しむのではなく、竹は、事情が許す限り妻・栄代と行動を共にしている。

近年にあっては無念に思っていることが二つある。奄美電業設立時より会社経営を共にしてきた次兄・利男が平成二十三年（二〇一一年）六月、膵臓がんにより他界したことである。また平成二十七年（二〇一五年）七月には、母親・千代さんも帰らぬ人となった。一一〇歳で天寿を全うされたのであったが、平成二十八年の初盆には栄代と共に与論の地を踏み、母親の墓前に手を合わせた。

（二〇一六年八月　記）

第10章
奄美の先輩の特別寄稿　与論の同期・後輩の手記

津島祐治

私の集団就職と時代背景―人の一生は想い出作りのようなもの。その場、その日、その瞬間、幸せだと思わない限り、未来永劫幸せなど来ないのではないか

奄美大島出身の津島祐治氏は、私より二歳年上で、集団就職で上京し勤めた会社コロナ工業の先輩であり、神奈川工業高校定時制電気科の先輩でもある。のみならず、私自身幾多もの転職を重ねるなかで、東京都北多摩郡東久留米（現東久留米市）にあった日豊軽金や三洋金属などでもお世話になった先輩である。

職場の先輩であり定時制高校時代の先輩としてはもう一人、津島氏と同じ奄美大島出身でコロナ工業や日豊軽金、三洋金属などでお世話になった村田望氏がいる。ちなみに、本章で登場する同期の竹波栄喜氏もコロナ工業、日豊軽金、三洋金属と職場を共にし、後輩の村山登氏もコロナ工業で〝同じ釜の飯〟を食し寮生活を共にした仲間である。津島先輩には、「特別寄稿」として手記という形で本書への執筆をお願いし、終戦直後に溯って奄美の時代背景についても書いていただきました。

「テニアン島」「グアム島」玉砕（両島で日本軍二万六六〇〇名の戦死者）

玉砕の五カ月前、昭和十九年三月、私は鹿児島県奄美大島名瀬町で太平洋戦争の戦況が激しさを増すころ生まれました。

父は大正時代に十代で徳之島岡前から上京、多少は学問をしたのでしょう。新宿柏木一丁目の四大地主栗原家一族へ養子に入り、「栗原土木建築事務所」「栗原裁縫女学校」「淀橋商工学院」などの事業をやっていたようです。

現在は一族の方が、青梅街道沿い丸ノ内線西新宿駅から一分の所で「ローズガーデンホテル」「日本料理栗吉」を運営なさっています。

昭和十七年四月十八日に米空軍ドーリットル爆撃隊の日本本土初空襲があり、淀橋区（現在の新宿区）に一二八発のエレクトロ焼夷弾子を束ねた焼夷弾四発投下、新宿山吹小学校の生徒に犠牲者が出たとの記録が残っております。

空襲の一カ月後、昭和十七年五月、父は何を血迷ったのか生まれて三カ月の私の腹違いの兄・栗原祐吉を懐に抱いて名瀬町へ帰郷しております（父は東京が焼野原になるのを予感？していたのかも知れません）。

昭和十七年、職員七〇人弱の名瀬町役場へ技師として奉職、町制二〇周年の年です。名瀬町の高千穂神社の山側の水源地に、浄水場を新たに施設し町水道事業のため働いていたようです。

当時の名瀬町の水道事業概要は、昭和六年九月一日より始まっていた私設の水道事業を、昭和十五年六月十七日に名瀬町が買収し念願の町営上水道事業のスタートとなったようです。

ちなみに、昭和十五年度の給水人口は二五〇〇人、当時名瀬町の人口は二万一三七三人、普及率一二％、以後、給水人口は微増し増加へと進んだようです。


母は戦前に結婚、神戸で生活し私の父違いの兄・新一郎が誕生しておりました。

母は事情があり離婚し奄美へ帰郷していたところ、東京帰りの父と神戸帰りの母が名瀬町で二度目の結婚、わけあり家庭で私が生まれ、私のわけあり人生が始まります。

名瀬の町も昭和二十年四月二十日の大空襲で九割が焼失、私の家も全焼しております。

そのため父は大島高校の東側の山を越えた場所に疎開用の住まいを建て、共同事業で牧場を開き馬や山羊、他に家畜など飼育していたようですが、志半ばにして病に倒れ私が二歳の時病死しています。

私が六歳の時には頼りにしていた二人の兄も続けて亡くなり、春夏秋冬の四季に例えれば、母と私はそれから真冬の季節が一〇年ほど続きます。当時は大変な食糧難の時代でした。

奄美の自然環境は亜熱帯特有の台風銀座で毎年吹き荒れる暴風雨、高潮による塩害、干バツによる干害などで、サツマイモ、稲麦作なども被害に遭い農家は困窮しているありさまでした。

野山には古い時代から先人が救荒作物として植えてあった蘇鉄を加工し、私たちは時々それを食用としていました。

赤い蘇鉄の実や幹には、澱粉が多く含まれていますが「サイカシン」（ホルムアルデヒド）などの成分も含まれ、発酵、乾燥など丁寧な加工処理を行って有害な物質を除去しているようでした。

目の前の食糧欠乏で余裕がなくなり、適切な加工を経ないで蘇鉄の実を摂取し大事な命を落とした人々もいたようです。

昭和二十一年七月一日に名瀬町の名称が、北部南西諸島郡政府官、米軍海軍少佐ジョン・A・ポーターの許可により名瀬町が名瀬市に改称されています。

昭和二十五年六月二十五日に金日成率いる北朝鮮軍が軍事行動開始、北緯三八度線を越えて韓国に侵攻したころですが、私の小学入学は母の手違いにより遅れ、七月に名瀬市立名瀬小学校に入学しました。

七月一日にはB－29、九八機が沖縄基地から発進し名瀬上空を通過、B－29特有のエンジン爆音をたてて朝鮮方面へ飛んで行く大編隊を今でも時々思い出します。

名瀬の町は終戦後、バラックの家々が建ち並び名瀬港を望む三方の山々は頂までサツマイモや野菜の段々畑が続いていました。

名瀬港には東側の山羊島近くに『極洋丸』、立神灯台の西側六八〇メートル付近に『丹後丸』、宮古崎の西側一七〇〇メートルほどの奥、根瀬部のデン浜に『江蘇丸』と、三隻の輸送船が戦争の傷跡を残したままアカ錆びた船体を無残な姿で風雨に晒していました。

『江蘇丸』は名瀬からは見えませんが、当時の定期船で母の実家（大和村津名久）へ向かう途中、船体が半分以上沈み船首だけ海面から出した痛ましい船体を見ることができました。

名瀬港付近で座礁した船団は、太平洋戦争中期、昭和十八年九月に門司から台湾に向かった第一九七船団で、台風接近により名瀬港に避難したものの、風速四五メートル近い風雨の直撃を受けて多数の座礁艦船を出し最終的に輸送船三隻を放棄し、戦闘行為によらない日本の輸送船団の被害としては最大のものであったようです。

第一九七船団は一一隻からなる輸送船団としての記録が次の通り残っております。

『武豊丸』(日本郵船 六九六四トン、便乗者五七名)／『西寧丸』(大連汽船 四九一六トン、部隊六五三名)／『極洋丸』(極洋捕鯨 一万七五四九トン、航空機一四機、雑貨一三一トン、便乗者三三九名)／『力行丸』(日本石油 九一八一トン、空船)／『昌元丸』(石原汽船 四七三九トン、雑貨二〇〇〇トン、船客四〇四名)／『金嶺丸』(東亜海運 五九四九トン、貨車五〇両、トラック一〇台)／『鵬南丸』(日本製鉄 五四〇一トン、空船)、『丹後丸』(日本郵船 六八九三トン、雑貨五二〇〇トン、船客二七六名)／『江蘇丸』(大阪商船 三一七九トン、雑貨二七〇〇トン、護衛に『真鶴』、水雷艇七七二トン)／特設砲艦『長寿丸』(朝鮮郵船 二一三一トン)

根瀬部沖の座礁船「江蘇丸」の積荷は南方向けに大量の物資を積んでおり内容は百貨店並みと言われ、木綿の反物、服の生地、缶詰ミルク、薬品、ミシン、紙類など、ないのは馬の角ぐらいだと言われたそうです。破損した船体から流れだした物資は、戦時中の物不足の時代でもあり近辺集落を大分潤したようです。

三隻の座礁船も昭和二十五年頃からの鉄屑ブームでサルベージ会社により解体、名瀬港沖から姿を消しました。

戦後奄美群島は日本から切り離され米軍の信託統治下となり、本土への往来が禁止されたため本土への渡航にはパスポートが必要となりました。

渡航許可は沖縄経由の申請のため数週間かかり、出荷物は外国製品とみなし関税がかけられ産業は成り立たないありさま、日本政府や鹿児島県からの補助はストップ、米国からの援助は沖縄本島の復興が優先、奄美にはほとんど回されなかったようです。沖縄のように基地産業で潤うことはなく、換金作物や物産の販売経路の途絶など経済が疲弊し飢餓の兆候さえ出ていました。奄美群島二〇万人のうち三万人が仕事を求めて沖縄へ移っていったようです。

そのような悪条件のなか、サンフランシスコ平和条約の調印を前にして奄美群島では本土復帰運動が盛り上がり、日本への復帰要求の署名では、一四歳以上の住民九九・八％もの署名が集まっていました（沖縄本島七二％）。

島々では数千人規模の村ぐるみ断食祈願が繰り返されていました。島民による激しい復帰運動のさなか、昭和二十八年米国ではトルーマン大統領からアイゼンハワー大統領へ変わり、ソ連ではスターリンが死去、両陣営の指導者交代により状況が変化していました。

当時の朝鮮戦争の記録によると、四〇〇万人以上の犠牲者、北朝鮮に投下された爆弾総重量六〇万トン、太平洋戦争で日本に投下された一六万トンの三・七倍の悲惨なものであったようです。

国連軍参戦国二二カ国、日本は国連軍の占領下にあったため参戦国に参入されていませんが、国連軍の要請（事実上の命令）で特別掃海隊、掃海艇四六隻、海上保安官、民間人で総計八〇〇〇人以上派遣、敵からの砲撃を回避しながら北朝鮮軍が施設した機雷処分のため、掃海中五六人が命を落とし、戦後初めての参戦の犠牲者となったようです。

三年間に及ぶ朝鮮戦争も昭和二十八年七月二十七日、休戦条約が結ばれ北朝鮮、中国軍、国連軍が調印しています（韓国の李承晩大統領は不服として調印式不参加）。

同年八月八日、休戦条約後、米国のダレス国務長官は韓国から帰国の途中日本に立ち寄り、奄美群島を「クリスマスプレゼント」として正式に、昭和二十八年十二月二十五日に日本返還声明を発表しています。

背景には朝鮮戦争の休戦条約締結で軍事的なことが一段落し、沖縄、マリアナ諸島ほど軍事基地としては、山の多い奄美は適さず重要視されなかったことなどが挙げられています。

やはり一番は奄美群島島民と本土在住一四万奄美同胞が一致団結、寝食を忘れ仕事を投げ打っての復帰運動による賜物でしょう。

インドのガンディーの平和主義的手法に倣い、集団断食や非暴力主義での激しい運動を続けた結果が米国政府を大きく動かした要因にもなっていると思われます。

十二月二十日には保安庁の灯台補給船「宗谷」（後の南極観測船）が名瀬港へ入港、通貨交換用の現金約九億円が輸送され米軍統治時代の軍票（B券）と交換されました。奄美には日本円、米国ドルの通貨はなく、日本の国家予算が約一兆円の時代でした。

ダレス声明から四カ月後、昭和二十八年十二月二十五日午前零時、奄美群島は日本に復帰を果たし八年に及ぶ復帰運動がやっと実を結んだ瞬間でした。

曇り空で小雨の降る中でしたが名瀬小学校の校庭には大勢の市民が祝賀のため集まり、空には新聞社の報道機が本土各地から飛来、花束やお祝いのビラを投下、名瀬市上空が、春の花吹雪のようにビラが風に舞っていました。

私が小学四年生で二学期のころです。

当時の『南海日日新聞』は次のように伝えています。

《幾百、幾千の顔が泣いている。悲願八年ぶりに奄美大島一市五町十四カ村、二十二万島民は祖国日本に帰ってきた。この日を二十二万島民は生きている限り忘れることはないだろう。いま、奄美の島々に打ち寄せる波は祖国に通い、雲隠れにのぞく太陽は日本の太陽だ》と――。

復帰祝賀会で泉芳郎・奄美大島復帰協議会初代会長は、

「これで八年間の苦悩は一変して、今日この日の我々は本当の日本人になったのであります。さあ、みんなで日の丸を掲げ希望と喜びに、胸を大きく広げて背骨をしっかり伸ばし、奄美大島復帰万万歳を三唱し、平和で楽しい郷土復興の第一歩を力強く踏み出そうではありませんか。鹿児島県大島郡バンザーイ、バンザーイ……」

と、祝賀会で力強いお祝いの言葉を述べております。

翌年六月二十一日、法律一八九号奄振法（略称）が制定され五年ごとの延長を重ね現在に至っております。

学校、道路、港湾、空港、病院などの産業基盤が本土並みになるよう島々の復興がどんどん進められました。

一方復帰後、建設業界などのハード面は進んでいましたが、雇用の受け皿になる産業が遅れ島民はまだまだ楽な生活には程遠い状態が続いていました。

昭和三十年名瀬市に二度の大火がありました。

一度目が十月十四日、一一八軒焼失。

二度目が十二月三日の一三六五軒焼失。

戦後最大の火災のため市街地の復興は惨めなほど遅れ、失業者も多く本土並みは夢物語でした。私のクラス六年七組でもかなりの人数が家を失い焼け出されました。

私は昭和三十一年名瀬中学校へ入学、貧弱な身体で運動は水泳以外何をやってもまるで駄目でした。勉強のほうは小学校と違い成績順に校舎の壁へ貼りだされ、一学年三五〇名中、一五〇名ほどの氏名が墨黒々と書き出され、これは大変だと思いました。三学期の期末試験にはヤマを張り要領がよかったためベスト五番位には入っていたようです。

我が家は母子家庭で相変わらずのその日暮らし、母は仕事先を探すのに大変な思いをしていました。家での食事にも困り私は栄養失調ぎみで夜になると目が見えなくなり、病院へ行くお金もなく名瀬の新川でウナギを釣り薬代わりに肝を食べて夜盲症を治すありさまでした。

肉や卵は年二〜三回食べられれば良いほうでした。私が日頃から体を壊して母を心配させていたところへ突然、母への再婚の話が持ち込まれました。

母は知人友人もいない見知らぬ土地へ行くことや、私の田舎の学校への転校の問題などを考えて悩み、私に「承諾しても良いのか、どうしたほうが良いのか」、相談があり話し合いの結果、この町を離れることにしました。

食べる物も事欠く先の見えない町に住み続けるより、現状が少しでも変わればとの希望がありました。

環境が変わることで運も変わるかも知れないとの小さな期待もあったようです。

昭和三十二年、龍郷村嘉渡の龍北中学校へ二年生の一学期始めに転校しました。町からの転校生で生意気に見えたのでしょう、多少の虐めにも遭いましたが卒業後は皆仲良くやっております。

嘉渡集落は当時名瀬からのバス道路はなく、山道を六時間ほど歩くか、海の静かな時は焼玉エンジンの二〇人ぐらい乗れるポンポン船で三時間ほどかかります。大島紬の盛んな所で龍郷柄発祥の地と言われ、与論島からの紬の織子さんが小規模な各工場で大勢働きに来ていました。

義父は温厚で酒、煙草はやらず判で押したように夜は九時に就寝、朝五時には起きて家畜の餌やり、紬業の傍ら豆腐を作りオカラは家畜の餌にしていました。合間に農作物の畑仕事で、取れた作物は惜しげもなく近所に配っていました。三六五日変わることはありませんでした。楽しみは民謡で、盆踊り、八月踊りは率先して先頭に立ち島唄を唄い太鼓を敲き集落の皆さんを楽しませ和ませ、嘉渡集落では人気のある人でした。

私を大事にしてくれ、行商用（時々魚の行商もやっていました）の中でも一番良い物、伊勢海老などを家においてくれました。卵、肉類、豆腐、野菜、白米の御飯、お金はありませんでしたが、食事は贅沢でした。お陰様で以前に比べ健康で元気な身体になりました。

現在でも病気もなく過ごせますことは、当時の食事のお蔭と今も感謝しております。

家は、義父が満州から引き揚げ後に建てた隙間だらけの家で風は吹き込み、いまにも倒れそうな粗末な住まいでした。

義父は、満蒙開拓団として国策で村々に割り振られた公募に率先して従い家族(夫婦長男次男の四人家族)で太平洋戦争末期に満州(三江省方正県伊漢通方面)に渡りました。

昭和二十年八月九日、不可侵条約を破り侵攻してきたソ連軍のため、一家は離散し本人は捕虜で極寒のシベリア抑留、戦後故郷へ帰れたのは本人のみで、言い尽くせない苦労があったようです。

昭和三十四年三学期、中学も卒業間近になりましたが、経済的問題で高校進学は断念しました。

他に鹿児島市の職業訓練校(授業料無料、宿舎有り)を受験、合格通知と宿舎の募集完了の連絡がありました。奄美から鹿児島市まで船で約三八〇キロもあり、下宿を探すあてもなくこれも断念しました。

一五歳の誕生日を迎えた一〇日後、やむを得ず、名瀬市のA商店へ飛び込み面接をしました。住み込み店員(丁稚奉公)で採用決定、月給一五〇〇円、四畳半の五人部屋、休日が月二回で朝七時ごろから夜九時ごろまで働いていました。

朝一番の掃除から始まり自転車を磨き、朝食、午前中に三〇軒ほどのお得意様廻りで注文をいただき、午後昼食を済ませ、荷物用自転車に注文品(化粧品、日用品、雑貨)を山ほど積んで配達、夕食後集金、残り時間は離島向けの荷作り、扇風機もない真夏の暑い夜でも疲れのため爆睡していました。

雨の日はさらに難儀で、注文の商品を濡らすことのないよう配達に気を遣っていました。

他の店でも似たり寄ったりの、丁稚店員が多く働いていましたので、自分だけ特別大変だとは思っていませんでした。

入店一年後、高校に進学したいとの思いが強まり、店の主人に夜学への進学をしたい旨、相談したところ学業と商売の両立は難しいとのことでした。入店の時それとなくお願いをしてあったのですが忘れていたのでしょう。

気落ちしていましたが、翌日、気を取り直し職安（ハローワーク）へ都会での求職をお願いに行きました。

三月分の求人欄は全部埋まっていましたが、一社だけ、東京での募集が残っており勧められるまま即座に応募し、履歴書その他の書類を提出しました。

会社名は、「コロナ工業株式会社」荒川区日暮里八丁目、カメラ用計器文字板、家電用銘板などの製造工場で、従業員約六〇名、日給二五〇円（時給三二円弱）、日曜休日。

運命的な巡り合わせだと感じ、このチャンスは逃がしたくないと思いました。

一〇日後、採用通知の葉書が店に届き店の全員に知れ渡り、主人から大分叱られましたが、上京できる喜びのほうが強かったようです。戦前親父が住んでいた東京で仕事をしながら勉強できればと、期待で胸を膨らませていました。

街には、ペギー葉山の「南国土佐を後にして」が流れ、商店街は賑わい、名瀬港岸壁は整備されて、大型定期船も接岸できるようになっておりました。

集団就職第一陣二九二名（男一一八名、女一七四名）、大半は離島からの乗船予定で、名瀬港からの就職者は五〇名ほどでした。

三月二十六日は職安で壮行会があり、前田職安所長、大山業務課長それぞれの方から励ましのお言葉をいただきました。

三月二十七日、名瀬港では、乗船する『黒潮丸』（一六三九トン）を見送る大勢の人々でごった返していました。

母も見送りに来てくれました。涙声で「からだには気を付けて頑張るんだよ……」と目にはハンカチをあてていました。いま振り返りますと、たった一人だけの子供を、遠い東京へ旅立たせるのは、戦時中の少年出征兵士を送るような気持ちだったのかもしれません。

五色のテープが北風に乱れるなか夜八時、二九二名の集団就職者を乗せ船は神戸へ向け出航しました。

三月二十九日朝、神戸港入港。ここで阪神・中京方面の就職者と別れ、関東方面への就職組は職安の引率の方と神戸駅へ向かいました。

東京行き夜行列車「銀河号」に乗車するまでの時間は駅前の旅館で休憩、近くの湊川神社の傍で前年に神戸に来ていた長田正勝君とお好み焼きを食べ、別れを惜しみながら『銀河号』へ乗り込みました。

三月三十日朝、東京駅到着。奄美を出て二日半、長旅はやっと終わりました。

足立区、墨田区方面への就職組とはここで別れることになりました。

コロナ工業への就職者六名（男三名、女三名）は会社の車とタクシーに分乗し、スモッグで青空の見えない東京の空を見上げながら日暮里の会社へ向かいました。

会社の寮へ案内され旅の疲れを取るように言われ、社員紹介は明日とのことでした。

男子寮は工場から二分ほど離れている京浜東北線の線路沿いの真新しい二階建ての建物でした。一階は食堂兼娯楽室で卓球台もあり、二階の大部屋には二段ベッドに新しい布団が用意され、やっと落ち着いてほっとしました。

翌日、朝礼で簡単な紹介があり社内見学がすみ、現場のプリント班に配属されました。

職安で見た会社案内の綺麗な完成品のサンプルからは、想像もできないほどの衝撃的な製造工程で、「濃硫酸、濃硝酸、クロム酸、燐酸、苛性ソーダ、ニトロベンゾール、シンナー」などいろいろな危険物薬品の中での作業が始まることになりました。

昼食後は、講習があり元素記号、薬品の化学式、アルミニウムをアルマイトに形成させる方法（陽極酸化被膜）、電解液の濃度計算、アルミ板の種類、純度、硬度、などの講習がしばらく続き試験もあり、久しぶりの勉強でしたが苦にはならず新鮮な気持ちでした。

わからない時はアルマイト関係の技術書を会社から借りて勉強していました。

当時は、新しい知識を吸収できることが楽しかったように思います。

会社は忙しく社員は遅くまで残業、残業、の毎日でした、コロナ工業は荒川区の中小企業の中でトップクラスの成長率で岩戸景気（昭和三十三年～昭和三十六年）の真只中でした。

ようやく仕事や環境に慣れ始めたころ、奄美大島出身の少女が自殺未遂をはかるという痛ましい出来事がありました。

昭和三十五年六月十一日付の『南海日日新聞』によりますと、奄美大島瀬戸内町出身のY子さん（一六歳）が、四月十二日夜十一時半頃、都内品川区東急大井町線線路で、下り電車に飛び込み自殺をはかり、幸い右足首切断の三カ月の重傷で命はとりとめ、近くの横山外科病院に運ばれ手当てを受けた。Y子さんは母と兄弟四人家族で昭和三十三年十二月二十七日の大火（約一六三〇戸焼失）で家を焼け出され、昨年古仁屋中学卒業と同時に家計を助けるため集団就職で岐阜の紡績工場で働くことになったが、島での話と違って仕事が苦しく耐えられなくなり三月中頃、東京に住んでいるオバさんをたよって上京した。そして新聞広告で大田区の洋裁店に住込みで働くことになり、明るい性格で同僚の受けもよかったが、事件の前の九日身の回りの品物を持っただけで突然同店を飛び出し行方不明になった、というのです。

事故の時の所持金はたったの四円で「人生は短い、命より金がほしい」と書き込んだノートを持っていたそうです。

Y子さんは身寄りもないため、奄美出身の奥山八郎（東京帝大法科卒、裁判所判事）夫人や伊東隆治（東京帝大法科卒、衆院議員）夫人らがなにかと世話をやき、東京都とかけあって医療保護を適用させるようになったが、この事件を新聞で読んで四人の奄美の学生や立川基地の米空軍兵が見舞いに来てY子さんを元気づけたとのことでした。

奄美育ちの同年代でもあり、当時のことを思うといたたまらない気持ちでした。

都会の中卒は大企業に就職、地方の中卒は中小企業、町工場、商店などの住み込み店員がほとんどでした。東京下町の映画『三丁目の夕日』のような世界でした。

何カ月か過ぎたころ、前年横浜の職場へ就職していた同級生の村田望君（当時定時制の神奈川工業高校へ通っていた）が遊びに来てくれ、工場を案内したところ、何か感じるものがあった様子で、突然「自分も入社したいので頼んでもらえないか」ということになり、日をあらため面接に来てもらい、入社が決定しました。

彼が定時制高校を退学し入社してくれたことに、申し訳なく思っていました。

私は、機会を見て先輩上司に「定時制高校へ進学したいのですが何か方法はないものでしょうか？」とお願いだけはしておりました。

秋になり大型バス二台で熱海、伊豆半島方面への一泊慰安旅行などがありました。

そのころ、コロナ工業は横浜の戸塚駅近くに日暮里工場の数倍の新工場計画を進めているとのことでした。そんな折り会社の専務から、村田君と私に「新工場へ転勤を希望するならば定時制への可能性があるがどうか」とのお話があり、天にも昇る気持ちで有り難く転勤を希望しました。「意志あれば道あり」正にこのことだと思いました。

新工場へ転勤するまでの間、先輩同伴でソニー本社工場や静岡の協力会社などへ学生服のままで見学や講習に行かされました。

あるときは、専務から「ネクタイをして出かけるので準備するように」と言われ、あわてて先輩のネクタイを借り締め方などを教えていただき、初めてのネクタイ姿で上野の精養軒で西洋料理の行儀作法を教えていただきました。仕事以外のマナー、都会の常識などを勉強させてくださり有り難いことでした。

慌ただしい年の暮れも過ぎ翌年昭和三十六年三月、正式に転勤が決まりました。

定時制高校への許可もおり喜び勇んで村田君と二人で彼が以前学んでいた神奈川工業高校（神工）電気科を受験し合格、卒業までの四年間が続きます。

「神工」には、大企業の養成工（企業内で工業高校に準じた技能者教育を三年間受けて職場配属となる）が多く来ていました。高校卒の資格を取るためです。当時の大企業の養成工の応募率は高校入試以上の難関だったとのこと。卒業後大学進学者も多いようでした。

私はクラブ活動で三年から山岳部へ入部、谷川岳や北穂高から槍ヶ岳方面への北アルプス縦走など、暇があれば山に登っていました。

ザイルで懸垂下降の訓練中にバランスを崩して宙吊りになり、頭が真っ白になったこともありました。

後輩に長谷川恒男（後に世界初のマッターホルン、アイガー、グランド・ジュラス、三大北壁の冬季単独登攀成功者）が部にしばらく顔を見せていました。

横浜工場は運動場もある広々とした敷地で食堂兼娯楽室には日本文学、世界文学全集、徳川家康二六巻や月刊誌、文藝春秋、リーダース・ダイジェストなど多くの本が並べられ、下町の町工場と大違いで良い環境でした。

通学のため仕事の忙しい中、午後四時半には作業を終わらせてもらい、就学手当などもいただき、福利厚生も整い優遇していただきました。

同年三月には、与論島、沖永良部島、奄美大島、愛媛県、大分県、福島県など何十人も集団就職で入社してきました。

自衛隊入隊後、コロナ工業の先輩・郡司勇氏を訪ねる

翌年三十七年には十数人が定時制高校へ進学しています。私の通学していた「神工」へも五人受験していましたが、与論島から来ていた基佐江里君だけ合格、彼は四年間、無遅刻無欠席で、学校から表彰されています。目標を達成する努力、意志力は現在でも変わることなく続いているようです。

私は入社後三年が過ぎプリント班の副班長から班長に昇進し、AB両班約三〇名の作業進捗状態や技術指導の管理を任されました。私の昇進の理由は会社が好業績で人材不足の面もあったのでしょう。

休日、山登りがないときは村田君とバレーボール（九人制）のクラブをつくり戸塚駅近辺の大企業五～六社相手に、幹事持ち回り制で親善試合をしていました。社員が楽しむための試合で勝つことは殆んどなかったようです。

昭和三十九年十月十日、国内中が沸きに沸いた東京オリンピックが開催されました。

同年、新幹線開通。海外渡航の自由化。ハワイ団体旅行には平均給料の六倍かかったそうです。

坂本九の「上を向いて歩こう」、「幸せなら手をたたこう」などがテレビで流れている時代でした。

仕事、スポーツ、勉強？など充実した四年間も過ぎ卒業も間近になり、安定している現状で中堅社員として残るか、迷っていました。

能力の行き詰まり感もあり、別の世界で考え方や価値観を学び、知識や視野を広げたいと思うようになっていました。

恋愛のまね事で失恋も経験し（笑い）、お世話になった「コロナ工業」を退職することにしました。しばらく自衛隊で精神的な面を鍛えた後、二部の大学で勉強したいと思い、昭和四十年三月高校を卒業後、海上自衛隊横須賀教育隊七三期として入隊しました。

教育隊は武山海兵団の跡地で、旧海軍の伝統を受け継いでいるらしく、すべて旧海軍式でした。入隊時の身体検査は、身長、体重、胸囲を測定したあと下半身裸で医官に尻を突き出しての痔やその他の検査が行われ、今度は前向きで男のシンボルを引っ張られ性病検査、何ともみっともない情けない恰好でした。

定時制高校卒業後、海上自衛隊横須賀教育隊73期生として入隊

海上自衛官は艦艇での生活が基本で掃除のことを「甲板掃除」、外出は「上陸」、一般社会は「娑婆」、と称していました。伝統がそのままの「五分前の精神」が活きており常に日課の五分前には整列完了が基本でした。
他に、艦内では三歩以上は駆け足、階段は二段ずつ昇る、靴はピカピカに磨く、上陸は鏡を見て髪の伸び具合、制服などの身だしなみに気を付ける、一名でも悪いとその日は全体責任で上陸禁止でした。

日課は、朝六時のラッパで総員起こし（起床）、二分でベッドメイキング後、整列点呼、一秒でも遅れると全員で何回もやり直しで容赦なく続けられました。基本的な規律や、小銃の分解組立、射撃、陸戦訓練での匍匐前進、夜間行軍、水泳、柔道、手旗信号、防火訓練、短艇訓練、隊歌（おもに旧海軍軍歌）、分隊行進では「同期の桜」、「若鷲の歌」「轟沈」など大きな声で歌いながらの行進です。いろいろな厳しい訓練や座学が毎日行われ夜の掃除後は試験も多いので自習、一〇時の消灯後眠る時間になりやっと緊張がとれほっとしていました。海上自衛隊の一般的な評価は、『朝雲新聞』によると「一致団結、頑迷固陋」、ちなみに航空自衛隊は「積極果敢、支離滅裂」、陸上自衛隊は「用意周到、責任不在（現在は動脈硬化に訂正）」となっています。約六カ月の濃密な訓練を修了、七三期練習員約一二〇名は、北は大湊地方隊、南は佐世保地方隊や全国のそれぞれの基地へ散っていきました。私は佐世保地方隊の護衛艦『あさかぜ』（米国名『エリソン』）へ配属となりました。

護衛艦『あさかぜ』（米国名『エリソン』）（写真提供：共同通信社）

海上自衛隊横須賀教育隊第73期31分隊練習員修業記念写真

『エリソン』は昭和十六年米国でリヴァモア級駆逐艦として建造され、記録によりますと「昭和十九年五月、地中海でUボート、U-616を爆雷攻撃後浮上したところを砲撃により撃沈、生存者三〇名を救助、同六月にはノルマンディ作戦に参加、沿岸陣地の重砲を破壊。翌年昭和二十年三月二十四日に沖縄戦で掃海隊群を率いて機雷の掃海を行い、終戦後は進駐軍向けの東京湾や瀬戸内海の掃海を行う。昭和二十九年米国海軍艦として退役、同年、相互防衛援助法で日本政府に供与された。」とあります。

『エリソン』は第二次世界大戦中の戦功から戦闘星章（battle stars）を七つも受章している、運の強い駆逐艦のようでした。装備は五吋砲三基、四〇ミリ四連装機銃二基、二〇ミリ連装機銃二基、爆雷投射機四、爆雷投射軌条二、長さ一〇六メートル、幅一一メートル、一六三〇トン、三七ノット（時速六九キロメートル）、乗員約二七〇名。

立派な戦歴の艦ですが私が乗るころ、昭和四十年には建造から二四年も経っている老巧艦のため佐世保重工（ＳＳＫ）の岸壁に横付けになり砲塔など取り外して修理の真最中でした。

艦内生活ができないため造船場のドックハウス（犬小屋ではありません）が居住区になり、出入口での起床ラッパ、消灯ラッパで一日の課業が進められます。ドックハウスは白い建物で「ホワイトハウス」とも呼ばれていました。

艦の修理も完了、衣嚢に身の回り品を詰め込み移動、艦内生活が始まります。

私は五三番五インチ砲の「照尺手」（砲手に発射角度や射撃開始を知らせる役目）でした。砲塔と弾薬庫の間にエアコンもない居住区があり三段式の吊りベッドで、起き上がると頭をぶつけるほどの間隔でした。一段目が私の寝床です。トイレは扉のない横一列で下は海水が樋を流れ、プライバシーなどどこ吹く風の当番兵の掃除で、座ってのんびりしている暇などありませんでした。

食事は私の居住区から食堂まで艦内通路がなく、左舷甲板を通り波風に曝されながらの食事でした。荒天時は大揺れのため海に落ちないように気をつけていました。

ここでの環境は勉学に無理だと感じ、大学で勉強したいとの理由で退職願いを提出し、三年満期を待たずして除隊しました。

翌年一月池袋の池下乳業へ牛乳配達員として就職、中央大学法学部の通信教育を受けながら、四月城西レントゲン学校へ入学しました。二年後に資格を取ってから病院へ就職して二部の大学に入る計画を立てていました。

牛乳配達は朝三時に起床し、自転車の前後左右の袋と後ろの荷台に三箱ほど積んで池袋、大塚、巣鴨辺りまで配達をしていました。

休みの日に、職場の仲間とサイクリングの途中転倒、マイクロバスに後ろから撥ねられ入院、幸い骨折はなく打撲傷で体中包帯が巻かれ、三週間近く入院、退院後も暫く足を引きずっていました。職場も足が悪いため退職。レントゲン学校も長期欠席で退学でした。

その時期、病院に見舞いに来られたFさんから東久留米に「コロナ工業」と同じような製品を製造する新工場「日豊軽金」ができたので技術指導で入社してほしいとのお話があり、振出しに戻るような新たな気持ちで就職しました。

工場は新品の半自動化の機械が揃っていましたが、無駄で不良品も多く出るため、少ない注文品を加工するには手動で充分と考え、工場内のレイアウトをやり直しました。

多い注文品は半自動、少ない注文品は手動に切り替えたため、不良品も少なくなりました。

社長は東久留米の議員で保護司をなさっていたため、少年院（練馬鑑別所などから少年院へ進む）、刑務所（府中刑務所など）両方からの釈放者が五～六人おり、一筋縄ではいかないと思い、旧海軍式で指導することに決めました。まず率先垂範で仕事を進め、山本五十六の、「やってみせ、言って聞かせて、させてみて、誉めてやらねば、人は動かじ」を毎日実行しトラブルも少なかったように思います。若い一人には陸上自衛隊を勧め合格し、頑張ってくれたようです。

そのころは大学への夢どころではなかったようでした。仕事も軌道に乗ってきたころ、義父の体調がすぐれないので至急帰省するようにとの連絡で奄美へ帰ることにしました。しばらく経ち、義父も快方に向かい、私にはこれといった島での仕事もなく、せっかく帰省したのを無駄にしないため、古い家を建て替えることにしました。

銀行を何軒か廻り融資を受け、また親戚に保証人になっていただき、隣り村の大工さんにお願いして三カ月で家も完成。薪で焚いていた五右衛門風呂からプロパンガスの内風呂へ、台所も薪からガスに切り換えました。両親が喜ぶ姿を見て少しは親孝行の真似事ができたようで嬉しく思いました。

秋風が立つころ、両親の承諾を得て上京、再び「日豊軽金」のお世話になることになります。社員も増え会社の業績も大分上がってきていました。

昭和四十三年、工場長のFさんから「金属表面処理の仕事の会社を設立するので協力してほしい」とのお話がありました。二部の大学への可能性があると考え「日豊軽金」を退職、「三洋金属」へ入社することにしました。

昭和四十四年四月東京経済大学経営学部二部へ入学、昭和四十八年三月同大学を卒業しました。

大学二年の暮れに結婚入籍、翌年一月奄美の教会で結婚式を挙げ、二月東京上野で披露宴を行いました。妻律子は福島県会津出身で、結婚前福島医大で看護婦（看護師）として勤務していました。私は結婚するなら東北の人で、できれば会津地方の人だと勝手に決めていました。

昭和四十五年『産経新聞』のコンピュータ相性診断紹介により、この人の他には考えられないと思い遠距離電話攻勢で半年後結婚にこぎ付けました。

今でも妻は「あんたに騙された」と言っていますが、来年で結婚して五〇年になります。

話は前後しましたが、昭和五十四年同僚三名で東京へアライン工業設立。勉学やいろいろお世話になった「三洋金属」は退職しました。

三名で協力、電卓の文字盤などの金属表面処理が忙しく業績も年々良くなりましたが、昭和六十三年ごろは業績が横ばい状態でした。

世の中はアルミ板から安価なプラスチックへ変わっていく時代でした。私の役員報酬も高額でしたので、一人会社から抜けることで財務内容のバランスが良くなるとの考えと、新しい素材加工への挑戦もあり、「東京ヘアーライン工業」を退職することにしました。

プラスチック表面処理の特許申請後「津島樹脂工業」を設立しましたが、操業まもなく、設備会社の機械修理中にガスバーナから出火、設備、注文品、備品、すべて燃え全焼でした。

已む無く購入したばかりの家屋を売却し、会社の建て直しを図りましたが、焼け石に水でした。

多くの会社関係の方々、社員、知人、友人にご迷惑をかけました。生きているのさえしんどい毎日が続き、妻や高校生と中学生の二人の娘にも大変な苦労を掛けてしまいました。

慢性赤字会社で自転車操業のため平成四年に会社閉鎖、四八歳の時でした。

不渡手形を出さなかったことだけが不幸中の幸いで、あとは死ぬ気で働くだけだと決心しました。

この年齢では正社員の仕事は少なくアルバイトが主でした。

メッキ工場、印刷工場、リサイクル工場、倉庫要員、漬物工場、パン工場、弁当食品工場、生協守衛などの仕事で二年近く過ぎたころ、日清製粉の商品管理を委託されているT社の募集広告に応募、一名の採用枠でしたが、有り難く正社員として採用していただきました。

会社の業績も良く、入社七年目のころ五七歳になっていましたが、家族の協力があり三度目の新築の住宅を購入しました。奄美から九五歳の母親に来てもらい同居できたのがなによりでした。母は一〇四歳で亡くなりましたが、亡くなる一週間前まで風呂、トイレなど身の回りのことは自分でやり、認知症もなく大往生だと思いました。

二人の娘も嫁ぎ、それぞれの家庭を築いております。

集団就職で奄美を出て六〇年目、自慢できる実績らしいものは何もなく、振り返れば、ジェットコースターのような上下動の激しい人生だったと思っております。「禍福」「吉凶」は糾える縄の如し、とか……。人の一生は想い出作りのようなものでその場、その日、その瞬間、幸せだと思わない限り、未来永劫幸せなど来ないのではないかと思う齢になりました。

転職を重ねましたが、終盤に良い会社に入社でき六一歳の定年まで一一年間勤め平成十七年退職しました。七六歳の現在は新座市に五〇坪の農地を借り趣味の家庭菜園を一五年ほど続けております。ブルーベリー、キウイフルーツ、ブドウ、柚子などの果物と季節物野菜を作り、友人、知人、仲間と休日は集まり楽しんでおります。他に奄美の郷友会、自衛隊OB会、同窓会、ボランティアなどに参加、残りの人生少しでも社会に恩返しができればと思っております。

これまでの人生、多くの方々に大変お世話になりました。心から厚くお礼申し上げます。

二人の娘と、一人で家庭を守り家族の健康を気づかってくれた妻には感謝、感謝です。

最後に、株式会社蕗書房代表取締役・基佐江里氏にこの機会をあたえていただき深くお礼申しあげます。


（二〇二〇年四月　記）

竹波栄喜

アルマイト銘板業界で得た知識をベースに起業。取引金融機関の推薦で「優良企業特別奨励賞」を受賞

《一昨年（平成四年）の暮れ、埼玉県所沢市北秋津の住宅街で火事騒ぎがあり、逃げ遅れた老人が煙に巻かれた。一帯は道が狭く、入り組んでいるため、消防自動車がなかなかやって来ない。老人の安否が気づかわれた。

このとき、一人の中年男性が現場へ駆けつけ、立ち込める煙の中に飛び込んで老人を救出した。のちに所沢市消防署長はこの男性に「賞状」を送り、感謝の意を表した。

「まったく、お役所のやることは何でも大げさすぎるんだよ。ボヤ程度で消え、大した火事でもなかったんだ。でも生まれて初めてだよ、こんな感謝状なんかもらったの……」

照れ笑いを浮かべながらこう語るのは、竹波栄喜。アルミ板の表面処理作業専門の会社・株式会社アルプレートの社長をつとめ、ボヤ騒ぎのあったお年寄りの近くに住んでいる。

同じ「転職」を重ねるにしても、培った技術を生かして同業種間を転々とする者と、まったく別の仕事に〝活路〟を求めて職場を渡り歩く者との、二つのタイプがある。竹波の場合は前者のほうだっ

た。ちなみに彼は、私と同じコロナ工業の同僚。五人の仲間のうちの一人で、横浜工場への転勤を希望せず日暮里の本社に残ったのだった。

就職して一年後、東京電機大学付属高校の定時制に入学したが、二年で中退。コロナ工業に五年ほど勤めてのち、世に言う「引き抜き」という形で日豊軽金属に移った。そして、三洋金属、東京ヘアーライン工業を経て現在の会社を設立することになるわけだが、この間、英語学校や調理学校などに通った。「いつかは外国に行って働こう」「船乗りになりたいと思ったこともある」という。

平成六年現在、埼玉県入間郡に工場のあるアルプレートの従業員は十余人。この人数で平成六年、四億円近い売り上げを計上した。利益はほとんど従業員に還元し、賞与は毎年、前年比「六%アップを目標にしている」という。

実は私も、日豊軽金、三洋金属と、竹波と行動をともにしたことがある。今は亡きF氏を代表取締役に、奄美・与論の先輩、後輩で創業した三洋金属では、忘れ難い思い出が一つある。

竹波とともに、ステンレス製の容器に九九・八%の濃硝酸を入れているときだった。もうもうとたちこめるガスで、私は息ができなくなった。が、硝酸の瓶から手を離せば、二人ともにお陀仏だ。そのうち、のどから絞り出すような声で竹波が言った。

「おれはもう、参っているんだよ……」。

火事場からお年寄りを「助けた」という話を聞いたとき、私が真っ先に思い出したのは、あのときの光景だった。》

「与論中学卒13期生・73歳」の祝賀会に出席した竹波栄喜（前のテーブル奥に座す）。著者撮影

上記の文章を某日刊紙に掲載したのは、平成六年（一九九四年）二月である。この『集団就職』の本を出版するにあたって、同期の竹波栄喜にはもう一度会い、「その後」についての話を聞き原稿をまとめるつもりでいた。しかし、同じ関東にいながら、また関東の同窓会では頻繁に会う機会がありながら、話を聞く機会を逸していた。平成二十九年（二〇一七年）年四月、ようやくその機会が訪れた。四月十四日、「与論中学卒13期生・73歳年祝い」出席のため共に帰省。祝賀会は十五日（土）に行われたが、この機会を利用して宿泊先のホテルのロビーで竹波と会い、話を聞くことにした。が、取材を始めしばらくしてのち「自分で書こうか」ということになり、願ってもないこと、原稿を依頼することにした。竹波からの手記は、上京して一カ月経ってのち手元に届いた。

この手記には、追記しておかねばならないことが一つある。それは、彼が、業界誌の特集用に書

大金久海岸を背に同期の竹安次郎夫妻と共に写す（4月14日、著者撮影）

いたという原稿の「まえがき」の部分である。竹波が寄稿した業界誌では「まえがき」の文章が削除されているが、この二〇行に満たない文章の中には、竹波が経営する株式会社アルプレート（現在は同社会長）の業務内容が簡潔に記されている。以下に掲載するのが、竹波が寄稿した原稿の下書き「はじめに」の全文である。

《アルミニウムは軽量で加工し易く、あらゆる機器の機能部材、シャーシーフレームとしても使われ、また種々の染色が可能で建材、表示プレート等に使用される、他に類を見ない変幻自在で美しい金属である。

素材は、圧延時のロール転写目、あるいはダイスマークがあり、反射率40％程度のMFタイプから反射率85％の鏡面まであり、建材、表示プレート、銘板等の用途に用いられ広く世に貢献している。

圧延時の表面は上記のとおりであるが、その表面は単一的であり、電化製品や光学機器等のネームプレート、表示プレート、ディスプレーなど、装飾性や意匠性が求められる製品に用いる場合には、ヘアーライン加工その他の加工方法を駆使し、種々の表面模様あるいは下地模様をつけた上に染色その他、加飾することによって美麗な表面が得られる。》

以上であるが、この前文に続いて本文には「ヘアーラインの加工器具と加工方法」、「ヘアーラインの応用」、「アルミニウムのヘアーライン規格について」、「新表面アルホワイト」などの記述（小見出し）が見られる。

長い前置きとなったが、以下に掲載するのが、竹波がその半生を振り返って書いた手記である。

私たちが育った与論島は、台湾から鹿児島までを繋ぐ南西諸島の奄美群島に属し、一時アメリカの統治下に置かれた不遇の時代があったが、島民全員が日本復帰を願う歌を合唱しながらデモ行進を行い昭和二十八年には日本復帰となった。

エメラルドグリーンの美しい海と紺碧の空の下、島には八〇〇〇人余が生活していたが、島の産業は特筆するものがほとんどなく、今では黒砂糖は名産品として知られているが、私たちの幼少の頃には個々の農家で製糖し農協に集荷してもらい、稲作もあるが収穫した米のほとんどを供出米として農協に出荷し、わずかな収入を得て暮らしていた。

小学六年の夏の終わり、午前十一時頃に台風二七号が上陸し、校庭の中央にある指令台が風に吹き飛ばされるほど強烈な風が吹き荒れたが、三〇分も過ぎた頃に風は凪ぎ今までに見たことのない澄み切った紺碧の青空となり静寂が広がった。二〇分経過したか再び狂ったように嵐が吹き荒れ、南側の木造校舎は強い風で揺れ、基礎敷石から二メートルほど移動していた。後日、修復作業の工程を逐一見て感動していたことを思い出す。

与論島には小学校が三校と中学校が一校あり、与論小、茶花小、那間小の児童は中学校に進級し四〇名弱の三組に編成されるのである。私は一組に編入され担任は富岡光則先生だった。先生は三年ほど前から在任され、よく花の手入れをされておいでと聞いていたので優しい先生かと思いきや、授業では笑いもなく真剣そのもので、生徒を叱るときには一生懸命諭すのであるが、そのうち顔を赤め口元を真一文字にキリッと引き締めビンタ、ビンタ、ビンタ……。まだ興奮が冷めてないはずの先生が、何事もなかったかの如く繕い「職業科の授業」を始める。その間がとても印象深く残っている。

先生は運動能力が高く一〇〇メートル走が速く、また琴平神社で執り行われる豊年祭りの催しの相撲大会では優勝されて人気の先生だったが、何故かあだ名は「カッパ」。一年生修了の三月に富岡先生が大島へ転任となり引っ越し荷物のまとめ作業のお手伝いに行き、お別れのときに単行本を三冊ほどいただいたがタイトルや内容は失念した。

日本の当時の施政で南米への開拓移住募集があり、近所の先輩（私の母の縁者でもある）が新天地を求め開拓団員として果敢にも南米へ移住して行かれた。その一年か二年ほど後には、もう一人の朝戸地区の先輩も南米へ行かれることになり、中学校の全校朝礼で歓送会の挨拶があった。外国へ行って開拓し、生活していくという話で大きなショックを受けながら将来の自分の夢が宿ったような気がした。

私たちは中学の三年中盤にもなると奄美大島、鹿児島への進学組、関西方面あるいは関東方面の内地への就職組、島内残留組と色分けができ、私は就職組で昭和三十六年三月、供利港から旅立つことになった。

ただ漠然と「手に職をつけるのだ」と自分に言い聞かせ、見知らぬ内地へ旅立つのである。伝馬船よりは大きいが、艀《はしけ》というには程遠い小さな船に乗り、桟橋で見送る両親や家族、先生、友達に手を振り涙しながら沖合で待つ「浮島丸」に乗り移り、沖永良部、徳之島、名瀬の各港に寄港し、荒れた海を長時間航海し早朝の神戸港に着いた。

初めて見た内地の景色は朝焼けの六甲山だった。郷里の最高峰九二メートルを思い起こし六甲山の雄大な景色に見入っていた。私たち五名（基佐江里、ほか三名と私）は当初の就職先として大阪の電気関係の会社に就職する予定だったが、離島出身者は受け入れてもらえず東京都荒川区にあるコロナ工業株式会社という会社に割り振られたのであった。上陸した神戸の旅館で少しの休憩を取った後、夜行列車に乗り翌日東京駅に着いて、丸の内側の広場でそれぞれの就職先の責任者らしき方に引き取られた。友と別れるそのひと時は自分の一生が決められていく覚悟みたいなものを感じた。

一週間程度の遅れで沖永良部島や奄美大島、喜界島からも同期の新入社員として七～八人が入寮し、先輩寮生と合わせ総勢二〇名余での二段ベッドの寮生活が始まった。上京の際の四日間の旅程で乗り物酔いにやられたのか、夜に寝床に就き目を閉じると天井や部屋中が無重力状態になり、グルーン、グルーンと揺れ廻り二日ほどは辛い寝床だった。入寮当初の寮母が作るご飯とみそ汁は美味しいが、初めてのおかずにはなかなか馴染めず苦労した。でも初めて食べるハヤシライスだけは格別に美味しかった。

二週間ほど経過して落ち着いた頃、沖永良部か奄美大島出身の同期生一人が寮から夜逃げする事件があった。後でわかったことだが、縁者の手引きがあって、大島から東京への旅費を浮かせる手段として一旦コロナ工業に就職し入寮した後に夜逃げを実行したのだった。

寮にはお風呂がなく会社が契約したであろう街の銭湯の入浴券を月に一五枚だか二〇枚だか支給してもらった。冬には銭湯の帰りに髪や顔を凍らせながら、熱い大判焼きを買っては友と一緒にフーフーやりつつかぶりつくのが楽しみだった。

話は戻って、入社間もない頃の研修会で習ったのは、アルミニウムの種類とか特性、用途などから始まり、アルミ板を電解処理した後、表面に感光乳剤を塗布し、文字や図柄のフイルムをアルミ表面に貼り付けて写真焼き付けと感光処理、現像処理を施した後に種々の指定色に染色し、電化製品などのネームプレートをつくる製造工程の内容だったようだが、当時はまったく理解していなかった。ただ先輩たちが作業を終えたあと、余剰染料で汚れたアルミ板の表面を水に溶かした炭酸カルシウムにスポンジを浸しゴシゴシと手洗い仕上げするだけの毎日が続いた。

初期の研修・見習い期間が過ぎた頃に新設の横浜工場への転勤希望者を募っているところへ、基佐江里ほか二名は応募し、一年後に夜間高校入学を果たして仕事と勉学を両立させていった。

私たちの入社当初の給料は日給二五〇円だったが、一カ月か二カ月後には日給三〇〇円になり少しの残業手当がついて月額約八〇〇〇円。ここから寮費三五〇〇円が天引きされ手取り四五〇〇円だったと記憶している。

入社して三カ月ほど経過した頃、勤務時間が終了して寮に戻る時に私あての手紙を初めて受け取った。父からの手紙だった。封を切って読み始めると、私の安否への気遣いと励ましの言葉が並んでいた。母からもカタカナ書きの手紙が同封されていた。二段ベッドの近くで読み始めたのだったが涙が滲み、そのうちベッドにもぐり込み息を殺して泣きながら読んだ。

しばらくして母校の益山先生が私たちの状況確認のためにお出でになられ、私ともう一人の同僚と一緒に会社の応接間で先生から激励のお言葉をいただいた。その頃にはもうホームシックは克服していたと思う。

就職して初めての慰安旅行はショックを受けるほどの大きな企画で、羽田空港の上空を遊覧飛行するというものだった。横浜工場へ移っていった同僚たちとも一緒になり私たちは一張羅の学生服を着て小型遊覧飛行機に乗せてもらい記念写真に納まった。以後、年に一度は慰安旅行があり、冬には大型観光バスで群馬県の榛名湖にスケートに、翌年の冬には富士五湖にスケートに行った。熱海温泉や日光東照宮なども観光してまわった。学生服の記念写真を見るたび当時の就職先として恵まれていたと感謝しながら、他の同

コロナ工業在職中、社員旅行で群馬県の榛名湖でスケート。横浜に転勤した同僚の基と共に写す（写真提供：基）

級生たちはどうだったか気になるところだった。

翌年四月から私は東京電機大学付属の定時制電気学校に入学したが、一年間のブランクがあったせいか勤勉の心は途切れ一年半で休学した。夜の時間を遊びまわり地域の地理がわかりかけた頃、同じ荒川区の町屋に同級生二人が靴屋に就職していることを知り、自転車で何度か訪ねて行ったことがあった。近くの北区滝野川の病院に同級生の女子二人が勤めていることを知り、友人と一緒に訪ねて行ったこともあった。後にその友人は郷里に戻ったあと農作業中の事故で他界されたと聞いた。

仕事や環境にも慣れ、マンネリを感じ始めた頃、新宿区中落合の東京都水道局に勤務していた先輩と会い、また後日には冷凍庫関係の仕事に就いていた先輩と大森駅近くで面会して激励の言葉をいただいた。日曜日には、電車賃一〇円で上野界隈を歩き回り、バスで浅草あたりまで足を延ばすことが多かった。浅草ではアメリカ映画、特に西部劇が大好きで、『夕日のガンマン』『ヴェラクルス』『荒野の決闘』『リオブラボー』『赤い河』といった三本だて映画を鑑賞したものだが、帰りのバス賃がなく歩いて帰ることもたびたびだった。

二〇歳になり、同僚三～四人と共に大田区の平和島温泉会館で開催される東京与洲会に参加させていただき成人式も開いていただいた。この東京与洲会は郷土出身の先人が一九二三年から郷里出身の在京者を応援する会で、平成二十九年（二〇一七年）現在一七代会長まで引き継がれ、舞踊、体育祭、講演会その他いろいろな分科会が活動し、毎年九月には総会と演芸会が開催される盛大な会である。

勤めて五年半が過ぎた頃にアルマイト銘板の業務経験者ということを買われて先輩に誘われ、コロナ工業とはライバル関係にある同業の日豊軽金（株）に転職した。その会社に二年間を勤めながら自分の職の確保の担保として運転免許を取得しながら、たまの休みの日は気晴らしに池袋にある音楽喫茶『山小屋』で見知らぬ人たちと一緒にロシア民謡や日本の昔からの歌唱を楽しんだことも幾度かあった。

次の職場としてアルミニウムの表面加工専門の企業設立に参加し、自分の立ち位置や身分曖昧なまま に三洋金属（株）が設立された。この頃に最初の就職先での同僚で最も近い友である基佐江里と再び一緒になったが、しばらくして彼は横浜のほうへ転職していった。

一方の私の日課は、工場の加工製造に従事し、夕方七時か八時には翌日の納品準備を整え、早朝には出発し伊勢原市の得意先へ朝八時過ぎには納品を済ませ、折り返し工場に戻って作業し、埼玉県の川口方面の得意先数社、東京足立区から江戸川区あたりまで納品業務をこなすというもので、毎日の走行距離は二〇〇～三〇〇キロメートルにも達していた。しかし、走り回ることで都内の道路地理を覚える機会であり自分の財産となることを自覚し苦に感じることはなかった。

いつかは独自起業すること、もしくは外国航路の船乗りになる夢も念頭にあり、目白のロゴス英会話スクールに通っていた。また、ニッカウィスキー系列のバーテンダースクールにも半年間通い、池袋の調理師学校に二年間通い実技と調理科学を習い「自分は勉強している」と自分をだまし続けて八年が過ぎた。

時期は前後するがこの当時シャープ電気から電子計算機（電卓）を一般に販売されたのを知り、最も不得手で「人生のトラウマとなっていたソロバン」から解放されるチャンスと見て二万三〇〇〇円という高価な値段ではあったが即座に買った。乗除加減が自在になり簿記を習い会計的仕分けを理解したことで人生の計画と希望が持てるようになった。そして調理師学校を卒業となる二五～二六歳の頃、船舶会社への就職案内が来たが大いに葛藤した。いざ船乗りになったら船と一緒に自分の生涯も流されて行く姿が頭をよぎり、やはり自分の将来は今の仕事にありと結論し敵前逃亡した。

あれこれ不満や希望がない混ぜになりながら、起業への思いが募っていた昭和五十年七月の休日に日豊軽金時代に一緒に勤務していた先輩や、すでに独自起業した同輩たちとゴルフを楽しんだ。

その日の夕方、ゴルフ会の祝勝会の席で俄かに私が思い描いている企画とまったく同じ内容の事業をグループで立ち上げたいという話が出始めた。私は沈黙してその場を濁しながら「もはや待ったナシ」の正念場であることを覚悟し、ほどなくコロナ時代の先輩ともう一人の同僚に私の企画に賛同を促し、九月末に私は退職し、父親から軍資金として二五〇万円を借り入れメインの機械を発注し、起業への一歩を踏み出した。

得意先への連絡は後回しで貸し工場探し、電気、ガス、水道、電話設置などの手配、特に水道工事関係は自分で配管し、とにかく準備作業に忙しかった。正月の休日に兄が来てくれて作業台作りを手伝ってくれた。賛同してくれた二人は新年からは一緒になり苦楽を共にしたが、二〇年ほど後に一人は独立起業して行き、もう一人は、おりしも私たち与論の同期生が郷里で還暦の祝いを開催する寸前にくも膜下出血という大病を患って入院し、その後めでたく復職したが二年ほど後には退職した。

遠回りしてきたが今思えば、アルマイト銘板業界で一五年間勤務して得た知識をベースとして、直近の勤め先での八年間の製造・納品業務をしながら幾例もの飛び込み営業を重ね都内の道路地理を覚えたこと、シャープの電卓に助けられ基礎簿記を勉強したことが自分の人生の方向性を培う大事な時間になっていたと思う。あの電卓は今でも大事に保存している。

起業以来、幾多の苦労も味わってきたが平成十四年三月、取引金融機関の推薦で夫婦そろってホテルニューオオタニの大広間で東京都信用金庫協会主催の優良企業特別奨励賞を受賞した。その会場で最初の就職先コロナ工業の山口社長ご夫妻と同席させていただき、ご挨拶できたことは大きな感動だった。

父直喜、母カメの間に二男二女の末っ子として昭和二十年に生まれ、江戸時代生まれの祖母とも小学四年まで会話できたことは大きな歴史を感じる。高校への進学は果たせなかったが家業に閉じ込めずに内地への就職に送り出してくれた両親から、職場は替えても一貫した仕事を通し技術を身につける必要を強く教えてもらったことに感謝している。

与論を離れて五十数年後に、郷里の同級生、九州、関西、中京、関東の各地区から与論の琴平神社に集合し、夕にはホテルの広間で盛大な古稀祝いの式典が開催され舞踊あり、歌自慢ありで郷里の同僚たちが下準備してくださったお陰で大いに楽しんだ。

式典が開催される前夜、ホテル「ヨロンビレッジ」で思い出深い旧友と五十数年ぶりに再会を果たした。彼のことを「吉葉山」、私のことは「松登」で呼びあって五十数年のブランクなどなかったかのように夜の更けるのも忘れて語りあった。語らいの中で、彼が大学在学中に私が寝食していた東京都清瀬市の同じ町内のごく近いエリアで学生生活していたことがわかり、世の中の奇遇を痛感する。

職を一貫してきた私は今も、あの集団就職時代の途上にある。

（二〇一七年五月　記）

基昭夫

一五歳で島を出た団塊世代—定時制高校を経て都庁職員となり四〇年間勤務。定年後は遺跡発掘品調査に情熱を燃やす

基昭夫は昭和三十八年（一九六三年）三月、与論中学校を卒業し鹿児島市の自動車整備工場に就職した。当初は大阪の佐藤タイヤ商会に就職が内定していたというが、担任の川村先生から、級友の一人「原田君が鹿児島市の会社に就職し、夜間高校に行くが君はどうかね」と訊かれ、急遽進路を変更することになったのだという。家が貧しく高校への進学など考えたこともなかった基は、働きながら通える定時制高校があるということをこのとき初めて知った。県立鹿児島工業高等学校定時制機械科に進学した。

夜学に通いながら、いくつかの仕事を転々とした。半年で自動車整備工場を辞め酒店に勤めたときは、自転車に重いビールケースを積んで手押しで城山のいろは坂を上ったり下ったり……。紬工場で働いたときは、大島紬の販売で、学校が終わってからダンボール箱に五〇反近く詰め込んで夜行列車で博多まで売りに行く。地図を頼りにバスで問屋を回って、半日ですべてを売り切って鹿児島へ帰る。一反でも持ち帰ることは許されなかった。昼までには売り切って列車に乗らなければ、学校に間に合

わない。どうしても売り切れず、二時間遅れで登校したこともあったという。

基は、夜間高校に通うことを〝苦学〟などとは思わず、先生やクラスの仲間に恵まれ楽しく有意義な四年間を過ごしたという。「デートも恋もなく、ときどき涙を流しつつも楽しく充実した青春時代だった」と当時を振り返っている。

高校卒業後は、東京に出て、東京都職員として働いた。全日制の生徒に東京都から「募集」の説明会があり、基も受験してみようという気になった。しかし担任の先生から「定時制のレベルでは無理だから」と受験の機会を与えてもらえなかった。「東京のおばさんに手紙を出して応募用紙を取り寄せ……」、受験会場である早稲田大学で一次試験を受け、二次試験は博多で受けた。面接と身体測定が行われた。

結果は、諦めていたところへ、五日遅れて合格通知が届いた。「はがきを握りしめて喜びの涙を流した」という。

学業のほうだが、東京に出てからは、日本大学通信教育部の政治経済学部に入学した。法政大学二部法学部を受験したが、不合格となり、日大通信教育部で学ぶことにしたという。

基昭夫は与論中学校第一五期卒業生で、私より二級後輩である。中学校を卒業して以来、基昭夫と私が会うことはなかった。その彼と偶然に再会することになったのは、日大通信教育部のスクーリングの席においてであった。聞けば、都庁の職員になっているという。スクーリングは夜の部であった。以来、彼と私の交流は続いた。

二十数年前、「集団就職」をテーマに本を書きたいのだがと彼に持ちかけたところ、長文の原稿を送ってきた。そこには、彼の生い立ちから、昭和三十年代の与論島の生活、風習、経済事情などが簡潔に網羅されていた。

以下に掲載するのが、その全文である。

午前三時、シイナの桟橋はシトシト降る潤地（ウリジン）の雨を避けるものもなく、生まれてはじめて島を出る少年や見送りの家族は漆黒の闇の中皆押し黙って、身じろぎもせず雨にぬれたまま立っている。乗船を待つ艀の焼玉エンジンのポンポンポンという音があたりの岩に反響し、希望と不安と寂しさをない交ぜにした少年の心に深くしずみ、顔はウリジンと涙がまざりあいびっしょりぬれている。

闇の中に、遠く、沖のビドウ岩壁の影からキラキラと輝いて船が少しずつ近づいてくる。これから少年たちを希望の新天地へ運んでくれる高千穂丸（総排水量一〇〇〇トンほど）の入港だ。島の周りは珊瑚の環礁に取り囲まれているので、大型船が接岸できる港がないために本船へは艀で渡る。急に、せわしく仲仕の声が飛び交い乗船をせかせる。暗闇で見送りの家族はどこにいるのかわからず、艀に飛び乗って、キラキラ輝く本船を見つめていた。焼玉エンジンはうなりを上げ、鈍いスクリュウの音とともに艀が大きく傾き桟橋を離れた。そのとき、「イキョウー（行きなさいねー）」暗闇の底から母の別れの大きな声が聞こえてきた。母にとっては先の戦争のとき、再びこの桟橋に帰ってくることのなかったたった一人の兄を見送ったときと同じ思いであったろうか。振り返っても闇の中にはなにも見えない。

あれから五五年、今もときどき遠くあの声が聞こえてくる。電話もなく、船便も数日に一回の時代、別れは「行っていらっしゃい」ではなく「イキョウー」である。

冬の海は荒れて、艀は大きく上がったり下がったりで、バシャーと大きな音がして波が上から降ってくる。もうすでにウリジンの雨に濡れているのでたいしたことではない。旅立ちの興奮でここちよくさえ思えた。大きな船の横腹に艀が回り込む。艀は大きく上下しながら本船と離れたり近づいたり。上がって近づいた一瞬に、艀の仲仕から本船の仲仕へ一人ひとり手渡しされる。渡し損ねて本船の仲仕の手にぶら下がり引き上げられていく人もいる。

一五歳の少年、今島を出る。船底の三等室の隅に島を出る仲間と一塊になって横になる。やがて、ボー…、ボー…と別れの、希望への汽笛を響かせ高千穂丸は島を離れた。

船の窓が少し明るくなってきた、沖永良部の沖で沖永良部高校への数名が艀に下船した。徳之島の亀徳港は桟橋横付けで、徳之島高校への一人が下船した。夕方、暗くなって名瀬港に着き大島の高校へ行く友達と幼馴染のN君の数名が下船していく。つらくて別れの言葉を交わすこともできず、ただじっと桟橋の薄明かりの中に消えていく後ろ姿を見送った。涙が後から後からわいてきた。鹿児島への入港は明日の朝になる。船酔いがひどく島を出てなにも口にできず空腹のまま毛布をかぶって寝た。

船底の丸い小さな窓から朝の光がさしてきた。一晩中上下、前後、左右にひっくり返っていた船も何事もなかったようにゴトゴトゴトと鈍いエンジンの音だけが腹に響いてくる。急いで甲板へ上がった。オー…オー…なんと、右前方に桜島が悠然と朝日に映えている。なんと、なんと、ただただ感動である。イルカの群れが船と併走し歓迎のパレードをしている。これから希望に満ちた僕の人生が始まる。

一九四七年、八人兄弟・姉妹の七番目として与論島に生まれた。五月に生まれたことになっているが、生まれたときあまりにも小さいので、早生まれでは小学校に入ってから大変だろうと、遅らせて出生届けを出したとのことであるから、おそらくは二月か三月の生まれであろう。幼い頃の記憶は五歳頃からしかない。あの頃わが家はけして裕福なほうではなかったと思われるが、島の人々の経済格差はそれほど顕著でなく、貧しさを覚えることはまったくなかった。

五歳の頃か、大人が「復帰運動」とかで、一斗缶をガンガン叩きながら復帰の歌をうたい島中を練り歩いていた。母の好物のそうめんを買うために、真ん中に赤い二本の線で「B」の印刷のある四角い軍票いわゆるB円を握り締めて町までよく買いに行った。ほどなくして、島は日本に復帰し、父が「お金が変わることになった、残っているとあとで変えてもらえないからどこかしまい忘れがないか調べるように」と言っていた。わが家にはタンスやどこかにしまい忘れるほどの金なんぞないから心配は要らないのに。日本へ復帰したために、取り残された沖縄へ渡った家族とは行き来できずヤマトのユウ（世）が始まった。沖縄で結婚していた姉とはこの後一七歳で初めて会うことになる。

小学校の入学式で名前を呼ばれて返事ができるようにと初めて戸籍名を教えてもらった。それまでは先祖の名前からとって名付けたいわゆる「やーなー」で呼ばれていたので、もうひとつの名前があることの驚きと、隣近所の友達がまったく別な名前になるので覚えるのに大変であった。幼馴染に、「君の名前はなんと言うの」と聞く具合である。小学校の入学式は名前を呼ばれて先生からお菓子の袋をもらってうれしかったことしか覚えていない。お菓子なるものと出合ったのはおそらくこのときが初めてであったと思う。

この日を境に、さあ大変、学校においてはこれまで話していた「与論語」の使用が禁止となり、外来語の「ヤマト語」の使用が強制された。与論語を使用すると掃除当番などの罰則までつくようになった。考えてみてください、小学校入学式翌日から英語しか使用してはいけないと言われたらどうしますか。ヤマト語の勉強は、「あいうえおの五十音表」と「犬」の絵に「いぬ」と書かれたカードを見ながら先生の後について「いぬ」と発音するといった勉強法であった。一年が過ぎたころからヤマト語もなんとかできるようになった。このとき、ついでに第二外国語として英語も合わせて習わせてもらっていれば、今日の苦労はないのにとつくづく思うものである。

父も母も働き者で、朝は日の出る前に家を出て、牛のえさを刈り、畑からは日暮れて帰る日々であった。夏場、赤土のひび割れた硬い畑を耕すには、三叉の鍬を一度振り下ろし、そこへもう一度振り下ろし深く掘り、またもう一度振り下ろし大きな塊として掘り起こす。ほとんど前に進まない作業を灼熱の太陽の下、来る日も来る日も続け、秋の植え付けの準備をするのである。畑には、換金用のキビと生活用に芋を主に豆腐豆やにんにく、野菜をつくっていた。わずかばかりの田んぼは潤地の雨をためて稲を植えるので天候に左右され、七月の収穫まで持たずにひび割れの田となることも珍しくなかった。収穫した米は正月と法事用を残しすべて供出米として売られ、日ごろ口にすることはまったくなかった。畑もキビをつくるために芋畑は少しで、それも大きくなるのを待てずに、ピラという鉄のへらで、土が割れているところを目安に掘って、大きい芋があれば採り、小さいと土をかぶせて、他を掘る、の繰り返しで畑一面掘ってやっとざる一杯にする。文字どおりの芋掘りである。

このような事情で、主食はソテツの実のかゆであった。蘇鉄の実を採ってきて、専用の押切りで二つに割り、生乾きさせて縮んだ実を殻から竹串で取り出し、水につけ毒出し、乾燥、臼と杵で粗破砕してから、石臼で製粉する。大なべにたっぷりの湯を沸かし、ソテツの粉を落としながらぐるぐるかき回しておかゆをつくる。ソテツの粉だけでは味がないので芋つるの先と正月につくって一升瓶に保存していた豚のラード、一年に一度家族総出の徹夜をして浜で煮詰めてつくった塩を隠し味として入れる。ソテツの実のおかゆなるものは、熱いうちは食べられるが、冷えて固まるととても食べられたものではない。芋も一年を通して収穫できるものではないので、小学校低学年の間はほとんど持っていく弁当はなかった。芋が収穫できる時期には竹で編んだ「ティル」と呼ばれていた弁当籠に芋を入れて持っていった。四歳上の兄と一緒なので学校で一緒に食べることはできないので、学校の近くの竹やぶに弁当を置いて登校し、昼休みに隣の友人の兄弟と四人で竹やぶでの昼食をした。学校から家までは片道四〇分ほどかかるので昼休みの時間内で食事に帰ることはできないし、もし帰れても父や母は畑に出ており家には誰もいない。クラスの半分ほどが弁当を持ってきて、学校の近くの者は帰宅し、弁当を持ってこられない者はどこかで時間を過ごし、弁当組みが校庭に出てくる頃に出て行って一緒に遊んだ。昼食がなく一日二食でも慣れてしまえば腹はすかない。弁当がなくて恥ずかしいとか、みじめな思いをしたことはなかった。他人と自分を比較して考えるほどの知恵もなかったのかもしれない。家庭の事情に関係なく、みんな仲良しだった。

小学校低学年はこのような日々の繰り返しで過ぎ、四年生になった頃にユニセフの援助で脱脂粉乳のミルクの給食が始まった。昼は弁当組みと一緒にアルミ製のコップ一杯のミルクにありついた。なんと、ユニセフの脱脂粉乳のミルクはその後、定時制高校四年の卒業までお世話になるのである。

四年生になった頃からわが家も少し裕福になって芋の弁当を毎日持っていけるようになった。この頃から一日三食となったと思われる。小学校も高学年になると周りの女子の目も気になり、ときどき芋の「ティル」弁当を持っていくのがいやになり、持たせようとする母にたてつき、持たずに登校すると、隣の同級のTさんが教室に届けてくれた。女の子が持ってくるのは恥ずかしかっただろうに、本当に申し訳ないことをした。深く感謝するものである。

一日三度食べさせるものに心配することなく二人の子を育てた今、わが子に、食べさせるものに不自由した母や父の心中を思えばただ、ただ、ただ、である。

弁当については、この後中学生になってからは押し麦(平たくつぶした麦)八割、米二割で炊いたご飯を持っていった。この頃家ではソテツの実のおかゆと別れ、芋を常食とするようになり、ときどきは押し麦ご飯も少し食べていたから、わが家も少し豊かになっていたのかも知れない。

小さい頃は着物を着ていたが、小学校に入るとき制服を買ってもらった。しかし、一、二年生の頃はパンツもシャツもなかったので、夏はそのまま制服だけで、冬は寒いので着物を着てその上から学生服を着た。ときには妹の着物を着ていって、上着のボタンが外れて女物の着物を見られ恥ずかしい思いをしたこともあった。靴は中学卒業まで履いた記憶がない。真夏は地面が焼けつくので自分でぞうりをつくって履いていた。冬は、一月末の通学路脇の桜が咲くころはアラレがよく降った。地面の水たまりは冷たくて裸足の指先が真っ赤にしもやけしかゆくなる。学校に着く頃には砂利道で傷付いた指先から血が噴き出ていたことがよくあった。小学校卒業の記念写真の前列は全員靴を履いている。中学一年の遠足の集合写真には足元は写さないように配慮がされている。先生も粋なことをしたものである。

島には小学校三つ、中学校が一つある。中学校はクラスの半分以上が小学校の違う新しい友達である。また、先生は島外（奄美大島の各島）出身も多く、島ごとに言葉が違うので、この頃には学校で与論語を話すことはほとんどなくなった。しかし、校門を一歩出たら与論語圏となる。今では、帰省したとき自然に与論語で話すようになるには二～三日を要するが、まだまだ与論語も十分に話せる。

島外の先生では記憶にないが、島出身の先生は体罰教師が何人もおられ、体罰は日常茶飯事であった。黒板の文字をさすために長さ一・五メートル、親指大ほどの竹が黒板の端にぶら下げてある。授業中何かにつけこの竹が頭や肩、背中と激しく打ち振り下ろされる。一本一週間と持たない。補給当番が回ってくると丈夫そうな立派なものでつくる。それで自分がたたかれるのである。クラスの男子は無差別に激しくたたかれたが、さすがに女子はたたかれなかったように思う。特に厳しい制裁を科せられるのが何人かいて、廊下に立たされる。教室の隅の先生の机の上に竹箒の柄を二本並べその上に授業中正座させられるなど。この間彼らは勉強をすることができない。体罰は中学三年間続いたが、学年が上がるたびに少なくなっていったように思う。五十数年たった今も体罰にはいやな思いが湧いてくる。残念ながら、先生に対しての尊敬の念は湧いてこない。どんな理屈を付けようとも体罰を行う側の理屈と、受ける側では思いは違う。愛のムチというものはない。体罰は身体だけでなく、心まで激しく傷めつけてしまう。

人の一生には、ほんのちょっとしたきっかけでその後の人生が大きく変わってしまうことがある。

わが家は裕福なほうではなかったので、高校への進学は考えたことはなかった。成績は中くらいであったが、人並みに大志を抱いていた。勉強する機会があればとは思っていた。三年生の秋には大阪のSタイヤ商会に就職が内定した。明けて、一月半ば過ぎの下校間際、担任の川村先生から「原田君が鹿児島の夜間高校へ行くが君はどうかね」と声をかけていただいた。夜間高校なるものがあるのを初めて知って、その後の人生の方向が大きく変わった瞬間であった。自分の力で高校へ行ける。すぐに決断した。急遽進路変更することになった。その年は人員補充ができなかったと思われるSタイヤ商会と就職担当の益山先生にはご迷惑をおかけし、今でも申し訳なく思っている。

島では、七月二十日頃から稲の刈り入れが始まり、冬のきび刈りと合わせて繁忙期なため、中学生は大きな労働力で、それに合わせて夏休みが始まる。一、二年の夏は四〇日間の夏休みのほとんどを田んぼで過ごした。三年の夏休みは、先生方のボランティアによって、高校に進学する人のために補修授業が行われていた。「高校へ行かせてやれないから、せめて進学組に入れてもらって勉強しなさい」と父に言われ、農作業を免除させてもらった。おかげで、急な進路変更にもなんとか対応できた。

午前七時、ボー…、ボー…高千穂丸は汽笛を鳴らし、新天地鹿児島港に接岸した。錦江湾に浮かぶ桜島を胸にここから新しい一歩が始まった。

うっすらと雪の残る校庭の掲示板に貼られた合格発表を見に行った。伊敷の原に大煙突のそびえる、県立鹿児島工業高等学校定時制（夜間部）機械科に原田君と無事合格した。

各学年とも機械科二クラス、電気科二クラスで卒業までの四年間クラスや席次の変更は行われなかった。わがクラスは、機械科二組。南のほうの離島出身者与論島の原田君と私の二人、徳之島から一人、屋久島から三人を合わせて三八人であった。このうち三六人が卒業した。

先生とクラスのほとんどが薩摩語圏の出身者であるため、授業を始め共通語は薩摩語となる。彼らにとっては普通に日本語を話しているつもりであろうが、まったくわからない。またまた外国語を習うはめになったが、教科書は中学で習った日本語で書かれているため救われた。昼間は薩摩語の中で働いていたこともあり少しずつ聞いて理解できるようになった。

授業は夕方五時から九時までの四時限で、二時限目が終了すると、コッペパン二個、マーガリンかジャム二個、脱脂粉乳のミルク一杯の給食があった。小学校四年生のときからお世話になった脱脂粉乳にこのあと卒業までの四年間またお世話になることとなった。夕食は帰宅して一〇時過ぎになるので給食に救われた。一日四食となるわけで、子どものころの一日二食を埋め合わせることになった。

先生はみな教育に情熱を持っておられ、体罰は皆無であった。今でも、ときどき催される同窓会にご出席いただいており、尊敬をしている。先生は生徒のレベルに合わせて試験問題を作成、全員が単位を取れるように配慮されていたようだ。特に応用力学の伊地知先生はユニークな方で、

「一生懸命力学の公式を覚えても卒業してしばらくすれば全部忘れてしまう。今、暗記したものでいい点数とってもなんの役にもたたない。必要なのは、本や参考書に書いてあったことを思い出して

調べること。そして、それを使って解くことだ」

ということで、試験時間の後半は本や参考書、計算尺の使用を認めた。卒業して五十余年、力学の式(1)がなんであったか覚えているはずがない。おっしゃるとおりである。

高校生活の思い出で特に記憶に残っているのは、コークスの燃えているキューポラに鉄塊を投入し、鉄が溶けたら耐火物を張ったひしゃくに湯を取り、前日につくっておいた砂型に流し込む。翌日砂型を壊して中から製品を取り出すときは感動した。切削工作では、明治時代にイギリスから輸入した旋盤が現役で動いている。駆動は、ディーゼルエンジンで天井のプーリーをベルトで回し、同じ軸でつながったプーリーからベルトで回転させる方式である。イギリスの工業技術の先進性に驚いた。ものづくり実習は楽しく機械科に学ぶ喜びを感じるときであった。

秋の大運動会は全日制と合同で行われる。学科ごとに仮設の応援席がつくられており各科のキャラクターが掲げられている。定時制は毎年デザインの違うフクロウであった。昼間仕事でオートバイや自転車を使用している定時制は足での競技では全日制にとてもかなわない。「かごしま小原節」の演技で存在を示した。高校四年間先生やクラスの仲間に恵まれ楽しく、すばらしい高校生活を送れて本当に幸せであった。

仕事のほうはそう甘くはなかった。最初は与論中学からM君と鹿児島N自動車の整備工場に就職した。寮は鹿児島市中心部の西千石町にあり、休みの日は先輩が天文館のぶらつきに連れて行ってくれた。寮は部屋に入って両脇につくり込みの二連の二段ベッド式で、下が四名、上が四名の八人一部屋で、廊下との間に扉はない。突き当たりに机が一個あったが、高校の先輩の物なので使わないように

全日制と合同で行われた鹿児島工業高等学校第18回大運動会の定時制応援団。 黒い学生服はN（Night）の人文字

運動会で「鹿児島おはら節（？）」を踊る。 前列右から５人目が基昭夫

と注意された。奥の上の段に住むことになったが、天井が低くて座ることができない。部屋には共用の電球が一個あるだけで、学校から帰ってくると寝ている先輩もおられ夜は勉強できない。試験前などは、休みの日の昼にベッドに腹ばいになって薄明かりの電球の下で勉強した。

本社は寮の近くで、整備工場は市の南端の郡元町の工場地帯にあった。先輩は市電で通ったが、電車では市の北端にある学校に間に合わないので自転車で通った。工場はいくつかの部門に分かれて、ブレーキ周りの修理を担当するシャーシー部門に配属された。つなぎ服と呼ばれている整備工が着ている作業着が支給されたが、体があまりにも小さいので「小」のサイズでもだぶだぶで、袖と裾をまくってなんとかなったがベルト位置が股下まで下がってしまう。ベルトの着用は認められないのでいやはや大変である。

鹿児島の冬は寒い。しかし作業着の下はシャツとパンツ以外の着用は認められなかった。工場は車の出し入れがあるので吹きさらしで、部品の洗浄には灯油を使用する。四月でも本当に寒かった。

大型トラックのダブルタイヤを起こそうとするが床は油ですべり、重くてとても起きない。仕方ないので壁まで押していって悪戦苦闘して起こして転がしてくる。みんな忙しいので人を手伝う暇などない。車の下にもぐっていた先輩に、「メガネ」を持ってこいと言われて、目にごみが入るので「眼鏡」が必要なのかと思い工具箱をいくら探してもない。もたもたしていると、「目の前にあるだろうが、このバカが」と足元へ工具を投げつけられた。「メガネレンチ」のことであった。いやはや。

学校は北の端の伊敷町で工場とは市の反対側にあり、仕事を終えて全速力で自転車をこいでもやっと間に合う距離である。北風や雨の日は心臓が飛び出してきそうであった。

仕事は楽しかったが、半年ほどして通学が続かなくなり転職することになった。城山の下の武家屋敷近くの酒屋に勤めることになった。この酒屋では、初めて「他人の飯を食べる」ことの厳しさを味わった。午前は顧客や旅館の御用聞きに回り、午後に配達が主な仕事であった。「酒」と言えば焼酎のことで棚の九割を占めている。東京で一般に言われている酒は「日本酒」と呼ばれ、贈答用にのし紙を貼って届ける場合以外はほとんど出なかった。日本酒は高級品であった。ビールは旅館や塀に囲われた屋敷のお客さんに配達していたが、大きな旅館でもそれほどの本数は出なかった。

仕事は年配者の薩摩語相手になる。学校で聞く薩摩語より数段難しく、このことによって何度もミスをすることになる。あるとき、

「ヒキャッサビール六本トドキヤッセ」

と注文を受け、早速冷えたビールを六本届けた。

「何で冷えたビールなんか持ってきたの」

とおかみさんにひどく怒鳴られた。当時は数円の冷やし賃をもらっていた。その分値の高いビールを納めたことになる。「昼から」と言われたのに「冷えた」高い値の物を持っていってしまったのである。冷やし賃は払えないと言われるし、店の主人からは冷やし賃をもらって来いと言われるし、いやはや困ってしまった。

城山には鹿児島市内を見渡せる展望台がある。そこの売店からビールと酒の配達依頼が定期的に来る。いつもは、オートバイの免許を持っている夜のアルバイトのT高校の先輩が配達するのであるが、休んだりして都合の付かないときにビール一ケースと焼酎二本を自転車に積んで登っていくのである。城山展望台までの数キロ曲がりくねった坂を延々と自転車を押していく。岩崎谷の西郷隆盛が自害したと言われている洞窟のあたりから頂上まで休むことは許されない。なにしろ歩みを止めたらズッ、ズッと後ろの崖にひきずり落とされてしまう。展望台から眺める桜島はすばらしい。力をもらい、下りもブレキーが焼ききれてしまうのでゆっくり押して降りた。あの登り坂は泣きたいほどにきつく、つらかった。

そんなこともあって、ここも六カ月ほどしか続かず、高見馬場の邦楽器に転職した。三味線や琴の販売と修理、日舞の扇やてぬぐいとレコードが主な取り扱い品であった。朝食は主人の家で食べさせていただき、自分の昼食と夕方から勤務する昼間の高校の方の夕食を十一時頃に買い物に行き店の台所でつくっていた。仕事のほとんどが三味線や琴の修理で、三味線の胴や竿をばらして磨き上げ、犬

鹿児島高見馬場の三味線店の前で友人と。座っているのが基

の皮を張る（猫の皮は薄くて高級品なので主人しか張れない）。古い琴の桐の表面を真っ赤に熱したこてで焼き、磨き上げると新品と寸部も変わらなくなる。完成したときは感動したものである。ものづくりの楽しさの原点をここで学び五十数年たった今でも生きており、主人には感謝をしている。レコードは邦楽のほかに、美空ひばりの「柔」などは日舞でも盛んに踊られていたので、歌謡曲も扱うようになった。店頭では「柔」と舟木一夫の「高校三年生」や西郷輝彦の「君だけを」が一日中繰り返し流されていた。これらの曲を聴くとあの頃の自分がよみがえってくる。三味線や琴修理品、電話で注文を受けたレコードや舞踊の小物の配達もしていた。

ある日、原田君の勤める紬工場の主人が福利厚生用にステレオを買ったとかでLPレコードの注文があり配達に行った。その日はお茶をいただき、雑談して帰ったが、後日、原田君から「主人がぜひ来てほしいと言っている」と転職の勧めがあり、邦楽店の居心地はよかったのだが深く考えずに一年でまた転職してしまった。

紬工場（大島紬の製造・卸の会社は普通こう呼ばれていた）は市の西の端の山すその小高いところ

にあった。ぼろぼろの平屋で、雨の日は雨漏りで製品や原料が濡れるので、洗面器やどんぶりをいくつも並べた。道路までは十数段の階段があり原料の運搬に不便で、なによりも雨漏りがひどいので新しい工場を探すことになった。何軒か回って、大きな二階建で、庭も広くバス通りから一筋裏に入った通りに面し、市中心部から移ってきたばかりの名門鶴丸高校のグランド南側と言う好物件であった。たった一つのことを除けば……。

そこは廃屋であった。壁は板が割れて穴だらけ、床も穴だらけて危なくて歩けない。庭は背丈ほどの草が繁っている。その分賃貸料が格安である。工場の経営状態から言えば願ってもない物件である。早速、壁や床の穴、戸、電気や水道の修繕、庭の草取りを行い何とか社長一家の住居と作業場に仕上げた。金がなく、本職の大工に頼めないので素人の補修で大きな穴がふさがり、戸が閉まるようになった。冬は隙間風で震え上がったが、糸を扱う仕事のために石油ストーブなど暖房器具は使用できない。染色の水仕事や糸張りなど屋外の工程も多いので隙間風もさほど気にならない。紬の原料の製作作業には、十数メートルの間隔で、二メートルほどの鉄棒を地面に突き刺し糸を張り、乾かしたり、分けたりする工程がある。これだけの土地を工場内に持つことは大手しかできない。零細企業は道路を作業場として使うことになる。舗装道路はバス通りだけで、ひとつ入れば舗装がないので鉄棒を突き刺すのに問題がないし、道路の片側が高校のグランドの塀で住宅はなく、マイカーは普及していなかったので、一日に二〜三台の車しか通らなかった。

紬の工程は糸屋から絹糸を買って、糸をいっぴき（二反）の長さにそろえる。海草による糊付け、図案に合わせて色のすり込みができるように筵織り(男性)、地染め、色の刷り込み、筵を破り糸にする。

一度に一〇ぴきほどつくるので、道路の鉄棒で一ぴきずつに分ける、機織（ほとんど女性）でやっと反物になる。その後、織物組合の検査を受け、合格品を持って問屋を回り販売する。各工程で高度な技能を必要とする部分は社長と原田君が担当し、僕は染色や下働きを担当した。染色は手袋をすると微妙な色合いが掴めないので素手で行い、酢酸で色止めをする。いつも糸と一緒に手も真っ青に染まって数日は落ちない。そのうちに次の染色があるので常時真っ青な手をしていた。

もうひとつの重要な仕事は販売担当であった。織りあがった反物は織り賃と交換である。糸代を含め売ったお金で支払う自転車操業が常であった。二七歳の社長は二度の倒産を経験し三度目の起業であった。その関係もあり、どんなに苦しくても、手形販売はしない、金融機関から金を借りないことを実行していた。私の月給は一万円であったが、一反二万数千円の反物を二〇反ほどオートバイに積んで市内の問屋を回る。複雑なデザインは製作工程に多くの時間を要するが、問屋は売れるデザインかどうかで値段を付けてくる。社長からは、少しでも高値で売ってくるよう言われているし、一反でも売れ残って持ち帰ると資金が回らないので絶対に売り切らなければならない。問屋とは一反一反について一〇〇円単位の激しい交渉となる。手形だと少し高値で買ってもらえるが現金だとどうしても値切られる。ここで売るか、もうひとつの問屋に行くか瞬時に判断しなければならない。一軒目で全部売れることはないので、次の問屋に行くときはどうしても売れ残り感は否めない。しかし、値を下げることはできないし、相手は大人のプロである。死に物狂いの交渉となる。

数件の問屋を回って何とか売り切るが最後のほうはどうしても弱気になり低い値になってしまう。社長からは、そんな値で売ったのでは利益が出ないと怒られるが、売り切って現金を持ち帰らなければならない。なかなか売れないときは帰りづらい、甲突川の岸にたたずみじっと川の流れを見る。涙がほほをつたう。しばらく居て、顔をパーン、パーンとたたき笑顔に戻して帰りにつく。涙を流すと心が少し楽になり怒られても耐えられるようになる。

工場が大きくなり、生産量が上がると市内の問屋だけでは間に合わなくなり、定期的に博多（福岡市）の問屋まで売りに行くことになった。学校が終わってからダンボール箱に五〇反近く詰め込んで夜行列車に乗る。座席は四人がけのボックスで足元に置くスペースはないので網棚に載せる。夜中なのに頻繁にあっちこっちの駅に停車する。そのたびに棚のダンボール箱の存在を確認する。何しろ月給の一〇〇倍以上の商品が乗っているのだから。ほとんどウトウトもできないで朝の博多駅に着く。構内の立食いうどんで朝食を済ませ、重たいダンボール箱を担いで、地図を頼りにバスで問屋回りをする。鹿児島の問屋よりたくさん買ってもらえるが値段については厳しく、いやならよそを回れというう状況である。しかし、相手の言い値ということにはならないので、一〇〇円でも高くと食い付いて粘る。いずれにしても時間的に回れる問屋は三軒で、昼までには売り切って帰りの列車に乗らなければ学校の授業に間に合わない。現在の価値で計算すると数百万円の現金を学生服のポケットに入れて、昼には手ぶらで鹿児島行きの列車に乗り、二時間遅れて登校した。博多販売はなぜか張り切っていて涙を流すことはなかった。

そのころは仕事の半分は紬売りで、営業のつらさと能力のなさが骨身にしみ、それ以来営業の仕事だけはするまいとの思いで現在まで来ている。勤務は原則日曜休みであったが、忙しいと月に二回ほど出勤した。日曜の出勤手当は昼食に、どんぶりにチキンラーメンを入れ、お湯をかけてふたをし、三分たったら食べる具なしラーメンであったが、これで満足していた。社長の奥さんも一緒に働いていたので、作業工程によっては社長の娘をおんぶして子守りしながら仕事をしていた。当時は布おむつだったので、ときどき背中に暖かいものが浸みてきた。

前の三つの職場は寮や住み込みであったが、紬工場では、アパートから通った。アパートは鹿児島大学工学部の前から騎射場の電停へ抜ける通りの近くの住宅密集地にあった。周りを建物に囲まれた正方形の二階建ての一階の部屋で、一年中まったく陽があたらず、三畳間の一畳半は高さ九〇センチの畳敷きのつくり付けベッドでその下が押入れになっている。半畳に机を置き一畳の空間があった。夜一〇時過ぎに帰ってきて、朝七時に出勤の寝るだけの生活には十分であった。鹿児島の冬は東京より寒く、夏はもちろん暑い。暑いのはまったく苦にならなかったが、暖房器具なるものはまったくなく、冬は一度も干していないせんべい布団の中で寒さと戦っていた。

桜島の灰もまた、容赦なく部屋へ入ってきて、畳の上はもちろん布団の中にも入りこんできた。

「人の一生を変えてしまうほんのちょっとしたきっかけ」の二度目も突然にやってきた。

四年生の後期になるとクラスの仲間はどんどん就職先が決まってくる。なんとなく東京に出てみたいが、東京の企業からはほとんど募集がなく、たまにある企業は受かりそうもない。そんなある日のホームルームの時間に、担任の今村先生が、

「今日、昼間（全日制）のほうに東京都から募集の説明があった」

と話された。とっさに受けてみようと思い、授業が終わるのを待って職員室に先生を訪ねた。ところが、「定時制のレベルで受かるのは無理だから」と、それ以上の情報はもらえなかった。すぐに、

東京のおばさんに手紙を出して応募用紙を取り寄せた。郵送による応募はすでに間に合わないので、再度おばさんに送り窓口に届けてもらった。一次試験会場は東京の早稲田大学であった。東京へ出るときのために一万円の給料から毎月二〇〇〇円程度貯金していたが、東京は遠く、大きな負担であった。

地図を頼りに着いた大隈講堂の前で「ここで吉永小百合さんも学んでいるんだ」と感激し、それだけで来た甲斐があったような気分がして、受験のプレッシャーはなかった。一般教養試験はなんとか対応できたが、専門は三分の一ほどがまだ習っていないものが出ていた。定時制は一年長くても全日制よりも授業時間が少ないと聞いていたが、先生の言われたとおりである。それでも考え考え全部埋めることにした。

合格通知は予定より五日も遅れて届いた。試験の自己採点であきらめていたので、はがきを握りしめ、ただただ、喜びの涙を流した。二次試験は博多で面接と身体測定が行われた。かって知っている街なので、あいた時間に大濠公園の散策などゆとりを持って臨めた。面接用紙の趣味の欄に「読書」と書いたために大急ぎで幸田露伴の『五重塔』を読んだ。毎日忙しく読書なんかしたことがない。受験対策のつもりであったが、その後も深く心に残り、ときどき上野谷中の墓地の中に残る五重塔の礎石の前であの日に思いをめぐらす。

卒業式は県立鴨池体育館で全日制との合同で行われた。

デートも恋もなく、ときどき涙を流しつつも楽しく充実した鹿児島における四年間の青春の日々。

サア東京へ行くぞ。

一九六七年三月、雪が横なぐりに吹きつける東京駅新幹線ホームに東京への第一歩をしるした。

その年の四月採用とはならなかった。与論の親戚の池畑さんが駒込でガソリンスタンドを経営されておられたので、勤めさせていただき、翌年の三月まで中学の同級生のM君、T君と一緒に働いた。

胸に熱き思いをいだき、大学へ行きたいと法政大学二部法学部を受験した。午前の国語と社会は自信があったが午後の英語はまったくできなかった。それでもかすかに期待して発表を見に行ったが、やはり番号はなかった。土手の公園は外堀から吹き上げてくる風が冷たく、中央線の電車の音もさびしく響いた。もうすべての大学で試験が終わっている。

帰りの電車の中で日本大学通信教育部のポスターを目にし、政治経済学部へ入学した。通信生も夏休みにスクーリングで教授から直接講義を受ける。当時は大学紛争が激しかった。授業は少人数のときは教室で、大人数のときは講堂でマイクを使用して行われる。講堂の入口は鉄板で囲い、やっと一人が通れるクランク状で警備員の厳しいチェックを受ける。講堂後段で授業を受けていたある日、ふと見た前の人の後ろ姿に見覚えがあった。まさかと思ったが、先輩の基佐江里さんであった。あまりにもの偶然にびっくりした。この広い講堂の中でたまたま前と後ろの隣り合わせになった。哲学科という想像もつかないのを勉強されていた。それから、学校帰りによく水道橋のガード下の食堂で人生やらなにやらいろいろと議論をした。

あれから、四〇年、都庁職員としてごみ処理や中小企業の技術支援に従事してきた。その間には大変なこともいっぱいあったが、今からするとすべてが良い思い出である。

二〇〇六年十二月三十日、久しぶりに与論空港に降り立った。正月三日に「与論中学校第十五期卒業生還暦祝い」の会が催される。何回か降り立った島の土であるが、今回はいつもと違った感慨がこみ上げてきた。島を出て四五年、走馬灯のようにさまざまな思いがよみがえる。

空港広場で、在島同期生の「お帰りなさい!! 与論中学校第十五期のみなさん」という横断幕を掲げた歓迎を受けた。同級生はありがたい。ほんとうにあたたかい。還暦祝いでは半数近くが誰かわからなかったが、胸の名札を確認するとすぐに一五歳に戻ってしまった。心をときめかした人や悪仲間。一人ひとり舞台に上がりあいさつを行う。一人ひとりが輝いた人生を生きている。特に女性のパワーのすごさには圧倒された。

一五歳で島を出たわが団塊世代、次の課題へ向け大きな原動力として圧倒的なパワーを発揮していくことを誓った。

平成二十一年（二〇〇九年）三月、基昭夫は都庁を定年退職し、「奄美・沖縄の数千年前の遺跡から出土する石斧などの石器の調査を行い、復元して実証実験を行っている」という。

これまでに、「ヤコウガイの蓋でつくった包丁の切れ味の試験やすり石と石皿によるどんぐりやソテツの実の製粉、やんばるの森で石斧による立木の伐採の実験などを行ってきた」。

また、徳之島戸森遺跡の岩盤に線刻されている海戦と思われる絵が、工具には何を用い、どのような方法で線刻したのか、「天城町教育委員会と調査・実証実験を行い、結果について町民への成果普及の一つとしてシンポジウムで報告した」ともいう。

「平成二十六年～二十八年の三年にわたって、与論・上城遺跡や徳之島塔原遺跡出土の石斧などの木

石斧による丸木舟製作風景

シンポジウムへの参加

3分の１モデルの丸木舟製作完成品　前列左

戸森遺跡の岩盤に描かれている
海戦と思われる線刻画

工用複製石器工具を用いて、日本工業大学の特別研究員として糸満海人工房・NPO法人ハマスーキ、国頭村森林組合と共同してサバニ形の丸木舟の製作実証実験を行ったこともあった」

最近にあっては、三万数千年前に琉球で暮らしていた人々が、漁業や島々の交易、移住・拡散に用いたと考えられる筏舟の製作に携わり、「平成三十年度中には完成させる見込み」であり、定年後も充実した日々を送っている。

（二〇一八年五月　記）

村山登

定時制高校電気科に学び有限会社村山電気商会を設立。堅実経営「信用第一」に電気の道一筋に今も現役で会長職に

令和二年一月半ば、横浜中田局の料金別納郵便で一通の挨拶状が届いた。差出人は「有限会社村山電気商会　代表取締役社長 村山英則」で、《この度 村山登の後任として代表取締役に就任いたすことになりました》とあり、二つ折りの挨拶状には前任者・村山登が次のように挨拶文を認めている。

《……私儀　この度　有限会社 村山電気商会代表取締役社長を退任いたし　取締役会長に就任いたしました　社長在任中は格別のご懇情を賜りありがたく謹んで厚く御礼申し上げます

なお　後任には　村山英則　が就任いたしますので私同様お引立てのほどお願い申し上げます》

社長を長男・英則に譲り会長職に身を引いた村山登の「有限会社村山電気商会」代表取締役在任期間は四〇年であった。電気工事が主体の会社であり、資本金三〇〇万円で昭和五十五年（一九八〇年）に創業。従業員は事務職を含め七名である。この社員数は創業時も今もほとんど変わるところがない。社員数だけでなく「特別な場合を除いて誰一人会社を辞めていく者がなく、同じメンバーで事業を成り立たせている」という。四〇年の間には「一〇〇万円の不渡り手形を貰ったのが一件あっただけで

安全運転を続けてきた」。年商は約一億円である。

村山に本稿のために取材をしたのは平成三十年（二〇一八年）六月二十一日であった。横浜市戸塚区の戸塚駅地下にある飲食店で、終始にこにこしながら村山は取材に応じていた。

当時は会長ではなく社長であったわけだが、社員は村山のことを「社長」ではなく「村山さん」と呼んでいる。気さくな人柄は今も昔も変わるところがない。そして、従業員が定着しているのは、村山のこの人柄に惹かれているからであることは言うまでもない。

たとえば四〇歳代になる事務職の女子社員は「高校時代からアルバイトに来ていて、卒業してからも社員として採用し、結婚してからもそのまま働いてもらっている」という。片道二時間近くかかる伊勢原市から自家用車を使っての通勤で、「朝六時半には自主的に出勤し、四時半には退社している。パソコンに精通しているのはこの女子社員だけで、男子社員は全員外での仕事だから、電話を取ってくれたり……会社にとって大変貴重な存在です」と村山は言う。

社員に対しては、ほかに、こんな心配りも見せている。

「四〇歳を過ぎてから独立したいという社員がいて、会社としてできるだけのことはしてあげたいということで、ハイエース（車）を一台買ってあげて、顧客も五件ぐらい譲ってやりました。七、八年前のことで、今も順調に頑張っているようですけどね」

会社の経理を任せているのは村山と同じコロナ工業に勤めていた妻・静江である。顧客を譲るに際しては、「静江とともに菓子折りを持って、お得意さんのところを一軒一軒回って『彼が独立しますので、よろしくお願いします』と頭を下げて回った」という。

コロナ工業の社員旅行。中列左から3番目がのちに結婚することになる川戸静江さん。右から2人目が村山

1965年、定時制高校在学中

村山登（むらやま・のぼる）――。昭和三十八年（一九六三年）三月に与論中学を卒業し、集団就職で上京、横浜市戸塚区のコロナ工業株式会社に就職した。私より二つ年下の村山は与論中学の後輩というだけでなく、同じコロナ工業で働いたという会社の後輩でもある。神奈川県立商工高等学校定時制電気科を卒業し、高校時代の級友・佐藤隆の父が経営する有限会社佐藤電設工業で電気工事のイロハを学び、電気の道一筋に今日まで歩んできた。第一種電気工事士のほか、屋内外の電気工事を施工する「電気に関する免許は三〇種ほど持っている」という。顧客に対しては「信用第一」に、堅実経営で今日まで会社を運営してきた。

与論島の那間小学校に学んだ村山は、母・チヨの子として母子家庭で育った。母子家庭であったことから小学生の頃は「先輩にいじめられたこともあった」というが、それでもめげることなく母親の愛情に育まれすくすくと明るい子供に育っていった。大島紬を織って生計を立てていた母親について村山は、「毎晩一〇時頃まで機織りをして働いていた」ことを覚えている。僅かばかりの畑を持っていたが、芋、キャベツ、キュウリ、トマトなど、母親と子供一人が食べていくには十分な量の野菜が取れた。チヨは農作業をするときは、畑に草むしろを敷いて登を座らせ、遊ぶ姿を見ながら芋掘りなど野菜の収穫作業をした。登が元気に育っていくことが、チヨにとっては唯一の生き甲斐だった。海岸に近いところに家があったため、息子が海に遊びに行くことに「万一のことがあっては……」と神経をとがらせ、「あまり海には行かせてもらえなかった」という。

なるべく目の届くところで遊ぶように言い、登が少年向けの雑誌を欲しがると、貧しい生活のなかから何とかお金を工面し雑誌を買ってくれた。家でおとなしく漫画を読んでいる息子を見てチヨは安堵し、機織りに精を出した。

「今になって思えば、当時のお袋の稼ぎからして雑誌なんか買える状況じゃなかったと思うんだけどね、『少年画報』とか雑誌を注文して買ってもらって漫画をよく読んでいた」

また、小さい頃の思い出としては、「町永さんという人に親切にしてもらった」ことをよく覚えている。「(与論町の)茶花で民宿をしていた人で、リンゴの剥き方を教えてもらったり、ハウスで栽培したミカンを食べさせてくれたり、優しい人」だった。

小学校の教科では体育と理科が好きで、苦手な課目は国語と算数だった。特に理科が好きで、小学校時代には古くなった乾電池に「釘で穴を開け酢の中に入れて再生させ」、その電池を使って豆電球が明るく灯るのを見て喜んだ。中学に入ってからも数学は苦手だったが、理科は好きで得意な課目だった。また、体育も好きで、中学では体育部長を務めた。身長は一六〇cmそこそこと小柄であったが、器械体操などを得意とし、大車輪などの大技を難なくこなした。

中学三年になり高校へ進学するか就職するか、進路を決めることになった。成績の良い村山に担任の川村俊武先生は「進学」を勧め、母・チヨも「何とかして高校だけは出してあげたい」と思うようになった。

「高校には、『鹿児島に行って紬織りをしながら行かせてあげる』とお袋は言っていました。それと、川村先生からのアドバイスで、日本育英会の奨学金をもらうという話もあったんです。母子家庭だから、奨学金を申し込んだら優遇されるからというお話でした」

有難いことではあったが、村山には、苦労する母親の姿が目に見えるようだった。「奨学金をもらえるなら……」という思いが頭をかすめたが、迷った末「就職する」ことに決めた。

同じ那間小出身の阿多一業と、与論小出身の徳豊一とともに横浜市戸塚区吉田町にあるコロナ工業株式会社の横浜工場に就職が決まった。中学卒業時の三名の成績はともに「5」か「4」だった。コロナ工業は家電製品やカメラなどのネームプレートを製造・販売する会社であり、理科が好きな村山はこの「家電製品」という言葉に惹かれたのだという。実際は電化製品とは無縁で、テレビやラジオのダイヤルその他、電化製品に付ける銘板（ネームプレート）を製造する会社であったのだが……。

コロナ工業の横浜工場には、二級先輩の徳田昭次郎、吉田満男、基がおり、東京都荒川区の本社には潟山正と竹波栄喜という二人の先輩がいた。

コロナ工業株式会社横浜工場全社員（1966年1月撮影）

昭和三十八年（一九六三年）三月、村山は阿多や徳らとともに集団就職で与論の茶花港を離れた。乗った船は関西汽船の『浮島丸』であった。

母校である与論中学から三人の後輩が入社するというので徳田と吉田と私は、喜んで彼らが入社する日を待ち侘びていた。同郷から後輩を迎えるというのは初めての経験であり、村山ら新入社員もわれわれとともに工場の敷地内にある社員寮で生活を始めることとなった。昭和二十二年（一九四七年）生まれである村山らは、本書に寄稿している先の基昭夫と同期で、言うところの団塊の世代である（説明するまでもないが「団塊の世代」とは、一九四七〜一九四九年頃に生まれた第二次世界大戦後の第一次ベビーブームの世代で、作家の堺屋太一氏の小説から名付けられた）。中学を卒業してコロナ工業に入社した集団就職者は、昭和三十八年三月に入社した新入社員が最も多かったのではなかったかと思う。奄美諸島からは与論中学以外にも沖永良部や大島本島の中学からの就職者がいて、愛媛県や大分県の中学を卒業した者も何人かいた。中卒だけで十余名の新入社員がいた。中卒者に限らず、コロナ工業に高卒の新入社員が最も多く入社したのもこの昭和三十八年であり、大卒者も何人か入社してきた。ちなみに大卒者は、早大、中央大、法政大出身で、彼らは入社してすぐに現場の仕事をほとんど経験することなく管理職につき、工務課に所属し工場内を見回っていた。また、起居する寮も、われわれと同じ工場に隣接する寮ではなく、会社から数百メートル離れた畑の中に建つ「山吹荘」という名の寮で、個室あるいは二人一部屋のスペースが与えられていた。羨望の目で見ていたのだが、その後新入社員が年ごとに増えていくにつれてわれわれ昭和三十六年入社組や村山登らも、工場に隣接する寮を出て「山吹荘」に移ることを許されるようになった。

村山は性格が明るく仕事の呑み込みも早くみんなに可愛がられていた。昼休みには、昼食が終わるとバレーボールやキャッチボール、相撲、鉄棒などそれぞれ好きなスポーツをして束の間の休憩を楽しんでいたが、中学で体育部長を務めていた村山はスポーツ万能で、小柄ながら多彩な技を駆使した相撲で相手を投げ飛ばし、鉄棒では大車輪などを披露してみんなを驚かせていた。ちなみに職場で大車輪ができるのは奄美大島出身で高卒の朝戸正巳先輩と村山だけだった。昭和三十五年に高校を卒業して入社した朝戸先輩は、体操の選手になるために日本体育大学への進学を希望していたとのことだった。やむなく大学を諦め就職したとのことであったが、コロナ工業に勤めてからは東京電機大学二部へ通い、職場では四国・愛媛県出身の三好先輩や宇都宮先輩とともに技術科に所属していた。

この朝戸先輩ら技術科の仕事は、工場内に設置されている電気機器など諸設備の補修や保守点検、手作業を自動化するにあたっての機器の試作および製作などであり、プリント班や電解班などでアルマイトの表面処理（燐酸・硫酸・硝酸など危険薬物を使う）や染色作業（ニトロベンゾールやクロム酸などの薬物を使う）をしているわれわれにとっては垂涎の的の職種だったと言える。しかしそれは、中卒のわれわれにとっては叶わぬ夢のまた夢の職種であり、言うまでもなく会社側も技術科に入れるためにわれわれを雇ったのではない。

定時制高校の学友たちと

20代の頃の村山

電気が好きで入社してきた村山も、本来なら技術科のような仕事がしたかったはずであるがプリント班や電解班に半年ごとに交互に配属され、われわれと同じで言うところの三K労働に従事した（どんな仕事内容であったかについては第13章「自分史」の中で詳述させていただく）。

入社して一年後に村山登も徳豊一も阿多一業も定時

コロナ工業の上司・郡司勇氏(右から3人目)と、与論中学の先輩・吉田満男氏(左から2人目で著者の同期)。左端は村山より1歳年下で沖永良部出身の平氏。右から2人目が川戸静江さん

制高校を受験し入学を果たした。徳と阿多は与論中学の先輩である徳田昭次郎や吉田満男が在籍している横浜市立戸塚高校（普通科）に、村山は神奈川県立商工高等学校（通称：県商工）の電気科に入学した。同校は大正九年（一九二〇年）四月一日、豪商・安部幸兵衛の寄付により横浜市弘明寺の地に県立商工実習学校として創立した五年制の専門学校であった。商業・工業（機械・電気・応用科学）の設置学科があり、「自立した人間性豊かな職業人として神奈川の地域産業を担う」という教育方針を掲げている。県立商工高等学校と改称されたのは昭和二十三年（一九四八年）四月一日で、設置学科は全日制で商業・工業（機械・電気・工業化学）が、そして同じ年に工業（機械科・電気科）の定時制課程が設置されている。

定時制を受験するにあたり村山は、普通科ではなく迷わず県立商工の電気科を選んだ。将来は母親のいる与論島へ帰り「電気屋を経営したいと

思ったから」だった。そしてこの選択が村山の将来を決定づけることとなったのだった。

明るく人懐っこい性格の村山は、県商工定時制に入学してからも多くの学友に恵まれた。学友の一人に横浜市戸塚区中田町に住む佐藤隆がいた。村山の勤めるコロナ工業も横浜市戸塚区吉田町にあり、二人は共に横須賀線の戸塚駅から定時制に通う通学仲間となった。聞けば佐藤隆は、有限会社佐藤電設工業の次男であるという。佐藤の名刺には「電灯電力工事設計施行」とあった。電気店を営みたいと思っていた村山は、渡りに舟の心境で佐藤の名刺を受け取った。佐藤の紹介で佐藤電設工業の社長と会うこととなり、定時制高校を卒業してからは同社の社員として働くことになったのである。

村山が集団就職で入社したコロナ工業に在職した期間は五年間であった。村山は同社において先輩に可愛がられるだけでなく同僚や後輩からの信望を集めていた。真面目に仕事をするだけでなく、余暇を目いっぱい楽しみ、会社の慰安旅行では「猿回し」の演出など奇抜なアイディアでみんなを楽しませた。猿の役は東京都荒川区日暮里の本社から横浜工場に転勤してきた金子某が演じ、村山は猿回しの役で〝脚本〟も手掛けた。筆者はこれを見ていないが、やんやの喝采であったという。また、休日には、ダンスホールに行ったり横浜市神奈川区にある東神奈川スケートリンクでアイススケートを楽しんだ。現在もこのスケートリンクは実在しており横須賀線や東海道線の車窓から見ることができるが、名称は「横浜銀行アイスアリーナ」に変わっている。名称が変わっただけでなくメインリンクは国際規格の広さになり、フィギュアスケートなどの各種大会で使用されるのと同じ広さのリンクになっている。

昭和三十八年（一九六三年）三月から昭和四十三年（一九六八年）三月までの五年間、「お正月には自宅に呼んでご馳走していただき、定時制高校に通う環境を整えていただくなど……」お世話になった山口隆専務取締役に「退職願を出すのが一番辛かった」と村山は言う。「電気会社に勤め技術を身に着けてから将来は独立したいと思います」と〝退職の理由〟を告げる村山に、山口専務はニコニコしながら次のような言葉をかけてくれたという。

「そうか、残念だけど、そういうことなら仕方がないな。君なら、どこへ行ってもやっていける、大丈夫だよ。独立する時が来たら、私のところへいらっしゃい。会社（コロナ工業）には電気関係でお願いしたいことがたくさんある。その時は君に仕事をお願いするから……」

村山がコロナ工業を退社したのは成人式を迎えた年の春だった。横浜市戸塚区中田町に営業所のある有限会社佐藤電設工業では、生まれて初めて名刺をつくってもらい、社長宅に住み込みで「家族的な待遇を受けながら……」〝第二の人生〟のスタートを切った。

「一〇年後には田舎に帰って、独立して仕事をしたいと思います。一生懸命頑張りますから、いろいろ（仕事を）教えてください」

高校時代の級友・隆の父である佐藤社長にこう言って、見習いで屋内配線の電気工事をする仕事から始めたという。その後、四畳半の小さなアパートを借りて通勤するようになったが、佐藤電設工業で実技を学びながら、電気工事士はもとより電気工事施工管理技士、高圧作業車運転技能、高圧ケーブル工事技能認定、アセチレン溶接その他、独立して電気工事業を営むための免許・資格を三〇種ほど取得した。

余談になるが、村山が佐藤電設工業に在職していたころ筆者も、村山の助手として日曜日に一日だけ手伝ったことがある。そのころ東京都北多摩郡東久留米（現東久留米市）に住んでいて、三洋金属で働きながら池袋の東京電子専門学校のテレビ技術科（夜間部）で学んでいたが、電気工事士の資格を取得するために村山にお願いして佐藤電気工業でアルバイトをさせてもらったのである。工事士の試験は東京電子専門学校で行われ不合格となり、同じ試験を私が受けることは二度となかった。しかしそれからほどなくして、私は東久留米から横浜市戸塚区に引っ越すこととなり、このときは村山が仕事に使っている車で引っ越しを手伝ってもらったのだった。三カ月ほど戸塚駅から始発電車に乗って品川・池袋を経由して西武池袋線で東久留米駅まで行き、自転車で三洋金属に向かうという生活が続いたが、ついには通いきれなくなって三洋金属を退社することになった。その後数社の転職を繰り返し、住所も戸塚区内で三カ所ほど変わり、そして日大の通信教育部から一部（昼間部）三年に転部し、昼間は大学に通い夜に働くという日々を送っていた。転部したのは二六歳のときである。ときどき四畳半の私のアパートに遊びに来ていた村山には、半ば冗談めかして「大学院に行ってるんだよ」と言っていた。

そんな時だった。村山から突如として「今度結婚することになった」という話を聞いたのは――。そして続けて、主賓として挨拶をしてもらいたい、のだという。

奥さんになる人は、横須賀の川戸静江さんで、高校を卒業してコロナ工業に入社して経理を担当していた人だとのこと。職場恋愛をして結婚にまで漕ぎ着けたとのことだった。

主賓挨拶など私には荷が重すぎたが、おめでたいことなので了承した。しかし、いよいよ明日が村山の結婚式だという日、あることを思い出し私にはどうしても村山に会って言っておかねばならないことがあった。当時はお互い電話を持っていないから、直接会う必要があったのであり、戸塚区矢部町に住んでいた私は四〇分ほど歩いて村山のアパートを訪ねた。しかし、村山は留守だった。仕方がないから、ドアに張り紙をして帰ることにした。

「ごめん。自分は大学院に通っているのではなく、本当は大学に行っているんです」

なぜわざわざこんなことを言いに行ったかというと、結婚式の主賓挨拶で司会者が私を紹介するとき、「中学時代の先輩で今は大学院に通っている……」などと紹介されたら〝学歴詐称〟で村山の大事な結婚式を汚してしまうことになる、と思ったからである。もっとも、その二年後、私は日大の大学院に入学することになったのではあるが……。

村山の結婚式は昭和四十七年（一九七二年）四月二十九日、佐藤電設の佐藤社長ご夫妻を媒酌人として横浜市中区の老松会館において盛大に行われた。新婦・静江さんは物静かでチャーミングな方であった。私は挨拶に立ったが頭の中が真っ白になり、村山をどのように紹介したのかほとんど何も覚えていない。ただ、最後に力を込めて言った次の一言だけは鮮明に覚えている。

「誠実で真面目で誰からも信頼され、同郷の一人として自信を持って……云々」

本心から出た言葉だった。挨拶が終わって自席に着くとき、村山は「基さん、ありがとう」、ぼそりとお礼を言ってくれた。

結婚して一年後の昭和四十九年四月、村山は当初の予定通り独立して会社を立ち上げた。故郷である与論島に帰ったのではなく、住み慣れた横浜市戸塚区中田西三丁目に資本金三〇〇万円で「一般電気設備工事」を事業内容とする「有限会社村山電気商会」を設立したのだった。

エアコン設置工事のため小田原へ出張した村山電気商会の社員。左から野沢和男氏、菅原克己氏、管野修市氏（2020年3月、著者撮影）

会社設立後、コロナ工業の山口隆専務取締役に挨拶に行くと、「そうか！」と喜んでくれ早速「仕事を発注してくださった」という。以来、コロナ工業からは継続して仕事をもらい、大手では大成建設、日産自動車追浜工場などのクライアントを得て会社は順調に業績を伸ばしていった。経理を担当しているのは妻・静江であり、「二人三脚で堅実に会社を運営してきた」という。堅実経営「信用第一」を社是としている。

「コロナ工業にしても佐藤電設にしても私は恵まれていましたね。いろんな人に助けていただきました。社員にも恵まれました。誰一人、不満を言って辞めていく人もなく、みんな喜んで働いてもらっています」

冒頭にも記したように四十代で「独立したい」という社員の一人には車を贈り、顧客を分けてやり「できるだけのことはしてあげた」。創業当時より勤めているのは野沢和男であり、「彼はコ

2018年6月21日、横浜市戸塚駅地下の飲食店で取材時に写す（著者撮影）

ロナ工業の社員の息子さん」であるという。管野修一は勤続三八年になる。若い菅原克己は「彼（管野氏）の甥御さん」だとのこと。三人の社員に「村山社長とはどんな人ですか？」と尋ねてみた。三人が笑いながら口を揃えて言ったのは「せっかちなところがありますね」。

そのせっかちなところは「お袋譲りかな」と村山は笑う。結婚後九年経ってから村山は母・チヨさんを横浜に呼んで共に暮らすことにした。村山の取材を通じて私が最も驚いたのは次の一言を聞いたことだった。

「お袋はもう亡くなりましたが、静江とお袋は同居していても一度もケンカをしたことがなかったですね」

村山には社長職を譲った英則のほかに、明美という長女がいる。英則社長は結婚して息子がいるが、村山の孫にあたるその翔也も村山電気商会で社員として働いている。

（二〇二〇年六月　記）

藤岡トシ子

追憶―行くあてもないまま、米原行きの電車に乗り終点まで行ったあの日

現在、大阪府茨木市に住み、書道教室を開いて「子供たちに書を教えながら細々と暮らしています」という藤岡トシ子は、一九六四（昭和三十九）年三月に与論中学を卒業し、集団就職で愛知県の紡績会社に就職した。紡績工場に勤めると「綿ボコリを吸い体を悪くするという噂が流れていた」なか、与論中学から紡績会社に就職したのは「たった一人だった」という。愛知県津島市の近藤紡績に就職した藤岡は、定時制高校を卒業した後、同じ紡績工女として三菱レーヨンに転職。岡崎女子短期大学保育科の二部に進み、「卒業したら与論に帰って幼稚園の先生になるのが夢」であったという。寮生活を送るなかでは「躾が厳しく、厳格な父のもとで育った」ことが仇となって、無視され辛い思いをしたこともあったという。

その藤岡にも、本書を出版するために取材ではなく、手記の執筆を依頼してみた。しぶしぶ原稿を書くことを引き受け、写真を添えて送ってくれたのが以下に見る手記である。

「トシは、中学を卒業したら、理容学校へ行って島で散髪屋をしないか？」

中学卒業を控えて進路を迷っていた頃、私に父は問いかけた。当時、与論島には高校が無い時代だった。三歳上の兄はすでに集団就職で横浜へ行き働きながら高校への道を歩んでいた。その兄の背中を追うように私も自分で働いて高校へは進みたいと心の中で密かに考えていた。自分より成績のいい兄が苦学しているのに、親から仕送りしてもらって学校へ行くことに何故か抵抗があった。

当時、島では都会で女工をして綿ボコリを吸い体を悪くするという噂が流れていた。まさに私はその道を選んだのである。いろいろなパンフレットの中から選び決めて、その旨を担任の河村先生、就職担当の益山先生に相談して父親にも意志を伝えた。

「浮島丸」は茶花港の沖合いに停泊していた。当時は大きな船体は直切港に接岸できず、本船まで小さなはしけで行き乗り込むようになっていた。中三の卒業式を終え就職組の仲間たちは保護者同伴で茶花港に集合していた。私も父母と共に小さなスーツケースと、この日のために買ってもらったばかりのコートを着て集合場所に居た。お世話になった恩師の先生方、保護者への感謝の言葉を捧げ、私たちは、はしけに乗り込んだ。色とりどりのテープを握り茶花の桟橋を後にした。一五歳まで育ててくれた両親との別れであった。そして自由に羽ばたける瞬間の機でもあった。

夢と希望を抱いての出発に満ち、別れなのに泣いている友は居なかった。名瀬の港に着いたとき高校受験で既に旅立っていた仲間たちが見送ってくれた。神戸港には三日後の夜に着き、ここでいよいよそれぞれの道へと分かれて行くのである。私は愛知県への就職だったので与論島からは誰も友が無く、たった一人であった。ほとんどの友は大阪の貝塚や泉佐野への就職だった。

近藤紡績工場敷地内・部屋長さん（後列左から3番目）と共に（後列右端が藤岡）

神戸港で出迎えてくれた会社のバスに乗り、ネオン街の国道を眺めながら揺られて行った。このとき目に止まった珍しい看板が、理容店のマークが今でも記憶に残っている。何時間乗っていたことだろう、夜中に私たちを乗せたバスは就職先の近藤紡績津島工場に到着した。そこには、これからお世話になる部屋長さんと寮母さんが出迎えて部屋を案内してくださった。六人部屋であった。奄美、徳之島、鹿児島などから集まった人たちは、寝間着に着替えるのにパジャマやネグリジェなどに着替えていた。私は旅立つときに、同居していた伯母さんにいただいたネルの着物と帯に着替えた。これは何だか少し恥ずかしかった。

その夜はさすがにホームシックになり布団の中で涙を流した。他の人たちはどうだっただろう？

女工、寮生活、定時制高校生活の始まりになる。工場は二交替勤務。早番と遅番で、早番のときは五時に起こされ作業着に着替え現場に出る。配属は〝巻糸〟であった。昼まで仕事をして昼食後に高校へ行く。遅番は朝高校へ行き、昼食後現場へ出る。これを一週間交替のサイクルであった。会社では新入社員のために歓迎会も催してくださった。高校への手続きなどは会社の方がしてくださり、指示どおり動けばよかった。進学を希望する仲間もたくさんいたから嬉しかった。

近藤紡績は福利厚生もきちんとされていて工場内も何時も綺麗に整備されていた。社員さんたちや先輩方、上司の方々もみんな優しく、働くことも学ぶこともまったく苦にならなかった。食堂のご飯も常におなかを空かせていた私たちにとっては美味しかった。「特菜日」と言う日もあって、不断のおかずより更に美味しいメニューの日で、それも楽しみであった。毎月の給料も楽しみで、高校の費用や保険料、など引かれて支給された。給与はどのくらい貰っていたかもう覚えていないが、毎月四〇〇〇円くらいは預金していた。無駄使いする暇もなかったので、私の夢は幼稚園の教諭になりたく、それに必要なピアノが欲しかったからそのためにと給料から天引きして貯金してもらっていた。

父親から与論を発つとき「四年間は帰省しないで頑張るように」と言われていたので、そのことを頭において守った。会社に故郷が近い人たちは、お盆や正月になると有給を利用して帰省していた。父からの家族の様子の便り、横浜の兄からの手紙、中学時代から文通を続けていた友達からの手紙などども日頃の励みになった。

その工場に、横浜の兄が突然故郷の父を連れて来て、仕事中に面会を案内されたときはビックリしたのと感動で胸がいっぱいであった。その時の写真も残っている。こうして私が元気で真面目に働き学校にも行っている様子を見て父も安心したことと思う。また、忙しいなか親を呼び寄せ都会を見物させたり妹の生活を見せて安心させたりの親孝行の兄を持って私は幸せであった。

会社では、季節のイベント、運動会、クリスマス会、盆踊り大会、慰安旅行など、今こうして顧みると本当に充実した寮生活だったと思う。高校の遠足のときには会社がイナリ寿司の弁当を用意してくれたり、修学旅行の際には同じ部屋の先輩方が送迎してくださる温かさにも触れた。高校は浄土宗の私立の女子高校で校則は厳しかった。全日制の生徒さんたちはお嬢様方といった雰囲気であった。校舎の近所にはお寺があり、時々そこへ校長先生の法話を聴く授業もあり心に潤いをもたらしてくれた。家政科だったから、女性にとって必要な知識を身に着けるための科目が多々あった。お花は池坊、そしてソロバン、実務的な科目などは卒業後社会に出てとても役に立った。

近藤紡績在職中に「父が面会に来てくださった」

クラスを担当した先生方や各教科担当の先生方もみんな好きだった。授業の始まる前は決まって合掌して祈ってから始まった。先生にとっては貴重な休みを返

上して、定時制に通う私たちを養老の滝へ連れて行ってくださり西瓜割りなどして遊んだ楽しさなども思い出に残っている。

社内で何時も綺麗に剪定された木陰で読書をしている方がおられた。その方はカメラマンであった。友達同士や先輩たちと写真を写してもらい故郷へ送ってあげることができ、この方はみんなに親しまれていた。

そろそろ社内の雰囲気にも慣れたころ、同じ寮の先輩のお姉さん、また津島市内の織物工場で働かれている従妹のお姉さんが日曜日に尋ねてくださってお茶をご馳走になったり、公園に連れていってもらったり、ブラウスを買っていただいたり、故郷の話をしたりしてそんな楽しい思い出もあった。

「冬に雪国から来られる季節工の方」と

昭和42年…「お盆」…の想い出

定時制高校４年、鎌倉に修学旅行。鎌倉大仏の前で記念撮影（中列左から５番目が藤岡）

寮生活は、門限、消灯時間などが決まっていて規律正しい生活を送った。このことは、故郷の父親の教育と中学での平静枝先生の教育の下で育った私はまったく苦にならなかった。近藤紡績では冬になると雪国から季節工として臨時の社員さんが来られた。故郷は違えども自分の母親を思い忍ぶ姿もあった。日曜日を利用して友と二人、現場で応援をしてくださる方をお誘いして名古屋城を案内してあげたこともあった。また季節が過ぎると、この方たちは帰って行かれた。

友達数人で木曽川にサイクリングにも行った。ここで思い出したことがある。十代の頃、私はよく顔の吹き出物に悩まされていた。やはり自分の容姿が気になる年頃である。それを苦にして木曽川に向かった。私は泳ぐことができない。自転車を堤防に止め川に入った。何度か水に入ったが、やはり怖くて死ぬことはできなかった。

思いとどまって座り込んで葦の茂みを見ると小さな蟹がいた。石川啄木の詩を思い出した。

この時ふと空を見上げたら綺麗な夕焼けが出ていた。そうだ！　与論に帰ってお母さんの手伝いをしよう……。そう心に言い聞かせてビショ濡れのまま葦の茂みをかきわけ堤防に向かった。堤防には一人の男の人が自転車に乗り私のほうを見ていた。堤防に近づくのを確認したのか通り過ぎて行かれた。長い間、思春期の頃に文通を続けて夢を描きあった友からの便りが途絶えてしまったのにも心を痛めていた時であった。会社では部屋の先輩たちが心配して、無事に帰ってきたことに安堵していた。現代社会でも自殺など絶え間なくおきているようだが、死ぬ前に、これまで育ててくれた親の姿を思いだしてみたら気持ちに変化が現れるのではないか……。

三菱レーヨン　同じ部屋の仲間たちと（左端が藤岡）

会社の従業員への思いやりや優しさが自分たちの励みになり、無事に四年間を頑張り高校を卒業することができた。次なる進路を決めてお世話になった近藤紡績を退社して、与論島に帰る際には名古屋の駅まで寮母さんの原先生が、車で友達と二人を送ってくださった。
仕事や普段の寮生活で上司の方から注意を受けたり、今で言うパワハラなど受けることもなく過ごした。至って真面目で、小さい頃

三菱レーヨン時代　岡崎女子短期大学入学記念（２列目左から２番目が藤岡）

から父親から受けた躾や教育が、まだ未熟な社会生活、集団生活の中で役に立っていたように思う。が、後にこのことが仇になるとも知らず……。

四年ぶりに故郷の与論島に帰った。茶花の港で旅立つみんなに少しずつお小遣いをくださった恩師・平静枝先生を尋ねて行く。中学のお勤めから帰られた先生と縁側に座りながらいろいろなお話をして、先生のお母さんがご飯と目玉焼きを作ってくださりお庭を眺めながらいただいた温かさも鮮明に覚えている。しばらく与論に滞在した後、与論の助役をされていた玄森伯父さんが鹿児島の病院に入院されているのを見舞い、四年間頑張ったことを報告し、「またこれからの進路も頑張るように」との励ましの言葉をいただき名古屋へ向かった。

更なる夢に向かっての出発である。愛知県岡崎市幸田町にある「三菱レーヨン　幸田工場」である。この会社へ入社するにあたっては、徳之島の友のお兄さんの計らいで、共通した夢を抱いた友が誘ってくれたのであった。高校卒業後の身の振り方を迷っていた自分にとっては本当に嬉しいものであった。駅には夕方に着き、友とまた新しい友二人が迎えに来てくれていた。先に入社していた友が会社を案内してくれ、ここでは菱池寮という女子寮の五人部屋に入った。仕事の配属はここでも「巻糸」であった。指導工さんも優しく丁寧に指導してくださった。現場の主任さんは近藤紡績でもここでも優しく素敵な方であった。近藤紡績では綿の糸であったが、ここでは化学繊維の細い糸を巻き取る仕事で、台数も多く持たされ近代化されているので内容的にも辛いとは思わなかった。食堂も、男性社員さんが多かったので丼でのご飯で量も沢山でビックリであった。

岡崎女子短期大学へは推薦入学で、一応入試もあって与えられた課題の曲をピアノで演奏してどうにか無事入学することができた。入学の手続きや大学への引率などは、会社の担当の方がすべてしてくださった。マイクロバスでの送迎があった。

短大は保育科であった。美術、ピアノは必須科目である。私の苦手とするものであった。特にピアノは学校での授業だけではとてもついて行けず、寮でのレッスンも強いられた。グランドピアノが会社に一台あって、みんな順番をとり合っていた。楽譜や音符にも弱い私は、これでは二年で卒業するのは無理だと内心思っていた。故郷の与論では、私が短大を卒業して幼稚園の教諭になって帰って来るのを楽しみに待っているだろう父の喜ぶ姿があった。しかし私は、その父の期待を見事に裏切ってしまったのだった。否、家族をである。

菱池寮には五人の同僚がいた。北海道出身、青森や北陸地方の仲間達であった。その中の二人は仲良しで、何時も一緒に行動をともにしていた。しかし、私のどこがお気に召さないのか口もきいてくれず、無視され続けていた。同じ部屋の生活で、これは私にとって非常に辛いものであった。徳之島の友とは別の部屋で、彼女は新しい友人もできそして、会社のパンフレットの表紙にモデルとして写真も載り順風満帆を歩んでいた。同期でも、容姿も良く頭も良かったら差が出ることを初めて思い知らされた。

寮母さんは大学を卒業されて入社された、島田先生というとても綺麗な素敵な先生であった。私達にウクレレを弾いてくれたりしてくださったのが印象に残っている。私は、その先生をも裏切ることになった。

私が、悩んでいたことを打ち明け相談していたら、きっと良い結果が得られていたかも知れない。会社の正門には常に守衛さんが待期されている。部屋の押し入れは二人で半分ずつを使っていた。そこに「私が去りし後を捜さないでください」の置き手紙と、定期預金通帳と印鑑を置いて、ピアノレッスンのバイエルを抱えて門を出た。赤いバッグひとつと着のみ着のままで……。途中、郵便局に寄り普通預金に残っていたお金三万円を引き出しタクシーに乗り、蒲郡まで行った。そこは与論島出身の先輩の方が一度遊びに連れて行ってくださった所で、海を見たかったからである。行く当てもないまま、米原行きの電車に乗り終点まで行った。やはり向かった方角は姉が住んでいる大阪を訪ねるつもりでいたように思うが、次男坊が生まれたばかりの姉に心配をかけてはならないという思いがあり、ここでもやはり思い留まることになった。以前文通していた友の住所が神戸だったので、思い切って神戸に向かった。しかし、会うことはなかった。

これまでいろいろお世話してくださった会社の方々、また支えあった友人たち、そして両親や家族に多大な迷惑をかけてしまったのである。この時のことは、過去の過ちといえども一生脳裏から離れることはないであろう。心から詫びる気持ちでいっぱいである。

三菱レーヨンにはまたも三つ上の兄が足を運び、私の荷物を整理して与論島へ送り、妹の犯した罪を詫びてくれたと聞いている。何年か時が過ぎて与論へ帰省した折り、置いてきた定期預金を父が預かっていることを知ったが、それはせめてもの両親へのお詫びとして受け取らなかった。何時も兄や姉が優しく、時には厳しく接してくれたことに感謝している。

平成三十年三月現在、私は六九歳になった。近藤紡績、三菱レーヨンに勤めたのはわずかな期間であったが、働いて収めた厚生年金も数字に加算され、お陰様で年金として頂けている。今にして思うことは、きちんとした会社で働いていたら老後になって嬉しいものとして還ってくるものだと感謝している。

（二〇一八年三月　記）

第11章 そこに二つの道があるならば、ためらうことなく、困難な道を選べ

前節子

島根県から倉敷紡績に集団就職。倉敷翠松高等学校定時制衛生看護科・川崎医療短期大学に学び高校教師、特別支援学校で講師として奉職

ＪＲ上野駅広小路口に、集団就職者の応援歌として親しまれている井沢八郎氏の「あゝ上野駅」の歌碑が建っている。「あゝ上野駅歌碑設立委員会」（会長・原田政彦氏、設立委員会統括責任者・深澤壽一氏）が歌碑設立のための募金を呼びかけ建立された歌碑であり、全国から約八〇〇人、一八〇〇万円余の寄付金が寄せられたという。歌碑設立の経緯については第1章で詳しく述べたが、上野駅広小路口で地鎮祭が行われたのは平成十五年（二〇〇三年）六月三日、一カ月後の七月六日には除幕式を迎えることとなった。除幕式には全国から六〇〇人を超える参列者が集まり、その大半は集団就職者であった。某紙の伝えるところによると式典会場には、東北出身者で中学の学生服を着て出席した六〇代の男性もいたという。上野駅はそれだけ東北地方出身の集団就職者にとって思い入れの強い「心のふるさと」になっているのだが、「あゝ上野駅」の歌に胸を打たれたのは東北地方出身

者に限ったものではなかった。「くじけちゃならない人生が」「あの日、ここから始まった」という歌詞は、四国・九州・沖縄・山陰地区など全国各地から東京・大阪・名古屋など都会に働きに出た若者にとっても魂を揺さぶる人生の応援歌だったのである。

集団就職者のなかには、島根県や鳥取県の中学を卒業し東京や大阪にではなく、岡山県倉敷市の紡績会社などに就職する者もいた。そして、彼・彼女らもまた特別の思いを持って「あゝ上野駅」を聞いたのだった。上野と同じく「倉敷駅」もまた彼女らにとって社会人としての一歩を踏み出した始発駅だったのである。

本章で紹介するのは、この除幕式に出席するために岡山県久米郡からご夫婦揃って上京した前研治氏と前節子さんである。前氏は元倉敷翠松高校定時制課程の教務課長（理科教諭兼務で、のちに事務長）であり、節子さんは島根県出身の集団就職者で同校定時制の卒業生であり元教師である。

上野駅に歌碑が設立されるのを知った前氏は、「私も『あゝ上野駅』には特別の思いがある。私の妻も集団就職者だった」として、平成十五年（二〇〇三年）三月四日、歌碑設立委員会の統括責任者である深澤氏に宛てて寄付金とともにメッセージを認め送ったのだった。昭和四十九年(一九七四年)四月から平成八年（一九九六年）三月までの二二年間、前氏は倉敷翠松高校の教諭として、定時制課程の生徒の指導にあたっていた。

第1章と重複することになるが、以下に深澤氏宛てにメールで送信された前氏のメッセージを再録させていただく（一部、割愛）。

《S49~H8まで定時制課程に携わっていました。毎日が感動の日々であったと回顧しています。本

2018年12月、JR上野駅広小路口「あゝ上野駅」歌碑を訪ねた前研治氏（妻・節子さん撮影）

校はまさに「働き学ぶ」高等学校でした。４（３）年間皆勤、全国１位でした。働き学ぶ生徒は勿論、教職員が一丸となって、素晴らしい記録を樹立しました。２６００余名の卒業生が我学び舎を巣立っていきましたが、そのすべての合言葉は「そこに二つの道があるならば、ためらうことなく、困難な道を選べ」であります。……中略……今、集団就職で我学び舎で学んだ卒業生たちは、全国の各地で活躍しています。上野ではありませんでしたが、倉敷の地で織り成し遂げられたドラマもあったのです。私は、卒業式後の祝賀会では必ず、さみしさも感じながら「あゝ上野駅」を唄いました。定時制課程が閉校した今も、「あゝ上野駅」を唄っています。……中略……

私の妻は、定時制課程（昼間二部制）の卒業生です。４年間皆勤で頑張りました。今は母校の教員として後輩の指導に奔走しています。素晴らしいことです。

「あゝ上野駅」は、教え子一人一人の顔を思い出す、素晴らしい歌なのです。》

前氏の妻・節子さんは、四年間皆勤で頑張り、今（平成十五年三月現在）は母校の教員として後輩の指導にあたっているという。

「４（３）年間皆勤、全国１位」「私の妻は……４年間皆勤で頑張りました」という前氏の文章を読んだとき、私はその言葉の意味を即座に読み取ることができなかった。のちに前氏から詳しく話を聞いて知ったのであるが、定時制課程で学んでいた節子さんのクラスの在籍数は、入学時が五七名、卒業時には三三名（卒業率五七・九％）。四年間「皆勤」で卒業した生徒は三人で、節子さんはその三人のうちの一人だったという。

前節子はどのような志を持って同校で学んでいたのであろうか。

平成三十年（二〇一八年）十一月、「あゝ上野駅」歌碑設立委員会統括責任者・深澤壽一氏より前研治氏のメッセージを入手した私は、『集団就職』の本を出版するために原稿を執筆中であることを認め、前氏の文章を同書に「掲載させていただきたい」旨、企画書を添えて前氏に送付した。一週間ほどたったころ、肉筆で以下のような嬉しい返信をいただくこととなった。

《この度は、私の手記を『中学卒「集団就職者」の航跡（仮題）』へ紹介して下さるとのご案内、ありがとうございました。喜んで賛同させて頂きますので、よろしくお願い致します。

丁度、ご案内を頂いたのが、この11月21日でした。この日は私と妻との誕生日でした（同じ日付です）。とても素晴らしいプレゼントになりました。ありがとうございました。

私、1年半前に脳出血で手術、4か月の入院をして現在、週3日のリハビリ中です。「生きていて良かった!!」と、しみじみ感じさせていただきました。御礼申し上げます。……中略……。ありがとうございました。

前　研治》

前氏の手紙には、A4判の用紙にワードで印字された節子さんの手紙も同封されていた。

《……前略……》

さて、昨日は、主人に届いた突然のお便りに驚くと同時に、忘れかけていた感動深かった「あゝ上野駅」歌碑の除幕式に主人と2人で出席をさせていただいた時のことを思い出し、とても嬉しく思いました。まして、昨日は2人の誕生日だったこともあり、「誕生日プレゼントが届いた」と、主人は大喜びでした。とても感激致しました。主人が返信をするというので、集団就職を体験した私の気持ちもお伝えしたくて、同封させていただきます。失礼をお許しください。

私もお便りを読ませていただき、もう死語になった「集団就職」、でも体験した私にとっては、とても貴重な体験であり、集団就職をしたことによるすべての生活が今の礎となっています。家庭の事情で、島根県から倉敷の紡績会社へ集団就職をした私、就職した会社の方々、会社と連携を取りながら開校をして下さっていた高校定時制課程の先生方のご尽力により、とても有意義な4年間を過ごすことができました。卒業後は、ご尽力いただいた方々への感謝の気持ちを伝えることと、「集団就職」を記録として残すことができるのではないかと思い、事あるごとに地方新聞の読者欄に投稿を続けてきました。だから、基様が30年も前から、「集団就職」をテーマとした書籍を刊行されるために構想を練ってこられたことを知りとても感激致しました。来年の1月には完成されるとのこと、楽しみに致しております。なかなか、完成までには、細々とした大変なことも多々あることと思いますが、「集団就職」を体験した私はもちろん、多くの方々の念願でもあると思います。ご尽力をいただきますことを心より願っております。

最後になりましたが、別便でお届けいただいた「ライフライン21　がんの先進医療」は、元看護師であった私にはとても興味深いものでした。これからゆっくりと読ませていただきたいと思っています。ありがとうございました。

……中略……

追伸　地方新聞「山陽新聞」の読者欄に、「あゝ上野駅」歌碑の除幕式に出席させていただいた後に投稿し、掲載していただいたものと、「私の先生」というテーマで応募していた時に、投稿し掲載していただいたものを同封させていただきます。保存方法が良くなく読みにくいとは思いますが、読んでやっていただけたら幸いに思います。

この11月30日に用事で2人で上京します。再度、上野の歌碑のある場所へ立ち寄りたいものだと話をしています。

昭和45年3月に集団就職をした　前（旧姓　坂本）節子》

文中「来年の1月には完成されるとのこと」とあるが、これは平成三十一年（二〇一九年）一月のことであり、筆者も本年一月には刊行すべく取材を進めてはいた。が、一月はおろか半年が過ぎた六月二十五日現在、刊行の見通しが立たないまゝ悪戦苦闘しているのが現状である。しかし、本書を刊行することが「素晴らしいプレゼントになりました」「生きていて良かった!!」とあり、そして《「集団就職」を体験した私はもちろん、多くの方々の念願でもあると思います。》という前さんご夫妻からのエールは、遅々として筆の進まない私に少なからず勇気を与えてくださったのであった。

平成三十年十一月三十日に用事で二人で上京されるという。ご夫妻のその用事とは、長野県の飯田市立動物園に勤務するご夫妻の子息・裕治さんが、「チュウサギのための水流給餌水槽」を考案したことで『エンリッチメント大賞2018』の「グッドアイディア賞」に選ばれ（平成三十一年にはニホンカモシカのマーキング行動の研究で「環境エンリッチメント奨励賞」も受賞した）、その表彰式と受賞者講演会が東京大学農学部の弥生講堂で開かれることになっており、裕治さんのその晴れ姿を見るために上京されるとのことであった。この機会に便乗して私は、「集団就職」の本を書くために前さんご夫妻を取材させていただくことにした。エンリッチ大賞の表彰式・受賞者講演会が行われたのは平成三十一年十二月一日・土曜日だった。東大農学部弥生講堂一条ホールにおいて午後一時三〇分から行われたが、その前に弥生講堂に隣接する資料館の待合室で話を伺うことにした。

初対面の挨拶を交わし、前さんご夫妻からは一冊の本と、小冊子をいただいた。『別冊　春秋《としつき》の賦《うた》—定時制の巻—』と『春秋《としつき》の賦《うた》（抜粋）—翠松教育百年の軌跡—』で、いずれも非売品である。著者は昭和四十年（一九六五年）に全日制高校に併設という形で設立された昼間二部制の定時制高校「倉敷翠松高等学校」校長・杉慎吾氏で、発行者は倉敷翠松高等学校となっている。杉校長がどのような理念を持って生徒たちの指導にあたっていたのかについては後述するとして、ここではまず、前節子さんが記録に残しておきたいとして『山陽新聞』の読者欄に投稿した《勇気づけられた「あゝ上野駅」》と題する文章をご紹介してみたい。

《戦後の日本を支えてきた「集団就職」の若者たちに夢と勇気と生きる力を与えたといわれる「あゝ上野駅」の歌碑が、ＪＲ上野駅百二十周年を記念して駅構内に設立された。三月にその記事が本紙で

前研治氏ご夫妻。2018年12月1日、本稿の取材を終え東京大学農学資料館前で写す(著者撮影)

紹介されたのを機に、設立委員会へ問い合わせ、心ばかりの寄付をさせていただき、今月六日に行われた除幕式に参列をした。

降り立った駅は違うが、金の卵といわれ集団就職で倉敷に来た私も、あの歌詞に共感し随分と勇気づけられた。十五歳で親元を離れ、働きながら学ぶことへの不安と大きな希望にあふれていたあのころ。自分の頑張りで自分の人生は切り開くものであることを多くの方々から教わった。来春、中学を卒業する娘に自分の人生を重ね、わが子を十五歳で親元から出さなければならなかった親の気持ちを思い、心が痛む年齢になった。

不景気が続く昨今、若者たちがどんな逆境に遭遇しても自分が頑張ることで、明るい未来を切り開くことができると信じられる世の中であってほしいと強く願いながら帰途に就いた。》

この文章が掲載されたのは平成十五年(二〇〇三年)七月十五日(火)であるが、さら

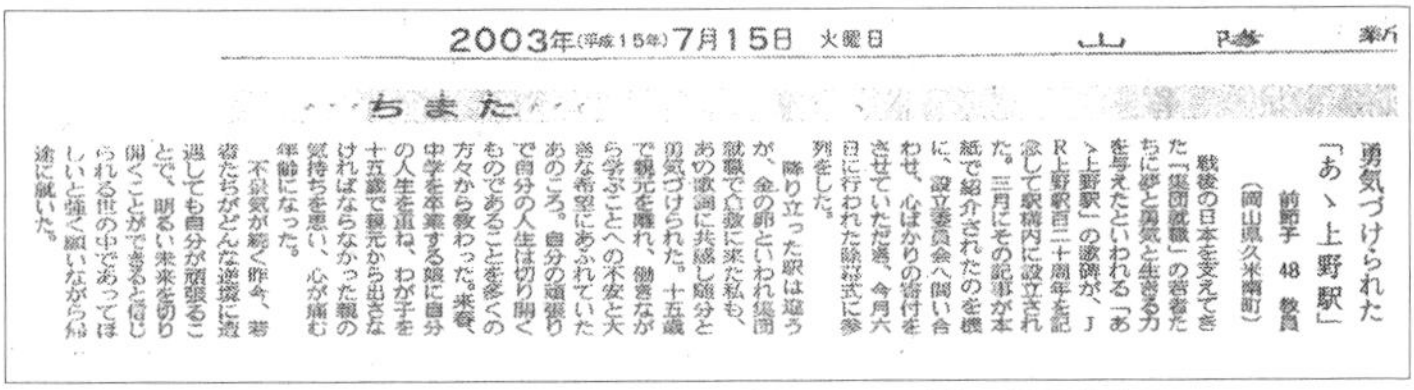
2003年(平成15年)7月15日 火曜日　山陽新

ちまた

勇気づけられた「あゝ上野駅」

前節子 48 教員（岡山県久米南町）

戦後の日本を支えてきた「集団就職」の若者たちに夢と勇気と生きる力を与えたといわれる「あゝ上野駅」の歌碑が、JR上野駅百二十周年を記念して駅構内に設立された。三月にその記事が本紙で紹介されたのを機に、設立委員会へ問い合わせ、心ばかりの寄付をさせていただき、今月六日に行われた除幕式に参列をした。

降り立った駅は違うが、金の卵といわれ集団就職で倉敷に来た私も、あの歌詞に共感し随分と勇気づけられた。十五歳で親元を離れ、働きながら学ぶことへの不安と大きな希望にあふれていたあのころ。自分の頑張りで自分の人生は切り開くものであることを多くの方々から教わった。来春、中学を卒業する娘に自分の人生を重ね、わが子を十五歳で親元から出さなければならなかった親の気持ちを思い、心が痛む年齢になった。

不景気が続く昨今、若者たちがどんな逆境に遭遇しても自分が頑張ることで、明るい未来を切り開くことができると信じられる世の中であってほしいと強く願いながら帰途に就いた。

2003年7月15日、『山陽新聞』読者欄に掲載された前節子さんの「集団就職体験記」

に四年後の平成十九年（二〇〇七年）五月十四日（月）付『山陽新聞』にも前節子さんの文章が掲載された。このときは読者の欄にではなく、「教育」のページに「高校教師」として寄稿している。

《「そこに二つの道があるならばためらうことなく困難な道を選べ」――。こんな教えを授けてくださったのは高校時代の杉慎吾校長先生である。

中学を卒業して就職する者がまだ「金の卵」として重宝がられていた高度経済成長まっただ中。七人きょうだいの上から二番目に生まれた私は、幼いころから中学を卒業したら、親元を離れ、どこかの病院で住み込みで働きながら准看護師学校へ行こうと決めていた。

しかし、中学三年の時、「働きながら学べば高校卒業と准看護師受験資格が得られる」という倉敷翠松高校定時制衛生看護科のパンフレットを見て、夢と希望を与えてもらったことを今でも鮮明に覚えている。

私は中学卒業後、故郷の島根県を離れ、倉敷へやって来た。機械を相手にほこりにまみれながら紡績工場での八時間の肉体労働と、四時間の勉強は本当にきつかった。収入を得て貧しさから解放されることと、頑張れば夢である看護師になれるという喜びがあるものの、仕事と学校の両立の上に、寮生活ということで、さまざまな人間関係につまずき、「もう辞めたい」と思うことが幾度となくあった。

教育 2007年(平成19年)5月14日 月曜日 山陽新聞

支えられ仕事と学校両立

高校教師 前 節子さん(52)＝岡山県久米南町

2007年5月14日の『山陽新聞』には「支えられ仕事と学校両立」と題し教育欄に掲載された

そんな時、冒頭に紹介した杉先生の教えが思いとどまらせてくれた。

そして、無事に四年間、皆勤で高校を卒業でき、准看護師資格を取得できた時の喜びは大きく、自信と誇りが持てた。

家庭的な問題を抱える生徒たちに将来、自活できる資格を取得させてやりたいという使命感にも似た杉先生の気持ちから、私学では困難という定時制課程に看護科が開設されたのだった。

校内の先生方にはもちろん、関連の会社や行政にまでも根気強く働きかけ、厳しい中にも愛情あふれる教育環境を整えてくださった。

働きながら学ぶ道しかなかった私に夢と希望を与えてくださり、一生懸命に生きることや自分の道は自分で切り開くことの大切さを教えてくださった先生に感謝の気持ちでいっぱいである。これからも先生への感謝の気持ちを忘れることなく、誠実に生きていきたい。》

新聞に投稿されたこの文章からは、「誠実に生きていきたい」とする前さんの人となりが手に取るように伝わってくる。

前節子（まえ・せつこ）。旧姓は坂本であり、母校である「倉敷翠松高校」の教員となったときの同僚だった前研治氏と結婚し昭和五十五年（一九八〇年）四月に「前」姓となった。中学を卒業してから今日に至るまでの歩みを見てみよう。

昭和二十九年（一九五四年）十一月二十一日、坂本節子は父・博、母・スミエの次女として島根県簸川郡斐川町に生まれた。簸川郡は平成二十三年（二〇一一年）十月に市町村合併により出雲市に編入されているが、宍道湖を擁する豊かな自然の中で坂本は伸び伸びと育った。父・博は建設業で土木関係の仕事をしており、「気性の激しい人だった」という。母・スミエは夫の仕事を手伝い家計を支えていた。七人きょうだいの次女である節子は、多忙な母を助け妹や弟たちの面倒をよく見た。

斐川町立伊波野小学校を経て昭和四十二年（一九六七年）四月、斐川町立斐川西中学校に入学。中学時代はバレーボール部に所属し、部活に熱中した。バレーボールが九人制から六人制に移行する時期で、「決して強豪チームではなかったが、和気藹々と楽しい部活動であった」という。

「バレーボール部の同期は七人。みんな仲が良く、今もみんなで集まって、あのときはああだった・こうだったと、楽しくワイワイやっています」

楽しく過ごした中学時代の三年間が過ぎ、進路を決める時期が来た。きょうだいが多く家が貧しかったことから、姉・富代は中学を卒業すると故郷を後にし名古屋の縫製工場に働きに出て、夜間の定時制高校に進学した。次女の節子もまた、就職するのが当たり前で、中学を卒業してからの進路に「親元から、高校に進学するという選択肢はなかった」という。

中学を卒業したのは昭和四十五年（一九七〇年）三月。斐川西中学校の卒業生は六クラスで二四一人いたが（男一二八人、女一一三人）、同校からの全日制高校への進学率は八三％。「就職をする生徒はクラスに数人しかいなかった」という。坂本はその「クラスに数人しか就職する生徒がいないなかの一人だった。

「親元から全日制高校へ通うことのできない家庭環境に生まれたことを恥ずかしいと思っていました。どうせ高校へは行けないのだからと、悲観的に思う気持ちからあまり勉強をする生徒ではなかった」と、前さんは言う。

坂本はしかし、高校への進学を諦めていたわけではなかった。全日制の高校への進学は叶わなかったが、かなり早い時期より「中学を卒業したら親元を離れ、どこかの病院で住み込みで働きながら准看護師学校へ行こうと決めていた」という。

このような夢を思い描いていた坂本に、降って湧いたような朗報がもたらされたのは中学三年のときだった。岡山県倉敷市にある私立高校・片山女子高等学校（後に、倉敷翠松高等学校に改称）定時制課程の学校案内と入試要項に出会ったのだった。

「定時制課程に衛生看護科を開設する。働きながらこの衛生看護科で学べば、高校の卒業証書と准看護師の受験資格を得ることができる」

学校案内にはこう書かれていた。

「あのパンフレットを見たときは、夢と希望を与えてもらった思いで本当に感激しました。あのときのことは今でも鮮明に覚えています」

喜ぶ娘の姿を見て、両親も共に喜び、中学の卒業式を待って次女・節子を故郷から送り出した。集団就職で坂本が決めた就職先は、岡山県都窪郡早島町にある「倉敷紡績株式会社早島工場」であった。倉敷紡績は明治二十二年（一八八九年）に旧倉敷代官所の跡地で操業を開始した会社で、大正十年（一九二一年）に早島紡績と企業合併、早島紡績のあった都窪郡の工場を倉敷紡績早島工場として操業していた。坂本が入社した昭和四十五年（一九七〇年）には北九州の各県、山口県、島根県、鳥取県などから七三名が新入社員として入社。三月二十六日、入社式が行われた。坂本は感動してこの入社式を迎えた。会社の役員や先輩らとともに入社式後に撮影した記念写真をアルバムに収め、今も大切に保存している。新入社員七三名を含め総勢一一八名で撮った記念写真である。

入社式を終えた坂本は、翌四月には片山女子高校の入学式を迎えることとなった。高校への進学は「ない」ものと半ば諦めていた坂本は、入社式以上に感動してこの入学式を迎えた。特に、杉慎吾校長の「新入生に贈る言葉」には胸を撃たれ、「何が何でも卒業してやる」と決意を新たに式場を後にしたのだった。

杉校長が全日制の生徒を含め新入生に贈った言葉については、『春秋《としつき》の賦《うた》（抜粋）—翠松教育百年の軌跡—』から、倉敷翠松高校に改称してからの「入学式における学校長式辞」を引用しておきたい。

《新入生の皆さん、入学おめでとうございます。ご父兄の皆さんおめでとうございます。

今日から本校の生徒でありますから、これから申し上げることをよく頭の中に入れて、それを、倉敷翠松高校の生徒として実践してください。》

（と、杉校長は言いつつ、大きく「翠松」と書いた半紙を取り出す。）

《第一に申し上げることとは、この〝翠松〟ということです。本校の校名は「翠松」です。それをそのまま校是として定めております。校是というのは、校訓というよりも少し広い意味があります。『学校を貫く方針』とでも言いましょうか。この校是〝翠松〟は書いて字の如く〝みどりの松〟です。冬の寒い日も、夏の暑い日もいつも青々としたみどりを変えないのが松であります。

1970年3月26日に行われた倉敷紡績早島工場入社式後に撮影された記念写真（2列目左から9人目が坂本節子）

〝すいしょう〟とは努力することであります。〝翠松〟の心はまさに耐えることであります。耐えることはがまんすることだけではありません。一生の長い道程において、逆境にあるときも、悲しみで胸が張り裂けそうなときでも、じっと歯をくいしばって歩き続ける心であります。前進を止めないことであります。

第二に申し上げたいことは、学校とは勉強するところ、勉強とは努力することであります。

第三には、人を馬鹿にしないこと、であります。平等互恵、相互扶助、人間平等の精神であります。

〝他人をあなどることなく、いつも思いやりが先に立つような人〟になってください。》

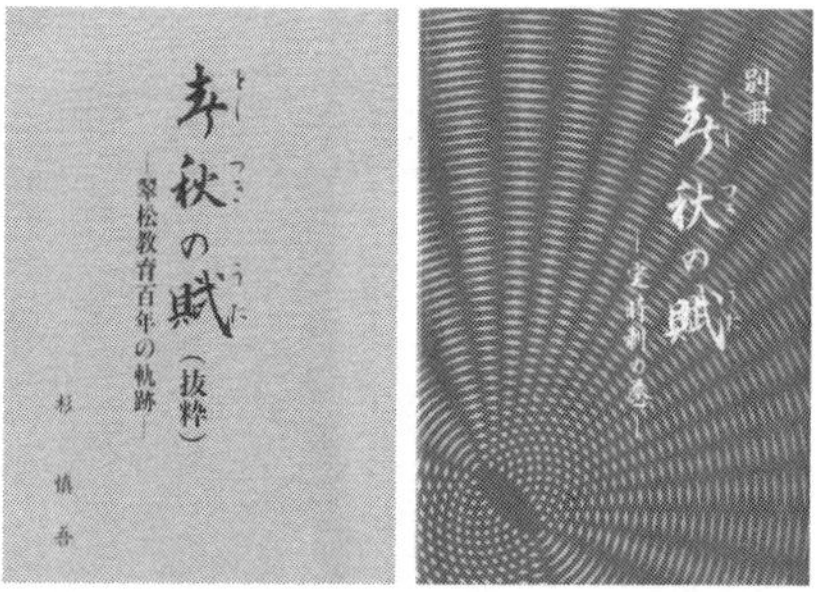

杉慎吾著『別冊 春秋の賦―定時制の巻―』と『春秋の賦（抜粋）―翠松教育百年の軌跡―』

さらに次の二言が付け加えられた。

「よく働き、よく学び、よく耐える生徒であれ」

「そこに二つの道があるならば、ためらうことなく、困難な道を選べ」

こう諭しつつ校長・杉慎吾は、生徒一人一人を思いやり次のような言葉を添えることも忘れていなかった。

《……もうすでに働き学ぶという困難な道を選択した定時制の生徒は、この言葉が好きである。作文を書いても、何かの端ばしにもこの言葉がでてくる。それはあたかも、自分が歩んでいる道がすでに

入学式で式辞を述べる杉慎吾校長

その困難な道であることを誇り高く思い、どんな苦しい場面でも乗り切ってみせるぞという、自信にあふれる意味であり又ともすれば挫けそうになる自己に厳しく鞭打つ言葉ともとれる使い方なのである。

いずれにしても、厳しい教育ではなく「厳しさに耐える教育」こそ本校のめざす「翠松教育」であると信じて、毎年新鮮な思いでこの式辞を繰り返しているのである。》（春秋《としつき》の賦《うた》（抜粋）―翠松教育百年の軌跡―』）

一方、『別冊　春秋の賦―定時制の巻―』で杉校長は、こうも述べている。

《ともすれば、定時制というあなどりの中で、それにたえられず、非行に走ったり、退学して行く生徒も多いと聞く中で、本校の生徒が、胸を張って堂々と、四年間をまっしぐらに邁進したいきざまは、見事であり、又さわやかな百二名の青春賦でもあった。私はこの卒業生を、心より愛し、誇りに思う。》

ここに言う「定時制というあなどりの中で」という言葉は、定時制あるいは通信制の過程で学んだことのある当事者にとってはグサリと来る一文であろうと思われる。しかし、人の生きざまに水を差すこの〝社会の目〟というハードルを乗り越えずして目的を完遂することはできないのであり、ましてや「胸を張って堂々と」生きることなどできるものではない。

杉校長のこの一文は、倉敷翠松高校定時制生徒会が発行している生徒会新聞『翠松タイムズ』第12号（昭和五十九年三月二十三日発行）に寄せたものであった。同校の定時制課程の第一六回卒業生を送り出した年であり、明治十七年（一八八四年）二月五日に「翠松舎」として片山石によって創立されてから一〇〇周年を祝った年であった。

片山石に次いで二代目校長は片山慶（石の長女）、三代目・片山真五郎（慶の夫）、四代目・片山恵弼（真五郎の長男）、五代目校長は恵弼の妻・片山ますが引き継いだ。翠松舎が「片山女子高等学校」として新たなスタートを切ったのは昭和二十五年（一九五〇年）四月一日であったが、ますは昭和四十年（一九六五年）四月に校長に就任。同年、全日制に定時制課程が併設され、家政科が設置されている。昭和四十四年（一九六九年）六月、ます校長の死去により六代目校長に就任したのが杉慎吾であり、三九歳という若さで請われて校長に就任したのだった。私立学校で、理事のなかには反対する者もあったというが、教職員の多数の推薦に負けて校長を引き受けたのだという。戸惑いながらも新任の杉校長は、

「学校を改革して、みんなの力がそれぞれに思う存分出せるような、在校生が活き活きとした高校生活が送れるような学校にしたい」

こんな気概を持って学校の運営にあたった。女子生徒の将来を見据え、家政科にプラスして家庭的な問題を抱える生徒たちに将来、自活できる資格を取得できる学科を設置したいという思いから、衛

生看護科設立準備委員会を発足させ、昭和四十五年（一九七〇年）四月一日、衛生看護科新設に漕ぎ着けた。また、全日制過程おいては、教科に「茶道」を設けることを提案し、茶道裏千家今日庵、利休居士十五世　鵬雲斎　千宗室宗匠氏の理解・尽力によりこれも実現させた。衛生看護科の新設や教科に茶道を取り入れるには、県衛生部・県教委・県文書学事課・文部省（現文部科学省）、厚生省（現厚生労働省）への〝お百度詣り〟で「まさに茨の道」だったという。六四歳で、定時制の主事をも兼務していた小坂琢美教頭と志を一つにして成し遂げた一大事業であった。

ちなみに、『春秋《としつき》の賦《うた》（抜粋）―翠松教育百年の軌跡―』には茶道裏千家今日庵、利休居士十五世鵬雲斎　千宗室氏が「発刊によせて」を寄稿しているが、これは「茶道によって建学の精神を確立したい」という杉校長の英断と実行力に敬意を表したものである。参議院議員で裏千家淡交会東中国地区名誉地区長　加藤武徳氏も、《岡山県が「教育県」の名に価するものありとすれば、明治初期から今日まで一世紀もの長い年月、女子教育一筋に百年の風雪に耐え、輝かしい歴史を積んだ私立女子高等学校、倉敷翠松高等学校在ってこそ、と私は確信しております。》と、発刊の言葉を寄せている。

坂本節子はこうした校風の中で、定時制高校の四年間を過ごした。四年間を「無欠勤」で通したというが、その間、学校をやめたいと思い、「気持ちが折れそうになったことも一度や二度ではなかった」ようだ。そのやめたい気持ちを思い留まらせてくれたのは、入学式のときに聞いた「そこに二つの道があるならば……」という杉校長の言葉であった。

やめたいと思った理由の一つとして坂本は「寮生活での人間関係のつまずき」を挙げている。女子寮は、一〇畳の部屋に八人が寝て暮らすという生活であった。寮生全員が定時制高校に通っているわけではない。学校から帰り勉強をしていると、看護科以外の寮生から「看護科の人は勉強ばかりしている」とか、「消灯の時間だから電気を消して」とか、心ない言葉をかけられることもあった。確かに集団生活のなかでは決められたルールは守らなければならない。しかし、「看護科の私たちは、学校に行けば『准看護師の資格を取得するためにはしっかり勉強をしなさい』と言われたくさんの課題を出されるし、寄宿舎へ帰ると看護科以外の人たちと同じ部屋にいるため、自由に勉強できる環境にはなく、心を痛めることも多々あった。そんな中、看護科一期生ということで先輩のいない同じ看護科に学ぶ一一人で話し合い、消灯時間を過ぎてからも使用できる学習室へ週一回は必ずみんなで集まり、励ましあい課題や自主学習などに取り組むようにした」と言う。

定時制高校というと通常なら、夜間高校という言葉で表現されるように、昼間は働いて夜に学ぶというのが通念となっている。しかし、片山女子高校定時制に通う生徒たちは、

五時〜一三時まで仕事　一五時〜一七時三〇まで学校
九時〜一二時まで学校　一三時三〇〜二二時まで仕事

といった昼間二部制で、日曜日を挟み一週間ずつ交代で働き・学ぶという生活を四年間続けなければならなかった。同校の生徒たちの勤務先は、倉紡倉敷工場、倉紡早島工場、正織興業、岡野工業、姫井工業、丸進工業などといった繊維企業であった。通学は、倉紡倉敷工場以外は会社がスクールバスで送迎していたという。また、「連携看護科の生徒たちは、医師会所属の医院・病院へ所属し、准看護師の資格を取得するために、医師会の准看護学校と高等学校の卒業資格を得るために本校で学ん

でいた」と言う。。

坂本節子がどのような思いで四年間を過ごしていたかについては、先に紹介した『山陽新聞』投稿欄の文章で見た通りである。

「機械を相手にほこりにまみれながら紡績工場での八時間の肉体労働と、四時間の勉強は本当にきつかった。収入を得て貧しさから解放されることと、頑張れば夢である看護師になれるという喜びがあるものの、仕事と学校の両立の上に、寮生活ということで、さまざまな人間関係につまずき、もう辞めたいと思うことが幾度となくあった」

挫けそうになる気持ちを立て直し、入学して一年半後の昭和四十六年（一九七一年）九月十二日には衛生看護科の戴帽式を迎えることとなった。片山女子高校初の戴帽式であり、十月十一日から病院実習が開始されている。「杉校長先生より念願のキャップをいただいたときのあの感激は今も忘れられません」と前さんは言う。

昭和四十八年（一九七三年）四月一日、片山女子高等学校は「倉敷翠松高等学校」に校名を変更。坂本が卒業式を迎えたのは昭和四十九年（一九七四年）三月である。たくさんの支えがあり、四年間一日も休まずに卒業した。卒業式を終えた三月下旬には、その年の二月に受験していた「准看護師資格試験」にも合格でき、無事に免許を取得することができた。

高校卒業と同時に四年間お世話になった倉敷紡績を退職。昭和四十九年四月、倉敷市松島にある川崎医療短期大学第二看護科に入学した。私立の短期大学で山陽本線中庄駅から徒歩約二〇分のところにあり、「人をつくる」「体をつくる」「深い専門的知識・技能を身につける」を建学の精神とする医

1971年9月、病院の実習に出るための倉敷翠松高等学校戴帽式（杉慎吾校長より念願のキャップをいただいている）

療関係のさまざまな資格を取得できる学科を有する短大であった。入学金が二万円、授業料が年額一五万円、実験実習費など諸費が年額五万円、月々には寮費や食費などの生活費が数万円必要であった。必要経費は、倉敷紡績に在職していた四年間で蓄えた貯金と、休日すべてを川崎医科大学附属病院で准看護師としてアルバイトをして得た収入で工面したという。倉敷紡績で働いていたときには、給料三万五〇〇〇円の中から、従業員天引き貯金一万五〇〇〇円、高校の授業料二五〇〇円や食費などを引かれ、「手元に残った一万円くらいで、洗剤やシャンプーなどの日用品を買う以外はほとんど無駄遣いをしないで貯金をしていた」と言う。そのようにして貯めたお金を、短大の入学金と学費に充てたのだった。

　昭和五十一年（一九七六年）三月、同短大を卒業そして、看護師の国家試験に合格。島根県に戻り、四月から社会福祉法人島根県立松江整肢学園に勤めることになった。肢体不自由児一〇〇名が入園している学園で、看護師として勤めることになったのだった。

　同学園で看護師として働くようになって三年が経過した。子供たちと触れ合うことに喜びを感じながら勤めに励んでいた坂本であったが、そんな坂本のところに思いがけない話が舞い込んできた。母校である倉敷翠松高校の杉慎吾校長が島根県松江までわざわざ訪ねてきて、「働きながら看護師を目指して頑張っている後輩たちのために、教員として高校に戻ってきてくれないか」という話を持ちかけてきたのである。

恩師である杉校長の有難い言葉ではあったが、坂本はすぐには返事を決めかねていた。躊躇っている坂本の背中を押してくれたのは、園児たちの次の一言であったという。

「先生と会えなくなるのは寂しいけど、優しい看護婦さんをいっぱいつくってくださいね」

1973年、仕事を終えて作業着のまま寮の前で(18歳)。この年、片山女子高校は「倉敷翠松高等学校」と校名が変更された

昭和五十四年（一九七九年）三月、松江整肢学園を退職。同年四月、倉敷翠松高校の衛生看護科に助教諭として採用されることとなった。その後、三一年間同校に勤めている。

坂本が母校に戻って勤めるようになった前年の昭和五十三年十一月九日に、倉敷翠松高校は創立一〇〇周年記念一期工事本館落成記念式典を挙行している。創立一〇〇周年を記念する工事は四期まで行われ、昭和五十九年二月一日の中央館（特別教室）落成を以てすべての工事が終了した。

坂本が着任した年に前後して、倉敷翠松高校定時制の生徒たちは全国の舞台で大活躍をしている。運動部では、全国高校定通制陸上競技大会・女子トラック部門において、昭和五十年に鬼下ツヤ子が、一〇〇メートルで全国優勝、妹の鬼下トミ子が昭和五十一年に一〇〇メートルと二〇〇メートル、

1974年3月、倉敷翠松高等学校卒業式を終えた後、学校の玄関前で恩師や同じ工場の仲間と記念撮影(後列右から2人目が坂本節子)

昭和五十三年には一〇〇メートル、昭和五十四年には一〇〇メートルと四〇〇メートルリレー(鬼下・中野・美吉・木原)でも全国優勝をしている。そして、鬼下トミ子は、第一八回岡山スポーツ賞特別賞(昭和五十四年十一月)、第三八回山陽新聞体育奨励賞特別賞(五十五年一月)を受賞している。また、文化部では、「文部大臣旗全国高等学校弁論大会」で畑中若恵、丸川正美が「優秀賞」を受賞し、さらに山下雄子が「文部大臣杯全国青年弁論大会」、「福沢諭吉記念祭全国高等学校弁論大会」、「全国定通制生徒生活体験発表大会」でも、全国第二位の好成績であり、古谷百合は「福沢諭吉記念祭全国高等学校弁論大会」と「全国定通制生徒生活体験発表大会」で、日本一の優勝旗を持ち帰ったのである。ほかにも「全国高校生の税の作文」では、木山由紀恵、西懸純子が「国税庁長官賞」を受賞し、各種全国弁論大会では、仮谷恵美子、森松由里、東晴美、村重はるみ、宇野通代たちが「優秀賞」を受賞している。毎年、県大会での優勝はもちろん、全国大会でも多くの生徒たちが「優良賞」や「特別賞」を受賞している。

これら、定時制の生徒らに〃やる気〃を促したのは、杉慎吾校長をはじめ、定時制教育に携わった教員らの指導の賜物と言えよう。

弁論大会や陸上競技において優れた成績を収めていただけでなく、倉敷翠松高校定時制課程の卒業生は出席率においても優れた実績を残している。これについては杉慎吾校長の『別冊 春秋の賦―定時制の巻―』から以下の言葉を引用しておこう。

《……わけても本年は特に印象深い年であった。百周年を祝った年であったからかも知れない。大雪が何回も降ったからかも知れない。でも、それだけではないような気がする。

卒業式の中で、四か年の皆勤者が、体育館のステージの上にズラッと並んだ時、激しい感動に、立っている足がガタガタと震えたのだから、特に印象深いのはそのせいだったのではなかろうか。

表をみて、いかに今年が印象深い年であったかを察してもらいたい。

当初、零か又はせいぜい数名であった皆勤者が、ここ数年で急激に増加している。特に本年は三四名（卒業生一〇二名のうち）と史上最多の数字となったのである。

家庭の事情や病気でこの受賞を逃した者も数多くあった。私はこれらの事情を無視して、唯無茶苦茶に皆勤を奨励しているのではない。皆勤・精勤・努力賞を受賞するまでの四年間という長い時間の、強靭な精神力をほめたたえたいのである。

それは、一つの勝利なのである。自己の怠惰との闘いの結果なのである。》

文中に「表をみて」とあるが、同書三五ページに収録されている昭和四十三年度から平成七年度までの「皆精勤者［4（3）か年間］と受賞率」には以下のような数字が並んでいる（カッコ内は精勤者）。

《0（0）・1（1）・0（2）・4（1）・2（4）・6（0）・5（10）・15（16）・14（17）・21（21）・18（17）・25（33）・26（24）・32（15）・10（12）・34（14）・16（13）・16（9）・21（13）・20（8）・19（20）・11（9）・9（6）・9（7）・7（7）・3（1）・1（1）・平成七年度（空白）》

皆勤賞受賞者の数が最も多い三四人（精勤者一四人）という数字は昭和五十八年三月に卒業した生徒が残した成績であり、杉校長が書いているようにこの年は倉敷翠松高校が創立一〇〇周年を迎えた年であった。

四年間の皆勤者三四名が体育館のステージに上がったとき「一列では並びきれずに二列になって並んでいましたね」と前氏は言うが、先の『春秋の賦─定時制の巻─』にもあるように、この光景を見て杉校長は涙を流し感激のあまり「立っている足がガタガタと震えた」のだった。

坂本節子のことに話を戻そう。

昭和五十四年（一九七九年）四月、杉校長に請われて倉敷翠松高校の助教諭として勤めるようになった坂本は、五十五年四月には、同じ定時制課程所属の理科の教師をしていた前研治氏と杉慎吾校長を媒酌人として結婚した。結婚した翌年の一月に長男・裕治、昭和五十八年八月には次男・良治、平成元年（一九八九年）三月に長女・菜穂美を出産し、三人の子宝にも恵まれた。仕事と家事・子育てと、「両立させるのが大変だった」当時を振り返って前さんは次のように言う。

「核家族であったことから、仕事と家事・子育てとの両立も大変でしたが、実家での経済的支援が必要なときのことを考えると仕事を辞めて家庭に入る選択肢はなかった。だから、子供たちには寂しい思いをさせた。とくに病気をしたときでも仕事が休めないときには辛く・寂しかったと思う。その頃のことを思うと今でも心が痛みます。でも、仕事の都合がつかず休めないときには、家の近くにいた友人たちが預かってくれ、自分の子供たちと同じように面倒を見てくれた。その友人たちがいなかったら、仕事を続けることはできなかったので、本当に感謝しています。その、三人の子供たちは無事に社会人となり、今はそれぞれに自分が希望していた職業（長男は動物園の飼育員、次男は高校の地歴公民の教諭、長女は特別支援学校の教諭）について頑張ってくれています」

子供たちから手が離れてきた頃から、自分を高めるためにもっと勉強をしたいと思い、平成十三年（二〇〇一年）から放送大学教養学部科目履修生として学び、平成十七年九月に高等学校教諭一種免許「看護」を取得した。さらに、二十年十月には特別支援学校教諭二種免許（「知的障害者の教育に関わる領域」）を取得した。免許を取得して二年後の平成二十二年（二〇一〇年）三月、定年まで五年を残して倉敷翠松高等学校を早期退職した。

また、理科の教師である夫・研治は、教務課長として杉校長の右腕となって働き、昭和六十年（一九八五年）一月十四日には倉敷翠松高校定時制課程開校二〇周年記念式典を挙行。同年八月の修学旅行では三泊四日で「韓国」に八三名の四年生を引率し、ソウル市の新亭《シンジョン》女子商業高等学校（沈賢沢校長）と姉妹校を結ぶなど日韓交流のために力を尽くした。修学旅行の模様は『山陽新聞』『中

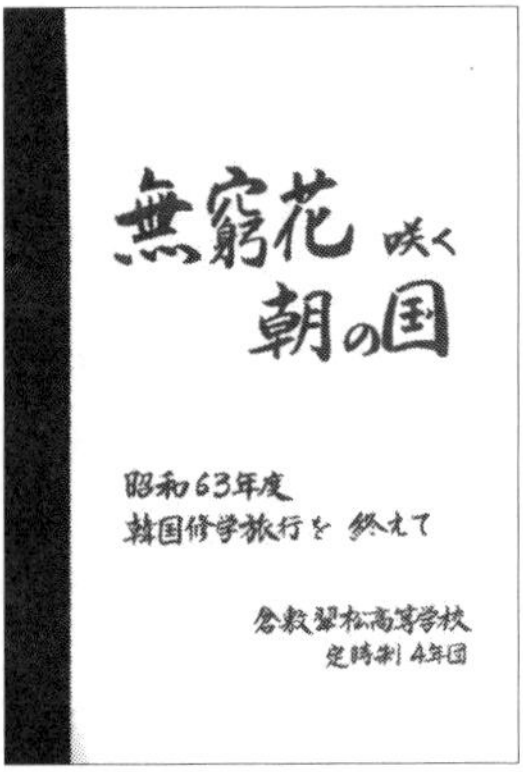

前研治教務課長が手作りで制作した『無窮花咲く朝の国』

国新聞』『倉敷新聞』『毎日新聞』などで取り上げられ、韓国の新聞でも交歓会の記事が写真付で報じられている。韓国への修学旅行は平成七年（一九九五年）まで毎年続けられ、平成元年（一九八九年）三月には、ソウルで開かれた「韓国修学旅行感想文コンクール」において高橋智子が銀賞を受賞している。ちなみに修学旅行者全員が書いたこの感想文は前研治によってワープロで入力され手作りで製本されて『無窮花《むくげ》咲く朝の国』という書名で倉敷翠松高校定時制課程の貴重な資料として保存されている。

このように華々しい実績を上げていた倉敷翠松高校定時制課程であったが、時代の波に押されて平成六年度の新入生は「0名」であったという。先の「表」の中で平成七年度の皆勤賞受賞者が「空白」になっているのはこのためである。倉敷翠松高校定時制課程はやがて「閉校」に追い込まれることになるが、このときの幕引き役を命ぜられたのは教務課長の前研治であった。平成六年（一九九四年）七月に発行された「翠松タイムズ」第三二号には、「編集者・教務課長 前研治」が寂しい胸の内を以下のように綴っている。

《定時制は、今……

—平成六年度入学生　0名—

本校に通学する生徒の所属事業所のうち、先年クラボウ倉敷工場が閉鎖し、昨年度末にはクラボウ早島工場が事業転換を決定し、その結果、現在在籍生徒の所属している事業所は、正織興業茶屋町工場、岡野興業、クラボウ岡山工場の三社となりました。

これらの事業所も繊維企業を取り巻く社会情勢の厳しさから、平成六年度の中学校卒業生の採用が厳しく、したがって本年度の本校定時制課程の新学期は入学生なしという寂しいものになってしまいました。

第一学期の始業式で正式にその事実を知らされた生徒達の心にはとても複雑なものが去来し、その寂しさを顔に表わさずにはいられませんでした。しかし、この現実から目を反らす訳にはいきません。

一年生がいなくても、私達には先輩たちが築いて来られた本校定時制の輝かしい歴史があります。それを守り、さらに発展させようと二年生十六名と三年生六名は、今、意欲をもって学業と仕事に汗を流しています。

特に、一年半後に迎えるであろう倉敷翠松高校定時制（昼間二部制）の終焉の日を悲しみで迎えるのではなく、輝かしい歴史の締めくくりの日として華やかに迎えるために、在校生全員でより具体的な目標を定め、今、力強く歩み始めたところです。

困難を乗り越え見事に卒業された先輩方、そして、暖かく定時制生徒を支援して下さっている先生方や各事業所の方々の一層のお力添えを願う次第です。

編集者・教務課長　前　研治》

「杉校長先生のもとで長い間勤めさせていただきました。入学式も卒業式も、そして定時制の閉校式もみんな担当させていただいて……杉先生にはあらゆる面でお世話になりました」と前氏。

倉敷翠松高校定時制過程最後の卒業式・第二八回卒業式が行われたのは平成八年（一九九六年）三月十日。閉校式も同時に挙行され、司会進行を担当したのは前研治だった。「寂しかったですね」と前氏は言う。校庭には杉校長の教え「そこに二つの道があるならば ためらうことなく困難な道を選べ」と記された記念碑が建立されることとなった。この日「卒業生の集い」も開催され、そこには当然のことながら衛生看護科第一期卒業生・前節子の姿もあった。

倉敷翠松高校を退職した前研治は、岡山県作陽高校に一年間勤め、民生委員なども務めるようになった。ちなみに作陽高校と言えば平成三十一年（二〇一九年）「ＡＩＧ全英女子オープン」で優勝した渋野日向子プロの出身校である。

前節子が定年まで五年を残して倉敷翠松高等学校を早期退職したのは、「障害を持つ子供たちと関わる仕事がしたい」という思いがあったからだった。高校在職中に「特別支援教諭二種免許」を取得したのもその願いを叶えるためのものであり、平成二十二年（二〇一〇年）四月より、念願の岡山県立誕生寺支援学校肢体不自由部門の講師として採用されることとなった。「六五歳まではこの支援学校で働きたいという気持ちがあった」が、同職を諦めねばならない事態が発生した。平成二十九年（二〇一七年）四月、夫・研治が急性硬膜下血腫により倒れてしまったためである。

「寝ていると思っていた夫が血を吐いて意識のない状態で倒れていました」

脳出血と診断され緊急手術を受けたが、半月ほど意識のない状態が続いた。その後意識は回復したが右上下肢がまったく動かない状態であった。四カ月間入院し、幸い徐々に回復していき、何とか杖を片手に自宅へ帰り、リハビリに通う生活を送れるようになった。

「夫の入院中、家族はもちろん、病院や地域の方々、友人や同僚の方々に支えていただき、大変な時期を乗り越えることができました。緊急手術で一命は取り止めましたが、右上下肢の機能障害と軽度の高次脳障害が残り、要介護2となったため、介護を理由に年度の途中でしたが、支援学校を退職することにしました」

支援学校を退職したのは平成二十九年（二〇一七年）五月であった。「退職後は夫専属の看護師になりました」と節子さんは言い、「教師や看護師をして、最後は私の看護をすることになりました」と前氏は笑う。アマチュア無線を趣味にしているが、「入院中は無線仲間にも励まされ助けてもらった」と言い、退院後も無線仲間との交流を楽しみとし、「以前と同じように無線機の前で過ごしている」と言う。

元々女子高であった倉敷翠松高校は平成十一年（一九九九年）から男女共学になり、フィギュアスケートの高橋大輔選手や無良崇人選手・町田樹選手、バレーボールの瀬尾有耶選手、バスケットボールの杉愛友香選手、歌手の葛城ユキさんら各界で活躍する多くの著名人を輩出している。

職業人としての最後の勤めとして「障がいを持つ子供たちと関わる仕事がしたい」として倉敷翠松高校を早期退職した前節子。早期定年退職したことに対しどのような思いを持っているのか。

「看護師になるために純粋に頑張っている後輩たちに、杉校長の教えを伝えていくことが自分の務めだと思っていたので、定年まではその任務を果たさなければならないという思いがありました。しかし、同僚となっていた全日制看護科一期生だった卒業生の岩本佳子先生の存在、彼女の杉校長への思いや生徒への指導に接し、杉校長の教えはきちんと生徒たちに伝えてもらうことができると確信できたこともあり、安心して退職することができました。また、支援学校を年度の途中で主人の介護を理由に退職しなければならなかったことは、とても心残りではありましたが、定年の年齢を過ぎてからは、いつ退職をしなければならないときが来ても悔いの残らないように、日々精いっぱいやるべきことをやっていました。かわいい子供たちとの関りが持てなくなることは寂しかったのですが、悔いはありませんでした。退職をするにあたり、『先生と出会えたことに感謝しています』とのメッセージをくださった保護者の方の言葉は本当にありがたく、その言葉を胸に夫専属の看護師として励んでいく心構えができました。そして、今もその言葉は心の支えとなっています」

「支援学校の子供たちとはずっと関わっていくことができればとの思いがあり、学校へボランティア登録をさせていただいており、学校からの要請があるときには学校へ行き、子供たちの支援を続けさせていただいています」「夏場はプール学習の時間にお声がけいただき、週二回、子供たちの更衣や見守りに行きました。これからもずっと倉敷翠松高校や支援学校で今までに出会った、児童・生徒たちの健康と、多幸を願いながら生きていきたい」と前さんは話を結んだ。

（二〇一九年十二月　記）

第12章
それぞれの春夏秋冬(3)　定時制高校の同期たち

芳賀次男

福島県から集団就職、定時制高校卒業後大手企業に入社し数カ月で退社。中華料理店で修行ののち独立し『京華飯店』を開業

神奈川県横浜市旭区金が谷一丁目にある中華料理『京華飯店』。JR横浜線中山駅、相模鉄道三ツ境駅、鶴ヶ峰駅からバスで一五分ほどのところにある。近くでよく知られた施設としては、よこはま動物園ズーラシアがある。平成十一年（一九九九年）に横浜動物の森公園の中に開園した動物園であり、地元横浜市はもとより周辺地域の子供たちの癒しの場となっている。

『京華飯店』の店主は芳賀次男である。昭和三十六年（一九六一年）三月に福島県から集団就職で上京。株式会社富士通信の子会社・黒沢通信工業や相模鉄道に在職しながら定時制高校に学び、卒業後は旭化成に入社したが、同社を早期に退職し現在の職種に落ち着いた。旭化成を早期退職したのは「定時制高校を卒業しても、高卒として認めてもらえなかったから」だという。

芳賀次男は昭和二十年（一九四五年）七月、福島県須賀川市塩田で父・一次、母・ミサオの次男として生まれた。父・一次は太平洋戦争により戦死したため、芳賀は実の父の顔を知らない。母・ミサオは再婚し、弟と妹ができ、きょうだいは四人となった。義父にあたる人の名は三次と言い、実の父の弟であった。三次とミサオは農業をして生計を立てていた。

芳賀は昭和三十六年（一九六〇年）三月に須賀川市立小塩江中学校を卒業した。小塩江中学校の卒業生は男性三〇人・女性一五人の四五人。「うち大半が就職し、高校に進学したのは八人だけだった」という。芳賀は進路指導で担任の先生に「就職する」と伝えたところ、校長室に呼ばれ校長先生から「高校に進学するよう」勧められたという。農家の次男に生まれ家計の事情をよく知っている芳賀はとても進学する気にはなれなかった。集団就職で東京都大田区にある会社に就職することに決めた。

「校長先生には『進学しなさい』と言われたが『嫌だ』と言って、中学を卒業したら喜んで東京に出てきた」

進学は希望しなかったが、志は大きく「末は博士か大臣になろうと思っていた」と笑いながら芳賀は言う。中学の成績は音楽だけが「4」で、あとはすべて「5」だったという。校長先生が直々に「高校への進学」を勧める理由もここにあった。

芳賀が選んだ会社は、富士通信株式会社と共同出資して設立した株式会社黒沢通信工業で大田区大森蒲田に工場があり、タイプライターを製造する会社だった。郡山駅で母親に見送られて上野行きの就職列車に乗った。「郡山駅を何時に乗ったのかはよく覚えていないが、上野に着いたのは夕方ごろだった」と芳賀は言う。

「上野に着くと、会社ごとに引率する人が迎えに来ていた。黒沢通信工業からも迎えに来ていて、まず大森の職業安定所に連れて行かれた。それから蒲田にある会社に行って……」

株式会社黒沢通信工業とはどんな会社であったのか。

黒沢通信工業は明治三十四年（一九〇一年）五月、黒沢貞次郎によって東京・京橋区弥左エ門町（現銀座四丁目）で創業。大正五年（一九一六年）東京・蒲田に工場を建設し、電信用タイプライターおよびセクショナル什器の製造を開始。翌年には米国スミス・コロナ社（タイプライター）、ＩＢＭ社（会計機・タイムレコーダー）、バロース社（計算機）、マーゲンタラー社（ライノタイプ）などの総代理店として事務用機器の輸入販売を行っている。昭和二十八年（一九五三年）には組織を株式会社に改め、資本金一億円で株式会社黒沢通信工業が発足した。平成元年（一九八九年）には社名を株式会社クロサワに改め、平成七年からはＮＴＴドコモの携帯電話・ポケットベルの販売などを開始している。

芳賀が入社した当時、同社には三〇〇人くらいの社員がいたが、加えて男子二〇人・女子二〇人の計四〇人の中卒新入社員を採用したという。新入社員はすべて東北地方出身者だった。上野に着くと「会社から迎えに来ていて、まず大森の職業安定所に連れて行かれた」というが、職業安定所を出たところで思わぬハプニングが起こった。

「引率に来た会社の人に『来た電車に乗りなさい』と言われて、女の子は京浜急行の上り下りを間違えて、大森から蒲田のほうに行くべきところ、会社とは別の大井町のほうへ行ってしまった。それで男子は、女の子たちが帰ってくるのをずっと大森の駅で待っていた。いつまで待っていても帰ってこないから、男子だけ先に会社に行くことにした。したら、いつの間にか女の子は自分たちより先に会社に着いていたんだよね」

笑いながら芳賀は言う。

会社に着いたその日から寮生活が始まった。四畳半に二人、六畳間に三人。同じ東北出身者同士、気が合った。社員食堂があり、食事もおいしく、「先輩や上司も皆、優しい人たちばかりだった」。本書「集団就職」の取材を通して、勤めた会社で「嫌なことは一つもなく、楽しい思い出ばかりだった」という人が二、三人いたが、芳賀次男もその一人だった。ただ、最初は東北弁で「私も福島で東北弁だけど、宮城の人などとは言葉に慣れるまでは少し苦労した」という。

仕事は、最初は研修を受け、研修が終わってのち「タイプライターのプリンター部門の仕事で、活字の半田付けをしていた」。給料は月額六〇〇〇円で、寮費や社会保険などを引かれて「手取り三五〇〇円ほど」だった。芳賀は同社に二年間勤めることになるが、楽しかった思い出については次のように語っている。

「上司も先輩も優しい人たちでした。先輩は東京の人で、いろんなところへ連れて行ってもらった。渋谷の映画館でロードショーを観たり、『荒野の用心棒』を観たり。また、先輩は友人と二人を『銀座ライオン』に連れて行ってくれて、そこの地下でカツレツなど洋食を食べさせてくれて、ナイフとフォークの使い方も教えてもらった。未成年だったが、ビールも泡だけちょっと飲んだりして……、美味しくなかったけどね。川崎の歌声喫茶にも連れて行ってもらって、『幸せなら手を叩こう』とか歌ったりした。ほかにも中津渓谷に行ったり、高尾山に登ったり。会社の慰安会では歌手を呼んで歌を聴かせてくれたり楽しいことがいっぱいあった」

「先輩に誘われてコーヒーも東京に来て初めて飲んだ。あまりに苦かったので、砂糖をいっぱい入れて飲んだら、カップの底に砂糖がいっぱい溜まっていて、水を入れて砂糖水にして飲んだ。先輩には笑われたけど、砂糖水のほうがコーヒーより美味しかったんだよね」

また、昼休みには会社のグラウンドで「バレーボールなどをよくやった」。球技大会があり、バレーボールの選手として出場するなど「楽しいことがいっぱいあった」という。駅伝の大会にも出場し、一六チーム中、八位に入賞した。

良い思い出を積み重ねつつ芳賀は、入社した翌年には定時制高校に入学している。横浜市神奈川区にある県立神奈川工業高校の定時制電気科に入学した。蒲田にある会社から通学するには大森や川崎あたりに高校がないではなかったが、芳賀は「どうしても神奈川工業高校に入りたかった」という。しかし、芳賀は同校の入試を受ける前に「一年間のブランクがあるために、アチーブメントテストを受けるところから始めなければならなかった」。通称「アテスト」と称されたこのテストは、神奈川県内の公立高等学校の選抜方法で、内申書と学力試験に加えアテストの得点を選考資料に使用する特殊な選抜方法であった（のちに廃止されることになる）。「会社の食堂に中学の教科書を持ち込んで、一生懸命勉強した」という。アテストは、川崎市高津区にある橘中学校で受験した。試験は二日間にわたって行われた。その結果と、中学時代の内申書を提出して入試に臨み、面接試験などを受けて神奈川工業高校に合格した。

芳賀は、定時制高校に入学した一年後には黒沢通信工業を退社することとなった。理由は、「一年間、高校の一時限目の授業を遅刻ばかりしていた」からである。会社は午前八時から午後五時まで

定時制高校3年の11月8日（日）、電気科B組の希望者で神奈川県の丹沢へ登る。前列右より池田正夫、山根献先生、三枝実、酒井之通。中列右より芳賀次男、萩谷俊夫、大塚直嗣、鄭燕光、原田健作、佐藤和弘、宮臺保昭、中村登茂治。後列右より基（著者）、山下克巳（著者のアルバムから）

の勤務。一時限目の授業は午後五時二〇分から始まるため、どうしても間に合わない。芳賀はやむなく「転職」することを考え、黒沢通信工業の寮を出て横浜市鶴見区に四畳半のアパートを借りた。勤めた先は横浜駅に近い横浜市西区に本社のある株式会社相模鉄道共済会だった。「モップを使って車両の洗車やメンテナンスの仕事をしながら」通学した。神奈川工業高校は東横線・横浜駅から二つ目の東白楽駅に近接しており、芳賀は遅刻することなく通学することができた。高校を卒業するまで三年間、相模鉄道共済会に勤めた。給料は月に一万円ほどだったという。

「春休み・夏休み・冬休みと、学校がないときは土曜出勤とか日曜出勤とかよくやりましたね。泊まりで仕事をすることもよくあった。夜に電車が入ってきて、車庫に入るとその清掃をする。それでそのまま泊まったりして……」

昭和四十一年（一九六六年）三月、神奈川工業高校定時制電気科を卒業。相模鉄道共済会からは、「努力すれば運転士や車掌、車両のメンテナンス要員になるなど道は開ける。相模鉄道の本社社員として働かないか」と勧められたが、芳賀はこれを断り、川崎市川崎区夜光に本社のある株式会社旭化成の入社試験を受け合格、同社に入社した。

四年間、定時制高校で頑張り大手企業に入社したのだが、数カ月勤めたのち芳賀は同社を退社したという。退社した理由については、こう話している。

1966年3月、神奈川工業高校の卒業式時に写す。右より芳賀次男、基（著者）、宮墓保昭。後方は東横線の東白楽駅（著者のアルバムから）

「会社の就業規則を読んだら、定時制高校を卒業しても『高卒』として認めてもらえないようなことが書いてあった。長く勤めても出世できそうもないなということが一つ。もう一つは、仕事の内容そのものが危険であったということ。硫酸やアンモニアなどの原料がタンクローリーで運ばれてくる。それをパイプでつないで触媒を入れて化学反応を起こさせ、できたものをタンクに入れて出荷するというような仕事。放射能を扱うような仕事で、危険な感じがして辞めたんだよね」

芳賀は旭化成を辞めた時点で〝会社勤め〟に見切りをつけた。自分で独立して商売ができる仕事はないものかと考えるようになった。「何かやろうと考えたときに浮かんできたのがラーメン屋だった」という。「独立するにしても洋食は大変だからラーメンで行こうか」と、まずはその修行先を探すことにした。銀座の京華菜館（二年）→錦糸町（二年）→錦糸町駅ビル地下（二年）→川崎駅ビル（一年）→横浜駅ビルの華正樓（二年）、横浜伊勢崎町松屋の社員食堂（二年）と、中華店を修行して回り、横浜市旭区金が谷に中華料理店『京華飯店』をオープンしたのは昭和四十八年（一九七三年）六月だった。その間、二六歳で錦糸町のデパートに勤めていた青森県出身の馬場セヨと結婚。『京華飯店』は妻・セヨとの二人三脚で始めたのだった。

二八歳で開店した『京華飯店』は順調な滑り出しで、徐々に売り上げを伸ばし、平成十三年（二〇〇〇年）には旧店舗に隣接する横浜市旭区金が谷の現在地に店舗を移した。「店の立ち退きがあったため、やむなく店舗を移した」のだという。

月にどれぐらいの売り上げがあるのか——。

「多いときは一五〇万円ぐらいあった。でもそれは、朝早く（仕込みなどで）から夜一〇時ごろまでフルにやったときの話で、休み時間もなく死に物狂いでやってこのくらいだった。お金はいっぱい入るけど、これじゃ体が持たないんだよね」

ちなみに、店の品書きには「ラーメン ５００円」と書いてある。

芳賀は二六歳で結婚した当時、胃潰瘍になり二、三カ月入院したこともあった。手術はせず、「薬と食事療法で治した」という。入院中は妻・セヨが店を切り盛りしていた。妻・セヨとの間には長女と長男、二人の子をもうけた。住宅ローンを組みマイホームも新築した。

老後は店を仕舞い、妻と共に静かな日々を送りたいと思っていたのだが、平成三十一年（二〇一九年）三月、妻・セヨは病により「先に逝ってしまった」。統合失調症になり薬を飲み続けていたのだが、「最後は物が食べられなくなりそのまま息を引き取ってしまった」のだという。享年六九歳であった。
　妻亡きあとも芳賀は、一人で切り盛りしながら『京華飯店』を続けている。本稿の取材はお客さんが引けたのを見計らって『京華飯店』のカウンターにおいて行われた。取材が終わったあと、芳賀はポツリと言った。

横浜市旭区金が谷に店舗を移した頃に写した、妻・セヨさんとのツーショット

「前はときどき萩谷君もお店に来てくれたけど、最近は顔を見せなくなった。どうしたのかなぁ……。この前は金子行雄君とも道で偶然会ったんだよね」
　萩谷俊夫は定時制を卒業後、多摩美術大学に進み美術教師になった神奈川工業高校の同期生だ。金子行雄も同期生で横浜市旭区に住んでいる。
　取材の途中、電話のベルが鳴った。出前の注文だった。芳賀は「ごめんな」と言い厨房に入り、注文の品を調理するとヘルメットを被りバイクに乗って颯爽と街の中に消えていった。

（二〇二〇年九月　記）

宮墓保昭

日本電気に勤めつつ定時制高校を卒業。三菱ふそうトラック・バス株式会社に勤め排気ガスなど公害問題に取り組む

昭和二十年生まれの宮墓保昭も神奈川工業高校定時制電気科の同期である。宮墓は横浜市出身で集団就職者ではないが、農家に生まれ中学を卒業すると株式会社日本電気に就職し、同社に就職してきた数多くの集団就職者たちをその目で見てきた。会社では中学を卒業して入社してきた就職者たちを「子供」と呼び、自らも「子供」と呼ばれていたという。

宮墓は農業を営む父・一作、母・トリの子として横浜市港北区に生まれた。九人きょうだいの「五番めとして生まれ下に妹がいる」という。一町歩ある農地は野菜づくりが中心で稲作はわずかだった。畑には各種野菜のほかに三〇〇〇株ほどのトマトが植えられ、保昭は小・中学時代から収穫のための籠を持ち兄たちと共によく両親を手伝った。土地は二町歩あっても野菜づくりは天候に左右されるため、現金収入は思うに任せず、中学を卒業すると就職することになった。

中学は横浜市都筑区にある市立中川中学校に通った。一クラス三八人で二クラスあり、昭和三十六年（一九六一年）三月に卒業した七六名の生徒のうち高校に進学した生徒は二〇人足らずだったとい

う。宮墓は数学が得意で通知表は「5」、あとはほとんどの科目が「4」だった。中学三年になり就職することが決まると「成績なんかどうでもいいや」という気持ちになり、「あまり勉強をしなくなった」という。これは言っては悪いが、自分もその口であり、宮墓の気持ちはよくわかるような気がする。ただ違うのは、宮墓は数学が得意で、自分は数学が大の苦手で国語のほうが好きだったということである。「進学する生徒は特別に補習授業などを受けていたが、そういうのを見てもなんとも思わなかった」と宮墓は言う。

就職した先は電気メーカーの大手、株式会社日本電気だった。従業員は一万人ほどいて、宮墓が就職した年に地方から集団就職してきた新入社員は数百人ほどいたという。宮墓が入社して一、二年経ったころに入社した社員が最も多く、つまり言うところの「団塊の世代」ということになるが、「中学卒の女子社員がいっぱい入ってきた」という。ビルの四階と五階がトランジスタラジオの組み立て工場になっており、彼女ら女子社員は当時の花形トランジスタラジオの組み立て・流れ作業のラインに組み込まれていったのだった。

宮墓は日本電気では、電気関連の仕事ではなく、旋盤を扱うなど「機械関連の仕事のほうに回された」という。入社して一年後、宮墓は思い直して定時制高校に通うことにした。中学の同期だった池田正夫と共に神奈川工業高校定時制電気科に入学した。共に電気科のB組で学ぶことになったのだが、池田はこれまた電気メーカーの大手・株式会社東芝の社員であった。

高校四年になり、宮墓は大学への進学を考えるようになった。日本電気に勤めつつ定時制高校を卒業しても「高卒」としては認められない。日本電気を退社し、神奈川工業高校に近い、東横線反町駅

1966年3月、神奈川工業高校の卒業式時に写す。右より宮基保昭、山下克巳、基(著者)、(著者のアルバムから)

から徒歩数分のところにある横浜予備校に通うことにした。横浜予備校に早くから籍を置き大学進学を目指していたのは電気科B組で最も成績の良かった三枝実であったが、三枝のあとを追うように池田正夫も大学進学を目指し同予備校で学ぶようになった。

宮基であるが、日本電気を辞め予備校に通いながらも、大学への進学を断念しなければならなくなった。高校四年の夏、父親が急死したためである。葬儀には担任の「山根先生が弔問に来てくださった」という。宮基は体格は良いが寡黙でおとなしい性格であった。父親を亡くしたことでしばらくは塞ぎ込み落胆していたが、気持ちを立て直して定時制高校を卒業した。卒業後は、三菱ふそうトラック・バス株式会社に入社した。同社も定時制高校を卒業していても「高卒」としては認めてもらえなかったという。

水質汚染や粉塵、煤塵など公害問題が社会問題となっていた当時、宮基が三菱ふそうで配属された先は水質検査ほか分析機器を用いて「国の定めた基準を満たしているかどうか」を測定する仕事だった。「どちらかというと電気科より化学を専門に勉強した人のやる仕事で苦労した」という。

「当時は公害の問題で騒がれていて、国も公害の基準値を法律で定めたばかりで、川などに行き水質検査をする仕事などをした。生物学的に、化学的に、生き物が生きていける環境にあるかどうかを調査する仕事。現場には大卒の人が多く、高卒でも昼間の高校で化学を専門に勉強してきた人ばかりで、ついていくのに必死だった。独学で化学や生物の専門書を買ってきて一生懸命勉強したんだよね」

三菱ふそうで分析・測定したデータは川崎市に提出していたという。

「ほかに金属の鋳物の成分を分析する仕事もした。カーボンやシリコン、マンガン、サルファ、イオウなど、鋳物をつくるのに流し込む前にそれぞれの割合の検査をして型に流し込む。そういう仕事を三〇年くらいやったかなぁ。あと、最後の一〇年、定年で退職するまでの一〇年間はディーゼルエンジンの排気ガスを測定し、島津製作所の機器を使って分析する仕事だった。定年は六〇歳だったんだけどね」

株式会社日本電気と三菱ふそうトラック・バス株式会社という大手企業二社に勤め、定年まで勤め上げた。宮墓には「やり切った」という充実感のようなものが漲っていた。高校卒業後、転職することもなく一つの会社で定年まで勤めることができたことに対しては、「転職したらまた一からやり直さなければならない。それより一つの会社で地道にやることのほうが自分の性分には合っているんだよね」と宮墓は言う。

生涯の伴侶を得たのは二八歳のときで、新潟県長岡市出身の加村ケイ子と結婚し二児をもうけた。子供たちも独立し、宮墓は今、悠々自適の生活を送っている。

（二〇二〇年十月　記）

鄭燕光

定時制高校電気科を卒業後、横浜中華街で六年間修行後、中華料理店『喜臨門』をオープン

昭和四十一年（一九六六年）三月、神奈川工業高校定時制を卒業した私は、川崎区四谷上町にある日本環境衛生センター（現・一般財団法人日本環境衛生センター）に就職が決まった。当時は横浜市神奈川区平川町の高校の近くに三畳間のアパートを借りて住んでいたのだが、通勤が便利なほうが良いということで川崎市に引っ越すことになった。そこで頭を下げてお願いしたのが定時制の同期で軽トラックを持っている鄭燕光であった。鄭は日本で生まれたが両親は中国人であり、横浜の中華街に住んでいた。昭和二十一年（一九四六年）に中国の遼寧省で生まれた私は鄭に親しみを感じていた。ちなみに鄭は同年六月生まれで、私は一月生まれである。

引っ越しの荷物といっても煎餅布団一式と寝袋と、学習机と高校の教科書とわずかばかりの参考書があるだけであったが、さすがにこれを川崎まで一人で運ぶとなると何度も往復しなければならない。ましてや学習机などを運ぶことはできない。しかし軽トラックがあれば、引っ越しはいともあっさりとすんでしまったのだった。

しかし、せっかく鄭に助けてもらったにもかかわらず、私は川崎のアパートを一カ月足らずで引っ越すこととなった。なぜそうなったのかについては第14章「自分史」の中で書かせていただくが、以来、転居・転職が続いたこともあって鄭とは連絡を取り合うこともなく疎遠になっていた。その鄭と再会できたのは、以来二〇年ほど経ったころで、神奈川工業高校定時制電気科B組が担任の山根献先生を招いて卒業後初めて行った同窓会の席においてであった。

久々に会った鄭は工業高校の電気科を卒業後、電気関連の仕事ではなく、『中華料理 栄光』という名の中華料理店の経営者になっていた。小柄で、いかにも真面目そうなニコニコ顔は昔のままだ。

鄭燕光（てい・えんこう）は横浜中華街で中華菓子をつくる父・鄭帝實、母・張恵英の三男として生まれた。きょうだいは六人で「兄が二人に姉と妹がいる」というが、二人の兄は「中国の建国に伴い日本を離れ中国へ渡ってしまった」という。一九四六年から激化した国共内戦に勝利した中国共産党は一九四九年十月一日、「中華人民共和国」という社会主義国家を建国した。以来、中国は十月一日を建国記念日と定め「国慶節」と称し北京の天安門広場で建国式典が催されている。一九四九年、鄭燕光は三歳になっていた。二人の兄と共に「本当は私も中国に行くことになっていたが、まだ幼いことから日本に残ることになった」という。

小・中学校は横浜市中区吉浜町にある、学校法人横浜山手中華学園が運営する「横浜山手中華学校」に学んだ。一八九八年、孫文や梁啓超らの呼びかけにより「横浜大同学校」として開校された伝統ある学校である。「横浜中華学校」に改称されたのは一九四六年であった。小学部では理科・社会以外

1965年、定時制高校の修学旅行宿泊先で。前列左から永岡鉄夫、田辺輝康、大塚直嗣、宮内勝。中列左より秋元秀夫、中村登茂治、酒井之通、芳賀次男、石井毅。後列左より鄭燕光、宮臺保昭、基(著者)、児島照夫(著者のアルバムから)

は中国語で授業を行い、中学部では中国語（北京語）以外の一般の教科は日本語で行われる。卒業後は日本の高校への進学者が多いが、逆に、日本人が横浜山手中華学校で学ぶには「入学制限」もあることから狭き門となっている。

　鄭によると、昭和三十七年三月に同校を卒業した五〇名の生徒は「ほぼ全員が高校に進学した」という。「入試が近くなると、一カ月か二カ月くらい前から集中して入試に関連した授業が行われるんです」と鄭は言う。

　鄭は、クラスでは一〇番以内の成績を収めていたが、経済的な事情で昼間の高校ではなく定時制高校に進むことになった。同じクラスの林と共に神奈川工業高校の定時制電気科を受験し合格した。林は体格が良く柔道部に入って頑張っていたが、一年で中退した。鄭は、高校を卒業したら電気関連の仕事に就きたいと思い、昼間はブラウン管の部品をつくる会社で働きながら定時制に通った。

「中華の人、華僑の人は助け合いの精神が強いんです。二年間はブラウン管の部品をつくる会社で働いて、あとの二年間は中華街の中華料理店を回って食材などを納めるような仕事をしていました。みんなに支えていただいて、四年間で卒業することができたんです」

卒業後は電気関連の会社ではなく、横浜中華街で六年間「中華料理の修行をした」という。この横浜中華街での六年間の修行を経てのち鄭は、緑区中山に『中華料理 栄光』をオープンした。二六歳のときだった。店は順調に売り上げを伸ばし、一五年後には横浜市神奈川区大口仲町に二五〇〇万円で土地建物を購入し、三六歳で結婚。張幗瑞夫人と共に新たなスタートを切った。店名を『中華料理 栄光』から『中華料理 喜臨門』に名を変えてのスタートだった。

『喜臨門』という店名は、どのような意を込めて名付けたのか――。

「喜臨の臨は中国語で『来る』という意味で『家に喜びが来る』ということになり、縁起のいい名前なんです。家の門を入るといつも喜びが待っている、そんな思いを込めて名付けました。お店に来ていただくお客さんには、いつでも喜んでいただく。これは私の商売の信条でもあるんです」と、笑みを浮かべながら鄭は言う。

張幗瑞さんとのツーショット。二人三脚で店を大きくしてきた（著者撮影。以下同）

緑区中山の店『中華料理 栄光』を訪ねたことがある。このとき感動したのは品書きに「ラーメン390円」とあったことだ。この価格で一体どうやって利益を出しているのだろうと、咄嗟に思った。

神奈川区大口の『喜臨門』にも本稿の取材を兼ねて訪ねてみた。「ラーメン 390

横浜市神奈川区大口仲町にある『中華料理 喜臨門』

円」は昔の緑区時代のままだった。消費税が五%でも八%でも一〇%になっても、「390円」。ラーメンだけではない。ほかのメニューにしても、最も高いので「ぱいこうめん680円」、「しいたけそば　680円」などとなっている。「五目そば」などは他の中華料理店では七〇〇円か八〇〇円が相場だが「580円」となっている。お客さんは、周辺のお客さんでリピーターが多く、口コミで「少し遠いところから来ていただくお客さんもいます」。

しかし最近（令和二年十月現在）、新型コロナウイルスの影響は『喜臨門』でももろに受けており、「お客さんの足が遠のいている」という。

「以前は二〇人くらいの団体のお客さんが月に何度かお見えになっていたんですが、そういうお客さんは最近まったくなくなってしまいましたね。それでも何とか細々とやっていけてはいるんですが、この（コロナ禍）問題、早く何とかならないもんですかね」

と、いまいましそうに鄭は電話の向こうで言うのだった。同様な言葉は、横浜市旭区で『京華飯店』を営む芳賀次男からも聞いた。

（二〇二〇年十月　記）

山下克巳

住友電工養成工、神奈川工業高校定時制、神奈川大学電気工学科二部に学び、住友電気工業株式会社一筋に半世紀、定年まで勤め上げる

宮崎県出身の山下克巳は、昭和三十七年（一九六二年）四月に神奈川工業高等学校定時制電気科に入学した同期のなかでは最年長者で、二〇歳で高校に入学した。というのも、住友電気工業株式会社で養成工として三年間学んだのち入学したからであり、山下にとって高校での授業は数学にしても電気理論にしてもすべての科目が〝復習〟をしているようなものであり、成績は定時制四年間を通じて常にトップクラスであった。高校卒業後はさらに神奈川大学電気工学科二部に進学し、八年間も夜学に通い卒業まで漕ぎ着けたのである。会社も転職することなく、半世紀にわたり住友電工一筋で定年まで勤め上げたのだった。

山下克巳は農業を営む父・進、母・テルの三男として昭和十七年（一九四二年）五月、宮崎県北諸県郡で生まれた。きょうだいは八人で、「男四人に女四人で、一番末の妹は生まれてすぐに亡くなった」という。

山下は小学校時代から成績が良く、中学は西岳村立西岳中学校に学んだ。生徒数は一クラス四五人で三クラス、一学年で一三五人の生徒がいた。山下の成績は三年間を通じて九割が「5」で、なかでも数学と理科を得意としていた。一方、中学では柔道部と吹奏楽部に所属し、吹奏楽部ではトロンボーンを吹いていた。柔道部より吹奏楽部のほうに力を入れ「合宿にも参加していた」という。ちなみにトロンボーンは社会人になってからも「ずっと続けていた」。身長一七〇センチで胸板も厚く体格のいい山下は、柔道では大阪の町道場に通い黒帯を取得した。

中学三年になり進路を決める時がやってきた。山下は高校への進学ではなく、少年自衛隊への入隊を希望していた。しかし、少年自衛隊に入るのはかなり難関で「試験を受けたが落ちた」という。ならばと次に選んだのは大阪の住友電気工業株式会社であった。同社には各製作所ごとに養成工を育成する「応心学園」があり、これに応募することに決めた。

養成工とは、昭和三十年代半ば頃まで大手製造業が中学を卒業した少年たちを採用し、会社で働きながら勉強させて一人前の職工に育成した制度である。応募倍率は高校入試以上であり、合格した者は寮生活をしながら三年間の社内教育を受けた。ただし、学校法人ではないため卒業しても「高卒」の資格はなく、多くの養成工修了者たちは夜学（定時制）に通い高卒の資格を得ていた。

山下であるが、住友電工の養成工志望者は宮崎県都城市全域から二〇〇名の応募があったという。職業安定所を通じての応募で、学科の一次試験を受けて七〇名が合格。さらに体力検査があり、学科の二次試験を受けて二〇名に絞られた。二〇名のなかからさらに面接試験などを受けて「最終的には四名が採用されることになった」という。山下はその四名の中に選ばれたのだった。中学を卒業したのは昭和三十三年（一九五八年）三月、山下は都城駅から日豊本線に乗って大阪に向かった。

「養成工の試験に合格した四名で一緒に、都城駅から集団就職の人たちが乗る列車に乗って日豊本線で大阪に向かったわけです。大阪に着いたのは翌日の朝だった。当時、住友電工は大阪市此花区に大阪製作所があった。兵庫県にも伊丹製作所があって、養成工は大阪製作所が二〇名、伊丹製作所が二〇名で、計四〇名の養成工が昭和三十三年七月まで合同で伊丹製作所にある『応心学園』で学ぶことになったんです。最初のころは毎日授業がありましたね。それで八月からは二〇名で大阪製作所で学ぶようになった」

学んだ学科は国語、社会、数学、物理、化学、英語など。修業年限は三年であり、一年生は入社した年の夏までは毎日授業があり、夏以降は午前中が授業で、午後は「工業高校の機械科で習うような旋盤を扱う実習などがあった」という。二年生になると週に二日の授業、三年生も週に二日の授業で、三年後に修了証書が授与された。

住友電工の沿革について見てみよう。

創業は明治三十年(一八九七年)四月に遡る。「住友伸銅場」として開設され、明治三十三年(一九〇〇年）になり逓信省納入用の硅銅線の製造を開始した。明治四十一年（一九〇八年）には電力用ケーブルの製造を開始、翌四十二年には通信用ケーブルの試作を開始した。明治四十四年（一九一一年）住友電線製造所創立。大阪製作所が開設されたのは大正五年(一九一六年)であり、昭和十四年(一九三九年）に住友電気工業株式会社に社名変更。昭和三十六年（一九六一年）には横浜市栄区田谷町に横浜製作所が開設された。令和二年（二〇二〇年）三月現在の住友電気工業株式会社（井上治社長）の資本金は九九七億三七〇〇万円であり、従業員数は二八万三九一〇人（連結）、単独六〇二〇人である。自動車関連事業、情報通信関連事業、エレクトロニクス関連事業、環境エネルギー関連事業、産業素材関連事業と幅広く事業を展開している。

養成工を修了した山下は、昭和三十六年（一九六一年）に横浜製作所が開設されたことから、横浜市戸塚区（現栄区）田谷町にある住友電工横浜製作所に配属されることとなった。同社の社員寮である横浜市戸塚区にある「東泉寮」に入寮し、本格的に同社社員としてのスタートを切った。

だが山下には、どうしてもやらねばならないことが一つあった。夜学への入学である。先に養成工は「学校法人ではないため卒業しても高卒の資格はなく、多くの養成工修了者たちは夜学（定時制）に通い高卒の資格を得た」と書いたが、山下もまさにその一人であり、昭和三十七年（一九六二年）四月、神奈川工業高等学校定時制電気科に入学したのだった。

本章「定時制高校の同期たち」では、電気科Ｂ組の卒業生三二名の中から芳賀次男・宮墓保昭・鄭燕光、そして山下克巳の四名を紹介することにしたが、これは次のような理由による。電気科Ｂ組のクラスの席順は五十音順に並んでいて、廊下側の列の私・基の前の席が宮墓保昭、左の席が芳賀次男、そして後ろの席が山下克巳となっていた。つまり隣り組同士だったということであり、鄭燕光は私の引っ越しを手伝ってくれお世話になったという縁で選んだわけである。山下は四つ年上であるから本来なら「山下さん」と呼ぶべきであるが、ここでは敬称を省略させていただく。

昭和三十七年四月、昼間部の高校生と合同での入学式が終わり、席順も決まり、夜学の授業が始まっ

1964年11月8日(日)、定時制高校3年のとき神奈川県の丹沢に電気科B組の希望者で登山。山下克巳(22歳)と写す(著者のアルバムから)

た。そして、土曜日は授業が終わると部活である。私は柔道部に入部した。私の後ろに座っている山下も柔道部に入部したことがわかり、私は後ろを振り向き山下に、

「柔道やったことあるの?」

などと、タメグチを利いた。山下は詰襟の学生服を着ていた。聞いた山下は「この小僧っ子が!」と思っていたのかもしれないが、黙ってニコニコしているだけであった。これが、四つ先輩で今に続く「山下さん」との出会いの始まりであった。国鉄(当時)横須賀線で山下は大船駅から、私は戸塚駅から通学していた。高校二年のとき、喫茶店に初めて連れて行ってくれたのも山下であった。

神奈川工業高校は当時、神奈川県では柔道部と相撲部が強いということで知られていた。校内には体育館のほかに柔道場があり、道場に隣接して相撲部のために土俵も設置されていた。

定時制高校４年（1965年）、修学旅行。姫路城をバックに山下克巳と写す（著者のアルバムから）

柔道部・部活の初日、私は受け身の取り方から始めたが、柔道ができるどころか山下は、中学時代から柔道を始め、大阪の養成工時代には町道場に通って二段の段位を允許されていた。内股を得意とし、三年生になると顧問の伊藤先生（高校一・二年のときに英語を教えていた）は、四年生を差し置いて山下を柔道部の主将に任命した。四年生には建築科で巴投げを得意とするＫ先輩がいたが、山下を主将に据えたのである。神奈川県の大会にも山下は出場し、個人戦で決勝まで進んだ。惜しくも敗退したが、団体戦では港高校の同じ相手と大将戦で対戦し、今度は山下が得意の内股で刈り倒し「一本」を取って勝利した。ちなみに私は、一年間で柔道部を退部しており、この大会には応援を兼ねて見学に行ったのだった。退部するとき、山下にこう言われた。

「いいか基君、卒業してから『柔道をやっていた』などと絶対に言うなよ」と……。根性のない私への一喝であった。この一言は胸にグサリと来た。

二年生になってからは卓球部に入ったが、これは三カ月もしないうちに退部することとなった。以後私は、どの部活にも所属することはなかった。

余談になったが、山下は文武両道の人であった。神奈川工業高校卒業後は、神奈川大学電気工学科の二部に入学し、八年間も夜学で学び続けた。大学に行くきっかけをつくってくれたのは、電気理論を教えていた堀内久磨先生であったという。

「一週間在学するだけでもいいから、大学の空気は味わっておいたほうがいいよ……」

こんなアドバイスを受けたという。一週間どころか山下は、卒業まで漕ぎ着けたのだった。

八年間苦学して大学まで卒業したのだが、住友電工では、定時制高校を卒業しても「高卒」としては認めてもらえず、大学二部を卒業しても「大卒」として認めてもらえなかったという。しかし山下は、会社のこの処遇を意に介さず、さして「不満を覚えることもなかった」という。会社に学歴を認めてもらうために定時制高校や大学に通ったのではなかったからである。養成工を修了したとき、山下らは会社側から次のような訓示を受けたという。

「あなた達には三年間、会社の業務を遂行してもらうために養成工として十分に学んでもらった。あとは実務の中で経験を積んで一人前の技能工として育っていってもらいたい」

山下の仕事は通信用ケーブルの製造および関連部品の製造、ケーブルの接続業務などであった。昭和四十九年（一九七四年）からは光ファイバーケーブルの製造を開始したことから、光回線に伴う業務が多くなった。山下が大学四年になった昭和四十四年（一九六九年）には海外にも製造拠点を置き、昭和五十一年（一九七六年）にはナイジェリアの大規模通信網工事を受注したことから、山下もその派遣社員の一人としてナイジェリアに赴くことになったという。

海外への出張はナイジェリアだけだったのか――。

「いや、ブラジル（三カ月）、フィリッピン（三週間）、インドネシア（一〇日）、マレーシア（一週間）、キューバ（一週間）・キューバ（一週間）とキューバが二回、そしてナイジェリアで、ナイジェリアが一番長く二年間だった。海外の支店の人が顧客を開拓し、われわれ現場を担当する者が実際に現地へ行ってPRを兼ねて工事を行うわけです」

アフリカ大陸の西北部に位置するナイジェリア連邦共和国での通信網工事は国を挙げての一大プロジェクトであった。住友電工からは三〇人、協力企業から二〇〇人、現地から数百人がプロジェクトに関わり働いていたという。しかし、ナイジェリアは治安が悪く、現地での二年間は半ば命がけでの仕事だった。

「強盗が入るのは珍しくなく、現地の人に注意されたのは、『強盗に入られたときのために玄関には必ず一〇〇ナイラ（三万円）用意しておくように』と言われた。実際に被害に遭った人はたくさんいて、私も一度、入られたことがある。命あっての物種だから一〇〇ナイラ渡して帰したんだけどね」

ナイジェリアに赴任したのは三七歳のとき、神奈川大学を卒業して七年ほど経ったころだった。その大学だが、山下は「四年間では卒業できなかった」という。会社での海外出張が多くなり、「大学を休まねばならず授業についていけなくなり……」、同期より二カ月遅れて昭和四十五年（一九七〇年）「五月」に卒業した。授業日数を満たし、追試を受けて卒業に漕ぎ着けたのだった。

定時制高校時代に話を戻そう。山下とは同じ戸塚区内に住み、下校時にはいつも一緒に、東横線の東白楽駅から横浜駅で横須賀線に乗り換えて私は戸塚駅で下車し、山下は一つ先の大船駅で下車して

2019年9月2日、横浜駅西口の居酒屋で恒例の神奈川工業高校定時制の同期5人会を開く。左より山下克巳、鄭燕光、芳賀次男、宮墓保昭、著者（基）。（通行人の若い女性にシャッターを切ってもらう）

いた。新聞やテレビなどで報じられることはなかったが、山下は横浜駅のホームで一度、人命を救助したことがある。少し酔っているらしい五〇歳代の男性がホームに転落した。否、飛び降りたのか転落したのか定かではないが、そこへホームの端から電車が滑り込んできた。私は一瞬足がすくんで動けなくなってしまったが、山下は「おっさん！」と叫び中腰になって男性に手を差しのべた。伸ばした腕が男性の手に届き、危機一髪ホームに引き上げて男性は事なきを得た。男性が山下にお礼を言ったかどうか、記憶にない。その滑り込んできた電車に乗り、山下と私は無言で帰路に就いたのだった。私は足がすくんで何もできなかった自分が恥ずかしく、情けない気持ちになった。

住友電工一筋、山下克巳は六〇歳で定年になるまで同社に勤め、定年後も二年間は嘱託として同社の関連企業に勤めた。結婚したのは大学を卒業した年、二八歳のときだった。神奈川県逗子市出身の振屋リエと結婚し、二人の子をもうけた。横浜市戸塚区原宿に住み、健康長寿でありたいとスポーツクラブに通い、たまには潮干狩りなども楽しんでいるという。

（二〇二〇年十月　記）

第13章 今は亡き同志たち

永井秀之伸

中卒後、与論小学校に用務員として勤務。大工見習いを経て、大工の技術だけを元手に鹿児島に渡り数十億円の資産家に

鹿児島中央駅前のバスターミナルから市営バスに乗ること約一五分、紫原七丁目のバス停に下車して五分ほど歩くと、松に似た大木とともに白壁に囲まれた城と見紛う豪邸が目に飛び込んでくる。道路沿いにあるこの本丸の正門左側には二階建ての車庫があり、裏手には建築中の住宅が建ち、この日平成十八年（二〇〇六年）七月三十日は日曜日であるにも関わらず工事中の槌音が聞こえてくる。

もしやこの家ではと正門に近寄ってみると、〝門柱〟には表札代わりに「貸ビル・貸家業」と刻印された白い看板が掲げられ、「㈲永秀建設」「㈲永伸建設」「ローソン紫原四丁目店」とあり、さらに「ホテル業」として「㈱パルクス」「㈲グリーン観光」の文字が列挙されている。

やはりこの家に間違いなかった。昭和三十六年（一九六一年）に同じ与論中学を卒業し、小学校の用務員を経て資産数十億円の実業家になった永井の自宅である。

有限会社　永秀建設

代表取締役　永井秀之伸

「永井秀之伸」とは、いかにも戦国武将のような名前だが、失礼ながら中学時代の永井の成績は「私、びんた悪かったでしょ」と当人が認めているとおり決して芳しいものではなかった。通知表には「3」が並び「2」もいくつかあり、「中の下くらいであったのではなかったかと思う」と永井は笑う。なぜ端から中学時代の成績を持ち出してきたのかというと、取材中に永井が、驚くべきことを口にしたからである。事業の成功の秘訣の第一は「記憶力」だというのである。そして第二は「真面目で嘘を言わないこと」であり、第三は「いい友達を持ち、悪い人とつき合わないこと」だという。

では永井は、どれくらいの記憶力を持っているのか。

「私は毎朝、三時には起きる。遅くとも四時か五時には起きて、伝票整理をしたり、会計をしたり、これを全部自分でやっている。従業員は置かないのが私の主義。それと私、びんた悪かった、頭悪かったでしょ。でも、記憶力はいいんですよ。

たとえば、建設現場に行くでしょう。現場にこう入りますがね。(様子を見るために) ぐるーっと回りますがな。それで何がどこにあった、どの資材がどこそこにあったちゅうのは全部覚えている」

——それは一回見ただけで?

「はい。ほれで、大工さんが『何を持ってきてくれ』ちゅうでしょう。聞いた私が、『その建材ならどこそこにあったはずだが、あれはどうしたの?』って訊く。そういうことも何回かありますよ。だから、私の見ている現場では (資材や建材を) 黙って持って帰ることはできない。材料とか、仕入れたものは全部私が覚えてるから……」

永井は「鹿児島相互信用金庫　田上支店総代」という肩書も持っている。現在、資産はどれくらいあるのかと、思わず訊いてしまった。「税務署が怖いから少なめに書いといて」と笑いながら永井は、「一〇億かな、一二〇億かな」と然り気なく言う。

「昭和五十一年に今の家に引っ越してきた。五〇〇〇坪くらいあるのかな。周りも全部、うちの土地。紫原だけで三〇〇〇坪ぐらいあると思う。県下には五十何カ所買ってあるから、正確にはわからない」

「正確にはわからない」というが、永井は資産の全貌を把握しているはずである。年商はいくらあるのかについては、あえて問わないことにした。

七月二十九日、与論空港を発った私は、当日の夜に鹿児島の始良郡加治木町に住む遠矢節子を取材したのちその日は同町のホテルに宿泊し、永井に電話を入れ翌三十日の午後二時に会う約束をした。永井の自宅で取材をするということになり、当日の午後に鹿児島市紫原七丁目の永井宅へ向かったのだった。社長になって羽振りのいい暮らしをしていることは風の便りに聞いて知っていたから、豪邸を見てもさして驚くことはなかった。驚いたのは彼が、日曜日であるにも関わらず炎天下で汗まみれになって働き、軽トラックを運転して目の前に現れたことである。屋敷裏で住宅建築の槌音を響かせていたのは、永秀建設の〝下請け業者〟と社長の永井本人であったのだ。

ランニングの肌着にカーキ色のズボンという作業着姿で運転席から下りてきた永井に、「日曜日も仕事をするのですか？」と訊いてみた。思わず敬語が出てしまう。

鹿児島市柴原7丁目にある永井の自宅。左端は車庫（著者撮影）

「休みの日は、ない。土日も仕事が入ってますから。個人業で、日曜日があるというのはおかしい。（ホテル業も営んでいるため）夜中の二時三時でも、ホテルとか回ってチェックしている。外から明かりを見て、同業者の客の入り具合も把握しておかねばならないから……」

「正月も盆暮れも休みはない。趣味は仕事」であると、永井はきっぱり言うのだった。

車庫のほかに自宅前には、コンクリートで車止めを設けて、五、六台の車が駐車できるように白線が引かれている。門をくぐる。庭にある松に似た大木は、「松ではなく一つ葉」であるという。

応接間に通されて、私は唖然とした。事務所代わりに使っているというその自宅応接間の大半が、書類で埋め尽くされていたからである。雑然と、山のように平積みにされている〝書類〟を見て「凄いなこれは」と目で説明を求めると、永井は微笑を浮かべながら自らの記憶力のよさを披露するのだった。

「伝票整理も、あちこちから送られてくる書類の整理も全部自分でやっている。事務員は置かない。送られてきたものをその日に（整理を）すまさなきゃいかんのあるでしょう。それを全部小分けして置いてあるわけ」

とても〝小分け〟してあるようには見えなかったが、永井がこの〝手法〟で事業を拡大してきたのは間違いない事実なのだ。

が、応接間のエアコンは奥さんのチドリさんが管理しているらしい。エアコンを操作するリモコンが見つからず、「リモコンはどこへやった⁉」と何度も催促する永井の前で、私は取材用のテープを回した。

中学時代の永井。卒業アルバムの写真から（後方右側は担任の川村俊武先生。左は英語を担当した山下清和先生）

大阪で株式会社奄美電業の社長をしている竹安次郎と同じく、永井秀之伸もいわゆる「集団就職者」ではない。昭和三十六年三月に中学を卒業すると、翌月四月から母校である与論小学校で用務員として勤めることになった。学校を出ても、家業である農業を手伝うか、大工の見習いあるいは道路工事の日雇いをして日銭を稼ぐ以外働き口のなかった当時の与論島にあって（日雇いにしても中学を卒業してすぐできる仕事ではなかった)、用務員として小学校で働くことができたのはきわめて幸運であったと言わねばならない。しかも永井の給料は、月額一万五八〇〇円であったというから、これは中学卒としては破格の待遇であったと言える。ちなみに、大学を卒業して永井とともに四月から与論小学校で教鞭を執るようになった新任の教諭二人の給料は月に一万三八〇〇円であったという。

用務員としての永井の仕事は、一時限目、二時限目、三時限目……と、授業の始まりと終わりに鐘を鳴らすこと、そしてたまに当直の先生に代わって宿直室に泊まり学校を見回ることであった。この仕事は永井が望んで選んだものではなく、小学校の校長をしている坂元久登美先生と永井の父親である鐘行さんが同級生であったことから、言うところの〝縁故就職〟で決まったものであったという。

「与論小学校の附属幼稚園に、南先生という私と同じ東区に住んでいる先生がいた。その先生が家に来て『明日から小学校に出てきなさい』と……。校長先生とうちのオヤジの間でそういう話ができていて、小使い(当時は用務員のことをこう呼んでいた)として働くことになった。女の人もいて、その人たちは給食のミルク(脱脂粉乳)をつくる係で、私は鐘を鳴らす係になったわけ。それと、たまに先生の代わりに宿直があって……」

永井は用務員をしていたころ、二人の新任の先生に次のようなことをよく言われた。

「君はいいなあ、一六歳で高い給料をもらえて。私たちは大学を出ても一万三八〇〇円しかもらってないんだよ。二三歳で、君より七つも年上で……」

このような破格の待遇を受けながら、永井はしかし、一年後に用務員の仕事を辞めている。鐘を鳴らすだけの仕事が性に合わず、「飽きが来た」ことと、「宿直の仕事が多くなってきたから」である。

「先生の飲み会などがあると、私に宿直の仕事が回ってくる。それがだんだん嫌になって、一年とちょっといて学校を辞めることになった。校長先生との義理もありますから、本当はずっと学校におらにゃいかんかったですけどね。それで辞めてからは、酒匂家具屋というところに見習いで入った」

永井は用務員を辞めるに際し、本来なら教頭先生を通して辞職すべきところ、いきなり校長先生に「辞めたい」旨申し出て、教頭先生に怒られることになったという。転職先で提示された給料は二七〇〇円。このことを教頭先生に告げると「『君はバカじゃないか』と言われた」。だが、手に職をつけたいと思っていた永井は、「家具をつくるほうが好きですから」と言い、気持ちを翻すことはなかった。「お金のことはあまり考えてなかった」という。

しかし、永井は、家具づくりより「本当は建築大工の仕事がしたかった」のだという。家具職人見習いの仕事は一年で切り上げ、護岸工事の日雇いの仕事で「半年ほどのブランクを置いて……」のち、同期の竹野勝美や林利弘が働いている吉田工務店に大工の見習いとして勤めることになった。日雇いをして半年ほどの〝ブランク〟を置いたのは、与論島という狭い村社会のなかで家具づくりの仕事からそのまま似たような業種の大工の仕事に移ったのでは、「家具店の親方である酒匂さんに申し訳が立たないと思った」からだという。

永井は吉田工務店で三年間みっちり修行を積み、大工の技術をある程度身につけたのち故郷である与論島を離れた。姉のいる鹿児島へ移り住み、「成人式は鹿児島で迎えた」という。そして、鹿児島に移ってからの永井は、中学を卒業して高給の仕事に恵まれたようにすべてがトントン拍子に進み、現地の工務店の仕事を足がかりに人脈を得て事業を拡大し続けていくのだった。

2005年1月3日、与論中学校第13期卒業生の還暦祝賀会が催され、永井(前列右端)も出席。与論小学校卒業生のみによる記念撮影。前列左より横山俊文、杉正男、椛山恵子、坂元良子、野﨑末子。中列左より阿野トシ子、竹内文子、野口須美子、酒匂カツ子、竹島けい子、基(著者)、熊谷みつ子、酒匂敏恵、酒匂カツエ。後列左より尚樹仁一、竹内栄次郎、里光川悦、池田一彌、市村清秀、野澤秀昭。還暦祝賀会後、横山俊文、永井秀之伸、市村清秀、池田一彌は他界した

本稿の取材の目的は中卒集団就職者の〝航跡〟を辿ることにあるのだが、永井へのインタビューになると勢い、企業経営のノウハウを訊くことが話の中心になってしまう。先にも述べたように、経営を成功させる秘訣として永井は「記憶力」、「真面目で嘘をつかない」、「いい友達を持ち、悪い人とつき合わない」の三点を挙げているが、ほかに事業を拡大できた要因はなかったのか……?

昭和四十七年(一九七二年)七月から四十九年十一月にかけて政権を担当した田中角栄内閣(第六十四代〜第六十五代)の「日本列島改造論」の波に乗ったのが、「つきの始まりではなかったか」と永井は言う。

田中政権が誕生したのは昭和四十七年七月七日であった。のちには〝金権政治〟を指弾されることになる田中首相であるが、政権発足当初

は、赤貧の家庭から総理大臣の座にまで登り詰めた「庶民宰相」として国民の人望と期待を集めていた。政策の目玉に据えたのは「日本列島改造」構想である。「電算機付きブルドーザー」の異名を持つ田中首相は、政権発足後間もなく私的諮問機関である日本列島改造問題懇談会を立ち上げ、八月七日に行われた同懇談会の発会式で「土地、住宅、物価、公害と問題は山積しており、日本列島を改造しなければこれら問題は解決しない」と挨拶した。

この「日本列島改造」構想には賛否両論があった。島国日本のあちこちで建設の槌音が聞こえ好景気に沸いた一方、負の側面で言えば、物価の上昇と社会的不公正が拡大していった。田中政権発足前の昭和四十七年四月から発足後の九月までの半年間だけで地価上昇率は八・四％となり、株式投機や土地投機が続出した。昭和四十八年五月の全国高額所得番付けで、上位一〇〇人中、九四人までが土地を所有する者が独占するという異常事態が発生したのである。

永井も、田中首相のこの列島改造のブームに乗ったのだという。永井の場合はしかし、代々受け継いできた土地を売って儲けたという、言うところの〝土地成り金〟ではない。与論島で大工の見習いを終えたころの手間賃は日額八〇〇円。三年間で身につけた大工の技術だけを元手に鹿児島に渡り、数十億円の財を成したのである。

鹿児島に渡ってからは「平田さんという大工について半年ほど働き、二一歳からは請け負いの仕事をした」。二三歳でマイホームを持ったという。市内宇宿町に買った土地は三〇坪。土地代九〇万円、建物四〇万円、合計一三〇万円で土地と家屋が手に入ったという信じ難い話であるが、建築費が安く上がったのは永井自身が設計・施工に携わったからであることは言うまでもない。

請け負いの仕事は波に乗った。昭和四十七年にはさらに田上台二丁目に家を新築。列島改造のブームを追い風に仕事が増え、昭和五十年（一九七五年）十月には有限会社永秀《ながひで》建設を設立した。市内紫原の現在地に新居を構えたのは翌五十一年で、「それからはトントン拍子で今日まで来た」という。事業を拡大する手法として永井は、「従業員を雇わず、すべて下請け制で通してきた」。これを成功の要因の一つに挙げている。

「ま、自分は運がいいちゅうか、運の良し悪しちゅうのは何年かに一回ずつ誰にも回ってくるんですよ。あとは、運が回ってきたときにそれをどう自分のものにするかと……」

これまで、挫折したことはなかったのか。

「挫折ちゅうか、いちばん最初、二二、三歳のとき、『これに出資すれば儲かる』と言われて、ある法人会社に出資して失敗したことがあるんですよ。儲かるという話があったときに、ある金融機関にお金を借りに行った。したら『この金を何に使うのか？』、『融資して儲けるんだ』、『それじゃあなた、ひっかかるよ』という話になって、『とにかく、いいから借してくれ』と……。で、借りてその会社に出資したんだけれども、私に『危ないよ』と忠告してくれた金融機関の次長さんの言うとおり、結局ひっかかってしまった。いい勉強をさせてもらったけれども、その次長さんは現在は副理事長になって、今もお世話になっています」

この苦い経験から永井が学んだのは、「相談事は、信用のおける人だけにしか相談しない」ことであるという。

同窓生たちと。2005年1月4日（還暦祝賀会の翌日）、希望者だけで与論島内を観光。前列左より永井秀之伸、岩井マツエ、大湾文子、野村正子、野田美津子。後列左より山元孝安、野﨑末子、稲沼ミサエ、川上重光、柳田末子、坂元良子、竹安次郎（著者撮影）

金融機関をはじめ人脈に恵まれていることも、永井の経営をスムーズにしている大きな要因となっている。会社を二回倒産させたというさる家具製造会社のC社長は、永井に次のようにアドバイスした。

「会社が潰れたからといって、それを洗いざらい他人に話してはいけない。また、たとえ会社は潰れても、自分の体力だけは温存しておかなくてはならない」

なぜか。その理由について永井は言う。

「他人に弱味を見せてはいけないということ。会社が潰れることとは、自分の弱味になってきますがね。体力というのは、資金力じゃなく、肉体的な体力のこと。事がうまく行かないと、だいたいがみんな、体力が衰えてくるんですよね。一時代を築いた実業家でも政治家でも、叩かれてからおかしくなっていくでしょ。体力があれば、やり直しがきくんで

2013年2月23日（土）鹿児島で13期卒業生の同窓会が開かれる。前列左・町ひろこ、右・辻ミツ子。2列左・日高タカ子、右・野口卓雄。3列左より山元孝安、池田實子、吉田美代子、龍野勝子。後列左より竹安次郎、壇喜美子、遠矢節子。この同窓会には永井秀之伸（写真下）も出席していたが、「体調不良」により退席。2014年7月、肺がんにより死去。その後、野口卓雄、町ひろこも相次いで他界した

す。

　会社を二回潰した家具屋の社長さんは私に言った。『気力、体力をつけろ。体力が第一ですよ』と。そう教えてくれた社長さんに、しばらくして会ったら、会社を持ち直していたんです」

　昭和五十年（一九七五年）に資本金一〇〇〇万円で有限会社永秀建設を設立した永井は、のちに同社を資本金六〇〇〇万円に増資。昭和六十年に有限会社秀伸建設設立。平成元年、ローソン紫原四丁目店オープン。平成七年、有限会社グリーン観光設立。平成八年、株式会社パルクス設立。これら会社の資本金は永秀建設の六〇〇〇万円を除き、いずれも五〇〇〇万円であるという。

昭和四十六年（一九七一年）、二六歳で結婚し、妻・チドリさんとの間には二人の子をもうけた。昭和五十年に設立した永秀建設で代表取締役を務めている以外、他の会社はすべて長男・秀美《ひでよし》さんと次男・伸彦さんの名儀で設立したという。

「金をつけてくれる人がいることがまず大事。今日いくら土地代が要るからと、バンと借りて、土地が売れたときはすぐ返す。うちには買い付け専門の連中がいて、彼らが宅地造成とか買い付けをしながら仕事をぼんぼん持ってくる。で、私は事務所を置かず、携帯電話で要件をすべて聞く。それで、買い付けに行くときは外車には乗らず、国産の高級車か軽自動車か軽トラックで行く。外車で行くと、これ（ヤクザ）と間違えて相手が警戒しますがな。不景気のときでも、うちは新築現場、自社物件が一〇件ぐらいありますから。仕事に追われてますから、ずっと休みもないんです」

永井はこう言って、事業を拡大し今日を築いた手の内の一端を明かした。

（二〇一一年十二月　記）

◇

平成二十六年（二〇一四年）七月五日（土）、東京・池袋で関東在住の与論中学第一三期卒業生の同窓会を開いているときだった。携帯に電話が入った。永井秀之伸の子息・伸彦さんからだった。「父が今日、亡くなりました」。鹿児島で告別式が行われたのはその二日後の七月七日だった。

前年の二月二十三日（土）、鹿児島で同窓会が行われた。宴も酣になったところに永井秀之伸がハンチングにマスクをして現れた。小顔の永井がマスクをすると顔の大半が隠れ、目だけがギョロリと光っていた。「風邪で入院していたが病院を抜け出してきた」のだという。料理に手を付けず酒も飲まず、水だけを飲んでいた永井はしばらくして黄色い財布から一万円を抜いて幹事に差し出し「体調が良くないから」と言い退席した。翌日、永井から電話を貰い「実は肺がんなんだ」と知らされた。以後、連絡を取り合いつつ一年以上が経過した。「手術をしたが経過が芳しくないから別の先生に診てもらいたい」ということになった。

肺がんが専門の元病院長の医師に永井の病状を伝え「どなたか良い先生はいらっしゃいませんか」と尋ねたところ「それならこの医師をおいてほかにない」ということを聞き、永井にそのことを伝えた。川崎市にある大学病院のM医師だった。永井が上京する日取りを決め、迎えに行く手はずを整えていた。その日が一週間後に迫った平成二十六年（二〇一四年）七月五日、池袋での同窓会の日、伸彦さんからの訃報を聞いたのである。告別式は二日後だという。

七月七日、鹿児島に向かった。告別式には大勢の人が参列し、手広く事業を営んでいる永井の顔の広さを窺い知ることができた。同窓生からは鹿児島在住の遠矢節子、池田實子、辻ミツ子、野口卓雄、そして山元孝安の奥さん・山元節子さんが参列していた。お通夜には同窓生の日高タカ子、塙喜美子も参列していたという。

野口卓雄と共に棺の中にいる永井と対面した。花を添えながら野口は「秀之伸、さようなら」と言い、涙を浮かべていた。小・中学時代から勉強ができ屈強であった野口の涙をこのとき初めて見た。意外な気がした。そして、その野口卓雄もまた、永井を見送ってから二年半後の平成二十九年（二〇一七年）四月六日、永井のもとへと旅立っていったのだった。

野口は与論中学の卒業生ではない。中学三年のとき受験のために鹿児島の中学に転校し、甲南高校を経て福岡大学商学部に学び、定時制高校の教師になった。福岡大学ではレスリング部を創部したと言っていた。高校教師を定年退職してからは「仲間と共に酒を飲みながら炭焼きをして楽しんでいる」と、嬉しそうに話していた。ときどき薩摩焼酎・屋久島産の『三岳』を送ってくれたりもした。

野口との思い出で忘れ難いのは、野口が大学四年のとき帰省時に鹿児島を出港した『あけぼの丸』で偶然一緒になったときのことである。沖永良部の和泊港で船が碇泊している間に「下船しラーメンを食べに行こうか」ということになり、食べて終わって碇泊しているはずの船に戻ったら桟橋を離れ出港しかけていたのだった。二人して「オーイ！」「オーイ！」と大声で呼び止め、何とか桟橋に戻ってきてもらった。『あけぼの丸』が五〇〇トンという小さな船であったからこのような融通がきいたのかもしれない。このとき野口は船中で、大学の卒業論文を推敲中であった。野口に送ってもらった『三岳』一瓶は封を切らず手元に置いてある。

永井秀之伸との思い出としては、小学六年のとき共に机を並べて授業を受けていた。その彼が実業家として活躍しているという話を聞いたとき、「集団就職」の本ではぜひとも彼に会って話を聞きたいと思っていた。永井には、この本の校正刷りは読んでもらっている。永井が元気なうちに、本書を形にして見てもらえなかったことを今、悔いている。

（二〇二〇年九月　記）

横山俊文

中学卒業後大阪に縁故就職。転職ののち九電工に定年まで勤め、晩年は釣りと酒漬けの日々……。「俺の人生はこんなはずじゃなかった」と肝不全で眠るように逝った同期の盟友

横山俊文（よこやま・としふみ）。やがては古希を迎えようという二〇一三年（平成二十五年）十月八日、肝不全により六九歳で永眠した。妻・タカ子さんによると、「病が重くなって血を吐いても病院に行かなかった。（延命のための）点滴はしたくない。点滴はするなと言っていました」。

「亡くなる前になるとご飯を食べなくなりました。肝硬変が進行し肝臓が働かなくなっていたからだと思います。主人が動かなくなったときは、隣りの人が警察を呼んでくれました。亡くなってから診ていただいた先生は『骨は焼けただれ、肝臓は溶けていた。あんなになるまで我慢して、相当苦しんだはずだ。よく我慢できたものだ』と仰っていました。直接の死因は肝不全でした」

二四歳で株式会社九電工に入社。九電工を定年まで勤め上げた横山の晩年は「釣りと酒漬けの日々……」であったという。また、パチンコが好きで「暇があればよくパチンコをしていた」とタカ子さんは言う。そして時々、「俺の人生はこんなはずじゃなかった」と漏らしていたともいう。

与論小学校で六年間クラスを共にした横山俊文の幼名（島名）はマサで、元々は「吉田」姓であったが小学校低学年のときに母・チヨさんが横山治興氏と結婚したため「横山」姓になった。与論中学に入学してからも一年のときは富岡光則先生が担任を務める一組で同じクラスになった。横山は教科では社会科を得意とし、特に歴史には強い関心を持って良い成績を収めていた。

与論小学校は朝戸・城・西区・東区の四つの地区から児童が集まって学区を形成していたが、朝戸や東区出身の男子が一〇人ほどいたのに対し、城は池畑富吉と市村清秀、堀栄作の三人。そして西区は横山と私・基の二人だけだった。近所に益田俊悦という腕っぷしの強いクラスメイトがもう一人いたが、彼は小学三年の夏休みに福岡県大牟田のほうへ転校していった。このときは突如として友を一人失い寂しい思いをした。横山も同じ気持ちでいたと思う。その益田が小学校五年生の夏休みのとき一度与論に帰ってきたことがあったが、益田の家に横山とともに遊びに行き、稲刈りの終わった田圃の中でキャッチボールをして遊んだ思い出は今も忘れられない。グローブなど持っているはずもないから三人ともに素手によるキャッチボールで、軟式野球のボールは東京にいる姉から送ってもらったものだった。「このボールはどうしたの?」、「もうろうた?」（貰ったの?）と大牟田弁で益田に訊かれたときは彼が垢抜けて見え、なぜかたじろいでいる自分がそこにいた。

この「集団就職」の原稿を書くために益田のことをふと思い出し、福岡県に住んでいることがわかり、平成三十年（二〇一八年）九月一日、六二年ぶりに電話をかけてみた。益田は、横山と私と三人で遊んだことをよく覚えていてくれ、当時のことを懐かしみ近況などを語り合った。益田に私が最も訊きたかったのは、なぜ大牟田のほうへ転校していったのかということだった。親戚筋である野口家に「養子に行った」のだという。そうだったのか……。したがって彼は「益田俊悦」ではなく「野口俊悦」になっていたのであり、中学卒業後は就職ではなく福岡県立南高等学校に進学したとのことだった。高校卒業後は京都のクリスマス人形をつくるパジャマドールに就職したというが、「輸出に力を入れていた会社が（一九七三年の）第一次オイルショックで経営難に陥り退職し、福岡に戻ってガソリンスタンドに勤めるようになった」という。

「俊文が亡くなった」ことを告げると、彼は残念そうに「そうですか……」と語調を落とし、しばし会話は途切れた。益田（野口）は今、定年退職後も元気で「ガソリンスタンドで働いている」という。

1962年3月、1年後輩の青山秋夫を職場に迎え喜ぶ横山（著者のアルバムから）

横山俊文は漫画が好きで（横山に限らず男子は誰もが漫画が好きだったが）、『少年画報』誌に連載されていた福井英一と武内つなよしによる漫画「赤胴鈴之助」に触発されて、二人してよく手ごろな木の枝や竹の棒でチャンバラごっこをして遊んだ。

その遊びのなかで今でも忘れられないのは、小学校の東側にある石垣を積んだ土手のガジュマルの木で級友らとともに枝から枝へと飛び移り鬼ごっこのような遊びをしていたときのことだ。横山が、枝をつかみ損ね数メートルほどあ

1963年4月28日、与論の自宅庭で4歳になる姪の和子ちゃんと写す（著者のアルバムから）

る石垣の下へ落下した。頭から落ちれば首の骨が折れてもおかしくない高さだった。と、横山はなんと宙返りをして「トーッ！」という気合いもろとも両足で着地して事なきを得たではないか。一瞬の出来事に皆はアッ！と息を呑んだが、かすり傷一つ負うこともなく横山はまた遊びの輪に加わったのだった。

中学を卒業すると横山は、縁故就職で大阪市生野区のほうへ就職していった。ハンドバッグや財布、名刺入れなど皮革製品をつくる個人経営の会社だった。一年後には、横山の近所に住んでいた後輩の青山秋夫も横山の会社に就職したが、ともに写したツーショットの写真を横山は手紙の中に同封し送ってくれた。気心の知れた後輩とともに働ける喜びを綴った文面だった。

横山とは中学を卒業し就職した二年後（昭和三十七年）の一月、大阪で再会した。結婚した私の姉が大阪に住んでおり、姉のところに遊びに行ったのを機に横山と会ったのだった。横山が待ち合わせ場所に指定したのは大阪市北区にある曽根崎警察署前だった。髪をリーゼントにしていた横山はジャンパーを羽織り、私はカーキ色のトレンチコートを着ての再会だった。当時はまだ未成年だったが、彼は煙草をふかしていた。ケースから煙草を出すときは得意げに指でケースの底をポンとはじいて取り出し、にこにこしながら煙草を銜えていた。「俺は大人になったんだよ」という視線をこちらに向けながら……。

横山は自作の皮革製品「名刺入れ」と、カフスボタンをプレゼントだと言って私にくれた。私も何かを買って持って行ったはずだが、何を贈ったのかは思い出せない。彼にもらった名刺入れとカフスボタンは使うのがもったいなくて今も大切にしまってある。

横山とはいつしか手紙のやり取りも途絶えてしまったが、ともに働いていた青山秋夫によると、大阪の会社には三年ほど勤め故郷に帰ったようだ。青山も「俊文兄が辞めるなら俺も辞める」と、大阪を後にした。

与論島在住の青山が、当時のことを次のように話してくれた。

「ハンドバッグなんかをつくるその会社には、俊文兄に呼ばれての縁故就職でした。従業員は俊文兄と私を入れて四、五人で、会社というよりは個人経営のようなところで、住み込みで働いていました。

私は三年ちょっといて、俊文兄と一緒に辞めました。島に帰ってからは私は、土建の仕事をしたり配達の仕事をしたり……。配達は、ジュースなどの配達をしていました。俊文兄のほうは、武藤工務店などで働いていたと思います。その後は九電工に入り、九電工には定年まで勤めていたと聞いています」

こう語ってくれた青山秋夫は今、与論島

横山がプレゼントしてくれた手作りの名刺入れとカフスボタン

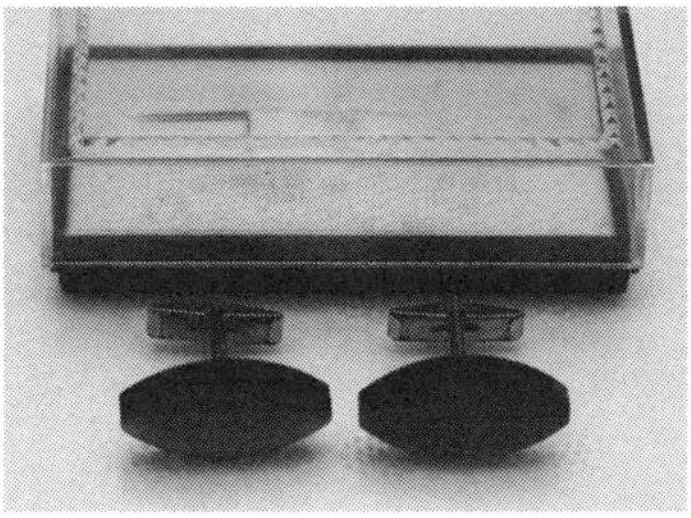

で黒毛和牛を肥育して生計を立てている。ちなみに青山秋夫の消息について情報を提供してくれたのは、神戸市在住で、現在は熊谷姓になっている横山と私の同期生・青山みつ子である。長身で大人びていた青山とは中学三年の夏休みに、仲田タカ子や梅花サエ子ら一〇人ほどでグループをつくり稲刈りのアルバイトをしていた。青山が女子の責任者、私が男子の責任者で、時給二〇円のアルバイトだった。なぜか横山はこのアルバイトに参加することはなかった。「本当は高校に行きたかった」と周囲に漏らしていたという。しかし彼は中学二年になったとき選択科目で「英語」ではなく「職業科」を選択していた。夏休みには受験勉強でもしていたのであろうか。

大阪の会社を辞めて故郷に帰った横山は、「しばらくは工務店に勤めていた」と青山秋夫は言う。この言葉を裏付けるように、横山と同期の池田徳栄から次のような話を聞くことができた。

「短い間だったんだけど、私が武藤工務店という会社でアルバイトをしていたとき、横山君とは一緒に働いたことがある。私がトラックの運転手をして、彼はアルバイトで助手として一緒に働いた。でもそれは、一カ月ちょっとぐらいだったんだけどね」

こう語る池田徳栄は、今は横浜市に住み、大串建設株式会社でトラックの運転手として働いている。運転手の中でも七四歳と最年長の彼が、三〇人ほどの部下の指揮を執り、「大成建設、大林組、たまには清水建設の仕事などを請け負って……」現役で働いているという。乗っているトラックは超大型の「一〇トントラック」だという。「体が動けるうちは働くつもり。働かなくなったらボケて駄目になってしまうから」と池田は言う。

しばらくは定職を持たない横山であったが、運が向いてきたのは株式会社九電工の社員として働くようになってからだった。電気工事の仕事に従事し、二一歳のとき二つ年下で同じ与論島出身の川田タカ子と結婚した。

横山の妻となったその川田は集団就職者だ。両親を知らずに育ち、母方の祖父母に育てられ茶花小学校を経て昭和三十八年（一九六三年）三月に与論中学校を卒業。卒業後は大阪府泉南地域に位置する貝塚市水間にある田中織布株式会社に同期生の野本良子、上田和子とともに就職した。川田が勤めた田中織布も昼夜を問わず機械が稼働し、昼勤・夜勤と二交替制の勤務体制をとっていた。寮生活で立ちっぱなしの仕事は「きつかった」という。二年ほど勤めたところで大阪市に住む伯母から「交替制で昼も夜も働くのは大変だろう」という声が掛かり、大阪市のチョコレートをつくる会社に転職することになった。田中織布に比べれば楽な仕事であったが、一年間勤めたあと与論に帰ることとなった。育ててもらった祖母に「将来のために手に職をつけたほうがいい」と言われたからで、祖母が勧

田中織布に入社し、仕事にも少し慣れてきたころ。後方左が川田タカ子、右が上田和子。左下が2級先輩の川上ちえ子、右が同期の上田和子。写真提供：横山タカ子さん（以下、同）

田中織布㈱のバスの前で同期入社した上田和子（左）と川田タカ子（16歳）

1971年、沖永良部空港ができた頃に義父・治興さんを呼んで3人で空港を見物した

めたのは「大島紬を織る」仕事だった。一八歳で故郷に帰り、まずは「機織りの見習い」から始めた。

「機織りは野田ひろこさんという方に教えていただきました。私より二つ年上の方で、最初は機を織る前にする糸巻きの仕事から教えていただいたんですけどね」

機織りを始めて一年ほど経ったころ、川田は、先輩・野田ひろこと同期の横山俊文と結婚することになったのだった。横山二一歳、川田一九歳のときだった。

「結婚してからしばらくは島でぶらぶらしていたんですが、沖永良部で大工をしている叔父の吉田忠弘さんを頼って沖永良部に行ったんです。主人は忠弘叔父のもとでしばらくは大工の見習いをしていましたが、大工の仕事は性に合わなかったのか途中で辞めてしまいました。その主人が本気でやる気になったのは九電工に勤めるようになってからなんです。会社のお蔭で福岡まで行って研修も受けて、電気工事、外線、玉掛技能講習なども受けて、電気関連でいくつかの免許を取り九電工で定年まで勤め上げました」

夫・俊文について妻・タカ子さんが語った言葉である。生活も安定するようになり、二人は長女・初恵、次女・寿江、三女・智美と三人の子宝に恵まれた。昭和四十四年（一九六九年）に沖永良部に空港ができ、その二年後に義父・治興さんを呼んで親孝行もしている。治興さんは、鹿児島県の無形文化財に指定されている与論島の豊年踊（十五夜踊）で太鼓の打ち手を務め、横山はこの義父を誇りに思い慕っていた。

本稿のための取材は令和元年（二〇一九年）七月十四日（日）、電話によって行われた。タカ子さんは取材の途中、「九電工で最もお世話になった人がいる」と言い、その人の名を思い出せないでいた。そこへたまたま実家を訪れていた長女・上田初恵さんに電話が替わり、こう補足してくれた。

「花田常人さんという方です。鹿児島から三年間沖永良部に所長として来てくださった方でした」

「横山班」の班長として現場に向かう前にミィーティングをしている

電話は再びタカ子さんに替わった。

「その花田さんに横山は、仕事のことだけでなく精神面も含めて、一から一〇まで教えていただきました。花田さんは横山の上司であり、人生の恩師でもあります。花田さんには本当に感謝しています」

定年まで九電工に勤め、二五〇〇万円の退職金が支給された。「退職金で家を新築し、お墓を建てた」という。横山は六〇歳になり定年退職してからも、九電工に嘱託として勤めていた。

平成十七年（二〇〇五年）一月三日、与論町のパークホテルにおいて与論中学第一三期卒業生の還暦祝賀会が行われた。与論島の兄島と言われている沖永良部島から出席した横山は、同窓生への差し入れとして沖永良部島の黒糖焼酎『れんと』を半ダース持参して会場に現れた。横山とは年賀状でのやり取りはして

㈱九電工「横山班」のメンバー６人とともに（前列左端が横山）

いたものの、曽根崎警察署前で会って以来四十数年ぶりの再会であった。クジ引きで席を決めることになり、運よく横山と同じテーブルの席を引き当てたが、別の席へ移動しなければならなくなり、横山とは満足に話もできずそのまま宴は終わり閉会を迎えることとなった。

会場の出口のところで二次会に出席すべく帰り支度を整えていると誰かにドンと背中を叩かれた。横山であった。久々の再会であるにもかかわらず会話もままならないことに対し「水臭いぞ！」という彼なりの苛立ちの挨拶だったと思う。私は「おお！　本番はこれからだよ」と返した。二次会もあり、明日もあるから「じっくり話す機会はいくらでもある」という意味であった。しかし横山は、二次会には出席しなかった。そして翌日、電話をしたのだが、もう沖永良部に帰ったとのことであった。ええっ！と私は驚いた。後悔先に立たずであった。四十数年ぶりに再会したにも関わらず、互いの近況を語り合うこともなく別れることになったのである。それでもたまに電話をし、年賀状のやり取りはずっと続いていた。

その横山が「亡くなった」という寝耳に水のような訃報が届いたのは平成二十五年（二〇一三年）十月のことだった。十月八日に亡くなり、その二日後に同期生からの電話で彼の死を知ったのである。

翌年四月十五日には、与論島で第一三期卒業生の古稀の祝賀会が開かれることになっていた。

――俊文さんが九電工で働いていたころの写真や、お二人で旅行されたときの思い出の写真とかありましたら送っていただけませんか。

クレーン車に乗り現場での作業風景。横山は現場監督をしていた

タカ子さんにお願いしてみたところ、写真とともに長女・初恵さんが綴ったという『私と父』と題する手記が送られてきた。以下に紹介するのがその手記の全文である。

《私と父の親子関係は普通とは少し違うかもしれません。例えるなら、「父と息子」の様な感覚だったと思います。幼い頃の父の印象は、常にお酒を飲み酔っている印象と、昔ながらの頑固で亭主関白でした。特に、酔うと、大きな声で話し、よく母と喧嘩して居たのを記憶しています。

最も印象に残っているのは、父は酔うと気性が荒くなり、母も私も叩かれていたのを思い出し、子供心ながら父に対して余り良い感情を持っていませんでした。

家庭での父の印象は、私が思うに飲んだくれて暴れる父親としか思っていませんでした。そのせいか、中学・高校と、父母に対してかなり、迷惑をかけ、反抗期でもあり、両親を

自宅近くの白浜港でカスミアジを釣り上げピースサインをする横山。右は初恵さんの夫・上田哲也さん

困らせ、何度父とぶつかったか、数知れずでした。妹の寿江や智美も私のせいで何度怒られたか知れません。長女として、姉としては最悪の姉だったと思います。

　高校を卒業して、大阪に上京して半年過ぎた頃主人と知り合い、結婚と出産、当時私は19歳、主人は21歳でした。

　若くして、親になり、経済的にも困難で沖永良部へ帰郷、帰郷した時に2番目の子を妊娠中で、その後もう1人授かり、男の子３人の親となりました。沖永良部に帰郷してから父や母の経済的援助や、精神的な支えがあり、無事、３人の息子達を育てあげる事が出来ました。父も孫が男の子３人と言う事で喜んでくれ、不器用ながら孫達の世話をしてくれました。特に長男とは、一緒に魚釣りに行ったり、次男の小さい頃には、夏祭りに次男を抱っこして連れて、その顔はとても穏やかで優しいじいさんの顔でした。また妹の寿江や智美も、おいっ子達をとても可愛がってくれて、子供達も喜んでいました。そんな妹達も、高校を卒業し島から上京し、次女の寿江は一旦島に帰郷し、その後２００５年に結婚、末の妹智美は今、大阪で介護の仕事に従事して頑張っています。

　今思えば、妹の結婚式で、兵庫県有馬温泉へ行き家族で旅行したのは初めての事であり、父にとっ

2005年5月3日、次女・寿江さんの結婚式の前に、京都映画村を観光。晩年は穏やかな日々を過ごした

ても感慨深い思い出であったのではないでしょうか。旅行中の父は普段みせないくらい幸せそうな笑顔だった事を今も鮮明に思い出し懐かしく思います。

その妹も今や2児の母です。私も3人の息子の親となり、子供が成長するにつれて、段々と父の思いが理解できるようになって来ました。

父の考えや思いが、理解出来るまでかなりの時間が経過してしまいましたが!

そんな父も長年勤め上げた㈱九電工を定年となり、定年後も数々のアルバイトをしておりましたが、生涯現役でいたかったのでしょうか?

お酒を飲む量がだんだん増え、体を壊す様になり、体も昔に比べどんどん痩せて行く父の姿を見ながら複雑で悲しい思いでした。

それでも大好きなお酒を止める事はせず、自分の意志を通した父、その意志の強さにはおどろく程でした。父が亡くなる3年前位から、私に対し急に優

2005年5月5日、次女寿江さんの結婚式、挙式前に記念撮影（新神戸メリケンパークオリエンタルホテル会場にて）

有馬温泉、ホテルの部屋で。（左上）長女・初恵さん、（右）三女・智美さん

しくなり、母に対しても昔に比べ、穏やかになり、その頃は父は先の事を考えて居たのかも知れません。言葉足らずの父でしたが、今までの事に対しての私と母への謝罪であったのでしょうか？　言葉では言わず、行動でしめした父なりの思いであったのだと感じました。

また亡くなる1年前には、次女の寿江家族や親しい友人に会い、体調が悪いながらも友人をもてなしたと母から聞いています。

人間は、亡くなる前に最後の力を会いたい人の為にふりしぼる力が出るのでしょうか？

寿江の娘、息子、家族と毎日海へ海水浴へ行き、孫達と時間をおしむようにいつまでも孫達の傍をはなれず一緒にすごしていた様です。それから、程無くして父は具合が悪くなり、寝て起きてのくり

1995年6月、㈱九電工沖永良部営業所の社員全員で釣り大会を開く。その後レクリエーションと飲み会（前列中央が横山）

返し。

10月に入り台風が沖永良部に来襲、父が亡くなる10月8日。

父は朝早く起きて台風後の片付けをして、その後自室で大好きな焼酎を飲んでから、横になると眠る様に息を引き取りました。

私に取って父の存在は、不器用で、平成の時代では生きづらい人であったと思います。

また、私と父は、お互いにケンカする事でしか向き合えなかった事が残念ですが、父と真剣にケンカして向き合えたからこそ、今の私があるのかも知れません。

今年の10月8日に無事七回忌法要も終え、改めて父の事を思う機会を作って下さりありがとうございました。

横山俊文の人生は波乱万丈であったかも知れません。しかし、自分の意志を貫き、好きなお酒を飲み生涯を終える事が出来て、幸せであったと思

2005年5月5日、有馬温泉のホテルの部屋で。「父は酔っ払って上機嫌でした」（長女・初恵さん談）

いたいです。
素人が書く文ですので読みづらい点もあるでしょうがごようしゃ下さい。
今の私の気持ちを書いて思いをのせてみました。
乱筆乱文失礼いたしました。
令和元年11月7日　自宅（実家）にて

上田
初恵（横山俊文　長女）》

初恵さんの手記はB5判のレポート用紙に一字一句丁寧な文字で認められている。横山の日常の生活が手に取るように伝わってくる文面である。横山は九電工では「横山班」の班長を務め、六名の部下とともに電気工事に生き甲斐を持って働いていた。初恵さんの文中に「飲んだくれて暴れる父親……」とあるが、タカ子さんにこのことを質してみると、次のような言葉が返ってきた。

「そうなんですよ、娘が書いたとおりだったんです。でも、職場の人には上司として慕われていたようなんです。鹿児島から沖永良部に来た部下の人達に私が『主人はお酒ばかり飲んで、酒癖が悪くてどうしようもない』と言うと、『なんてことを言うんですか。横山班長はそんな人ではありませんよ。私たちみんなは班長のことを尊敬しているんです』と言って、私のほうが怒られてしまいました」

タカ子さんをこう叱責したのは横山の部下である中村和夫だった。

長女・初恵さんは言う。

「中村さんは父が与論に出張したときもずっと一緒に仕事をされていた方で、父が亡くなったときは鹿児島からすぐに沖永良部に来てくださいました。そして、お通夜では父にずっと付き添ってくださって……。『班長の形見に何かください』と仰ったので、スニーカーと父が大事にしていた釣竿を差し上げたところ、とても喜ばれて『一生大事にします』と言って、鹿児島に帰って行かれました。それで毎年、父の命日になると中村さんがご自身でおつくりになったお米を一〇kg送っていただいて、父の仏壇にお供えしています」

初恵さんの手記にもあるように、横山は台風の後片付けをしたあと、眠るように息を引き取った。晩年の夫の病状について「血を吐いても病院には行かなかった。（延命のための）『点滴はしたくない。点滴はするな』と言っていました」。こう説明したのちタカ子さんは意外なことを口にした。

「横山には好きな人がいたんですよ。その方は、私にはない優しさを持っている人でした」

達観したような淡々とした語り口でタカ子さんはこう打ち明けた。

また、タカ子さんはこんな話もしてくれた。

「お父さん（俊文）が亡くなって遺品を整理しましたら、皆さんからいただいたお手紙なんかをきちんとファイルしたものが出てきました。基さんからいただいた本も取ってあって、何回も読んだと言って、読んだ感想についても丁寧な文字でびっしりと書いてファイルしてありました。これを見て三人の娘も私もびっくりしました。基さんのことはよくお父さんから『俺には作家の友人がいるんだよ』と、娘たちや私に自慢していたんですよ」

いささか気恥ずかしい内容の電話であった。確かに何冊かの自著を横山に贈ったことはあるが、自分のことを作家などと思ったことはなく、また事実作家でもなく、物書きと言えるほどの者でもないのであるが、俊文の言葉を伝え聞いて「ま、友達が言ったことだからリップサービスだと思って聞き流せばいいか」と、愉快な気持ちにもなるのだった。

俊文には、こんな私の本でも何回も読んでくれた返礼として、こう伝えたい。

「俺は定時制高校の電気科を卒業した。そして池袋の東京電子専門学校のテレビ技術科にも入って、電気工事士の試験も受けてみた。しかし、モノにならず不合格になったよ」と……。

俊文は独学で多くの免許を取得し、電気の技術者として身を立て、大企業で定年まで勤め上げた。その頑張りには心から敬意を表したい。

俊文はどんな感想文を書いてくれたのであろうか……？　その内容については怖くて訊くことができなかった。

「横山俊文の人生は波乱万丈であったかも知れません。しかし、自分の意志を貫き、好きなお酒を飲み生涯を終える事が出来て、幸せであったと思いたいです」——。妻・タカ子も、長女・初恵さんと同じ思いで夫・俊文を見送ったのであろうか……。


（二〇一九年十一月　記）

山下吉廣

「兄貴、俺の気持ちは、これだけしか出きません」
──漁師になるなど転職ののち郷里に戻り人工透析で療養生活。五〇回ベルを鳴らしても電話に出なかった幼馴染の後輩「イニャニぬヤマ」

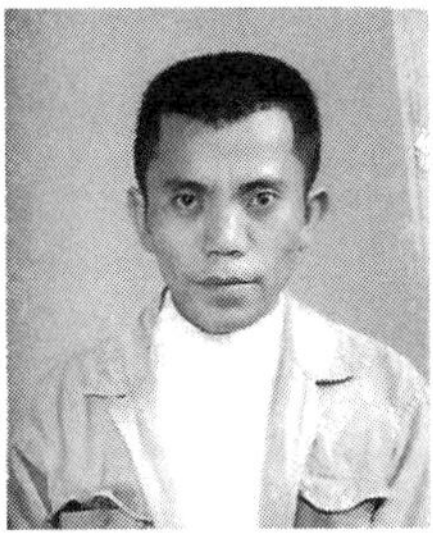

定時制高校四年の冬休みのときだった。昭和四十一年、新しい年を迎えると二十歳になる。与論島を発ってから約五年、故郷に帰ることを思い立った。帰郷するにあたっては、三つ年下の山下吉廣とともに帰ることにした。彼とは幼馴染で、気心の知れた仲だった。

当時、与論島に飛行場はなかった。東京・横浜からは一昼夜かけて電車に乗り、中継点である鹿児島で一泊し、さらに船で一夜を過ごさなければ島に着くことができない。鹿児島では吉廣と相部屋で、港に近い小さな旅館に泊まることにした。木造二階建のひなびた旅館で、吉廣と私にはちょうど良い宿であった。二階の部屋を借りた。道路に面していて、窓からは道を行き交う人の姿がよく見える。

そこを一人の船乗りが通り掛かった。年期の入ったマドロス帽を斜めにかぶり、縞のシャツに白いズボン。ジャンパーを肩にかけて少し足早に歩く姿は無頼な風にも見える。絵に描いたようなマドロス姿を目に止めた吉廣は素っ頓狂な声をあげた。

「イャッワイ！　カッコウユタショョウ、イチャャ!!」

与論島の自宅で。チヨさんと吉廣、妹のヒロさん（著者撮影）

与論島の方言で、「ウワーッ！　カッコイイナァ!!」と言う意である。二人して見とれているうちにいつしかマドロスは港のほうへと消えていった。

集団就職で東京の会社に就職していた吉廣は、このとき帰郷してから上京して後、しばらくして会社を辞め、一時消息を絶っていた。風の便りに「漁師をしている」と聞いたことがあるが、いつの間にか横浜のほうに落ち着いて自動車関連の下請け会社で責任者になって働いていた。「俺は一匹狼、気楽な稼業だ」と言いつつ独身生活を謳歌していたのだが、腎臓を患い故郷に帰り、人工透析を受け長い間闘病生活を送っていた。

山下吉廣は昭和二十三年（一九四八年）六月十六日、父・崎里（さきさと）母・チヨの長男として与論村（のちに与論町）西区で産声を上げた。ヒロという名の妹が一人いる。

吉廣がまだ三歳に満たないとき父親である崎里さんは海で不慮の事故に遭い他界した。私が小学校へ上がるか上がらない頃で、村中が大騒ぎしていたのを今でも覚えている。当時は〝ダイナマイト漁〟というのがあり、空き瓶に火薬を詰め導火線をつけて火を点け、魚の群れを目がけて瓶を投げ

ダブルの背広姿の吉廣。正装して写したたった１枚の写真。ハスキーな歌声は周囲を魅了した

魚を爆死させて捕獲するという漁だ（この漁法は危険だからということでやがて禁止されることとなった）。小舟（サバニ）に数名が乗り込んで沖に出てこの漁をするのだが、爆薬を詰めた瓶が海面に到達するちょうどそのときを見計らって瓶を投下しなければならず、ベテランでなければ投下役は務まらない。崎里はこのダイナマイト漁の名手だったが、投げるタイミングを見誤って事故に遭ったのだった。導火線の火が瓶の口に差し掛かっても、瓶を投げようとしない。「サキサト、危ないから早く投げろ！」と、漁師仲間は言いつつ全員が海に飛び込み死を免れたという。

山下崎里は太平洋戦争で兵隊として日本国のために身を捧げ、命からがら復員し、故郷に帰ってからは農業と漁業で生計を立てていた。長男も生まれ、妻・チヨとともに幸せな日々を送っていた矢先の不慮の事故だった。不運としか言いようがなかった。妻・チヨさんは夫の「死」の報告を受け気が動転し、よちよち歩きの吉廣の手を引いて爆死した夫との対面を果たしたのだった。お腹には二人目の子を身籠っていた。

翌年女の子が生まれ、「ヒロ」と名付けられた。

チヨさんが「お父さんの死の真相」を子供たちに話して聞かせたのは、吉廣が中学を卒業するころで、ヒロが小学校六年のときだったという。

「事故に遭ったのは昭和二十四年十二月の暮れだったそうです。正月のために新しい畳をこしらえているところに漁師仲間が四、五人訪ねてきて『海に行こう』と誘いを受けた。お父さんは本当は行きたくなかったらしいけど、『ダイダマ（ダイナマイト）を投げることができるのは貴方しかいないからどうしても……』ということで、仕方なく畳をつくるのをやめて海に行った。そうしたら、あんな事故に遭ってしまって……三九歳で亡くなった。お父さんの体はバラバラになって、片手と足はグチャグチャになっていたそうです」

「母から聞いた話」だとして、本稿執筆のためにヒロさんから聞いた話である。

夫と死別したときチヨさんはまだ三〇歳と若かった。以後、再婚することもなく、女手一つで二人の子を育てあげた。二人の子を連れて畑仕事をし、大島紬を織り、その日その日を何とか食いつないでいった。

吉廣もヒロも母子家庭で育ったが、暗い影は微塵もなかった。三つ違いで幼馴染の吉廣は私のことを「兄貴」と呼び、私は彼のことを島の幼名である「やま」あるいは「よしひろ」と呼んでいた。

与論の東南部に位置する前浜に行く途中に田畑が広がり、畑の中にガジュマルに囲まれた一軒家があったが、それが吉廣の生家だった。幼名（島名）はヤマと言い、近くにイニャニぬムイ（丘）と称する小さな丘があったことから、吉廣は通称「イニャニぬヤマ」と呼ばれていた。ちなみに「イニャニ」とは、一帯を称する地名である。地名ついでに記すと、周囲二三・七キロメートルの与論島は、茶花・立長・那間・古里・叶・朝戸・城・西区・東区と九つの地区に分かれており、吉廣と私は西区に属していた。西区には同期生の横山俊文もいたが、横山の家は近所と呼ぶには少し離れており、学校から帰宅した後つるんで遊ぶのはもっぱら吉廣のほうだった。

与論町東区にある風花苑からワタンジを望む（1989年7月30日、著者撮影）。岩場の中央に小さく見えるのが潮だまり

吉廣は泳ぎが達者だったが、私は金槌であった。それでも何度か吉廣とは、前浜や前浜に隣接する東区のワタンジに釣りに出かけた。前浜は白砂がきれいな浜だが、ワタンジは岩場だけの小さな海岸で、大きな潮だまりの中では小さな魚たちが泳ぎ回り、金槌で海に入れない私にとってそこは恰好の漁場とも言えた。あるとき吉廣の姿が見えなくなり、しばらくしてのちひょっこり現れたのだが、岩場で滑って脳震盪を起こしてしまい気絶していたのだという。私は何も知らずにいたのだが、吉廣は私に助けてもらったものと勘違いしてお礼を言っていた。「何もしていないんだ」と言っても信じてもらえなかった。吉廣とは実の弟のようにたくさんの思い出をつくった。

昭和三十六年（一九六一年）三月、中学を卒業して集団就職で東京の会社に就職することになった。二十日に卒業して二十七日に与論を離れることになり、遊びがてら吉廣に別れの挨拶をしに行ったはずなのだが、なぜかその記憶がまったくない。

三年後の昭和三十九年三月、吉廣も中学を卒業し、集団就職で東京の会社に就職することになった。吉廣が上京するにあたっては、私の父からの言伝として「イニャニぬヤマにお願いしたから……」という手紙が残っているが、その内容が何であったのかについても思い出せない。吉廣は私の妹の同級生であり、同学年には横山俊文の近所に住んでいる横山和代もいた。

吉廣の就職先は、東京都大田区大森にある株式会社湘南工作所であった。昭和二十五年（一九五〇年）三月に船舶向けの照明機器を製造販売する会社として設立され、当時の従業員は「一〇〇名ほどだった」。給料は税込みで一カ月六八〇〇円だったという。今も現存する同社は創業以来今日まで一貫してサーチライト、船舶照明器具および同社独自の技術による特殊照明の製品を世に送り出している。吉廣は与論中学の仲間数名とともに同社に就職し、三年ほど勤めたのち退職した。退社した理由は「差別されたから」だと言っていた。会社から差別待遇を受けたというのではなく、昼休みにラジオを聴いていたら先輩か同僚に「ど田舎者と言われた」のだという。「頭にきて机をひっくり返した」とのこと。また、電話で与論の方言で話していたら「どこのバカ語だ」と言われ、持っていた受話器で「そいつの頭を殴ってやった」とも言っていた。彼は一本気なところはあったが、決して不良ではなかった。与論中学からともに就職した青山某と高田某の二人も、吉廣が辞めることを知って「俺たちも辞める」と言い退社したとのことだった。

吉廣が湘南工作所を辞めてから次に就いた仕事は漁師だった。一カ月間は屋久島で飛魚の追い込み漁をし、奄美大島の古仁屋では半年間「ムレジ、赤ウルメ、ヒキなどを獲っていた」。古仁屋で漁師をしていたときは、湘南工作所の課長がわざわざ訪ねてきて「会社に戻ってきてくれないか」と復職を迫られたこともあったというが、吉廣がこれに応じることはなかった。漁師をしたのは一年足らずで、その後はいくつかの職を転々とし、最も長く勤めたのは日産自動車の子会社・高田工業の協力会社である南星工業であった。高田工業は横浜市戸塚区のドリームランドの近くにあったが、南星工業は高田工業の工場内にあり、吉廣は南星工業では自動車組み立てラインの責任者として長期にわたって勤めていた。給料は月額「四〇万円もらっている」と言っていた。

私が二六歳で昼間の大学に転部したとき、吉廣は南星工業に勤めていた。吉廣のお蔭で私は救われた。春休み・夏休み・冬休みと、大学が休みに入ると昼間フルタイムで働けるアルバイト先を探さなければならなかったのだが、吉廣の口利きで南星工業で働くことができるようになり、休み前に苦労してアルバイト先を探さなくてもすむようになった。南星工業でお世話になったのは二七歳で大学四年のときだった。二四歳と若い吉廣は、転職を重ね転居を繰り返している私に向かって、笑いながら次のように愚痴っていた。

「連絡しようにも兄貴はあちこち住所を変えるから、連絡のしようがないんだよな」

ついでながら書くと、高校三・四年の担任だった山根先生からも「あまり住所を変えるな」とお叱りを受けたことがあった。

吉廣とは、ある約束を交わしたことがある。互いに結婚をせず、生涯ずっと独身でいような、と……。その約束を破り私は三一歳で結婚することになった。「約束したのに結婚しちゃうんだもんな」と言いつつ、吉廣は喜んで与論の友人二人を連れて妻と暮らす私の小さな借家に遊びに来た。もう四二年も前の話だ。

話は前後するが、南星工業で働いていたころ高給をもらっているにも関わらず吉廣は、「オレは貯金はゼロだ」と自慢していた。そして「自慢じゃないけど税金を払ったこともない」とも言っていたが、それを聞いて仲間の一人が笑いながらこう返した。

「あんたほど国に税金を払っている人はいないよ。酒は飲む、タバコは吸う、競馬にも行く、給料は全部税金じゃないか」と……。吉廣は笑い、周りもどっと吹き出した。

確かに彼は競馬が好きで、勝ったときは「一八〇万円儲けたことがある」と言っていた。そして負けたときは「五〇万円負けた」とも。一八〇万円勝ったときは職場の仲間を大勢連れて熱海に行き、「一晩でみんな使ってきた」と豪語していた。

と言って贅沢な暮らしをしていたわけではなかった。横浜市戸塚区俣野町に小さな一軒家を借りて住み、その暮らしぶりは質素そのものだった。吉廣の母・チヨさんと妹のヒロさんが二人の子供を連れて上京したとき、吉廣と同期で結婚して大手姓になり藤沢に住んでいた横山（旧姓）和代さんと吉廣の自宅を訪ねたことがある。甥や姪を両膝に抱え吉廣は幸せそうであった。

ここで吉廣とは三つ違いの妹・ヒロさんのことも記しておこう。

山下ヒロも集団就職者だった。昭和二十五年（一九五〇年）十月三十日生まれ。父・崎里さんが不

横浜市戸塚区の借家で甥っ子と姪っ子を抱き幸せな時を過ごす吉廣。母チヨさんと妹ヒロさん。左端は吉廣の同窓生・大手和代さん（著者撮影）

慮の事故に遭った翌年に生まれ、父親については「四つ星の入った軍服を着たお父さんの写真が一枚だけあり、それが兄と私の宝物です」と語っている。

与論中学時代の思い出としては、「どうしてもこの先生のことだけは書いていただきたい」として、一人の恩師の名を挙げている。家庭科を受け持っていた平静枝先生である。

「家は母一人で畑仕事をして兄と私を育ててくれました。現金収入もありませんから、本当に貧乏で貧しい生活をしていました。主食はサツマイモならまだいいほうで、ソテツの実でつくったご飯も食べていました。病気になったり、何かに失敗するとすぐに落ち込んだりして……。そんな私を温かく見守ってくれ、励ましていただいたのは家庭科を指導されていた平静枝先生でした。先生のことは中学を卒業してからも忘れたことはありません。人並みに今までやってこれたのは平先生のお蔭です」

昭和四十一年（一九六六年）三月、中学を卒業してからは小学校時代からの友人である酒匂美代子と共に、東京都文京区小石川にある小泉製本株式会社に就職した。奄美から同社に就職したのは与論中学からは酒匂と二人だけで、会社の役員が喜界島出身者であったことから「同期や先輩には喜界島出身の人が多かった」という。従業員一〇〇名ほどの会社で、地方出身者のための社員寮があった。八畳の部屋に二段ベッドが四つ、一部屋八名で生活していたという。山下と酒匂は同じ部屋で生活し、流れ作業のなかで行われる製本という仕事は楽しく、ホームシックにかかることもなかった。休み時間には「卓球などをして楽しく遊んだ」という。

しかし山下も酒匂も、三年後に同社を退社した。一八歳で与論に帰り、観光ホテルに一年ほど勤め、その後南島開発（製糖工場）、農協などに勤め、最後には大島紬を織る仕事に落ち着いた。紬を二カ月ほどかけて一疋（二反）織ると二八万円くらいになり、一〇〇万円ほど貯金できた。

ヒロの友人・酒匂美代子：「今、私は幸せ。顔に出ているでしょ！」

一方、与論町朝戸に父・貞熊、母・キヨの子として生まれた美代子は、八人きょうだいの末っ子であった。昭和二十六年（一九五一年）三月生まれで、早生まれであることから山下ヒロとは同学年になった。父・貞熊さんについては「私が生まれてから三カ月後に父は病死したと聞いています」。父親がいない寂しさは山下と同じだったが、兄二人に姉が五人、幼いころから中学を卒業するまで「兄や姉たちに可愛がられて育ったため、寂しいと思ったことはありません」と酒匂は言う。年が近いということもあって二つ年上のチヨ姉には遊び相手になってもらい、五つ年上のウト姉にも可愛がってもらった。母・キヨさんについては、「昼間は畑仕事をしたり夜は夜で紬織りをしたりして、昼も夜も働きづめで私たちを一生懸命育ててくれました」。兄や姉たちは、そんな母を助け学校の勉強はそっちのけで「農作業などをよく手伝っていた」という。

末っ子である美代子の学校の成績はどうだったのか？「回れ右すれば一番だった」と酒匂は笑う。中学を卒業したら就職するのが当たり前で、山下ヒロとともに東京都文京区の小泉製本に入社した。本をつくることに喜びを感じて働いていたが、入社して三年ほど経ったころ与論の実家から「ハハキトク」という電報をもらい故郷に帰ることにした。

「でも、帰ってみたら母は病気なんかじゃなく元気だったんです。長男の兄がケガをして、その兄の看病をさせるために私を呼んだのでした」

兄の病が治ってのち酒匂は、一年後に再び上京し小泉製本に再就職した。そして同じ職場で働いている新潟出身の男性と一年間の交際を経てのち一九歳で結婚。女の子二人を設け、長女を美香、次女を真由美と名付けた。しかし、「また実家で母の具合が悪くなり与論に帰ることになった」。夫の反対を押し切って二人の子を連れての帰郷だったという。東京と与論を行ったり来たりの生活を繰り返すうち、そのまま夫のもとには帰らず、四年後には離婚することになった。

与論では紬織りなどをして生計を立てシングルマザーで二人の子を育てた。長女は大学を卒業したのち漫画家を志望し専門学校で学ぶこととなった。その長女を大学に進学させたところで再婚に踏み切ったという。栃木県出身で、モズクソバなど観光客を相手に事業を営んでいる関口勤治氏と結婚

聞、鹿児島市で「奄美特産物フェア」を開き、奄美の農産物を売り込む。
同フェアは昨年に続き開

花卉など全国に先駆けて旬の味を届け、奄美特産物の販路拡大を図るのがねらい。

人気を集めた昨年の奄美特産フェア

新聞で報じられた奄美特産フェア。写真中央に写っているのが酒匂美代子

した。「軌道に乗るまでは一〇年かかりました。一〇年余りただ働きをしたんです」と酒匂は笑いながら言う。再婚相手とは男の子を設け、渚と名づけた。

「あの一〇年余りは本当にきつかったですね。母が八九歳のとき脳梗塞で寝たきりになり、おむつを替えたり母の看病や介護をしながら、会社は朝の八時から夜の八時まで、三六五日無休で働きました。会社が軌道に乗るまでは徹夜で作業することも珍しくありませんでした」

「でも」と酒匂は言う。「一人で八人の子を育てた母に比べたら、苦労のうちに入りません。母には昼も夜もありませんでしたから……」。美代子に看取られ、母・キヨさんは九四歳で他界した。

　取材を進めていくなかで酒匂美代子は「早春の味覚奄美から」と題する新聞記事のコピーと、子猫が主役で「ちゃおのお願い」と題する新連載の漫画のコピーを差し出した。新聞記事は鹿児島市で奄美特産物フェアが開かれた模様を報じたもので、鹿児島市の山形屋

1号館地下食品売り場が会場になっている。出品業者は奄美一四市町村から二五業者。与論町の売り場の写真が掲載され、写真中央には美代子さんが写っている。特産物フェアは六日間にわたって開催されたようだが、新聞（紙名は不明）の記事は平成六年（一九九四年）に掲載されたという。

「新連載」で子猫が主役の漫画の作者は「斉藤ミカ」となっている。漫画家になった酒匂の長女・美香さんのペンネームだ。温かい雰囲気が伝わってくる漫画で、美香は美代子自慢の娘である。

「今、私は幸せ。顔に出ているでしょ！」と、隣りにいる山下ヒロに視線を向けて酒匂（関口）美代子は微笑を浮かべこう言った。

山下ヒロに話を戻そう。

島に帰ってしばらく落ち着いていたヒロであったが、再び上京することとなった。南星工業に勤める兄・吉廣に呼ばれたからである。南星工業の親会社である高田工業の「社長さんのところで住み込みで、お手伝いさんとして働いてくれないか」と頼まれたからだった。

「その社長さんのところでは、奥様にお掃除の仕方から、お客さんの接待の仕方から、いろんなことを教えていただきました。それなりの苦労はありましたけど、毎月五万円の貯金もできて……。でも、一年間お世話になってまた与論に帰ることになりました」

一年でお手伝いさんを辞退したのは、「縁談の話が持ち上がって結婚させられそうになったから」だという。故郷に帰って母のもとで暮らすようになったヒロは、二五歳になっていた。また機織りをして生計を立て、静かな日々を過ごした。

静かに暮らしていたヒロに人生の転機が訪れたのは、二六歳になった年の春だった。子を身籠り、医師に「心臓の音が二つ聞こえる」と診断された。相手の男性には妻子があり、ヒロより九歳年上であった。「子供のいる人と結婚させるわけにはいかない」と母・チヨさんは猛反対し、「子供はあなたが責任を持て」と男性に迫った。しかしヒロ自身は「その人と一緒になる気はない」と言い、生まれてくる子供は自分で育てると心に決めていた。相手から「電話が来ても受話器を取らなくなった」という。

ヒロは双生児を生む覚悟を胸に臨月まで機織りを続け、二人の子を無事に出産した。男の子は「金弘」と名付け、女の子は「園加」と命名した。お世話になった産婦人科の先生に「二人育てるのは大変でしょう。女の子は私が引き取って育ててあげようか」と言われたが、ヒロは「大丈夫です」とその厚意を受けることはなかった。そして、未婚の母のまま金弘と園加を育て上げ、生涯独り身で通す決意をしたのだった。そう決意した理由についてヒロはこう語っている。

「子供が生まれて八カ月経ったとき、横浜の兄のところに七〇歳になった母と一緒に子供たちを連れて遊びに行ったんです。そのとき母が脳梗塞で倒れてしまって……。そのころ兄も腎臓を悪くして、

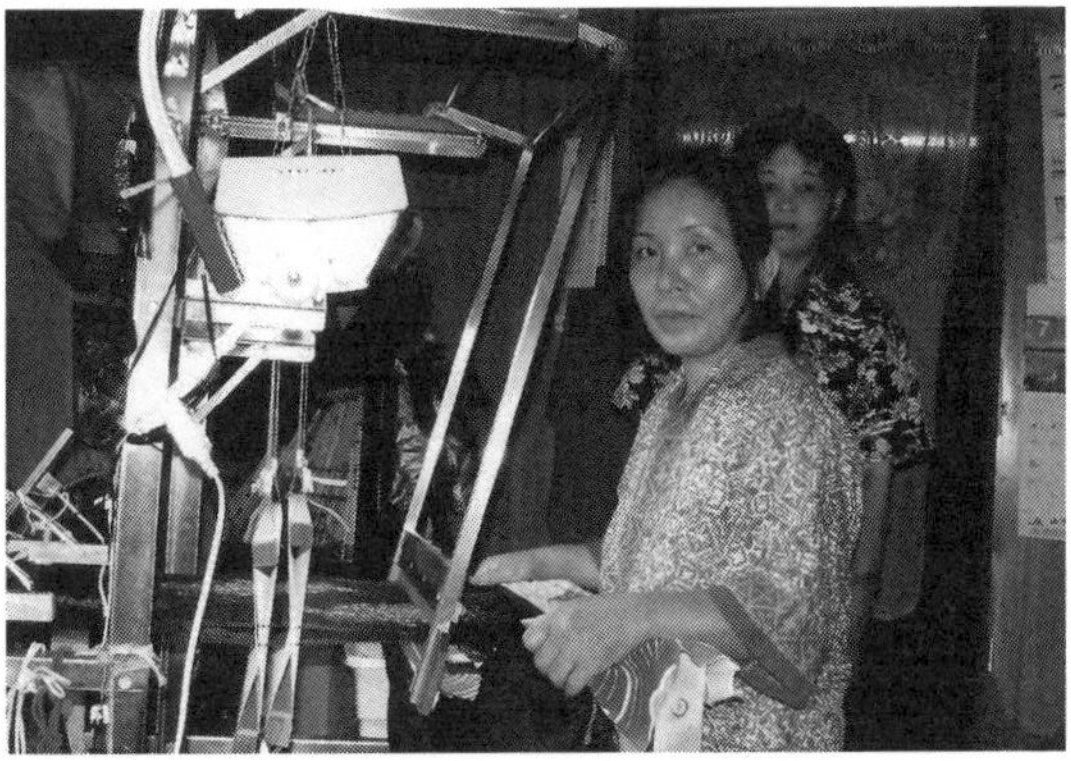

山下ヒロは与論で紬織りをして生計を立てていた。後方に写っているのは集団就職で共に上京した酒匂美代子（取材時に、著者撮影）

病院に行ったり来たり入退院を繰り返していました。私は、縁談がなかったわけではありませんが、そんな母と兄を置いて結婚に踏み切ることはできませんでした」

そして、こうも付け加えた。

「でも私は、母や兄のために自分の人生を犠牲にしたとは思っていません」

脳梗塞で倒れたチヨさんが入院先に選んだ病院は、昭和六十三年（一九八八年）十一月に鎌倉市山崎に開院したばかりの湘南鎌倉病院（現・医療法人沖縄徳洲会湘南鎌倉総合病院　平成二十二年〈二〇一〇年〉九月に市内岡本に移転）であった。入院当時、同病院は最新の医療機器を搬入している最中で、本格的始動に向けて準備を進めていた。同病院でチヨさんは一命を取り留め、後遺症が残ることもなく通常の生活を送ることができるまでに回復した。

「母が脳梗塞で倒れたのが横浜だったのは不幸中の幸いだったと思います。与論で倒れていたら、沖縄まで連れていかなくてはいけませんから、無事でいられたかどうかわかりません」と、ヒロは言う。

元気を取り戻したチヨさんは、長男・吉廣に伴われて与論島に帰ることになった。

しかし、その後チヨさんは、大腸がんに罹患し七六歳でこの世を去った。吉廣とヒロは悲嘆に暮れ、しばらくは茫然としていた。ヒロの幼い子供たちが見せる笑顔が、二人にとっては救いとなった。

「おふくろは神になりました」……。吉廣はそう言って、チヨさんがお亡くなりになったことを私に知らせた。四十九日の法要をすませてのち上京し、また元の勤め先（南星工業）で働くようになった。

そしていつしか、横浜を引き払い与論島に帰っていたのだった。

何かに行き詰まって吉廣に電話をすると、決まって長電話になった。吉廣に悩みを相談したわけではない。吉廣も私に悩み事を相談することはない。気の向くままにたわいのない話を延々とするだけなのだが、電話が終わって受話器を置くと、なぜかスッキリし明るい気持ちになるのだった。

元気で暮らしているはずのその吉廣から、思いがけない手紙をもらったのは一九九二年（平成四年）初夏のことだった。五月十三日付で、横浜で肝臓や腎臓を悪くし故郷にUターンしたこと。島に帰ってからは人工透析を受けているという内容の手紙だった。

《アニキ
ご家族大元気との事　たいへんうれしく思います。
二十五年ぐらいですかね、与論の前浜でビールを飲んで楽しくいい思いででした。
今度は、俺が、鎌倉に来て《ママ》必ずカンパイします。
佐江里兄も、又おくさん・蕗子ちゃんもそれまで大元気で頑張っていて下さい。
字の書き方にかんしては、兄き　ごりかい下さい。

佐江里兄キ　これは、今まで家族いがいは、誰も知らないと思います。しかし、いつまでもだまっている事は出きません。

与論に病院が出きたら、身近な人たちには、話すつもりでした。

昔をふりむけば、昭和五十五年ごろでしたか、横浜で一回入院しました。そのころから、酒、遊び、テツマン、のくりかえしで、だんだん体が、言う事きかなくなり、与論に五十八年に、死ねんなら与論で死んだほうがいいと思い、おふくろの所に帰りました。

そうして、五十八年の四月十日に沖縄に、セスナキにチャーターしてもらって、何とか一死《ママ》をとりとめました。

それからもう十年目になりました。じんぞうが悪くて、人工透析をして家族、又まわりの皆様方にもめいわくをかけほんとうに申しわけないと思っています。

しかし、俺は、必ず家も建てる。又、おやじの三十三年忌もまだ、やっていません。

しんせきの皆様方からも、ヤマは、どこでどうしているか、何回も何回も電話が来ているそうです。

そのたびに、徳之島で仕事をしていると皆んなをだましつづけて来ました。

たしかに俺もつらいです。

与論の人達は、俺の事を、ヤクザにでも入っているのでは、と思っている人もいます。しかし今は、がまんしなければいけないと思っています。

ほんとうの事を言ってもいいが、これいじょう皆様に心配かけたくないです。

又、同情もされたく有りません。

少し、光が見えて来ました。と言うのは、与論に徳洲会病院が着工している事です。

石の上にも三年と言いますが、徳之島で人工透析をして二年半になりました。体の方は、二日に一回ですが、最高にいいです。

馬鹿な事を書いてすみません。佐江里兄でしたらりかいして下さると思って書きました。

五月十三日

山》

めったに手紙を書かない吉廣であったが、否、年賀状を出すという習慣もない彼から、平成二年一月にも手紙をもらったことがある。平成元年十二月に私の娘・蕗子が生まれたため、そのことを知らせたことに対する祝いの言葉として書いてくれた手紙である。


《ご家族の皆様方　大元気の事と思います。

長い間なんの返事も出さずすみません。

まずは、赤ちゃんほんとうに
おめでとうございます。

口先でしか出きない事を、おゆるしください。

だけど一番うれしかったのは、佐江里兄ではないですか。

俺も早く見に行きたい。

この前も和代から手紙が来て、皆んなでいっしょに一ぱい飲みながらお祝いしようと書いてありました。必ず六月ごろ横浜に行くつもりです。

その時は皆んなで飲みましょう。

俺の気持ちは、これだけしか出きません。

それまで体に気を付けて働いて下さい。

兄貴は、ブロックで頭叩かれても、ブロックの方がわれちゃうけどな？

ちぐはぐな書き方ですみません。》

与論空港で。人工透析を受けるため沖縄に向かう吉廣（著者撮影）

この祝いのメッセージには二万円が添えられていた。「俺の気持ちは、これだけしか出きません。」と書いているが、闘病中の彼にとっては全財産に等しい金額だったのではないかと思う。

「必ず六月ごろ横浜に行くつもりです。」と書いているが、吉廣が上京することは二度となかった。平成三年三月に私達家族は両親に娘を見せるために帰省し、吉廣やヒロさんたちとともに前浜で祝杯をあげた。先の手紙に「前浜でビールを飲んで楽しくいい思いででした。」とあるのは、このときのことを指しているのである。

生涯独身で通した吉廣は、体調を崩し故郷に帰ってからは三頭の山羊を飼って暮らしていた。母屋は台風で吹き飛ばされ、屋敷の片隅にプレハブの小さな仮設住宅を建てて一人で住んでいた。山羊は友達代わりのように見えた。人付き合いも親戚付き合いもほとんどせず、ひっそりと暮らしてい

前浜の海岸で吉廣と写す（1991年3月、山下ヒロさん撮影）

た。吉廣が待ち望んでいた与論徳洲会病院が開院したのは平成八年（一九九六年）一月一日で、吉廣は自ら「実験台になる」ことを志願し、同病院で人工透析を受けた第一号の患者になったという。

そして長い闘病生活のすえ平成十一年（一九九九年）七月十一日、五一歳の若さで吉廣はこの世を去った。

吉廣の臨終を看取ったのは妹のヒロであった。沖縄徳洲会病院のベッドの中で、ヒロの手を「ぎゅっと握り締めて……」そのまま息を引き取ったという。その手の感触は「ありがとうと言っているように聞こえた」とヒロは言う。

吉廣の「死」の知らせを受けた私は、しばらく間を置いてのち吉廣の家に電話した。五〇回電話のベルを鳴らしたが、吉廣が電話に出ることはなかった。

吉廣亡きあと、ヒロの長男・金弘が山下家を継ぎ、伯父・吉廣の念願だった家も新築した。ヒロは父親や母親の遺影とともに長女・園加と同居し与論町茶花に住んでいる。

（二〇一九年十月　記）

栄福利

工員・大島紬の締め機・鯉の養殖・マッサージ師・居酒屋経営・古本屋と、自分の思い通りに生き四国八十八箇所霊場巡りの途上、小松島港に散った流しのギター弾き

「あんなこと言うんじゃなかったと、後悔しています。『年賀状を書くのがきつい、辛くなってきた』と電話で言ってたもんですから、『そんなに大変だったら書かなくてもいいじゃないか。あんたの年賀状をあてにしている人なんか、いないんだから……。私にも出さなくてもいい』、半ば冗談で私はこう言った。したらあの子は喜んで、『そうだよなオフクロ、ぼくの年賀状をもらったって喜ぶ人なんかいないよな。じゃ、今度から出さないようにするから』と言って、この時を最後に年賀状が来なくなって、音信不通でなんの音沙汰もなくなった……」

与論町東区に住む栄千代さんはこう言って涙ぐみ、声を詰まらせた。

「それでも自分の息子だから、毎年正月になると年賀状が来ていないかと思って期待してポストを覗いたりしてたんですけどね、平成十二年（二〇〇〇年）にもらった年賀状を最後になんの連絡もなくなってしまって……」

以来、六年半が経過した平成十八年（二〇〇六年）の夏、千代さんは徳島県の小松島警察署を通じ

て、宮崎県にいるはずの長男・福利の「死」を知らされた。小松島港で友人らと酒を飲み、酔って岸壁から足を踏みはずして海に落ち「溺死」したというのである。

私が栄さん宅を訪ねたのは同年七月二十六日、不慮の死を遂げたわが子の遺影を前に千代さんが悲しみに暮れているときだった。八五歳と高齢で、千代さん自身も七年前に心臓弁膜症を患い手術を受け、「今も通院中……」の身であるという。

七人の子供に恵まれたが、夫・村福さんは昭和五十三年（一九七三年）一月に他界。今は次男・福則、三男・福茂と同居している。音信不通になった長男のことは片時も忘れたことがなく、その身を案じているところへ「まさか」の訃報……。警察からは、「四国八十八箇所霊場巡りの途中だったようです……」との説明を受けたという。

栄福利も集団就職者だ。千代さんによると、「親の言うことはなんでも素直にはいはいと聞き、弟や妹たちを思いやるやさしい子」であった。「親には口答えひとつしたことがなかったが、一方で「いいも悪いも自分の思いどおりに生きた子」であった。

渥美清主演・山田洋次監督の『男はつらいよ』が好きで、フーテンの「寅さん」こと車寅次郎の生き様に憧れていた。転職を重ねたのち、寅さんのようにテキ屋稼業で日本全国を渡り歩くのではなく、宮崎県都城市を拠点に流しのギター弾きで糊口をしのいでいた。歌手の田端義夫に心酔し、師と仰ぎ、「田端先生の鞄持ちをして歩いたこともある」という話を、妹のみさ子は兄から聞いているという。

福利は、農家の長男でありながら稼業を継ぐ気はなく、思い出したようにぶらりと現れてはまたいそいそと故郷を離れていくのだった。その息子が母親に宛てた最後の年賀状には、次のように書かれている。

《新年明けまして
　お目出とう
　　ございます
少しだけ、人生ケガを
しました、リハビリ中です
でも元気です、ヨロシク
　　　元旦》

平成十二年（二〇〇〇年）一月に届いた年賀状である。どことなく、映画で見る寅さんのハガキの〝文体〟に似ている。勢いのある筆跡で、差出人の住所はなく「マサ」という幼名だけが記されている。「都城」の消印があり、郵便番号「８８５-００８６」と書かれているところから、このころ福利は都城市久保原町に住んでいたようである。

都城にいるはずの彼はなぜ、四国に渡り霊場巡りの旅に出なければならなかったのか……。

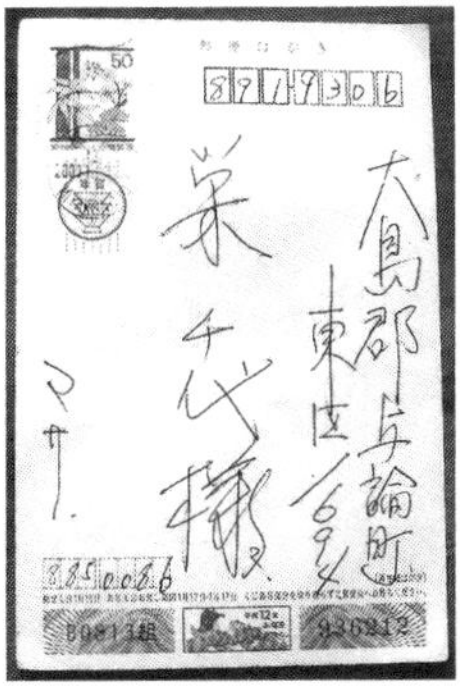
8919306
大島郡与論町
マサ
885 0086

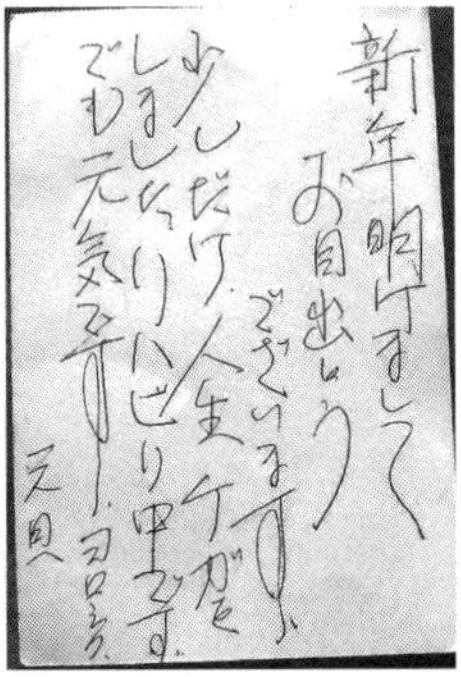
新年明けまして
お目出とう
ございます
少しだけ、人生ケガを
しました、リハビリ中です
でも元気です、ヨロシク
元旦

栄が中学を卒業したのは昭和三十七年（一九六二年）三月である。小学校時代は児童会長をつとめ、中学に入ってからも上位の成績で通したが、弟二人に妹が四人、七人兄弟の長男とあって高校へは進まず当然のことのように就職の道を選んだ。仲の良かった吉田満茂とともに岐阜県羽島市にある福寿工業株式会社に就職。長良川沿いにあり、自動車用金属加工部品を製造する同社には田畑清彦や里光

福寿工業在職中の栄福利（栄千代さん提供）

川悦、本徳仁、瀧須美子、永井ウトら七名の先輩たちが一年前に入社していたが、栄や吉田が入社したころには先輩たちは一人もいなかった。一年を待たず退社あるいは、福寿工業の兄弟会社である不二精工に転属されていたからである。

昭和二十三年（一九四八年）一月に設立され、平成十八年（二〇〇六年）現在約三〇〇名の従業員をかかえる福寿工業（高木豊社長）は、噴射ポンプ部品、酸素センサー部品、トランスミッション部品などを主な生産品目とする優良企業に成長している。成長過程にあった昭和三十年代半ば、自動車の部品づくりという単調な生産ラインのなかで吉田は辛抱して一二年間勤めたが、栄は三年で同社を退社した。

福寿工業を辞めたのち栄が向かった先は、宮崎県の都城市であった。中学の後輩である佐藤英吉の誘いを受けて桑原織物株式会社に入り、高級織物として知られる大島紬の締め機（しめばた）の仕事をした。大島紬は、図案書きに始まり、糊付け、絣締め、テーチ木染め、泥染め（大島紬の要となる）、絣を解く作業、機織り、絣合わせといった工程を経て出来上がる。栄がついた締め機という仕事は、糊付けの工程に属する。熟練を要する作業である。

しかし、新しい職を得て意気に燃えて取り組んでいたが、締め機という仕事も栄にとって〝男一生の仕事〟にはならなかった。職人として一人前になる前に、織り物という仕事にも見切りをつけた。

社会に出て五年、六年と月日が経つうちに、手に職を持たない自分に栄は次第に焦りを覚えるようになっていた。ある先輩に宛てた手紙には「男である以上、自分の仕事を持ち、一生それにとり組まねばならない……」などといった文面が見られる。桑原織物に勤めていたころに書いた手紙である。若者の純粋な気持ちが伝わってくる文面であるが、このころの栄について母親の千代さんは次のように語っている。

「このころはよく便りもよこしてくれました。家が貧しいことを知っていますから、妹や弟たちのためにと言って、自分で使った古い手拭いなどを洗濯してきちんとたたんで送ってくれたり、自炊で使っていた鍋を送ってくれたこともありましたね。それなりに長男の自覚があったんでしょうかね。それで小包が届くと、下の子たちは『お兄さんが都会から送ってくれたんだ』と言って、どんなお古でも喜んで使っていました」

都城市で大島紬の締め機の職に就く（著者のアルバムから）

弟や妹たちを思いやる一方で、テレビのプロレス中継や歌謡番組に熱中し、仕事が終わると町道場に通い体を鍛えることで若いエネルギーを発散させた。柔道や少林寺拳法の道場に通って、ともに黒帯を允許されている。とりわけ歌は好きで、暇があるとギターや三味線を弾き、手作りで三味線などもつくった。

締め機をやめてから栄が就いた仕事は、鯉の養殖、マッサージ師、居酒屋経営、古本屋、そして流しのギター弾きなどである。趣味であり実益を兼ねたギターの流しでは、福岡県博多や四国・徳島、ときには郷里に近い沖縄などにも遠征している。

《仕事上、沖縄の帰りがけ今現在、与論島です。これからまた流れますけど……》

平成元年（一九八九年）一月、栄が親しい先輩（前出）に宛てたハガキに見られる一文である。夕日で赤く染まった沖縄・伊江島の海を刷り込んだ絵ハガキにボールペンで認められている。消印は「与論」になっている。

栄は宮崎県都城を第二の故郷と定めていた。都城市姫城町を拠点に、いくつかの職を転々とした。博多まで足を伸ばしたのはマッサージ師の免許を取得するためであり、流しで日銭を稼ぎながら学校に通い、免許を取ってからは都城に帰ってホテルの客などを相手にマッサージ師として働いた。博多に行ったのは昭和五十年代だったが、このころ栄は、五つ違いの妹・みさ子に会っている。兄・福利を訪ねたときのことについて、みさ子はこう語っている。

「私は昭和五十年に結婚したんですけど、結婚の報告を兼ねて主人の松村とともに都城の兄を訪ねたことがあるんです。そのころは鯉の養殖をしてたんでしょうかね、二人が行くと喜んでくれて、鯉の刺身を食べさせてくれました。主人や私にお酒を注ぎながら、いろんな話をしてくれて……」

このとき栄は二八歳になっていた。

昭和五十三年（一九七八年）一月、栄家に不幸が起こった。前年の暮れに脳梗塞の病に倒れていた父親の村福さんが六三歳で他界。「父危篤」の報に長男・福利も駆けつけたが、葬儀が終わってほどなくしてのちまた故郷を後にした。

農家の長男として栄は家業を継がねばならない立場にあったが、家を継ぐよう懇願する母親に「僕にはどうしても家は継げない。弟や妹たちの誰かに継がせて欲しい」と言い、第二の故郷である都城を離れようとしなかった。息子を説得するために鹿児島の親戚のところへ行き、「そこへ福利を呼び寄せて『与論へ帰って欲しい』と頼んだが、福利は言うことを聞かなかった。しまいには涙をポロポロ流しながら『僕にはどうしても継げない』と言って、私のもとを立ち去っていった」と千代さんは言う。栄にはどうしても、絶ち難いしがらみでもあったのであろうか……。

鯉の養殖から、ギターを抱えての流し、そしてマッサージ師。職の定まらない栄であったが、一人の子を持つ女性と暮らし小さな居酒屋を始めるようになってからは、生活にも多少ゆとりが出たきた。

しかし、ようやくつかんだ幸せな生活もそう長くは続かなかった。火事により居酒屋は全焼。ほどなくして、入籍こそしないものの生涯の伴侶と決めていた女性とも死別することとなった。栄は連れの子を養護施設に預け、また流しのギター弾きなどをしながらその日暮らしの生活に戻った。一方では、大した収入にもならない古本屋なども始めるようになった。

《昨年は、私事の難に伴い天・神を、少々知る事と相成りました。……》

昭和六十一年（一九八六年）一月、栄が親しい先輩に宛てた便りの一節である。

栄は、自重しなくてはと思いつつ、酒を飲むのが好きだった。否、酒を飲まずにはいられなかった。そして酔うと、与論の実家や、妹たちによく電話をかけるようになった。代議士の秘書のところに嫁いだすぐ下の妹・すみ子を筆頭に、みさ子、美津枝、美知子と四人の妹がいるが、五つ違いのみさ子

山の事故に
スリ盗難に
ご注意!!
自然を
大切に……
マナーを守って
楽しい観光を……
栄は、お年寄りや近所の子供たちを大切にしていた（栄千代さん提供）

には「よく電話がかかってきた」という。「主人が単身赴任で大阪におり、私が兄と同じ宮崎市内に住んでいたからでしょう」とみさ子は言う。

「夜中でもよく電話がかかってきました。居酒屋の次は古本屋をしてたようですけど、古本屋といっても小さなアパートを借りて、子供たちが集まってくるのが楽しみで始めたようなもので、ほとんど収入にはならなかったと思います。そのころですかね、佐藤愛子さんが書いた『こんないき方もある』という本を送ってくれたことがあります。自分で感動できる生き方をした人や、共感できる言葉があるとそこにボールペンで印をつけて『これを読みなさい』と言って、指輪と一緒に送ってくれた。指輪は母にあげましたけどね。本は、今も大事に取ってあります」

また、流しをしていたころの栄についてみさ子はこうも言う。

「兄は旅行好きで、何事も挑戦する心が大事だと言って、福岡とか沖縄とか、あちこち回っていたようです。ギターの流しをして、田端義夫さんの鞄持ちをしたこともあるとか……。流しで歌を歌うときお客さんの前では、田端栄という名前でやっていたようです。また、四国にもよく行っていたようで、養老院で有名な歌手に会ったこともあるという話を聞いたこともあります」

田端義夫の鞄持ちをしていた、という話が事実なのかどうかは田端氏が他界したため確認はとれていない。が、『奄美小唄』や『島育ち』など奄美の〝島唄〟でヒットを飛ばしたバタヤンこと田端義夫に栄が心酔していたことは容易に察しがつく。田端のことを栄は「先生」と呼んでいたという。

平成十一年（一九九九年）四月、沖縄の病院で心臓弁膜症の手術を受けるため支度を整えている千代さんのところへ突然、長男・福利から電話がかかってきた。消息が跡絶えがちだった息子からの電話に、虫が知らせてくれたのかなと千代さんは喜んだが、飛行機の出発の時刻が迫っているため十分な話もできないまま電話を切ることになってしまった。万一に備え、母親として次の一言だけは遺しておいた。

「私にもしものことがあったら、弟や妹たちのことを頼みますよ。長男のあなたがしっかりして、兄弟を泣かせるようなことをしないで、みんな仲良く助け合いながら生きていくのですよ……」

母親の言葉に、五二歳になる息子はシクシクと泣きなが

栄が愛読していた佐藤愛子著『こんないき方もある』（角川文庫）。栄の遺品の一つである（栄千代さん提供）

小松島港で溺死（？）した栄の遺品。ほかに白いギターとセルロイドでつくった手製のバチがあった。右上は携帯用の裁縫箱（2006年7月、著者撮影）

ら「わかりました」と応えていたという。

千代さんは幸い、一命を取り止めた。

「年賀状を書くのが辛い……」

決して弱音を吐いたことのない息子から、このような電話がかかってきたのはその年の暮れだった。そして、《少しだけ、人生ケガをしました》という年賀状を最後にぷつりと、消息を絶ってしまったのである。

平成十八年七月半ば、音信不通だった「息子の消息」が千代さんにもたらされた。徳島県の小松島警察署からの電話で、便りこそないものの都城のどこかで元気に暮らしているはずの長男が「港で海に落ち溺死した」ことを知らされたのだった。

〈所持品などから栄福利さんであるらしいことがわかりました。ご遺体の確認をお願いしたいのですが……〉

突然の訃報に千代さんは動転した。高齢なうえに通院中の身であることから、遺体の確認は、東京に出稼ぎに行っている三男の福茂に頼むことにした。電気関連の専門学校に学んだ福茂は、年末から

栄の遺影の前で、千代さんと次男・福則さん（右）、三男・福茂さん（左）（2006年7月、著者撮影）

初夏にかけての砂糖キビの収穫が終わると、残りの半年間は東京に働きに出て家計を支えている。長男に代わって栄家を継ぐことになったのだった。

母親からの連絡を受けた福茂は、羽田から空路で四国・徳島に飛んだ。病院の霊安室で、帰らぬ人となった兄と七年ぶりの対面を果たした。遺体の確認が終わると、ギター、判子、サングラス、財布、革の小物入れ、携帯用の小さな裁縫箱などが遺品として小松島署の警察官から渡された。これが、兄・福利が持っていた所持品のすべてだったという。

「自転車の前と後ろのカゴにギターと日用品を入れ、四国八十八箇所の霊場巡りをして歩いたようです。刑事さんの話によると、兄は二度ほど職務質問を受けたこともあったようで……。それで、七月十六日の夜中に友人達と酒を飲んで、雨が降ってきたので帰ることになって、最後に席を立った兄が足を踏みはずして桟橋から落ちて、溺れたということでした。一人の方が助けようとして海に飛び込んでくれたらしいんですが、救急車で病院へ運ばれて息を引き取ったということです」

千代さんとともに取材に応じた福茂が、兄の死について語った言葉である。

医師により、「死亡」の診断が下されたのは、七月十六日午前五時一〇分であった。翌十七日、弟一人に見送られ栄の遺体は荼毘に付された。享年五九歳であった。

「病院の先生や刑事さん、火葬場の方々には本当にお世話になりました」と言う福茂。兄が大事にしていた白いギターを「一緒に棺の中に……」入れてもらうよう申し出たが、弦などの金属があることからこの願いは叶わなかった。「刑事さんに処分をお願いしたんですけど、持って帰るべきでしたね」と福茂は言う。

小松島港でともに酒を飲み、岸壁から落ちた栄を助けようとして海に飛び込んだ——その人の名を川越春美さんという。女性のような名前であるが、川越さんは男性である。

川越さんなら、酒の席で、栄から身の上話の一つや二つは聞いているかもしれない……。こう思った私は、小松島市に住む川越さんを訪ねてみることにした。平成十八年八月下旬、夏も終わりに近づいていたが、残暑は厳しかった。川越さんとは、南小松島駅で待ち合わせることにした。改札口を出ると、左前方に普段着姿で白髪混じりの中年男性が立っている。その人が川越さんであることはすぐにわかった。

「港や公園はすぐそこにありますから、歩いて行きましょう」

自転車を引きながら川越さんは言った。サンダル履きで、住まいは近所にあるのだという。一〇分そこそこで小松島港が見えてきたが、この一〇分の間に川越さんからは、栄福利のその後について私

徳島県の小松島港。この港で栄は59歳の生涯を終えた。写真は川越春美さん。栄は、手前の流木に座って焼酎を飲んでいたという(2006年8月、著者撮影)

が知りたいことのほとんどすべてを聞くことができた。また、聞けば川越さんも宮崎県の出身で、高校を中退して岡山県の宇野港で港湾関係の仕事をしてのち二五、六歳で小松島市に移り住み、前職と同じ港湾関係の会社で働き所帯を持って今日に至っているのだという。

小松島湾は淋しい港であった。埠頭の右手に船が一艘碇泊しているだけで、ボートの類が一艘も見当たらない。平成十一年に和歌山港への航路が徳島港に変更になってからは、フェリーの定期便がなくなり活気を失った。使われなくなった手前の栈橋では釣り人が一人、糸を垂れている。接岸時に船をつなぎ止めるピットは赤く錆び、少し離れたところには外燈が立っている。

「あの日の夜は、ここに座って栄さんと飲んでたんですよ……」

自転車を止め、外燈の下にある大きな流木を指差しながら川越さんは言った。流木と並ぶようにして錆びた鉄の車止めがある。海を背にして車止めには川越さんが座り、流木には栄が座って飲んでいたという。

港には先に栄が来て、流木に座って焼酎を飲んでいた。七月十六日午前一時半ごろから、川越さんともう一人の友人がこの酒の席に加わった。友人は先に席を立ち、栄は近くのコンビニからまた焼酎を買ってきて飲み出した。雨がポツリポツリと降ってきたことから、川越さんと栄も引き揚げることにした。

席を立って歩きかけた川越さんは、背後にドブンという大きな水音を聞いた。振り返ると相棒の姿が見当たらない。引き返して二メートルほどの岸壁から海中を覗き込むと、薄暗い中に栄の姿が見える。着のみ着のままで川越さんは飛び込んだ。しかしなぜか栄は、溺れているにしては「もがくでもなく、しがみついてこようともしなかった」。うつ伏せになったまま浮いている。川越さんは右手で栄を抱え、呼吸ができるようにとその顔を海面に上げつつ左手で水をかき、なんとか岸壁の階段まで辿り着いた。人工呼吸や心臓マッサージをするためには〝岸〟に上げなければならない。階段は七、八段しかなかったが、八〇キロを超える栄の体を抱えて上がるのは大変だった。

「救急車を呼んでください！　誰か早く救急車を呼んでください……！」

大声で叫びながら川越さんは、人工呼吸と心臓マッサージを繰り返した。一軒の隣家に灯がともり、やがて救急車が到着した。川越さんは高校生のとき、池で溺れている小学生を助け警察から表彰を受けたことがある。祈るような気持ちで救急車を見送ったが、その願いも空しく搬送先の病院で栄は絶命した。

「心臓マッサージをしたとき、口から海水はほとんど出なかった。不思議だったですね、泡だけたくさん吐いていた。あとで警察に『死因はなんですか』って訊いてみたんですが、教えてくれませんでした」

無念の表情を浮かべながら川越さんは言う。

小松島港から歩いて五、六分のところに公園がある。廃駅となった旧国鉄小松島駅の跡地で「小松島ステーションパーク」と呼ばれ、蒸気機関車と50系客車を展示したＳＬ記念広場だ。プラットホームもそのままの形で残されている。徳島県には鳴門の第一番札所・霊山寺に始まり二四の霊場があり、小松島市には第十八番札所・恩山寺と第十九番札所・立江寺がある。栄はこの二つの霊場を巡拝した

川越さんは栄を抱えてこの階段を昇った。救助の甲斐もなく友人は絶命した（2006年8月、著者撮影。以下、同）

「あの日の夜は、ここに座って栄さんと飲んでたんですよ」と、川越さん

SL記念広場にある「小松島駅」

たぬき広場と野外ステージ

のちしばらくはSL広場や隣接する阿波金長「たぬき広場」のベンチを宿代わりにして、周辺の酒場で流しのギター弾きをして糊口をしのいでいた。広場の脇には市の図書館があるが、川越さんによると、栄はこの図書館で「よく本を読んでいた」という。

川越さんが栄と知り合ったのは平成十四年ごろで、SL広場で会話を交わすようになったのがその始まりだった。一度自宅へ誘い酒を酌み交わし「泊まっていくよう勧めた」が、栄は謝辞を述べて広場のほうへ帰っていったという。

「たぬき広場」には銅板でできた巨大な狸の像が立っている。その前にある野外ステージでは、歌手の瀬川瑛子が『命くれない』のキャンペーンを張って市民の喝采を浴びた。満天の星を見ながら野宿するには恰好の場所でもある。蚊取り線香を焚きつつ栄も、ときにはこの舞台をベッド代わりに使っていたようだ。

栄は、阿波踊りを見るのが好きだったという。夏になり阿波踊りの季節になると、小松島の港やSL広場にふらりと姿を見せた。互いに過去を語り合うことはなかったが、栄は川越さんにこんなことを話していた。

「故郷には五反歩ぐらいの畑があり、砂糖キビを作っている。家や畑はすべて弟たちに譲って、キビの収穫で忙しいときだけ手伝いに行き、あとはお遍路回りをしながら阿波踊りを見るのが楽しみで徳島に来ている」

川越さんは栄の口ぶりからその故郷を「与論島ではなく沖縄だと思っていた」。沖縄と徳島県を往復しているものと思っていたのであるが、栄は砂糖キビの収穫時に「故郷」へは帰っていない。小松島を離れてからは、どの地でどのような仕事をしていたのであろうか。

「いつのことかわかりませんが、ソバ屋をしていたという話を聞いたことがあります。それで私に『リヤカーは私が引くから一緒に屋台のソバ屋をやりませんか』と。三八五円でチャルメラの屋台をやろうというようなことを言ってましたね。四〇〇円じゃなく、なぜ半端な数字なのか不思議に思いましたけどね……」

小松島では、流しのギター弾きをしてその日の食い扶持を稼いでいた。

「『これからちょっと稼いでくる』と言って、飲み屋さんに行って千円もらってニコニコしながら帰ってきたこともありましたね。亡くなった前の晩も、飲み屋さんでギターを弾いているのを見たという話を、私の知人がしてましたけどね」

こう話す川越さんは、栄を海から助け上げようとしたとき、その腕に刺青があるのを発見した。

「刺青を入れていたことは知りませんでした。酒を飲んでも非常に紳士的でしたし、刺青があるのがわかったのは海に落ちて助けようとしたときですね。シャツを持って引っ張ったものだから腕のところが破けてしまって、桟橋に上がってからわかったんです。でも、特別に驚きはしなかったですね。本当にいい人でしたよ」

ここに栄が生前、ギターを弾きながら歌った歌を録音したカセットテープがある。栄が母親の千代さんに請われて故郷に送った肉声のテープである。田端義夫の『大利根月夜』や男気を歌った股旅物、春日八郎の『別れの一本杉』、古賀メロディーなど二十数曲が録音されている。野村俊夫が作詞し古賀政男が作曲した『湯の町エレジー』……。

自らの人生を歌にだぶらせて栄は、哀感を込めて歌い上げている。「また来る淋しいこの港」……栄が中学生のころ好んで歌っていた歌の一節である。小松島港はさびれた港だ。異郷の地で栄は、楽しみにしていた阿波踊りを見ることもなく不慮の死を遂げた。しかし、最期を見届けた旅の友・川越春美さんによると栄は、普段から、《思い通りに生きているからいつ果てても本望だ》といった雰囲気を漂わせていたという。

栄福利は実は、私の従弟である。栄の父・村福叔父は、私の母の弟である。文中に何度か出てくる「親しい先輩」というのは、一つ上の私のことで、栄は小・中学時代、よく私の教科書を借りに来ていた。それは私にとって楽しみのひとつで、共に遊んだ日々のことは今も忘れられない。

栄からは思い出したようにポツリポツリと便りや年賀状が届いていた。そして千代叔母さんが言うように、いつの日からか私にもプツリと消息が跡絶えるようになった。

中学を出てから四十数年、「いつかは会おう」と互いに言いつつ、一度も酒を汲み交わすこともなく福利は旅立った。

多少酔っていたとはいえ、福利は泳ぎは達者だったはずだ。その彼が、海に落ちて溺死した。川越さんによると「もがいている様子もなくうつ伏せになって浮いていた」というから、落下する際に岸壁に頭でも打ったのであろうか……。

栈橋で川越さんと別れてから私は、小松島の花屋で花を買ってきて、福利が落ちたという岸壁の階段を下りていき、花を供えてのち小松島港をあとにした。

（二〇〇九年八月　記）

◇

栄が焼酎を買いに行ったと思われるコンビニエンスストア。栄が座って酒を飲んでいた流木の近くにある

栄の死因が「溺死」であるということについて、私はずっと疑念を抱いてきた。川越さんによると栄の口から海水はほとんど出ず「泡だけたくさん吐いていた」という。死因については「警察も教えてくれなかった」と言うが、栄が他界して一二年が経った今、彼の死因は「急性アルコール中毒」ではなかったかと思っている。

と言うのも、私自身、急性アルコール中毒により九死に一生を得た経験をしたからだ。平成二十八年（二〇一六年）六月四日、東京・池袋で関東在住の同期生で中学の同窓会が開かれた。普段ビールしか飲まない私は、この日は焼酎の水割などをチャンポンで飲んでいた。いつしか私の意識はなくなり、目が覚めたのは翌五日の午前三時だった。病院のベッドの中にいた。

数名の同期生の話によると、道路を歩きながら腰くだけになってストンと落ち、口から泡を吹き動かなくなったため救急車を呼ぶことにしたのだという。豊島消防署巣鴨救急隊のお世話になった。病院に運ばれてから八時間が経過し目が覚めたとき、看護師さんから「急性アルコール中毒です。血糖値も高いんですね。糖尿病の方が急性アルコール中毒症になると危ないんですよ」と、温かいお叱りを受けた。

川越さんの話によると栄は数時間飲みっぱなしで、酒が足りなくなると「近くのコンビニからまた焼酎を買ってきて飲んでいた」と言う。

宴が終わって席を立ったとき、川越さんは背後にドブンという水音を聞いた。栄は立ち上がろうとしたが叶わず腰くだけになり、海に落ちたのだ。間違いなく急性アルコール中毒だ。「海水ではなく泡だけたくさん吐いていた」という川越さんの証言は、私にそう確信させたのだった。

（二〇一八年七月　記）

第14章　自分史

基佐江里

一〇〇種近い転職を経て、現在は「がん」雑誌の編集・発行に携わる——一人、「自分史」を書くことをお許しいただきたい。

雑誌の取材で娘の蕗子を連れて福井県立病院陽子線がん治療センターへ向かっているときのことだった。福井市で乗り物を乗り換える都合で、三〇分ほどスポンと時間が空いてしまった。そして、なぜかその時、中学時代のことを思い出していた。携帯電話を取り出し、大阪にいる妹へ電話をかけてみた。

「そういえばあのとき、お母さんとあんたはどこへ逃げていたの？」

あのときとは、大工をしている兄が仕事先で酒を飲み、家に帰ってきて酔った勢いで怒号を上げながら乱れる。酒乱の兄が怖くて、家を飛び出して逃げたりしていたときのことを指す。

返ってきた妹の言葉に私は衝撃を受けた。

「私、お母さんとなんか逃げていないよ。いつも一人で逃げていた」

と聞いたからである。妹は私より三つ年下であるから、私が中学一年のときは、小学四年生だった。兄の酒乱は、私が小学校五、六年のころからチラホラ始まっていたから、当時妹は、小学二、三年だったことになる。

そして母は、父とともに、〝乱れる〟息子の相手をしていたのだった。夜の九時、一〇時ごろから、夜中の一時、二時ごろまでである。母はそれでも、五時頃には起床して仕事に出かける兄のために弁当をつくり、私や妹のために弁当を用意してくれていた。

遠くから、微かに歌声が聞こえてくる。絞り出すような甲高い声は次第に大きくなっていく。緊張が走る。全身の血が凍っていくのがわかる。きょうも兄は酒を飲んできたのか……。

歌声が止む。と同時に「今帰ったど!!」と、枕元の戸がドーンと叩かれる。そこから兄の一連のセレモニーは始まった。

戸が叩かれると同時に私は跳ね起き、母屋に通ずる通路から草履をひっかけ逃げた。田圃を一つ隔てた、一〇〇メートルほど離れたところに大・小の石が並んで立っていたが、その物陰に隠れて息を潜めセレモニーが終わるのを待つ。夏は蚊に刺されるのを我慢しながら、冬は寒さに震えながら、である。三、四時間たったころに怒号が止み、兄を制する父の声も聞こえなくなったところでそろりそろりと家に帰り、床に就く。そして、三、四時間後には起きて学校に行く。毎日というほどではないが（毎日であるなら神経が持たず、心が病んでいたはずである）、一度や二度でもなく、頻回といったほうが正しいのであろうか。中学時代はそれなりに楽しい思い出もたくさんあったが、一日も早く島を出たい、という思いを抱きながら中学時代の三年間を過ごした。

兄の酒乱は、私が三〇歳になるころまで続いていた。たまに帰省してもこのような〝事件〟に巻き込まれ、あるときは徒歩で島を一周して夜明けを迎えたこともある。月光が降り注ぐ路上を歩きながら「俺は久々に故郷に帰ってきたというのに何でこんなことをしていなくちゃいけないのだ？」と自問自答しつつ、東区・古里を経て那間の集落から茶花に差し掛かる道をとぼとぼと歩いていた。またあるときは、砂糖キビの収穫の時期で、人様の畑の隅で砂糖キビの枯葉を布団代わりに二夜を明かしたこともあった。

話を、福井市で大阪にいる妹へ電話をかけたときのことに戻そう。

当時のことを妹は母と一緒に逃げていたとばかり思っていた私は、「一人で逃げていたのか!?」と思わず訊き返した。妹は「そうよ」と言い、半世紀以上も前のことを電話の向こうで淡々と語り出した。

「いつも一人で逃げていた。家の前に牛小屋があったでしょ。その隣りの竹藪の中に隠れて、ずっと座って（怒号が止むのを）待っていた。あるときなんか、膝に竹の切り株が刺さって大ケガをして、血だらけになって痛いのを我慢して待っていたこともある。その傷跡は今も残っている」

昭和40年頃の民家。わが家の隣りの家で、パパイヤの脇で畑仕事をしているのは母。左端の見えないところに竹藪があり、妹はそこに隠れていた（著者撮影）

少し間をおいて後、妹はさらに続けた。

「ほんと、あのころはナーギシのすみ子が羨ましかった。いつもニコニコして、明るくして。お金なんかなくても、貧しくてもいいから、平和がいちばんだと思った。私たちも貧しかったんだけどね。とにかく、一日も早く中学を卒業して、島を出たかった」

ナーギシのすみ子とは、叔父（母方）の長女で、妹とは同期生だった。本書で紹介した栄福利の妹である。

「一日も早く島を出たかった」という思いは、私もまったく同じだった。中学時代の三年間がとてつもなく長く感じられた。妻の由紀にこのことを話したことがあるが、「トシ子（妹の名前）さんも同じことを言っていた」と聞いたことがある。そして、妹の口からそのことを私が直接聞いたのは、福井県で電話をしたそのときが初めてであったのだ。

首周り約五〇センチ（力道山は四九センチである）、体重一〇〇キロを超える兄は力が強く、普段はやさしく思いやりのある人だった。小学一年のとき「大きくなってからやりたい仕事は」と先生に訊かれ、「大工」と書いた。兄のことを尊敬していたからであり、また大工や農業以外にいろいろな職業があることを知らなかったからでもある。消防団員だった兄は、海で溺れた人を助けたこともあり、私が中学時代、校舎の新築で中学の建築現場にも通っていた。普段は仏のようなその兄が、酒を飲み酔いが回ってくると人格が豹変した。兄の酔いが回ってくると、一人二人と兄の許を去っていく。他人に暴力を振るったことは一度もなく、父や母に、弟や妹たちに暴力を振るうということもなかったが、腹の底から発するその怒声は暴力以上に恐怖を与えた。

兄はなぜ酒を飲んで乱れたのか？　原因ははっきりしている。自分の妻がハンセン病になり、身内が一人、二人と同じ病に罹り、最後には父までがハンセン病になり奄美大島の施設でお世話になることとなった。父がハンセン病になったのは七〇歳のときで、二六歳になっていた私はこれを聞いたとき絶望的な気持ちになった。余生の大半を、父は鹿児島県奄美市名瀬和光町にある国立療養所奄美和光園で暮らしたのだった。私が兄の酒乱から逃れ砂糖キビの枯葉を布団代わりに二夜を明かしたのは、父が入園中で不在だったこのころである。正月に帰省し、姉の嫁ぎ先で、義兄と兄と私と三人で酒を飲んでいた。何が気に入らなくてそうなったのかわからないが、兄がほろ酔い気分になったところで、私は兄にびんたを張られた。何か起こるのではないかと剛雄兄は不安げな視線を私に向けた。私は笑顔をつくり、その場では何も起こらなかった。兄は席を立って、バイクで実家のほうへ帰っていった。実家には母が一人しかいない。

　不吉な予感がした。私は剛雄兄や姉への挨拶もそこそこに兄の後を追って実家へと急いだ。案の定、母は就寝中に起こされ寝床の脇に座っていて、その母に向かって兄は声を荒らげ何やら小言を垂れていた。その光景を見て私の頭の中で何かがプツンと切れた。兄に体当たりをし、仰向けに倒れたその額に握り拳で三、四発殴って家を飛び出した。その後、家に戻ったのは二日後の昼頃だった。

　当時は、大阪在住の妹も家族で帰省することになっていて、その帰省に合わせて実家に帰ったのだが、兄を突き倒した床の間の畳には血痕が三つ四つ残っていた。ご先祖様の前でその子孫が争ったことになるのだが、血痕は私が拭き取った。兄は妹達の接待の準備をするために母とともに台所にいた。私の前でこれ見よがしに額に手を当てたりしていたが、〝トラブル〟があったことについては一言も触れなかった。ただ、母からは兄のいないところで一言、こう言われた。

「兄に、手なんか出したりして……」

　手を出したのは悪かったが、あのとき私が逃げたのは正解だった。母に聞いたところによると、私が家を飛び出したあと兄は大工で使う鑿を持って家の周りを私を探し歩いていたという。

　酒に酔い不意打ちを喰らったから兄は私の体当りで倒れたが、正気だったらひとたまりもなく弾き飛ばされていたであろう。あるとき、私と姉と妹の三人がかりで兄と腕相撲をしたことがあるが、兄はびくともしなかったからである。

　兄に手を出し逆らったのは、このときが最初で最後であった。私はこの帰省時には、モナ・リザの模写を制作中で、与論島にも未完のまま持ち帰っていたが、私が兄を突き倒して逃げたあと母はモナ・リザを咄嗟に隠し守ってくれていた。母が機転を利かせてくれてなかったらモナ・リザはズタズタに引き裂かれていたであろう。ちなみにそのモナ・リザの模写は今も私の手元にある。


　父・森道は明治三十七年生まれで船乗りだった。三男であるが、基家の本家を継ぐために船乗りを諦め農業に従事。二四歳のとき、五歳年下で同じ与論島で明治四十二年生まれの栄カメと結婚した。一九歳になるカメは、尋常小学校二年生のとき奄美大島に機織に出されたため小学校を卒業していない。だから文字は、辛うじてカタカナを書けるくらいだった。長男が生まれ、勉《つとむ》と名づけたが、すぐに死んでしまった。

森道とカメは初めての子どもを亡くして落胆したが、その後、栄吉、トシ子、俊雄、ハナ子、初枝と五人の子供に恵まれた。昭和十六年十二月八日、戦争が勃発。戦渦の中、国の政策で「満蒙開拓移民」の話があり、わずかばかりの田畑では生活が苦しかったことから森道は、老いた母（私の祖母）と妻子を連れて満州（現中国東北部）に渡った。戸籍上の長男である栄吉は一足早く中国に渡り、昭和製鋼所に勤めていた。

亡き兄・俊雄と父。満州で亡くなったきょうだいの写真で唯一残っているのはこの1枚だけである

ここに記した与論島からの「満蒙開拓団」については、南日本新聞社編『与論島移住史　ユンヌの砂』（南方新社刊）のなかに詳しく書かれている。「基森道」の名も見られる。

《8　旅なれぬ者たち

男たちだけの第一陣でさえ、心細い思いをしたのだから、家族を引き連れた第二陣以降はなおさらだった。生まれて初めて島を出る年寄りや子供も多く、引率者の苦労は並たいていではなかった。

本隊は数次にわかれて海を渡っているが、各人の引率者は南清秋、池畑里英、源島保、基森道といった人たちである。》

移住した先は中国遼寧省であった。開拓団員として新天地で希望に燃えて働いたが、短期間のうちに母が死に、トシ子が死に、初枝が死に、俊雄までもが熱病で息を引き取った。森道は自責の念に駆られ、俊雄が死んだときは宴席を設け太鼓を叩いて母（祖母）や子供たちの霊を見送ったという。

次男・俊雄は、熱にうなされながら水を欲しがった。カメは苦しがる息子に水を含ませようとしたが、医師に「今、水をやったら死んでしまう」と制せられ、その言葉に従った。だが、俊雄は願いも空しく息を引き取った。カメはその後、「あのとき水をあげればよかった」と悔い、ときどき発作を起こすようになった。敗戦になり与論に引き揚げてきてからも、寝床の中で死んでしまった子供たちの名を呼んで涙を流していた。そのような母の涙声を聞くのが私は嫌だった。

　昭和二十年、絶望の淵に沈んでいるところへ森道に、「召集令状」が来た。生き残った小学校低学年のハナ子と妻を残して戦地に赴かねばならない。妻はお腹に子を身籠っていた。森道は、応召する前に妻や子とともに命を絶とうと思ったという。

　与えられた武器は手榴弾《しゅりゅうだん》二個だけだった。「こんなものでどうやって敵と戦えというのだ!?」と、森道は手記に書いている。戦地で戦う前に昭和二十年八月十五日、終戦を迎えた。シベリア行きを逃れ、

「召集令状」を受け戦地に赴く前に妻子（ハナ子）とともに撮った写真。母は私を宿していた

一度は覚悟を決めた妻と子にも会うことができた。一人、離れて暮らしていた長男・栄吉とも無事に合流。翌二十一年一月四日、カメは男の子を出産。片手に乗るほどの未熟児で生まれ生死が危ぶまれたが、新しい生命の誕生にカメは喜んだ。森道も「俊雄の生まれ変わりだ」と喜んだが、名前は俊雄ではなく祖父の名を取って「佐江里」と名づけた。

　命からがら満州から引き揚げてきた。かつて与論町役場から取り寄せた私の戸籍抄本には「昭和弍拾壱年壱月四日遼寧省盤山縣大窪村与論墾務團で出生父基森道届出昭和弍拾弍年拾月拾日受附入籍」とあるから、引き揚げてきたのは昭和二十二年（一九四七年）の九月か十月だったことになる。祖母や姉・兄・妹の遺骨を入れた白木の箱を首にかけて運んできたのは生き残ったハナ子の役割だった。与論に帰り三年たって森道とカメに女の子が生まれた。トシ子と命名。昭和四年十一月三日生まれの長男・栄吉が結婚し、女の子が生まれた。初枝と名づけられた。

　未熟児で生まれたせいか、私は青白い顔をしていた。一歳八カ月で与論の地を踏み、記憶に残っているのは三歳くらいからである。三つ年下の妹が生まれたとき、姉ハナ子に「今日からあんたは、お母さんのオッパイは飲めないよ」と言われたことをはっ

きりと覚えている。長い間、乳離れができていなかった。父や母には、過保護と言われるくらい大事に育てられた。危ないからという理由で、海にも行かせてもらえなかった。だから、海で囲まれた与論島に育ちながら私は、泳ぐことができない。トシ子の名をもらった妹も同様に金槌である。

小学校に上がることになった。極度に人見知りをする性格で、母親のあとばかりついて歩いていた私は、一人で学校に行くことができなかった。家から歩いて一〇分ほどしか離れていない与論小学校に、入学してから四七日間のうち七日間は父親に、四〇日間は母親にともに通学したのだった。母は三歳になる末の女の子の手を引いていた。それもただ学校に連れていくだけではない。授業の始まりから終わりまで、母親が廊下に立って見守っていてくれなければ安心できない。休み時間もみんなに溶け込むことができず、校庭の片隅にある砂場に行って、母に勉強を教えてもらった。算数の「3」という字がなかなか書けず、苦労したのを覚えている。母は尋常小学校二年しか出ていないが、小学一年生くらいの勉強には何とか対応できたようだった。国語は先生の話を聞くのが好きで、教科書の隅から隅まで丸暗記した。試験はたいていい一〇〇点だった。

小学校は「い組」と「ろ組」に分かれていて、い組の担任は川口当悦先生、ろ組の担任は滝持生先生だった。私はい組だったが、川口先生は、いつまでたっても一人で通学できない私のことをことのほか心配してくださった。農作業を放り出して子供に付き添ってくる母親に、心の底では同情されていたに違いない。

何がそうさせたのであろうか。入学して四八日目に、一人で学校に行ってみようかという気になった。姉・ハナ子は八つ違いで、私が小一のとき中学三年生になっていた。その姉に連れられて、小学校の校門までドキドキしながら歩いていった。すると、それを見届けた担任の川口先生が、校門に走ってきてくださったのである。

「この日」の出来事については、『朝日新聞』に投稿した私の文章を引用してみたい。

《開拓移民の子として中国遼寧省に生まれた私は、引き揚げてのちは沖縄、与論島で少年時代を過ごした。未熟児で生まれ青白い顔をしていた私は、友達と遊ぶということがほとんどなく、田んぼに行く時も畑に行く時も、四六時中母親にくっついて歩いていた。当時は、島に幼稚園というものもなかった。

そんな私も、いよいよ小学校に上がることになった。ところが、目と鼻の先にある小学校に、私は一人で通学できない子供になっていた。どうしても友達の輪の中に入っていくことができず、親同伴でなければ学校に行かない。父母はすべての授業が終わるまで、ずっと廊下で待った。父親七日、母親四十日、農作業を放りだしてのたった一人だけの〝父母参観日〟は四十七日間に及んだ。

初めは楽観していた担任の先生も、だんだん事態を重く見るようになった。

私が、入学後四十八日目にしてなぜ「一人で学校に行ってみよう」という気になったのか、正確なところはもう思い出せない。しかし、一大決心をしたその日の父や母の不安げな顔、そして学校での出来事だけはよく覚えている。

おどおどと校門に入っていくと、私の姿を目に留めた担任の川口当悦先生は、飛ぶように教室から駆けつけてくださった。「よく来た、偉いぞ!」と言い、教科書の入っているふろしき包みごと私を抱き上げ、そのまま教室まで連れていってくださったのである。

先生がとても身近に感じられた。翌日から、喜んで学校へ行くようになった。中学を出て社会人になってからも先生のことを忘れたことはないが、私にとって最初の師は、父や母ではなかったかとも思われる。》

『朝日新聞』が「私と先生」をテーマに読者から原稿を募集しており、それに応募して掲載されたもので、見出しには「入学後48日目　初登校の感激」とあり、文章の前には「鎌倉市　基　佐江里　(フリーライター　45歳)」とある。平成三年(一九九一年)一月十九日の朝刊に掲載されたもので、当時は鎌倉市材木座に住んでいた。

この文章には、事実と異なるところが一カ所ある。《沖縄、与論島で少年時代を過ごした》とあるが、私は沖縄に住んだことはない。「与論島」と書いただけでは読んだ人にはわからないのではないかと思ったことから、原稿には「沖縄に近い与論島で……」と書いたのだが、新聞社の編集部に《沖縄、与論島で……》と直されてしまったのである。ほかは全文、投稿したままの文章である。後にも先にも新聞に拙文を書いて応募したのはこれが初めてであった。謝礼として「朝日新聞」の社名入りのボールペンが送られてきたが、これは川口先生にお礼の手紙を添えてプレゼントさせていただいた。

実は、幼いとき私は養子に出されることになっていた。父の姉である伯母・児玉ハナは、主人を亡くし、警察官だった一人息子とも死別していた。一人暮らしをしているそのハナ伯母の家に養子に出されることになっていたのだが、養子になる話はいつしか立ち消えになっていた。私は伯母が好きで、ヒヨコを育てるのが上手な伯母からよくヒヨコをもらってきて飼っていたのだが、人見知りが激しく、小学校にも一人で通うことができない。そんな息子が頼りなく不憫に思えたことから両親は養子に出すことを躊躇い、話を白紙に戻したのかもしれない。伯母はやがて、私が中学を卒業し島を出てから基家の本家である父・森道が引き取り共に暮らすようになった。

昭和二十七年（一九五二年）四月、満六歳で与論小学校に入学。入学式は母親に連れられて学校に行き、「誰と一緒に座りたいか」ということになり、廊下側の席の後方で訳がわからずどぎまぎしていると、同じく後部座席近くでポツンと立っている新入生がいた。里秀昭であった。里は東区の赤崎海岸近くに住んでおり、遠方であるにもかかわらず一人で学校に来ていた。私の母が「お父さんのお名前は？」と訊くと「里直喜見」だとのことであった。親戚であることを知った母は「そうか、そうか」と言い大層喜んで、里と一緒に座ることになった。以来里は、竹馬の友となり、その交友は後期高齢者になった今に続いている。里と肩を並べて机に座り、廊下で母が見守る中で川口先生の授業を受けた。そんな日が四七日間続き、入学して四八日目から一人で通学できるようになった。が、なんとなく心許ない。その不安を払拭してくれたのは里秀昭のほかに、山崎シズエ、龍野實子、白尾良枝であった。山崎は通学路が同じで、母の招きでときどきわが家へ寄ってくれた。龍野は私の兄・栄吉の大工の師匠・龍野洋一郎さんの娘であり、白尾は川口先生の姪御さんである。白尾とは小学二年のとき川口先生のご自宅へ珠算を習いに行き、相撲を取って遊んだこともある。白尾はのちに珠算3級に合格したが、私は中学でやっと4級止まりだった。

小学校一年生の終業式を迎え、い組の「総代」に選ばれることになった。ろ組の「総代」は竹末子であった。川口先生は「二年生になってからも頑張りなさいよ」と言われ、罫線を入れ謄写版で刷った手作りの国語と算数のノートを贈ってくださった。私の宝物である。

小学校二年生になると「い組」「ろ組」が合併し担任は滝持生先生であった。新学期が始まる前、八つ違いの姉・ハナ子が東京へ就職（女中奉公）することになり、茶花港へ両親とハナ伯母と妹と五人で

小学校2年の新学期が始まる前、上京する姉を見送る。茶花港で(右端がハナ伯母)

見送りに行った。茶花港を見たのはこのときが初めてであった。姉は喜んで島を出ていった。姉がいなくなり寂しくなったが、二年生になって間もないある日、昼休みに校庭に広がる大きなガジュマルの木の下で一人でいるところへ、二つ年上の川口澄子姉さんが「何してるの?」と声をかけてくれた。澄子姉さんとは親戚であり、しゃがんで地面に何か書きながら「みんなに負けないでしっかり勉強しなさいよ」と励ましてくださった。この一言にはかなり勇気づけられた。二年生の終業式でも「総代」に選ばれた。

三年生のときの担任は兄・栄吉と同期の久野栄吉先生だった。ある日、校舎の裏で、里秀昭と二人で学校では禁じられているビー玉遊びをしていた。背後からドドドッ!という足音が聞こえ、振り向くと同時にバシッとびんたが飛んできた。農作業を終えて帰宅途中の母が石垣越しに私と里が〝悪さ〟をしているのを見つけ、石垣を越えて走ってきたのだった。母にびんたを張られたのはこれが最初で最後だった。ついでながら言うと、父は、躾が厳しく怖い存在だったが、母や子供に手を出すということは一度もなかった。

四年生の担任は龍薗福秀先生だった。恰幅のいい龍薗先生は、すぐに野外学習に連れていってくださる先生だった。「先生、遠足に……」とみんなが言うと、龍薗先生は校長先生に許可願いに行かれ「じゃ、行こうか」といった感じで野外学習が始まるのだった。どのような経緯でそうなったのかは知らないが、この小学四年のとき、わが家で宴会付きのPTA総会(?)が開かれたことがある。午後何時ごろから始まったのかもう記憶が定かではない。保護者の方が重箱持参で約五〇名、そこへ級友たちも加わり、庭や家の周りで大はしゃぎ。私は有頂天だった。家で出した料理は酒の肴の酢の物などとカレーライスだったと思うが、これだけの数の食器をどうしたかというと、基玄森伯父(父の兄で助役をしていた…のちに元井姓に改名)、基盛元おじ(父の従弟で澄子姉さんの母の弟)に援助してもらい、賄いには母のほかに児玉ハナ伯母、基ハル伯母・ツネ姉(従姉で元小学校の先生)、そして基ウメおば(盛元おじの奥さん）が駆けつけてくださった。ちなみに料理長は父・森道である。船乗りをしていたから料理は御手の物だった。野菜づくりも好きで（農家だから当たり前か）、冬瓜を庭の花壇の上にずらずらと数十個並べ、お客さんが来るとそれをお裾分けするのを楽しんでいた。免許こそ持っていないものの理髪の技術もあり、農業の合間をぬって理髪店を経営している沖理髪店（白尾良枝さんの祖父の店）で理容師（？）として働いたこともある。私が小学校四年のときだった。父はこの理髪の技術のお陰で、満州でソ連軍が侵攻してきたとき「中国人に匿ってもらって助かった」と言っていた。普段から近所の中国人の散髪をしてあげて「親しくしていた」からである。与論では、玄森伯父も盛元おじも、そして玄森伯父の孫・勝彦も、父が散髪していた。無論、散髪代などいただくはずもなく、父は散髪をしつつ兄や従弟と近況を語り合うことを楽しみにしていた。

話が逸れた。わが家でＰＴＡ総会が開かれたときのことに話を戻そう。

「こんなことをしていたら家計がつぶれるよね」と、ツネ従姉とウメおばは台所でひそひそ話をしていた。

とにかく、わが家は宴会好きだった。日頃から来客が多く笑いが絶えなかった。賄いをする母は大変だったと思う。小学校の先生が四、五人でお見えになったこともあり、その中には中学の教頭先生である山富英先生もいらして、自前の芸を披露されていた。山先生の奥さんの実家がわが家に隣接していたからである。父は琉球舞踊を嗜み、西区の青年団主催の演芸会があるときは琉球舞踊の指導をし、自ら御前風や鳩間節を踊ったこともあった。また、公民館で映画の上映や旅芸人が流れてくるときは学校では「観劇禁止令」が敷かれていたにもかかわらず、父は必ず家族全員を観劇に連れていってくれた。

兄は大工や農業を本業に泳ぎも達者で暇ができると漁業にも出かけていた。青年団長を務めたこともあり、人気者で、西区の部落で恒例の演芸会が開かれたときは手品を披露し喝采を浴びたりもしていた。蛇皮線を弾くのが得意で、かなり後になってからの話だが、ＮＨＫの『十九の春のルーツを訪ねて』という番組である歌手が農作業中の兄を訪ね、畑の中で蛇皮線を弾きながら「与論小唄」を披露したこともある。陽気だったその兄が酒に飲まれ、公衆の面前で初めて失態を演じたのは、わが家でＰＴＡ総会の宴が開かれたその日の夜だった。

総会が宴酣になったころ、外で級友たちとはしゃぎまくっている私のもとに横山俊文が血相を変えてやってきて「佐江里！」と切り出した。

「君のお兄さんが大変なことになっているよ！」

駆けつけてみると宴が開かれている母屋ではなく台所のある部屋で、兄が体を震わせそれを父と担任の龍薗先生が必死で抑え「栄吉、栄吉！」と叫んでいる。

宴席の酒がなくなり、父兄の一人に「なんだ、もう酒はないのか？」と言われた。みんなの前で恥ずかしい思いをした兄は、責任を感じ、「包丁で腹を切って詫びる！」と身を震わせ乱れていたのだった。よくよく考えてみると、それだけの多人数で集まれば酒がなくなるのは当たり前で、恥ずかしいことではない。歩いて一〇分ほどのところに酒屋はあったのだから、なんで私に「酒を買ってこい」と言ってくれなかったのか不思議ではある。

宴がどんな形で終わったのか今は何も覚えていない。さあ、その翌朝が大変だった。父や母は、「龍薗先生や皆さんに、とんでもないご迷惑をおかけして」と、兄を窘めた。兄は、土下座をして畳に何度も頭をこすりつけ、ひたすら謝り続けていた。

小学校五年生になった。担任は茶花にお住まいの喜山哲男先生であった。小学五年生のこの一年間には、いろいろなことが起こった。最も衝撃的だったのは、優秀な成績を収めていた池田早代子さんという級友が白血病で亡くなったことであった。勉強がよくできて（クラスでトップだったのではないかと思う）、書道がうまく、大人しく控えめで、色白でお姫様のような人であった。

喜山先生には、調子に乗りすぎて横びんたを張られたことがあるが、先生が宿直のときは里秀昭、大田武彦とともに三人でよく泊めていただいた。缶詰などをご馳走になった。

小五のときの忘れ難い出来事としては、兄に嫌というほど青竹で鞭打ちの刑を食らったという苦い思い出がある。夏休みになり、西区の児童の、今で言うボランティア活動の一環として西区集会所の砂場に前浜から砂を運んできて入れるという〝作業〟があった。四年生から六年生まで二〇人ほどの児童が集まり前浜まで繰り出した。めったに海に行かせてもらえない私は喜んでこのボランティアに参加した。責任者は六年生の鵜木達男先輩であった。砂浜で大いに遊び、海にも入った。

砂浜で目いっぱい遊び集会所に砂も運び終えて、喜んで「只今」と帰宅した。すると兄が怖い顔をして門まで飛んできて「今まで何をしていたんだ！」と叫ぶなり、鞭のように撓る青竹で背中を何度も何度も叩いてくるのだった。なぜそんな目に遭っているのかまったく訳がわからなかった。父がいたなら絶対に許されないリンチともいうべき体罰であったが、父は不在だった。母が見かねて兄を制してくれたお陰でリンチは収まった。そして五右衛門風呂代わりにドラム缶でつくった風呂場まで連れていき、「こんなになるまで叩いて……」と泣きながら背中に冷水をかけてくれた。夏だから着ているのは肌着一枚だけだ。たぶん背中は縦横無尽に蚯蚓腫れになっていたと思う。

理由が後になってわかった。恩師である川口当悦先生が久々に訪ねてこられ、私が帰宅するまでずっと待たれていたという。いつまで経っても帰宅しないため、とうとうそのまま帰られたとのこと。先生に失礼なことをしたということで、兄は堪忍袋の緒が切れたのであった。

しかし兄は優しい一面もあった。五年生のとき、大工の合間をぬって立派な勉強机と椅子をつくってくれたのだった。

小学校一年生から五年生まで「総代」で賞状をいただき、六年生になると児童会長に選ばれた。担任は大野宗徳先生だった。六年生で思い出されるのは、父が、担任の大野先生や校長先生に宛てて書いた手紙を私に持参させたことである。一学期が終わったときだったか二学期になってからだったか、正確には思い出せない。保護者会があり学校から帰宅した父が、語気を強めて私に言った。「君は児童会長になる資格はない。担任の先生と校長先生に手紙を書くから、明日大野先生に届けるように……」とのことであった。保護者会でクラス全員の成績が発表されたらしく、自分の息子は「一位ではなかった」ことを知った父はかなり落胆し、先生にそのような申し出をしたのだった。校長先生は田畑吉之助先生で、父と尋常小学校が同期の先生だった。ちなみに中学校の校長先生だった竹下茂徳先生も父と同期の先生だった。

父が「児童会長になる資格はない」というのも頷けた。成績が良かったのは図画工作と音楽だけ。算数や理科は不得手であり、好きだった国語にしても、六年生のときに実施された文部省の学力テストで一位をとったのは里秀昭だった。先生が公表したからよく覚えており、「90点」であったと記憶している。でも、自分の名誉のために付け加えておくと、右足が筋炎で歩けなくなり、手術のため六日間学校を休んだとき社会科のテストが行われており、登校した日にそのテストを受けることになった。一〇〇点をとったら先生はびっくりされていた。

父からの「児童会長辞退」の手紙を登校するなり大野先生に届けた。大野先生は田畑校長先生に相談されたようだった。するうち、朝礼の合図を告げる鐘がなった。全校生が集まる前に指令台の上に登り、整列をさせるための号令をかけねばならない。会長ではなくなったわけだから指令台に立つ必要はないのではないか……。私はどうすべきか、おどおどしながら大野先生に視線を向けた。このときの十数秒の躊躇いを知っていたのは三つ年下の妹だけであったろう。登校前に父とのやり取りを聞いていたからだ。

「何をぐずぐずしている早く上がりなさい！」

大野先生は半ば叱りつけるように私に言った。その日は、下校時に大野先生からの返信をいただき父に届けた。封書の中には何と書かれていたのか、教えてもらったはずだが、何も覚えていない。

小学校時代には、兄が結婚し、離婚するという深刻な家庭事情も抱えていた。離婚の理由は、義姉がハンセン病になったからだった。否、「ハンセン病になったから」ではない。ハンセン病に罹患しても義姉が「入院」を拒んだからだった。兄はときどき、酒で乱れるようになった。

小学校の六年間は、長かった。中学に上がる前に父が言った言葉は、「高校へ進学させることはできないから、独学で学んでいきなさい」というものであった。また自分自身も「進学」という文字など、頭の隅にも浮かぶことはなかった。

小学校の卒業式では、「自治功労賞」というものをいただいた。父も「表彰状」をいただいた。理由を大まかに言うと「子弟の教育に熱心であった」というものであった。私の人生に折れ線グラフを付けるとしたら、この小学校六年間のときがピークで、いろいろなことがあったにせよ少しは親孝行ができたのではなかったかと思う。卒業式のとき『蛍の光』を歌ったときは、自然に涙が出てきた。

昭和三十三年（一九五八年）四月、与論中学校に入学することになった。

中学に入学して寂しかったのは、近所でよく遊んでもらっていた二つ、三つ年上の先輩たちが鹿児島へ転校していなくなってしまったこと、また卒業して中学を去ってしまったことであった。川口澄子姉さんもその一人だった。しかし一人、二級先輩の従兄である南政信兄がいたのは心強かった。また、体育の教師をされていた大角光子先生がおられることも心強かった。先生の実家は、私の家と一〇〇メートルも離れていない距離にあった。

入学式当日、「新入生の基はおらんか!?」という声が聞こえた。体育と職業家庭を受け持っている福富雄先生であった。新入生を代表（?）して宣誓の言葉を述べるように、とのことであった。中学時代の良い思い出というのはこれくらいのものである。あとは「何だ、大したことはないじゃないか」という声が囁かれるなかで、中学の三年間の一歩を踏み出した。

小学校6年生のとき、姉に送るため家族全員で写した写真（右端が兄・栄吉）

中学生になりまず感動したのは、ラジオ体操が「第一」から「第二」に変わったこと。各教科ごとに専任の先生がいらしたこと。英語という科目が新たに加わったこと。小学校では「算数」と呼ばれていた教科が「数学」という名に変わったこと、などであった。数学は最も嫌いな科目だったが、中学の三年間で数学を「4」と評価してくださったのは、西田先生だけだった。ただ、西田先生には試験の答案用紙を渡される際、こう言われた。

「基君は宿題もよくできて普段の授業でもよく発表しているのに、なんで試験になるとこんなに点数が悪いの?」

それはもう、はっきりとした理由がある。小学校五年生のときから大いに活用していた「虎の巻」、『大全科』という強い味方がバックについていたからである。何も考えず、ただ答だけを書き写せば宿題があっという間にできてしまうという「虎の巻」の有難さ……。しかし、そのしっぺ返しは月日とともに学力の低下へとつながっていった。

西田先生には学芸会で『人魚姫』の王子役に抜擢（?）していただいた。主役の人魚姫を演じたのは茶花小学校出身の川畑節子であった。

茶花小学校と言えば、垢抜けて成績も優秀な生徒が大勢いた。そして入学して一〇日ほど経ったころクラス委員を決めることになり、喜山勝子と山下淑子が教壇に上がり票読みをし、茶花小出身の出村哲雄と私が競り合ったすえ出村が選ばれた。二組は茶花小出身の川上重光が、三組は那間小出身の原田吉村がクラス委員になっていた。クラス委員には選ばれなかったが、茶花小出身の我謝文子や野口卓雄、吉田幸子、那間小出身の竹下岩男や田畑清彦も優秀な成績を収めていた。竹下は、竹下茂徳校長先生のご子息であった。私はクラス委員に落選したとき、何か心の糸がプツンと切れたと同時に、安堵感のようなものも感じたのだった。

中学二年生になり私は二組になった。担任は福永政宜美先生であり、一年のときに離れ離れになっていた里秀昭と同じクラスになることができた。数学を教わったのは柳田薫先生であったが、里と私は教科書で顔を隠し、先生に気づかれないよう互いをいかにして笑わせるかに興じ、授業そっちのけ。後ろにいた女子生徒は「この二人は何をしているんだ」と、さぞかし迷惑だっただろう。ただでさえ苦手だった数学が、ますます嫌いな科目になっていった。成績は「3」だった。柳田先生のことで覚えているのは、授業で脱線し『私は貝になりたい』という話をしてくださったことである。しみじみとした口調で話されていた。物静かな先生であった。

中学二年生になると、英語は、職業家庭と選択教科になった。私は進学組ではなかったが英語を選択した。職業家庭は必修科目にもあったからだ。体育とともにこの教科を担当していたのは福富雄先生であった。授業の中で「将来の進路」と題し作文が課せられた。「進学するだけが能ではない……」というようなことを書いて提出した。まさか皆の前で読み上げられるとは思わなかったからそのようなことを書いたのだが、「ここに面白い作文がある」と言って、公表されてしまった。恥ずかしかったが、本心ではあった。進路には「就職」と書き、就きたい職業には「印刷所」と書いた。本をつくる仕事に就きたかったからであり、本をつくる大本は「出版社」だということを当時は知らなかったからだった。もっとも「出版社」と書いても、中学卒で入れる職業ではなかったのだが……。

中学二年生のとき、東京に働きに出ていた姉が六年ぶりに与論に帰ってきた。嬉しかった。だが、しばらくして姉はまた東京へと旅立っていった。姉がいるときも、兄の酒乱は止まなかった。仕事先から酔って帰ってきて、ドアを蹴破って入ってくるということもあった。姉は初めての経験だから、何が起きたのかとびっくりしていた。

中学三年生になった。あと一年辛抱すれば島を脱出できる。そんな心境で始業式を迎えた。二組の担任は、英語と数学を担当していた山下清和先生であった。嬉しいことが一つあった。二年生のときも同じクラスだった我謝文子さんが、また同じクラスになったことである。マドンナ的存在であった我謝さんの成績は「オール5」であり、学年全男子生徒の憧れの人であった。成績は総合力において学年ナンバーワンだったのではないか。だがその我謝さんは、十月になり沖縄のほうへ転校していった。

受験を控えた生徒たちは、目の色を変えて放課後行われる補習授業に参加していた。夏休みも受験勉強に集中していたに違いない。そんななか私は、時給二〇円の稲刈りのアルバイトに精を出していた。西区では青山みつ子が女子の責任者、私が男子の責任者だった。八時間働くと一六〇円になり、バイト代が入ると真っ先に母にタバコを買ってあげた。自分で言うのもどうかと思うが、クラスのみんなと同じで、私はよく働いたと思う。学校から帰ると、ドラム缶を切断してつくった五右衛門風呂に水を汲んできて入れるのは私の役目だった。与論島に水道がなかった当時、「ウタナゴウ」という同じ部落で共同で使っている井戸が三〇〇メートルほど先にあり、そこから天秤棒に吊るしたバケツに水を汲んでくるのだが、何十回と往復してやっと水が溜まる。きつい作業だった。稲刈りだけでなく麦刈り、そして脱穀機を使い脱穀もやった。父が畳表に使う筵織りをしていたので、その原材料となる藺草の刈り入れや藺草を割く作業、それを前浜まで運んで干す作業など。藺草を干しに行く作業は楽しかった。前浜に注ぐ川でエビ釣りができたからである。

わが家の家計は、兄の大工賃と、父が筵を織って業者に売るわずかな手間賃で賄っていた。中学で「家計簿の発表会」があり、最初に白羽の矢が当たった生徒の保護者が断わったことから私にお鉢が回ってきた。父は了承し、全校生徒の前で「年収三万円」の家計事情を公表することになった。一学年下のA君などは「年収一〇万円余り」と発表していたから、恥ずかしい思いをしながら私はこれを聞いていた。

また、話は中学二年時に戻るが、父兄参観日に父が出席できなくなり、代わりに中学の鉄筋新築校舎を建設するため中学に〝出勤〟していた兄が参観日に出席することになった。その席で兄は、与論小出身の生徒の父親にこう言われたという。

「あなたの弟は小学校では成績が良かったが、中学になったら良くないね……」

聞いた兄は恥ずかしかったらしく、家に帰って家族の前でこのことを話していた。私は何と言っていいかわからず、黙って聞いているしかなかった。

ここで中学の通知表を開いてみる。ずっと「5」だったのは図画・工作の一科目だけ。ほかに「5」を取っているのは保健・体育、職業・家庭、音楽。得意だったはずの社会科が中学一年では「3」というのは許せない。二年・三年では持ち直して「4」。定時制高校になってからはずっと「5」だった。あと、英語が中学一年では「もう少しで5です」と書かれていて「4」。中学一年のとき以外数学は「3」で、ほかの科目は「4」だった。数学の試験では忘れ難い思い出がある。山下先生はときどき抜き打ちの試験を課した。試験結果をみんなの前で公表され、「基佐江里・団子」というときがあった。つまり「0点だった」わけだ。みんな笑っていた。受験シーズンに入り、ある女子高の試験問題がそのまま出題された。これは「73点」だったが、公表されなかった。

通知表には「学校から家庭へ」という蘭と「家庭から学校へ」という通信欄が設けられている。中一のとき担任の富岡先生からは「懸命に学習に精進しておりますが、家庭においても予習、復習を充分にさせて下さい」（一学期）とあり、中三のとき父から担任の山下清和先生には次のような要望が認められている。

「学校にての総ての面に対して強く御指導下さいまして有難う御座いました。出来得るだけ学習は時間のゆるすかぎり学校にて勉強させて帰家させて下さい。御願ひします」（一学期）

富岡先生のコメントや父からの要望を総合すると、共通して言えることは、私は家では何も勉強していなかったのか？　ということになる。だから社会科が「3」などと評価されることになるわけだ。

高校の受験シーズンを前にして、父が珍しく朝戸のはずれにある畑に私を誘った。ほとんど母とばかり行っていたので、これは珍しいことだった。道すがらこう言われた。「高校を受験しないか」と……。（親父、今頃言ったってもう遅いよ！）内心思いながら私は即答した。

「受験なんかしない、就職する」

これは本心だった。受験や就職などどうでもよく、とにかく一日も早く島を出たかった。

私の返事を聞いた父は、「それだけ自信がないんだろう」と少し語気を強めて言った。私は黙っていた。父の言うとおりではあったが、とにかく早く島を脱出したかった。

就職先が決まった。東京都荒川区日暮里町に本社のある「コロナ工業株式会社」という会社だった。ネームプレート(ラジオやカメラなどに付けるアルミ製のダイヤル)をつくる会社で、この会社に応募したのは潟山正、竹波栄喜、徳田昭次郎、吉田満男、そして私の五人だった。

卒業式を五日後に控えた三月十五日、担任の山下清和先生に引率されて三年二組だけの遠足が行われた。そして昭和三十六年(一九六一年)三月二十日、待ちに待った中学の卒業式だ。就職生を代表(?)して謝辞を述べることになった。校長先生は、竹下茂徳先生ではなく名護富三先生になっていた。小学校の卒業式のときは涙が出たが、中学の卒業式では涙はなく、卒業証書をもらうと欣喜雀躍、家路に急いだ。精神的に荒んでいた中学時代の三年間はこうして終わった。長かった。あとは一週間後に迫った、沖縄発神戸港行きの『浮島丸』を待つだけだった。

三月二十七日、その日がやって来た。『浮島丸』が寄港するのは供利港だった。早朝、父や母、兄、ハナ伯母や妹と供利港に向かった。港に着くと、桟橋に行く前に兄に呼ばれた。アダンの下で缶詰を開け、「父と母のことは心配しなくてもいいから頑張って来い」と、缶詰を私に差し出した。いつもこんな兄だったらよかったのになあ、かつてはこのように優しい兄だったが、酒に飲まれて損をしていたのだ。兄がどんなに乱れても、父や母は兄を見放すことはしなかった。明治天皇が生まれた十一月三日が誕生日だということで、兄だけの誕生日祝は毎年行われ、ご馳走が出た。それを妹も私も楽しみにしていた。

兄にどのような返事をしたのか、黙って聞いているだけだったのか、何も思い出せない。『浮島丸』が海の向こうに姿を現した。沖に碇泊しているその船には、艀に乗って行かねばならない。揺れる艀の中でバランスを取りながら両親や兄や伯母を探した。微かに母らしい姿が見えただけで、手を振る余裕はなかった。与論中学からの集団就職者は何人くらいいたのだろう。潟山も竹波も徳田も吉田も同じ艀に乗っていたのであろうか。上下に揺れる艀から本船に乗り移り、船底の二等船室に回された。あとは三泊四日の船の旅。船酔いが激しくただ船底に寝ているだけの旅だった。

三月三十日未明、神戸港に着いた。『浮島丸』の船主である関西汽船の社員からあとで聞いた話によると、接岸したのは中突堤のB岸壁であったらしい。下船した。級友たちと別れを惜しむ間もなかった。関西や中部地区に就職する者は、職安の職員から雇い主に引き取られそれぞれの職場へと向かっていった。東京に就職する者は、神戸から東海道線でさらに一〇時間の旅をしなければならない。

列車から見る窓外の景色や停車駅に着くたびに流れるアナウンス、見るもの聞くものすべてが珍しかった。最も印象深く残っているのは、横浜駅に着く前に目にした薄緑色の大きな丸いタンクだった。のちになってそれは、東京ガスの貯蔵タンクであることを知った。今は四基あるが、当時は二基しかなかったように思う。今も電車の窓からそのタンクを見るたびに、初めて上京したあの日のことを思い出している。

東京駅に着いた。丸の内改札口を出る。駅前で「コロナ工業株式会社」の幟を立ててわれわれを出迎えてくれたのは、恰幅のいい常務取締役の山口明氏であった。与論中学からは五名であったが、奄美大島、喜界島、沖永良部島からも一〇名ほどコロナ工業への就職者がいた。なぜか徳之島からは一人もいなかった。荒川区日暮里町八丁目の本社に向かう。入社して一週間ほど経ったころ、私が中学二年のとき帰郷し再度東京に向かった姉が会社に訪ねてきた。いくつかの名所を案内してくれたが、どこであったか思い出せない。

夜の東京。東京が大都会であると意識させたものは、流れては消えるネオンサインだった。

コロナ工業では、どのような仕事をしていたのか。また、待遇面はどうであったか。同社の会社案内には、以下のように記されていた。

《・事業の種類＝軽金属加工生産　営業品目＝アルマイト製ダイヤル　・所要人員＝通勤・住み込み一五人　職種＝見習工　見習期間＝二カ月。見習期間終了後、アルミニウム表面処理作業、アルマイト写真焼付作業、軽プレス作業、製品仕上げ・検査包装作業　給与＝手取り三五〇〇円、基準賃金＝日給二五〇円、控除額・保険＝約五〇〇円　賞与＝年二回位、昇給＝年二回（一回二五円位）　浴場有　食事三食　作業衣有　退職金有　会社設立＝昭和三十二年（創業二十三年）　資本金一五〇〇万円。》

鹿児島県奄美大島の名瀬公共職業安定所を通じ、与論中学に送られてきたコロナ工業の「会社概要」と「募集要項」である。ほかにも、従業員向けの福利・娯楽として、春・夏・秋の慰安旅行や海水浴などがあり、野球部、バレーボール部、卓球部、写真部、生花のクラブほか「文芸誌なども発行している」と書かれていた。これはすべて事実だった。卓球大会もあり、私は一度優勝した。

創業者である山口要作氏が社長。その長男が副社長、二男が専務取締役、三男が常務取締役、某大大学院に在籍する四男が技術課主任をつとめ工場の電機・設備機器の製作・補修にあたるという典型的な同族会社だった。

私はこの会社に四年三カ月間勤めることになるわけだが、結論から先に言うと同社は、待遇その他の福利・厚生面において、当時の中小企業群にあっては、「優良」の部類に属していたのではないかと思う。杉並区久我山でお手伝いさんとして働いていた姉を訪ねた際、そこの主人の長女で森永製菓に勤務する高卒のお嬢さんが、私からコロナ工業の〝概要〟を聞き「超いいね！」と言っていたくらいだからである。

「横浜の工場に行きたい者はおらんか!?」

研修を終え、見習いでどうにか仕事も覚えはじめたころ、常務取締役の山口明氏が言った。

私は、真っ先に挙手した。横浜工場が「できたばかりだ」と聞いたからである。与論島から入社した五名のうち、竹波と瀉山の二人だけが日暮里に残り、徳田と吉田と私の三名は大島本島や四国出身の新入社員たちとともに横浜の工場に転勤した。

コロナ工業でつくっているアルマイト製ダイヤルとは、テレビやラジオその他家電製品や、カメラなどに使う各種銘板のことだ。素材であるアルミ板をアルマイトにするための表面処理作業では、硫酸、硝酸、燐酸、苛性ソーダ、クロム酸などといった危険物や劇薬が大量に消費される。これを扱う現場では、ゴム製の帽子や手袋、前掛け、長靴、目を保護するための眼鏡の着用が義務づけられていたが、それでも一瞬の気のゆるみで、何人かが大火傷を負うという事故に遭った。

硝酸は、ずっしりと重い瓶（かめ）に入っている。屋外に貯蔵されているのだが、私も一度〝雨〟の日に、ゴム手袋を滑らせ目の前で瓶を割ったことがある。即座に工場に隣接する社員寮の風呂場に走り、水を張ってある浴槽にダイビングして事無きを得た。酸のかかった作業衣はぼろぼろになっていた。一滴でも目に入っていたら、失明は免れなかったであろう。

作業の一つに、「黒拭き」「赤拭き」というのがあった。特殊な工程で感光・現像されてきたアルマイトに黒や赤の色を着色するというもので、一人が刷毛を持ち、もう一人は塗布された染料をぼろ切れで拭き取るという仕事だ。流れ作業で朝から晩までこれをやっていると、月日とともにさすがに人生に疑問を持つようになる。

が、楽しいこともたくさんあった。でなければ、四年三カ月も勤まるはずがないからだ。入社した年の夏には富士山に登り、翌年には会津盤梯山にも登った。ほかに楽しかった思い出としてはたとえば、昼休みに長靴のままやったバスケットボール。球を籠に入れることだけはルールどおりだったが、町道場に通って空手や柔道を習っている者もおり、バスケットとは名ばかりでほとんど〝走る格闘技〟だった。

この血気盛んな若者たちを、「定時制高校に通うよう」奨めてくれたのは、ブルドーザーのような統率力を持つ横浜工場七十余名の総責任者、専務取締役の山口隆氏であった。入社して一年後、私は神奈川工業高校定時制電気科に入学した。

同校には奄美大島出身で二歳年上の津島祐治先輩と村田望先輩が通学していて、会社の上司でもある二人の先輩はわれわれ後輩たちに範を示してくださった恩人でもあった。津島先輩と村田先輩は中学の同期生であり、村田先輩は当初ヤクルトの販売店に勤めながら神奈川工業高校の定時制に通っていたとのこと。コロナ工業に勤めていた津島先輩に再会したことでヤクルトを辞め定時制高校も中退して、コロナ工業に入社した。そして昭和三十六年四月、二人は共に神奈川工業高校の電気科を受験し（村田先輩は再受験）、定時制高校に通うようになったとのことだった。一年後の昭和三十七年（一九六二年）には、二人の先輩に引かれるように神奈川工業高校や横浜市立戸塚高校（普通科）など、奄美大島、沖永良部、大分県、愛媛県出身者十数名が定時制を受験した。山口専務取締役には「大学に進むなら戸塚高校の普通科に進んだほうがいいよ」とアドバイスしていただいたが、私は神奈川工業高校の電気科を選んだ。戸塚高校も合格したが、同校はほぼ全員が合格し、神奈川工業高校は五人が受験し合格したのは一人だけだったからだ。一人のほうが気楽でいいと思ったのが第一の理由だった。徳田君と吉田君は大学に進学したいということで戸塚高校に進んだ。

高校に入学するときは保証人を必要としたが、これは工務課長の石川佳三さんにお願いした。のちに山口専務取締役の義弟になられた方であり、夏休暇には村田先輩らとともに会津磐梯山へのキャンプなどにも連れていってもらった。石川課長は工場長である南塚勇さんとともに工場内を巡回されていたが、あるとき、工場の美化のために社員に「標語」を募る話があり、私は「汚れた個所を目先で見るな、心で見つめよ」と書いて提出した。それを読んだらしい石川課長は私のところにやって来て、「基君は口先だけは一端のことを言うからな」と笑いながら言っていた。当たっているだけに私は大笑いした。そのようなご縁もあって石川課長に「保証人」をお願いしたのだった。

横浜市戸塚区吉田町にあったコロナ工業株式会社。隣接する建物の屋上から写す(1990年12月29日、著者撮影)

入社した年の夏に富士登山。山頂で写す(左端が基、右端が村田先輩)

入社した年の夏、奄美大島の同僚たちと会社の正門脇で写す。左から長田君、浦田君、基、中島君

理数系が苦手でありながら工業高校の電気科に入学した。痛いしっぺ返しが待っていた。一学期の成績は数学は「3」、物理は「2」、そして電気理論は「1」だった。成績通知表で「2」や「1」をもらったのは初めてで、これを山口専務に話したら「ワッハッハッ……」と愉快そうに笑っておられた。「そんな成績なんか気にするな」と言わんばかりの哄笑だった。

高校一年と二年のときの担任は古木三郎先生、三年と四年のときの担任は山根献先生だった。古木先生は社会科の先生、山根先生は英語の先生で、ある大学でドイツ語も教えておられるとのことだった。古木先生は「君たちは遊びたい盛り、昼間は働きながら夜はこうして学校に来て勉強をしている。それだけでも大したものであり、その根性は見上げたものだ」と励ましてくださったが、気休めを言われているような気もしたのだった。

鹿児島県奄美諸島の最南端に位置する与論島は「与論村」と呼ばれていたが、昭和三十八年(一九六三年)一月一日に与論町制が施行され、母校・与論中学校も「与論町立与論中学校」と呼ばれるようになった。創立四〇周年を記念して作成された『与論中創立40周年記念卒業生名簿』(与論中学校「卒業生名簿」作成委員会発行)によると、町制のあゆみとして「与論中沿革史」のなかに以下のような記述が見られる。

《昭和38年1月1日、与論町制が施行され、本校も「与論町立与論中学校」となった。ついでながらこの年の町政のあゆみをみると「南島開発KK与論工場操業開始」「3小学校(筆者注:与論小学校、茶花小学校、那間小学校)にへき地保育所併設」「学校完全給食開始」「江が島栈橋竣工」などがあり、町内の点灯率(筆者注:電灯の普及率)も79%に達していたが、大干ばつが続く苦しい年でもあった。》

この『与論中創立40周年記念卒業生名簿』の中には、《38年7月　益山教諭、21日から約1ヶ月間、本土就職生の職場訪問》という記録が見られる。益山政喜久先生には中三のとき職業家庭と体育をご指導いただいていたがコロナ工業にも職場訪問していただいた。二段ベッドのある寮で、吉田君と徳田君と三人で職場の「現状」などをご報告した。その後、名護富三校長先生にも訪問していただいたが、名護先生は山口専務取締役が工場などを案内されていた。恐縮したわれわれは、校長先生に何をご報告したのかほとんど何も覚えていない。

定時制高校のことに話を戻そう。

古木先生は社会科の授業で、写真付きで教科書に掲載されている思想家ジャン・ジャック・ルソーと哲学者イマヌエル・カントを比較し、「見てくださいこのルソーの顔を。ずいぶん苦労をした人です。カントはずいぶんルソーの影響を受けました」と、熱を込めて話してくださった。だからというのでもないが、このころ哲学に興味を持ち柳田謙十郎の『人生哲学』(文理書院刊)などを読んでいた私は、「将来は大思想家になってやろう」などと思ったりもしたのだった（思うだけは勝手で自由である）。コロナ工業に、工場の保全設備を専属で依頼されている深水さんという外注の業者さんがいたが、その深水さんには「基君は遠大なる理想を持っているな」などと褒められたり（？）もしたのだった。

中学のときも体育は好きだったが、高校でも体育は好きだった。高三のとき実技の試験でバレーボールのサーブを入れるというテストがあり、ドライブサーブを相手のコートに五本入れたら誰もレシーブができず「凄い・凄い」などと言われた。映画俳優のような甘いマスクをした高山健一郎先生の授業だったが、保健も「5」体育も「5」をもらった。

横浜市神奈川区にあった神奈川工業高等学校。鉄筋の建物が４棟あり、ほかに電気工場、機械工場があり、柔道場とプールと体育館（右上）があった

高二の体育の授業では忘れ難い思い出が一つある。高校一年と二年では、大西将之先生が体育の先生だった。高山先生の先輩で日本体育大学出身の、長身で石原裕次郎に似ている先生だった。ある日、授業が始まる前に大西先生は頗る不機嫌で、みんなに整列をするよう命じた。体育の授業では体育館用の決まったシューズがあったが、ほとんど全員がルールを守らず思い思いのシューズを履き、体育の授業を受けていた。なかにはスリッパを履いている者もいた。大西先生はこのことに腹を立てていたのであり、整列が終わると端のほうから順番に手加減なしのびんたを張っていった。体育の授業はA組・B組合同で行われており、私はB組で一番最後のほうに並んでいた。すると、大西先生は私の前まで来ると動きを止め「君、前のほうへ出て」と命じるのだった。先生の言うとおりみんなの前に出た。出たところで「みんなに見えるように足を上げて」と言われた。足を上げると先生は、大きな声で次のように言われたのだった。

「いいか君たち、これがわが校で決められた体育館用のシューズだ。白いシューズに（甲の部分に）マジックで線を入れる。次からは、こんなシューズを履いて授業に出るように！」

私は一人お褒めをいただいたのだが、それはそれで晒し者にされているようでバツの悪いものだった。

数学の成績では、こんなこともあった。定時制高校四年の二学期、もう少し頑張れば卒業できる。巷では一年前に『高校三年生』でデビューした舟木一夫の歌が流れていた。

こっちは高校四年生だと開き直って通学していた高二の二学期、それまで「3」を取っていた数学の成績が「1」になった。成績表を配っていた担任の山根先生は、国語「5」、社会「5」と続き数学が「1」であることに目を止め「基君、ちょっと職員室へ行こう」と、私を連れて職員室へ向かった。そして数学の島田伸之先生のところに行き、「うちの基は〈1〉になっているが、これは何かの間違いではないですか」と、質してくださった。指摘を受けた島田先生は答案用紙をめくり私の点数を確認され、「あゝ、間違いないですね」との返事。山根先生は「そうですか」と失笑され、私は周りの先生方も見ている前できまり悪い思いをして職員室を後にした。その後、数学は「2」になった。「2」も「1」も大差ないか。世の中から数学がなくなればいいと思った。自分の名誉（？）のために付け加えておくと、幾何では「100点」を取ったこともあったが、代数は大の苦手だった。

このことがあってのち、今度は国語のテストが終わったあとだった。「105点」満点のテストで、これは満点を取った自信があった。国語の先生は國學院大学の国語国文学の先生だったが、私は職員室へ行き「先生、自分のテストは何点だったですか？」と訊いてみた。すると先生は「君、105点で、君が一番だよ」とのこと。数学の腹いせで職員室に行ったような形になったが、というわけで国語は「5」だった。

集団就職者の中には、多数の中卒に混じって高卒も何人かいた。当然、〝同期〟で入社しても、中卒より高卒のほうが給料はじめあらゆる面で優遇されることになる。一五歳の子どもには、三つ年上で学歴に優る彼らが神々しく見えたものだが、昭和三十九年（一九六四年）の東京五輪を前に夢の超特急『ひかり号』が東海道を縦走したとき、奄美・沖泳良部島出身の高卒者がサラリーマンの〝出世の度合〟を「電車の速度」に例えて言った言葉は、今でも印象深く残っている。

「一流大学を出た連中の出世は、言ってみれば〝ひかり号〟だよな。普通の大学なら〝特急〟というところかな。それで、われわれ高卒は〝急行〟で、君たち中学出は各駅停車でエッチラエッチラ走る〝鈍行列車〟というところかなあ……」

「エッチラエッチラ」と言いつつその高卒者は、両手で独特のジェスチャーをつくっていた。

社員寮で車座になってこれを聞いていたわれわれ中卒は、「鈍行列車」の台詞に納得しながら思わずドッと吹き出した。『ひかり』や『こだま』にコンプレックスを抱いているらしいその先輩は、およそ「出世」など意識の隅にすら置かない各駅停車の鈍行列車を思うことで、「急行」であることのささやかな誇りと優越感を見いだそうとしているかのようだった。

だが、各駅に停車する鈍行列車がなければ、困る人が大勢いることもまた事実である。日本の高度経済成長にとって、あるいはそれを可能ならしめた日本の中小企業群が繁栄するうえにおいて、集団就職者はやはりなくてはならない〝金の卵〟だったのだ。

そして、われわれに任じられた役割とは、社会の底辺にあって〝歯車の一つ〟になって「辛抱して働く」ということであった。

私の最初の就職先の重役は、朝礼で、社会の歯車の一つになることの意義を次のように説明していた。

「いいか、この仕事に誇りを持て。君たちがつくった製品が、ついに宇宙を飛んだのだ」

昭和三十七年（一九六二年）二月、アメリカのジョン・グレン中佐がミノルタ製のカメラ「ハイマチック」を持ち、人工衛星『フレンドシップ7号』で地球周回を成功させたときの〝訓辞〟である。「ハイマチック」には、コロナ工業の文字板が取り付けられていた。

「もしかしたら、俺が〝黒拭き〟をやった文字板がついていたのかもしれない……」

それは確かに嬉しいことではあったが、生き甲斐や誇りを持つには少し乏しい〝材料〟だった。集団就職者には、夜逃げする者が現れ、早くも故郷へUターンして昼間の高校への進学を目指す者もいた。親しかった大島の長田君もその一人で、「僕にはこの仕事は合わない」と言って早々と辞めていった。また、大島本島出身のある高卒者は、もらった給料はそっくり母親宛てに送り、昼間の大学を目指して寸暇を惜しんで勉強していた。与実さんという人だった。同じ年に入社した先輩だが、この先輩には可愛がってもらった。「基君、これ読んどいたほうがいいよ」と言い、アンドレ・ジイドの『狭き門』（岩波文庫）を差し出してくれた。小柄で物静かな先輩だった。

寮は、六畳のスペースに二段ベッドが二つ（四人）。それでも、集団就職者の中にあって、コロナ工業に就職した者は恵まれていたほうかもしれない。

私の手元に、コロナ工業時代の「給料明細表」がそっくり残っている。初めての給料に胸をときめかせながら押し戴いた昭和三十六年四月分の給与は、手取り「二三〇〇円」。出勤日数一四日分で、うち一日分は「二七〇円」、一三日分は「三〇〇円」の本給（四一七〇円）に、残業手当てをプラスした支給額合計「四六八〇円」から控除額合計「二三四七円」を引いた〝差引支給額〟である。

残業時間は一一時間で、時給四七円だった。控除額の内訳を見ると、「健康保険料三五円」「寮費一八七二円」となっている。寮費の中には〝居住費〟と三食分の食費が含まれているから、手取りの「二三四〇円」は小遣いとして自由に使える金額だ。

職安を通して中学に送られてきた求人票には、「日給二五〇円」と書かれていたにもかかわらず、入社したら「二七〇円」。しかも、四月一日付の辞令で「三〇〇円」に昇給された。「こんないい会社はない」と喜んだ。

茶色の給料袋には、「尊い勤労の代償です。大切にして浪費を慎み貯蓄をしましょう」と印刷されていた。だからというのでもないが、「金をためて将来は会社をつくって社長になろう」と思っていた私は、給料のほとんどを貯金に回していた。

月に「五〇〇〇円ためる」ことを目標に、たとえば翌五月分の給料は「出勤日数二四日」で寮費三五〇〇円などを引かれて手取り「五〇九四円」になっているが、計画通りだと「九四円」で一カ月を過ごさねばならない。が、これは難しいようで案外〝楽〟に実行できた。住む所と三食は、確実に保証されていたからである。

四年間、一度も外食をせず、菓子などの買い食いもしなかった。半数は女子の従業員だが、ガールフレンドをつくることもしない。映画を見る代わりに、寮のテレビで力道山のプロレスに熱中し、柏戸や大鵬の相撲を見、『ララミー牧場』や『ローハイド』や歌謡番組を見て余暇を過ごした。

会社の就業時間は午前八時から午後五時まで。定時制高校に入学すると、会社のはからいで、通学する者は朝は三〇分の早出をし午後四時半には終業させてもらうことになった。でなければ、授業に間に合わないからである。

四時半に仕事をぴたりと止め､手を洗い顔を洗い、着替えをして「よしくら橋」を渡って戸塚駅に向かう。横須賀線で横浜まで行き、東横線に乗り換えて東白楽駅で下車。神奈川工業高校に通った四年間、私は、会社は半日休んでしまったが、高校は無欠席、無遅刻、無早退だった。

タイムカードはいつも「一六時四〇分」の打刻。戸塚駅を「四六分」の電車に乗らなければ、一時限目の授業に間に合わないからだった。いつしか女子社員は私に、「四〇分の男」というあだ名をつけていた。

会社を半日休んだというのは、午前中は休んだということであるが、会社を休んでおきながら学校には登校したのでは示しがつかないということで、午後からは出勤したのだった。そして定時制高校四年の六月、私は「大学に進学する」ことを理由にコロナ工業に退職届を出したのだった。

コロナ工業に勤めるようになって四年、私の手許には四〇万円の貯金があった。この四〇万円を何に使うか。先に「会社の社長になって……」と書いたが、四〇万円でこれができるはずもない。昼間の大学を受験してみようという気になった。たまたま父が上京することになり、父にもそのことを伝えた。どの大学で、学部はどの分野に進むか。これはもう一も二もなく、哲学科に決まっていた。昭和四十年（一九六五年）二月、理想社より発行された『哲学への12の視点』(児島洋編)などを買って読んでいた。

ところで、ここで記しておかねばならないことがある。私には、中学を卒業以来、文通による「家庭教師」がいたということである。中学三年の十月に沖縄に転校した我謝文子さんである。我謝さんの成績は「オール5」。近づき難い存在だった。転校されてからしばらくして、万年筆を貸してあげたりしていたこともあって、その我謝さんに手紙を出してみた。返事をいただいた。嬉しかった。ボストンバッグにその手紙を忍ばせて上京した。高校に進学しなかった私にとって、我謝さんからいただく「全日制高校の近況」について綴られた手紙は、通信教育の教材にも等しいものがあった。手紙だけでなく、「沖縄のことを知ってください」ということで、定期的に発行されている『守礼の門』という小冊子も送っていただいた。

我謝さんが転校した中学は上山中学校だったとい

う。一学年一〇クラス以上もあるマンモス校で、与論中学で「オール5」だったあの我謝文子が「上には上がある」と舌を巻くほど「成績のいい生徒が揃っていた」という。進んだ高校は沖縄の名門・首里高校だった。昭和三十八年（一九六三年）夏に行われた甲子園の第45回大会では日大山形高校を下して一勝をあげた。首里高校が甲子園に出場したことも我謝さんの手紙には書かれていた。クラスの「同級生がピッチャーだった」という。

一八、九になろうかというころ、こんな便りをいただいた。

「私の兄がみどり先生と結婚して、川崎の生田に住んでいます。みどり先生は恩師であると同時に、与論中学の大先輩です。一度訪ねてみてはどうですか……」

私はすぐに、みどり先生にお手紙を差し上げた。そしてご自宅にお邪魔することになった。みどり先生にお会いするのは、中学で数学を教えていただいて以来であったが、笑顔で温かく迎えてくださった。

「大学を受験するんですってね。国立を受けるの？」

と優しく尋ねられたが、私は罪を犯しているような気持ちに襲われた。自分の学力ではとても大学受験など覚束ないことを知っていたからだが、「哲学科を受けたいと思っています」とだけお答えした。すると我謝孟俊先生から「今のまま電気の道に進んで工学部を受験し、生活の中で哲学すればいいじゃないか」とのアドバイスを受けた。このお言葉には感動した。自分の実力はどうあれ、私のような者にも親身になってアドバイスしてくださったからである。我謝先生は当時、明治大学の大学院で学ばれていた。その後の先生のご功績については、後述させていただく。

四年と三カ月間勤めたコロナ工業株式会社を退社したのは昭和四十年（一九六五年）六月だった。篠田さんという先輩女子社員からは「あと一カ月すればボーナスが出るじゃない。ボーナスをもらってから辞めれば？」などとアドバイスを受けたが、それでは仁義に悖るような気がして「一身上都合により……」と認めて退職届を出した。山口専務取締役には「大学を受験してみたいと思います」と理由を告げた。辛かった。退社するその日、最後の荷を背負ってタイムカードを打刻した。高校の近くに三畳間のアパートを借り、少しずつ荷物を背負って運び入れていたのだった。四年三カ月経っても高校の教科書と参考書、わずかばかりの衣類と布団があるだけで荷物はほとんど増えていなかった。

定時制高校を卒業するまでは約九カ月あり、入試までは七カ月ほどあった。志望校は決まっていなかった。半年間は失業保険をもらいながら受験勉強に集中してみようということで、横浜予備校に入学手続きをとった。同校にはクラスでトップの成績を収めていた二つ年上の先輩がおり、いすゞ自動車の養成工上がりの彼は早くから予備校で受験に備えていた。また、定時制で私の前の席にいた宮臺保昭と、彼と同じ中学出身の池田正夫も横浜予備校に通い志望校も決めて受験勉強に励んでいた。

高校の近くにアパートを借りたということで、ある日私は、少し早めに登校してみることにした。グラウンドでは全日制の高校生たちが声を張り上げ部活動に熱中していた。

陽がまだ明るいうちに三階にある電気科四年B組の教室に入った。机にも黒板にも窓から光が差し込んでいた。電灯の点っている教室しか知らない夜学生にとって、陽の光に反射している机の色は眩しかった。廊下側にある自分の席ではなく、窓際の席に座って外を眺めてみた。あのときの感動は今も忘れられない。そして、部活動に熱中している彼らを見て私は思った。「あゝ、これじゃ勝てるわけないや」と――。

朝は七時半から仕事を始め、目いっぱい八時間働いてのち学校へ行く。くたびれた頭で四時間足らずの授業を受ける。会社の寮に帰り夕食を摂るのは十時過ぎ。そして寝るのは十二時過ぎ。これでどうやって全日制の高校生と競争しろというのだ。半年ほどの受験勉強でどうなるというものではない。彼らは日中は学校で授業を受け、夜は夜で受験勉強に集中しているのだ。

予備校には通ったが、私は早くも戦意を喪失していた。どの科目だったか忘れたが、模試の結果は40点足らずだった。ただ、英語を教えている早大の講師の神保先生の次の言葉には救われた。

「学校を休まずに通っている人は、将来ぐんぐん伸びていきます」

そうか、それは俺のことではないか。四年生になるまで、無遅刻・無早退・無欠席で来ているのだから……。

戦意を喪失したという問題とは別に、私は、体験を通してあることを学んだ。時間がたっぷりあるからといって、フルに勉強ができるものでもないということを。ここが、できる人とできない人の差なのであろう。つまり私は、できない人なのだ。

私の受験勉強は、あらぬ方向へと進んでいった。まず、ジャン・ジャック・ルソーの『告白録』（井上究一郎訳、河出書房新社）を買って読んだ。次いで、M・ゴーリキイの『どん底・幼年時代・わたしの大学』（神西清訳、河出書房新社）。そして、パール・バックの『大地』（大久保康雄訳、河出書房）など。ルソーの『告白録』を読むと、すべてを放りだして放浪の旅に出たくなる。ちなみに、その巻頭にはこう書かれている。

《これは自然のままに、真実の姿のままに、正確にえがかれた、唯一の人間像であって、このような存在はまたとなく、今後もおそらくないだろう。私の宿命または私の信頼がこの原稿の運命をにぎる人にえらんだそのあなたが誰であろうと、私の不幸と、あなたの真心とにかけて、また全人類の名において、この比類のない有益な作品を、闇に葬ってしまわないようにおねがいする。これは、今後かならず着手されなければならない人間研究にとって、まっ先に役立つ比較参考の書類となるだろう。》

《これが私のやったことです。考えたことです。かつてあった日の姿です。善も悪も同じようにすなおに語りました。わるいからといって何一つかくさず、よいからといって何一つつけ加えませんでした。》

恥ずかしいことを告白することが一番難しいと、ルソーは言っている。ルソーの『告白録』を読んだ私は、自分がどういう人間であるかを知るために、自分自身の意識の流れを知るために、日記とは別に、『告白録、バッタの羽』という名称を付けて自分なりの「告白録」を綴ることにした。それは七五歳になる今も続いている。

ロシアの文豪ゴーリキイの著作は、担任の山根献先生にゴーリキイの生涯を描いた映画を観せていただいたのがきっかけで読んだのだった。映画のなかでゴーリキイは、ランプがないが故に、鍋の底を磨きそれを月光に反射させて明かりをつくり、本を読んでいた。つまり人は、やる気さえあればどのような境遇にあろうとも、志を遂げることができるというわけだ。

パール・バックの『大地』は長編で、読むのに苦労した。「昭和41年3月20日～5月4日　AM9：45」に読了したと書いてある。読むのに一カ月以上かかったということである。

定時制高校を卒業したのは昭和四十一年（一九六七年）三月五日。卒業証書のほかに「在学中皆勤であったので これを賞する」という賞状をいただいた。皆勤者は一人だけだった。

私の〝受験勉強〟はこうして終わった。どこの大学も受験せず、「哲学科なら通信教育で十分ではないか」ということで日本大学の通信教育部に入学した。通信教育で哲学科のある大学は日大のほかに慶應義塾大学と東洋大学があったが、一部（昼間）に転部できるシステムがあるのは日大だけだった。それが同大学を選んだ理由だった。武蔵野美術短期大学通信教育部からも入学案内を取り寄せ、日大と掛持ちして通信教育を受けようと思ったが、さすがにこれは無理があるということで取りやめた。

しかし、さぁ、楽に入学できたまではよかったが、「通信教育は大学じゃない」などと周りから揶揄されるなかで、六年かけても大学を卒業することはできなかったのである。理由は、定時制高校を卒業して以来、一つの会社で腰を落ち着けて働くことができなかったからだった。私が通信教育で取った単位は「通信」で取得したのではなく、そのほとんどが夜間スクーリングで取った単位であった。高校を卒業してすぐに勤めた会社は、川崎市川崎区四谷上町にある日本環境衛生センターだった。山根先生には「良いところに勤めることができてよかったな」と言われたが、三日で辞めた。「博士の助手」ということで就職し、白衣を着てする仕事だったが、ピンセットとカウンターを持って蚊の卵を数える仕事だった。気の遠くなるような仕事だった。

しかし、日本環境衛生センターを辞めたのは仕事がつまらなかったからというよりは、昭和四十一年の正月に五年ぶりに帰省し故郷の風に吹かれてホームシックにかかったからだ

1966年4月、与論島に帰り農業に従事。元井玄森伯父（左）と父

左より元井ハル伯母、児玉ハナ伯母。後方はツネ従姉

ツネ従姉の長男・勝彦。のちに法政大学に進学した

寝袋とボストンバッグを持ち転職を重ねる

った。あれほど「飛び出したい」と思っていた与論に郷愁を覚えたのは不思議だった。養豚業を始めるべく餌を切るチョッパーなどを購入し帰郷。兄に上京してもらい荷物の発送などを手伝ってもらった。兄はこのころ、最初に別れた義姉と再婚し、酒乱も収まっていた。その兄とともに日大で通信教育部の入学手続きをすませ、農業をしながら通信教育を受けるべく与論に向かったのだが、二〇日で都会が恋しくなってまた横浜・東京へ向かった。与論では砂糖キビの収穫などを手伝った。通信教育なら与論でも勉強できると思い帰郷したが、まったく勉強できず、都会が恋しくなったこともあって寝袋と、ボストンバッグに通信教育の教材と参考書を詰めて横浜に向かったのだった。

中学を卒業して一五歳で上京。集団就職で勤めた最初の会社コロナ工業こそ四年三カ月間勤めたものの、その後定時制高校を卒業してからは転職の連続。いつの間にか八〇社ほどの会社を渡り歩くようになっていた。しかし、言い訳めいたことを書かせていただくと、希望する職が見つかるまで腰掛け程度に……などと考えたことは一度もなく、すべて本気で履歴書を書いて就職した結果が、これである。

私が選んだ職種にはまるで一貫性がない。本気で履歴書を書いて勤めたにしては、一日・二日で辞めた会社もいくつかあった。また、二、三カ月で辞めた会社もあったが、それは「辛抱が足りないから」という一言で片づけられるものではなく、いざ入社してみたら肌に合いそうもないから、というのがその理由であった。

「それを辛抱が足りないと言うんだよ！」という声が聞こえてきそうだが、のちに父が遺した手記を読むと、こんなことが書いてあった。

「佐江里の将来が心配だ」

母にはまた、こんなことを言われたことがある。

「旅烏のような人生だね」

笑いながら言っていたが、内心は心配していたのであろうか……。

では、恥を忍んで、僕の・俺の・私の履歴書を認めてみよう。

以下に見るのが、正社員、アルバイト、出向・

派遣などを含む、その後の私の転職の記録である。二〇歳のころは芸能界にも憧れ、一八歳のときに写真館で撮った写真を貼付して某プロダクションに応募し「面接試験を受けに来るよう」通知を受けたが、かなり悩んだ末に「恥をかきに行くだけだ。滑舌の悪い俺が受かるわけないか」と面接を放棄した。と言いつつ、のちには東宝エキストラのアルバイトをし、三五歳のときは黒沢明監督の『影武者』がエキストラを公募していることを知り応募したこともある。書類選考で落ちた。「なめるんじゃねぇ！」という声が聞こえてきた。その直後に入ったのが大山倍達館長率いる極真会館であった。

某プロダクションに応募した18歳時の写真

【コロナ工業　日本環境衛生センター　農業　横浜酒類販売　鈴木乳業　ハタノ電気　第一精機　今野精機　栗田書店　旭電機　斎藤電機工業所　日立製作所　日豊軽金　三洋金属　パブエリート　ニコー電子　クラブニューチャイナ　舞岡電子　用賀通信　市谷自衛隊前電気会社　東邦銘板　東洋製缶　日本電気　東京温泉　新幹線サービス　東宝エキストラ　日東表面処理　山和鋼管　東和アルミ　住友ベークライト中央研究所　大日本製本　大日本印刷　ビル引越業　グレープフルーツ荷揚げ　共聴アンテナ工事　冷凍マトン積荷　日通トラック助手　川崎日通　冷凍室掃除夫　左官手伝い　穴掘り　佐藤電気商会　東邦精機　睦工業　日産車体工機　南星工業　佐藤航業（羽田空港荷さばき）】

旭電機は横浜駅西口に会社があり、船舶の遭難時に自動的に無線信号（遭難信号）を発信する装置をつくる会社だった。一〇〇人ほどの社員がいて当初は製造ラインにいたが、しばらくして検査課に回された。笹田好一さんという青森県出身の先輩(上司)と二人でシールド内に入り無線機が正常に働くかどうかを検査する。自動的にSOSを発信し位置情報と船舶名を知らせる。やりがいのある仕事で、一週間前に検査して出荷した無線機で救助された漁船の

旭電機在職中（20歳）の慰安旅行。笹田好一さんと

船員がいたということを知らされたときは、笹田さんと二人で喜んだ。この会社ではベレー帽が似合う谷川さんという方に文学談義などを聞かされた。湘南高校出身で同校の文芸部に所属していたらしく、「石原慎太郎は文芸部の後輩だったが芥川賞なんか取っちゃって」と話していた。石原慎太郎が『太陽の季節』で同賞を取ったのは昭和三十年だが、対照的に笹田さんは「小説なんか読んでいるのは時間の無駄で、もったいなくて」などと話していた。このころ知り合った京都大学医学部出身の今井龍弥さんも、「文学の檻」という表現で笹田さんと同じようなことを言っていた。文学は、科学の発展を阻害する「檻」であるという。今井さんがそのように考えている、というのではなかったが。今井さんは脱サラして京都大学に入り、医師になった方であった。

一〇〇人を超える従業員がいる旭電機では社員旅行があったり、函館に出張に行ったり、ずっといてもいいと思ったが、7カ月で退職することとなった。なぜ辞めてしまったのか、自分でも説明がつかない。笹田さんはその後独立され、小さなプレハブ工場を訪ねたことがある。

旭電機の次に勤めたのは、斎藤電気工業所だった。日立製作所の孫請け会社で、入社するとき同社の社長に「一応電気科を出ているから、夜間部だけど」と紹介された。一四、五人の従業員がおりテレビやラジオのプリント基板の組み立てをしている会社で、大半は女子社員だった。びっくりしたのはこの会社にコロナ工業でパートタイムで働いていたTさんという方がいたことだ。某自動車メーカーの社長夫人で、Tさんも私を見てびっくりされていた。パートタイマーとして働いていた。

斎藤電気在職中に初めて通信教育の夜間スクーリングに通った。「ベンサム功利説の研究」で知られる山田孝雄教授の倫理学の講義を受け、大学の授業とはこういうものかとその素晴らしさを知り感激した。ベンサムは「経済的平等」が「最大多数の最大幸福」の原理に一致するものと謳った学者である。山田先生には一部に転部してからもご指導いただき、古稀の祝にも招いていただいたが、昭和五十七年（一九八二年）二月六日に召天された。

斎藤電気工業所は一年足らずで退社することになった。次いで勤めたのが、東京都北多摩郡にある日豊軽金株式会社だ。コロナ工業と同じネームプレートを製造販売する会社で、津島先輩、村田先輩、市来先輩や同期の竹波栄喜、毛利義彦、後輩の徳豊一が勤めており、そして工場長はコロナ工業で外注の業者として設備を担当されていた深水さんだった。昭和四十二年（一九六七年）二月、二一歳。このときは横浜の女性と駆け落ちをして周りに迷惑をかけたこともあった。横浜から北多摩まで引っ越しをしてくれたのは村田先輩と同期生の竹波栄喜であった。

女性と暮らしたのは一週間だけだった。日豊軽金には七カ月勤めた。落ち着かない日々の中で東京都千代田区水道橋にある日大通信教育部の夜間スクーリングに通った。北多摩の東久留米駅から西武池袋線に乗って池袋へ行き、地下鉄丸ノ内線で御茶ノ水へ向かう。総武線に乗り換えて水道橋へ。遠かったが、先生方の講義は楽しく有意義な日々を送ることができた。

先の転職の記録の中に、日豊軽金の次に「三洋金属」とあるが、仕事の内容はネームプレートに使うアルミの表面処理作業だった。社長は深水さんで、津島先輩、竹波栄喜、徳豊一、そこに私も加えてもらって、この会社には二年間勤めた。コロナ工業に次いで二番目に長く勤めた会社だったが、辞める二カ月ほど前には横浜市戸塚区のアパートに引っ越していた。戸塚駅から横須賀線の始発に乗り、品川駅で山手線に乗り換え、池袋で西武池袋線に乗って東久留米駅に着き、自転車に乗って会社まで行く。二時間以上かけての通勤時間だった。引っ越しは戸塚で電気工事をしている村山登にお願いした。そして私は、三洋金属を退職してから戸塚のアパートまでは自転車に乗って帰宅したのだった。途中で雨に降られずぶ濡れになったが、戸塚に着いたころにはすっかり乾ききっていた。

三洋金属に勤めていたころ、我謝文子さんが上京された。当時は文通も途絶えていたが、中学のとき転校されて以来で約七年ぶりの再会。琉球大学を卒業し、小学校の教師になられていた。語っていた夢を現実のものにし、清楚で美しい姿は昔のままだった。「今は寝るのが楽しみ」だと言っていたが、それは我謝さんらしからぬ言葉だと思った。教師というのはそれほど責任の重い仕事だったのだろう。後楽園遊園地で遊び、沖縄に帰るときは横浜駅までお見送りした。妹の恭子さんもご一緒だった。

私は、自分のことは何も話さなかった。話せなかった。先が見えず、芯を持たない根無し草のような生活をしていたからだ。こんな私と会っていただいただけでも感謝しています。それが当時の、私の心境だった。

当時は、池袋にある東京電子専門学校のテレビ技術科に通っており（半年で中退）、目白にある東京美術工芸研究所でデッサンを学んでいた。日大の通信教育部に在籍しながら俺は一体、何を目指していたのだろう。デッサン教室は沖縄の洋画家・嘉手川繁夫先生が主宰し、東京芸大や美術大学を志望する受験生が熱心に石膏デッサンに取り組んでいた。私もそれなりに、木炭デッサンの難しさというものを味わった。

三洋金属を辞めて次に勤めた会社は横浜の大倉山にあるニコー電子株式会社であった。母校・神奈川工業高校を毎日見ながらの東横線での通勤だった。防衛庁の暗号機をつくる会社で、日本電気の子会社だった。「暗号」の部分はシークレットになっている大きな図面があり、その図面に基づいて二人一組で配線作業をする。七〇名ほどの社員全員が高卒や大卒、専門学校卒で、この会社では「夜間部だけど」などという紹介の仕方はしなかった。

そして私は、このニコー電子を最後に四年間、修行僧のような生活に入ることとなる。

日大の通信教育を受けるようになって六年、卒業には一二四単位が必要であるが、このころ九〇単位くらいは取得していたように思う。夜間スクーリングを受講し、階段を下りると受付のところに積まれている、一部（昼間部）への転部試験の案内書が目に入った。手に取って読むと、入学当初のころが蘇ってきた。「俺は昼間の大学に入学するためにコロナ工業を退社したのではなかったのか……」。このころは戸塚区矢部町の四畳半（家賃四千円）のアパートに住んでいたのだが、アパートに帰って取得した単位を調べてみると、三年への転部試験を受験する資格があることがわかった。受験手続きをとり、英語、小論文、口述試験を受けた。後述試験の先生は瀬在良男教授であった。記号論理学を専門とし、『M・ミュラー 現代の精神生活における実存哲学』、『哲学の新しい道』、『実存と分析の論理』、『記号論序説』などの著書があり、のちには日本大学第九代総長に就任した先生である。その実弟・瀬在幸安医学博士は、日大医学部卒業後フルブライト奨学研究員として渡米、帰国後医学部長となられた。日本で初めて冠動脈バイパス手術を成功させた心臓外科の権威であり、瀬在良男先生に続いて日本大学第十代総長に就任された。

転部試験の結果を見に、東京都世田谷区の日本大学文理学部に向かった。掲示板に、受験番号とともに名前が載っていた。嬉しかった。間違いではないかと思い、三度往復して名前を確認してから帰路についた。転部手続きを取り、いよいよ昼間の大学に通うことができる。胸が躍った。二六歳になっていた。ドイツ語の授業では、一八歳で入学してきた学生たちとともに授業を受けなければならない。東京外国語大学の奈良文夫先生に教えていただいたが、四〇名ほどしか受講者がいない教室で小さくなって先生の授業を受けていた。成績は「可」だったが、ドイツ語は英語より親しみやすかった。

さて、転部したはいいが、学費と生活費は自分で稼がねばならない。定時制高校時代は当然だが、大学そして大学院生になってからも私は親の援助は一切受けていない。授業が終わると夜のアルバイト先へ急ぐ。アルバイトが終わると四畳半のアパートへ。いつも終電か終電の一つ手前の電車に乗っての帰宅だった。戸塚から日大の文理学部のある京王線・下高井戸駅まで通うわけだが、一時限目の授業を受けるためには七時には出発しなければならない。睡眠時間は四時間か長くて五時間だ。土曜も日曜もない。土曜と日曜はそれこそ稼ぎ時であり、「仕事にあぶれないよう」始発の電車に乗って蒲田だかにあった手配師のもとへと急いだ。肉体労働を中心にいろいろな仕事をもらって、日銭を稼いでいたというわけだ。

輸入されてきた冷凍マトンをトラックに積み込む作業では、重量挙げや柔道の背負い投げを楽しみながら羊の枝肉を放り込んだ。冷凍でツルツル滑るから危険な作業だった。横穴式の巨大な煙突の掃除もやった。靴もシャツも真っ黒になり使い物にならなくなった。日通のトラック助手の仕事をしているときは、居眠りをしていたら「眠っちゃいかんぞ!」と運転手に怒られた。

手配師から仕事をもらうために並んでいたら、「良い仕事があるから」と別の業者に袖を引かれ、その話に乗ったことがあった。五人ほどで現場に行くと、マイナス二〇度ほどの冷蔵室の中に入って、床に張りついた汚れをヘラで剥がし取るという作業だった。寒くて一〇分と中に入っていることができず、出たり入ったりしながらの作業。皆無言で、話に乗ったことを後悔しながらヘラを動かしている。お互いを語り合うことはない。一人一人、いわくありげな顔をしている。相手も俺のことをそう思っていただろう。「昨日ムショから出てきた奴かもしれない」と。

足柄山の山の中には、電柱を立てるための穴掘りに行った。責任者の中年男性が、しきりに歯を気にしながらガムを噛んでいた。「ガムなんか噛まないほうがいいんじゃないですか？　歯が取れるかもしれませんから」と忠告してあげたら、「ガムを噛んで抜けるような歯じゃ、しようがないじゃないか」とのこと。それはそうだ。この穴掘りには、若いカップルが来ていて一生懸命スコップを突き立てていた。微笑ましい光景だった。「もしかしたら駆け落ちをした二人かもしれない」……、ジーンと来るものがあった。頑張れ、負けるなよと心の中でエールを送った。

吉祥寺にあった近鉄百貨店の屋上のテレビアンテナは、高所恐怖症の私が立てたアンテナだった。吉祥寺のその近鉄百貨店は、今はもうない。

大学四年、二七歳のときは交通事故に遭った。横浜市戸塚区原宿町にある国立横浜病院と消防署の前で、バスから降りその後部から道路の向こう側へ渡ろうとして、右を確認し左を見て渡ろうとしたところ時はすでに遅く・左から来た軽自動車に跳ねられたのだった。三メートルくらい飛ばされ、立ち上がろうとしたが体が言うことを聞かない。目の前の消防署のタンカに乗せられ、すぐ隣りの病院に運ばれていく。タンカに揺られているような意識だけは微かに感じられた。警察がすぐに病院にやって来た。顔面から頭部にかけて包帯でぐるぐる巻きにされ、手や足にも包帯が巻かれていた。警察に「どの部分が痛むか」と訊かれたが、全身に痛みと痺れが走っていてどこが痛いのかわからない。それで「右の足が痛い」と答えると「え？」というような表情をしたため少し考えて、左から車が来たのだから「左の足」と言うべきかと思い「左足です」と答えた。警察は納得したようだった。しかしこのとき私は、「人と会う約束をしていますのでもういいですか」と言い、一通りの聞き取り調査が終わると病院から出ていった。本来ならそのまま入院しなければならない体だったが、ぎりぎりの生活をしていたため入院に回す費用などなかったからだ。

人と会う約束というのは事実だった。国立横浜病院の付属看護学校を卒業したSさんが、郷里の山形県酒田市へ帰ることになった。その見送りの挨拶に行くために同校を訪ねたのである。友人AさんとともにS私の前に現れたSさんは、包帯だらけの私を見ると「やっぱり基さんだったのですね」と、びっくりしていた。あとで聞いた話によると、私が交通事故に遭ったところは前日にも事故があったらしく、車のガラスの破片が散らばっていた。その上に叩きつけられたわけだが、手の平の傷はそのためについたのだった。無意識に受け身を取っており、これは定時制時代に柔道をかじった経験があるからか。ただ、包帯を取ったあとの顔を見たときは、血の気が引いた。左の眉毛は擦り切れてなくなり、あちこちに擦り傷がある。咄嗟に浮かんだのは母の顔だった。申し訳ないと思った。治療してくれた医師に「毛根まではやられていないから、そのうち生えてきますよ」と言われたときはホッとした。医師に言われたとおり、眉毛は元に戻った。

バスに乗ってアパートに帰った。その夜は、体まるごと痛みが激しく眠れなかった。翌日だったか、二、三日あとだったか、軽自動車の運転手が同乗していた上司とともにアパートを訪ねてきた。菓子折りのお土産を買ってきて二人を迎えた。「将来、後遺症が出てきたら保障します」という内容の書類を受け取った。お礼を言い、二人が帰ったあと、その書類は破いて捨てた。名前も覚えたくなかった。一〇〇％悪かったのは私であり、被害者はむしろその運転手だったのだ。左足は寒くなると今でも少しズキズキする。

一週間後には包帯だらけの顔で仕事に出た。アルバイト先は、幼馴染の後輩・山下吉廣の紹介でお世話になった南星工業という会社だった。日産自動車の子会社で高田工業という会社があり、その高田工業の工場内に南星工業はあった。フィリッピンの軍向けにジープのような車をつくっていたが、その車の天井に電動ドリルで穴を開けるという仕事。電動ドリルの振動は私の傷を激しく揺さぶった。きつい仕事だったが、無事に大学四年の、前期の学費を納めることができた。

話は前後するが、大学に転部して最初に勤めたアルバイト先は、東京駅八重洲地下街にある東京温泉だった。銀座に本店のあるサウナ風呂で、そのサウナ風呂のロッカーの鍵番だ。お客さんを迎え着替えが終わるとロッカーの鍵を閉め、風呂から上がると鍵を開ける。一学期の間はこの仕事をして食いつないだ。東京駅にあるから、大学と自宅アパートの中間にあり、便利な職場だった。毎日風呂に入ることもできた。

この東京温泉で、映画評論家の淀川長治さんに会うことができた。新幹線で大阪などに出張されていたのであろう、ほぼ常連で温泉に入りに来られた。その後私は、出版社に勤め仕事柄多くの有名人に接する機会を得たが、淀川さんは私がお会いした最初の著名人だった。ロッカー番は私一人ではなかった。四、五人の五十代の女性と、駒澤大学に通っている一八歳の小柄な学生。八歳も年が離れているのだが、同学年に見え、彼の頑張っている姿は私の励みになった。のちに彼はJR東日本の社員になっていた。

いつしか私は、淀川さんご指名の鍵番になっていた。

「ハァーイ、また来ましたよ。偉いね、頑張ってますね。お願いしますね」

そう言って淀川さんは、ニコニコしながら浴室のほうへ入って行かれるのだった。

閉店間際になって来られるときもあり、そのときはサウナにご一緒した。

淀川さんには、自分が与論島出身であるということも話し、珊瑚を差し上げたことがある。緑色の美しい珊瑚で、淀川さんは大層喜ばれ、そのお礼にということで新宿の伊勢丹でワイシャツを仕立てていただいた。イニシャル入りのワイシャツで、私の宝物である。「仕立て承り伝票」には「昭和47年6月8日」とあるから、大学に転部して二カ月後だったということになる。ワイシャツを受け取ったのは六月二十二日だった。

どこかの会社の重役らしい人も、東京温泉の常連のお客さんとして見えた。私はアルバイトに入るとき、東京駅に着き仕事に入るまでは少し時間があったため、駅地下のベンチで一〇分ほど休んでから出勤していた。ある日、そんな私を見かけたその重役が、こうアドバイスしてくれた。

「あんた、将来出世しようと思うなら、ぎりぎりではなく早めに職場に行ったほうがいいよ」

と。有り難い言葉ではあったが、私にはその一〇分こそが休息できる貴重な時間だったのだ。

お世話になった八重洲地下街の東京温泉は平成十六年（二〇〇四年）十月、倒産した。『夕刊フジ』などが大きな見出しを付けて「倒産」を報じていた。

大学では、教員の免状を取得したいということで、無理をして教育課程も履修した。教育実習は、母校である神奈川工業高校定時制にお願いした。社会科の授業で恩師・古木三郎先生に見守られながら電気科の教壇に立った。お情けで「優」をいただいたが、何を後輩たちに伝えることができたのであろうか。他大学からも二人の実習生が来ていた。

交通事故に遭った大学四年の秋、大学院の学内選考試験があった。学内選考では「優」「良」「可」の成績のうち、八割以上「優」でなければ試験を受けることができなかった。調べてみると資格があることがわかり、願書を出してみた。英語と、研究テーマに関する小論文、面接による口頭試問で、英語は「辞書持ち込み」が許されていた。辞書持ち込みでなければ、願書は出さなかったはずだ。受験直前にはひたすら、いかに早く辞書を引くかの練習をした。

試験当日、会場に入った。文理学部全学科が合同で試験を受けるシステムになっているらしく、大勢の受験生がいた。まず英語の試験があった。時間は九〇分で、一時間はひたすら辞書を引いていた。途中で投げ出して退席しようと思ったが、手元のシャープペンシルを見て思い止まった。先に、大学の学費で「親の援助は一切受けていない」と書いたが、これは厳密に言えば誤りである。母が「紬の織賃だから」と言って一万円を送ってくれたことがあった。その一万円で記念にシャープペンシルを買ったのだが、試験にはこのシャープペンシルを持って臨んだのだった。ようやく単語を引き終えたら、すらすらと訳文が浮かんできた。

次いで研究テーマに関する小論文。与えられた時間は九〇分。卒業論文のテーマはヘーゲル左派の「フォイエルバッハ」と決めており、これは答案用紙の表から裏までよどみなくびっしりと書いて提出した。『宗教の本質』『キリスト教の本質』を著したフォイエルバッハは、「神の意識は人間の自己意識であり、神の認識は人間の自己認識である」と説き、マルクスに影響を及ぼした。その実証主義、現実主義は、かのニーチェにも多大なる影響を及ぼしている。

口頭試問を受けたのは、『ヘーゲル精神現象学研究』などを著された東大出身の栃原敏房先生と、『中国唯物論史』などを著された赤坂三男先生だった。試験場所は哲学科の研究室。二人の先生は交互に私の研究テーマを読まれると、赤坂先生が顔を上げ栃原先生に向かって「いいんじゃないですか?」と言われ、それから二、三の質問を受け研究室を後にした。

合否の発表は茶色の封書によってもたらされた。

「合格」の通知を見たときは手が震えた。

それからが大変だった。大学を卒業できなければ、この「合格」も「ふい」になる。問題は卒業論文であった。締め切りぎりぎりになって投げだすように提出して「優」を取り何とか卒業できた。修士課程には学内からは七名が合格し、学外からは三名が入学してきた。幸い修士課程では日本育英会の奨学金を受けることができ、六〇万円の奨学金のお陰で少しゆとりができた。それでも昼学夜労で生活に追われる日々はきつかった。栄養失調になり背中に吹き出物ができたときは、「ハンセン病になったのではないか」と青くなったこともある。父は七〇歳でハンセン病になり、このころ奄美大島の国立療養所奄美和光園で療養中であったからだ。

大学院在学中は、羽田空港でバゲッジソーティング（お客さんの荷物の仕分け作業）の仕事をして食いつないだこともある。帰りはいつも終電だった。飛び立ち・着陸を繰り返す飛行機を見て感じたのは、「この世を動かしているのは金だ」と思った。そのことをゼミの仲間K君に話したら「まさにフォイエルバッハ的思考だ」と言って笑っていた。

修士論文は「フォイエルバッハ人間学における疎外の論理」で、指導教授は赤坂三男先生であった。学部のときの〝失敗〟を繰り返すまいと、即席ラーメンを一カ月分買い込んで、一歩も外へ出ず集中して論文に取り組んだ。納得いかない内容であったがお情けで「優」をいただき無事に終わった。語学（英語・ドイツ語）が「可」であった以外すべて「優」であった。修士課程を修了したのは満三〇歳のとき。中学・高校教諭社会科一級免状を取得したが、鹿児島と沖縄の採用試験に落ち、神奈川の私立校にも勤め口はなかった。

食い詰めた私は、またネームプレート工（東邦銘板）になり、しばらくして修士課程の仲間たちと八丈島への旅に出た。天候が荒れ、芝浦行きの船が欠航したため、勤めていた会社を無断欠勤、退社することにした。勤め先が決まるまではキャバレーのボーイや皿洗いをしてその日を食いつないだ。キャバレーに勤めたのは、夕食付きのアルバイトだったからだ。一日一食で暮らしていた。

そのキャバレーハワイで働いたときは、涙ぐましい光景を目にした。日の丸の鉢巻をして客の呼び込みをしていたところ、足元で、三歳くらいの女の子とヨチヨチ歩きの男の子が遊んでいる。「お母さんは？」と訊いたら、上の子が、私の働いている店を指さした。託児所がなくて困っているホステスさんの子供だったのだ。あの子たちはどんな大人に育っただろう。日本はやはり福祉後進国だと、そのときは思った。

キャバレーハワイに勤めたのは二〇日ほどだったが、気まずい思いをしたこともある。鉢巻を締め店の入り口に立っていたところ、神奈川工業高校の先生に見つかってしまったのである。別に悪いことをしているわけではないが、その先生とは顔見知りであり、私が教育実習に行ったこともご存じだったはずだ。先生は見て見ぬふりをされていた。それがまたなぜか心にぐさりと来た。

キャバレーハワイの次に勤めたのは、大手取次の東京出版販売であった。正社員ではなかったが業務計画課というところに配属され、ひたすら伝票の整理作業をした。東販には三カ月しか勤めなかったが、さすがに大手で、六〇歳を過ぎてから企業年金をいただいている。

日大の大学院を修了してから、もう一つやらねばならないことがあった。武蔵野美術短期大学通信教育部に入学し、油絵を本格的に勉強することだった。入学手続きを取り、志望の動機には「その終局的な目的は、絵で哲学を語ることである」と書いた。よくぬけぬけとこんなことが書けたものだと思う。入学した年の夏、東販を辞め夏季スクーリング（昼間部）を受講した。デッサン教室に入ったときは感動した。石膏デッサンは目白で多少学んでいたから、初心者というわけではなかった。感動したというのは、その指導教授の形（なり）だった。作業着に手拭いを腰のベルトに差し込んで汗をふきふき入室された。さっきアトリエから出てきたばかりだという印象だった。これだよこれ、俺がやりたかったのはと、思わず言いそうになった。

教授は私のところにやってきて、「これで描いているの？」と一言。志望動機をちゃんと読まれているわけで、デッサンに対する寸評をされているというわけだ。なぜか嬉しかった。やりがいのある毎日だった。私は住んでいるアパートの、隣の部屋が空いたため、四畳半の部屋をもう一つ借りてアトリエにした。デッサンではなく、スクーリングでは課題作品を二点提出した。二〇〇人ばかりの受講者がいたが、二点とも参考作品に選ばれた。水平線の彼方から髑髏が昇っている作品が張り出されたときは、会場からウォーッという静かな嘆声が漏れた。

◇

しかし、やがて私は、武蔵野美術短期大学を中退することとなる。結婚による中退であった。それでも絵は続けられるわけで、洋画家が主宰する神奈川県の某美術団体に入会した。半年ほどで辞めたが、同会では南雲稔也さんという中国水墨画の画家と知り合うことができた。横浜市で生まれ、一九五三年に中国上海に留学。古今の水墨画法を習得し、帰国後は朝日カルチャーセンター、読売文化センターなどで絵の指導に当たり、墨瀋院を主宰。全日本芸術水墨連盟会長などを務められた。今は弊社・藤書房の雑誌で表紙絵などを描いていただいている。

本郷の出版社で勤めたときは、小池倫代さんという方とも知り合った。同じ編集部で、プロボクシングの名伯楽エディ・タウンゼント氏の自叙伝を刊行するときには取材のため共に何度も新宿に通った。東宝現代劇養成所戯曲科、同研究会に学び、あれよあれよという間に有名になった。『風花の宿』で文化庁舞台芸術創作奨励賞佳作受賞、『恋歌（ラブソング）がきこえる』では文化庁舞台芸術創作奨励特別賞を受賞。ちなみにかの直木賞受賞作家・林真理子氏がエッセーなどで「小樽の劇作家」と称しているのは、小池倫代さんのことである。私より一回り年下の小池さんは極真カラテの修行者でもある。

本郷のこの出版社在職中は、劇画作家・梶原一騎氏の事務所を訪ねる幸運にも恵まれた。梶原氏には極真会館在職中にも何度かお目にかかったが、赤坂の事務所を訪ねたのは初めてであった。さる格闘家の自叙伝の序文の原稿をいただくために訪ねたのだが、原稿はＢ４の原稿用紙のマス目いっぱいに、４Ｂの鉛筆で黒々と書かれていた。以来私は、デッサンで使っているということもあって４Ｂの鉛筆で原稿を書くことにしている。

極真会館と言えば、総裁の大山倍達総裁のことを書かねばならないが、総裁については拙著『大山倍達外伝』などで詳しく書かせていただいたため本書では割愛させていただく。ただ、エピソードを一つ。昭和三十六年当時、テレビで『月曜日の男』で主演をしていた俳優の待田京介氏は大山総裁〝第一号〟のお弟子さんだ。その待田氏とともに、大山総裁に赤坂の韓国料理店に連れていっていただいたことがある。竜宮城とはかくありなんという煌びやかなお店だった。言うところの超一流のお店でお料理や韓国美女による酌でお酒をご馳走になったのだが、私にはこのような場所は似合わないと思った。そこで一句――。

《俺は何を心の支えに生きてきたのか。俺に似合う場所、それは場末の酒場。俺の好きな場所、それはひなびた酒場の隅。誰も相手にしてくれなくたって

いい、一人手酌で飲む安い酒。俺は、俺のために乾杯だ。》

今まで一番贅沢なことをしたと言えば、同期生の竹安次郎とともに仕事を放りだして鹿児島に遊びに行ったことが思い出される。二人がともに憧れを抱いていた、二つ年上の川口澄子姉さんに会いに行ったことだ。竹は中学を卒業すると、家庭の事情で一年間は就職もできず与論で母親を助け農業に従事していた。単調な日々の中で楽しかったことと言えば、「近所の先輩とともに澄子姉さんと玲子姉さんのところに遊びに行くことであった」という。澄子姉さんの連絡先がわかったことから、電話を差し上げ、竹は大阪から新幹線で鹿児島へ、私は羽田から鹿児島空港へ向かったのだった。数十年ぶりの再会であった。竹も私も感激して、澄子姉さんやその姉・玲子姉さんにお会いした。

澄子姉さんがなぜ、中学三年に上がるときに鹿児島に渡ったのかがわかった。鹿児島で高校を受験するために、与論を離れたのだという。転校した先は天保山中学校で、高校は鶴丸高等学校の定時制に合格したという。しかし、さまざまな事情から定時制に入学することを断念し、職業安定所を通じて大阪の「みかど製作所」というテレビのブラウン管を製造する会社に就職した。集団就職であったという。二年間勤めたのち与論島に帰った。「玲子姉とともに大島紬を織っていた」と言うが、竹安次郎が先輩とともに澄子姉さん宅を訪ねたのはこのころであった。そして澄子姉は再び大阪へと向かう。キサク商事という貿易会社に勤めた。私はこのころたまたま大阪の与論人会に出席し、澄子姉さんに会い、キサク商事などを案内していただいた。澄子姉さんと同期の岡山初枝さんも同社に勤めていて、社内には華やかな和服の生地が並んでいたと記憶している。

「キサク商事には二年ぐらいいたかしらね。それからまた与論に帰って、診療所で働いたり、南島開発でも働いていました」

結婚したのは二六歳のときだった。同じ川口姓の、川口信和さんと結婚。夫・信和さんは川口当悦先生の甥御さんであるという。竹安次郎と私を鹿児島で迎え、送ってくれたのは、澄子姉さんの長女・智美さんであった。「お二人に会えるのを母はとても楽しみにしていたんですよ」と、爽やかな笑顔で話していた。

関東在住の与論中学第一三期卒業生で、まだ本書に登場していない同期生がいる。中学卒業後は就職ではなく、鹿児島の経理専門学校で学んだ髙村節子である。髙村の旧姓は山下である。数学が好きだった山下は、早くから数字を扱う仕事に就きたいと思っていた。中学卒業後、鹿児島市上之園町にある経理専門学校に入学した。県立甲南高等学校の近くにあったという。修業年限は一年だった。

卒業後は税理士事務所で経理の仕事に従事。五年間勤めると経理士の受験資格が取得できるということで、同事務所に四、五年勤めたのち二一歳のとき帰郷。与論の診療所にしばらく勤め、兄を頼って上京することにした。株式会社ヤマウロコ金属という会社で二年、扶桑軽合金株式会社で二年、経理の仕事をして働いた。結婚して髙村姓になったのは二五歳のときだった。夫・正雄さんとの間に長女・由美子と長男・正志をもうけた。しかし、正雄さんは「五五歳で他界した」という。早すぎる死であったが、髙村は年に二回行われる関東同期会に出席し、近況を語り合うことを楽しみにしている。また、同期の野﨑末子とは上京以来の親友で、「困ったことがあったら何でも話し合える」仲だ。

長男・髙村正志は中央大学理工学部に学び理学博士号を取得し、数学の講師として勤めている。

「就職組」ではないが、紹介しておきたい同期生がいる。本書の取材を進めていくなかで初めて知ったのであるが、「私は本当はみんなと一緒に中学を卒業したら就職がしたかった。高校へ進学したのは父が勝手に決めたもので、選択科目も英語ではなく職業家庭を選択していた」という同期生もいた。大工の棟梁の娘・龍野實子（現姓・池田）がその人であり、高校への願書は父親が送り、「しぶしぶ受験に行き高校に行くことになった」のだという。進学した高校は、奄美大島にある鹿児島県立大島高等学校（大高）であった。英語は中学一年のとき習っただけで、龍野は奄美大島では最も難関と言われている大高に合格したのだった。現在は池田姓となり、鹿児島県に住んでいる。

また、同期のなかで堀栄作と山下康久は、共に沖永良部高校に進学した。山下は高校卒業後、日本電信電話公社（ＮＴＴ）に入社、定年まで勤め上げた。

堀栄作は大阪府職員となり大阪府立能勢高等学校や大阪府教育委員会事務局教職員課などに勤めつつ中央大学通信教育部法学部に学び、「八年間で卒業できず」近畿大学の通信教育部に移り、同大学の法学部を卒業した。大阪府の職員を定年まで勤め上げ、退職後は手作りの『与論・タイムズ』（社会奉仕舎刊）

を発行し、郷土のニュースを親しい仲間たちに発信し続けている。

われわれの同期である与論中学第一三期卒業生にも、博士号を授与された秀才がいる。与論中学の元校長・竹下茂徳先生の子息・竹下岩男である。中学を卒業後、鹿児島県立甲南高等学校を経て九州大学医学部に学び、大学院に進んで医学博士号を取得した。竹下は甲南高校時代「空手部に入り空手を習っていた」と言っていた。意外な一面だが、小・中学時代「いじめ」でも受けていたのであろうか。

竹下の専門は「脳外科」である。学会では、座長なども務めた。

私の手許に竹下の論文がある。九州労災病院脳神経外科在職中に『日職災医誌』に発表した論文で（平成十九年四月十二日受付）、タイトルは「外傷性脊椎・脊髄障害をともなうむち打ち関連障害と脳脊髄液減少症」となっている。共同執筆者として大田正流、佐本研、濱村威、渡辺秀幸らの名が見られる。「交通事故由来難治性慢性むち打ち症関連障害における脳脊髄液減少の実態を明らかにする」ことが目的で、「著者らの症例では約半数の患者が髄液量減少状態にあることが想定された」と結んでいる。共同執筆者の中には放射線科の医師も含まれている。

竹下は与論島で行われた第一三期生還暦祝賀会には出席せず、古稀の祝いの祝賀会には出席した。そして、平成二十九年（二〇一七年）四月に行われた七三歳の年祝いを前に他界した。同年一月に届いた年賀状には「旧年中も大変お世話になりました　ありがとうございます」とあり、手酌で焼酎を注いでいる写真が印刷されている。写真の下には「いささかダイエット過ぎたか!!」と書かれているが、その頬は見違えるほどにこけている。妻・三和子さんによると、死因は「食道がん」であったという。

◇

筆者が鎌倉市二階堂に住んでいた平成二十五年（二〇一三年）三月二十三日、一枚のFAXが流れてきた。差出人は土方小夜さん。神奈川工業高校工芸図案科を昭和四十年（一九六五年）三月に卒業、コロナ工業株式会社に入社された方で、その年の六月に私は同社を退社したのであった。FAXには「村山電気商会の村山登さんに、そちらの番号をお聞きしました」とあり、「どうしてもお伝えしておかねばならないことがありまして」とあった。

「山口専務取締役がお亡くなりになりました」との訃報……。享年八三歳三カ月と一九日であった。土

山口隆専務取締役

方さんは、名古屋在住の「朝戸正巳さんから専務さんの訃報を知らされました」とのことであった。

その前には、やはりコロナ工業でお世話になった先輩・野口武さんががんの病により他界されたこともあり、山口専務取締役の訃報には強い衝撃を受けた。

野口先輩は、機械班でみんなから信望を集めている方であった。プレスの技術があり独立して仕事をされていた。「がん」の病に冒されたということを聞き、津島祐治先輩、村田望先輩、そして同期の竹波栄喜氏とともに埼玉のご自宅にお見舞いに行った。笑顔で迎えていただき、笑顔で見送っていただいたが、ほどなくして奥様から訃報を知らされることとなった。膵臓がんで亡くなられた。

令和二年（二〇二〇年）三月十八日には、恩師・我謝みどり先生がお亡くなりになった。

みどり先生（旧姓西田）は、鹿児島大学教育学部を卒業。与論中学では数学を受け持たれ、我謝孟俊先生と結婚され上京。教壇に復帰され、小学校校長などを務めた（都小学校女性校長会会長）。東京都教育庁いじめ問題対策室に勤務し、東京学芸大学講師などを務めている。

我謝孟俊先生はサイパン島に生まれ、戦後沖縄に引き揚げ、小学六年のとき与論町茶花に転居した。

明治大学大学院修士課程を経て東京教育大学（現筑波大学）大学院博士課程を修了。理学博士。微生物生化学を専門とする。米マイアミ大学分子細胞進化研究所で、著名なフォックス博士につき「生命の起源」に関する研究に従事された。茨城大学教育学部教授となり、退官後は名誉教授に。平成二十八年（二〇一六年）秋の叙勲では、長年にわたる大学での「教育と研究」の功績が認められ、「瑞宝中綬章」を受章された

この我謝先生を手本として、我謝文子さんは「勉強に励んできた」という。早くから初等教育の教壇に立つことを心に決め、琉球大学で学び、「三年間は県の定めに従い僻地教育に携わった」。終えてのち那覇の小学校に勤めることを希望したが、「女性だから」という理由でこの願いは叶えられなかったという。「女性差別ですよ」と憤る。

結婚したのは二六歳のときだった。同じ教職に就く大湾武さんと結婚、「大湾」姓となった。「ライバル関係でした」という大湾文子は、六〇歳の定年間

2014年4月15日に与論島で行われた「与論中学校13期生酉・戌会」出席者。前列左より、内田春枝、清水節子、辻ミツコ、前田ミキ子、町田喜和子、龍野勝子、竹内タツエ、坂元良子、竹内豊一郎、福島敏男、野口卓雄、福地哲博。2列目左より、牧美代子、椛山恵子、酒匂カツ子、竹内文子、米倉陽子、岩井マツエ、井上淑子、里光川悦、遠矢節子、竹安次郎、基佐江里、竹内栄次郎。3列目左より、竹島けい子、酒匂敏恵、池田實子、田畑幸子、松井妙子、武範代、池田一彌、竹波栄喜、山元孝安、竹野勝美。4列目、南静枝、南キヨ、坂元セツエ、野田美津子、野﨑末子、本徳仁、田畑清彦、竹下岩男、南豊治、平幸輝、山剛昇、川上重光

際の「五七歳」で教職から身を引いている。理由は「授業にパソコンが導入されるようになった」からだという。

教職を退職してからは、「孫塾」と称しお孫さんの教育に情熱を注いでいる。

『朝日新聞』の求人広告で見た、医学雑誌の下請け会社にアルバイトで勤めたのが出版業に携わるきっかけとなった。東京都文京区本郷にある会社で、月額一〇万円のアルバイト。結婚したのは三一歳のときだった。預金の残高は「三円」しかなかった。

結婚後も私の転職は続いた。以下に見るのが大学院修了後の転職の記録だが、全社名を記しているわけではない。

【ローデム　東邦銘板　キャバレーハワイ　小学館プロダクション　東京出版販売　大沢製本　ＪＩＮ企画（医学誌制作）　阿坂書房　黒川経済研究所　阿坂書房　極真会館　日本出版センター　○×教育出版　新○△出版　パワー空手出版社　通産政策広報社　スポーツライフ社　桜桃書房　銀座生活の友社　ジャパンポスト　政界出版社　湘南新聞社　日本畜産振興会　日本医療情報出版　ぴいぷる社　グローバルネットワーク　イーストプレス　ＪＣＰＡ（ＮＰＯ法人日本がん患者協会）】

「阿坂書房」が二度書かれているのは、一度退社してからまた入社したからである。

伴侶となった妻・由紀も赤貧の中で育ち、苦学して二六歳で東洋大学の哲学科を卒業していた。小さな出版社に勤め、結婚したときは二八歳だった。軽井沢の教会で二人だけの結婚式を挙げたのだが、結婚式に着ていくワイシャツがない。淀川長治さんに仕立てていただいたワイシャツを洗い、アイロンをかけて軽井沢に向かった。そのワイシャツはクリーニングに入れ、大切にしまってある。その時が来たら、このワイシャツを着て、寝袋を棺代わりに生涯を閉じたいと思う。

結婚して一三年目に女の子が生まれた。蕗子と名付けた。妻が四〇歳のときの高齢出産で、医師から直接電話がかかってきて「安産でした」との知らせを受けたときは、病院へ向かう途中思わず道路に膝まづき、月に向かって深々と頭を下げた。

令和三年（二〇二一年）一月で後期高齢者となった。今は家族三人、周りの方々のご支援を受けながら家内工業で「がん」の雑誌を発行している。

（二〇二一年一月二十日　記）

終章

『浮島丸』の航跡

『浮島丸』↓『父島丸』↓『EVER TRAINING』↓台湾で廃船↓スクラップ

太平洋戦争が終戦した直後の昭和二十年（一九四五年）八月二十四日午後五時二〇分ごろ、京都府舞鶴市佐波賀沖において日本海軍特設輸送船『浮島丸』（四七三〇総トン、乗組員二五人）が爆発事故を起こし沈没した。同船は青森県の大湊港から釜山へ向かう途中、連合軍の命令を受けて舞鶴港に目的地を変更して〝触雷〟により沈没したという。乗船者は五二四人で、乗組員二五人と合わせ五四九人が犠牲となった痛ましい事故であった。便乗者の大半は朝鮮人労働者で、その数は公式記録より多い可能性があるとも伝えられている。舞鶴市佐波賀にはこの「浮島丸事件」の「殉難の碑」が建っている。

昭和三十六年（一九六一年）三月二十七日、われわれ集団就職者が与論島の供利港から乗船して神戸港を目指した船もこのときの船と同じ名の『浮島丸』であった。関西汽船が所有する船で、昭和三十四年度に同社の第一五次計画造船により建造された。総トン数二七〇〇トン、旅客定員六二四名。全長八三・六メートル、幅一三・七メートル。最高速力一七ノット。鮮やかな緑と純白の、ツートンカラーの美しい船だった。

『浮島丸』（提供：開西汽船株式会社）

《昭和34年度の第15次計画造船により、中型貨客船（2600G／T）の建造を申請し、的確船主として認められたので浮島丸を建造した。同船は35年3月から那智丸に代り、黒潮丸と2隻の就航となり、那智丸はその後売却した。……中略……

41年2月沖ノ島丸が竣工して、黒潮丸に代って就航し、この航路は優秀貨客船2隻が出揃って格段の充実を示した。》

関西汽船提供による資料「船舶編第1章」に見られる一文である。

『浮島丸』の消息を知るために、関西汽船株式会社東京支社を訪ねたのは平成元年（一九八九年）の夏だった。同船が建造されてからすでに三〇年の歳月が流れていた。川又満夫次長にお話しを聞くことができ、同船は「とうの昔、小笠原海運さんに売却された」とのことであった。しかし、こんな幸運もあるものかと私は思った。この川又次長は『浮島丸』について詳しい情報を持っているだけでなく、神戸港の岸壁に『浮島丸』が接岸した昭和三十年代半ばのあの当時、同港の中突堤B岸壁でわれわれ沖縄・奄美からの「集団就職者の整理に当たっていた」というのである。

川又氏が大学を卒業し関西汽船に入社して間もないころであったという。

まず、『浮島丸』の船長について川又氏はこう話した。

「あの当時は（奄美諸島に）飛行機は飛んでなかったですからね、船が唯一の交通手段と言いますか……。その船も小さくて、多くの人や貨物を輸送するのには十分とは言えなかった。そうした中で関西汽船の『浮島丸』が就航することになったわけです。総トン数二七〇〇トンという、当時としては大きな船ですね。

基さんたちが乗ってこられた当時の『浮島丸』の船長は、井口庄一さんという方だったんですよ。この方はもう亡くなられたんですけれども、沖縄が復帰する前から沖縄航路に乗っていて、有名な船長でした。『浮島丸』が就航する前の、『黒潮丸』とか『那智丸』といった小さな船が台風で荷物を運ぶことができない。欠航しているさなか、少々の時化でも突っ切って生活物資を運んでくれたということで、島民から何回も表彰を受けたという名物船長でした。昭和三十六年当時は五十代だったと思うんですけどね」

——船を迎えて、川又さんはどのような仕事をされていたのか。

「たまたま沖縄航路の場合は、集団就職の情景というのが印象に残っていると思うんですよね。あとは、そうですね、『浮島丸』は沖縄と本土を結ぶ外国航路として就航しましたから、入出国の手続きが非常に大変で、就職される皆さんもパスポートとかで大変だったでしょうけれども、私ども会社としましても、入国管理事務所から税関から手荷物の検査とかありますから大変だったということが記憶にありますね。それは中突堤岸壁のほうでやっていました。神戸港にはA岸壁とB岸壁というの

神戸港中突堤B岸壁（著者撮影）

があるんですが、Ａ岸壁というのは大島運輸さんが使っていて、関西汽船が使っていたのは中突堤のＢ岸壁です。……『浮島丸』が着きますと、まず国内の方が皆さん下りられて、それから外国の方、沖縄の方を査証するんです」

——川又さんも実際にそのお仕事に携わっておられたのですか？

「私はあの、作業するのは全部代理店の方がやりますから、私はそういう業務がスムーズにいくように、立ち合いですね。お役所の方、入国管理事務所とか税関の方にご挨拶してですね、手助けをするという業務でした。当時は相当、お客さんも多く、船内も大混雑して大変でした」

——いただいた『浮島丸』の絵ハガキには「阪神―種子島―奄美航路」とありますが、種子島のほうにも寄港していたんですか。

メリケンパークに建つ「メリケン波止場」の碑（著者撮影）

「これは一時期でしたね。定期的に寄っていたんじゃなく、当時は、日にちによって寄る便とか寄らない便があったんじゃないかという気がしますね」

ここで、集団就職者を実際

現在の中突堤旅宮ターミナル。大型フェリーが接岸している(著者撮影)

に間近で見た光景について尋ねてみた。川又氏が印象に残っているのは就職者ではなく、「子供たち」を迎える企業の人たちであったという。

——『浮島丸』には集団就職者が大勢乗っていたと思うんですが、当時のことで何か印象に残っていることとかございますか?

「あのですね、一番印象に残っているのは、(集団就職者を)お迎えになられる方が、非常にその、自分の子供さんを迎えられるように、船が着いたと言ったらその時間にちゃんと待ち構えて、ホンマにこう喜んで皆さんをお迎えになっていたということですね。家族を迎えるような雰囲気で迎えておられた。やっと来た、というような感じでですね」

笑みを浮かべながら川又氏は、このようなエピソードを話してくださったのだった。

そして川又氏はここで話を中断し、「神戸港の現場にはお越しになりましたか?」と尋ねるのだった。「まだです」と答えると、次のように言葉をつないた。

「あ、そうですか。中突堤のあの待合所のあるB岸壁は、おそらくあと二、三年したら改装されるはずですよ」

——と言いますと昔のまま、まだ残っているということですか?

「まだ残ってます。そのままです。ただ、『さんふらわぁ』という大阪—

別府、神戸―大分を結ぶ大型船が着くようになりましたから、中はだいぶ整備されて変わりましたけどね。建物自体は、外観全体の雰囲気はまだ当時のまま、そのまま残っています」

「すわ！」ということで私は、川又氏の取材を終えてから数日後に新幹線で神戸に向かい、中突堤旅客ターミナルのある元町で下車し川又氏に教えてもらったとおり、メリケン波止場のあるメリケンパークへ向かった。写真（696頁）に見るのがそのとき撮った中突堤B岸壁である。

東京ー父島間を航行していた『父島丸』（提供：小笠原海運株式会社）

『EVER TRAINING』に名を変えた『浮島丸』
淡江大学の練習船を最後に廃船になった（写真提供：長栄国際株式会社）

次いで私が向かったのは、『浮島丸』の売却先である小笠原海運株式会社であった。同社の本社は東京都港区芝にあり、安積聖夫次長に話を伺うことができた。小笠原海運が関西汽船より『浮島丸』

を購入したのは昭和四十八年（一九七三年）であったという。それまでは『椿丸』という船が東京―小笠原間を航行していたが、『浮島丸』は小笠原海運では『父島丸』に名を変え、船体の色もそのままに竹芝桟橋と小笠原の父島二見港を往復することとなる。しかし『父島丸』は六年でその役割を終えていた。代わって『おがさわら丸』が東京―小笠原（父島）間を航行するようになり、『父島丸』は昭和五十四年（一九七九年）に長栄国際株式会社に船主を変え『ＥＶＥＲ　ＴＲＡＩＮＩＮＧ』の名で台湾・淡江大学の練習船になっていた。同大学は私学の最高学府として台湾最古の歴史を誇る大学である。

小笠原・父島二見港に接岸している『おがさわら丸』（1990年9月7日、著者撮影）

　小笠原海運の安積聖夫次長には『父島丸』の写真を、長栄国際株式会社の運航部副部長の永井忠男氏には旧『浮島丸』の設計図までいただいた。設計図に記されている改造工事概要書によると「貨客船を練習船に改造」とあり、改造工事は尾道造船株式会社で行われていた。長栄国際株式会社の英文のパンフレットには、台湾淡江大学で活躍する『ＥＶＥＲ　ＴＲＡＩＮＩＮＧ』の雄姿が掲載されている。だが、その船体は、かつて見た鮮やかな緑から〝黒〟の船体に塗り替わっていた。そして、旧『浮島丸』は、練習船を最後に廃船となり、台湾でスクラップになっていたのだった。

（二〇二〇年十二月　記）

あとがき

平成二年（一九九〇年）の夏の終わりに、妻子と共に与論島へ向かった。生まれて八カ月になる娘を両親に見てもらうためだった。上京して間もなく、今度は一人で竹芝桟橋から『おがさわら丸』に乗って小笠原の父島に向かった。目的は二つあった。「集団就職」の本を書くために、二等船室に乗って『父島丸』が航行した東京―小笠原間の船旅をすることで、与論島の供利港から『浮島丸』に乗り神戸港へ三泊四日の旅をした昭和三十六年三月二十七日から三十日までの〝あの日〟のことを体感してみようと思ったからだった。そしてもう一つは、与論島と緯度を同じくする小笠原の父島に住んでみたいと思い、その下見に出かけたのであった。小笠原に住むという夢は、父島の二見港に着き観光ホテルに宿泊したその時点ですぐに消えた。住むための住宅がそうそうあるわけでもなく、あるにしても家賃が東京並みに高いことを知ったからである。そうか、小笠原は東京都だったのだ。

東京、否、都会のビル群を見てつくづく思う。後期高齢者になった。よくぞここまで泳ぎ切ってきたものだと思う。ここまで来るには九死に一生を得たことも何度かあった。二十歳で赤坂の会社で電気工事をしていたとき、ＴＢＳの近くにその会社はあったが、丸まった重い電線の束を肩に自転車で坂道を下ったのであるが、荷が重いためブレーキがまったく効かない。そのまま下れば車の往来が激しい広い道路に出る。間違いなく死ぬ。咄嗟に思ったのはガードレールに自転車をぶつけることだった。大怪我をするかもしれないが、死ぬことはない。自転車は止まり、私はガードレールの外へ放り出された。無傷だった。何事もなかったかのように、会社に戻った。

「集団就職」という言葉は人々の記憶から薄れ、今日にあっては「死語」になっているのかもしれない。本書の中で、私はそのように書いた。しかし、これは本心から出た言葉ではない。中学を卒業して、夢と希望を持って都会を目指した中卒集団就職者にとって、「集団就職」という言葉が死語になり、消えるはずはないのである。

昭和五十一年（一九七六年）三月二十七日の『朝日新聞』夕刊に「ことし限り　集団就職」という記事が載っている。《高校への進学率が高まり、就職希望者が年々減る一方の中卒者、この不況で求人も減ったなどが理由で、労働省も廃止の方針を打ち出した。》——この記事が出た二日後の三月二十九日、飛行機で沖縄から羽田空港へ降り立った二六一人が最後の「集団就職者」であった。

与論中学第一三期卒業生の取材は、『創立40周年記念・与論中学校　卒業生名簿』なくしては始まりませんでした。昭和六十三年にこの名簿を送ってくれたのは従姉ツネ姉の長男・元井勝彦と、姉・ハナ子でした。この場を借りてお礼を申し上げたい。

恩師・川口当悦先生、我謝みどり先生、そして集団就職で勤めたコロナ工業株式会社の山口隆専務取締役には、本書を読んでいただくことはできませんでした。残念で心残りです。

本書のために時間を割いて、取材に応じてくださったすべての方々に心からお礼を申し上げ、併せて制作の労に携わった娘・蕗子と校正に協力した妻・由紀にも感謝の言葉を述べ、本書の結びの言葉とさせていただきます。

二〇二一年一月三十一日

基　佐江里

■参考・引用文献

『中学卒業者の就職の知識』青少年労務研究会編
『離職者の就業動向—昭和35年失業者帰すう調査結果—』東京都労働局総務部調査課編
『集団求人—中小企業における雇用の近代化のために』労働省職業安定局編
『昭和44年3月中学校・高等学校卒業者の卒業後の状況調査付帯報告』鹿児島県企画部統計課・米丸操編
『昭和54年3月新規中学・高校卒就職者数の見通し　全国公共職業安定所別』労働省職業安定局編
『勤労青少年の現状（昭和62年版）』労働省労働基準局編
『労働統計要覧１９８８年版』労働大臣官房政策調査部編

『集団就職—指導相談員の記録』瀬野尾幸雄（協同出版）
『集団就職—その追跡研究』小川利夫ほか（明治図書出版）
『集団就職の時代　高度成長のにない手たち』加瀬和俊（青木書店）
『学校・職安と労働市場　戦後新規学卒市場の制度化過程』苅谷剛彦ほか（東京大学出版会）
『中学卒就職者の記録　登れこの坂』井上誠也編著
『職工事情（上・中・下）』犬丸義一校訂（岩波書店）
『集団就職の子どもたち　その夢と現実』早船ちよ（弘文堂）
『棄民化の現在』鎌田忠良（大和書房）
『殺人者の意思　列車爆破狂と連続射殺魔』鎌田忠良（三一書房）
『ドキュメント労働者！』鎌田慧（筑摩書房）
『野望の航跡 東大経済卒の十八年』鎌田慧（講談社）
『地の漂流者たち』沢木耕太郎（文藝春秋）
『心のふるさと—あゝ上野駅』読売新聞社会部編（東洋書院）
『集団就職とは何であったか〈金の卵〉の時空間』山口覚（ミネルヴァ書房）

『集団就職　高度経済成長を支えた金の卵たち』澤宮優（弦書房）
『「金の卵」と呼ばれて─十五歳・集団就職の軌跡─』川畑和也（Ｇａｋｋｅｎ）

『無知の涙　金の卵たる中卒者諸君に捧ぐ』永山則夫（角川書店）
『なぜか、海』永山則夫（河出書房新社）
『永山則夫　封印された鑑定記録』堀川惠子（岩波書店）
『満州難民』井上卓弥（幻冬舎）
『与論島移住史』南日本新聞社編（南方新社）
『昭和史　戦後編』半藤一利（平凡社）
『日本史年表』日本歴史大辞典編集委員会編（河出書房新社）
『日本史年表 増補版』歴史学研究会編（岩波書店）
『早わかり昭和史』古川隆久（日本実業出版社）
『激動の日本政治史　明治・大正・昭和 歴代国会議員史録』白鳥令監修（阿坂書房）
『大東亜戦争全史』服部卓四郎（原書房）
『聞け！血涙の叫び 旧台湾出身日本兵秘録』基佐江里（おりじん書房）
『昭和 二万日の全記録 第7巻』講談社編・発行
『昭和 二万日の全記録 第8巻』講談社編・発行
『目で見る昭和の60年 上巻』読売新聞社編・発行
『目で見る昭和の60年 下巻』読売新聞社編・発行
『毎日ムック 戦後50年新版』西井一夫編（毎日新聞社）

■記念誌・名簿・写真集など
『与論町誌』与論町誌編集委員会編（与論町教育委員会）
『與論校　創立百周年記念誌』創立百周年記念事業実行委員会

『与論中創立40周年記念卒業生名簿』「卒業名簿」作成実行委員会編（与論中学校）
『かいふたの群星』上野應介翁頌徳碑 口之津移住開拓民之碑建立委員会編
『東京与論会45周年記念誌』西田当元編・発行
『鹿児島与論会 会員名簿』町富吉編
『与論島情景「人よ、海よ」「海よ、人よ」』写真・企画発行 和田州生・美代子（グライド）
『奄美　静寂と怒涛の島　日本復帰から平成への記録』越間誠（南方新社）
『写真アルバム奄美の昭和』山田恭幹（樹林舎）

■新聞・雑誌
『朝日新聞』『毎日新聞』『読売新聞』『サンケイ新聞』『東京新聞』『南日本新聞』『南海日日新聞』『東奥日報』
『秋田さきがけ』『山陽新聞』『中日新聞』
『世界日報』（「漂流する金の卵　中卒集団就職者の航跡」基佐江里）
『プレジデント』１９８５年6月号（特集「高度成長」のドラマ）（プレジデント社）

〈著者略歴〉
基　佐江里（もとい　さえさと）
1946年1月、満蒙開拓移民の子として中国遼寧省に生まれ、鹿児島県与論島で育つ。1961年3月与論中学を卒業後、集団就職で上京。神奈川工業高等学校定時制電気科を経て日本大学文理学部哲学科に学び、同大学大学院文学研究科哲学専攻修士課程修了。転職を重ねたのち編集者生活を経てフリーに。著書に、台湾元日本兵の補償問題をテーマにした『聞け！ 血涙の叫び 旧台湾出身日本兵秘録』、『日本格闘家列伝 栄光への軌跡』、『大山倍達 永遠の魂』、『大山倍達外伝』などがある。がん患者向けの医療情報誌『月刊がん　もっといい日』『がんを治す完全ガイド』編集長などを経て2009年4月、株式会社藤書房を設立。季刊『ライフライン21 がんの先進医療』を創刊、現在に至る。

高度経済成長を底辺で支えた〈金の卵〉**中卒「集団就職者」**それぞれの春夏秋冬

2021年2月22日　第1刷発行

著　者　基 佐江里
発行者　基 佐江里
発行所　株式会社藤書房
〒256-0802
神奈川県小田原市小竹794-58
TEL 0465-20-4712　FAX 0465-20-4713
発売元　株式会社星雲社（共同出版社・流通責任出版社）
〒112-0005 東京都文京区水道1-3-30
TEL：03-3868-3275　FAX：03-3868-6588
装　丁　基 藤子
印　刷　中央精版印刷株式会社
製　本　中央精版印刷株式会社

ISBN978-4-434-28625-4